Managing Credit Risk

The Great Challenge for Global Financial Markets

2nd Edition

管理信用风险

全球金融市场的巨大挑战

（第2版）

[美] John B. Caouette [美] Edward I. Altman
[美] Paul Narayanan [美] Robert Nimmo 著

刘 洋 陈守东 康 晶 译

電子工業出版社
Publishing House of Electronics Industry
北京 • BEIJING

内 容 简 介

本书针对专业金融人士编写，详细讨论了全球信用市场的情况，涉及对冲基金作为主要参与者出现、评级机构影响力不断增长等各方面内容。在对这些问题有了深入理解之后，读者将阅读到一些目前最有效的信用风险管理工具、技术和其他可用的工具，包括：针对小型企业、房地产和新兴市场公司的信用模型，信用风险建模和实践中的违约回收率和违约损失，基于会计数据和市场价值的信用风险模型，信用风险模型的测试和实施，最流行的信用衍生产品形式，以及用于分析交易对手信用风险的方法等。

在讨论信用风险管理的同时，作者巧妙地将金融市场中的新兴趋势与所提到的新方法结合起来，这将使读者能够迅速将书中概述的教训应用于当今充满活力的信用环境。

Managing Credit Risk:The Great Challenge for Global Financial Markets 2nd Edition
ISBN：9780470118726
John B. Caouette　Edward I. Altman　Paul Narayanan　Robert Nimmo

版权贸易合同登记号　图字：01-2019-0539

图书在版编目（CIP）数据

管理信用风险：全球金融市场的巨大挑战：第 2 版 /（美）约翰 •B.考埃特（John B. Caouette）等著；刘洋，陈守东，康晶译. 一北京：电子工业出版社，2024.1
（大数据金融丛书）
书名原文: Managing Credit Risk:The Great Challenge for Global Financial Markets 2nd Edition
ISBN 978-7-121-46656-4

Ⅰ. ①管…　Ⅱ. ①约…　②刘…　③陈…　④康…　Ⅲ. ①信用一风险管理　Ⅳ. ①F830.5

中国国家版本馆 CIP 数据核字（2023）第 231618 号

责任编辑：张梦菲　　李　冰
印　　刷：涿州市京南印刷厂
装　　订：涿州市京南印刷厂
出版发行：电子工业出版社
　　　　　北京市海淀区万寿路 173 信箱　邮编：100036
开　　本：787×1092　1/16　印张：30.75　　字数：787.2 千字
版　　次：2024 年 1 月第 1 版（原著第 2 版）
印　　次：2024 年 1 月第 1 次印刷
定　　价：189.00 元

凡所购买电子工业出版社图书有缺损问题，请向购买书店调换。若书店售缺，请与本社发行部联系，联系及邮购电话：（010）88254888，88258888。
质量投诉请发邮件至 zlts@phei.com.cn，盗版侵权举报请发邮件至 dbqq@phei.com.cn。
本书咨询联系方式：zhangmf@phei.com.cn。

谨以此本书献给我们的妻子：朱迪·考埃特（Judy Caouette）、伊莱恩·奥尔特曼（Elaine Altman）、瓦桑莎·纳拉亚南（Vasantha Narayanan）和琳达·詹森（Linda Jensen）。

特别提醒：本书所有涉及年份与周期的内容，均应参照本书原著的出版时间（2008 年）来理解。

本书作者

约翰·B. 考埃特（John B. Caouette）是 Channel Capital Group 的主席，该公司是一家欧洲信用衍生产品公司。他还是 Picture Financial Group 的非执行董事，该公司是一家位于英国威尔士的专业金融公司。

他曾任 CapMAC Holdings 及其主要子公司 Capital Markets Assurance Corporation 的创始人、董事长、总裁兼首席执行官，该子公司是一家 3A 级财务担保方，专注于全球结构性融资市场。

他曾任英国/法国的中央票据交换所——伦敦证券交易所（LCH Clearnet）集团有限公司的独立董事，也曾任亚洲金融担保公司旗下的财团 Asia Ltd.（新加坡）的非执行主席。

他也曾任 MBIA 保险公司的副主席。任职期间，他负责监督公司的国际金融担保业务和在伦敦的新业务发展。此外，他曾任美国康地谷物公司外汇和货币市场部高级副总裁兼总经理。他与花旗银行合作多年，担任过多种职务，包括香港亚太资本的执行董事，以及纽约互换和欧洲证券部副总裁兼总经理。

Caouette 先生是加州大学伯克利分校哈斯商学院的顾问委员会成员，他在这所学校的研究生院讲授企业家精神相关课程。

爱德华·I. 奥尔特曼（Edward I. Altman）是纽约大学斯特恩商学院的 Max L. Heine 金融学教授，以及纽约大学萨洛蒙中心的信用和固定收益研究项目主任。

Altman 博士是企业破产、高收益债券、不良债务和信用风险分析方面的专家，在国际上享有良好的声誉。因为他在企业遇险预测模型及公司财务重组方面做了大量杰出的工作，所以在 1984 年被巴黎的 Hautes Etudes Commerciales 基金会授予学术桂冠；于 1985 年获得金融分析师联合会颁发的 Graham＆Dodd Scroll，用以表彰他在违约率和高收益公司债务方面的杰出贡献。

Altman 博士于 2001 年入选固定收益分析师协会名人堂，于 2003 年当选为财务管理协会主席，于 2004 年成为国际金融管理协会（FMA）会员。

2005 年，Altman 博士被《财政与风险管理》（*Treasury & Risk Management*）杂志评为“最具影响力的财务百强人物”之一。

Altman 博士是许多金融机构的顾问，包括花旗集团、Concordia Advisors、Equinox（意大利）、Investcorp、毕马威、Miller-Mathis 和 SERASA（巴西）。他是 Franklin Mutual Series Funds 的董事会成员，并且曾在纽约州公共退休基金投资咨询委员会和自动化交易部门董事会任职。他还是企业重建管理人协会（Turnaround Management Association）学术顾问委员会的主席，并且在多个与风险相关的学术期刊和从业者期刊担任副主编。

保罗·纳拉亚南（Paul Narayanan）是美国（纽约）国际集团公司的信用组合分析总监。他的职责包括研究信用组合风险问题、结构性融资、再保险信用风险、风险和限额的计量和管理，以及为公司构建经济资本分配系统。在此之前，他是开发和部署贸易信用保险系统的主要算法架构师，该系统利用来自各种来源的信用信息为 18 个国家的公共或私营企业承保和设定信用额度。

Narayanan 先生 20 多年来一直参与信用风险管理，作为主要机构如摩根大通的前身 J.P.Morgan&Co.、美国银行和梅隆银行的执行官，他研制了许多信用问题的分析解决方案。他的工作包括建立故障预测模型，其中 ZETA 模型和 *Z*-Score 模型最广为人知。他与 Altman 博士一起建立了 ZETA 模型。他在整个资产范围（包括公司债务人、住宅房地产、金融机构和消费贷款）内开发并实施了信用和投资组合模型。

数年来，他担任了多家银行和保险公司的信用和投资组合管理顾问。他的客户包括 Zeta Services、CASA、花旗集团、Enhance Financcial Services、亚洲开发银行和 Banco Provincia de Buenos Aires。Narayanan 先生在许多公开场所发表了关于信用和投资组合风险的演讲并开展了教学，包括精算师协会、宾夕法尼亚大学沃顿商学院、纽约大学斯特恩学院、德雷塞尔大学、Fundacao Getulio Vargas、国际信贷组合经理协会（IACPM）和阿根廷中央银行。

罗伯特·尼莫（Robert Nimmo）从事国际银行相关业务 37 年，在不同国家的银行业担任过不同的职务。他在花旗集团工作了 24 年，从事生产线和风险管理工作。他曾是花旗集团信贷政策委员会（总部设在日本东京）的成员，并且在美国、菲律宾和日本的花旗集团任职。

之后，他也曾在澳大利亚悉尼的西太平洋银行、北卡罗来纳州夏洛特市的美联银行，以及英国伦敦的巴克莱银行工作。在这 3 家公司任职时，他都担任集团首席风险官。

Nimmo 先生毕业于斯坦福大学和雷鸟国际管理学院。他出生于澳大利亚布里斯班市，现与妻子居住在美国俄勒冈州波特兰市。

本书助理

伊丽莎白·雅各布斯（Elizabeth Jacobs）负责跟踪作者的写作进度，并且定期将手稿交付给出版商。近 20 年来，她一直担任 John B. Caouette 的行政秘书。

海梅·波苏埃洛-蒙福特（Jaime Pozuelo-Monfort）于 2000 年从马德里理工大学毕业，先后获得了电信工程学的学士学位和硕士学位。随后，他又获得了巴黎工程师学院的工商管理专业、马德里卡洛斯三世大学的金融经济学专业、加州大学伯克利分校的金融工程专业，以及伦敦经济学院经济发展专业的硕士学位。目前，他正在攻读哥伦比亚大学政法公共管理专业的硕士学位。他曾工作于马德里、斯图加特和巴黎的技术部门，以及纽约和伦敦的金融业。他的研究方向是金融经济学与经济发展之间的互动关系。

序 言

信用风险是金融市场中最古老的风险形式。如果信用可以被定义为“在一定时间内对一笔钱的期望”，那么信用风险指的就是这个期望得不到满足的可能性。信用风险和借贷一样古老，其起源可以追溯到公元前 1800 年[1]。从古埃及时代开始，它就基本没有变化。现在和那时一样，一个特定的借款人是否会偿还一笔特定的贷款，总是存在不确定性因素。本书将针对金融机构如何使用新的工具和技术重塑、定价和分配这种古老的金融风险形式进行讲解。

银行自 700 年前在佛罗伦萨成立以来，就成为社会主要的贷款机构[2]。信用风险管理已经成为银行必须拥有的专业技能的核心。在传统上，银行家和其他贷款机构进行信用评估的方式是，仔细衡量客户的需求和能力，以确保为其融资是一个合适的选择。20 世纪 90 年代末，当我们最初写这本书的时候，可以准确地说，那时的银行所采取的方法与早期使用的方法没有根本上的区别。但如今的情况不一定如此，我们在后面介绍的变化因机构而异。当然，货币中心机构、区域性银行和新兴市场银行之间也存在重大差异。与此同时，在 21 世纪的前十年，信用市场的全新贷方已成为焦点，对冲基金、私募股权公司和其他机构参与者等绕开了传统的信用方法，转而采用了新的信用风险管理方式。信用衍生产品的出现使市场参与者可以匿名承担或摆脱任何实体的信用风险，也就是说，既不与该实体签订任何合法的信用协议，也不向其放贷。这就是为什么德国的一家银行在没有见过借款人或相关房产的情况下，就可在美国堪

---

1 据说在约公元前 1800 年的《汉谟拉比法典》中有许多与古巴比伦信贷监管相关的内容（见 Homer et al.，1996）。有证据表明，印度河流域文明，一个可能比古巴比伦文明更古老的河流文明，其通过邻近的 Meluka 与古巴比伦有贸易往来（见 Sasson，1995）。由此推断，人们对信用风险的担忧甚至可以追溯到公元前 1800 年。

2 锡耶纳（Sienna）和皮亚琴察（Piacenza）被认为是欧洲的主要银行中心，比佛罗伦萨（Florence）早了 75 年。1300—1345 年，巴蒂家族、佩鲁齐家族和阿基亚乌利家族主导着银行业。他们的家族企业最终都因信贷过度扩张而倒闭，他们可能是跨境贷款的首批受害者。他们家族的位置最终被美第奇家族、帕奇家族和其他家族取代，其中，佛罗伦萨的美第奇家族给人留下了最深刻的印象（见 de Roover，1963）。

萨斯州为其承担次级房屋抵押贷款的信用风险。

历史上，银行一直倾向于将自身发展为关系银行。这导致出现一种模式，即它们更关注自身与客户的关系，而不是特定贷款的盈利能力，或者特定交易可能对整体贷款组合产生的影响。只要借款人达到了信贷标准，银行就不会过多地关注正在不断累积的贷款数额。花旗银行（Citibank）积累的建筑贷款，以及这些贷款在 20 世纪 80 年代末恶化后给银行业带来的影响就是一个很好的例子。在《演进着的信用风险管理：金融领域面临的巨大挑战》（原书第 1 版）出版时，银行业已经从近十年前的危机中逐步恢复起来。业内普遍认识到，传统的贷款方式导致了无法承受的结果，银行在定价和信用风险管理方面做得相当糟糕。

但在某种程度上，当时的银行业危机正是人们所期望的，因为这体现出银行业正在适应其在提供信贷方面只能发挥较有限的作用的角色转变。从其他方面来看，这反映了传统的银行家/客户角色需要进行一些更新。那些阅读过本书第 1 版的读者，不必费劲去寻找关于银行在世纪之交如何处理信用风险的绝对负面看法。因为仅不到 10 年，情况看起来就已经大不相同。在这篇序言中，我们列出了影响所有风险管理的十大变化，包括信用。这些变化意义重大，而银行正处于变化的最前沿。因此，我们在对银行管理信用和投资组合风险的方式进行评价时采取了更为宽容的态度，在许多章我们列举了很多银行管理风险的优秀案例。银行正在改进，但正如在 2007 年年底出现的美国次贷危机中我们看到的，它们仍然会出现重大失误。

在 21 世纪的第一个十年，信用市场因几项制度的发展而发生了变化。首先，市场反映了它们所处的环境：它们已经变得全球化、高度创新，并且对全球经济来说至关重要。顶级的市场参与者已经发展为全球性的大银行。这样的机构屈指可数，它们是由曾经的商业银行或投资银行的高层组成的。现在，它们既从事投资业务，也从事商业银行业务，还从事许多其他与投资相关的服务和贷款业务。这些机构的名字都很熟悉，如花旗集团、摩根大通、高盛、摩根士丹利、瑞银集团、美林、德意志银行、瑞士信贷、美国银行等。这些机构处于信用风险管理的前沿，是业内“最佳实践”的试验场。其次，真正的信用风险已经被资本市场接受，这推动了全新类型的贷款机构的发展，包括结构化金融机构、对冲基金、私人股权公司及探寻信用风险管理新方法的其他机构。再次，信用风险管理已经发展为全面的企业风险管理。对于主要参与者来说，最好的做法是将市场、运营和声誉风险，以及信用管理一起纳入考虑范围。最后，21 世纪市场形态和日常运作深受监管者的影响，如《巴塞尔协议Ⅱ》（*Basel II*）和《偿付资本监管Ⅱ》（*Solvency II*），监管者以更为复杂的方式为大多数参与者设定了规则。同时，它们也深受评级机构的影响，这些评级机构的评级为信用风险测量设定了市场标准，尤其是对证券化产品而言。

与信用风险相对应的是市场风险，即投资价值因市场力量（如利率、商品价格和货币水平）而发生变化的可能性。自市场诞生以来，市场风险就一直影响着金融机构的发展。市场风险管理技术已经发生了根本变化。任何参观过银行或投资银行的大型交易大厅的人都能感受到，市场风险管理已经成为技术发展的焦点。重大突破使风险管理转变为一门既适用于股票，也适用于债务工具的科学。市场风险的发展也为我们关注信用风险管理提供了一个重要的示例。有人认为，20 世纪 80 年代是市场参与者关注如何管理市场风险的时期。这一观点导致巴塞尔委员会在 1995 年引入了一个系统，允许银行机构利用自己开发的模型，根据对市场风险水平的计算结果设定资本要求。巴塞尔委员会一直注重模型分析和其他数学分析，随后也将目光转向《巴塞尔协议Ⅰ》（*Basel I*）和《巴塞尔协议Ⅱ》中的信用风险管理。

这并不是说市场风险已经消除了。以美国储蓄和贷款协会（Saving and Loan Association）为例，在放松管制导致金融市场风险增加的时期，对商业房地产资产价值的错误押注使整个行业都因此受到震动。我们通过定期了解发现，交易公司遭受的重大损失是由“流氓交易员”造成的，他们在事后被指控挪用了公司资金。有时也会出现这样的问题，一家公司并不真正了解自己在做什么（尽管它拥有像长期资本管理公司一样的优秀血统），于是把所有的资金都押在了一个失败的想法上。

尽管在预测系统性事件和克服某些个人行为方面存在缺陷，但是市场风险管理这门科学确实反映了 20 世纪后期的知识和技术。例如，银行已经采用了缺口管理、久期，甚至或有债权理论的概念。各大银行已经为利率和货币互换创造了巨大的市场。

相比之下，当我们在 1998 年出版《演进着的信用风险管理：金融领域面临的巨大挑战》（原书第 1 版）时，信用风险管理在很大程度上停留在“手工业作坊”的层次，即根据“订单”进行单项贷款决策。处于这一层次的信用风险管理，在大多数情况下没有一套通用的信用语言系统。从业者、学者和监管机构在缺乏关于金融和非金融变量及回收率的可靠定量数据的情况下，就违约时间、违约事件、财务困境成本和回收率等基本指标进行了激烈辩论。当时的人们付出了相当大的努力来改善这种数据缺乏的情况。关于违约水平和回收率的许多研究都是由 Edward Altman 和评级机构发起的，但这些研究都还在进行中，许多领先机构也尚未将其内在化。十年后，情况看起来大不相同。信用风险仍然是比市场风险更难以控制的风险，更多的变量需要被纳入考虑范围。然而，我们现在拥有了更多的工具、更多的信息，以及一些愿意承担信用风险、期望得到公平补偿，并且要求更加透明的市场定价的重要新参与者。

十年来信用市场的十大变化

- 新产品创新，尤其是在信用衍生产品和结构化金融领域，以及在对旧产品的标准化上。

- 信用市场的主要参与者在运用技术和制订策略方面日益娴熟。
- 越来越多地使用科学和数学模型，例如，住宅抵押贷款的信用评分模型，以及与一篮子信用违约互换价格相关的模型。
- 《巴塞尔协议Ⅱ》直接影响了银行市场，同时间接影响了市场参与者（通常称为“监管资本套利”）。
- 通过万维网在全球范围内实现了信用信息“24×7”全天候可用，并可以轻松、可靠交付。
- 在可承受的价格范围内，技术和系统功能显著增加，能够给出更好的报告，并更完善地建模。
- 市场本身在规模、流动性和全球化方面发生了巨大变化。
- 对冲基金作为市场主要投资者出现了。
- 评级机构的影响力日益增强。
- 较低的损失水平和较高的流动性水平导致信用利差不断缩小，并在 2007 年 6 月达到历史低点。这种市场狂热像一个漩涡，把更多的人拖进了最终被证明是糟糕的信用选择中。

总结上述十大变化是我们决定再版图书后做的第一件事。我们知道，在过去的 10 年中发生了许多变化，我们试图将它们整理并记录下来，以便能够达成共识，并且在做出改变时加以参考，这一步很重要。当然，不是每个人都会认同我们列出的十大变化，其他人希望强调或描述的变化可能稍有不同。如果对所有在欧洲和美国信用市场工作的人进行调查，我们可能会得到一个完全不同的结果。上述这份由我们自己总结得出的信用市场十大变化构成了本书后续提到的所有变化的基础。

经济中的信用风险演变

信用风险产生于资金提供者和使用者的已签合同，或一种或有金融交易的交易过程。为了理解它在现代社会中是如何演变的，必须将私营公司视为经济增长的载体。在前资本主义社会中，家庭和主权财富是信用风险的主要承担者。随后，股份公司的成立创造了能够集中资源、承担经济风险、借贷并超越所有者自然寿命的实体。金融中介机构的建立是为了汇集储蓄并将其提供给急需资金的使用者。甚至在利息支出后、未获得税收优惠待遇前，公司（例如，铁路公司和公用事业公司）就已经利用债务市场从远方投资者那里筹集资金，并以公司资产或恳请政府进行担保的方式顺利获得借款。债券市场和银行是债务资本的主要提供者（见 Baskin et al.，1997）。

随着市场的增长，其他资金提供者逐渐从银行手中抢夺市场份额。垃圾债券、资产支持证券，以及商业票据在很大程度上取代了传统的银行融资，其中一个主要原因是经济性。根据 Bryan（1993）的研究，在一项资产的整个生命周期中，证券融资的中介成本小于 50 个基点，而银行融资的中介成本却高于 200 个基点。

信用风险管理：一门新兴科学

在 20 世纪 80 年代中期和 90 年代初期，美国经历了银行贷款和公司债券的创纪录违约事件。当垃圾债券违约率在 1990 年和 1991 年超过 10%时，许多观察员认为垃圾债券和杠杆式的银行贷款市场可能会消失。然而，高收益债券市场开始复苏，并在十年后创造了纪录。

在很大程度上，由于 20 世纪 80 年代中期投资组合的表现非常糟糕，信用风险管理从业者对新技术越来越感兴趣。然而，对信用管理的高度关注没有成功推动新评估技术的发明和使用。银行也没有接受投资组合管理，而这种管理恰恰是银行迫切需要的。相反，在这一时期，一些独立的模型得到了发展，相关的违约数据库（首次建立于 20 世纪 80 年代末）被不断完善，监管者和顾问也对现有技术进行了大量调查，后者总是得出这样的结论：大多数金融机构的信用文化和借贷策略都需要重新审视，甚至是重新设计（见 Bryan，1988）。

矛盾的是，人们对信用风险管理新方法的兴趣在信用市场良性运行的时期激增。尽管经济学家预测美国经济将在 2008 年年初陷入衰退，但是，在 1997—2006 年的大部分时间内，美国经济一直表现强劲，全球多数股票市场也在相当长的一段时间内保持繁荣，这通过令人印象深刻的企业增长和低利率反映出来。除阿根廷、日本、印度尼西亚、泰国、马来西亚和韩国等外，世界上大部分国家及地区的信用市场均表现良好。事实上，在 2000—2006 年，不良贷款占银行贷款总额的比例远低于 1%，而这一比例的平均水平在 1988—1993 年却高达近 4%。在 2004—2006 年，杠杆贷款和垃圾债券的违约率同样远低于 2%，而在 1991—2006 年垃圾债券的平均违约率为 4.2%。鉴于这些良好的信用市场统计数据，21 世纪初期的从业者们对信用风险管理新技术兴趣的激增着实令人惊讶。而更令人惊讶的是，这似乎没能为避免最近的信用危机带来帮助，相反，这可能是促成信用危机的原因。那么，对信用风险重新给予关注，背后的原因到底是什么？

我们认为，答案可能出在借贷机构和对冲基金等其他机构的变化中，这些变化使市场流动性大幅增加。贷款机构已经到了一个发展阶段，在这一阶段，它们不再想要或不再需要发放或借入一笔贷款，并持有到其自然生命周期结束（到期、支付或冲销）。

究其原因，无疑包括来自监管机构的压力、贷款动态交易市场的出现，以及对股本回报率的追求。如今，银行越来越愿意考虑通过与对手的交易来转移其信用风险敞口。银行可以出售其信用资产（除了住房抵押贷款和消费贷款）的市场仍然很小，流动性也很差，而且与国债市场相比，这些市场的效率低下。但银行贷款市场的规模和流动性都有所增长。因此，银行及其对手在收集信用信息的过程中投入了大量资金，并建立了必要的分析基础，以便按照有意义的风险/回报标准对银行贷款进行估值。日益激烈的竞争、对多样化和流动性的推动，以及诸如《巴塞尔协议Ⅰ》和《巴塞尔协议Ⅱ》所提出的基于风险的资本要求等监管改革，都促进了信用风险管理创新方法的发展。经历了 1989—1991 年的房地产贷款违约事件，银行再一次认识到风险集中是一个需要解决的关键问题，从而产生了投资组合管理的概念。1997 年金融危机在亚洲经济体的蔓延表明，人们还没有充分理解信用风险的相关性（如果有）。

在世界各地，美国银行体系所遭遇的经历正在重演。瑞士和瑞典等欧洲国家也经历了类似的房地产危机。欧洲和日本的银行因集中向亚洲经济体放贷而受到了比美国银行更大的冲击。在包括日本在内的受损亚洲经济体中，本土的金融机构希望建立一种新的信用文化、完善市场驱动机制，来完善本国的信用风险管理系统。因此，就在美国和欧洲的银行开始进行投资组合管理之际，新兴经济体也深切感受到了信用文化的重要性。

创新产品和结构

许多创新产品和结构已经被开发出来并应用于信用风险管理。以下是一些重要的示例。

- 结构化金融交易，例如，抵押贷款担保证券和资产支持证券等。这些工具汇集了资产，并将发起人承担的全部或部分风险转移给了新投资者，在一些情况下，也会转移给一个或多个担保人。如果有必要，投资者可以通过二级市场将风险转移给任何相关方[1]。
- 交易所和清算所。通过引入一个结构中心，这些实体最大限度地减少了每一对缔约方通过创建单独的机制来管理其交易对手信用风险敞口的需求。
- 信用衍生产品，用以调整基础资产的信用风险状况。尽管信用衍生产品市场还不太成熟，并且正在面临诸多挑战，但是这一市场正在呈现爆炸式增长。贷款人如果不想继续承担资产的信用风险，就不必直接出售该资产。金融工具的设计有些是简单的，有些是复杂的，这也创造了一种转移违约风险的保

[1] 市政债券保险和市政债券银行已经存在多年，它们通过合并和担保的方式降低信用风险。

险机制。在某些情况下，这种机制还可以用于信用迁移。这是有史以来第一次市场有可能出现信贷短缺。此外，进行买卖的信用风险还可以根据金额、期限和信用事件类型进行调整。信用衍生产品市场将以一种以往难以想象的方式改变借贷业务。

信用风险就像牛奶一样

随着金融创新的发展，信用风险在很多方面发生了变化。例如，优先级证券和次级证券的信用风险已经被分割和重新分配。为了避免某个单独部分的业绩表现不佳导致整个发行降级，这些结构体被分解为单独的等级（Myerberg，1996）。在乳制品中，牛奶首先被分解成各种成分，然后再重组成各种不同的类型或品质等级，以适应消费者的口味，如低脂、高脂、淡奶油等。类似地，金融创新将风险进行分解并重新打包，以吸引不同类型的投资者。这样，单一发行的产品可以吸引多种类型的投资者。这种处理信用风险的方式，已经将“防御”转为“进攻”，此时理解信用风险将有可能打开资金流动的新渠道。以资产支持型商业票据进行融资的新一代金融公司就是受这一变化趋势影响的典型例子。债务被汇集起来，并且重新划分为超优先级、优先级、夹层和股权。这些夹层债务随后被再次汇集起来，形成了所谓的双层债务担保凭证（CDO-Squared）。类似的结构也出现在合成领域，这个领域本身没有现金流，但合成部分的持有者将获得信用利差收入。作为交换，这一领域将吸收基础池中由实体违约导致的信贷损失。

参与信用相关交易的实体数量在不断增加。例如，一项结构化金融的交易可能包括发起人、卖方/服务方、受托人和担保人。这些实体都面临着来自其他参与者的风险敞口，与此同时也影响着其他参与者的风险敞口。这不意味着总体信用风险已经增加。然而，由于涉及的方面过多，我们需要从多个角度对信用风险进行评估。现在，基础债务人的信用风险已被转换为交易对手金融机构的风险，并且在许多情况下被转换为市场风险。

金融工程创造了多种含有嵌入期权和依赖关系的工具，每一种工具都可能使金融市场参与者面临市场风险和信用风险。例如，在利率互换交易中，潜在的交易对手风险敞口就不是固定的。在一些情况下，它以零为起始，随着时间推移而增加，并在互换到期之前逐渐归零。互换交易等衍生产品交易需要新的财务披露和会计方式，同时也引发了有关强制执行的法律问题。一些交易对手可能会寻找各种借口来拒绝履行合同承诺。出于这些原因，衍生产品市场的快速增长意味着信用风险的整体增加。

前所未有的全球变化速度

在全球经济、政治和技术发生巨大变化的背景下，信用风险呈现指数级增长。在过去的几十年里，地缘政治边界和政府监管限制了资本的流动。自 20 世纪 70 年代初固定汇率被浮动汇率取代以来，金融市场见证了管制的逐步放松，这导致金融机构之间的竞争加剧，银行、投资银行、保险公司和投资公司之间的界限也变得模糊。地缘政治领域也发生了重大变化，如苏联解体、德国统一，以及东欧国家对市场经济的引入。资本主义和共产主义之间的两极紧张关系已经消退，巨额军事预算所带来的压力也随之消退。然而，地缘政治问题仍以核扩散、恐怖主义和世界贫困等形式继续存在。如今，各国家及地区关注的焦点已经变为经济增长和生活水平提高。

全球范围内的流动性都有所增加。这代表着一种机遇，因为新的资金来源已经出现了。同时，这也代表着一种挑战，因为这种资金的新用途和新使用者也随之出现。交易涉及的货币和实体类型之多前所未有。在很多情况下，必须对那些没有或少有信用记录的实体进行信用风险分析。总而言之，信用风险变得更加复杂。与此同时，各国的政府担保和救助能力都在减弱，重大信用危机波及全球经济体的速度不断加快。

与这些地缘政治发展叠加在一起的是信息技术的强大力量。如今，从世界各地收集、汇集和检索数据比以往任何时候都容易。遗传算法、神经网络和优化模型等技术对任何配备个人计算机的分析师来说都是触手可及的。更新的模型和数据库可以帮助人们更好地理解任何特定资产的预期财务行为，以及其与其他资产的关系。这种理解的增强很可能会以牺牲银行利益为代价，从而进一步提高证券市场的重要性。然而，市场对信用关系的承诺与银行有所不同：当资金来源在一夜之间枯竭时，借款人无法像过去那样与银行轻松地重新协商贷款条款。借款人不得不将融资来源作为一种选择组合来管理，每种选择都有不同的可用价格，并且它们要学会忍受融资领域中更大的波动性。

许多为衡量和控制市场价格风险而开发的技术正被应用于信用风险管理。但就像市场风险管理一样，信用风险管理工具本身并不会让世界变得更加安全。任何分析工具都是人类智慧的产物，它们试图通过有限的一组变量来为现实世界建模。这些工具使用的评估技术和优化技术也都是人类的发明。一个模型可以捕获现实情况的大部分特征，但也一定会以忽略其中的一些重要方面为前提。此外，随着时间的推移，模型的存在会影响市场的行为，从而也使其自身的有效性不断降低。出于这些方面的考虑，金融市场参与者需要高度关注模型风险问题，这类模型风险可能是导致美国次贷危机的重要原因之一。

正如我们将要在接下来的章节中讲解的，这些新的金融工具尚处于发展状态，它们有用，但仍不完善。如果这些工具被授予了不合理的权重，或者在使用它们时不够谨慎或判断不当，那么在实际应用过程中，这些工具会放大而不是最小化机构的信用风险敞口。同时，这些工具的有效性完全取决于使用者的技能、动机和态度。这就是为什么信用市场参与者必须高度关注专业人员的选拔、培训、激励措施，以及整个组织对待这些工具的态度。上述内容都是构成公司风险文化的关键要素。在未来的几十年里，成功将属于那些使用正确工具并创造正确文化的公司。那么，信用风险管理是否还面临挑战？答案是肯定的。但是，这是一种完全不同的挑战。我们的技能更加成熟，拥有更多可以使用的工具，但是市场的整体环境和事物的规模也都发生了变化，这就为风险管理带来了新的挑战。市场是更加分散的。如果衍生产品的价值超过实物价值的 10 倍或更多，就会造成我们直到现在才开始理解的、意想不到的后果。

当我们撰写《演进着的信用风险管理：金融领域面临的巨大挑战》（原书第 1 版）时，我们看到的挑战与十年后看到的完全不同。20 世纪 90 年代末，银行仍在努力摆脱十年前出现的信用问题。大多数信用风险管理的新工具、创新和方法都是在那时发展起来的，但那时还不清楚它们能否在银行中得到实际应用。十年后，结果是清晰的。在强烈的生存本能和监管机构指示的推动下，全球银行业在风险管理方面已做得更好，并且已经将我们讨论的大多数概念纳入了风险管理体系。那么，如今的挑战又是什么呢？如今的挑战来自日益复杂的市场。我们在序言中讨论过的大型银行如今已经是信用市场的核心，并且成功地将自身变为管理、包装和向全球金融市场出售风险的“专家”。如今的挑战是，在风险管理体系中的所有参与者是否都具备相关的知识基础，以及是否能够适当地将风险资本化，以应对目前在全球范围内经常遭遇的各种风险。如果不具备，那么全球经济需要付出的代价可能会更高。

本书内容可划分为三部分。第一部分描述了信用风险的机构设置，如银行、保险公司、养老基金、交易所、清算所和评级机构。第二部分介绍和讨论了目前用于信用风险管理的工具和技术等。第三部分整合了金融市场的新兴趋势，以及信用文化背景下的新工具和新技术。本书将重点放在了对实践的介绍上，并且根据需要在介绍理论的同时，提供了相应的见解。我们的目标是提供先进的信用风险解决方案，以及在该领域成功实施了这些方案的领先专家的观点。

原书参考文献

Altman, E. I. 2007. Global Debt Markets in 2007: New Paradigm or the Great Credit Bubble? Journal of Applied Corporate Finance 19, no. 3, Summer 2007.

Altman, E. I., and S. Ramayanam. 2007. The High-Yield Bond Default and Return

Report: Third-Quarter 2006 Review, NYU Salomon Center Special Report.

Baskin, J. B., and P. J. Miranti, Jr. 1997. A History of Corporate Finance. New York: Cambridge University Press.

Bryan, L. L. 1988. Breaking up the Bank: Rethinking an Industry Under Siege. Homewood, Ill.: Dow Jones-Irwin.

Bryan, L. L. 1993. The Forces Reshaping Global Banking. McKinsey Quarterly 2:59-91.

de Roover, R. 1963. The Rise and Decline of the Medici Bank. Cambridge, Mass.: Harvard University Press.

Guttmann, R. 1994. How Credit-Money Shapes the Economy: The United States in a Global System. Armonk, N.Y.: M. E. Sharpe.

Homer, S., and R. Sylla. 1996. A History of Interest Rates, 3d ed. New Brunswick, N. J.: Rutgers University Press.

International Monetary Fund. 1997. World Economic Outlook: Interim Assessment. Washington, D.C.: International Monetary Fund.

Myerberg, M. 1996. The Use of Securitization in International Markets. In A Primer on Securitization, edited by L. T. Kendall and M. T. Fishman. Cambridge, Mass: MIT Press.

Sasson, J. M., ed. 1995. Civilizations of the Ancient Near East. New York: Charles Scribner's Sons.

译者序

正如本书原著书名《管理信用风险——全球金融市场的巨大挑战（第 2 版）》所言，管理信用风险是 21 世纪金融市场的巨大挑战，特别是对于我国目前如此庞大的金融市场体量而言，以信用风险管理为代表的金融科技人才梯队建设，已成为影响各大金融机构高质量发展的重要战略目标。

信用风险管理不但是商业银行等金融机构最关注的核心业务，而且是高校信用管理等经济与管理相关专业的核心课程，同时更是学术界的重要研究领域。然而，不管是该领域的国内高校人才培养，还是我国主要商业银行与其他类型的金融机构在信用风险管理方面的人才储备，目前都明显不足以满足未来金融强国建设的巨大人才需求，因此，本书的出版恰逢其时。

本书原著出版于 2008 年，正值美国次贷危机爆发的关键时期。本书的作者是信用风险管理领域权威专家，也是业内多项重要方法初始研究工作的开拓者。信用风险管理权威专家在美国次贷危机关键时期的观察与思考，以及本书末尾作者对未来金融市场流动性风险的早期预言，都发人深省。本书原著深入的理论阐述和丰富的案例分析为信用风险管理的教学工作、科研工作与业务工作提供了重要参考。需要注意的是，书中所有涉及年份与周期的内容，均应参照本书原著的出版时间来理解。

本书译者在从事教学工作的过程中，接触并学习了本书的内容，发现本书的很多内容突出了教学重点，弥补了现有教材的不足。承蒙电子工业出版社李冰编辑的信任，使我们有机会承担此书的翻译工作，并在张梦菲编辑的辛勤协作下完成了文字修改和最终校对工作。东北财经大学数量经济学专业博士研究生何佳璐，也在本书的编审校过程中承担了部分工作。

感谢陈守东教授的全程指导和康晶博士的努力付出，使我们这项专业而艰巨的翻译工作得以顺利完成。为了让本书能够真正成为辅助高校教学和指导业界实践的重要指南，我们团队历经了多轮翻译、持续迭代、反复斟酌的五年艰辛历程，终成此书译稿。先后参与过本书翻译工作的吉林大学商学与管理学院博士和硕士研究生们包括：

段玉、李岳山、刘继元、赫晨宇、叶娟、张鑫、丁雪净、姜智丹、韩熠鑫、范金昀、王晴泽等。曾经参加过本书早期翻译工作的吉林大学商学院信用管理专业的同学们包括：练毓灵、颜逸扬、于睿、杨欣、曲育萱、邓媛元等。

适合阅读本书的读者包括高校本科学生、硕士和博士研究生、金融和经济管理相关专业的学者，银行、证券、企业等相关单位的风险管理与金融科技从业者，以及政府监管部门的相关工作人员。

虽然我们针对诸多专业术语进行了充分斟酌，但难免仍有疏漏和不足，期待专家和读者们的批评指正，烦请您将宝贵意见发送至我的邮箱 jluliuyang@126.com，我们将进一步学习和改进，谢谢。

刘洋

2023 年秋于长春

目 录

第1章 信用风险：全球经济的巨大挑战 1

1.1 改变对信贷的态度 2
1.2 越来越多的国家借贷 4
1.3 更多的杠杆，更多的机会，更多的风险 6
1.4 银行业的黄金时代 8
1.5 由市场驱动的信用风险定价 9
1.6 信用管理对全球经济至关重要 11
1.7 新的交易，新的风险 12
1.8 新贷款人 13
1.9 管理信用风险的新方法 14
1.10 技术拯救 15
原书参考文献 16

第2章 信用文化 18

2.1 一个现代化的风险管理框架 20
2.2 工作中的信用文化 22
2.3 高盛：通过信用文化进行管理 23
2.4 摩根大通：根据传统塑造新文化 26
2.5 是什么让信用文化发挥作用 28
原书参考文献 30

第3章 传统金融行业参与者：银行、储蓄机构、保险公司、金融公司和特殊目的的实体 32

3.1 银行及储蓄机构 34
3.2 竞争、集中和变化 35

3.3 经验和教训……39
3.4 流动性：一种银行特有的资源……40
3.5 保险公司……41
3.6 金融公司……42
3.7 特殊目的实体……44
原书参考文献……45

第 4 章 组合管理者：投资管理者、共同基金、养老基金和对冲基金……46

4.1 固定收益投资组合策略……47
4.2 对冲基金……51
原书参考文献……52

第 5 章 结构化中枢：清算所、衍生产品交易商和交易所……53

5.1 交易所……54
5.2 清算所……55
5.3 净额结算、抵押品和信用降级触发器……58
5.4 信用衍生产品公司……59
5.5 结构化中枢的局限性……60
原书参考文献……61

第 6 章 评级机构……63

6.1 遍及世界各地的评级机构……64
6.2 经评级发行债券的数量增长……66
6.3 评级过程……69
6.4 信用评级的业绩表现……71
6.5 信用评级与监管者……76
6.6 新兴趋势……77
原书参考文献……79

第 7 章 古典信用分析……81

7.1 信用分析是一个专家系统……82
7.2 将分析重点从资产负债表转向现金流……82
7.3 信用分析：“上帝”在细节中……83
7.4 财务比率：沙滩上的脚印……86

7.5 中长期借款的行业分析 …… 88
7.6 传统的信贷基础依然存在，但银行业实践已经向前发展 …… 89
7.7 你可以吃蛋糕，但只能吃一小块 …… 90
原书参考文献 …… 91

第 8 章 资产保证型贷款和融资租赁 …… 92

8.1 风险管理 …… 94
8.2 越来越多的尊重 …… 96
8.3 资产保证型贷款的替代品 …… 96
8.4 融资租赁 …… 97
8.5 证券化和杠杆收购的根源 …… 98
8.6 有利的结果 …… 98
原书参考文献 …… 99

第 9 章 信用风险模型简介 …… 100

9.1 模型——谁需要它们 …… 101
9.2 模型分类 …… 101
9.3 投资组合管理模型 …… 105
9.4 重点前瞻 …… 107
原书参考文献 …… 108

第 10 章 基于会计数据和市场价值的信用风险模型 …… 109

10.1 专家系统和主观分析 …… 110
10.2 基于财务数据的信用评分系统 …… 110
10.3 从单变量模型到多变量模型 …… 111
10.4 Altman 的 *Z*-Score 模型（1968） …… 112
10.5 *Z*-Score 模型和债券评级 …… 115
10.6 非上市公司的 *Z'*-Score 模型 …… 116
10.7 非制造企业的 *Z''*-Score 模型 …… 117
10.8 新兴市场评分模型与评分过程 …… 118
10.9 ZETA 信用风险模型 …… 119
10.10 分类准确率 …… 121
10.11 先验概率、错误成本和模型效率 …… 121
10.12 临界值调整与实际应用 …… 122

10.13 ZETA 比率的稳定性……123
10.14 系数重估……124
10.15 Altman 和 Sabato 的中小企业模型……124
10.16 穆迪 KMV 的 RiskCalc 模型……125
10.17 标准普尔的 CreditModel 模型（2003）……129
10.18 标准普尔的信用风险跟踪模型（2006）……131
10.19 BondScore 模型……133
10.20 Z-Score 模型、ZETA 模型、RiskCalc 模型、CreditModel 模型、信用风险跟踪模型和 BondScore 模型的组合使用……133
10.21 多变量模型的局限性……134
10.22 神经网络……135
10.23 专家系统……139
10.24 基于市场风险溢价的模型……140
10.25 死亡率模型……140
原书参考文献……141

第 11 章 基于股票价格的企业信用风险模型……146

11.1 期权理论前传……147
11.2 期权定价……148
11.3 股权是一种看涨期权……149
11.4 债务是一种看跌期权……150
11.5 KMV 模型……150
11.6 非上市公司 KMV 模型……153
11.7 KMV 模型和其他方法……154
11.8 违约模型的预测能力……156
11.9 KMV 模型的违约预测结果……157
11.10 应用……158
11.11 EDF 在资产评估中的应用：结构化模型和简约化模型……159
11.12 KMV 模型的改良（1995—2006）……160
11.13 结束语……160
原书参考文献……161

第 12 章 消费者金融模型……164

12.1 消费者信用评分模型……167

12.2 消费者信用评分模型的设计……170
12.3 模型充分性的检验……172
12.4 样本外检验……174
12.5 优点和缺陷……174
12.6 动态信用风险管理系统……176
12.7 决策树模型……178
12.8 神经网络模型……178
12.9 建立基于市场份额的信用评分模型……179
12.10 下一步……180
原书参考文献……181

第 13 章 小企业、房地产和金融机构的信用模型……183

13.1 小企业模型……183
13.2 住宅房地产模型……185
13.3 商业房地产模型……188
13.4 银行模型……189
13.5 异常临界比率：离群值/匹配组……191
13.6 多变量或综合测度……191
13.7 基于市场价值的测度……192
原书参考文献……193

第 14 章 信用风险模型的测试与实施……195

14.1 内在信用价值模型……196
14.2 有效模型的组成部分……197
14.3 信用风险模型的发展……204
原书参考文献……206

第 15 章 关于公司违约率……207

15.1 高收益债券违约率……208
15.2 死亡率和累积违约率……211
15.3 比较累积违约率……215
15.4 违约年限……217
15.5 “堕落天使”的违约……218

15.6 行业违约……220
15.7 预测违约率……223
15.8 基于发行人的违约率预测……223
15.9 基于美元的死亡率方法……224
15.10 关于预测违约率的最后一点说明……225
15.11 杠杆贷款违约率……225
15.12 结构化金融产品违约率……227
原书参考文献……229

第 16 章 信用风险建模与实践中的违约回收率和违约损失率……231

16.1 引言……231
16.2 第一代结构化模型：默顿模型……232
16.3 第二代结构化模型……233
16.4 简约化模型……234
16.5 信用风险价值模型……236
16.6 PD-RR 关系的最新研究成果及其影响……237
16.7 相关结果的影响和低迷期 LGD……240
16.8 一些参考资料……242
16.9 回收率评级……243
16.10 回收率和顺周期性……245
16.11 进一步的经验证据……245
16.12 结束语……251
原书参考文献……252

第 17 章 信用风险迁移……258

17.1 跟踪评级迁移的方法……260
17.2 评级变化的及时性和准确性……261
17.3 评级迁移结果比较……262
17.4 对结果的影响……266
17.5 信用风险迁移与贷款损失……268
17.6 未来的发展方向……268
原书参考文献……268

第 18 章 投资组合方法介绍 271

18.1 当其他条件相同时，分散是最优的方法 272
18.2 多个小赌注与一个大赌注 272
18.3 在信用投资组合中实施标准投资组合的问题 275
18.4 收益分布 277
18.5 持有期 278
18.6 缺乏价格数据 278
18.7 缺乏良好的数据 279
18.8 相关矩阵的求解 281
18.9 当前的投资组合方法 282
18.10 预期损失与意外损失 282
18.11 资本使用最优化 286
18.12 不同的目标 288
原书参考文献 289

第 19 章 经济资本与资本配置 291

19.1 定价机制的使用 292
19.2 银行家们在资本配置方面的创新 296
19.3 风险价值 300
19.4 经济资本和监管资本 301
19.5 经济资本的估算与优化 302
原书参考文献 303

第 20 章 投资组合方法的应用 305

20.1 MKMV 资产管理 308
20.2 最优投资组合和有效边界理论 308
20.3 信用评估的风险中性定价 309
20.4 资产价值的影响因素 311
20.5 CreditMetrics 313
20.6 违约相关性的处理 316
20.7 CreditMetrics 的实践与应用——CreditManager 319
20.8 对 CreditMetrics 的评价 320
20.9 CreditRisk^{+} 321

20.10 麦肯锡公司的 Wilson 模型 322
20.11 镰仓公司的违约和概率模型 323
20.12 Altman 的优化方法 324
20.13 投资组合风险和考虑意外损失的有效边界 328
20.14 考虑意外损失下的投资组合风险 330
20.15 Altman 投资方法的实证结果 331
20.16 银行调控和投资组合建模 332
20.17 信用投资组合技术的未来 335
原书参考文献 337

第 21 章 信用衍生产品 343

21.1 信用衍生产品的一个例子 345
21.2 信用衍生产品的结构形式 347
21.3 信用衍生产品对风险卖方的作用 351
21.4 信用衍生产品对风险买方的作用 353
21.5 信用衍生产品的应用 354
21.6 信用衍生产品并不是完美的 355
21.7 信用衍生产品的监管观点 357
21.8 信用衍生产品的信用风险 358
21.9 信用衍生产品的估值 360
21.10 目前的定价实践 361
原书参考文献 364

第 22 章 交易对手风险 365

22.1 衍生产品损失 366
22.2 交易对手信用风险的重要性 368
22.3 衍生产品风险敞口 369
22.4 利率互换 369
22.5 风险敞口和预期损失的计算 371
22.6 货币互换交易 375
22.7 衍生产品信用风险管理 376
22.8 净额清算协议 376
22.9 衍生产品信用风险的结构化金融解决方案 377

22.10 对现有的衍生产品信用风险评估方法的评价 …… 378
22.11 将信用风险与市场风险相结合 …… 379
原书参考文献 …… 380

第 23 章 国家风险模型 …… 382

23.1 历史背景 …… 383
23.2 基本面分析——关键比率 …… 387
23.3 国家评级系统 …… 389
23.4 国家风险评估面临的挑战 …… 393
23.5 黑暗中总有一线光明 …… 394
23.6 国家风险管理 …… 395
原书参考文献 …… 396

第 24 章 结构化金融 …… 399

24.1 资产证券化的应用 …… 402
24.2 发行人的收益 …… 403
24.3 抵押贷款证券化 …… 405
24.4 其他资产证券化 …… 407
24.5 风险分割 …… 408
24.6 高风险信用融资 …… 413
24.7 资产支持证券剖析 …… 414
24.8 资产支持证券的评估 …… 416
24.9 对银行业的影响 …… 417
24.10 结构化金融的其他应用 …… 418
24.11 证券化的风险 …… 420
24.12 结构化金融技术和投资管理 …… 422
24.13 证券化的未来 …… 424
原书参考文献 …… 425

第 25 章 新市场，新玩家，新玩法 …… 428

25.1 担保债务凭证：担保贷款凭证和担保债券凭证 …… 431
25.2 抵押品组合的转变 …… 433
25.3 不良债权市场 …… 435

25.4 买方从何而来……437
25.5 4 个玩家，改变玩法……438
原书参考文献……448

第 26 章 市场混乱，均值回归……451

26.1 流动性风险是下一个挑战……456
26.2 信用文化的重要性……460
原书参考文献……461

第1章　信用风险：全球经济的巨大挑战

适度的杠杆无疑会提高资本存量和产出水平，任何国家的杠杆水平越高，经济越容易受到需求意外不足和错误的影响。

——Alan Greenspan，Board of Governors of the Federal Reserve System，2002

近几十年来，信贷变得越来越普及。美国财政部通过借款来维持联邦政府的运转，地方政府通过借款来建设新的工厂，企业通过借款来实现发展和开展收购业务，小企业通过借款来扩大产能，数以百万计的个人通过信贷来购买住房、汽车、服装和食品等。以美国为例，其 1968—2006 年的循环债务规模如图 1.1 所示，从中可看到信贷呈现爆炸式增长。

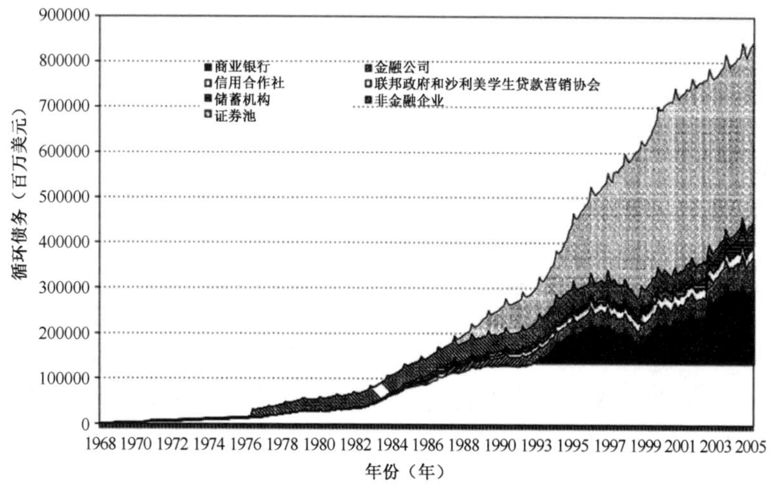

图 1.1　美国 1968—2006 年的循环债务规模

来源：联邦存款保险公司（2006）。

当个人购买某种产品或服务但没有立即付款时，就存在信用风险。通信公司和电力公司承担了所有用户的信用风险，信用卡发行商为所有持卡人承担了这种风险，抵押贷款机构对借贷人也是如此。对企业而言，几乎每个行业的企业都以这种形式向客户销售产品，每成功销售一次，它们就需要承担信用风险。信用风险可能持续几个小时，也可能持续一百年。

同时，除美国外的其他国家也开始使用信贷。欧洲企业和个人的杠杆率显著上升，英国尤其如此，因为英国的模式与美国类似。新兴市场也顺应了这一潮流，各国政府及其企业和个人都已将信贷视为推动经济发展的有力工具。与此同时，资本市场为这些机构和个人提供了更多的借贷途径。

1.1 改变对信贷的态度

伴随信贷激增的是公众态度的巨大转变，而且这种转变还在加剧。当莎士比亚笔下的 Polonius 建议他的儿子“既不要借债，也不要放贷”时，他讲述了那个时代的智慧。他的理由是，“借钱给别人，往往丢了本钱也失去了朋友，而向人借贷容易养成因循懒惰的习惯”。如今，这样的建议已经完全被相反的观点湮没了，银行继续向过去让它们亏损的借款人放贷，似乎也没有人在意是否会养成懒惰的习惯，任何曾经因使用信贷而产生的羞耻感都消失了。

甚至，我们用来描述信贷的词汇也反映了态度上的重大转变。在过去，“债务人”这个词仍然带有痛苦和羞耻的意味，“借款人”也可能会让人联想出一个可悲的人对一位有权有势、面露轻蔑的银行家毕恭毕敬的画面，但如今，我们不再需要把自己视为债务人或借款人。我们可以把自己想象成为使用杠杆的人。杠杆意味着我们足够聪明、足够熟练，通过使用杠杆，我们的收入会倍增。使用杠杆并不意味着我们成为“杠杆者”——就像债务人一样，我们的其他身份没有发生变化。利用杠杆是一件值得炫耀的事，而不是一件需要隐瞒的事。如今，许多人将信贷视为一种权利。

事实上，人们会从各种渠道接收大量增加借款额度的邀请。汽车制造商以较低的汽车贷款利率吸引买家，并向无力支付首付的客户提供优惠的租赁条件；零售商通过提供首次购物折扣来吸引消费者开立账户；信用卡发卡机构通过各种渠道发布具有竞争力的优惠信息。即使是那些信用受损的人，那些曾经寻求破产保护的人，当他们偿还债务后，也很快被视为良好的信用客户（*Philadelphia Inquirer*，1996，D-1）。如果人们还会在某类消费者交易中产生羞愧感，那就是付现金。很多人可能已经看到 Visa

公司最近的广告了，广告中提到，顾客使用现金会在繁忙的市场环境中减缓购物的进度。坚持要求顾客使用现金购买商品的商人很可能是在质疑顾客的诚信。

这种态度上的转变在商业领域同样明显。通常，公司给予首席执行官（CEO）和首席财务官（CFO）丰厚的薪酬，让他们为公司找到可以利用的资金。股票市场对杠杆率偏低的公司不感兴趣，因此上市公司的资产负债表上应体现出适当的债务水平。与此同时，养老基金和保险公司是对冲基金和私募股权公司的主要投资者，对冲基金和私募股权公司相互竞争，为杠杆收购提供贷款。

高收益债券，也被称为垃圾债券，已经存在了几十年，曾经它们是“堕落天使”的代名词——昔日繁荣的公司财富下降。如今，对于无法获得低成本信贷的公司来说，发行垃圾债券被视为一种相当不错的经营策略。

甚至破产（至少是公司法第 11 章中的破产）也失去了很多讽刺的色彩。一旦被免除了羞愧感和可能会终结职业的崩溃，破产就成为被广泛接受的合理的战略选择。许多公司根据公司法第 11 章规定的破产申请破产保护，以此获得业务增长所需的融资，并且摆脱繁重的合同义务，或者避免支付它们认为不方便付给供应商、员工或其他人的款项。与此同时，选择个人破产的个人清楚他们的信用可以在短短 10 年内恢复，如果他们根据破产法第 13 章的规定完成了还款计划，那么他们的信用可以在 3～5 年内恢复。在英国，2002 年企业法允许首次破产仅在 1 年后就解除。

奥兰治县所面临的财政困境表明，公众对破产的态度也发生了变化。1994 年，奥兰治县在衍生产品“投资”上的损失超过 16 亿美元，但这个县的民众和领导人都没有表现出多少尴尬或紧迫感。除了会出现这样的头版新闻，评级机构评估的公共财政市场的信用质量也呈现出下降趋势。在过去的 35 年里，越来越多的州和地方政府实体进入了公共债务市场。1970 年，17 个州的信用评级为 AAA 级。2006 年，穆迪（Moody’s）和标准普尔（Standard & Poor’s，S&P）的报告显示，只有 9 个州可以达到这一级别。市政信贷质量下降的原因可能包括纳税人反感、管理不善，以及市政税收收入下降和劳动力成本缺乏弹性等。这可能是市政领域存在的普遍现象，但这种下降也与企业债务市场运行的明显趋势保持一致。

人们对使用信贷的态度已经改变，在成为一个保守谨慎的借贷人后，声誉也变得无关紧要。例如，加利福尼亚州作为美国最大的州及世界第六大经济体，就是一个特别有趣的例子。在 20 世纪 90 年代初，其一般债务评级为 AAA 级，在 20 世纪 90 年代中期逐渐下降到 AA 级，然后在 2001—2003 年直线下降到 Baa 级，之后又上升到 A1 级。企业也呈现出类似的状态，例如，美国航空公司（U.S. Air）的破产就是为了重新谈判飞机的长期杠杆使用问题。

1.2 越来越多的国家借贷

全球都对借款产生了极大的兴趣，主权债务国家越来越多地进入国际金融市场。如图 1.2 所示为 1975—2005 年被评级的主权国家的数量。

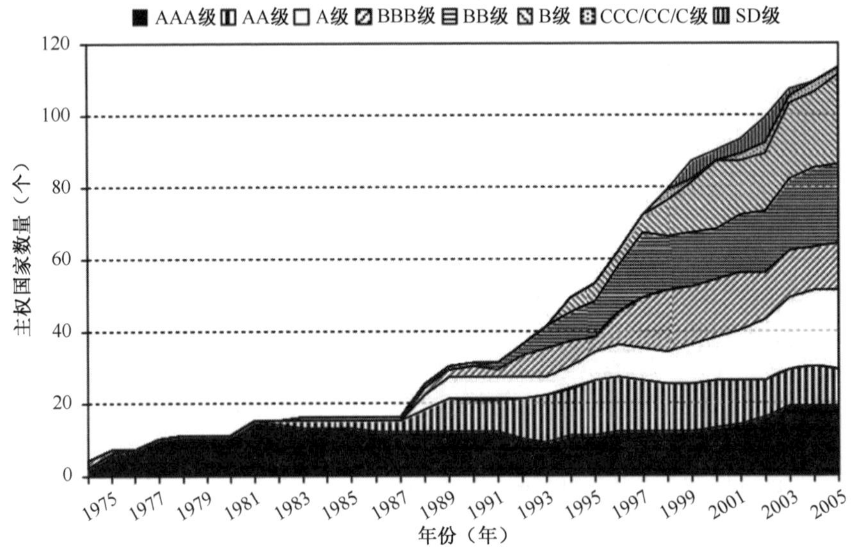

图 1.2 1975—2005 年被评级的主权国家的数量

来源：未来信用评级（2006），标准普尔出品。

如图 1.2 所示，目前被全球评级机构评级的国家数量正在不断增加，这表明世界各国都意识到了进入资本市场的重要性。如图 1.3 至图 1.5 所示为发达国家公共信贷规模、发达国家信贷增长趋势（私人国内信贷）、欧洲信贷增长趋势（私人国内信贷），从中可以看出发达国家越来越依赖公共债务和私人债务。

许多其他发达国家和发展中国家呈现出的一个新趋势是私有化。过去，道路或桥梁等基础设施建设项目由政府提供资金，现在这种情况发生了变化。例如，在英国，根据私人主动融资倡议，主要项目，甚至与国防有关的活动，都将通过长期合同转给私营机构经营者。这一趋势在欧盟、澳大利亚和美国都有所显现。

被新兴市场解除管制的国内金融机构和企业能够利用国外资本为国内增长提供资金。

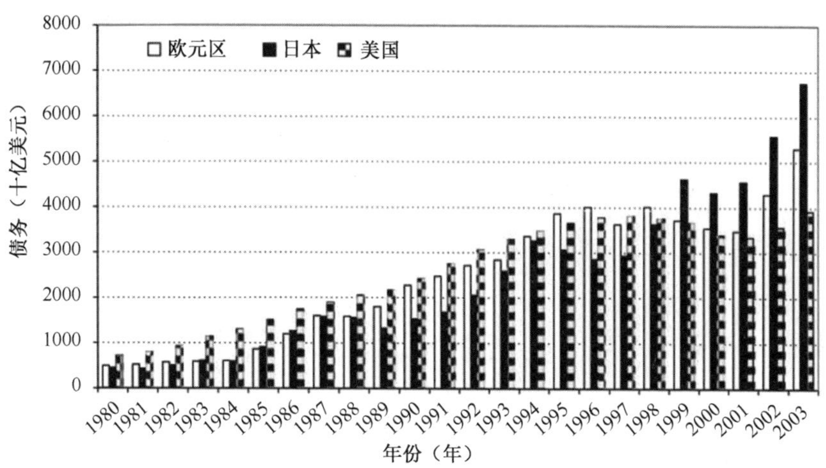

图 1.3　发达国家公共信贷规模

来源：经济合作与发展组织（2006）。

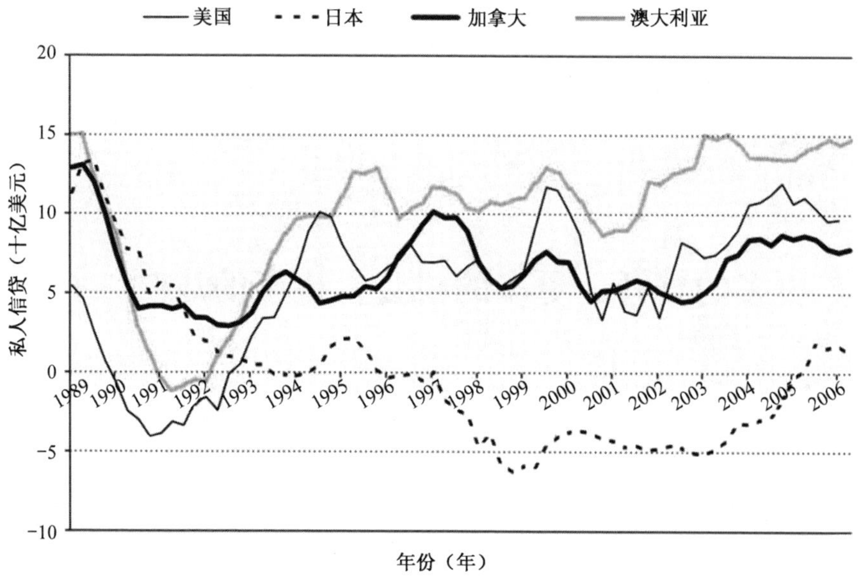

图 1.4　发达国家信贷增长趋势（私人国内信贷）

来源：国际清算银行的 2007 年年报。

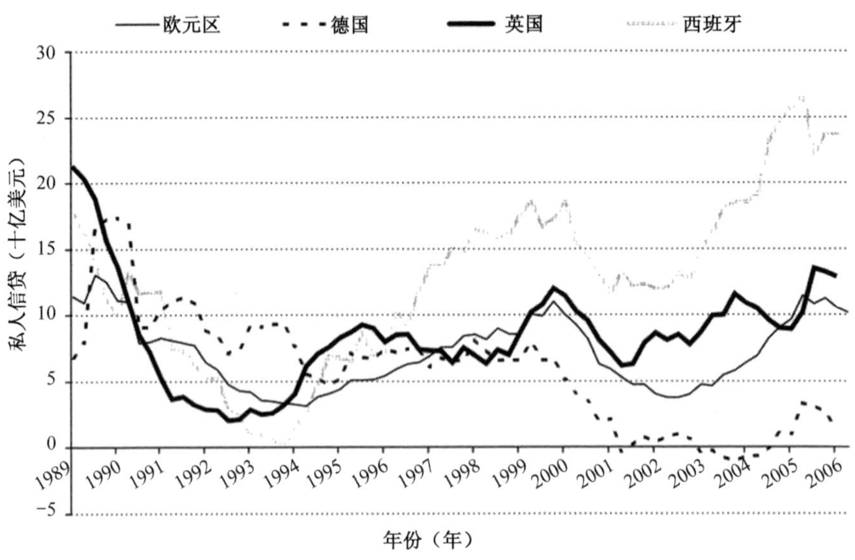

图 1.5　欧洲信贷增长趋势（私人国内信贷）

来源：美联储（2006）。

在新兴经济体中，借款的增多并不局限于企业和政府。许多国家和地区的消费者正在迅速学习如何使用信用支付。在如阿根廷、泰国等发展中国家，信用卡债务的规模正在迅速扩大。

1.3　更多的杠杆，更多的机会，更多的风险

毫无疑问，信贷的可用性及可接受性为人们的现代生活提供了便利，并推动了经济发展。信贷使那些收入微薄的人也可以购买住房、汽车和消费品，而这反过来也创造了就业机会，促进了经济增长。信贷使企业得以发展和繁荣。世界各国的政府机构都在利用信贷建设基础设施，因为这些基础设施的建设无法从年度预算中获得资金。在美国，市政债券的市场规模巨大，各州、市、镇及其相应机构都能通过信贷融资，从而满足公众对学校、医院和道路的建设需求。

赫尔南多・德・索托（Hermando de Soto）在《资本的秘密》（*The Mystery of Capital*）中提出，个人和商业企业的杠杆能力是理解一些经济体发达而另一些经济体不发达的最重要因素。美国已经将这种杠杆概念提升到了新的高度，欧洲也紧随其后。美国和欧洲的经济已经变得既庞大又多样化，这意味着需要利用杠杆来筹集发展经济、

开发新产品和提供服务所需的资金。与 100 年前，甚至是 50 年前的经济相比，现在的经济已经发生了巨大的变化。经济多元化使经济更加稳定，从系统的角度来看，风险也在大幅降低。鉴于发达国家的信贷市场已发展到如此巨大的规模，发展中国家也在寻找效仿它的方法。

信贷市场显然已经增长，我们的杠杆率比过去更高了。各行各业都在提供信贷服务。无论是财务主管想要为企业筹集资金，还是地方政府想要建设新的学校，还是个人想要购买新的住房，相比几年前都具有很多选择。许多观察到这一现象的人士认为，这种情况本身存在巨大风险。对即将到来的厄运发出的警告是我们在报纸上常见的话题，也是很多书的主题。但大多数悲观论者只是指出了这样一个事实，即信贷市场已大幅增长，消费者、企业和政府都更加依赖杠杆。我们不会质疑这一事实，因为我们的杠杆率确实变得更高了。无论这是一个固有的问题，还是资本主义经济体制下的自然产物，有一件事是肯定的，即我们需要使用优秀的信贷管理技能来帮助企业在这种环境下运转。

若要理解这种增长是好是坏，首先需要分析它是如何产生的。信贷迅速增长可能有以下 3 种原因。

- 金融深化。当信贷被发放给以前不具备申请资格的人，或者那些有资格的且能够更广泛地利用信贷市场投资存货或资本设备的人时，就会出现这种情况。前者的一个例子是，过去不具备申请资格的人现在能够进入抵押贷款市场领域、信用卡领域和汽车金融领域。另一个例子是小企业信贷，或者身处欠发达经济体的借款人能够进入全球资本市场。在基层，新兴市场的小额信贷是金融深化的另一个例子。信贷水平扩张在大部分情况下都是金融深化的结果，这在很大程度上是一件好事。
- 正常的结构性上涨。全球经济的增长意味着更大的信贷扩张。在过去的几十年间，我们经历了前所未有的经济增长时期，信贷自然会随之增长，呈现出乘数效应，因为金融深化的信贷实际上比 GDP 增长得更快，根据标准普尔的研究，其通常是 GDP 的 1.75 倍。
- 过度的结构运动。当信贷扩张变成信贷繁荣时，信贷繁荣有可能会破坏稳定。当资产价格被放大时，如股票价格飙升、房地产价格大幅上涨，银行倾向于在这种情况下发放更多的贷款，这就是通常所说的“泡沫”。如今，许多大众媒体认为这正是美国和全球大多数经济体所面临的情况。

可以肯定的是，信贷一直在快速扩张。我们还可以看到，这种扩张发生在信贷管理工具得到改善、信息来源比几年前好得多的时候。借款人和贷款人对债务的态度都发生了变化，而且可能是向好的方向发展，因为许多参与者正以更高的成熟度进入市场。

在 2007 年的前几个月，信贷市场似乎处于某种新的范式中，这种范式是由信贷管理工具的改进和经济形势的稳定所驱动的。2007 年年底，我们似乎正处于“悬崖”边缘，距离信贷市场危机引发的全球经济大衰退仅有几步之遥。接下来将如何发展，目前还很难说。然而，可以肯定的是，较高的杠杆水平确实会让单个参与者和整体经济更容易受到某种系统性支持的影响。这可能是因为高度的多元化、在市场上有更多的风险承担者，以及每个人都拥有更多的信息，最终使当前的信贷低迷变得更加有限。但我们现在可以非常清楚地看到，信贷周期尚未结束。

在我们结束有关更多债务和更多风险的讨论之前，在新的信贷市场上已经产生了一种额外的风险。信贷一直是一种个人想法。大多数良好信贷的核心思想是，贷款人需要了解借款人。银行只贷款给它们的优质客户。银行长期培养客户，由此培养出了借贷双方的熟悉和信任。当事情发生变化时，例如，借款人需要调整他们的信用额度，或者需要借更多的钱，或者需要更长的还款时间，这些调整往往比较容易实现。当然，这不是一种好现象。关系银行给许多国家的银行系统带来了较大损害，但这确实为个人和公司在面临一些问题时提供了稳定和清晰的解决路径，他们可以打电话与银行进行讨论。今天，事情就不那么简单了，很少有银行还能坚持为他们发放贷款。一旦出现问题，做出调整就不那么容易。如果出现重大问题，那么调整会变得更加困难。

1.4 银行业的黄金时代

在不断升级的美国次贷危机到来之前，即 2000 年前后的十年，全球银行业似乎处于黄金时代。即便是利润较低、风险相对较高的日本和德国银行市场，其支付水平也已从 21 世纪初的较低水平反弹。我们认为，全球整合、风险管理改善、成本收紧和监管放松所带来的结构性改善，使该行业能够安然度过未来的一系列风险期，如长期利率大幅上升或外部系统性冲击。

尽管银行业自 20 世纪 90 年代以来进行了重大调整，但受其他因素影响，信用风险在今天仍然是一个严峻的挑战。商业银行和保险公司等主要贷款机构不再是全球经济的主要信贷来源，它们仍可发挥关键作用，特别是在信用工具的创造方面，但它们不再通过持有信用工具来主导银行业。这意味着债务的创造者与债务的持有者之间存在脱节。这种脱节日益引起监管机构和信贷市场主要参与者的担忧，因为当信贷周期变得更具挑战性时，这种脱节可能会带来更大的波动性。

尽管银行机构的发展在过去的 10 年取得了重大进步，但过去发生的事件表明，银行家的判断远非万无一失。美国的银行时不时地在贷款方面犯严重错误。虽然多重因素汇合在一起导致了最近的银行危机，但不适当的信贷政策和程序无疑是重要的促成因素之一。在 20 世纪 70 年代向拉美国家及在 20 世纪 80 年代向商业房地产开发商放贷时，银行基于传统的信贷方法进行决策，即它们评估个人风险，并专注于向与它们有长期业务关系的客户放贷。这种方法给它们带来了较大的失败。与商业房地产市场一样，拉美国家的银行之所以陷入困境，不是因为它们选择了错误的个人风险，而是因为它们选择了错误的行业。一些问题可能可以归咎于银行管理不善，但即便是具备良好的管理，也无法消除信用风险。

亚洲经济体的崩溃让人想起了 20 世纪 80 年代初拉美国家的借贷增长方式，但二者的金融危机引发原因不同。针对拉美国家的情况，花旗银行曾经的高级副总裁 Jack Guenther 表示，许多国家所遇到的困难是外部冲击造成的，如世界商品价格急剧下滑和美国为了控制国内的通货膨胀而采取了限制性货币政策，使得利率居高不下。对于亚洲经济体来说，出现问题一方面是由于房地产的资产泡沫，另一方面是由于对生产能力的过度投资和出口增速的下降。此外，金融市场的悲观情绪和短期外国资本的出逃加速了亚洲经济体的崩溃。除一两个国家（如菲律宾）外，亚洲国家基本上已从这场危机中复苏。

1.5 由市场驱动的信用风险定价

以前，人们很容易认为信用风险被低估了。有明确的证据表明，美国银行一直系统性地低估了其商业客户面临的信用风险。与世界其他国家和地区的情况相比，这些银行的定价政策看上去很明智。这似乎是向这些机构放贷的大好时机之一。定价不合理的原因各不相同：许多国家的银行将自己视为一家公用事业公司，它们的工作是将国家储蓄用于经济发展，而不一定是在这一过程中赚钱；许多银行将商业贷款视为“亏损领路人”，因而劝说其客户从它们那里购买其他更能带来丰厚利润的产品。更糟糕的是，这些银行缺乏有关自身放贷经历的良好违约和回收数据。在缺乏知识和信息的情况下，它们已经尽了最大努力。

十年后，全球主要贷款机构的情况已大不相同。现在有更多的数据可供参考，主要的银行监管机构已经建立了一个基于风险的资本体系，使银行在向客户发放贷款时能够非常清楚地了解资本累积的后果。所有的证据都表明，市场比十年前复杂得多，而且似乎还具有更多的系统性风险。那么，在这个新的金融世界里，信用利差发生了什么变化？答案是信用利差比以往任何时候都更加收紧，并在 2007 年夏天达到最低点。那么，当时的信用风险被低估了吗？也许是，也许不是。

可以说，一个全新的范式正在发挥作用。十年前，银行系统是长期信贷的主要来源，而现在无论在哪个市场，情况都不再如此。因此，我们有了新的贷款人，有了新的经济模式，甚至有了完全不同的动机。在某些方面，信用风险应该与其他商品服务类似，而任何一种商品的定价都是由以下 3 个因素决定的。

- 提供服务的成本。
- 提供服务所带来的预期损失和非预期损失。
- 可接受的资本回报率。

那么，新的范式是什么呢？过去，信用利差是由银行家综合成本分析、客户关系和一些老式的“国家空谈”来决定的，而现在，它们是由市场来决定的。截至 2007 年 6 月，我们经历了较长的低违约期，资金流动出现明显变化，传统来源和非传统来源的流动性出现了巨额过剩。许多新的储蓄者和新的储蓄管理者出现了。过去，现金以存款的形式存储在银行中，而现在则存储在共同基金或对冲基金中。信用风险实质上是“跟着钱走”。新参与者有着完全不同的成本基础（大多较低）、较小的资本要求（如果有），以及有限的、在很大程度上更为积极的定价体验。因此，在 2007 年年中，信用利差大幅低于一段时间以来的水平也就不足为奇了。事实上，在一些市场，如美国高收益债券市场，利差是有史以来最低的。然而，有关市场风险的新信息在 2007 年夏秋两季开始对所有参与者变得清晰可见。市场在处理了这些新信息后，利差如预期般飙升。到了 2007 年秋季，许多市场参与者不再对这个市场感兴趣，也不愿意参与其中，市场利差在短短 5 个月内从历史低点上升至平均水平以上！信用风险的重新定价虽然令许多人感到痛苦，但也让某些人受到鼓舞，他们认为，尽管市场结构有了新的范式，但信贷的基本风险评估已于 2007 年 6 月脱离标准，这是非常明确的。新的市场范式是，信用利差现在是市场供求压力及基本违约和损失预期的函数，其中包含信用信息及参与者的恐惧和期望。因此，我们可以预测未来信用风险的市场定价将高度波动。

在为信用风险定价方面，市场参与者已经变得老练得多。最近一段时间，许多贷款机构发现市场对信用定价过低，而它们的反应是继续发放信贷，而不是持有信贷。这并不违法，也并非不合适，只是精明的“生意”。

1.6 信用管理对全球经济至关重要

所有主要经济体和大多数发展中国家的银行系统都经历了信贷问题，这对经济增长和金融市场稳定产生了消极影响。前面我们提到了美国在过去 30 年间出现的问题，这些问题是由房地产贷款和其他问题引起的。欧洲也经历过与美国类似的银行危机。近年来，法国、西班牙和英国的主要银行都濒临倒闭，德国的银行体系正处于一场由系统性信贷失败引发的混乱之中，其他国家和地区的情况也不容乐观。近 10 年来，日本的银行体系所存在的问题一直是金融媒体关注的焦点，这给日本经济带来了长期的通缩和衰退。如表 1.1 所示为 2002—2004 年世界工业化国家的主要银行盈利能力。

表 1.1　2002—2004 年世界工业化国家的主要银行盈利能力

	报告的银行数量（家）	占总平均资产的百分比（%）											
		税前利润			拨备费用			净利差			运营成本		
		2002 年	2003 年	2004 年	2002 年	2003 年	2004 年	2002 年	2003 年	2004 年	2002 年	2003 年	2004 年
美国	12	1.89	2.10	1.99	0.84	0.47	0.36	3.45	3.21	3.12	3.28	3.16	3.48
加拿大	5	0.61	1.00	1.19	0.58	0.23	0.06	2.07	1.99	1.92	2.75	2.78	2.77
日本	11	–0.55	–0.47	0.29	1.14	0.75	0.56	1.13	1.21	1.11	1.20	1.35	1.12
澳大利亚	4	1.49	1.49	1.46	0.26	0.21	0.17	2.16	2.13	2.05	2.04	2.30	2.55
英国	9	1.06	1.22	1.15	0.37	0.33	0.23	2.15	1.96	1.56	2.26	2.04	2.07
瑞士	5	0.12	0.59	0.68	0.15	0.03	–0.01	1.02	0.97	0.82	2.55	1.96	1.65
瑞典	4	0.69	0.77	0.98	0.09	0.10	0.03	1.48	1.44	1.35	1.44	1.37	1.24
奥地利	2	0.46	0.53	0.69	0.39	0.36	0.31	1.80	1.71	1.80	1.92	1.85	1.84
德国	9	–0.01	–0.12	0.09	0.48	0.30	0.15	0.80	0.81	0.71	1.37	1.26	1.35
法国	7	0.45	0.59	0.09	0.15	0.17	0.08	0.62	0.80	0.72	1.49	1.50	1.41
意大利	6	0.67	1.03	0.67	0.91	0.68	0.49	3.07	2.82	2.24	3.33	3.22	2.73
芬兰	3	0.46	0.65	1.03	0.26	0.20	0.10	1.62	1.62	1.53	1.98	1.85	1.82
西班牙	5	1.01	1.29	0.72	0.50	0.44	0.35	2.73	2.45	2.17	2.36	2.13	1.79

来源：国际清算银行的 2007 年年报，以及惠誉评级。

泰国、韩国、马来西亚和印度尼西亚经济出现的一系列严重问题是其信贷市场问题的直接体现。因此，这些国家的央行行长聚在一起制定了规则，以确保其银行体系持有良好的信贷实务和充足的资本配置。

1.7 新的交易，新的风险

新型金融工具的出现提高了人们对信用风险的认识。利率或货币互换等金融衍生产品的出现代表着市场风险和信用风险的分离。例如，利率互换通常是发生在以下双方之间的一种交易：一方是评级较高的发行人，倾向于发行浮动利率债券，但能够以相对较低的利率发行固定利率债券；另一方是评级较低、偏好固定利率债券，但只能募集浮动利率资金的发行人。因此，更具创新性的互换交易在很大程度上会引发信用风险，而正是通过接受信用风险，互换卖家获得了很大一部分收入。

衍生产品将信用风险的概念进行了扩展，其中包括交易对手风险。例如，假设汽车制造商 A 同意在未来某一时刻与银行 B 交换货币并签署了协议，在此协议的基础上，汽车制造商 A 签署了从海外供应商 C 处购买零部件的合同。如果银行 B 随后未能履行货币互换协议，那么海外供应商 C 可能就会遭受结算延迟或更糟的结果，即使它和银行 B 之间不存在直接关系。如果汽车制造商 A 能够停止向银行 B 支付，那么海外供应商 C 就不会处于危险之中，但它将不得不承担由于不利的市场动向而造成的损失。这样，交易对手风险就为信用风险增加了一个新的维度，即企业的风险敞口可能来自从未建立过信贷关系的第三方。随着社会各部分变得越来越相互依赖，交易对手风险呈指数级增长。

这并不意味着仅因为衍生产品交易存在，整体经济中的金融风险就增加了。毕竟，衍生产品交易是一场零和游戏。但衍生产品需要额外的金融合约，因此，合约双方须监测和管理额外的风险敞口。关于信誉的适当披露标准已变得越来越重要，在信用评价和监测结构方面进行投资变得十分必要。在解释和执行金融合同方面也存在额外的风险（见 Mason，1995）。拥有大量总体风险敞口的交易对手违约，可能会导致一种影响许多其他机构的连锁反应。

客观而论，衍生产品的系统性风险并不是什么新鲜事物。例如，1982 年 Drysdale 证券公司的破产在回购交易中给曼哈顿银行和其他银行造成了超过 3 亿美元的损失。当时，美联储不得不采取行动，以避免金融市场出现混乱（见 Greider，1987）。然而，衍生产品交易在一个关键方面不同于传统金融，它们是表外交易。因此，它们的真正风险外部人士往往看不到，甚至连内部人士也看不到。仅根据一家复杂机构在其财务报表及其附注中披露的信息来评估其衍生产品风险敞口，是非常困难的。归根结底，虽然衍生产品可能不会给整个金融体系带来增量风险，但它们确实会给那些没有在人员、分析和技术方面进行足够投资的参与者带来重大风险。

与金融衍生产品一样，资产支持证券（Asset-Backed Securities，ABS）的出现迫使市场参与者更加关注信用风险。证券化需要系统地对这些风险进行分级和分割。典型的资产支持交易涉及大量变量，理解它们之间的相关性可能需要高度分析其复杂性。随着证券化技术扩展到新的司法管辖区，以及越来越多的机构开始投资住宅和商业抵押贷款支持证券（Mortgaged-Backed Securities，MBS）与资产支持证券，同时随着时间的推移，金融专业人士需要更多地了解如何管理债务人的信用风险。他们还需要更多地了解如何管理相关的信用风险——与单独资产相关的风险，这些资产显示出同一方向的信贷质量总体变化趋势。

1.8 新贷款人

在美国，新的贷款机构已经变得越来越重要。在 1945 年后，银行持有美国 70% 的资金，保险公司持有 20%，其他持有剩余的 10%。如表 1.2 和图 1.6 所示为 1950—2005 年金融资产总额的相对份额，从中可以清楚地看出，从那时起，银行和保险公司的市场份额已被机构投资者，特别是养老基金抢走。这种转变的速度近年来也加快了。

表 1.2　1950—2005 年金融资产总额的相对份额

	1950 年	1960 年	1970 年	1980 年	1990 年	1995 年	2000 年	2005 年
金融管理局	9.18%	1.12%	5.43%	1.04%	1.55%	1.23%	2.43%	1.21%
储蓄机构	50.51%	55.03%	58.15%	46.70%	−5.46%	26.55%	31.91%	37.21%
保险公司和养老基金	30.10%	27.65%	18.37%	27.94%	38.19%	16.73%	−2.70%	8.90%
资本市场投资者	3.57%	4.47%	11.20%	19.26%	62.92%	43.70%	54.10%	37.06%
金融抵押贷款公司	6.63%	11.73%	6.85%	5.07%	2.81%	11.80%	14.26%	15.62%
总计	100.00%	100.00%	100.00%	100.00%	100.00%	100.00%	100.00%	100.00%

来源：美联储（2006）。

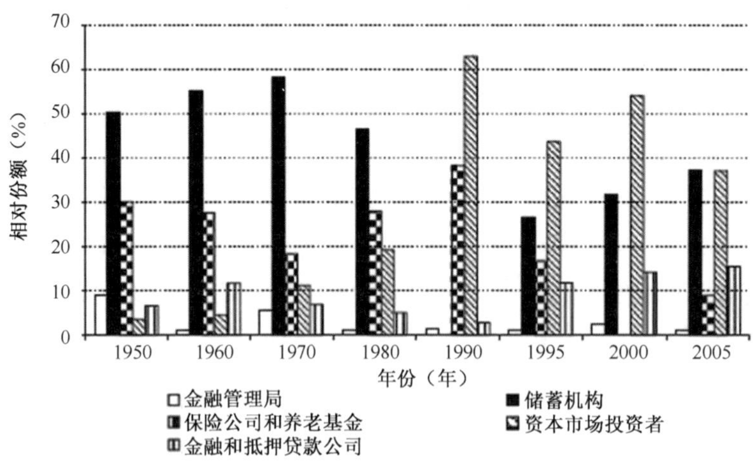

图 1.6　1950—2005 年金融资产总额的相对份额

养老基金、共同基金和捐赠基金有大量资金可供投资或放贷，但它们的偏好与银行明显不同。银行吸收短期存款，对发放短期贷款有一种自然的偏爱。相比之下，机构投资者吸收长期资金，倾向于发放较长期贷款。在越来越大的程度上，借款人的时间框架决定了银行或机构投资者将是更好的债务资本来源。市场的这种分化是需要更好地理解信用风险的原因之一。

随着全球经济成为现实，债务国和债权国之间的距离可能会不断增加。例如，印度尼西亚发行的信用卡的应收账款可以由纽约的一家基金购买，然后卖给苏黎世的一位私人银行客户。评估信用风险是一个收集和解释信息的过程，随着借款人和最终贷款人之间距离的增加，这项工作变得更加难以进行。

1.9　管理信用风险的新方法

在 20 世纪 80 年代和 90 年代的银行业危机中幸存下来的美国银行家认识到，他们应对信用风险的方法存在严重缺陷。如今，全球所有主要金融机构和许多二线机构都在寻求有效的信用风险管理技术，这是银行监管机构的要求，也是《巴塞尔协议Ⅱ》内容的一部分。目前，所有主要金融机构都开发了全球信用风险信息系统，这些系统不断更新，以便能够实时监测风险和定价。许多银行正在采取新的方法，希望以此摆脱传统的观点，即判断信贷基本上是一门“艺术”。

出于下列原因，银行系统的一般信誉已大幅提高。

- 合并和全球化有助于银行推广其最佳做法和促进业务多样化，使其不那么容易受到单一国家或经济部门的影响。
- 大多数主要银行机构都在积极开展各种活动，以此减少对利息收入的依赖，改善业务平衡。
- 改进后的风险管理技术现在已被广泛接受，包括统计投资组合管理、证券化和使用衍生产品市场的积极对冲，这些都有助于更好地处置其投资组合中的信用风险。此外，《巴塞尔协议Ⅱ》的实施也将加强风险管理技术改进的趋势，尤其是在那些排名靠后的机构中。

1.10 技术拯救

技术已经改变了信贷市场。在过去的 10 年间，贷款人群体发生了变化，债务人群体也发生了变化，贷款环境同样发生了巨大变化。信贷的发放过程也发生了变化，尽管如今商业贷款的发放方式与过去并无较大不同，但消费金融市场受到了新技术的严重影响。技术使市场更加灵活，这也是近年来信贷市场增长得如此迅速的一个重要原因。对于消费者市场的对冲基金和专业金融公司等新参与者来说，新技术的作用尤为明显，甚至对原始贷款发放后的情况也造成了影响。现在，大多数金融机构在发放贷款时都是抱着贷款被出售的期望，而不是发放并持有贷款。对冲则更为普遍，投资组合管理如今在越来越多的金融机构中成为现实。

虽然针对信用风险管理已经产生了许多解决方案和新技术，但新技术的使用也带来了一些挑战，当前次级抵押贷款市场的动荡就是一个例子。次级抵押贷款市场之所以存在，是因为它能够利用数学模型对信用风险进行建模和管理。然而，当这些模型没有产生预期的结果时，行业参与者就会面临巨大的损失和一些负面影响，这导致他们中的许多人都退出了这个市场。

技术方面的故事还在继续开展。与市场风险相比，信用风险本质上是一种低概率/高影响的风险，很难对冲，甚至在某些情况下很难被完全理解。虽然现在信息更加容易获得，但关于信用风险的良好信息并不总能获得，也并不总是可靠的，而且这方面的学术研究也较为有限。

然而，至少在某个方面，现代社会已经做好了应对这一挑战的准备。在过去的 20 年里，信息技术和相关分析工具正在以惊人的速度发展，我们能够比以往任何一代人都更快地收集、分析、比较和解释信息。事实上，正是这种技术的可用性使贷款人能够尽可能广泛地提供信贷。我们可以期待，在今后几年中将有更多的分析工具被开发出来，这些工具将使我们能够管理比现在更加复杂和广泛的信用风险。

一些新的风险管理技术已经得到了应用，其他的还在设计阶段。然而，管理信用风险的新技术的发展并不均衡，不同技术间仍然存在巨大的差距。新的技术已经被设计、试验和投入使用，未来十年应该是一段酝酿、创新和试验的时期。

原书参考文献

Ahern, K., R. A. Clark, and R. Swanton. 2006. Lonely at the Top: Why So Few ‘AAA’ U.S. Life Insurers Remain. Standard and Poor’s Research, 7 April.

Beers, D. T. 2004. Credit FAQ: The Future of Sovereign Credit Ratings. Standard and Poor’s, 23 March.

Beers, D.T. 2004. Sovereign Credit Ratings: A Primer. Standard and Poor’s, 15 March.

Daly, K. 2006. Sovereign Ratings History Since 1975. Standard and Poor’s Research, 1 December.

DeStefano, M. T. 2003. The Major U.S. Banks: Why No“AAA”s?. Standard and Poor’s Research, 17 November.

Federal Deposit Insurance Corporation, 1997. The Banking Crises of the 1980s and Early 1990s. Federal Deposit Insurance Corporation Division of Research and Statistics.

Ganguin, B., J. M. Six, and R. Jones. 2006. It’s All a Game of Snakes and Ladders for the Top 50 European Corporate Entities. Standard & Poor’s, 2 November.

Greenspan, Alan. 2002. Testimony before the Committee on Banking, Housing, and Urban Affairs, U.S. Senate. Federal Reserve Board’s Semiannual Monetary Policy Report to the Congress, March 7, 2002. www.federalreserve.gov/BoardDocs/HH/2002/march/testimony.htm.

Greider, W. 1987. Slaughter of the Innocents. Chapter 13 in Secrets of the Temple: How the Federal Reserve Runs the Country. New York: Simon and Schuster.

Hitchcock, D. 2007. California’s Fiscal 2008 Budget Proposal Offers Both Risks and Rewards. Standard and Poor’s Research, 5 February.

International Monetary Fund. 2004. Are Credit Booms in Emerging Markets a Concern?.

In World Economic Outlook, Chapter 4. April.

International Monetary Fund. 2005. Development of Corporate Bond Markets in Emerging Market Countries. In Financial Stability Report, September.

International Monetary Fund. 2006. Structural Changes in Emerging Sovereign Debt and Implications for Financial Stability. In Financial Stability Report, April.

International Monetary Fund. 2006. Household Credit Growth in Emerging Market Countries. In Financial Stability Report, September.

Ivaschenko, I. 2003. How Much Leverage Is Too Much. IMF Working Paper, January.

Jones, S., R. Conforte, D. Fanger, C. Manoyan, L. Muranyi, P. Nerby, A. G. Reid, A. Tischler, G. W. Bauer. 2003. Aaa U.S. Banks: Characteristics and Likely Candidates. Moody's Special Comment.

Kraemer, M. 2005. In the Long Run We Are All Debt: Aging Societies and Sovereign. Standard and Poor's Research, 18 March.

Mason, S. P. 1995. The Allocation of Risk in the Global Financial System. Boston:Harvard Business School Press.

Moody's Investors Service. 2006. Country Credit. In Moody's Statistical Handbook 2006. New York.

Moody's Investors Service. 2006. Default and recovery rates of corporate bond issuers 1920–2005. In Moody's Special Comment. January.

Moody's Investors Service. 2006. Moody's Statistical Handbook 2006. New York.

Philadelphia Inquirer. 1996. The Debtor's Great Escape: Bankruptcy. 29 December.

Samolyk, K. 2004. The Future of Banking in America. FDIC Banking Review 16, no. 2.

Standard & Poor's. 2006. Global Banking Golden Age. Credit Week, 8 November.

Standard & Poor's. 2007. 25 Years of Credit. Credit Week, 28 February.

第 2 章　信用文化

Renault 上尉：我很震惊地发现这里仍在赌博。

Emil：这是你赢的钱，先生。

Renault 上尉：哦，非常感谢。

——*Casablanca*（1942）

Renault 上尉在 1942 年的电影《卡萨布兰卡》（*Casablanca*）中的表现体现出两个有趣的特点。他假装对一直自愿参与的违法行为感到惊讶，但当游戏按照他设想的方式进行时，他会毫不犹豫地把功劳揽在自己身上。这些特质在商界并不少见。当规则被打破时，资深贷款人往往会视而不见，而且他们经常把运气误认为是一种冒险技巧。在杠杆和风险结合起来，共同导致市场高度动荡的世界里，这些可能是致命的错误。

每种业务都具有一定程度的风险，每家公司都必须决定自己准备承担多大的风险，并对自己在市场上的表现始终保持绝对诚实。高级管理人员必须为风险承担建立一个"舒适区"，并确保组织内的人员对此能够理解，以及公司的风险不会超出这个范围。在这个区域之外，潜在损失带来的严重性后果会比潜在盈利带来的满意度大得多。建立一个"舒适区"，更重要的是，使公司的风险不超出这个范围，这看起来不那么简单。对利润增长的追求常常使企业的业务发展与风险界限发生冲突。少数幸运公司的利润可能会在一段时间内出现快速增长，而不会出现重大亏损。然而，大多数公司必须在相互竞争的利益和优先事项之间做出艰难的选择。组织的首要目标是最大化市场份额、资产质量或盈利能力吗？它能容忍多大程度的损失？它的表现必须有多大的可预测性？它应该如何最大化股东的财富？

在外行人看来，企业可以在高风险下，依然保证安全和盈利。本书作者之一在其职业生涯早期曾活跃于衍生产品市场，他分享了自己的观察结果：

有一次，我在晚宴上向坐在我对面的一位石油企业高管解释了我的做法。"你们做利率互换和信用衍生产品吗？这是风险很高的工作。”这位石油企业高管问道。

“你们公司花了数亿美元在海底钻井，”我回答说，“你把钱押在地质学家告诉你的发现上，但他们不知道下面到底是什么！”

这位石油企业高管对这种看似高风险的活动并不感到惊慌，因为这在他的公司的“舒适区”中。他的整个公司在文化上都适应了这种风险，并将其视为业务的正常风险。同样，我自己的衍生产品机构也对自己承担的风险感到放心。

对于授信机构来说，对风险的文化态度至关重要。P. Henry Mueller（1997）在 20 世纪末对银行信用文化的定义如下：

信用行为有其自身的周期，即从防御性保守主义到不负责任的冒险主义。覆盖在每个信用体系之上的是一系列相互关联的态度、反应和行为模式。这些态度、反应和行为模式源自 CEO，并渗透到组织中。制度哲学、传统、优先事项和标准是需要考虑的额外因素。业务人员的个性及他们的个人特质，如知识、能力、偏见和弱点都起着作用。这些是信用文化成长的种子，而银行文化会影响个人的借贷行为。CEO 和董事会是其指定的监护人。

Mueller 认为，银行信用文化在较长一段时间内形成，反映了银行及其银行家的历史、传统和个性。高级管理人员在某种程度上是培育和塑造企业文化的角色。尽管 Mueller 所写的很多内容在今天仍然适用，但今天的金融机构似乎太大、太多元化了，不可能对其组织的风险文化发展采取如此被动的方式。现在需要的是一套能够被充分理解和接受且切实可行的、具体的规则。正如我们将在本章后面的采访中讨论的，这似乎正是在大多数处于良好实践前沿的全球大型银行中正在发生的事情。

高级管理人员必须首先考虑他们所处业务的实际情况，以此判断公司的风险状况。任何对在远离人烟的地方钻井感到不舒服的人可能都不属于石油勘探行业，同样，任何没有准备好以复杂的方式承担信用风险的人都不应成为银行家。当然，这两项业务都存在风险等级。在存在具有较大投机性的“钻井”机会的同时，也存在投机性的信贷机会。调整组织将承担的风险是一个基本的战略行为，必须由其 CEO 直接完成。在建立了一个风险承受区之后，高级管理人员必须向全公司的人解释该区域的动态和参数。如果公司想要成为低风险的参与者，那么 CEO 就需要找到低风险的位置；同样，如果高风险活动是公司计划的一部分，那么就要明确高风险活动的参与计划，并且使其与公司技能和经验相匹配。

对于什么是允许的，什么是不允许的，不统一的规则和模糊的表述所带来的结果通常弊大于利。例如，对政策的解释过于宽松，以至于没有任何约束力，工作的每一步都必须征求高级管理层的意见。

一个组织可以通过建立复杂的政策和程序来制衡和控制它所面临的风险，但是如果它缺乏一个强大的文化核心，这些就都没有用。如果在高速公路上开车的司机根本不接受限速规则，那么警察就永远无法强制执行它；但如果司机基本接受了限速规则，那么警察的工作就变为防止不道德的司机造成伤害。机构的失败通常不是因为它们缺乏信用系统、政策和程序，而是因为它们盛行的信用文化使这些系统、政策和程序的部署变得毫无意义。在一些组织中，信用文化是风险文化的组成部分，由强烈而清晰的目的所推动。有趣的是，资金管理公司通常盛行一种非常具体和以客户为导向的文化。以下是固定收益基金管理公司 Standish，Ayer and Wood 的董事 Howard Rubin 在 1997 年接受本书的一位作者采访时谈到的内容：

随着时间的推移，我们在寻求如何提高对客户的回报……我们尝试的每一件事都是为了给特定的投资组合增加与客户目标相关的价值。从大局来看，我们卷起袖子，深入到个人的安全选择中。利用一个团队来汇集拥有不同技能的人，并利用团队的集体智慧创建一个对客户风险收益非常有利的投资组合。

我们已经建立了一种文化，在这种文化中，承担风险是可以接受的，人们可以在自己的专业领域内放心地承担风险，而不必受到惩罚。当然，除非你做事马虎，或者风险超出了规定界限。我们乐于培养这种冒险的态度。但你仍需谨慎做事，仍要做研究，集体的判断将支持已经达成的决定。

如果一种信用文化真正进入了一个组织的血液，那么它对公司内部的人来说，效果是显而易见的，对客户、股东和供应商来说也是如此。本章我们将了解一些组织会如何尝试灌输正确的文化，以及其他组织如何将文化与支持政策和程序相结合，从而创建出一个强大而充满活力的风险管理系统。

2.1 一个现代化的风险管理框架

巴克莱银行（Barclays）与国际管理咨询公司 Marakon Associates 合作，开发了一个简单但十分有效的现代风险管理框架，以此捕捉现代风险文化和战略方法的精髓，如图 2.1 所示。

该框架建立在一个前提之上，即优秀的风险管理对于金融服务公司来说必不可少，其将对公司的业绩产生重大影响，无论是好是坏。由于涉及利害关系和风险渗透金融业务的方式，因此风险管理必须是公司所有员工的责任。

风险管理必须是有效的、高效的，并且它必须对业务范围内的控制环境做出决定性的贡献。实际上，若想要判断它是否实现了这一点，则可以根据 2 个基准进行评估：① 它是否物有所值（风险管理的成本）；② 它是否会导致风险成本处于企业的承受能力范围内，以及处于董事会和管理层设定的参数范围内？

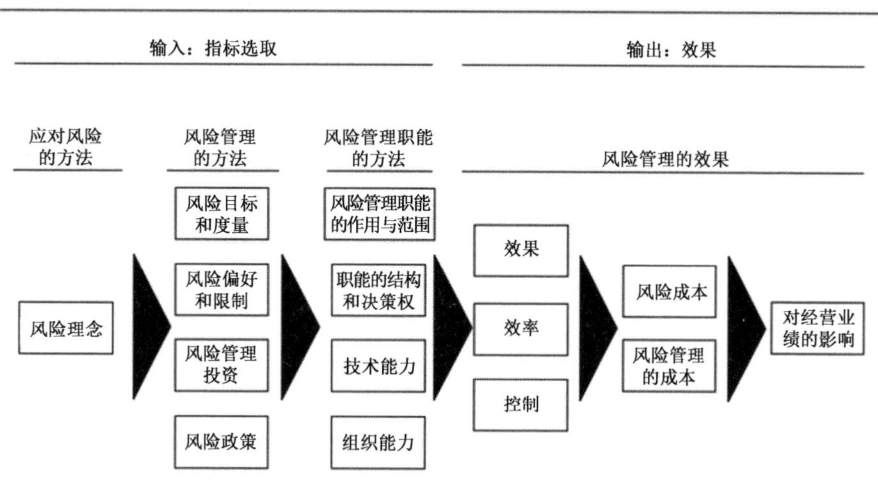

图 2.1 现代风险管理框架

来源：巴克莱银行。

此时，风险成本包括明确的损失成本，如信用损失和增加的准备金，以及维护不现实的和非商业性的标准所产生的风险的机会成本。

为了得到这些理想的结果，企业需要做出一些基本的、明确的选择，为它们的风险管理活动创建正确的环境。多方因素共同构成了组织的文化。首先，管理层和董事会需要确定公司的风险理念，并决定他们希望如何进行风险管理。正如以下 4 家著名公司在其 2006 年年报中所表达的那样，有多种可能的选择。

高盛（Goldman Sachs）表示，“管理层认为，有效的风险管理对于高盛的成功至关重要。”

摩根大通（JPMogan Chase）认为，“正确识别、衡量、监控和报告风险的能力，对公司的稳健发展和盈利能力至关重要。”

巴克莱银行在其 2006 年年报中指出，风险管理“是巴克莱商业活动的基本组成部分，也是其规划过程的重要组成部分”。这是通过将风险管理置于执行议程的中心，并建立一种将风险管理嵌入企业日常管理的文化来实现的。

富国银行（Wells Fargo）是唯一一家被标准普尔（Standard & Poor’s）和穆迪（Moody’s）分别评为 AAA 级和 Aaa 级的美国银行。富国银行认为，“要想在金融服务领域做到最好，我们必须在风险管理方面做到最好。”一旦确定了全面的风险管理理念，董事会和管理层就需要制订高水平的风险目标和应对措施，目标要明确，这样才能清楚地展示进展和现状。如有不足之处，这些都可以纠正。

管理层和董事会需要明确他们的风险偏好，以及他们希望设定的关键约束和界限。这些约束是自我施加的，是在常规监管要求之外必须满足的约束。领军企业描述风险偏好的一种常见方式是，通过经济资本的配置来描述风险偏好。

管理层应该确定他们愿意承担风险管理的投资。他们的资源配置程度应与他们的风险管理雄心和意愿相称。在高速运转和复杂运行的全球金融市场上，“24×7”、人力、工具和系统都需要达到非常高的水准才能取得成功。

管理层还需要清楚地表达希望如何根据关键的风险策略来实施风险管理。这些策略超越了法律要求，涵盖了避免风险集中、最小化新产品或非流动性风险、汇总关联方风险敞口，以及避免所有利益冲突等问题。这要求管理层对其公司的风险管理行为签字认可，这也是他们公司的独特之处。

一旦董事会和管理层确定了他们的风险管理方法，接下来就需要决定他们想给风险管理职能分配什么角色，以及想给其他管理领域分配什么角色。因此，他们还需要进一步思考风险管理职能的角色和范围。

与公司内组成业务的高级管理人员相比，董事会和管理层需要确定风险管理职能的结构和所掌握的决策权。一些公司拥有单独的指挥链，只与 CEO 联系在一起，其他则具有控制功能和业务线功能结合的中间点。公司需要决定希望分配给风险职能的技术和组织能力。所有关于风险功能的决策都需要与公司的风险方法和风险管理方法保持一致。分配给风险管理职能的资源和权力，与它将如何影响公司业绩的预期之间不应存在脱节。

2.2 工作中的信用文化

在过去的 20 年里，我们成长了很多。一开始我们有 3000 名员工，现在已经接近 3 万名员工了。在我看来，我们的风险文化一直很好，如今它比以往任何时候都更加强大。我们已经从一家可以承担一点市场风险而不承担任何信用风险的公司，发展为可以承担一定程度的市场风险而不承担任何信用风险的公司，进而发展为一家可以承担较多市场风险和信用风险的公司。然而，我们这样做的明确条件是，我们只承担我们理解、能够控制和可以得到补偿的风险。

——Craig Broderick，Goldman Sachs（2007）

以摩根担保信托（Morgan Guaranty Trust）为例来讨论信用文化如何运转。它围绕传统、一致性的招聘和有重点的商业计划建立信用文化。第一银行（Bank One）是一家由家族管理的、以只承担较小风险的信念为主导的公司。十年后，这两家公司与大通银行（Chase）和第一芝加哥公司（First Chicago）合并，成立了新的大型银行——摩根大通银行。我们迫不及待地希望看到新文化将如何演变，以及它与合并前的两家银行的文化版本有何不同。另外，大型综合性银行的规模、复杂性和范围使它们成为很好的案例，如研究如何管理风险，以及企业文化作为其重要的组成部分在其中发挥了多大的作用。正如 2007 年加拿大皇家银行（Royal Bank of Canada）固定收益董事总经理 Chuck Powis 所述，在当前的危机中，唯一能以积极的方式从一众公司中脱颖而出的就是高盛和摩根大通。

2.3 高盛：通过信用文化进行管理

我们举的第一个例子是高盛，它有着非凡的成就记录，在业务中使用的语言是基于创新、卓越和成功的。每当我们与市场上的人谈论项目时，我们都被指引到高盛这家成功平衡了风险和机遇的公司。投资银行业经历了起起落落，高盛能够避免的跌宕起伏比大多数投行都多。其中，它的信用文化发挥了很大作用。在高盛的网站上，“商业原则”页面将高盛的文化定义为 14 条商业原则：

(1) 客户的利益永远是第一位的。我们的经验表明，如果我们服务好客户，我们自己的成功也会随之而来。

(2) 我们的资产是我们的员工、资本和声誉。如果它们中的任何一个曾经消失，那么声誉是最难恢复的。我们致力于完全遵守管理我们的法律、规则，以及伦理原则的文字和精神。我们的持续成功取决于坚定不移地遵守这一原则。

(3) 我们的目标是为股东提供更高的回报。盈利能力对于获得更高的回报、巩固我们的资本、吸引和留住我们最优秀的人才至关重要。大量的员工持股使我们的员工和股东的利益保持一致。

(4) 我们为自己的工作质量感到非常自豪。在我们所从事的一切工作中，我们都有追求卓越的决心并持续贯彻诚信文化。尽管我们参与各种各样的、大量的活动，但如果要做一个选择，那么我们宁愿做最好的，而不是最大的。

(5) 我们做任何事情都强调创造力和想象力。虽然旧的方法可能仍然是最好的方法，但我们一直在努力为客户的问题找到更好的解决方案。我们为自己开创了许多已经成为行业标准的实践和技术而感到自豪。

(6) 我们会做出不同寻常的努力，为每一份工作寻找和招聘最优秀的人才。虽然我们的活动投入是以十亿美元为单位来衡量的，但我们是一个接一个地挑选我们的员工。在服务行业，我们知道没有最好的人才，就不可能成为最好的公司。

(7) 我们为员工提供了比其他大多数公司更快发展的机会。晋升取决于个人能力，而我们还没有探索到我们最优秀的员工所能承担的责任的极限。为了取得成功，我们的员工结构必须反映我们所处的社区和文化的多样性，这意味着我们必须吸引、留住、激励来自不同背景和拥有不同视角的人。多样性不是可有可无的，这是我们必须实现的。

(8) 我们做任何事都强调团队合作。虽然个人的创造力总是受到鼓励，但我们发现团队的努力往往会产生最好的结果。我们不能容忍那些把个人利益置于公司和客户利益之上的人。

(9) 我们的员工所具有的对公司的奉献精神，以及他们为工作付出的巨大努力，远胜于大多数其他组织。我们认为这是我们取得成功的一个重要组成部分。

(10) 我们认为我们的公司规模是我们努力保护的资产。我们希望公司规模足够大，能够承接来自任何客户的大项目，同时又要足够小，小到能够保持我们一直都珍视的忠诚、亲密感和团队精神，这些都对我们的成功做出了巨大贡献。

(11) 我们不断努力预测客户迅速变化的需求，并开发新的服务来满足这些需求。我们知道金融世界不会停滞不前，自满会导致灭亡。

(12) 作为正常客户关系的一部分，我们会定期接触到机密信息。如果违反保密协议或不当、粗心地使用机密信息，那么后果将是不可想象的。

(13) 我们的业务竞争非常激烈，因此我们积极寻求拓展我们的客户关系。但是，我们必须始终坚持与对手公平竞争，绝不能诋毁其他公司。

(14) 诚信是我们业务的核心。我们期望我们的员工在他们所做的每一件事上都保持高度的道德标准，无论是为在公司工作时，还是在个人生活中（Goldman Sachs，2008）。

当高盛的信贷、市场和操作风险主管 Craig Broderick 同意与我们会面时，我们感到很高兴。很明显，他和高盛的高级管理层对风险文化进行了大量思考。Broderick 给我们提供了以下清单，这是他在最近一次管理会议上的一部分陈述内容。在我们讨论这个清单的过程中，我们更加清楚地看到，高盛同时使用了文化的语言和工具来管理他们的业务。

高盛的风险文化如下。

- 高级管理人员对风险的复杂、详细理解。
- 过度沟通的文化：举办多种正式和非正式的风险讨论论坛，以及持续不断地进行风险报告。
- 升级，升级，升级。
- 将业务部门的专业人员纳入风险管理流程。
- 问责制。
- 长期注重提拔各业务部门最优秀的风险经理。
- 避免缺少控制焦点。
- 从过去的错误中吸取教训。
- 倾向于“有点偏执”，尤其是在事情进展顺利时。

高盛的根基建立可以追溯到它主要以交易为导向、拥有 100 名管理人员时。合伙人之所以能够成为合伙人，是因为他们表现出了善于管理的能力，并且了解市场的风险及市场提供的机会。这一传统得以延续，高盛试图识别并提拔那些有能力正确把握风险或回报平衡的人。这意味着关键的管理角色是由能够从定性和定量的角度理解风险承担的高级管理人员担任的。风险委员会每周开会，并且邀请不同部门的负责人前来讨论市场发展及需要管理或接受的风险。根据 Broderick（2007）的说法，“对风险的关注度非常高，其复杂程度和理解深度令人印象深刻。我们的高级管理人员过去一直在承担风险，他们之所以能达到现在的水平，是因为他们有效地承担和管理了风险。当高级管理人员针对将要承担的风险进行了知情、诚实和开放的对话时，造成意外损失的风险就会大大降低。”

高盛传达的信息非常明确，即机遇也伴随着风险。只要你知道它是什么，知道如何管理它，并且认为未来的回报与所冒的风险相称，那么冒险就是可以接受的。高盛为其机构注入了大量人才，但他们知道没有人有足够的才华或经验能够一直做出明智的决定。因此，他们在这个系统中建立了一些制衡机制，并且鼓励良好沟通，尤其是在出现新情况、风险特别大或事情没有按照预期进展的情况下。不制造惊喜，也不掩盖失误，不要假装自己没有被卷入一件出错的事情，这就是高盛的强大的风险文化。

2.4 摩根大通：根据传统塑造新文化

摩根大通（JPMorgan）由传统银行业机构合并产生，例如，第一银行、摩根（JPMorgan）和大通（Chase）。但这只是冰山一角。第一银行以俄亥俄州哥伦布市为基地，通过收购美国各地的小型地区性银行成长起来。1994 年，它拥有 88 家独立的银行，除了信贷业务，这些银行都是半自主经营的。在信贷业务中，所有超过 1000 万美元的信贷业务都必须得到哥伦布市的约翰 • B • 麦科伊（John B. McCoy）的批准。McCoy 是这家公司的第二任董事长兼 CEO（公司的创建者、第一任董事长兼 CEO 是他的父亲）。"约翰的需求" 塑造了第一银行的日常商业决策模式，并维持了强大而有凝聚力的信用文化。McCoy 一家主导他们的企业，他们坚持客户导向，更偏好小的风险敞口。"McCoy 从第一天开始就阐述的理念是，希望我们成为中型市场的贷款机构"，首席承销官 Jim Lavelle 在接受采访时说，"我们避免出现大的风险敞口。" 当像 The Limited 或 Wendy's 这样的客户增长超过一定规模时，第一银行会将其转给货币中心银行，如摩根担保信托（Morgan Guaranty Trust）。与此同时，为了避免稀释自身的文化，第一银行制定了一项政策，即不收购任何规模超过其三分之一的银行，以确保自己持续占主导地位。1998 年，McCoy 决定放弃这种做法，他同意与第一芝加哥公司合并。第一芝加哥公司是芝加哥的一家大型货币中心银行，在商业借贷方面有着悠久的历史。显然，"小即是美" 的文化需要改变。

与此同时，在纽约，银行业正处于一场重大整合之中。1991 年，在中端市场贷款业务上有着悠久历史的化学银行（Chemical Bank）与制造商汉诺威信托（Hanover Trust）合并。"曼尼 • 汉尼"（Manny Hanny）以提供大额贷款而闻名，并在代理银行业务（为世界各地的银行提供银行服务）中处于领先地位。事实证明，这家新成立的化学银行实力强大，在许多新市场迅速赢得了市场份额，尤其是在收购融资贷款方面。1995 年，化学银行收购了大通曼哈顿银行（Chase Manhattan Bank），并将其更名为大通银行。然而，那些参与其中的人会说，大通的名字写在门上，而化学银行的文化在它的灵魂里。尽管如此，此次收购还延续了大通的信用培训传统，这是一项严格的为期一年的培训计划，它构成了大通强大风险管理文化的核心。2000 年，大通收购了摩根大通，后者是摩根担保信托的控股公司。摩根大通与第一银行（Bank One）截然不同，在这里，企业大是好事，团队合作至关重要，这就是所谓的摩根大通文化，它是一种浸透在传统、经验和行事方式中的文化。只有投入时间和坚持推进项目，你才能在摩根大通取得成功。这是一种强大的文化，但在某种意义上说是非正式的，因为几乎没有明确的规则可以遵循。这个方案很简单，就是把钱借给最好的公司，不要冒太大的风险。

2004 年，摩根大通收购了第一银行，将所有传统都融合在了一起。更有趣的是，新任董事长兼首席执行官是杰米·戴蒙德（Jamie Diamond），他在旅行者公司（Travelers）和花旗集团（Citicorp）的任职经历奠定了任此职位的基础。因此，不能轻描淡写地说这反映了多种文化的混合。为了了解两年后的新文化可能是什么样的，我们采访了约翰·霍根（John Hogan）和肯·费兰（Ken Phelan）。Hogan 是摩根大通的投资银行部门的首席风险官，而 Phelan 则在公司中心工作，负责制定与风险相关的政策。在一个多小时的采访中，我们了解到，文化是一个重要的工具，就像我们在高盛发现的那样。然而，在摩根大通，人们清楚地认识到，文化需要进行改造和塑造，以适应这家新企业的需要。现在，这个新企业比与它同时期成立的任何组织都更大、更多元化、更复杂，所以需要一种新的文化。根据 Hogan 和 Phelan 的观点，这种文化已经存在。Hogan 说："我们需要做的第一件事就是让每个人都意识到，没有风险就没有回报。"根据 Phelan 的观点，"我们想要确保每个人，即我们的经理及在这条'线'上的人，都能理解风险与回报的概念，并且形成一种控制思想来平衡他们对机会的追求。"他们描述了一种带有鼓励和逆向论观点的文化。"我们希望人们不断提出下一个问题，思考意想不到的事情，并且关注不利因素，包括交易结束后某项特定行动的表现。"Phelan 说道。

"买入并持有"的旧心态曾是商业银行业务的重要组成部分，但现在不属于摩根大通的新文化。"应该有一个信贷市场的出清价格。我们希望每个人都在这种背景下考虑信贷决策，这可能是现在与 10 年前的主要区别。"Hogan 说道。"市场和信用风险的界限已变得模糊，以至于二者都被视为'风险'，组织也是这样看待问题的。"Phelan 补充道。他们讨论了一种方法，包括从市场风险的角度看待机会，在决定采取任何行动之前考虑市场清算条款。"我们不是保留文化。我们想说的是，我们是一种合作伙伴关系，我们有不同的业务线，单独的业务管理都有风险。我们希望每个人都能做出并接受以市场为导向的决策。"Hogan 说道。

显然，这是一种更倾向于交易的文化。他们在商业银行领域仍拥有关系银行家，但这一角色似乎已转变为同时具备客户领导力，以及行业和公司信贷专业化的组合。"负责保险业务的银行家和信贷经理一起决定所要承担的风险，而负责投资组合的人决定持有多少。"Phelan 说道。

CEO 在建立强大文化方面的重要性是显而易见的。Phelan 和 Hogan 都提到了 Jamie Diamond 在新文化发展中的作用。"Diamond 提出，旧文化需要改造。他认为第一银行和第一芝加哥公司的合并使文化受到了影响，于是决心在摩根大通建立一种强大的文化。”Phelan 说，“拥有自己的企业，并像企业所有者一样思考，将其作为公司文化的重要组成部分是我们所希望的。”“我们也希望这是一种意料之中的文化。”Diamond 参与了公司各层面的业务，并鼓励员工就所有事情展开开诚布公的对话，“每周二，从中午 12 点到下午 2 点，将举行管理会议，CEO、每项业务的负责人、风险部门的负责人均要出席。这是一场有纪律的讨论会议，可以就机会和风险等问题进行对话。”

2.5 是什么让信用文化发挥作用

在现实世界中，金融服务机构不能把风险管理作为唯一的优先事项。如果银行、金融公司或保险公司总是把自己的利益放在第一位，那么客户很快就会意识到发生了什么，并转向其他服务提供商。对于一个成功的组织来说，客户服务和盈利能力也必须在企业文化中占据重要的位置。高盛和摩根大通似乎就是这种情况，其他组织的高级管理人员面临的挑战是如何在二者之间取得恰当的平衡。

如果风险管理的优先级退居其他优先事项之后，就会出现问题。高级管理人员可能会说：“我们关注客户，要做他们需要我们做的事情”。就客户关系而言，这种态度可能令人钦佩，但它向整个组织发出了一个信号，即客户服务是重中之重。长远来看，将风险管理放在客户服务或短期盈利能力之后的第二位或第三位可能极其危险。在银行业的历史上有很多名字或组织，它们已经不复存在了，因为它们把顺序弄错了。一般来说，好的风险管理者是那些不好的风险管理者的收购者。

良好的信用文化还意味着避免形成一种放之四海而皆准的世界观。信用环境太不稳定了，每个组织都需要针对其独特的业务和战略制订可行的方案。风险管理应与产品定价同步进行，它是定价的一个组成部分，而不只是保护组织免受意外损失的方法。

从高盛和摩根大通的做法中我们可以看出，CEO 在信用文化中扮演着特殊的角色。公司的文化反映了是什么样的人在经营它。如果 CEO 拒绝承担建立和维持强大风险文化的个人责任，那么毫无疑问，即使公司历史悠久，也会遭受损失并崩溃。在 20 世纪 80 年代和 90 年代初，人们普遍认为银行高管首先需要成为经理，这样就可以将信贷职能委托给下属，这在当时可能没有意义，但在当今世界，杠杆和波动性创造了需要平衡的、复杂的市场，就确实没有意义了。今天，授信链上的每个人都比以往任何时候更需要了解一家公司的信用文化。

在强大的信用文化中，放贷人的行为与银行的价值有关。银行工作人员的行为必须体现银行承担风险的态度和成为追求卓越的承诺的榜样（Mueller，1994b）。

管理者的行动往往比语言更有说服力。

管理层不仅必须坚定地相信他们希望实现的文化，还必须生活在这种文化之中。管理层通过其行为、态度、反应、语言、非语言信号，以及他们所创造的“英雄”来建立信用文化。这些信号无论多么无关紧要或无意，都会被贷款经理和贷款人同化并指导他们的行为（Morsman，1994）。

公司的薪酬制度是塑造公司文化有效的工具之一。员工会关注他们的领导说了什么，但他们通常更关注他们的领导做了什么，同时试图了解高层团队真正关心的是什么。如果那些不考虑风险的员工得到的报酬很高，如果风险管理人员的报酬低于新业务人员，如果薪酬被提前支付而风险尾部被忽略，那么整个组织都会接收到这类信息。同样，如果有人打破了规则但成功了，随后得到了奖励，就传递了一个信息，即只要你赢了，其他一切都不重要。

公司需要使用强大的文化来奖励发现高风险并保护公司不受其影响的个人。在许多情况下，躲避一颗“子弹”也意味着放弃一次赚钱的机会。实际上，有很多公司通过减少或取消员工的年度奖金来惩罚员工，其他员工很快就会注意到公司文化的这一面。本书作者之一的职业生涯中发生的一件事说明了这一点：

我是一家机构的高级经理，该机构正在考虑开展过热的房地产市场业务。当时，我们的竞争对手的一些承销标准令人难以理解，更不用说证明其合理性了。交易的达成基于未来可以再融资的假设，而不是基于其内在价值。大多数交易都没有准备第二条出路，这违反了银行的基本规则。

我们有很多机会可以考虑，而且今年的预算也很多，因此拒绝交易并不容易。但是，我们房地产部门的主管觉得市场风险太大了，她说：“我不认为这是我们现在想进入的市场，我们不应该在这个市场上玩。”我们接受了她的建议并拒绝了交易。

当时，我们公司是一家大公司的子公司，这家公司主要关注利润增长和市场份额。到了年底，我想奖励我们的房地产部门主管，因为她做出了艰难的决定，让我们摆脱了麻烦。但是，我们的母公司非常不愿意为此支付奖金。我们大吵了一架，最后商定了一笔小奖金，但这与她应得的相差甚远。在我们做出决定后的 24 个月里，我们非常确切地知道她为我们避免了多大的损失。

还有一个测试组织的信用文化的方法，即观察它处理超出其正常舒适区的交易的方式。1776 年，亚当 • 斯密在《国富论》中写道：

虽然银行业务的原理似乎有些深奥，但这种做法可以简化为严格的规则。为了某些特殊利益而背离这些规则是极其危险的，而且对那些试图这样做的银行公司来说往往是致命的（Smith [1776] 1976）。

尽管我们建议银行和投资者在进行超出自己舒适区的交易之前要三思而后行，但如今的市场创新让这成为一条难以遵守的规则。现实情况是，大多数信贷机构总会看到新的产品和机会。P. Henry Mueller 提出的建议在今天看来仍未过时：

(1) 确定信用的目的和风险的质量。这笔交易是对银行资金的恰当使用吗？如何偿还？资金是否应该从银行以外的渠道获得？

(2) 专注于这笔交易的潜在经济效益。结构是否合理？交易及其条款对银行和借款人都有意义吗？

(3) 评估风险和回报。对银行来说，为经过时间考验的政策破例值得吗？有不止一条出路吗？银行能更好地将资金用于其他途径吗？（Mueller，1994b）

信用文化是存在于借贷组织中的原则、行动、威慑和奖励的集合。CEO 需制定相应政策，并成为执行这些政策的典范。

- 一个人不能创新或冒险，除非他或她纪律严明。
- 所有员工都必须知道可接受风险的界限。
- 公司必须采取一致的方法来量化和定价，从而为股东的风险资本带来足够的回报。

正如我们在后面的内容中详细讨论的，信用风险管理技术的进步为银行和其他贷款人提供了更好的交易工具，这些新工具和信息技术正在改变信用市场。这些工具和信息来源虽然有效，但必须与健全的信用文化协调配合使用。经历了 20 世纪 80 年代和 90 年代的教训，大多数贷款机构的高级管理人员正在密切关注风险文化的设计、建立、维护，以及在必要时做出转变。

原书参考文献

Broderick, C. 2007. Personal interview, conducted by authors in New York, NY, 24 January.

Goldman Sachs. 2008. The Goldman Sachs Business Principles. GoldmanSachs.com. http://www2.goldmansachs.com/our-fifirm/about-us/business-principles.html. (29 January 2008).

McKinley, J. E. 2002. Linking: Credit Culture and Risk Management Strategy. RMA Journal (February).

McManus, T. H. 2004. The Importance of Effective Credit Cultures at Community Banks. Federal Reserve Bank of Philadelphia, SRC Insights, 1st Quarter.

Morsman, E. 1994. Analyzing Credit Culture. In Credit Culture. Philadelphia: Robert Morris Associates.

Mueller, P. H. 2001. Risk Management and the Credit Culture: A Necessary Interaction. RMA Journal (December).

Muller, P. H. 1994a. Notes on the Credit Culture. In Credit Culture. Philadelphia: Robert Morris Associates.

Muller, P. H. 1994b. Risk Management and the Credit Culture—A Necessary Interaction. In Credit Culture. Philadelphia: Robert Morris Associates.

Muller, P. H. 1997. Cycles and the Credit Culture. Journal of Lending and Credit Risk Management Vol. No (June) 6-12.

Samuelson, R. J. The End of America's Credit Culture?. San Diego Union-Tribune, 23 August.

Smith, A. [1776] 1976. An Inquiry into the Wealth of Nations. Chicago: University of Chicago Press.

Strischek, D. 2002. Credit Culture Part Ⅰ: Defining Credit Culture. RMA Journal (November).

Strischek, D. 2002. Credit Culture Part Ⅱ: Types of Credit Cultures. RMA Journal (December).

Strischek, D. 2003. Credit Culture Part Ⅲ: Changing Direction and Implementing A New Credit Culture. RMA Journal (March).

第 3 章　传统金融行业参与者：银行、储蓄机构、保险公司、金融公司和特殊目的实体

由共同原因引起的事故将继续以其预期的频率和变化发生，直到系统得到纠正。这种溢出可能有 99%来自系统，1%来自粗心大意。

——W. Edwards Deming，*Out Of the Crisis*（1982）

美国的信用市场是一个动态的、不断变化的和不断增长的市场。本章我们着眼于传统行业参与者，他们既是典型的活跃贷款人，也是信用工具的投资者。在第 4 章中，我们将研究作为投资者的投资经理和对冲基金。我们关注的是这些信用市场的参与者在信用风险管理中所扮演的角色。信用市场的主要参与者如表 3.1 所示。

表 3.1　信用市场的主要参与者

部门	资产	资金来源
出借方/中间商		
商业银行	商业贷款、消费贷款和抵押贷款、证券	存款账户、借款
储蓄机构	住房抵押贷款、证券	存款账户、借款
保险公司	证券、抵押贷款	对债权持有者的或有负债
金融公司	商业贷款和租赁、消费贷款、抵押贷款和租赁	商业票据、借款
政府赞助企业（GSEs）、承销商和 GSEs 赞助的抵押贷款池，资产支持证券发行人	住房抵押贷款、消费贷款、证券	商业票据、债券
经纪人/经销商	证券	回购协议、商业票据、银行贷款
投资者		
投资经理、共同基金、养老基金	公司债券、商业票据、美国政府和机构证券、州和地方政府证券、结构性证券	

来源：联邦存款保险公司，经作者修订。

国际清算银行（Bank for International Settlements，BIS）总经理 Malcolm Knight 在 2007 年年初的一次演讲中指出了过去 10 年出现的 3 点主要变化。Knight（2007）提到了：①“风险的原子化”，当“风险被分解为各种构成要素，并以各种方式重新组合”时，意味着“金融知识和信息技术的重大进步”，以及“将会导致创造新金融产品的能力出现飞跃式提升”；②同样地，“在传统中介渠道之外出现了新的金融参与者”，如对冲基金和私募股权公司；③“市场与金融机构之间日益增长的共生关系”。市场现在依靠新老金融公司来提供证券、进行做布服务和为银行背书。相反，金融企业越来越依赖市场获取利润，尤其是风险管理活动。

截至 2006 年年底，美国金融系统尚未偿还的直接负债总额约为 98 万亿美元，其中有约 45 万亿美元属于所谓的“信用市场债务”（Federal Reserve Board，2007）。在第 3 章和第 4 章中，这些信用市场债务将是我们关注的重点。

当然，从广义上说，所有负债持有者都面临信用风险。虽然风险较大的负债在一般情况下不会被视为一种信用市场债务形式，但也存在例外（如 SDRs[1]），它们不可交易，包括双边贸易，如回购协议、金融机构存款、共同基金份额，以及人寿保险公司和养老基金储备。

大多数信用市场债务的债务人是家庭、企业和各级政府（统称为“国内非金融机构”），其所欠金额多达约 29 万亿美元，而金融机构所欠金额约为 14 万亿美元，余下的为国外实体所欠金额（约 1.7 万亿美元）。大部分信用市场债务被金融机构（约 33 万亿美元）与国外实体（约 6.5 万亿美元）持有，国内的非金融机构（主要是家庭）只持有少量信用工具。

如表 3.2 所示为 2002—2006 年的美国信用市场部门和参与者，表中的数据反映出主要借贷部门的信用市场债务的前景。

表 3.2　2002—2006 年的美国信用市场部门和参与者（单位：十亿美元）

	2002 年	2003 年	2004 年	2005 年	2006 年
总信用市场	31722	34607	37695	41000	44549
所欠债务					
国内非金融类行业	20593	22310	2432	26602	28699
家庭	8460	9450	10565	11804	12816
公司业务	4742	4853	5018	5263	5697
地方/国家/联邦政府	5084	5601	6078	6556	6891
其他	2307	2406	2662	2979	3295
其他国家	1072	1244	1425	1466	1720

[1] SDRs，即 Special Drawing Rights，是国际货币基金组织授予的特别提款权，代表按配额分配给国际货币基金组织（IMF）成员国的国际储备资产。

续表

	2002 年	2003 年	2004 年	2005 年	2006 年
金融行业	10057	11052	11947	12932	14129
银行/储蓄机构	874	929	1072	1173	1285
金融公司	884	995	1130	1109	1145
政府支持的实体、机构和 GSEs 抵押贷款池	5509	6083	6201	6252	6599
资产支持证券发行人	1878	2075	2407	3071	3603
其他	912	970	1137	1327	1497
持有资产					
国内非金融类行业	3889	4275	4607	5037	5139
其他国家	3737	4169	4981	5640	6465
金融行业	24096	26162	28106	30323	32944
银行/储蓄机构	6782	1254	8028	8806	9520
保险公司	2866	3140	3360	3634	3664
私人/政府养老基金	1274	1360	1391	1409	1472
共同基金	3056	3135	3141	3268	3681
政府支持的实体、机构和 GSEs 抵押贷款池	5482	6049	6148	6217	6540
资产支持证券发行人	1790	1993	2326	2971	3478
金融公司	1082	1205	1420	1537	1630
其他	1764	2026	2292	2481	2959

来源：美联储，《联邦储备统计公报》第 Z.1 号：《美国资金流动账户》（2007 年 3 月 8 日），经作者修订。

3.1　银行及储蓄机构

金融机构是信用工具的最大持有者，银行（包括储蓄银行）则是金融机构的最大参与者。银行业已发展为一个庞大的行业，对于现代经济的运转至关重要。截至 2006 年年底，它们拥有约 9.5 万亿美元的信用工具，而在 2002 年年底为 6.8 万亿美元。大约 60%的银行资产是贷款和租赁，20%是证券（FDIC，2007）。

自现代银行业在中世纪的欧洲兴起，存款功能就是银行的显著特征。时至今日，大多数银行监管机构仍根据这一功能来定义银行。在很大程度上，存款继续流入银行是由于存款保险及其在支付系统中起主导作用。

早期的银行家经常向客户收取资金手续费。然而，没过多久，银行家们就意识到，如果把这些存款的收益借给别人，就能产生更多盈利。银行家们向储户支付了一笔费用，转而向借款人收取了更高的费用，然后通过这 2 项费用之间的差额获得利润。银行吸收存款和储蓄的独特能力使其成为现代金融市场流动性和贷款的核心角色。

如第 7 章所述，银行在贷款活动中管理信用风险的方法是，针对不同类别的客户和不同类别的贷款产品，使用不同的信用分析程序。信用分析集中在 2 个不同但又相互关联的问题上：借款人偿还贷款的意愿和能力。分析支付意愿本质上是调查借款人的性格，分析支付能力则是调查借款人的经济前景。

除了开发信用分析技术，银行家还学会了如何通过首付、结构和抵押品等缓释技术来管理风险，这些技术同样也是针对借款人研发的。

3.2 竞争、集中和变化

无论以何种标准衡量，银行业在美国和其他工业化国家都是一个成熟的行业。但在过去的 25 年里，美国经历了不同寻常的事件。这一时期的行业经验提醒我们，银行业是一个受到严格监管的行业，经济变化、市场竞争力与过时的监管发生冲突可能会造成严重的问题。例如，会导致银行倒闭的数量急剧增加，如图 3.1 所示为 1934—2006 年的破产公司数量，从中可以看出，1980—1994 年有 1600 家银行破产，远远超过 20 世纪 30 年代初以来的任何时期。这些失败累积出来的效应是，1988 年联邦存款保险公司需要进行资本重组，以此满足存款人的索赔要求（FDIC，1997）。这些失败是多种因素共同作用的结果。

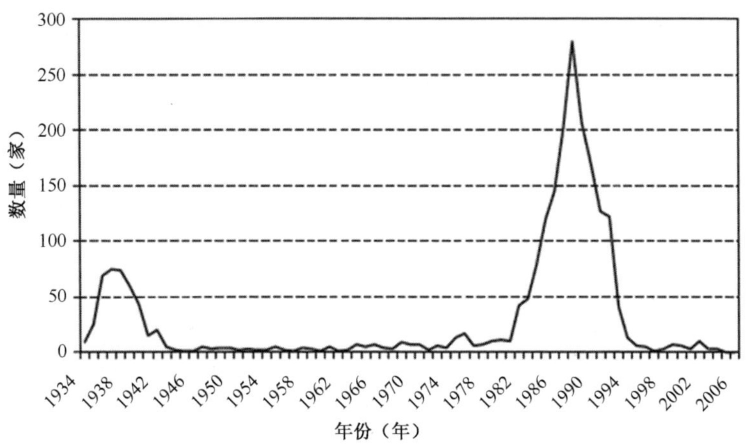

图 3.1 1934—2006 年的破产公司数量

来源：联邦存款保险公司（1997），以及《20 世纪 80 年代和 90 年代的银行危机：概要和影响》。

第一，经济和金融市场环境发生了重大变化。州内银行业的限制被取消，新的参与者被允许进入市场，市场竞争在多个方面、多个角度均加剧，如美国银行业本身、储蓄机构、外国银行、商业票据和垃圾债券市场。在高利率的环境下，货币市场基金的发展和存款利率的放松增加了利息支出，挤压了前期利润。银行业对大型商业借款人贷款的市场份额下降，部分原因是市场创新，部分原因是银行无法在价格上具有竞争力。

第二，区域经济衰退（西南部、新英格兰和中西部）和行业经济衰退（石油和天然气、商业房地产、农业）对许多不同市场的银行造成冲击，并直接导致它们消亡。

第三，许多银行将业务转向高风险贷款。对大多数国家来说，高风险贷款涉及商业房地产贷款；对大型银行来说，这涉及向欠发达国家贷款及杠杆收购。而银行既没有技能、工具，也没有相关的知识能够支持自身谨慎地开展这些活动。

第四，监管当局没有意识到银行承担了过度的风险，没有或很少采取有效的监管措施，在限制这些行业方面行动不力（FDIC，1997）。

银行家们受过训练，能够在典型的信用周期中管理银行承担的风险，并且经历了繁荣、萧条、衰退和复苏阶段，但在应对这一时期的压力方面，他们在战略上处于劣势。当时的一些观察人士认为，长期处于衰退状态的银行，尤其是货币中心银行，将会被其他机构取代。在这一时期，银行的市盈率（Price Earning Ratios，P/Es）相对于标准普尔 500 指数逐渐下降，到了 20 世纪 90 年代初，银行的市盈率还不到标准普尔 500 指数的 50%。在 20 世纪 80 年代，所有银行的每股账面价值都难以保持在 100%以上，而对于货币中心银行来说，其只有在 20 世纪 80 年代短暂地超过了 100%，而后又在 1990 年降至 50%（FDIC，1997）。

尽管这种悲观情绪持续存在，银行业还是在 20 世纪 90 年代中期得以强劲复苏，并取得了新的管理优势，同时具有了新的战略能力。此后，银行表现良好，它们已经适应了监管变化。而且，得益于新的监管，如取消《格拉斯-斯蒂格尔法案》（*Glass-Steagall Act*），一项美国参议院为了针对 1929 年股票市场崩盘作出反应而通过的法案，银行承销公司证券的能力虽然被限制，但获得了新的竞争机会。

1990—2006 年联邦存款保险公司担保的银行机构的资产如图 3.2 所示，15 年来，美国银行的资产大幅增长，尤其是大型多家银行控股的公司。同一时期，独立银行和储蓄机构的数量已经从约 12000 家缩减至不到 9000 家，并且数量还在持续下降。但这些大银行的效率显著提高，并且已经能够实现收入来源多样化，其 1988—2006 年的效率比率如图 3.3 所示。对大银行而言，40%以上的净营业收入都是非利息收入。银行业呈现出越来越集中的趋势，最大的 25 家银行控制着近 60%的行业资产，最大的 10 家银行控制着约 45%的行业资产。

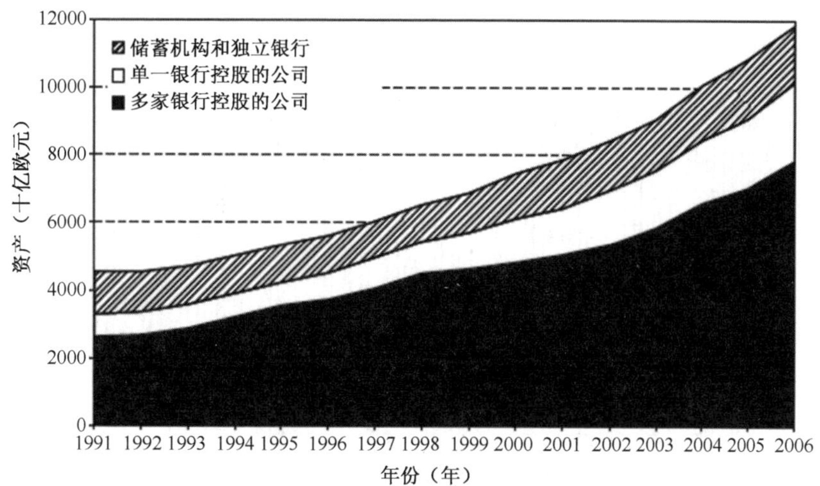

图 3.2　1990—2006 年联邦存款保险公司担保的银行机构的资产

来源：联邦存款公司的 1990—2006 年年报。

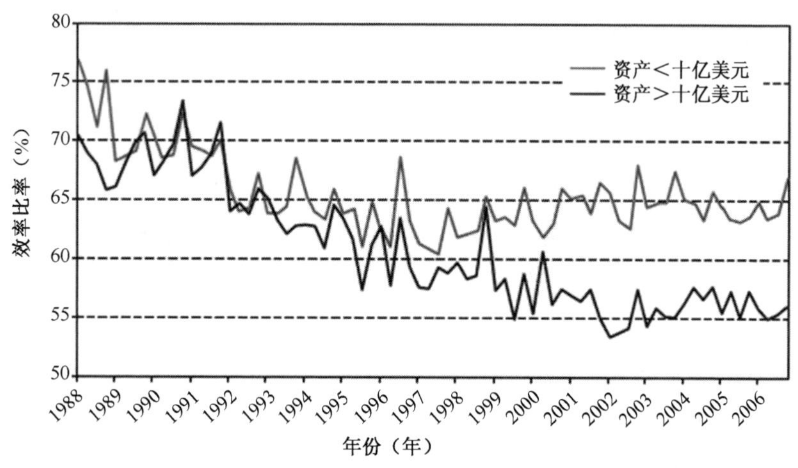

图 3.3　1988—2006 年大银行的效率比率

来源：联邦存款保险公司的 1988—2006 年年报。

如图 3.4 所示为 1998—2007 年资产收益率和净资产收益率，银行业的财务状况令人印象深刻，资产收益率（Return On Assets，ROA）和净资产收益率（Return On Equity，ROE）都很高。2006 年，银行业公布的净收入为 1457 亿美元，连续六年创历史新高。

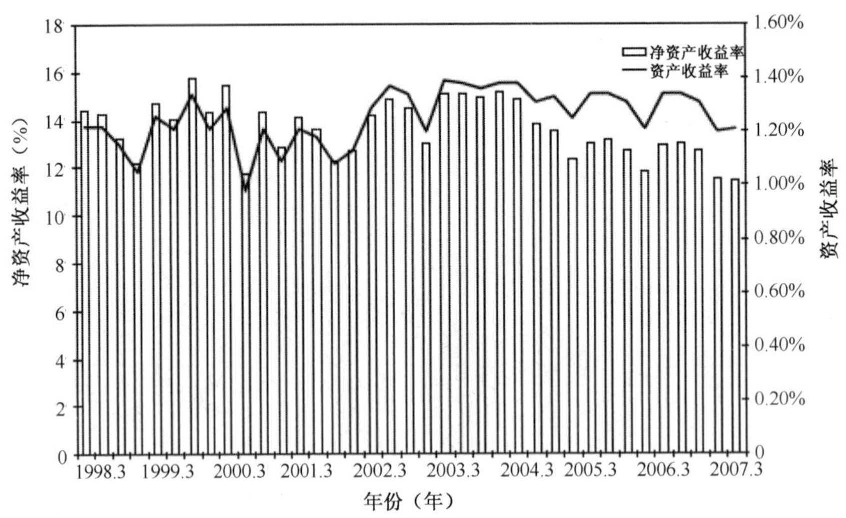

图 3.4　1998—2007 年资产收益率和净资产收益率

来源：联邦存款保险公司的 1998—2007 年年报。

这些结果都出现在信用风险相对温和的时期。银行业在 1984—2006 年所经历的贷款年度净冲销率就表明了这一点，如图 3.5 所示。实际上，在 2006 年年底，该行业的贷款损失准备金与贷款和租赁总额的比率已下降至 1.07%，是自 1985 年年中以来的最低水平。

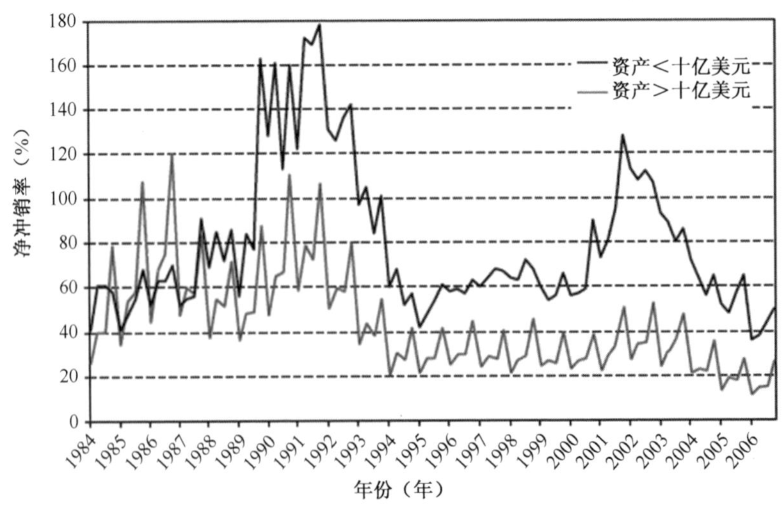

图 3.5　1984—2006 年贷款年度净冲销率

来源：联邦存款保险公司的 1984—2006 年年报。

3.3 经验和教训

对于银行家和他们的监管者来说，未来需要面对的问题是，他们是否已经吸取了 20 世纪 80 年代和 90 年代的风险管理经验教训。1997—1998 年，一些国家（俄罗斯、阿根廷、印度尼西亚、泰国和韩国）存在严重的国家信用问题和大型对冲基金（长期资本管理）倒闭的现象。2000—2001 年，美国企业借款人的问题贷款风险导致银行在 2001 年第三季度增加了 113 亿美元的贷款损失准备金，这是自 1990 年第四季度以来贷款损失准备金增幅最大的一次。然而，这些问题都不是在市场情况最糟糕的时期出现的，因此我们继续等待，观察这些变化会持续到何时。前一阶段收获的主要经验教训如下。

第一，监管环境恶化，银行处于无竞争力的地位。当问题发生时，市场环境变得更糟，监管者和银行家都无法应对。我们所收获的经验教训是，在一个必受严格监管的行业，明智和及时的监管是必不可少的，在美国尤其如此。美国的监管是“基于规则”的，而英国等其他司法管辖区的监管是“基于原则”的。“基于原则”的监管的好处是，允许行业更灵活地适应不同的市场条件，只要这些条件符合原则，并且不需要监管机构制定新规则。

第二，战略规划和文化在风险管理中具有重要作用。由于缺乏战略规划和对竞争环境的了解，银行继续向房地产和较不发达国家的高风险借款人大量放贷，这实际上增加了风险敞口，使它们在 20 世纪 80 年代末和 90 年代初的危机期间面临更加严重的问题。许多大型银行的高管更关注机遇和商业目标，而不是风险问题。一位 CEO 说：“我们将从商业房地产贷款中赚取 10 亿美元。”这一消息传遍整个公司。如果商业目标已经过风险调整，并且它在公司的能力范围内，那这样做可能是合适的；如果没有，那么公司只能“想办法就这样做”！

第三，这些银行危机表明，当缺乏适当的技能和工具来管理业务风险时，银行就会出现严重的问题。银行贷款进入的市场本来就比其使用传统技术设计的市场的风险大得多。银行的分析和结构安排往往不够充分，而传统的以客户和关系为中心的方法具有产生集中风险的内在倾向。这些风险来源于借款人，很少考虑到借款人之间存在的相互关联，无论这些借款人是否处于同一行业的公司，或者具有相似经济背景的国家。此外，银行对其中一些借款人违约可能造成的损失缺少了解，因此常常低估损失程度。

这一领域也出现了重大变化和改进。《巴塞尔协议II》的新规定正在引入更加复杂的基于风险的见解和对风险承担的限制。该规定要求银行理解分类，同时充分报告其风险（如信用、运营和市场），并在银行风险分析与资本化之间建立明确的联系。银行业在开发新的业务来源方面也展示出了较大的主动性和创造力，特别是它们采取了将资产非中介化的措施，借款人可以直接进入资本市场并自行使用这些技术。作为投资者，特别是大型银行，使用新的信用风险管理和投资组合管理方法有助于提高绩效。它们从 W. Edward Deming 的观察中了解了多样化的价值，即“由共同原因引起的风险将继续以他们预期的频率和变化发生，直到系统被纠正”（Deming，1986）[1]。

3.4 流动性：一种银行特有的资源

银行具有向客户和金融市场提供流动性的独特能力。这是由于它们能够获得廉价和充足的存款（得益于政府提供的对存款保险的保护）和美联储的贴现窗口。从历史上看，流动性一直是银行业的主要关注点。在整个大萧条期间，银行危机总是围绕流动性产生。糟糕的宣传可能会导致储户撤资，发生银行挤兑。因此，银行家和监管机构将重点放在流动性管理上，这已成为一种动力，以及商业机会的源泉。

银行使用流动性的方式主要有 2 种。首先，它们向各类不同的客户提供备用贷款，从贸易交易中的信用证，到公司未使用的贷款承诺，再到消费者和企业的循环信用交易，以及支持流动性设施、阻止商业票据借贷，包括企业和资产支持的渠道。截至 2006 年，联邦存款保险公司投保银行的这类资产总额为 7.6 万亿美元，高于 1995 年的 2.2 万亿美元。相比之下，2006 年这些银行的资产负债表上的资产为 11.9 万亿美元。这些数据只是为了进一步强调银行在信用市场中发挥的关键作用。在 7.6 万亿美元中，有 4.2 万亿美元用于信用卡业务，有 7000 亿美元用于家庭消费权益信贷业务，即以住宅房地产为担保的循环业务。在这些贷款中，还包括 5240 亿美元的履约和备用信用证，以及 290 亿美元的贸易交易信用证。此外，资产支持商业票据渠道也有 2230 亿美元的流动性支持（FDIC，2006）。

其次，银行利用其流动性优势在金融市场进行广泛交易。如表 3.3 所示为 2006 年各存托机构衍生产品敞口，截至 2006 年，所有受联邦存款保险公司监管报告的机构都面临约 1322 亿美元的总衍生产品敞口。基本上，所有风险都与商业银行相关。

---

[1] W. Edward Deming 的研究为日本工业引入了过程管理原则，从而彻底改变了其质量和生产力。他的研究是全面质量管理（TQM）的先驱。

虽然金额非常大，但它们都以名义金额表示，远远大于其基本公允价值。例如，信用衍生产品敞口的名义金额大于其公允价值。另外，由于这些都是交易风险敞口，所以双向风险敞口可能会在一定程度上相互抵消。例如，在信用衍生产品方面，由银行作为担保方的公允价值敞口，被由银行作为收益方的衍生产品合同的公允价值所抵消。这些交易风险正在以较快的速度增加。总体而言，2006 年的平均增长率比 2005 年提高了 30%。有些交易产品的增长率甚至更高，例如，股票衍生产品的名义价值增长了 81%，商品衍生产品增长了 62%，信用衍生产品增长了 55%（FDIC，2007）。

表 3.3　2006 年各存托机构衍生产品敞口（单位：美元）

存托机构	敞口
总衍生产品敞口	132177091293
利率合约	107429328447
外汇合约	12564211404
信用衍生产品（名义金额）	9019299143
银行作为担保方	4495902904
银行作为收益方	4523396539
合约、其他大宗商品和股票	3164252299

来源：联邦存款保险公司的《存储机构统计报告》，经作者修订。

3.5　保险公司

保险公司是信用市场中第二大活跃的机构参与者，截至 2006 年年底，其信用工具总持有量为 3.7 万亿美元。人寿保险公司是该领域最大的参与者，其信用工具持有量为 2.9 万亿美元，其余部分由房地产和意外伤害保险公司持有。许多保险公司巨头在人寿保险、财产保险和意外伤害保险方面都很活跃。对保险公司而言，公司证券，特别是债券，是最大的投资类型（2.2 万亿美元），其次是机构和 GSEs 支持的抵押贷款证券（5020 亿美元），以及市政证券（3680 亿美元）。

人寿保险公司基于人的寿命预测和健康状况提供产品。它们通过收取保费来对冲死亡风险，这也是它们的主要收入来源。同时，它们还提供退休产品，如单保费递延年金、有担保的投资合同，以及结合投资和保险功能的产品（如终身年金）。年金和人寿保险政策是它们的长期固定收入来源（为其提供了可预测的现金流）。因此，它们专注于长期固定利率投资。由于人寿保险公司无法进入美联储贴现窗口，所以其不提供流动性产品。

所有产品都要求保险公司能够准确预测现金流。保险公司面临着无法通过收益率变化或意外信用损失获得预期回报的风险。通常来说，人寿保险公司有既定的信用流程，其投资很少基于关系进行，因此不必面对银行间经常发生的冲突。生活服务行业面临的信用问题源于昂贵的分销基础设施，这降低了它们的收益，致使它们寻求更高收益率的投资，特别是在高收益市场上。强烈的持有倾向，以及对市场信用敞口的无要求，导致它们在重大投资方面表现不佳。

财产保险和意外伤害保险所承保的风险不同，最常见的是因事故、火灾、自然原因或渎职对财产造成了损害。保费产生的现金流波动更大，索赔活动更不可预测。因此，投资倾向于流动性，而不是绝对回报。财产保险和意外伤害保险（Property and Casvality，P&C）保险公司的投资组合具有不同的、较低的风险，其特别倾向于免税证券。

在过去的 15 年中，这些行业一直非常重视强化信用流程和投资组合管理技能，就像它们以前把重点放在具有良好效果的风险承销、营销和分销上一样。保险公司已从主要的买入-持有策略，即其中出于管理目的的证券账面价值与其会计价值相同，转向以总回报为基础的管理策略，这加强和改善了保险公司的监管环境。1993 年，美国保险监督官协会（NAIC）引入了基于风险的资本要求。NAIC 的证券估值部门虽然不是国家认可的统计评级机构，但它确实以一种标准的方式对投资工具进行了分类，以便美国所有保险公司可以对自身的投资组合进行统一的框架比较。

人寿保险公司在 2001—2002 年经历了一个紧张时期，当时它们持有的 243 亿美元债券和优先股的发行人进入了破产程序。安然公司（Enron Corporation）于 2001 年 12 月申请破产保护。2002 年，根据穆迪的数据，破产公司的数量创下了纪录，如第 11 章中按资产排序的 WorldCom、Conseco、UAL、Global Crossing 和 Adelphia。

3.6 金融公司

截至 2006 年年底，金融公司持有 1.6 万亿美元的信用市场工具。这些工具相对均匀地分为消费者房地产抵押贷款（5990 亿美元）、消费者汽车贷款和租赁贷款（5340 亿美元），以及企业汽车贷款和租赁贷款（980 亿美元）。

金融公司基本上是无存款的借贷机构，它们无法通过存款筹集低成本资金，也不会试图与银行竞争，后者在传统上将其视为核心客户群，即主要商业客户和 FICO 评分为 720 分及以上的消费者。由于无法进入美联储贴现窗口，所以金融公司不提供流动性产品，相反，其专门提供高风险/高回报的贷款，并且将其管理得较好。

一般来说，金融公司分为 3 类。第一类是消费金融公司，其在有担保和无担保的基础上直接提供贷款给消费者，通常会有一个分支网络。第二类是销售金融公司，它是间接贷款人，从汽车及移动房屋制造商、零售商、其他消费品和资本货物公司购买零售、批发贷款和租赁业务。第三类是商业金融公司，其直接或间接地向制造商和批发商提供贷款和租赁设备。

金融公司的传统业务是为消费者提供融资，为工人阶级和小企业家提供贷款。其利率高于银行，但条款更加灵活。

随着时间的推移，行业发生了变化。与存款机构类似，金融公司也在逐渐整合。

许多银行已将其业务扩展到金融行业。被称为美国第五大银行的富国银行，其主要增长点是消费者融资领域的有机增长。花旗银行和汇丰银行已经通过收购增加了它们的消费活动，即花旗银行在 2000 年收购了 Associates，汇丰银行在 2003 年收购了 Household Finance[1]。花旗集团（Citicorp）一直以来都是花旗资本（Citi Capital）的主要组成部分，其业务重点是专业融资和设备租赁，富国银行也是如此。

许多大型销售融资机构也是大型制造公司，如通用汽车公司和通用汽车债券承兑公司（通用汽车公司于 2006 年向私募股权财团出售了多数股权），福特汽车信贷公司和 IBM。通用电气资本公司（General Electric Capital Corporation）是最大的电气公司，其可以追溯到 1932 年对通用电气产品的融资，其在 2006 年年底拥有 544 亿美元的资产。其业务分为 3 个独立的方向，即商业服务、消费者服务和设备服务。这使得通用电气资本公司成为一个规模庞大且极具前瞻性的金融服务“超市”。

虽然银行和金融公司在过去几年中都以强劲的速度增长，但资产支持证券市场的增长速度更快，影响了银行和金融公司投资组合的增长率。这些资产支持证券的发行有很大一部分是由银行和金融公司赞助的，对于它们来说，资产支持证券市场只是一种替代金融手段。然而，在过去的 15 年里，通过银行和经纪商的抵押，主要储存消费者贷款，特别是抵押贷款，然后将这些贷款打包出售的小型金融公司的数量实现了大幅增加。对这些公司来说，这是它们能够获得竞争力的唯一途径，因为它们没有其他手段可以用来对业务进行融资。

金融公司的资金严重依赖银行和证券市场。随着时间的推移，它们的表现非常稳健，偶尔也会出现大问题，这通常是资产质量恶化造成的。这个行业的一个优势是公司专业化，但如果它们的专业领域陷入困境，危机就会出现。最典型的例子是 Conseco

---

[1] Household Finance 是 2 家主要金融公司——Beneficial Finance 和 Household International 早期合并的产物。

于 2002 年 12 月破产，成为第三大银行破产案。Conseco 的问题始于其在 1998 年以 60 亿美元收购了 Green Tree Financial Corporation，后者的主要业务是为购买移动房屋提供贷款。移动房屋的购买价格在当时被广泛批评过高，但存在的真正问题是在随后几年中，贷款组合的质量一直在恶化，直到 Conseco 宣布破产。

在 2006 年和 2007 年，次级住房贷款组合出现了问题，导致了几家小型金融公司的失败，并且给大公司的投资组合带来了重大问题。

3.7 特殊目的实体

特殊目的实体这类贷款机构主要包括政府赞助企业（Government-Sponsord Enterprises，GSEs）[1]，其支持的抵押贷款池由各种政府机构和资产支持证券的发行人组成。总体来说，它们对信用市场产生了重大影响，这不仅是因为它们的规模，还因为它们作为市场投资者（10 万亿美元）和借款人（10.2 万亿美元）的数量几乎相等。

GSEs 受益于极高的信用评级并拥有极大的财务灵活性。作为直接借款人，它们在 2006 年年底拥有 2.6 万亿美元的未偿债务，用于投资证券、贷款和抵押贷款，另外，在 GSEs 和代理机构的支持下，还有 4.0 万亿美元的证券化抵押贷款池。

在资产支持证券市场上，还有 3.6 万亿美元的信用工具尚未偿还，主要包括抵押贷款（2.5 万亿美元）和消费信贷（6710 亿美元）。大约 20%的抵押贷款是商业抵押贷款支持证券（Commercial Mortgage-Backed Securities，CMBS）和余额住房抵押贷款支持证券（Residential Mortgage-Backed Securities，RMBS）。截至 2005 年年底，资产支持证券的发行量已超过未偿还的公司债券数量，此后差距逐渐拉大。我们将在第 24 章中进一步讨论资产支持证券市场。

这些特殊目的实体的所有借款均基于这样一个假设，即借款人的财务业绩基于其潜在现金流和资产价值，可以被很容易地、很准确地估算出来。事实证明，这在很大程度上是正确的，由评级机构评级的结构化金融交易，其表现在违约和损失率方面都与其公司债券等价物相当，甚至更优。然而，正如 Malcolm Knight（2007）指出的那样：

金融体系正在经历一个非常平静的阶段，即金融公司的股票收益稳定而强劲，少

---

[1] GSEs 是由美国国会设立的一类以提供公共服务为目的的金融服务机构，部分由私人控股。其设立目的是削减经济中某些借贷部门的资本成本。主要例子有联邦住房贷款银行、联邦住房抵押贷款公司（Freddie Mac，简称房地美）和联邦国民抵押贷款协会（Fannie Mac，简称房利美）。

数压力事件很容易被化解，各种资产类别的利率差异非常小，隐含的波动性异常低……基于这些市场信号，风险很难被发现，或者至少看起来很低。这些市场价格是否准确地反映了潜在的风险，即未来可能出现的一系列结果，还是提供了过于乐观的风险图景？

他的结论是，尽管金融体系在整体上比以前更具有弹性，但也变得更具复杂性、创新性，债务量大幅增加，因此，需要高度谨慎，防止出现虚假的安全感。

原书参考文献

Deming, W. E. 1986. Out of the Crisis. Cambridge, Mass.: MIT Press.

Federal Deposit Insurance Corporation (FDIC). 1997. History of the Eighties—Lessons for the Future: An examination of the banking crises of the 1980s and early 1990s. Washington, D.C.

Federal Deposit Insurance Corporation (FDIC). 1997. The Banking Crisis of the 1980s and 1990s: Summary and Implications. Washington, D.C.

Federal Deposit Insurance Corporation (FDIC). 2006. Annual Report. Washington, D.C.

Federal Deposit Insurance Corporation (FDIC). 2007. Statistics on Banking. Washington, D.C.

Federal Reserve Board. 2007, March 8. Federal Reserve Statistical Release Z.1: Flow of Funds Accounts of the United States. Washington, D.C.

Knight, M. D. 2007. Speech to the Eighth Annual Risk Management Convention of the Global Association of Risk Professionals. New York City, February 27-28.

Samolyk, K. 2004. The Future of Banking in America: The Evolving Role of Commercial Banks in U.S.Credit Markets. FDIC Banking Review16, no.2:29-65.

第4章 组合管理者：投资管理者、共同基金、养老基金和对冲基金

即使你把所有的鸡蛋放在不同的篮子里，只要你总是持有鸡蛋，你就无法避免系统性风险。

——Not attributed to Harry Markowitz

由于婴儿潮一代准备退休，美国和其他工业化国家，特别是日本的人口趋势，推动了过去15年间与养老基金相关的储蓄金额大幅增加，这种趋势在未来将持续很长一段时间。经济合作与发展组织（Organization for Economic Co-operation and Development，OECD）所有成员国的养老基金资产规模迅速增加，2005年总计近18万亿美元，高于2001年的13万亿美元（OECD，2006）。总体来说，这些资产约占这些国家的年度GDP的88%。

美国在这些趋势中受到较大影响。2005年，美国养老基金资产达到12.3万亿美元，高于2001年的9.7万亿美元，占其GDP的99%，占比高于2001年的96%（OECD，2006）。

与那些主要投资票据和固定收益证券的OECD成员国不同，美国在这些信用工具中存有约15%的养老基金资产（约1.8万亿美元），而在共同基金和股票中存有约65%（OECD，2006）。这些信用工具由公共部门的地方、州和联邦养老基金（2005年年底总计7500亿美元），私营部门养老金计划（6590亿美元）和人寿保险养老金计划储备金组成（Federal Reserve，2007）。

除这些与养老金相关的信用工具资产外，如表3.1所示，经过专业管理的投资基金，如共同基金、货币市场共同基金、封闭式基金和交易所交易基金，还占据了3.7万亿美元的信用工具资产。显然，这些投资组合经理在信用市场上扮演了不可替代的角色。

4.1 固定收益投资组合策略

随着养老基金和共同基金积累了数万亿美元，管理和投资这笔钱的行业兴起并快速发展。专业的基金经理在为投资者提供的收益和服务的价格上相互竞争。在这 2 个方面，个别经理之间的差异可能很小。

基金经理可以投资从股票到房地产等一系列工具，但他们实际上只有 2 种基本的赚钱方式。一种是低价买进、高价卖出，通过价格上涨来赚钱；一种是以合理的利息放贷，通过承担信用风险来赚钱。后一种策略使他们处在与银行、金融公司或保险公司非常相似的位置上。

在处理信用风险的方法上，专业的基金经理与银行和保险公司等“家庭手工业者”有很大的不同。银行或保险公司主要关注个人风险，而基金经理则关注个人风险和投资组合风险，如构建多元化的投资组合，并尽快尝试出售那些表现不佳或预期表现较差的股份。这种方法通常被称为总回报投资组合管理。一些基金经理通过一个基本价值/自下而上的过程来选择证券，而另一些基金经理则将自上而下的经济观点与自下而上的相对价值观点结合起来。

基金经理试图利用行业和公司的研究来选择最佳投资。以 Standish, Ayer and Wood 这家位于波士顿的投资管理公司为例，该公司以其在行业/证券选择方面的成功纪录而闻名（65%的历史回报归功于证券选择，另外 35%归功于公司的利率前景）。关于投资方法，Standish, Ayer and Wood 均衡使用了古典信用分析、集体信用判断和约束优化，并且特别关注那些信用评级可能会提升的公司。

正如 Standish, Ayer and Wood 的主管 Howard Rubin 在接受作者采访时给出的解释：

从行业的角度来看，我们对市场的所有领域感到满意，不会只根据少数选择做决定。基于对这些广泛领域的相对价值的认识，我们购买最便宜的证券，希望它们的价值得到市场的认可并实现价格上的提高，从而根据客户表现将其过滤。

以下是这家公司的另一个受访董事 David Stuehr 对债券收购过程的描述：

最初的理论可能有许多来源，它可以由交易台提出，例如，交易台报告 A 级债券正在像 BB 级债券一样被交易……总有一些原因让事情变得非常糟糕。另一个例子是目前的烟草诉讼。这将对烟草企业的招牌公司带来何种影响？这种想法可能来自我们的数据仓库。通过数据仓库，我们可以维护公司财务数据、收益差价数据和公司分析数据，如评级、标准普尔加减、观察名单。我们可以对多种来源的公司数据进行划分。任何一点都会让你专注于一个基本的想法。

我们来看传统利息保障和自由现金流等财务比率。它们是在改善吗？我们构建了一个专业的模型，因为我们想知道不利因素有什么。我们试图将公司与整体经济状况联系起来。在某些情况下，例如，一家纸业公司的管理层会告诉你他们的收入来源对外部变量的敏感性，这样我们就能拿出自己的方案。对其他公司来说，例如，企业集团，这样做就十分困难。以 Koppers 为例，作为一家企业集团，其涉及多方面业务，如处理铁路枕木和电线杆，为钢铁行业提供工业焦炭。你甚至不能和他们的管理层谈论部门的敏感性，因为他们根本不了解。在这种情况下，我们试图评估其收入和预测 5%～10%的经济衰退对其的影响。

我们也关注市值。我们很早就了解到股票分析师比债券分析师更了解公司。这不是说他们比债券分析师更聪明，而是他们必须更紧密地关注公司，并且关注的公司较少。之后，我们为那些获得评级提升机会的公司评级。我们根据定性和次定量判断来确定行业界限。

然后，我们评估该公司的正面信用因素和负面信用因素，包括其规模、杠杆、财务和运营。接下来，我们分析相对价值。有时你会发现证券不能以名义价格提供……个人分析师将建立这个想法，并寻找可以支撑它的证据。我们会试图建立共识，一旦达成共识，该决定将得到我们的集体支持。

购买、持有、出售的决定并不止于此。所有的证券都必须满足 Howard Rubin 所说的“资本配给标准”，即证券投资是不是资本的最佳利用方式？每个评级等级的证券都将根据信用利差、久期和升级潜力进行排序。协作决策似乎没有减缓这一过程。Standish, Ayer and Wood 的主管 Caleb Aldrich 在采访中指出：

> 我们会毫不犹豫地互相挑战。随着时间的推移，我们已经建立了一定程度的相互信任和尊重，因为我们一直在努力提高对客户的回报。我们所做的一切尝试都与此有关。因此，如有必要，我们会毫不犹豫地互相挑战，以此保持我们的领先优势。这并不意味着我们会立即放弃这些想法，但如果一个想法不符合我们的风险/回报观点，我们确实会驳回它。

专业投资管理公司的人力资源远远少于银行，而且一般来说，它们选择合适借款人的能力较差。因此，严格遵守规则进行销售是它们使用的一个关键方法。在衡量回报组合管理的实践者的成功时，不仅要衡量他们识别良好投资的技能，还要衡量他们识别和抛弃不良资产的速度。正如 Caleb Aldrich 所说：“我们确实拥有流动性和市场性。我们承担得起犯错误的代价，因为我们可以在市场意识到错误之前就迅速退出。

在放贷的情况下，银行并不总是拥有这样的选择。”

对于绝大多数专业投资组合经理而言，多元化是管理信用风险的关键。遵循现代投资组合理论的原则，资金经理试图构建一个各种可能的变量（如部门、地域、久期和工具类型）都已多样化的投资组合。在这样做时，他们要避免投资组合过度集中。如果其中的任何一个证券开始失去价值，那么它所带来的影响将被组合中保持价值的其他证券抵消。

作为执行多元化原则的必然结果，资金经理通常会投资所选市场的所有细分市场。如果他们不喜欢某个证券当前的前景，例如，抵押贷款支持证券，那么他们将减少对这部分证券的配置，而不是完全退出。职业经理人一般会停留在他们所投资的市场中，观察各部分在用来衡量其业绩的指数中所具有的相对权重。例如，当他们决定增加公司债券的投资组合时，他们认为这个决定是对该行业的有意识押注。他们关注的是相对表现，而非绝对表现，他们的主要目标是超越指数和其他基金经理。

尽管多元化的优势到目前为止已经留下了很好的记录，但在多元化经营中，经理通常会放弃一些投资机会，以此降低风险。他们可能会投资一些多元化程度并不高的资金池。在极端情况下，一些基金经理，如对冲基金的基金经理可能会忽视多元化原则，以求实现收益最大化。然而，专业投资经理的经验一般是相当丰富的。事实证明，现代投资组合理论有助于降低投资风险并抑制投资组合的波动性。

固定收益证券的从业人员有效地避开了银行业的一个基本缺陷，即长期持有不良贷款。当借款人陷入困境时，银行家很可能会花时间听公司解释情况和行动计划。在某些情况下，银行甚至可能同意提供额外贷款。它们之所以这样做，是因为银行贷款在公共市场上普遍难以出售。如果贷款质量下降，那么银行除了参与重组，可能没有其他选择。相比之下，投资组合经理通常会在交易出现疲软迹象的早期就试图退出，带来的结果是，养老基金和共同基金很少会遭受到商业银行在最近几十年中蒙受的严重损失。无论是在好时期还是在困难时期，银行总强调和客户的关系（有多种结果），但固定收益证券组合经理从来都没有忘记自己在做出的投资中所处的位置。

基金经理之所以能够采取这种策略，是因为他们不会让投资组合的集中度变得太高，从而影响到证券的流动性和可销售性。出售持有的任何一种证券只会造成很小的损失，然后出售的收益可以用来购买其他证券。投资组合经理通常不会关心一个处境艰难的信用客户如何恢复元气，这种对借款人的忠诚在战略上是毫无意义的。有担保的固定收益证券提供了小额的利息收入。以 100 美分的价格投资此类证券，是一项收益相对较低的活动。在通常情况下，固定收益证券组合投资经理几乎没有机会收回大笔亏损，因此，尽快出售不良证券是更为合理的做法，只要价格合适，总会有买家。其他投资者将愿意花 60 美分或 70 美分购买这些债券，因为他们指望这样的投资具有一定的升值空间。

固定收益证券投资组合经理在其他重要方面也不同于银行家，他们投资公开评级的证券，并被要求将其投资情况在市场上公开。当信用恶化时，他们投资组合中的一部分会贬值。这种市场规则增强了资金经理的销售动机，相比之下，银行家们不会把贷款计入市场，只要他们继续收到当期还款，他们就会将贷款分类为履约贷款，即使借款人几乎没有支付浮动费用。

银行和养老基金也在不同的监管制度下运作。事实上，社会认为它们服务于两种目标不同的金融机构。这两种机构都要为人们的储蓄提供保障，但银行要提供贷款，以此满足企业和个人的合法需要。对许多人来说，银行首先是流动性、抵押贷款和周转资本贷款的来源。当银行收紧信贷政策并减缓融资流量时，一些美国人会立即联系国会的代表，向他们抱怨由此造成的信贷收紧。相比之下，几乎没有人指望养老基金能够承担为美国企业注资的担子。当养老基金拒绝购买某家特定公司的债券时，该公司的高管们不会给国会打电话投诉。另外，根据《雇员退休收入保障法》（ERISA）1974 年的条款，退休金计划在法律上必须将参与者的利益放在首位。如果一个计划的支持者允许其他利益集团介入，那么他们可能会因违反对计划参与者的信托责任担责。

尽管总体来说业绩良好，但一些被专业管理的固定收益基金遇到了问题。例如，就某些垃圾债券基金和房地产基金而言，分散投资效率低下，因为投资组合过度集中在市场的某个特殊领域。对整个细分市场产生影响的经济问题，会导致所有投资均遭受损失。高度集中在特定地理区域的资金（如国家基金）也一样。

更宏观地说，投资组合多元化一直以来是一种职业感或常识，而不是坚实的科学基础。到目前为止，针对不同行业和不同证券类型的相关性进行的分析工作开展得相对较少。由于缺乏这些工具，投资组合经理无法认识到多元化带来的全部益处。因此，养老基金、共同基金和单位信托可能会从我们期望在投资组合理论中看到的未来进展中获得较大益处，这方面将在第 17 章至第 22 章详细讨论。

投资组合经理遇到的另一个问题来自证券选择过程本身。大多数资金管理公司在使用投资组合理论的过程中过度看重利润，从而忽略了风险，它们雇用的分析师人数与它们必须按名称逐一处理的市场的规模匹配，就证明了这一点。因此，它们有责任购买因信用质量下降而可能失去价值的证券。尽管严格遵循规则进行销售通常可以保护它们免受灾难性损失，但固定收益基金可能不得不接受一些不必要的小额损失。

为了解决这个问题，并且利用不断增长的银行贷款、高收益公司债务和新兴国家债务市场的投资机会（这些债务都涉及高于正常规模的信用风险和收益），一些大型投资公司已经开始采纳通常与银行相关的信用管理技术。富达投资（Fidelity

Investments）等公司已开始聘用接受过银行培训的专业人士，以此帮助它们设计将个人信用分析与投资组合管理技能相结合的信用体系。与此同时，银行正在获取一些通常与基金经理相关的投资组合技能。无论是在银行还是基金经理手中，这 2 种方法的结合都应该能够更有效地管理信用风险。

4.2 对冲基金

任何关于信用工具、投资组合经理和信用市场的讨论都需要包含对冲基金，因为它们具有显著的影响力和内在性。1998 年，在《演进着的信用风险管理：金融领域面临的巨大挑战》（原书第 1 版）出版时，市场上存在约 3000 只对冲基金，相较 1990 年的 600 只有所增加，但比目前估计的 9228 只少得多（Wastler，2006）。

在过去的 10 年中，信用市场的许多变化，以及出现的创新、流动性和风险分散方面的改善，都是由对冲基金推动的。据估计，它们管理着约 1.6 万亿美元（FSF，2007），但在许多市场，特别是信用衍生产品市场中，它们的占比要高得多。2005 年，咨询公司 Greenwich Associates 估计，对冲基金只占美国固定收益市场交易量的 15%，但这一比率在新兴市场债券交易中上升至 45%，同时在不良债务交易中占 47%，在信用衍生产品中占 58%（FSF，2007）。基金的变动非常频繁，2006 年推出了约 1518 只，清算了 717 只。基金的增长一直是全球现象，截至 2006 年，其主要集中在美国。美国管理的资产为 65%，而欧洲为 24%，亚洲为 8%。但在 2002 年，美国管理着 80% 的资产。正如我们在其他金融机构所看到的那样，基金同样出现了集中的趋势：100 只最大的基金占整个行业资的 65%，其在 2003 年为 54%。规模最大的全球基金集团各自管理着 200 亿至 300 亿美元，或者更多的资金（FSF，2007）。

英国国际银行货币和经济司司长、经济顾问 William White 在 2007 年年初的一次演讲中评论："与 20 世纪 40 年代的对冲基金不同，今天的对冲基金远非对冲基金。相反，其在投资限制较少但风格（主要是投资策略）不同的情况下运作，它们通常采取投机和杠杆头寸来追求绝对的目标回报率，经理所获得的报酬通常与此相关。对冲基金的投资者原本是富有的个人，近年来，其吸引了包括养老基金和保险公司在内的机构投资者的兴趣，导致了更高的专业化和'制度化'，尤其是大型对冲基金。"

与在本章中讨论的投资组合投资者不同，他们通过仔细分析和分散化来创建有效的投资组合，对冲基金是直接的风险承担者，它们只为所承担的风险敞口寻求相应的或更好的回报率，这样做有助于降低和分散系统性风险，但在此过程中，它们也会创造新的风险。作为机构，它们本身的杠杆率较高，而且往往侧重复杂性高和流动性低的产品，以及对风险度量技术和管理技术的要求较高的市场。正如我们在 1998 年看到的长期资本管理公司那样，即使是拥有大量资本的最优秀的管理和交易团队，如果持续经受过高的压力和过多的逆境，也会受到致命的损害。用 William White 的话来说，它们贡献了大量的“油脂”，这有助于金融系统的成功发展，但必须小心，以免对冲基金在极端事件下变成“沙子”。

原书参考文献

Employee Benefit Research Institute (EBRI). 2003. EBRI Data Book 2003. Washington, D.C.

Financial Stability Forum(FSF). 2007. Update of the FSFR eporton Highly Leveraged Institutions, May 19.

Organisation for Economic Co-operationand Development (OECD). 2006. Pension Markets in Focus, Issue 3 (October).

Wastler,A.2006. Hedge Fund Apocalypse... Not. CNN Money.com.26 October. http://money.cnn.com/2006/10/26/commentary/wastler/index.htm.

White, W. R. 2007. Hedge Fund Flurries: Introductory comments by Mr William R. White, Economic Adviser and Head of the Monetary and Economic Department of the BIS, to Session 3 of the Bellagio Meeting, London, 19-20 January 2007. BIS Management Speeches, 25 January, <http://www.bis.org/speeches/sp070125.htm>.

第 5 章　结构化中枢：清算所、衍生产品交易商和交易所

客户的金融合约和证券组合这类金融服务对于制造业来说，就好比其流水线生产过程。期权、期货和在其他交易所交易的证券等“原材料”，将以既定的组合方式创建一类投资组合，而这些投资组合可用于对冲金融中介机构各类客户的负债。

——Robert C. Merton（1992）

银行、衍生产品交易商和其他相互进行大量交易的金融机构，在日常交易过程中承担着信用风险。清算所、交易所和衍生产品合约都是减轻这些风险的结构化手段。

虽然衍生产品在过去 20 年引发了公众的广泛关注，但它们并不是一种新兴现象。多年来，交易商一直买卖代表猪肉、玉米、黄金或石油的纸质票据，而不是买卖这些商品本身。只要能够确立一个交易的标准单位，就可以创造出一个反映这一基本交易的金融工具。相比实物商品，衍生产品更加容易交易。虽然大多数期货合约都在交割日前以现金的形式交割，但有时也会按照合约条款交割实物商品。

近年来，在各种金融工具中，代表权利或选择的金融衍生产品占据了新闻头条。金融衍生产品的总交易量由 1986 年的 618.3 亿美元增至 2006 年的逾 285 万亿美元，其增长过程如图 5.1 所示。利率衍生产品的高增长率已经持续了一段时间，而且最近，信用衍生产品的增长也开始加速，尽管其基数要低得多。

这种爆炸性的增长引发了多种重大风险，例如，交易对手风险、清算风险和系统风险。从交易商那里购买股票期权的买方依赖交易商履行其卖出的权利。同时，卖方也依赖买方按约定支付款项。

衍生产品交易商是以特殊形式组建而成的公司，其通常与商业银行密切关联，最近也与大型银行存在紧密关系。它们业务的很大一部分涉及与其他交易商的交易，因此，除了承担客户的信用风险，它们还要承担其他交易商的信用风险。由于交易商总数有限，这些风险可能会相当集中。

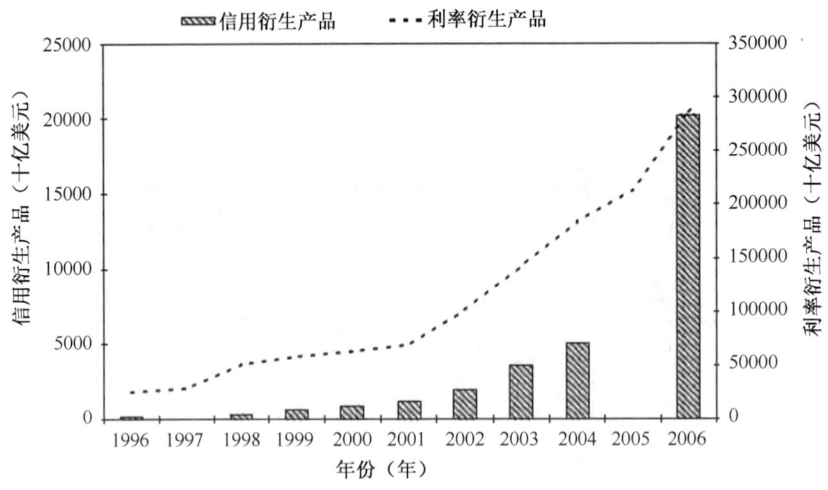

图 5.1　金融衍生产品的增长

来源：英国银行家协会（2006），以及国际互换与衍生产品协会（ISDA）的市场调查（2007）。

当金融衍生产品市场还处于萌芽阶段时，交易商们都相互了解，并且因为只有极低不履约的风险而相互信任。随着衍生产品市场不断增长、银行市场因合并而出现集中，以及巴林银行、安然公司和美国长期资本管理公司（LTCM）等一系列主要交易机构迅速消亡，人们对交易对手风险的认识更加敏锐。场外衍生产品（如互换、期权、互换期权、利率顶和利率底）的市场交易者越来越关心如何管理这些风险。对这种交易对手风险的管理是过去 20 年金融市场的主要主题之一。

5.1　交易所

交易所是降低交易对手风险的一种机构性手段。随着交易规模和范围的扩大，更多交易是在交易所中进行的。究其原因，交易所可以制定参与标准，并持续监督客户信用。实际上，规模较小的参与者通常不直接进入交易所交易，而是主要通过规模较大的参与者（如银行、投资银行和大型银行的子公司）参与交易。无论是股票、债券、期权、期货、金属、化工还是石油等，在交易所上市都有助于创造流动性，这也是近年来交易量大幅增长的关键因素之一。

任何在期货交易所购买合约的个人或机构都必须缴纳保证金。买方提交了保证金，卖方便知道可以使用这笔钱来偿付合约。由于卖方同样有义务缴纳保证金，买方便得到了其可以获得购买的货物或等价的货币的保证。因此，保证金的设置有效地消除了买卖双方之间的大部分交易对手风险。唯一残存的信用风险来自交易工具的短期波动，例如，日内波动或隔夜波动，这可能会导致交易对手无法发出下一个追加保证金的通知。当发生这种情况时，该交易方将放弃一切与保证金及标的合约有关的权利。保证金的设置允许个人投资者或小型投资公司在平等的基础上与大型银行进行交易。许多参与者认为，平等的准入权是交易所的优点之一，其另一个优点是能够使合约条款标准化，从而降低交易成本。

尽管计算所需的保证金和交付抵押品是相对简单的行政职能，但当这项工作需要每天进行数千次，甚至数百万次时，就需要由专注于此的专业组织进行处理。因此，大部分交易所都建立了专门的清算所来管理这些工作。

许多投资银行正在联手创建可以进行私募的私人交易所（通常称为“交易系统”）。这将允许未注册的美国证券被交易。对于美国境外的公司来说，这种交易系统所具有的优势可能是惊人的。许多跨国公司认为目前的交易系统既烦琐又具有侵入性，而无须注册的交易系统对此类公司可能相当有吸引力，因为它们可以进入北美的金融市场，而不必遵循美国证券交易委员会（SEC）的规定。

5.2 清算所

清算所是资本市场的主要信用管理机构，它们的存在是为了管理有大量业务往来的机构之间的交易对手风险。清算所负责协调买方和卖方，从而促成交易。清算所制定自身的会员资格标准（通常比交易所的会员资格标准更严格）、批准新会员、设定反映交易工具波动性的保证金要求，并且仔细监控机构参与者的信誉。它们所拥有的庞大交易系统允许它们处理在交易所进行的每一笔交易、记录买方和卖方，并且登记所需的保证金。对于美国和欧洲的主要清算所来说，这意味着每天都要处理数百万笔交易。清算所也是短期投资市场的重要参与者，因为它们拥有巨额的隔夜投资资金。在消除通过交易所交易的市场的信用风险方面，其交易系统具有实质有效性。

银行也利用清算所来管理银行间的风险。例如，纽约的银行成立了一家清算所，用以清算它们之间的支票账户和其他债务。如图 5.2 所示为水平模式的清算所示例，银行不再交换数百万张纸币或数十亿的美元现金，而是以清算所为中心场所，以电子方式会面和处理交易。

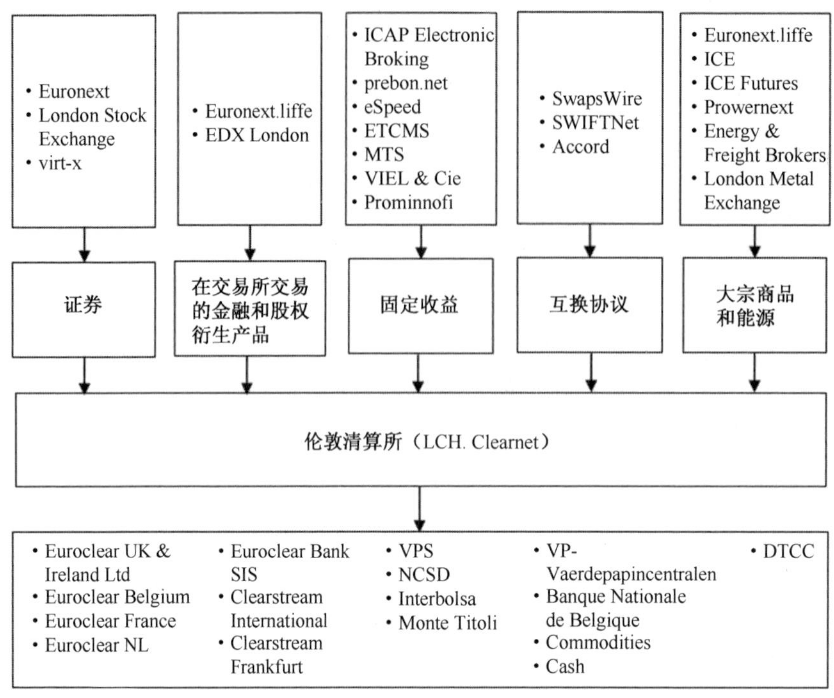

图 5.2 水平模式的清算所示例

来源：伦敦清算所（2007）。

与某一交易所相关联的清算所是其重要的组成部分。它可以是一个专用的清算所，也可以是一个服务于各种市场的清算所。伦敦清算所是水平模式的清算所的最好示例，其负责处理伦敦、巴黎和其他几个欧洲金融中心的大部分交易活动。如图 5.2 所示，伦敦清算所负责清算各种市场和金融工具，包括证券、各类衍生产品、互换协议、大宗商品，以及能源等。从制度上讲，伦敦清算所负责的信用风险代替了在图 5.2 中各交易所上交易的多个交易对手的信用风险。在任一交易所进行的每一笔交易都会衍生出 2 种交易：一种是买方和伦敦清算所负责的交易，另一种是卖方和伦敦清算所负责的交易。当一天结束后，伦敦清算所就拥有了一个完美匹配的合约簿，因此不会引发市场风险。然而，伦敦清算所现在面临着清算会员的风险，而清算会员又面临着自己客户的交易对手风险。图 5.3 和图 5.4 展示了清算所如何为会员提供结构化对冲。

如图 5.3 所示为无清算所的风险敞口，其描述了在没有清算所的情况下的交易操作过程。交易商 A 向交易商 B 和交易商 F 做了 2 份多头合约（以下简称“多头”），向交易商 C 和交易商 E 做了 2 份空头合约（以下简称“空头”）。因为交易商 A 的空头头寸正好抵消了多头头寸，所以交易商 A 是市场中性的，即不受头寸市值变化的影响。但交易商 A 面临来自交易商 B 和交易商 C 或交易商 E 和交易商 F 的信用风险，因为如果市场出现上下波动，其中一对将欠交易商 A 的钱。

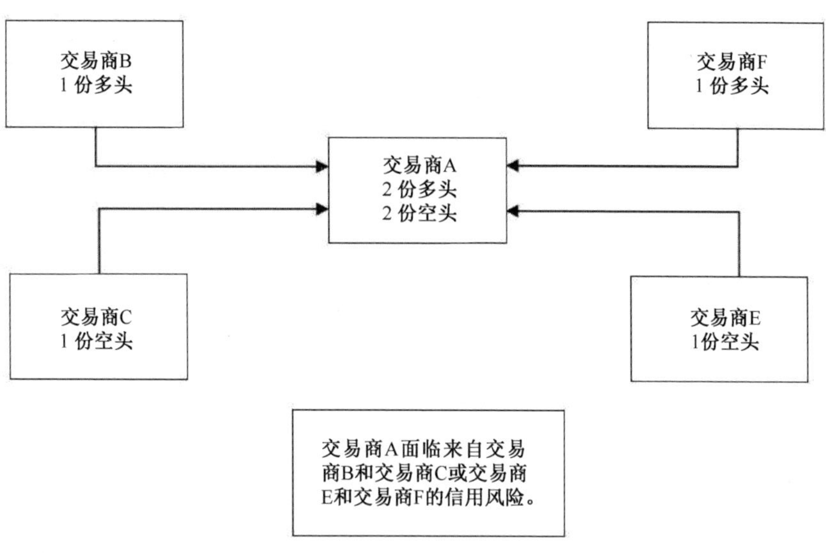

图 5.3　无清算所的风险敞口

在如图 5.4 所示的有清算所的风险敞口中，交易商 A 再次处于市场中性状态，但在交易商 A 与其他交易商之间建立了一个清算所。在这种情况下，清算所承担交易对手的信用风险。如果市场对交易商 B 和交易商 C 不利，清算所就会对交易商 A 进

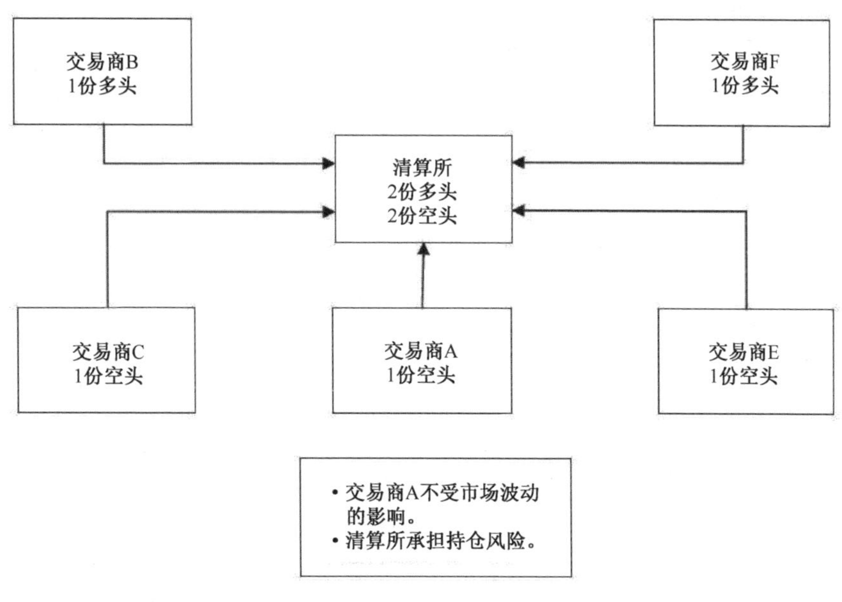

图 5.4　有清算所的风险敞口

行平仓。通过充当枢纽，清算所消除了各交易商之间信用风险敞口的交叉。由于清算所对每个交易商的敞口等于该交易商在某种金融工具上的多头头寸和空头头寸的净额，因此清算所的存在加强了市场流动性，使得交易商能够进行更多的、金额更大的交易。由于清算所监控着每个交易商的信用并在交易系统中设定了准入标准，所以交易商本身不再需要互相监督，这是一种更有效的交易系统设置方式。

5.3 净额结算、抵押品和信用降级触发器

作为清算所或交易所需具备的最基本的风险管理技术，净额结算是指抵消方向相反的交易方之间的债务债权。这使市场参与者能够准确地了解它们暴露给其他参与者的风险敞口。实际上，特定机构之间的资金流动并不均衡。大多数参与者都能接受对方一定限度的信用，一旦超过了这个限度，它们就要求在得到某种形式的保证后，才会进行进一步的交易。

保证通常以抵押品的形式给出。如果交易商 A 对于暴露给交易商 B 的风险敞口超过了给定阈值感到不安，它就会要求交易商 B 提供抵押品作为继续交易的条件。在某些情况下，交易商 B 的抵押品将永久抵押给交易商 A。交易商 B 也可能坚持要求交易商 A 提供抵押品。无论是在场内交易市场还是场外交易市场，抵押贷款已成为衍生产品交易的一个重要组成部分。

抵押品要求创建一种“障碍系统”，从而有效地设定交易的限额。此外，清算所和交易所应提供必要的记录，以便通过抵押品来跟踪和减少担保中的交易对手风险。

由于衍生产品的价值具有高波动性，因此时间对于交易对手风险来说至关重要。交易所和清算所要求参与者将它们的投资组合盯住市场，使用交易日结束时的市场价格来确定它们持有的每种工具的价值。这样，保证金和抵押品就可以每天进行调整。近年来，在交易量较大的市场上，这一要求已被提高到进行盘中交易，在交易日内就进行 2～3 次保证金追缴。了解某一工具在某一天或某段时间的价值会让买卖双方均关注它们对彼此的责任。此外，清算所和交易所都对会员有准入标准，包括最低资本、担保债券、信用监督和对会员的监督。

清算所还会投资庞大的处理系统，以此保证系统的高可靠性和能够支持大量交易。它们设定了处理违约和市场紧急情况的程序，并建立了财政资源库，以此承受重大破坏性事件带来的压力。它们与监管机构保持联系（后者通常将其视为资本市场的关键组成部分），并有可能会在金融危机时寻求政府支持。它们与其他清算所建

立系统性联系，以此管理与其相关的风险敞口。如果它们的资源因遭受损失而耗尽，一些清算所就有权对其成员进行评估。

时间会影响交易对手的信用。这就是结构化对冲者要利用信用降级触发器的原因。通常，交易商之间的合约规定，如果某一方的信用评级下降超过某一水平，那么该方必须提供抵押品，之后才能继续交易。这就保证了另一方可以得到信用降级一方的债务的偿付。

事实证明，将净额结算、保证金、抵押品、盯市和信用降级触发器这些结构化对冲手段结合起来，再辅以传统的严密监控，效果将非常好。清算所和交易商之间的记录一直很出色：大型银行、清算所和交易所因信用风险产生的损失都非常小。近年来，一些大型事故也被成功规避了，例如，虽然巴林银行事件、长期资本管理公司（LTCM）破产事件、安然事件、世通事件、帕玛拉特事件和 Amaranth 基金亏损事件都是近期发生的高额、高曝光率的"灾难"，但它们没有导致美国或欧洲清算所遭受信用损失。即使涉及许多小规模参与者，清算所和交易所也很少遭受信用风险引发的损失。

5.4 信用衍生产品公司

信用衍生产品尚未进入交易所交易，自然也不存在为其建立的清算所。然而，毫无疑问，信用衍生产品市场一直是金融市场中最具创新性的市场。合约的定制属性、合约期限及其他因素，都限制了在交易所交易信用衍生产品或利用清算所进行交易清算。尽管如此，交易商在越来越多的产品中转移的信用数额仍然巨大，而且正在迅速增加。这些产品往往很复杂，在交易期间，很难找到那些兴趣和心态是"买入并持有"风险的投资者。如今，当市场创造机会时，我们很快就可以看到应需求而生的创新。信用衍生产品公司（Credit Derivative Product Company，CDPC）的概念相对较新，但仍是信用衍生产品领域的细分市场。

虽然信用衍生产品公司将使用市场其他地方开发的一些结构化对冲工具，但它们的品种有些不同。它们可以对冲自己的风险敞口，但通常在信用中持有多头头寸。由于它们为主要交易商提供保护，所以通常会被评级机构评为 3A 级，并需要将评级维持在这一水平。它们提供的保护遵循国际互换和衍生产品协会（ISDA）的文件，以互换形式执行。

衍生产品公司（Derivate Product Company，DPC）并不是一个新概念。事实上，其可以追溯到 20 世纪 90 年代初，那时的焦点是利率和货币互换。当时，衍生产品公司是为评级较低的银行增加互换头寸而开发的一种工具。随着银行信誉的提升，以及更多的交易进入清算所，衍生产品公司的时代似乎已经过去了。然而，在 2002 年，随着 Primus Financial Products LLC 的成立，这种工具首次应用于信用衍生产品。4 家衍生产品公司成立了，其中 2 家于 2007 年上市。然而，衍生产品公司的概念似乎在 2007 年 1 月开始流行，穆迪表示，它正在对 24 家新的信用衍生产品公司进行评级。

5.5 结构化中枢的局限性

结构化对冲技术的应用具有较大的局限性。首先，它们需要一个规模足够大、流动性足够强的市场，能够使每个参与者的投资组合中的物品价值都能按市值调整。例如，玉米和白银的价格每天都会公布，但企业贷款的价格却不是每天都公布。事实上，银行普遍反对将其贷款按市值进行调整的提议，因为这将使它们难以保障自身在投资组合中的持有，并使其损益报表面临很大的波动性。信用衍生产品市场在一定程度上缓解了这一问题，因为多数大公司的价格在衍生产品市场上都很容易获得。但是，即使信用衍生产品市场提供了更多的信息，企业贷款价格仍然与在现金市场上购买何种贷款无关。

此外，在银行始终是贷款人的借贷市场中，只有在借贷双方双向流动的情况下，净额清算才有意义。净额清算只适用于银行具有抵消权的有限范围内。如果公司在其借贷的那家银行有存款，那么可能会产生一定程度的净额清算。然而，这种情况在本质上要比 2 个衍生产品之间的结算交易复杂得多。

结构化中枢是缺乏弹性的系统，最适用于批量交易的标准化产品。因此，随着市场不断成熟，它们的重要性可能会提高。例如，对于一些不太常见的衍生产品来说，这些手段带来的麻烦可能比价值更大。此外，透明度对于清算所或交易所的建立至关重要。交易的方方面面都必须对监管者和其他参与者完全可见。透明度很快就能使期货价格趋同于现货价格，即所谓的价格发现功能。

清算所和交易所是复杂的组织，不可能一蹴而就。只有当信用风险相当高时，建立这样的机构才可行。然而，一旦交易所成立，增加新产品和新类型的玩家就变得相对容易，这也是近年来许多期货交易所扩张的原因。

结构化中枢是降低信用风险的强有力手段，它的成功纪录更是证明了这一点。未来几年，它们很有可能会被应用到许多以前从未应用过的领域。正如 Merton（1992）所述，结构化中枢是运用通用组成要素构建风险管理结构的关键因素。最近，我们已经看到这一点被信用衍生产品公司应用于信用衍生产品市场，将来我们无疑会看到更多。

原书参考文献

Akorecki, A., and F. Guerrera. 2003. Clearing House Shake-Up Proposed. Financial Times, 3 April.

Barrett, R., and J. Ewan. 2006. Credit Derivatives Report 2006. London: British Bankers Association.

Bliss, R., and C. Papathanassiou. 2006, 8 March. Derivatives Clearing, Central Counterparties and Novation: The Economic Implications. Frankfurt am Main: European Central Bank.

Cameron, D. 2006. Investors "Miss Importance of Clearing System". Financial Times, 29 November.

Cohen, N. 2007. UK Treasury Signs Up for Clearing House Membership. Financial Times, 29 March.

The Economist. 2000. One World, Ready or Not. 18 May.

The Economist. 2000. European Stock Exchanges: The X Files. 13 July.

The Economist. 2001. European Clearing and Settlement: Werner's Silo. 13 December.

The Economist. 2001. Securities Exchanges: After Liffe. 1 November.

The Economist. 2003. Exchanges, Clearing and Settlement: All for One, or One for All. 23 January.

The Economist. 2003. European Clearing and Settlement: The American Dream. 10 April.

The Economist. 2003. Derivatives Exchanges: Clear for Take-Off. 24 April.

The Economist. 2003. Exchanges: Banks Beaten. 12 June.

The Economist. 2005. Stock-Exchange Mergers: Three-Dimensional Chess. 4 August.

The Economist. 2006. Securities Trading: Only Connect. 31 July.

The Economist. 2007. Euro Payments: Untangling Europe's Wires. 29 March.

European Central Bank. 2006, March. Payment and Securities Settlement Systems in the European Union and in the Acceding Countries. Frankfurt am Main.

Guadamillas, M., and R. Keppler. 1999. Securities Clearance and Settlement Systems: A Guide to Best Practices. Washington, D.C. The World Bank.

Hardy, D. 2006. The Case for a Single European Clearing House. Financial Times, 6 June.

International Monetary Fund (IMF). 1997. International Capital Markets: Developments, Prospects, Key Policy Issues. Washington, D.C.: International Monetary Fund.

Kroszner, R. S. 1999. Can the Financial Markets Privately Regulate Risk?. Journal of Money, Credit and Banking, November.

Merton, R. C. 1992. Financial Innovation and Economic Performance. Journal of Applied Corporate Finance 4, no. 1:12-22.

Moody's Investors Service. 1995. Credit Risks of Clearinghouses at Futures and Options Exchanges. New York.

Russo, D., T. Hart, M. C. Malaguti, and C. Papathanassious. 2004, October. Governance of Securities Clearing and Settlement Systems. European Central Bank Occasional Paper Series, No. 21.

Simonian, H., and N. Cohen. 2006. Swiss Clearing House Issues Challenge to LCH.Clearnet. Financial Times, 2 June.

Teweless, R. J., and F. K. Jones. 1987. The Futures Game, 2d ed. New York: McGraw-Hill Book Co.

U.S. House. 1996. Committee on Banking ad Financial Services. Hearings on Committee on Banking and Financial Services. 104th Cong., 13 March.

第 6 章　评级机构

你肯定经常听到过这句话，闪光的未必都是金子。

——William Shakespeare，*The Merchant of Venice*

评级机构专门评估企业、金融机构、结构性融资、市政和主权债务人的总体信誉，以及评估它们发行的债务证券的可信度。评级机构的工作就是为投资者提供有关某只特定证券能够按照协议安排获取本金和利息支付的可能性大小。换言之，还款的概率有多大？

如今，这些评级机构在全世界范围内具有巨大的影响力，它们的业务覆盖全世界超过 34 万亿美元的债券和超过 7500 亿美元的贷款，并且正以两位数的速率继续增长（Moody's Investors Service，2007）。德国联邦金融监管局（BaFin）的主席 Jochen Sanio 表示，评级机构做得很好，但它们已经成为“不受控制的世界力量”（Klein，2004）。

在世界的某些市场中，如在美国，资本市场已经取代银行成为债务资本的主要来源，并且评级机构在信用风险管理方面起着重要的作用。这些评级机构对购买、出售或持有某只特定证券，或者评价该证券是否适合某一特定投资者不给予任何建议。尽管评级机构强调它们给出的建议是独立的、客观的，并且是通过透明的、高质量的分析得出的，但它们的评级只不过是对信用的知情意见。然而，这些评级已经获得了投资者的广泛认可。投资者对评级结果的准确性充满信心，并喜欢这些结果的便利性和低成本。

对借款人来说，信用评级至关重要，因为这会影响到他们的借款成本，以及做出是否进入市场的决定。

越来越多的监管者允许使用某些评级机构进行评级，这些评级机构在美国被指定为“全国认可的统计评级机构”（NRSRO），负责评估贷款和投资组合的质量，以及应对这些投资组合的风险所需的股本资本。如表 6.1 所示为美国监管者对评级机构提供的信用评级信息的主要监管应用。在 2004 年 6 月最终确定的《巴塞尔协议 II》中，国际清算银行的巴塞尔委员会（其成员由世界上主要的中央银行构成（包括美国、日本、德国和英国））也提升了这些评级机构的形象，将其称为外部信用评估机构（ECAI），并再次强调了这些机构在资本充足率计算中的基础作用。

表 6.1　美国监管者对评级机构提供的信用评级信息的主要监管应用

监管机构	示例
美国证券交易委员会（SEC）	NRSRO 评级被列入美国证券交易委员会的一些关键法规，包括 1933 年的《证券法》和 1940 年的《交易法》《投资公司法》。 例如： ● 经纪商、交易商的净资本要求应根据其所持有证券的评级来确定； ● NRSRO 评级可以在没有获得 NRSRO 书面同意的情况下纳入注册； ● 已评定等级证券的交易可免去一些报告要求； ● 应付税的货币市场基金的投资，应满足的条件包括总风险限额、单个风险限额，以及与 NRSRO 评级相关的降级限制
美国储蓄机构监理局（OTS）/美国货币监理署（OCC）/联邦存款保险公司（FDIC）/美联储	NRSRO 评级被应用于监管美国国内银行、储蓄机构，以及在美国运营的外国机构的一系列重要联邦和州银行法规。 例如： ● 评级最高的资产可被称为流动资产； ● 有余力可以给评级较高的借款人提供贷款，这些借款人的资产具有良好的风险评级； ● 获得联邦存款保险公司担保的银行的投资资格； ● 州特许经营银行的资本计算要求； ● 储蓄由联邦存款保险公司承保的外国银行抵押资产的合格性及评价参考； ● 资产是否适合投资、资本要求的确定、保证金要求等均以机构评级为依据
美国保险监督官会（NAIC）	根据投资目的、储备金要求及资本充足性而持有的证券的估值
美国劳工部（DOL）	养老基金投资对象合格性要求
州（States）	由州监管的金融机构投资对象的合格性要求，包括保险公司、公共退休基金、州立特许银行和储蓄机构等
其他	纽约证券交易所（NYSE）和纳斯达克（Nasdaq）等自我监管机构，根据用于担保贷款的证券类型确定保证金的要求

6.1　遍及世界各地的评级机构

美国三大评级机构分别是穆迪投资者服务公司（Moody's Investors Service）、标准普尔公司（Stard & Poor's）和惠誉国际信用评级有限公司（Fitch Ratings），以下分别简称为穆迪、标准普尔和惠誉。穆迪自 2000 年以来一直是一家独立的上市公司，标准普尔自 1966 年以来一直是麦格劳-希尔公司（一家大型上市出版集团）的子公司。惠誉由法国企业集团 FIMALAC SA 持有多数股份。FIMALAC SA 拥有多元化的全球业务，其股票在巴黎证券交易所交易，其中约 64%的股权被某个人所持有。此外，全球精选的信用评级机构如表 6.2 所示。以收入为基础计算的各大主要评级机构的市场份额高度集中，标准普尔约占 40%，穆迪占 39%，惠誉占 15%，以及贝氏公司（A. M. Best）占 3%。市场份额也可以市场覆盖率为基础计算，考虑到各机构之间的收费水平结构，这种计算方法往往就会给较小的代理机构赋予更大的权重，尤其是惠誉。在本章中，我们主要关注这三大公司。

表 6.2　全球精选的信用评级机构

机构名称	成立时间	市场定位	短期评级代号	长期评级代号
贝氏公司（A. M. Best）	1999 年	全球	A-1+到 D	A++到 S
加拿大债券评级服务公司	1972 年	本地	A-1 到 A-4	A++到 D
多美年债券评级服务公司（DBRS）	1976 年	全球	R-1 到 U	AAA 到 C
Agence d' Évaluation Financière	1986 年	本地	T-1 到 T-4	AAA 到 D
印度信用评级服务有限公司	1988 年	本地	P-1 到 P-5	AAA 到 D
伊根琼斯评级机构	1995 年	本地	A-1+到 D	AAA 到 D
欧洲评级机构	—	本地	S-1 到 S-4	AAA 到 D
日本债券研究所	1979 年	本地	—	—
日本信用评级社	1985 年	本地	J-1 到 J-5	Aaa 到 D
Mikuni&Co.	1975 年	本地	N/A	AAA 到 D
日本投资者服务公司	1985 年	本地	A-1 到 D	AAA 到 D
韩国投资者服务公司	1985 年	本地	A-1 到 D	AAA 到 D
惠誉国际信用评级有限公司	1922 年	全球	F1+到 D	AAA 到 D
穆迪投资者服务公司	1909 年	全球	P-1 到 P-3	Aaa 到 C
标准普尔公司	1916 年	全球	A-1+到 D	AAA 到 D

1909 年，当约翰·穆迪（John Moody）开始对美国铁路进行债券评级时，评级机构在美国应运而生。信用报告机构也于 19 世纪中期在美国发展起来，当时最重要的两家公司成立，即邓氏公司（R.G. Dun）和白氏公司（John Bradstreet）。他们在 1933 年合并，成立了邓白氏公司（Dun and Bradstreet），随后，又在 1962 年收购了由约翰·穆迪创立的穆迪投资者服务公司。2007 年年初，它的市值为 190 亿美元，但到 2007 年 12 月初，由于外界对各评级机构未来所扮演的角色和盈利能力的担忧加剧，其市值已下降到 103 亿美元。

标准普尔的前身是亨利·瓦纳姆·普尔（Henry Varnum Poor）创办的出版企业，

负责印刷美国南北战争后的铁路金融财务和运营信息。普尔出版公司于 1916 年转向债券评级，并于 1941 年与另一家金融出版和评级机构“标准统计公司”合并，成立了标准普尔公司。

评级机构起步强劲，并且在 20 世纪 30 年代蓬勃发展。到了 20 世纪 60 年代，评级机构的重要性大大降低，规模也变得很小，濒于崩溃。美国债券市场由政府债券和投资级公司债券主导，十分安全。银行是占主导地位的中期企业资本提供者，而世界其他国家和地区的市场创造的业务很少。

然而，从 20 世纪 70 年代开始，情况发生了重大变化，促使评级机构们的业务活动迅速增加。企业开始使其融资基础多样化，此后几十年，债券发行量激增，并且从银行体系中抢占了部分份额。一些主要的破产案例，特别是 1970 年的宾夕法尼亚中央银行的破产震动了市场，加剧了人们对信贷质量的担忧。1973 年，美国证券交易委员会制定了第一部证券法规，正式将信用评级纳入了证券监管规定，并首次对 4 家“全国认可的统计评级机构（NRSRO）”给予了肯定。随着时间的推移，评级公司合并使“全国认可的统计评级机构”的数量在 2002 年减少到 3 家，之后又增加了 2 家。目前，共有 5 家“全国认可的统计评级机构”，分别是标准普尔、穆迪、惠誉、贝氏公司和多美年债券评级公司（Dominion Bond Rating Services，DBRS）。

随着时间的推移，这些机构不断创新自身的商业模式，并在 20 世纪 70 年代将其收入基础从向投资者收取订阅费、会员费，转而向先前免费提供服务的债券发行商收费。它们还扩大了服务范围，覆盖所有金融工具和债务人，包括资产支持证券、商业票据、市政债券、交易对手风险、保险公司的索赔支付能力，以及各种信用风险（Moody’s Investors Service，2007）。

6.2 经评级发行债券的数量增长

经过评级再发行的债券，其数量的迅猛增加反映了评级机构的重要性。例如，在 2006 年，穆迪总共对 5423 家公司债券发行人进行了评级，远高于 1990 年的 2522 家和 1960 年的 885 家，相关数据可参考图 6.1。穆迪的评级范围很广，其追踪了 100 多个主权国家、1.1 万家企业、2.5 万家公共财政发行人和 7 万家结构性融资发行人的债务。结构化金融对所有的评级机构来说一直是收入增长的主要来源。2005 年，穆迪的收入为 2.4 万亿美元，远高于 2005 年的 6320 亿美元，其中，41%的收入来自结构化金融的发行人。

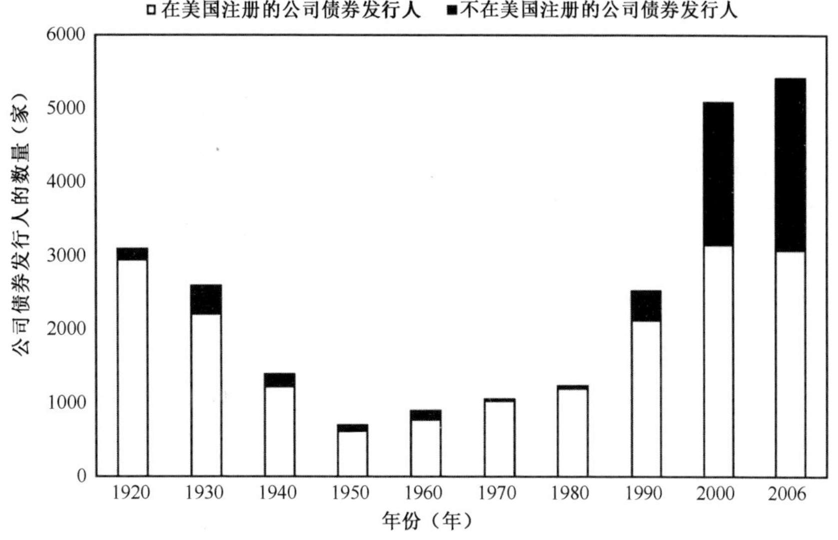

图 6.1 1920—2006 年经过穆迪评级的公司债券发行人数量

来源：穆迪（2007）。

在对长期债务进行评级时，每个机构都有自己的一套使用字母和数字表示的信用等级系统。这一系统可将发行人或某只证券的信用品质在最高（AAA 级/Aaa 级表示有很强的履行财务承诺的能力）到最低（C 级/D 级表示发生了支付违约）中匹配到合适的等级。在每个字母等级内都有 3 种标记（惠誉和标准普尔使用“+”和“-”作为修饰符，穆迪使用数字 1、2、3 作为修饰符），如表 6.3 所示为长期优先债务评级代号。

表 6.3 长期优先债务评级代号

投资级	
评级	释义
AAA 级/Aaa 级	最高质量；非常强劲，不太可能受可预见事件的影响
AA 级/Aa 级	较高质量；偿还能力不会明显地受到可预见事件的影响
A 级/A 级	较强的支付能力；更容易受到经济环境变化的影响
BBB 级/Baa 级	充足的支付能力；环境的消极变化可能会影响偿还能力
低于投资级	
评级	释义
BB 级/Ba 级	具有投机性且可能发展成信用风险
B 级/B 级	较高投机性且具有高信用风险
CCC 级/Caa 级	高度投机性且具有严重信用风险
CC 级/Ca 级	可能违约或具有疯狂投机性
C 级（D 级）/C 级	破产或违约

注释：来自主要评级机构的总结，通过向每家机构咨询来获取有关其评级的具体细节。其中，惠誉与标准普尔的评级代号一致，故“评级”列左侧为惠誉和标准普尔，右侧为穆迪。

等级越低，无法支付本金和利息的风险就越大。所有评级为 BBB 级/Baa 级及以上的债务被视为投资级债务，而评级为 BB 级/Ba 级及以下的债务被视为低于投资级（投机级或非投资级）债务。各机构对短期债务都使用不同的评级体系。

债务人的信用品质可能会随着时间的推移而发生显著的变化，评级也会随之调整。作为承诺的公开透明的一部分，评级机构会持续更新和公布大多数发行人的信用展望。当评级机构发布评级时，若评级展望为正，则表示评级可能会上调；若为负，则表示评级可能会下调；若为稳定，则表示评级变化为中性，处于发展和演变状态，即评级可能会上调或下调。为了能够持续考察与更新信用评级，信用评级机构会与已被评级的发行人保持联系，不仅会考察其定期公布的收入情况，还会考察其他相关的财务数据和经济数据。当出现尚未确定是否会对其评级产生影响的重要事件时，评级机构会将此事件同时通告发行人和市场，如标准普尔将该发行人公告在《信用监视》（*Credit Watch*）中，穆迪也将该发行人置于《信用审查名单》（*Rating Review WatchList*）中，而惠誉则会进行新闻发布和在其网站公布。

信用评级机构由向投资者收费转为发行人付费，这一举动仍存在争议，同时引起了人们对机构独立性的担忧。当然，这并没有改变监管者将“全国认可的统计评级机构”的评级纳入其对金融机构审慎监管的意愿，而监管机构这样做的频率更高。

实际上，尽管这些评级机构的服务是有偿的，但这些评级机构通常更像是学术研究中心，而不是企业。分析师从事的是纯粹的分析工作，他们的立场与银行贷款员或总受到预算限制的投资银行家相去甚远。国际证监会组织（IOSCO）于 2005 年 12 月发布了一份《评级机构行为准则》（*Code of Conduct Fundamentals for Rating Agencies*），将评级机构的指导原则形成了法规，旨在促进健全的评级方法的实施。

不同的评级机构针对不同的证券有不同的规定。例如，标准普尔和穆迪几乎会对美国市场上所有已在美国证券交易委员会注册的应税证券进行评级，无论发行人是否要求。评级机构也可以出于它们自己的主动性进行评级，这通常被描述为主动评级或机构自发评级。一般来说，这类评级只占大型评级机构业务覆盖范围的一小部分，而这些评级机构坚持认为，此类评级与收费评级建立在相同的基础上。主动评级的披露则各不相同。穆迪和惠誉都会在有关初始评级任务的新闻稿中披露主动评级，而且两家公司都会定期披露发行人参与评级过程的情况。标准普尔在每篇新闻稿中都会披露其进行的无偿评级，但不会以其他方式说明发行人的参与程度。无论是评级机构的主动评级，还是由评级机构无偿维持的评级，在发行人感到存在事实错误或最重要的新信息没有被考虑的情况下，各大评级机构都会主动提出与相关发行人会面，并为发行人提供向其他评级机构申诉评级的同等机会。

6.3 评级过程

在进行信用评级时，评级机构会使用许多股票分析师常用的工具，但它们更关注长期的收益和业绩预测，而不是短期的。穆迪表示，根据被评级金融工具的到期日和发行人的性质，它们正在考虑使用不同的期限。股票分析师从股东的角度进行分析，评级机构则关注债券持有者、其他债权人和交易对手的利益，如在对保险公司进行评级时，它们关注的是保证所有人的利益。如图 6.2 所示为整个周期的信用评估方法，其中一些方法旨在提供非常敏感的短期指标，而其他方法如机构评级，旨在评估长期的内在信用。

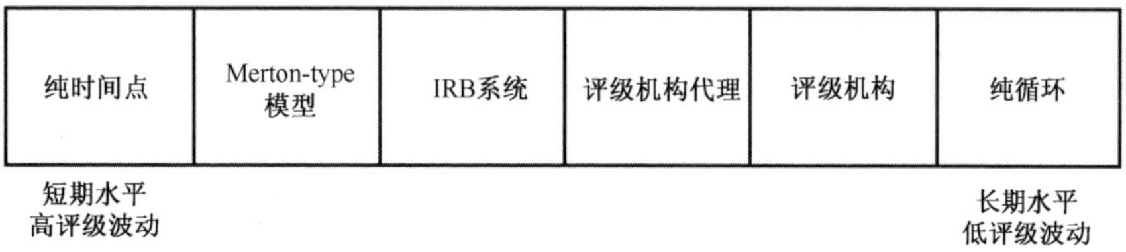

纯时间点	Merton-type 模型	IRB系统	评级机构代理	评级机构	纯循环

短期水平
高评级波动

长期水平
低评级波动

图 6.2　整个周期的信用评估方法

来源：Gonzalez 等（2004）。

在评级机构的评级过程中，所有细节并非都是公开透明的，但评级机构似乎采取了大体相似的做法。例如，标准普尔在对工业债券进行评级时，主要关注以下 11 个方面的特征：

- 商业风险。
- 行业风险。
- 竞争势态。
- 管理。
- 财务风险。
- 财务特征。
- 财务政策。
- 盈利能力。
- 资本化。
- 现金流保护。
- 财务灵活性。

在这些特征中，标准普尔声称行业风险，即其对公司所在行业的实力和稳定性的分析，可能在评级决策中占有最高权重。穆迪根据行业的不同对其分析方法进行了改进。标准普尔和穆迪的行业风险分析通常会针对该行业中任意一家公司能够获得的评级设定上限。同样地，在国际上，评级通常受限于发行人所在国的主权评级上限。

在分析发行人的财务实力时，穆迪和标准普尔会计算一系列财务指标，并据此对其进行纵向追踪分析。这些指标包括债务保障系数、杠杆率和现金流。穆迪与标准普尔强调定量分析，并将定量分析作为评级分析的不可或缺的组成部分，但这也只是它们使用的整体方法中的一部分。虽然两家评级机构在对同一家公司的评级上确实存在分歧，但在绝大多数情况下，它们给出的评级结果是一致的，即使不一致，至少也是在同一字母等级上。在表 15.5 展示的累积违约率比较（10 年内的百分比）中，这两家机构的长期累积违约率相当相似。

就评级机构发布的主权国家信用评级而言，投资级的评级大体相似，但低于投资级的评级则不那么相似，主权国家的信用评级比较如表 6.4 所示。虽然评级机构在对公司进行评级时只需考虑相对有限的因素，但对于主权国家来说，还有许多其他定性因素需要考虑，如政治局面的稳定性、社会和经济的一致性，以及与世界经济体系的融合程度。这些因素导致主权评级的量化估计出现更大的分散。

表 6.4　主权国家的信用评级比较

	占比		穆迪和标准普尔给出的评级相同
	穆迪评级（%）	标准普尔评级（%）	主权评级（%）
宽泛的评级分类			
AA 级/Aa 级及以上	36	34	83
其他投资级的评级	33	32	79
低于投资级的评级	31	33	76

注释：本表选取了 87 个国家的主权评级，这些国家均得到了穆迪和标准普尔的评级。

来源：瑞士信贷（2007）和作者汇编。

评级机构的内部评级过程非常严格，通常由一名与发行人协调的资深分析师领导，由具有专业知识的分析师团队共同完成。他们审查公开和非公开的文件，可以是不同性质的文件，如财务、合同、技术文件及与所涉具体债务问题有关的文件。

会计实务和差异被审查并剥离。评级团队与发行人的管理层会面，深入审查影响评级的关键因素，包括运营、财务计划及管理政策，这些审查与分析的目的是关注潜在现金流水平和可预测性。潜在现金流提供的可预测性和缓冲性越高，评级就越高，即使在面对合理的不利情景测试时也是如此。一旦完成了这项工作，首席分析师就会将拟议的评级提交给评级委员会，该委员会由该机构的其他高级分析师组成。这些跨团队的机构审查的目的之一是，尽可能地确保每个评级类别在所有被评级实体和发行人的领域中具有相同的含义。换句话说，AA 级或 Aa 级具有相同的信用质量。一旦评级发布，评级机构就将建立一个监督程序，其中一项内容就是与管理层召开正式的年度会议。管理层会持续向评级机构通报所有重大进展。评级机构保留随时更改等级的权利。在通常情况下，每家评级机构都会通过其出版物向发行人和市场充分传达预期的变化。

在评级过程中，主观因素是可取的和必要的，它们确实在一定程度上使评级具有不可预测性。尽管在过去的 10 年里，针对美国几家大型公司发行人的评级出现了重大失误，其中最著名的是安然公司和世界通信公司，以及 1998—1999 年亚洲金融危机中的一些亚洲国家，但这些评级机构在大多数情况下都出色地履行了自己的职责。评级机构都坚信这样的信条，即所有债券发行人眼中在未来会闪光的东西未必都是金子，而且它们在评级上也很“吝啬”。这三家机构都会公布历史数据，将给出的评级与实际发生的违约情况进行比较，以便对它们的表现进行回测。

6.4 信用评级的业绩表现

评级用来传递对发行人和债务的信用度的意见。评级本身包含很多信息，包括违约率和违约损失严重程度。过去的评级记录一直很好。如图 6.3 所示，企业债券违约概率无论在短期内还是长期内，确实与信用评级呈负相关关系。1970—2005 年，Aaa 级债券的年违约率为 0%，但 B 级债券的年违约率超过 5%。同样，在每个给定的时间范围内，违约概率的激增发生在 Baa 级和 Ba 级之间，这也是投资级和非投资级债券之间的分界线。换句话说，这种分界线具有很好的统计意义。

市场的表现倾向于证实评级结果的准确性。固定收益证券的风险越高，投资者在购买前所要求的收益就越高。如图 6.4 所示为债券收益率对 30 年期美国国债的信用利差，从中可以看出债券收益率确实与评级密切相关。

表 6.5 列出了图 6.4 的数据。尽管 AAA 级和 AA 级债券之间的实际收益率差异可能会随着时间的推移发生较大变化，但有一点始终保持不变，那就是投资者始终认为，AAA 级债券比 AA 级债券更安全。

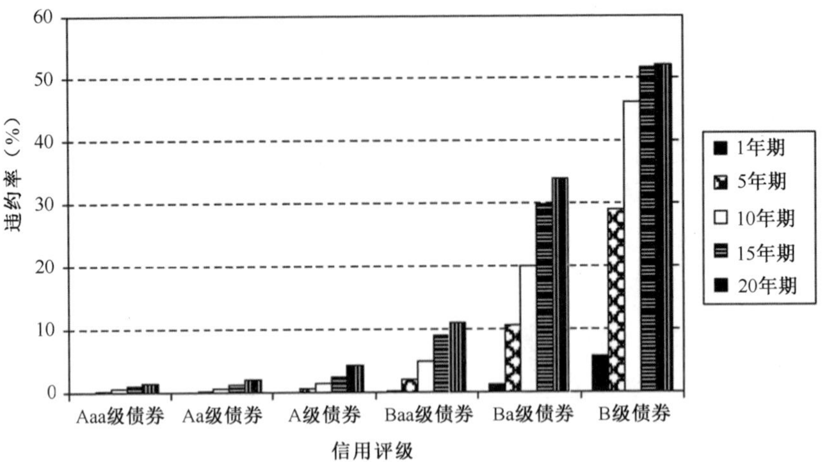

图 6.3　基于 1970—2005 年经验数据得到的企业债券违约率

来源：穆迪（2005）。

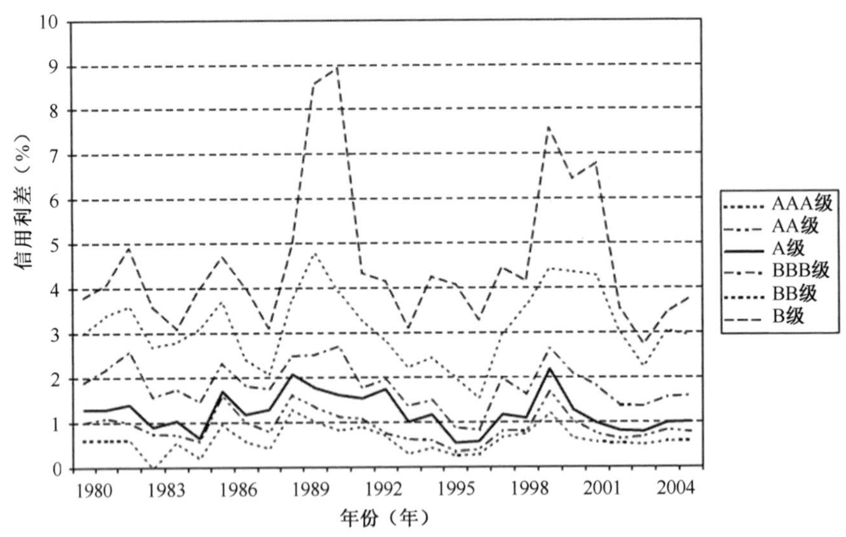

图 6.4　债券收益率对 30 年期美国国债的信用利差

来源：彭博（Bloomberg）和作者汇编。

表 6.5　图 6.4 的数据

年份	AAA 级	AA 级	A 级	BBB 级	BB 级	B 级
1980 年	0.60%	1.00%	1.30%	1.90%	3.00%	3.80%
1981 年	0.60%	1.10%	1.30%	2.20%	3.40%	4.10%
1982 年	0.60%	1.00%	1.40%	2.60%	3.60%	4.90%
1983 年	0.00%	0.75%	0.90%	1.57%	2.70%	3.60%

续表

年份	AAA 级	AA 级	A 级	BBB 级	BB 级	B 级
1984 年	0.55%	0.73%	1.04%	1.75%	2.80%	3.10%
1985 年	0.20%	0.58%	0.65%	1.46%	3.10%	4.00%
1986 年	0.95%	1.59%	1.70%	2.33%	3.70%	4.70%
1987 年	0.58%	1.02%	1.18%	1.82%	2.43%	4.03%
1988 年	0.42%	0.79%	1.29%	1.75%	2.07%	3.12%
1989 年	1.28%	1.61%	2.08%	2.49%	3.76%	4.95%
1990 年	1.02%	1.34%	1.77%	2.52%	4.78%	8.57%
1991 年	0.82%	1.13%	1.61%	2.71%	3.92%	8.93%
1992 年	0.90%	1.08%	1.54%	1.77%	3.29%	4.34%
1993 年	0.70%	0.76%	1.74%	1.96%	2.82%	4.15%
1994 年	0.29%	0.62%	1.01%	1.37%	2.23%	3.12%
1995 年	0.43%	0.60%	1.17%	1.49%	2.45%	4.25%
1996 年	0.25%	0.35%	0.54%	0.88%	2.00%	4.08%
1997 年	0.28%	0.39%	0.57%	0.83%	1.53%	3.30%
1998 年	0.67%	0.81%	1.17%	1.99%	2.97%	4.46%
1999 年	0.74%	0.81%	1.09%	1.62%	3.59%	4.15%
2000 年	1.20%	1.67%	2.19%	2.64%	4.42%	7.57%
2001 年	0.65%	1.03%	1.27%	2.10%	4.36%	6.45%
2002 年	0.55%	0.75%	0.98%	1.81%	4.28%	6.79%
2003 年	0.53%	0.63%	0.81%	1.37%	2.99%	3.53%
2004 年	0.50%	0.68%	0.79%	1.36%	2.25%	2.75%
2005 年	0.57%	0.83%	0.99%	1.56%	3.05%	3.45%
2006 年	0.59%	0.78%	1.01%	1.59%	2.94%	3.79%

来源：彭博和作者汇编。

对于特定类型的信用评级，评级机构的成就更加令人印象深刻。评级机构能够满怀信心地宣称，Black & Decker 和 Best Buy 都是 BBB 级，美国政府和通用电气公司都是 AAA 级。在同一评级级别上，信用质量是相同的。由于方法论、技术和文化的结合，评级机构成功为投资者提供了相对可靠的信用风险指南。

如图 6.5 所示为按原始信用计算的 5 年期违约率趋势，违约率会随着经济周期的变化而大幅波动，但评级的类别仍与其相对质量排名保持一致。

穆迪已发布大量以其评级作为违约预测指标的敏感性信息（Moody's Investors Service，2006a）。如图 6.6 所示为 1983—2005 年的违约前一年的评级分布，在违约前一年测量的 20 年期的评级分布表明，在低投机等级水平周围存在紧密的分组，这是理所当然的。图 6.7 提供了另一种观点，即评级可以很好地在类似的时间框架内区分违约者和非违约者。自 1983 年以来，在所有违约的被评级公司中，超过 90%的公司在违约年的年初就被评级为 Ba3 级或更低等级，其中，近 80%的公司在违约前的第 5 年年初就被评级为 Ba3 级或更低等级。

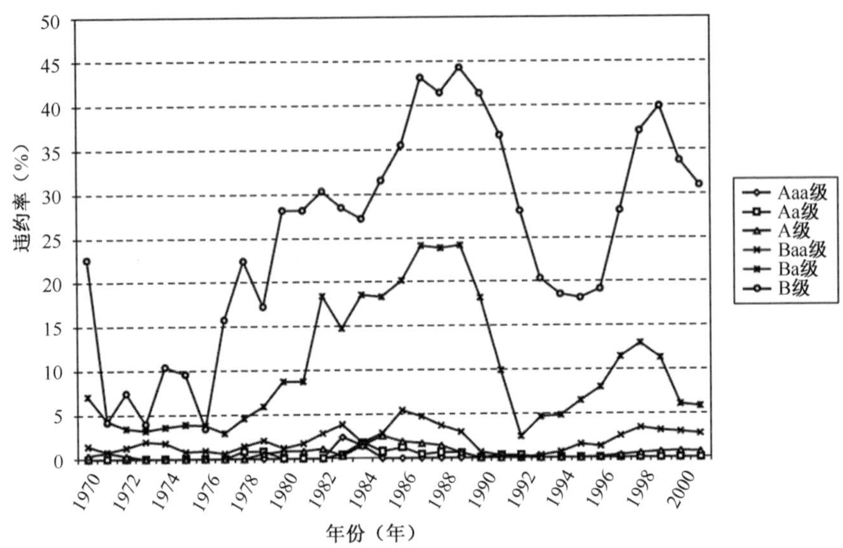

图 6.5　按原始信用评级计算的 5 年期违约率趋势

来源：穆迪（2005）。

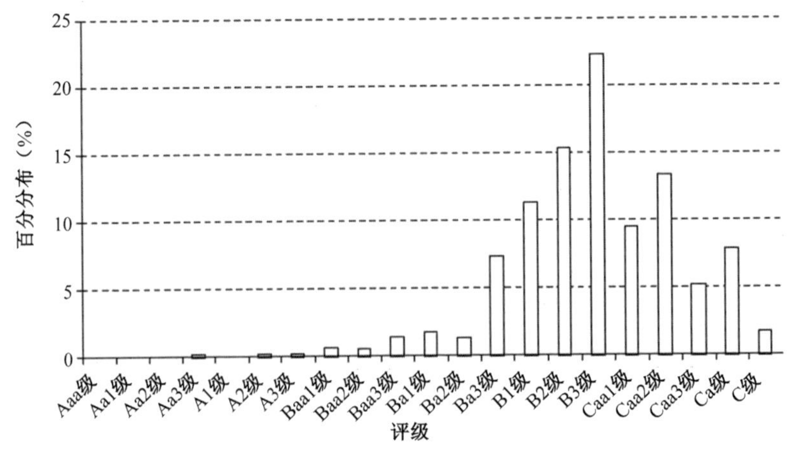

图 6.6　1983—2005 年的违约前一年的评级分布

来源：穆迪（2006）。

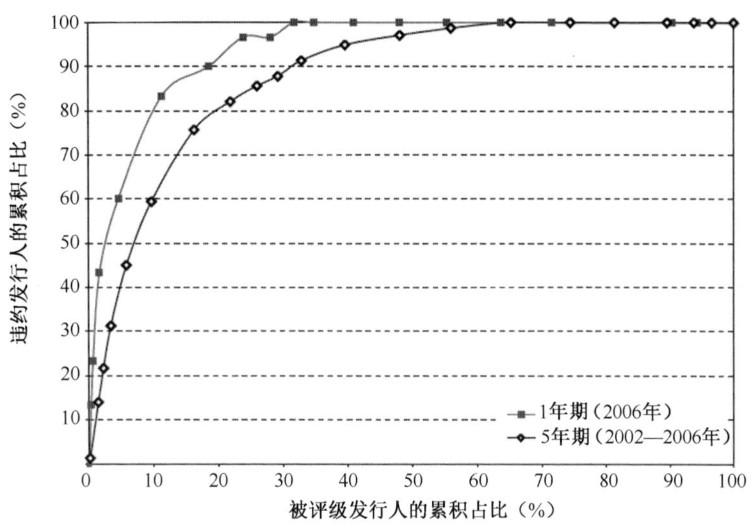

图 6.7　累积精度曲线：1 年期 vs 5 年期

来源：穆迪（2002）。

评级还有一个重要考量因素，即它们在相对较短的时间内的实际变化程度。投资者预计会发生一些变动，但如果评级确实是长期的，那么这些变化的幅度相对较小。表 6.6 显示了 1983—2005 年的 1 年期平均评级转移矩阵。1 年期的较高评级被修改的可能性通常低于较低评级被修改的可能性。例如，89.54%的 Aaa 级发行人的评级在一年内没有发生改变。相比之下，在 B 级债券发行人中，只有 78.63%的发行人在年末还处于同一类别（Baa 级、Ba 级与 B 级）。此外，评级等级处于中间的发行人（Ba 级和 Baa 级），其评级在一年内上调或下调的可能性几乎相同（Moody's Investors Service，2006）。

表 6.6　1983—2005 年的 1 年期平均评级转移矩阵

年初评级	年终评级								
	Aaa 级	Aa 级	A 级	Baa 级	Ba 级	B 级	Caa 级至 C 级	违约率	WR
Aaa 级	89.54%	7.14%	0.41%	0.00%	0.02%	0.00%	0.00%	0.00%	2.89%
Aa 级	1.25%	88.82%	5.72%	0.25%	0.04%	0.02%	0.00%	0.01%	3.89%
A 级	0.05%	2.63%	87.35%	5.29%	0.59%	0.13%	0.02%	0.02%	3.92%
Baa 级	0.04%	0.22%	4.92%	83.95%	4.81%	0.99%	0.32%	0.21%	4.53%
Ba 级	0.01%	0.06%	0.54%	6.10%	75.53%	7.93%	0.72%	1.15%	7.98%
B 级	0.01%	0.05%	0.16%	0.41%	4.66%	73.56%	6.63%	5.76%	8.75%
Caa 级至 C 级	0.00%	0.04%	0.03%	0.22%	0.60%	5.47%	59.46%	10.41%	23.78%

来源：穆迪（2006）。

6.5 信用评级与监管者

监管者和评级机构之间的关系紧密，但界限经常模糊。一方面，监管机构被信用评级机构的高质量、独立和被广泛接受的信用质量意见所吸引；另一方面，它们也担心过于依赖评级机构会无法控制其活动。对于评级机构来说，监管者对其意见的使用，是对其工作的重要验证。此外，由于监管者只接受少数机构的评级（美国的全国认可的统计评级机构和《巴塞尔协议Ⅱ》资本要求指令下的外部信用评级机构），这就创造了一个重要的竞争优势。

美国国会通过了《2006 年信用评级机构改革法案》，确立了新的注册程序，为指定国家信用评级监管机构（NSRO）和修改《1934 年证券交易法》铺平了道路。该法案还规定了美国证券交易委员会的监督手段，以确保注册的评级机构能够继续发布可信、可靠的评级，防止出现利益冲突和内幕信息滥用。

正如欧洲银行监管委员会（CEBS，2005）指出的那样，“出于资本目的而进行的外部信用评级机构认定，绝不会成为对外部信用评级机构的一种监管形式，也不会成为评级机构在欧洲开展业务的一种许可形式”。监管机构确实采用了《巴塞尔协议Ⅱ》外部信用评级机构资格标准所示的某些标准，如表 6.7 所示。

表 6.7 《巴塞尔协议Ⅱ》外部信用评级机构资格标准

客观性	信用评级的方法必须是严格的、系统的，并且可以根据历史数据进行某种形式的验证。此外，评级必须接受定期审查，并且应对财务状况的变化做出反应。在监管当局认定之前，对市场各组成部分的评级方法，包括严格返回检验，必须至少已经建立了一年，最好是三年
独立性	外部信用评级机构应是独立的，评级不应受到政治上或经济上的压力。当评级机构的董事会构成或股东结构中出现利益冲突时，评级过程应尽可能不受到任何影响
国际通用性和透明度	凡是有合理要求的国内机构和国外机构，都可以同等的条件获得每个评级结果。此外，外部信用评级机构所采用的基本评级方法应对外公开
披露	外部信用评级机构应披露的信息为：评估方法，包括违约的定义、评级的时间跨度和每一级别的含义；每一级别实际的违约率；评级的变化趋势（例如，AA 级可能会随着时间的推移变为 A 级）
资源	外部信用评级机构应具有足够的资源来执行高质量的信用评估。这些资源应允许外部信用评级机构与被评级机构的高级管理层和营运人员保持实质性的经常联系，以便提高评级结果的价值。评级方法还应将定分析性和定量分析结合使用
可信度	在某种程度上，可信度是由上述标准推导而来的。此外，独立主体（如投资者、保险人、贸易伙伴）对外部信用评级的依赖程度，也是外部评级可信度的证明。为防止机密信息被滥用的内部监管程序的存在，也巩固了外部信用评级机构的可信度。外部信用评级机构在申请监管当局的认定时，不必对多个国家的公司进行评级

来源：国际清算银行（2004）。

一般来说，监管机构与评级机构之间的因金融市场而发展起来的密切关系无疑带来了好处，这实际上是评级为市场带来的好处的延伸，即通过提供可靠、方便、低成本的信息提高金融市场的效率。对这些机构的信任通常是有保证的，而且这些机构也清楚地意识到它们在质量和客观性方面的声誉价值。与其让政府监管者尝试进行信用评级，不如让评级机构扮演提供信用评价意见的角色，尽管这些机构可能是由寡头垄断的。

然而，评级过程具有复杂性，而将监管与评级紧密联系起来，有可能会放大其中的一些复杂性。例如，尽管美国和欧洲的“大门”已经打开，允许进一步竞争，但穆迪、标准普尔、惠誉仍占主导地位，并且在可预见的未来仍将如此。此外，在按照法规采用评级水平的过程中，特别是在《巴塞尔协议Ⅱ》中，存在将评级过程过度简化的危险，并且未充分识别以资本充足为目的的不同评级之间的差异程度。如何看待评级差异（评级机构对同一发行人的不同意见）是另一个需要考虑的类似技术的问题。最后，《巴塞尔协议Ⅱ》的基数标度假设与评级机构实际使用的序数标度之间存在矛盾。《巴塞尔协议Ⅱ》对违约率具体百分比的假设，最终将与评级机构按次序排名的评级分配相冲突，评级机构的实际违约率在整个周期中变化很大。较依赖评级的评级机构将开始大幅缩短评级展望，从而使评级更具顺周期性。这可能会增加评级变动的波动性，从而在信用周期最关键的部分增加资本要求的波动性。

6.6 新兴趋势

评级机构获得的权力和影响力越大，受到的争议就越大。总体来说，市场参与者，包括发行人和投资者，都对评级机构生产的产品感到满意。它们清楚地知道，机构的意见并不是进行信用决策的唯一信息来源。它们希望评级过程具有透明度，以便能够清楚地了解到评级是如何得出的，以及哪些因素可能导致评级发生改变。它们还希望评级机构能加大取证力度，挖掘非公开信息，并且更积极地质疑发行人业绩的关键方面。市场参与者使用财务数据和证券价格来跟踪发行人的表现，但它们希望机构将其观点建立在基本信用措施的基础上，从而对内在财务能力给出更稳妥的看法。

可以预料，监管者和立法者将越来越多地参与评级机构的活动，而且我们在安然公司倒闭后的国会听证会上看到了这一趋势的开端。当其他公司倒闭或信用危机发生时，类似的询问将会更多地出现。通常，这些听证会会因为其他不属于监管机构正式认可的评级机构的批评而活跃起来。

学术界在开展有价值的评级研究时面临许多障碍。对评级违约的最终检验是一个极其低频的事件。穆迪、标准普尔、惠誉的评级范围虽然对资本市场的用户来说已经足够，但从统计角度来看却非常小。就违约频率和损失严重程度而言，即便是规模不大的商业银行，也可能拥有更多在统计上较为稳健的数据库。学术界和监管机构的研究课题，包括可广泛获得的市场敏感数据在用于预测金融危机及预测发行人向评级机构支付费用的内在利益冲突时，是否表现得与评级机构一样好，甚至更好？尤其是在新兴市场中，在金融危机发生之前没有评级降级的案例。但问题仍然存在。鉴于机构评级不适合囊括信用表现的所有要素，银行监管机构和监管者应对出于监管目的而过度依赖这些评级的做法保持谨慎。

在撰写本书时，美国信用市场正处于动荡之中，原因是人们担心在房地产市场向次级借款人发放贷款会导致违约和信用损失。美国几家主要的抵押贷款发放机构已经申请破产，最大的全方位服务抵押贷款机构 Countrywide 的市值也大幅缩水。这些担忧已经蔓延到其他市场，主要是欧洲，以及其他借款人和产品领域，这导致流动性严重收缩，信用利差大幅急剧增加。结构化金融投资组合尤其受到影响，因为次级贷款的证券化程度非常高，而且次级贷款也与担保债务凭证（Collateralized Debt Obligation，CDO）中的其他债务类型混合，以此获得更有利的评级结果。

评级机构再次成为焦点，并且因其在结构化金融市场增长中发挥的辅助作用而面临严厉批评（Lagard，2007）。鉴于目前存在的问题，这些机构一直在积极调整其评级模型中的违约和损失假设，以及它们对担保债务凭证中不同资产类别的相关性的假设。

这些评级机构为自己辩护时坚称在评级方法上做到了透明，并且已经提前告知了很多问题，捍卫了评级的独立性。然而，它们也承认存在问题，尤其是它们所使用的信息的质量，以及它们可能需要注意其他因素，而不仅是“纯粹的支付能力”，最重要的是流动性（Clarkson，2007）。

现在评价这场信用紧缩对评级机构的影响还为时过早，但我们预计，这将使评级机构受到比亚洲金融危机，或者安然公司和世通公司更为严峻的审查和批评。国际证券监管委员会组织（IOSCO）于 2007 年 11 月宣布成立一个特别工作组，负责审查评级机构在美国次贷危机中所扮演的角色，同时审查其《信用评级机构行为准则》的适当性。这份报告于 2008 年 5 月发表。

信用评级机构仍将为资本市场带来重要影响，如果说与之前相比有什么区别，那就是它们的主导地位将进一步增强。尽管它们的表现并非毫无瑕疵，但全球金融市场显然需要它们提供的基本信息服务。英格兰银行（Bank of England）在 2007 年 10 月的《金融稳定报告》（*Financial Stability Report*）中对评级机构的作用进行了平衡评估。

这份报告指出了评级机构为信用市场投资者做出的重要贡献，主要是透明度、独立性和承受能力。这份报告总结了迄今为止从市场动荡中得出的教训，并且向评级机构提供了改善其评级信息的建议。这些建议正在被评级机构考虑，并且可能作为其下一阶段改进的基础。

原书参考文献

Bank for International Settlements (BIS). 2004, June. Basel II: International Convergence of Capital Measurement and Capital Standards, Part 2: The FirstPillar—Minimum Capital Requirements. Basel.

Bank of England. 2007, October. Financial Stability Report Number 22. London.

Committee of European Banking Supervisors (CEBS). 2005. Consultation Paper onthe recognition of External Credit Assessment Institutions, 29 June.

Clarkson, B. 2007. Market Insight: Transparency and Trust. Financial Times, 17September.

Credit Suisse. 2007. Country Ratings. entry.credit-suisse.ch/csfs/p/cb/en/tradefinance/landinfo/lio laenderratings.jsp (27 December).

Gonzalez, F., F. Haas, R. Johannes, M. Persson, L. Toledo, R. Violi, M. Wieland, andC. Zins. 2004. Market Dynamics Associated with Credit Ratings: A LiteratureReview. Occasional Paper Series, No. 16. Frankfurt am Main: European CentralBank.

Klein, A. 2004. Credit Rate's Power Leads to Abuses, Some Borrowers Say. Washington Post, 24 November.

Lagard, C. 2007. Securitisation Must Lose the Excesses of Youth. Financial Times,8 October.

Levich, R. M., G. Majnoni, and C. M. Reinhart, eds. 2002. Ratings, Rating Agenciesand the Global Financial System. Norwell Mass.: Kluwer.

Moody's Investors Service. 2002, May. Special Comment: Understanding Moody's Corporate Bond Ratings and Rating Process. New York.

Moody's Investors Service. 2003, April. Measuring the Performance of Corporate Bond Ratings, NewYork.

Moody’s Investors Service. 2006 Exhibit taken from Moody’s Default and Recovery Rates of CorporateBond Issuers 1920–2005. New York.

Moody’s Investors Service. 2006a. Default and Recovery Rates of Corporate Bond Issuers 1920–2005.New York.

Moody’s Investors Service. 2006b, January. Special Comment: Default and Recovery Rates of CorporateBond Issuers, 1920–2005. New York.

Moody’s Investors Service. 2006c. Annual Report 2006. New York.

Moody’s Investors Service. 2007. Investor Day presentation, 5 June.

U.S. Senate. 2002. Committee on Government Affairs. Rating the Raters: Enron andthe Credit Rating Agencies, 20 March.

原书拓展阅读

Sandage, S. A. 2005. Chapters 4 through 6 in Born Losers: A History of Failure inAmerica. Cambridge, Mass.: Harvard University Press.

第7章　古典信用分析

逻辑学家通过一滴水就可以推测出大西洋或尼亚加拉大瀑布的存在，而不需要亲眼看到或听到它。所有的生命构成了一条环环相扣的链条，只要看到了其中的一环，就能知晓整个链条的情况。同其他艺术一样，演绎与分析科学只能通过长期且耐心的研究才能掌握，生命的长度也不足以让任何人将其修炼至最高境界。

——Sir Arthur Conan Doyle，A Study in Scarlet

承担信用风险是银行的基本职能之一。正是由于银行愿意承担信用风险，才为许多公司奠定了基础，而这些公司后来成为美国工业的巨大“引擎”。如今，银行的角色已经发生了变化，它们在某些领域的主导地位正在降低。例如，从 20 世纪 90 年代初到 2005 年，其他金融机构和资本市场占领了美国银行的大量市场份额，资本市场中的信用要求是程序化的，借款人可以很容易地被分类（IMF，2006）。然而，银行仍然是以下 2 类贷款的主导者和主要参与者。首先，它们仍然为大型企业、金融机构、金融中介机构和结构化交易提供必要的流动性工具。其次，在一些资本市场无法进入的情况下，例如，中小型业务部门、某些专业行业（特别是房地产）和项目融资等，银行仍然是最大的信用提供者。此外，当公司陷入财务困境，或者破产等信用困境时，银行发挥着至关重要的作用。在这些领域中，银行得益于多年来积累的信用专业知识，并且逐渐将其发展成为一种正式的贷款方法，即我们所说的古典信用分析。缺乏核心信用技能和培训的资金经理和机构往往求助于银行在这方面的知识专长。本章介绍了古典信用分析的显著特征，这一分析方法的价值在于它所能揭示的细节，而缺点则是费用昂贵和可能出现短视的行为。

7.1 信用分析是一个专家系统

Roger Hale（1983）在 *Credit Analysis: A Complete Guide* 中指出，“信用决策反映了对借款人还款能力的个人判断”。古典信用分析作为一种专家系统，首先依赖经过培训的专业人员的个人判断。一位职员在其职业生涯中，通过积累信用分析经验并展示分析技能来获得一定权威，从而逐渐成长为专家。在银行的等级结构中，身处的级别越高，决策权就越大。信贷人员就像棒球裁判一样，他们有权在自己认定的情况下作出裁决“这是你的决策，你要相信自己的判断”，Hale（1983）在其著作中强调，“信用决策是个人的决策，不能仅建立在指导方针或分析技术的基础上，每一位信贷人员都必须具备专业的知识和良好的判断力”。

在古典信用分析系统中，银行会建立期望目标市场（包括行业和客户）和贷款承保标准。贷款分析处理程序预先建立在银行专家积累的智慧的基础上，可以反映借款人财务状况的好坏。同样，银行希望提供的贷款产品类型是基于银行自身业务计划和风险偏好进行设置的。经验丰富的高级贷款专员的职责包括：

- 对行业、客户、产品和贷款承保程序进行筛选。高级贷款专员了解符合机构传统的贷款边界。
- 关注在每笔交易中最重要的问题，尤其是在出现意外情况时。通常，借款人与贷款交易的风险评级是最具争议性的问题之一，因为这些评级为贷款交易设置了参数。
- 确定贷款规模、条款、适用条件，以及由此决定的贷款价格。高级贷款专员将根据当前的经济状况、行业趋势和银行自身的投资组合情况来评估拟议的贷款交易。

7.2 将分析重点从资产负债表转向现金流

古典信用分析的演进总是与银行业务的重大变革亦步亦趋。从历史上看，银行的主要任务是为企业提供营运资金和贸易融资，银行通常在有资产担保或在有其他可以接受的抵押品为担保的情况下，才会发放贷款。企业的营运资金贷款通常是自动清偿贷款（根据企业存货和应收贷款进行季节性波动），并且通常以借款人的流动资产作为抵押。这些资产的抵押为银行提供了“第二种出路”，并且在公司陷入财务困境时保护银行免于遭受可能的损失。抵押品是否具有足够的价值在很大程度上决定了贷款能否发放。

此外，银行通常只发放 1 年期或更短期限的贷款，这主要是为了满足商业客户的季节性资金需求。银行往往会仔细审查企业的资产负债表，但是对损益表置若罔闻。

在过去的 50 年里，情况发生了变化。银行不仅为企业的短期贷款融资，还为企业购买固定资产融资。这种转变使抵押资产与信贷决策的相关性大大降低，因为许多此类资产（如厂房和机械）往往没有具有流动性的二级市场。这导致银行开始重点关注客户运营产生的现金流[1]，现金流贷款取代了抵押贷款，成为商业银行的主要贷款方式。企业在经营业务中产生的现金流决定了该企业的价值和信誉。如今，在现金流贷款的大背景下，银行主要从事三大类型的融资。第一类是资产保证型贷款，要求根据借款人的现金流来偿还贷款的部分利息，而收回全额本金则是通过清算借款人的部分或全部资产。了解这些资产的清算价值是贷款专员的关键技能（可参考第 8 章的内容）。第二类贷款用于项目或高杠杆企业融资，要求银行几乎完全依赖借款人的现金流，因此贷款本身也可以被描述为被杠杆化的年度现金流倍数。例如，高级银行贷款对现金流的杠杆率通常在 2～3 倍。第三类贷款是无担保的一般公司贷款，其要求借款人为投资级别的公司，贷款期限要么是短期（1 年或更短），要么是中期（3～5 年），并且需要订立贷款人保护条款。

当然，未来的现金流是无法预测的。银行对一家公司未来现金流的信心越大，就越愿意为这家公司提供贷款。判断不可预见的事件对公司现金流造成的相对风险是信贷专员应具备的关键专业技能，这些事件既会来自公司外部（例如，经济变化、竞争、供应商、政府政策），也会来自公司内部（例如，产品、劳动力、营销或融资）。

7.3 信用分析：“上帝”在细节中

信用分析是一个结构化且耗时的过程。大量电子数据库和台式计算机工具使信用分析过程更加简化和高效，但是决定信用分析价值的是分析师的技能和经验。信用

[1] 现金流分析是一个强有力的工具。它之所以强大，是因为它几乎成功地揭示了一家公司赖以生存的关键机制。现金流不是由会计惯例控制的，除了公然欺诈，一家公司几乎没有办法向一位懂得如何巧妙运用现金流进行分析的分析师隐瞒大量现金流。出于这些原因，现金流分析不太受公司或其会计师的欢迎，而且大多数已出版的企业财务著作都对它存在相当大的敌意（Boyadjian et al.，1987）。

分析的目的是考察借款人和拟议的贷款工具，并且对二者的风险进行评级。风险评级是通过估算贷款期限内借款人在给定置信水平上违约的概率，以及贷款人在违约情况下可能遭受的损失金额得出的（可参考第 9 章的内容）。该过程包括以下步骤。

- 银行需要了解公司为什么需要这笔贷款[1]。利用对公司的初步了解，银行将贷款需求与其当前的政策和偏好进行对比。公司为正常的业务流程申请贷款是最直截了当的目的。对于更复杂的目的，如收购或资本重组，则需要银行进行更严格的审查。如果贷款通过了高级贷款专员的审核，分析师就可以继续进行下一步操作。
- 审查公司的资产负债表和损益表，掌握公司在各阶段的发展趋势和业务波动情况。公司的业务部门经营成果、预算及商业计划也有助于分析师了解公司在过往和拟议贷款期限内的利润动态。分析师需要清楚地了解要求贷款的公司增加价值、获得利润的具体途径。许多公司在其生命周期的不同阶段有不同的业务组合，因此具有不同的现金流状况。
- 调整借款人所使用的会计惯例，使其符合银行的标准格式。对会计准则进行分析，以确保它们的一致性。对于较大的公司集团，也可以对合并报表进行分析。
- 通过了解借款人的历史业绩，对其预计损益、资产负债表和现金流量表进行评估。在较宽松和较严格的假设前提下，进行压力测试，并将估计结果与偿还额外债务的资金需求进行比较。
- 对于上市公司，通常可以获得大量反映其市值的股票分析报告和历史价格信息；对于私营公司，银行需要对其价值进行估算，这一价值可以反映公司经营中的价值驱动因素，并且为贷款银行可以获得的风险缓冲提供参考。
- 分析师在分析企业微观经济基础之余，还需要审查企业在其行业内的竞争地位，以及影响整个行业经营业绩的宏观经济状况。这些分析将修正测试借款企业的假设前提，并且能够帮助分析师了解企业所处行业在商业发展周期中的具体位置。
- 银行需对公司战略、公司管理层的能力，以及公司诚信进行评估。管理层是否拥有管理、财务、人力和物力等方面的资源，以此实现他们的经营计划？鉴于此，银行有必要参观公司的设施、评估公司在供应商和客户群体中的

[1] 第一国民城市银行（现在的花旗集团）的 George Scott 对自身采用的方法进行了总结，他说：“我从事这项业务以来，没有什么可以替代‘你想要贷款做什么？’‘你打算怎么还我钱？’‘如果你的理论不成立，你会怎么办？’这些问题。”（Mayer，1974）。

声誉，以及了解业务中的实物流情况。

- 在完成基本的财务分析后，银行需要准备和协商贷款相关文件，包括所有条款和条件、定价、担保、契约、提款的先决条件、违约的触发因素，以及其他可用的增信措施，如担保或反担保。这些因素都是重要的。很少有借款人在贷款初期就违约，大多数都是在一段时间之后才会陷入财务困境并发生违约。若银行能严格安排贷款工具，则会大幅度提高其自我保护的能力。

信用分析流程图如图 7.1 所示。

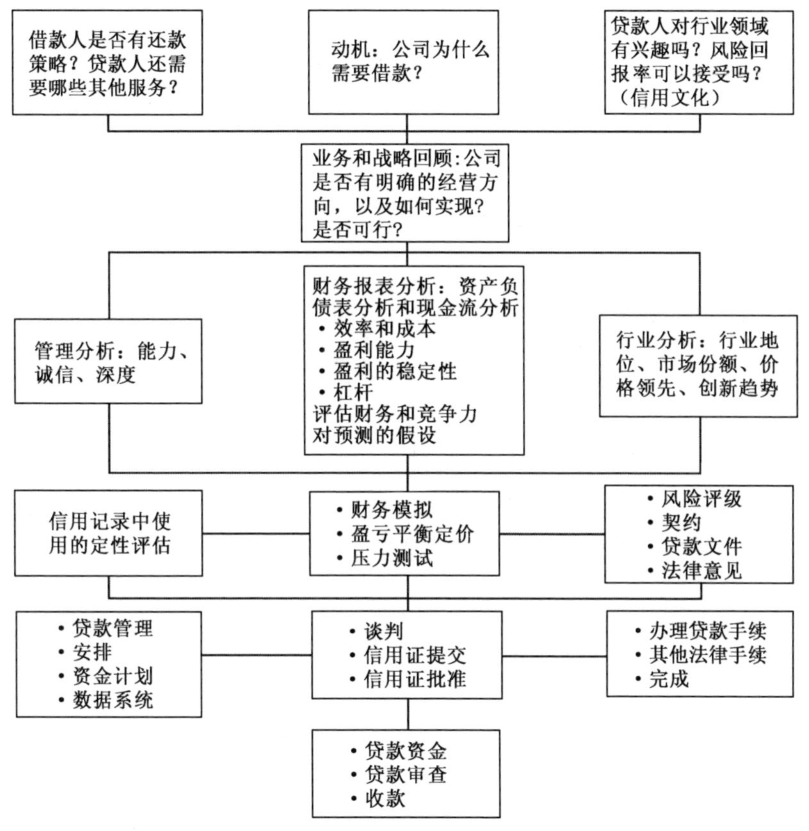

图 7.1 信用分析流程图

在传统的信用分析过程中，一个普遍存在的假设是信用管理人员应该像“侦探”一样审查证据，对借款人提供的信息提出质疑，寻找可能存在的弱点或不准确之处，并且试图预测未来可能出现的问题。福尔摩斯要是来做信用管理人员一定能干得不错。

为了形成主观判断，信用管理人员还可以借助一些标准的分析技术来评估借款人履行特定债务义务的可能性。例如，经典的 3C 分析法，即品质（Character）、现金流（Cash Flow）和抵押品（Collateral），一直是信用决策过程中至关重要的方法。

7.4 财务比率：沙滩上的脚印

银行分析师深谙现金流分析和财务比率分析，这些分析作为交易的基础工具，不仅用于银行贷款分析，也用于各类投资决策分析过程。财务比率分析可以追溯到早期商业交易伊始。近代以来，作为美国最早使用财务比率分析的先驱，现在的风险管理协会（Robert Morris Associates，RMA）的 Alexander Wall 和 Raymond Duning 于 1928 年发表了《财务报表比率分析》。如今，风险管理协会仍然保持每年发布一份公司和行业比率的研究报告的节奏，这些报告被美国的银行广泛使用。对于公开上市的美国公司来说，还有其他公开来源包含大量财务比率分析内容，可供其参考。

在比率分析中，最著名和最实用的比率是基于净资产收益率（ROE）的杜邦公式，具体表示为

净资产收益率=税后净利润/总资产

=税后净利润/销售额×销售额/总资产 （7.1）

如表 7.1 所示为常用财务比率，其中对部分贷款机构通常审查的基本比率进行了举例。

表 7.1 常用财务比率

分类	比率
经营业绩	EBITDA/销售额
	净收入/销售额
	适用税率
	净收入/净资产
	净收入/总资产
	销售收入/固定资产
偿债能力	EBITDA/利息
	（自由现金流-资本支出）/利息
	（自由现金流-资本支出-股利）/利息
财务杠杆	长期负债/资本总额
	长期负债/有形资产净值
	负债总额/有形资产净值 （负债总额-长期资本）/长期资本 长期资本=净值总额+优先及次级债务
	流动负债/有形资产净值

续表

分类	比率
流动性	流动比率
	速动比率
	存货/净营运资本
	流动负债/存货
	原材料、在制品和成品占库存的百分比
应收账款	应收账款账龄：30 天、60 天、90 天、90 天以上
	平均应收账款回收期

公司的财务比率被用来评估公司的经营业绩、盈利能力、现金流、杠杆率及流动性。每个比率都以绝对或相对的方式提供信息。例如，公司的销售收益率和净资产收益率提供了关于盈利能力的不同维度的信息。偿债能力衡量的是公司支付所借资金利息成本的能力，流动比率是衡量公司流动性的指标。公司之间可以相互比较，也可以与行业平均水平进行比较。大多数行业都有特定的比率用于衡量绩效表现，例如，航空公司的客座率，或者公用事业公司的电力购买收入等。

除了可以从上市公司的财务报表中计算得出这些比率，分析师还可以从公开交易的债务和股权工具的价格中获得丰富的信息，以此进行对比率的计算。这些市场数据比会计数据更敏感、更实时，通常也更能说明问题。

没有分析术语可以比“现金流”被更广泛地使用，同时更容易引起误解。准确地说，现金流指的是包括现金收入和现金支出，以及使资产负债表项目变动的经营活动产生的现金流量。一个简单且常用的公司现金流指标是 EBITDA（未计利息、税项、折旧和摊销前的收益）。银行在使用这些数字时很谨慎，因为它们没有完全捕捉企业经营活动产生的所有现金流。穆迪投资者服务公司金融集团高级副总裁 Pamela M. Stumpp（2000）提出了使用 EBITDA 的关键缺点，包括：

- EBITDA 忽略了营运资本的变化。
- EBITDA 可能是一种具有误导性的流动性指标。
- EBITDA 不考虑所需的再投资金额，尤其是对于那些拥有短期资产的公司来说。
- EBITDA 对盈利质量只字未提。
- EBITDA 不是比较收购倍数的合适指标，其无法区分收入与现金，因此忽略了不同会计政策导致的现金流差异。

7.5 中长期借款的行业分析

除了从公司的财务比率和历史业绩中获得的特定信息，信用分析还在很大程度上依赖公司所处行业的竞争情况和发展前景的主观判断。战略分析，就像它有时被称为的那样，绝不只局限于资产负债表、财务比率和现金流的分析。Joseph Rizzi（1984）是这样描述的：

战略分析是对一家公司在其所处的产业环境中长期前景的评估。战略分析基于 3 个基本前提：首先，企业必须具备竞争优势才能保持盈利。其次，获得竞争优势的方式和方法因行业而异。最后，随着行业的发展，企业获得竞争优势的方式也会发生变化。战略分析包括环境评估、企业评估和战略评估 3 个步骤。

每个行业都有自己独特的结构和运行机制。一家公司的状况受到其所属行业的相对成熟程度的影响。例如，对于成熟的行业来说，其典型特点是市场饱和、缺乏技术创新和机遇，以及具有收益率不断降低的发展趋势。

一家企业要想在任一行业繁荣发展，都需要与 5 种力量竞争，即潜在进入者、现有竞争对手、供应商、消费者和替代产品。企业可以选择的竞争方式包括设置进入壁垒、通过规模经济控制成本、控制分销渠道、掌握有利的政府政策、报复性定价（实际的或威胁性的）、产品差异化和产品创新等[1]。在评估一家企业当前的和不断变化的地位时，分析人员必须清楚地了解企业打算如何在其行业背景下运用竞争工具，并且牢记“决定一家公司盈利能力的首要因素是行业吸引力”（Porter，1985）。分析人员对公司的策略是否会成功，该策略应该得到企业多大程度的支持，应该监控哪些变量，以及应该采取什么退路等问题进行主观判断。这些都需要由分析人员做出主观决策，同时需要他们能够清晰阐述并证明这些判断的正确性。

对银行分析人员来说，能够与借款企业的高层管理人员见面并直接听取他们的意见十分重要。银行对某个借款人的风险敞口越大，该银行就越会与该企业的高层管理人员进行会晤。

大型的国家和地区银行集团，通常会先根据客户的规模（常以销售额来判断）安排银行团队。这些客户会被细分为具体的行业群组，由各自所属的银行团队提供全方位的金融服务。随后，银行会对资本密集型产业（例如，公用事业、交通运输和房地

[1] 行业分析的观点来自 Porter（1985）。

产集团）进行判断，并且提供更具针对性的服务。银行分析人员会在行业环境背景下对公司进行分析，以便能够充分考虑法规、会计惯例或行业竞争等相关因素。相比对一家家企业进行分析，自上而下的行业视角更容易发现关键趋势、竞争情况，以及可能的赢家和输家。

7.6 传统的信贷基础依然存在，但银行业实践已经向前发展

古典信用分析在贷款机构中依然适用，各银行仍在中小市场业务部门积极采用古典信用分析的原则和方法。而在其他地方，如在大型客户群体中，信用分析方法已经不可逆转地发生了改变。经济和效率是信用分析方法变革的主要推动因素。在经济上，银行受到了非中介化的显著影响。银行的竞争对手通过资本市场以更低的价格提供债务资本，并且促进贷款产品商品化。这些竞争对手在分析技术、文件、销售和交易方面进行了创新，扩大和深化了银行以外的贷款投资者基础。受价格下降的影响，银行不得不降低承销活动的强度，并且降低成本以应对收入的减少。在这一过程中，银行的培训次数和银行人员数量都在减少，银行人员的素质也相应出现下降。古典信用分析还存在一个有效性方面的问题。无论专家的技能有多强、能力范围有多广，还是会出现一些错误的判断。这意味着，不可避免地，一些风险会被误判和错误定价，从而出现过高的风险敞口。财务信息的质量（这些信息往往已经过时了）和现有客户的质量是影响古典信用分析有效性的重要原因。在其他因素相同的情况下，借款人往往不会与银行打交道，因为有更廉价的融资选择。投资集中化变得难以避免。在商业周期的大部分时间里，这一问题不会很严峻，但是在承受压力的情况下，就会导致严峻的后果。通常银行会通过限制单个借款人的风险敞口规模来应对风险集中，偶尔银行也会将这些限制设置得过高。借款人群体财务状况的相互关联是一种更难以管理的风险。20 世纪 70 年代至 20 世纪 90 年代的美国银行业历史充斥着大型成功银行的倒闭事件，这些银行在经济严重下滑的情况下，受到了这种相互关联引发的信贷问题的严重影响。同属特定行业（房地产、航运、石油和天然气）、特定地区（新英格兰地区、得克萨斯州）或特定国家（如不发达国家），都会导致借款人财务状况存在相互关联。

银行的业务在不断地发展，即使在 2002—2004 年美国经济减速期间，很多主要行业面临着巨大压力，银行业的不良贷款和预期损失也在显著增加，但是其盈利和储备完全有能力弥补这些损失。

7.7 你可以吃蛋糕，但只能吃一小块

毫不奇怪，许多商业银行已经调整了它们的商业贷款模式，并且开始涉足中介业务。银行分解了自身业务的价值链，专注于信贷产品的发起与包装，获取持有资产的利息收入，同时赚取大量贷款手续费。银行创建了专门的商业银行资产负债表，并且将贷款证券化、“辛迪加”、对冲和扩大交易信用风险敞口，所有的业务都为银行提供了收入来源。为银行贷款创建一个开放的市场，无论是对初始借款人，还是对非银行投资者来说都是有益的。贷款资产在二级市场上的价格所传递的信息，是对现有传统金融数据的一个重要补充。

古典信用分析是用来发起和交易信贷这类基础业务的基本技能。银行开发的专家系统借鉴了现有的新技术，是一个很好的风险选择系统。在生成资产的过程中，必须使用第三方标准，这个标准通常比传统上银行为了自身持有贷款资产而实施的标准要高。任何想要大量出售资产的银行都必须首先树立“技术娴熟的贷款人”的声誉。正如美联储理事 Susan Phillips（1996）指出的：

银行能够发起贷款并将其证券化，这使得银行能够更加充分地利用其在分析借款人信誉方面的专长。信用分析是银行一直以来较为擅长的中介功能之一，但有时对于资本市场而言可能是比较困难的。银行不需要为其全部贷款提供资金，而证券化使银行能够针对更多贷款发挥信用分析的专长。这会提高银行的收益，并且降低资本积累的成本。

债务资金的最终提供者坚持认为，信用分析，无论是古典信用分析还是任何其他类型的分析，都有其用武之地。对于银行来说，关键是出色地履行这一职能并获得相应的报酬。

到目前为止，我们已经描述了分析信用风险的机构的设置方式。近几十年来，创新从 2 个基本方面改变了古典信用分析。第一个是交易方面，资产保证型贷款的发展为结构化金融和证券化的出现铺平了道路。第二个是信用管理的过程方面，信用风险的量化度量已经取得了一系列的进展，我们将在后面的章节中进行讨论。这些模型从用于分析消费者贷款的信用评分模型，发展到用于分析企业贷款部门的复杂的基于市场价值的信用风险模型和投资组合模型。

长期以来，人们一直认为信用风险管理是一门艺术。新技术似乎更具有科学的意味和感觉，然而，它们缺乏科学一词所蕴含的精确性和确定性。或许基于其发展

现状，信用风险管理更适合被地描述为一项工程，它所创建的模型和结构可以防止金融失败，也可以为风险提供防范措施。

原书参考文献

Boyadjian, H. J., and J. F. Warren. 1987. Risks: Reading Corporate Signals. New York: John Wiley & Sons.

Hale, R. 1983. Credit Analysis: A Complete Guide. New York: John Wiley & Sons.

International Monetary Fund (IMF). 2006. IMF International Financial Statistics Yearbook 2006. Washington, D.C.

Mayer, M. 1974. The Bankers. New York: Weybright and Talley.

Phillips, S. M. 1996. “The Place of Securitization in the Financial System: Implications for Banking and Monetary Policy.” In A Primer on Securitization, edited by L. T. Kendall and M. J. Fishman. Cambridge, Mass.: MIT Press.

Porter, M. E. 1985. Competitive Advantage: Creating and Sustaining Superior Performance. New York: Free Press.

Rizzi, J. 1984. Strategic Analysis; The Neglected Element in the Term Credit Decision. Journal of Commercial Lending 66, no. 11 .

Stummp, P. M. 2000, June. Putting EBITDA in Perspective. New York: Moody’s Investors Service.

Wall, A., and R. Duning. 1928. Ratio Analysis of Financial Statements. New York: Harper.

原书拓展阅读

Ganguin, B. 2005. Standard & Poor’s Fundamentals of Corporate Credit Analysis. New York: Standard & Poor’s.

deSevigny, A., and O. Renault. 2005. Standard & Poor’s Guide Measuring Credit Risk. New York: Standard & Poor’s.

第 8 章　资产保证型贷款和融资租赁

简单来说，资产保证型贷款可以看作以应收账款、存货或设备为抵押的贷款，但是银行方面应采取更为谨慎的方法，根据抵押品建立合理的贷款和监管程序。因此，我认为这种以资产负债表中的资产为保证的贷款，都可以划分到资产保证型贷款这一大类中。但是，许多贷款人已经拓宽或严格思考“基于资产”一词认为其是指一种更具异质性的高风险贷款类型，例如，一些借款人具有较高的杠杆，或者通过杠杆收购而拥有了某家公司的所有权，他们在交易中投入了较少的股本，甚至一点都没有投入。

——Peter S. Clarke（1996）

抵押贷款不是什么新鲜事物。英国贷款人在 17 世纪引入了抵押的概念，在某些情况下，通过将土地转变成“不限制具有一定身份的人即可继承的土地”，并将其交给贷款人处置，可以此保证贷款人的权益。这是一项比质押更进一步的重大创新，此时，贷款人拥有土地的所有权，但是允许借款人继续使用土地并获得产生的孳息；当债务清偿时，“不限制具有一定身份的人即可继承的土地”将反向转化返还借款人。几个世纪以来，银行以农民的土地、牲畜和设备，以铁路的车辆，以石油公司的石油储备等为抵押，为其提供贷款。实际上，长期以来，银行一直争论在放款时是应该把更多注意力放在借款人抵押品的价值上，还是放在借款企业整体的实力上。

然而，在过去 50 年里，资产保证型贷款的迅速蔓延，赋予了抵押品这一概念新的含义。现代的资产保证型贷款建立在一家公司的资产（例如，它的应收账款、设备、租赁收入或存货）可以独立于公司本身，并且在相当长的时间内存在的基础上。资产保证型贷款这一技术本身具有重要意义，但更重要的在于它为资产证券化和结构化金融的成功诞生所作出的铺垫。

美国经济的重大变迁使资产保证型贷款出现了爆炸式增长。在 21 世纪初，相当数量的中小型企业仍然只能依赖创立者累积的财富进行融资，同时需要借助家人与朋友的资助，此时财务杠杆是不必要的。然而，在今天这样大规模的经济中，企业也需要获得更大规模的资源才能获得成功。企业的规模发展得很大，以致只能通过资源的聚集来满足它们的融资需求。极少数个人拥有足够的财富，能够单独为一家企业融资。根据某项估计，只有 11.7%的外部融资需求超过 10 亿美元的美国企业可以仅借助单个美国家庭的财富获得融资（Sirri et al.，1995）。如今，信用对企业增长的重要性就像水之于花园一样。然而，许多公司不满足获取无担保贷款的要求。

从 20 世纪 50 年代开始，商业金融公司成为美国企业的一个越来越重要的资金来源。在早期，这些公司发明了仓单融资的概念。在 1952 年《统一商法典》（*Uniform Commercial Code*）颁布之前，对于公司存货、设备或最终产品留置，没有标准的处理方法，因此，对资产的实际占有是控制资产的关键。为了获得仓单融资，制造商将资产转移到贷款人的仓库中，然后得到收据。这种收据一旦经由金融公司确认，即可以根据抵押的资产为借款人提供资金。《统一商法典》的建立使金融公司可以留置任何种类的财产。因此，仓单融资等方式就变得不那么必要了。当然，较之从物质上占有资产，拥有留置权并不能让贷款人拥有更多的资产控制权，这是很多公司在付出巨大代价后才意识到的。

《统一商法典》是一组通用的规则，它首先在 1953 年由宾夕法尼亚州通过，随后其他州（路易斯安那州除外）均相继实施。该法典的目的就是简明化、清晰化和现代化商业交易法。不同司法管辖区实施统一的法律有助于促进商业拓展，而习惯、运用及各团体的共同协商促进了这一过程的实现。证券的协议、证券的利息完善、收入分配的优先顺序、债权人享受的留置权，以及破产中的受托，都是这部法典的重要内容，其适用于所有有担保的商业交易（Henson，1979）。

尽管仓单融资日渐式微，但商业金融公司仍然在持续增长，因为它们的一项主要服务是为中小型企业，尤其是那些增长迅速的企业提供资金。这些借款人通过抵押应收账款和存货使自己获得融资。金融公司需要确定这些抵押资产的价值，然后根据一定的贷款-价值比率提供贷款。相较于企业整体的质量，金融公司更加关注这些抵押资产的质量。通常，贷款机构关注的是那些风险较高且没有其他融资渠道的客户，它们能够以较高的价格向这些客户提供贷款，这一价格相比银行贷款的价格要高得多。

在 20 世纪 70 年代和 80 年代，许多银行发现商业金融公司发明了一种很具有吸引力的业务，这些商业金融公司资产负债表上的贷款表现得和银行的贷款组合一样好，甚至更好，而且它们获得的利差更高。因此，许多商业银行决定引入资产保证型贷款业务，它们或是兼并该业务中已有的企业，或是建立自己的新机构并专门从事资产保证型贷款业务。由于资产保证型贷款较之银行的传统业务更为独立，所以它通常由单独的子公司办理，而不与银行的其他业务一起办理。

随着越来越多的地区性银行和货币中心银行介入资产保证型贷款业务，竞争不断加剧，利润也随之下降，银行被迫提升了它们的风险管理技术，以此保证自身盈利。

8.1 风险管理

与无担保贷款相比，资产保证型贷款还需要考虑一些额外的风险因素。资产保证型贷款会使贷款人至少面临以下 4 类风险。

第一类是与无担保贷款一样，有担保贷款也使借款人面临信用风险。就像 Clarke（1996）指出的：

有担保品并不意味着可以松懈对借款人的诚信、道德品质、偿债习惯及偿债能力的彻底考察。除了不涉及抵押品的无担保贷款，没有其他类型的贷款需要如此依赖借款人的诚实和正直。仅凭借抵押协议不能代替上述所说的任何一种因素。

第二类是抵押品风险。如果公司被证明无法产生现金来偿还贷款，那么合格的抵押品就是最为重要的偿债保障。资产保证型贷款机构需要考察应收账款是否可以收回、存货是否过时、对存货的控制是否充分等。

第三类是抵押品流动性不足产生的风险。如果贷款人必须清算或扣押抵押品，那么必要的时间和清算成本可能会减损最终的回报。清算资产所需的时间越长，清算过程的费用就越昂贵，因为时间越长，管理成本越高，出售的难度越大。

第四类是法律风险。资产保证型贷款需要准备复杂的文件，并且公开登记，严格遵守《统一商法典》，以及特定的借款要求。因此，在这些过程中很容易出现法律错误，并且错误付出的代价是极为昂贵的。有数以百计的案件可以证明，由于法律文件不足或贷款安排管理不善，有担保的贷款人只能在法院，尤其是在破产法院才能清算抵押品或追收账款（Stock，1988）。

为了管理这些风险，资产保证型贷款机构需要培养对抵押品进行正确估值的专业技能。例如，当一笔贷款以贸易应收款作为担保时，贷款机构必须能够处理摊薄问题。并不是公司账面上的每一笔应收账款最终都能得到支付，有些损失是由于买方无法付款而产生的。当商品退回或变质，而买家不再需要付款时，摊薄问题也会出现。例如，百货公司清楚自己一年不同季节的商品退货率是多少。资产保证型贷款机构必须将这一因素考虑进去，并调整贷款-价值比率。通常愿意在一年的大部分时间里将 1 美元以 80 美分的价格为应收账款提供融资的贷款人，在圣诞节刚过去的那段时间可能只愿意以 60 美分放贷，因为此时正是全年退货率最高的时候。

一方面，一家制作饼干的公司预计会有一定程度的超市退货率，因为饼干很容易变质。这是一项历史悠久且成熟的业务，资产保证型贷款机构已经能够确定出合理的贷款-价值比率。另一方面，生产香烟的公司可能会被赋予较高的贷款-价值比率，因为香烟不易变质，而且是通过小经销商进行销售的，这些经销商可以及时回款。当应收账款周转较快，并且公司可以对其实施较强的控制时，它们的价值越高。

因为资产保证型贷款机构通常会扣除预期的摊薄和损失，所以它们几乎总是以应收账款的账面价值折价发放贷款。贷款-价值比率通常是在 80%～85%。

当资产缺乏流动性或难以估值时，以该项资产为抵押进行融资就会变得更加困难。例如，公司的存货通常比应收账款更难以估价、监管和清算。汽车或其他类似商品的存货可能相对容易一些。但是，假设一家公司根据汽车制造商的合同订单供货，如果公司自己都卖不出去存货，那么贷款人又怎么能卖得出去呢？根据存货进行放贷，需要贷款人对特定行业有一定程度的了解。

评估基于存货来放贷的风险敞口需要了解以下知识（Iannuccilli，1988）。

- 产品和行业。
- 产品的稳定性和易腐烂性。
- 供求关系。
- 对过时和风格的考量。
- 商业信用债权人对接受存货留置权的态度。
- 优先留置权。
- 隐含留置权。
- 自有品牌商品的影响。
- 产品的购买或制造是否应订单要求。

同样地，以公司的厂房和设备为抵押品的贷款也需要进行大量的额外分析。通常，这类贷款根据被迫出售资产的清算价值被安排为长期贷款。由一家可靠公司给出的对客户的专业评估通常被视为决定是否放贷的关键因素。例如，已经有方法可以对一架使用了 20 年的飞机在今后 15 年的价值进行确定了。残值保险公司是专门从事残值预测的公司，在评估以设备为抵押的贷款时可以借助这些公司的专业知识。相比之下，在评估应收账款时，贷款人只需要知道它们是如何发展的，并且预先摊薄，就能给出估值。

随着时间的推移，资产保证型贷款机构已经积累了大量关于季节性周期、交易和现金循环、运营资本与存货比率、周期性生产模式，以及各行业亏损和摊薄等方面的知识。与此同时，借款人也学会了如何组织它们的业务，以便使用抵押品借来更多款项。它们的记录保存和管理状况越好，银行就越愿意听信它们的表述。基于抵押品的循环贷款要求贷款人对抵押品进行持续监控，贷款文件记录、抵押品报告、会计报告、现金流报告、仓库报告和《统一商法典》都是控制和管理信用风险所必需的文件。

8.2 越来越多的尊重

在早期，资产保证型贷款被金融界的主流视为旁门左道。资产保证型贷款的借款人被认为是距离破产仅一步之遥的没有什么希望的公司，而资产保证型贷款的贷款人被认为比高利贷者好不了多少。现在，一切都发生了改变。早在 1982 年，佛罗里达州巴内特银行的高级副总裁 John B. Logan（1988）就断言：

首先，让我们谈谈资产保证型贷款不是什么。它不是借款人的“破釜沉舟”。我相信，我们总能听到，如果一家公司以其应收账款或存货为抵押品来谋求一笔贷款，那么这家公司一定面临某种形式的严重财务困难，才会出此下策，以此快速筹集现金。作为在过去 11 年里一直从事资产保证型贷款业务的人，我可以向你保证，这纯属无稽之谈。

自 1982 年以来，资产保证型贷款的地位一直不断上升。一家公司不用再因为抵押应收账款获得融资而感到耻辱。随着资产保证型贷款成本的下降，许多金融专业人士开始认为，这是一种完全可以接受的融资选择，在某些合适的情况下，它很适用于自己的公司。20 年以前，如果一家公司需要在有担保贷款和无担保贷款之间做出选择，那么它肯定会选择后者，因为后者成本更低，也不那么复杂。如今，选择的结果就不再那么明显了。资产保证型贷款仍然是较为复杂的，但是实际上它可能比无担保贷款更便宜。此外，银行如今也不太愿意以低利差向公司提供无担保贷款，因为利润很低。在有担保贷款和无担保贷款之间做出选择时，借款人必须对成本和收益进行权衡。而外部观察人员也无从判断一家以应收账款进行抵押来融资的企业到底是“白马王子”，还是“堕落天使”。相反，他们可能会认为这是一家精明的公司，因为它知道如何充分利用自己的资产。

8.3 资产保证型贷款的替代品

保理和信用保险是与资产保证型贷款极为相似的 2 种替代品。保理商通常是金融公司或银行的分支机构，它们的业务是购买应收账款，而不是以应收账款为抵押品来放贷。从本质上讲，保理就是资产保证型贷款加管理。保理商通过在应收账款面值中扣除预期损失和融资成本来对应收账款进行估价。从历史上看，保理业务对于纺织服装行业极为重要，这个行业的季节性很强，那些定位于时尚的小公司高管急于将应收账款回收的风险和麻烦转移出去。然而，随着公司规模的扩大，它们往往对保理业务不太满意，因为保理业务实际上赋予了第三方决定客户是谁的权力。因此，当发展到一定阶段时，许多公司就会决定自己承担应收账款的追账功能。

一家保守的公司如果想要将其应收账款变现，那么可以购买信用保险，以此为借款人破产无法偿还债务的风险提供保护。当信用保险在美国尚未形成气候时，它在欧洲已经开始发挥极其重要的作用了，因为欧洲的公司需要与它们不熟悉的客户开展大量跨境业务。当一家银行对其所在地区以外的公司不甚了解，同时又身处缺乏信用机构的环境中时，信用保险承销商提供了非常有价值的服务。它们维护着许多不同国家的公司的庞大数据库，极大地促进了跨境贸易。一些信用保险承销商还依赖邓白氏等信用机构，后者在许多国家拥有通用格式的数据库，并且与当地数据提供商结成联盟。

8.4 融资租赁

对于融资渠道相对有限的企业来说，融资租赁是它们获得有担保贷款时使用的另一种工具。租赁有 2 种类型，即资本租赁和经营性租赁。一方面，企业通过资本（或金融）租赁的方式为长期资产融资，而不是通过长期借款来获得这些资产。另一方面，经营性租赁是一种期限较短的租赁，即被租赁资产的寿命比租赁期限长得多（例如，飞机租赁）。在经营性租赁中，承租人不承担所有权风险，租赁费用在损益表中作为经营费用处理。经营性租赁不会对资产负债表造成影响。在资本租赁中，承租人承担部分所有权风险，并且享受折旧等利益。公司倾向于将其所有的租赁视为经营性租赁，并且将影响体现在费用中。资本租赁，顾名思义，必须在资产负债表中资本化，从而揭示公司的真实（和放大）杠杆。鉴于此，会计准则会对经营性租赁和资本租赁进行严格区分。

对出租人来说，与资产保证型贷款一样，在交易中涉及的信用风险取决于业务类型、租赁类型和抵押品。租赁的设备对承租人运营的重要性是一个关键因素。如果设备是必不可少的，那么其就是一种良性风险，因为即使在破产情况下，法院也可能允许以租赁的方式付款，这对公司重组和摆脱破产来说至关重要。其他需要考虑的因素包括设备报废和残值的风险，如果设备必须被收回和重新租赁，那么还包括收回、储存和向新客户销售等风险。对承租人来说，此时的信用风险是租赁的“重置成本”，即如果市场利率增加，并且对设备的需求已发生变化，致使新租赁的租赁费率低于原始租赁费率，此时设备再被重新收回并出租，那么在剩下的租期里，出租人的租金就会比以前低。初始租赁费率和当前租赁费率与收回/再营销成本之间的差额构成了出租人的信用风险。

租赁公司为工业设备、铁路车辆和飞机提供贷款，是信用市场融资的重要途径之一。

8.5 证券化和杠杆收购的根源

资产支持证券（Asset-Based Securities，ABS）只不过是资产保证型贷款在资本市场上的翻版，证券化机构直接使用了资产保证型贷款机构为评估资产和公司而开发的技术。较之银行，资本市场在使用这些技术时被要求更加精确，因为设计出的证券需要经过评级机构的分析才能投放给投资者。尽管如此，2 个市场使用了相同的基本原理和概念。此外，有时一些特定交易会从资产保证型贷款机构转移到资本市场上，这是因为它们的规模非常大，或者因为证券化可以带来更低的成本结构。2 个市场之间的重叠程度非常高。

资产保证型贷款也催生了杠杆收购（Leveraged Buyout，LBO）市场。在 20 世纪 80年代，金融专业人士认识到，一种为成长型公司开发的技术也可以应用于那些有意杠杆化经营的公司。如果一家小公司可以抵押其资产来获得贷款，那么为什么大公司不能呢？

一家像 CIT Equipment Finance 这样的公司或许能够在无担保的基础上借入数十亿美元贷款，但凭借其资产实力，其可以借入更多的资金。通过抵押公司的资产，收购方可以借出收购公司所需的大部分资金。以资产为基础的融资技术，无论是在资本市场运作，还是“辛迪加”市场上运作，都释放了目标公司应收账款和其他资产中固有的潜在借款能力。

8.6 有利的结果

资产保证型贷款机构倾向于将其业务视为一种风险业务，并且进行了相应的风险管理，即谨慎地承销贷款并密切地监管它们。它们在实现抵押品价值时通常是积极且激进的。它们关注的是资产，但是不太顾及与借款人的关系。它们可能愿意与借款人谈判，因为它们也宁愿不占有抵押品，但不太可能像传统银行那样表现出太多的忍让。因此，它们通常有较好的业绩表现。

原书参考文献

Clarke, P. S. 1996.Asset-Based Lending: The Complete Guide to Originating, Evaluating, and Managing Asset-based Loans, Leasing and Factoring. Chicago: Irwin Professional Publishing.

Henson, R. D. 1979. Secured Transactions, 2nd ed. St. Paul, Minn.: West.

Logan, J. B. 1988. Clearing Up the Confusion About Asset-Based Lending. In Asset-Based Lending: A Special Collection from the Journal of Commercial Bank Lending, edited by C. Weisman. Philadelphia: Robert Morris Associates.

Iannuccilli, J. 1988. Asset-Based Lending: An Overview. In Asset-Based Lending: A Special Collection from the Journal of Commercial Bank Lending, edited by C. Weisman. Philadelphia: Robert Morris Associates.

Stock, K. 1988. Asset-Based Financing: Borrower and Lender Perspectives. In Asset-Based Lending: A Special Collection from the Journal of Commercial Bank Lending, edited by C. Weisman. Philadelphia: Robert Morris Associates.

Sirri, E. R., and P. Tufano, 1995. The Economics of Pooling. In The Global Financial System. Boston: Harvard University Press.

Weisman, C. (ed.). 1988.Asset-Based Lending: A Special Collection from the Journal of Commercial Bank Lending. Philadelphia: Robert Morris Associates.

第 9 章　信用风险模型简介

所有科学的宏伟目标都是从最少的假设或公理中进行逻辑推理，以此涵盖最多的经验事实。

——Albert Einstein

前面的内容介绍了进行信用风险管理的机构及它们采用的常规方法。我们现在把注意力转向在过去 20 年间发展起来的方法。这些创新是由一些现实力量推动的（另见 McKinsey，1993），包括：

- 放松管制，刺激了金融创新，使新参与者能够提供服务。
- 信用市场扩张，纳入国内外的新借贷部门。
- 从固定资产贷款到流动资金贷款的持续转变。
- 资产负债表外风险的增加。
- 贷款利率不断降低，迫使银行探索成本更低的评估与管理信用风险的方法。
- 证券化推动了更高效的和标准化的信用风险管理工具的发展。
- 金融理论的进步提供了观察信用风险的新方法。
- 场外信用衍生产品市场的发展。
- 监管改革，包括银行的《巴塞尔协议 II》和保险公司的《偿付能力标准 II》。

基于统计学和运筹学的工具，如生存分析、神经网络、数学规划、确定性和概率模拟、随机微积分和博弈论，都对信用风险评估的发展做出了贡献。我们对金融市场的理解也取得了进展，如套利定价理论、期权定价理论和资本资产定价模型（CAPM）。信用风险度量的新工具已广泛应用于金融产品，如消费贷款、住宅房地产贷款、商业房地产贷款和商业贷款，以及互换、信用衍生产品和其他表外产品。尽管如此，这些模型只是探索更好度量方法的“开拓性”成果，而非最终结论。这些成果的结论可能会被完全否定，但其中的大多数将会成为未来模型的一部分，这些都是通向未来的桥梁。在本章中，我们将简要介绍信用风险模型及其应用领域。

9.1 模型——谁需要它们

古典经济学家将资本描述为生产要素，他们认为资本代表了由劳动和土地这些生产要素因使用而产生的财富积累。金融模型代表脑力劳动和资本，它们可以被视为解决问题的方法。换句话说，它们代表了人类观察、经验和实践的积累，可以用来解释人类的行为和事物的规律。用模型解释一种现象极大地加深了对现象的理解，并使模型最终得以应用，评估信用风险的模型也是如此。信用风险模型试图直接或间接回答的问题是：根据我们过去的经验和对未来的假设，一笔给定贷款或固定收益证券的价值是多少？同样地，贷款承诺无法兑现的（量化）风险是什么？

模型通常建立在理论的基础上。例如，期权理论可能为信用风险度量提供了一种新方法。可以这样评估住房贷款风险，假设借款人会在对住房不再拥有任何权益的情况下选择违约，我们就可以基于这种假设建立一个简单的违约模型，使用贷款-价值比率预测违约概率。贷款-价值比率越高，住房拥有者的权益就越少，违约概率就越高。如今，这种简单的模型为住房抵押贷款的测算提供了依据。

为了更准确地预测违约概率，可以在这个模型中增加变量。第二个变量可能是相对于借款人现金流或可支配收入的债务规模，即所谓的收入比率。这个比率越高，个体违约概率就越大。不利的生活事件，如离婚、疾病或死亡，是影响违约概率的额外因素。一个能够预测这些生活事件的模型可以更精确地评估信用风险。

各种各样的工具被用于构建金融模型。它们可能是基于计量、模拟、优化的，也可能是将三者结合。例如，神经网络可以看作一种包含一个最优化原理的模拟方法(寻求最低的错误率或最高的准确率)。

9.2 模型分类

比率分析、期权理论、计量分析、专家系统，这些方法都试图将问题从整体中分离出来，并加以研究、改进和检验，如果有效就会被广泛应用。构建信用风险模型需要考虑许多独立变量。首先，必须假设影响违约风险的变量之间存在相关性，这是理论的切入点。其次，为了得到一个合理的模型，必须使用一组工具来估算或模拟结果。此时数据至关重要，因为模型不能凭空构建。最后，必须应用一系列检验来确定模型确实如预期的那样有用。有时也可以采取这样的方法，即在没有任何特定理论可依据的情况下，通过数据挖掘发现新的关系。

在信用风险评估中，模型可以按照 3 个不同的标准进行分类，即使用的方法、在信用流程中的应用领域，以及信用风险模型与决策者的关系。

9.2.1 使用的方法

常用方法如下。

- 计量经济方法。线性分析、多元判别分析、多元回归分析、logit 分析和 probit 分析都将违约概率或违约溢价作为一个因变量，其方差由一组自变量来解释。自变量包括财务比率等指标，以及衡量经济状况的外生变量。生存分析是指一套用来衡量反应、失败、死亡或事件发展所需时间的方法。
- 神经网络。这是一种以计算机为基础的系统，通过模拟相互连接的神经元（大脑中最小的决策单元）来模拟人脑的功能。它们使用与计量经济分析方法相同的数据，但是使用试验法和误差法的替代实现得出决策模型。
- 最优化模型。这是一种数学规划方法，用以确定借款人和贷款属性的最优权重，使贷款人的损失最小化且利润最大化。
- 基于规则或专家的系统。它们以结构化方法模拟经验丰富的分析师做出信贷决策的过程。顾名思义，这样的系统尝试复制成功分析师使用的流程，以便组织的其他人员可以使用相关专业知识。基于规则构建的系统的特征是一组决策规则，一个由数据（如行业财务比率）组成的知识库，以及一个供分析师在获取特定借款人的数据时使用的结构化查询过程。
- 使用直接计算、估计和模拟的混合系统。这在一定程度上是由直接的因果关系驱动的，其参数是通过估计方法确定的。其中一个例子就是 KMV 模型，它使用一个期权理论公式来解释违约，然后通过估计推导出关系式。迁移概率矩阵是一种数据摘要，其可以根据历史迁移模式，帮助预测信用迁移到更低或更高的信用质量上的趋势。这些矩阵是通过使用队列成分分析得到的，即观察一组债券或公司从生到灭的全过程。

9.2.2 在信用流程中的应用领域

金融模型被应用于许多领域，具体如下。

- 信贷审批。在消费者贷款业务的信贷审批过程中，这些模型可以单独使用，也可以与判断优先级的系统联合使用。这种模型的应用范围已扩大到包括小型企业贷款和首次抵押贷款审批领域。它们通常不用于批准大型企业贷款，但它们可能会影响决策。
- 信用评级的确定。量化模型用于推导未评级证券和商业贷款的“影子”债券评级。这些评级反过来影响机构使用的投资组合限额和其他贷款限额。在某些情况下，机构使用模型预测的信用评级来挑战传统信用分析给出的评级。
- 信用定价。信用风险模型可被用于根据违约概率和违约规模来确定应有的风险溢价。利用盯市模型，机构可以评估持有金融资产的成本和收益。由信用风险模型预测的意外损失可用于确定定价成本。
- 财务预警。信用风险模型被用来寻找投资组合中存在的潜在问题，以便未雨绸缪。
- 通用信用语言。信用风险模型可用于从资金池中选择资产，以此构建投资者可接受的投资组合，或者达到获得预期信用评级所需的最低信用质量。承销商可以使用这种模型对投资组合进行尽职调查（例如，商业贷款的担保池）。准备金水平的触发点可能与模型表现密切相关。
- 收账策略。信用风险模型可以用来确定最佳收账或解决问题的策略。例如，如果一种信用风险模型表明借款人正面临短期流动性问题，而不是信贷质量基本面出现下降，那么就可以设计出一个合适的解决方案。

9.2.3 信用风险模型与决策者的关系

信用风险模型在今天很重要，因为它们为决策者提供了真知灼见，而这些真知灼见并不容易获得，或者只能以高昂的成本获得。在一个利润正在迅速消失、降低成本的压力越来越大的市场上，模型给使用者带来了竞争优势。对于任何风险敞口较大、经营地区较多、员工规模较大且种类多样的大型金融机构来说，量化模型有助于保证极为重要的客观性和一致性。

信用风险模型也越来越多地用于帮助了解金融资产的价值，否则股票投资者将无法对其进行准确把握。例如，结构化金融产品以次级债券提供股权风险和股权收益的组合的方式重新分配信用风险。信用风险模型可用于此类投资组合的分层和构建。

大型公司（财富 500 强公司）的商业贷款、工业贷款、商业房地产贷款、小型企业贷款（最高 50 万美元）、住宅首次按揭贷款（最高 100 万美元）、住房净值贷款、消费者贷款、金融机构贷款和主权政府贷款的信用风险模型已经构建。

经验表明，信用风险模型的“市场渗透程度”随着借款人规模的变化而变化，其可应用范围如表 9.1 所示。消费部门率先在决策中使用信用风险模型，这些模型的应用已经扩展到大型企业、中等规模以上的市场和住宅房地产贷款中。在这些领域，这些模型为信贷审查和审批提供了关键的输入数据。商业房地产贷款或许是目前唯一使用（或潜在使用）信用风险模型最少的部门。

表 9.1　信用风险模型可应用范围

大型企业借贷者		
● 公开交易； ● 广泛的信息披露； ● 众多具有研究能力的机构投资者	低等监控 （以年度为周期）	由于具有更好的数据，所以可能可以更多地使用信用评级模型
中等市场借贷者		
● 公开交易； ● 适度披露； ● 很少或没有公开交易的债务		信用评级模型使用率低，更加强调管理
中等市场和私人借贷者		
● 未公开交易的股票； ● 没有公开债务； ● 更多信息问题	● 依赖财务报表； ● 密切监控； ● 依赖抵押品和契约	信用评级模型的使用有限
小型企业		
● 无股票； ● 财务报表未经审计； ● 存在信息问题	● 依赖个体； ● 密切监控； ● 抵押品； ● 契约	适度使用信用评级模型
商业房地产		
● 无公开上市股票； ● 基于对现金流的预测和抵押品价值的审批	● 适度监控； ● 更多地依赖抵押品； ● 减少对契约的依赖	
住房和房地产		
依赖抵押价值	更多地使用财务数据	对信用评级模型的使用增多

续表

消费者		
● 没有财务报表; ● 由于具有信用机构，所以拥有较少的信息问题	● 依赖人口统计变量; ● 抵押品只适用于耐用消费品; ● 没有契约	大量使用信用评级模型

9.3 投资组合管理模型

与信用风险模型密切相关的是投资组合管理模型。从历史上看，贷款人将贷款资产组合视为单个信贷决策的累加。投资组合管理是指购入和持有资产的控制过程。通过采用一个考虑新增资产对整个投资组合风险回报的影响的标准，一家机构可以控制其投资组合的构成。一旦一项资产被添加到投资组合中，投资组合管理工具就可被用于识别由于经济条件或行业条件的变化而变得无关紧要的资产。一个衡量投资组合影响的简单指标是集中度。

基于资产的相对盈利能力和信用风险，最优化模型可用于从大量资产中构建一个贷款或证券投资组合。最优化模型涉及一系列的运筹学方法，它在相应的权衡和约束表达式下，求目标函数的最大化或最小化。一个最优化问题以一组决策变量为特征，这些决策变量都是需要通过算法来寻找的未知变量。构建最优投资组合所需的决策变量是投资组合所包括的单一资产的权重或百分比。决策变量用来定义一个目标函数，该目标函数是各决策变量对整体收益增加值的价值的总和。投资组合的目标函数可以表示为投资组合收益的组合，投资组合收益由单个资产的收益乘以其在投资组合中的权重得出。最优化问题总是涉及约束条件，例如，对任何单一资产的投资不得超过机构的贷款限额。

在确定一个最优化问题后，普通的计算方法，例如运筹学的单纯形法被用于求得最优解。现成的计算机软件包就可以解决最优化问题的计算。最优化投资组合的构成来自对各种证券的风险和收益的一系列假设。哈里・马科维茨（Harry Markowitz）的投资组合方法（见第 17 章中的内容）就是一个最优化问题的解决和实施过程。

当变量之间的相互关系非常复杂，以至无法使用直接的数学或统计方法解决问题时，可以使用模拟方法来推导一组决策输出结果的统计分布。这种方法的一个例子是根据对销售额和销售成本的假设为公司预测收益。还有一种模拟用于风险评估的情况，即对资产支持证券的结构进行压力测试，以此评估该结构是否能够经受住经济衰退（例如，将会出现对财务担保的需求）。为了推导出真实的增加决策过程的价值的结果，所设计的经济情景应保持内在的一致性。例如，如果对产品价格的上涨进行建模，那么通常会伴随出现单位销售额的下降。对此必须认真对待，否则使用模拟方法可能只会生成决策者想要看到的结果。

应用模拟方法的困难之一是很难把不确定性纳入计算。在普通的模拟模型中，自变量的概率和它们之间的联合概率（有时表示为相关性）只能以定性的形式建模。相比之下，蒙特卡罗模拟的输入变量不是单一变量，而是从预先指定的统计分布中得到的。例如，蒙特卡罗模拟可以不将短期利率指定为6%，而是使用一个输入来指定利率是正态分布的，其均值为6%，标准差为3。在选择均值为6%、标准差为3的正态分布的输入时，分析师认为利率的均值仍是6%，并且有34%的概率将小于等于9%（6%+3%），34%的概率要大于等于3%（6%－3%）[1]。在普通的模拟算法中，整个计算过程只执行一次，因此对于事先给定的一组初始假设，只产生一个结果。在蒙特卡罗模拟中，计算机将多次反复运行计算，甚至在某些情况下将运行数百万次计算，每次都会从指定的分布中“抽取”一个样本（变量的值）。因此，模拟的结果不是一个单一的值，而是结果值的分布。

随着蒙特卡罗模拟运行次数的增加，得到的结果分布逐渐收敛，即随着迭代次数的增加，变化越来越小。当然，如果模型只有一个自变量，那么根据定义，模拟将收敛出一个简单的结果：与自变量的分布一一对应的分布值。但是，当问题具有更多的变量和更多的交互时，这种方法的优势就会发挥作用，特别是在添加了更多自变量，以及时间维度建模的不确定性时。随着变量的增加，每个变量都被赋予自己的分布函数。此外，变量之间的相关性大小以两两变量间的相关系数来表示。在变量中加入一个漂移项来模拟随时间变化的随机变化趋势，这就是利率变化的典型表示方法。

建立蒙特卡罗模拟的第一步是建立一个使用相同变量的普通模拟模型，当模拟运行时，对结果有影响的重要变量将变得更加清晰。第二步是检查每个变量并对其分布做出假设。分布模式是通过与对该变量最了解的人员进行交谈和查阅出版的文献得到的。例如，股票价格被认为是对数正态分布[2]。分布函数的参数是通过从众多可利用的分布函数中选择一个与手绘图相拟合的分布函数来设定的。第三步是输入变量之间的相关系数，这些系数基于经验和对自变量之间关系的离线统计分析得出。

一旦建立了自变量的分布及其相关性，就可以开始蒙特卡罗模拟了。蒙特卡罗模拟的最终结果是输出结果的概率分布。蒙特卡罗模拟的一个优点是可以不通过数学方

---

1 基于正态分布的性质得出，即68%的样本值将位于标准差范围内，96%的样本值将位于标准差范围。

2 如果一个变量的自然对数是正态分布的，那么该变量就是对数正态分布的。股票价格是对数正态分布的，等价于股票的收益率，即股票价格对数的函数是正态分布的。

法对复杂的关系进行建模，这意味着分析风险问题不需要成为数学家。蒙特卡罗模拟可以用来检验直接求解方法的有效性，因为蒙特卡罗模拟需要对所有使用的变量及其分布进行说明，这些变量都可能在直接求解方法中被隐藏或忽略。在 CreditMetrics 模型中也使用了蒙特卡罗模拟（见第 19 章）。

蒙特卡罗模拟的一个缺点是可能无法处理正被评估的财务结构中可能存在的选择权特征。例如，如果一项资产可能在若干时期中的任何一个时期出售都有利，那么系统将会选择逻辑上首次可行的时期销售，而不会试图选择最佳销售时期。根据定义，模拟方法是向前看的，算法不能基于下一阶段的认知回去改变上一阶段的决定。

最优化模型和模拟模型有助于理解机构的风险-收益的动态变化，尽管它们无法精确回答这个问题，但通过这个过程可以为更好地理解利率的动态变化提供帮助。这些模型将对资产池分层、转移或对冲风险等更加有用。正如 Oliver, Wyman, Inc.的主管 Mark Intrater（1997）所指出的，投资者通常更感兴趣的是承担系统性风险（购买由宏观因素驱动的消费者投资组合），而不是特殊风险（购买单一产品的风险敞口）。

9.4 重点前瞻

在后面的章节中，我们将从 Altman 的 *Z*-Score 模型和 Altman 等（1977）的 ZETA 模型开始介绍信用风险模型，这 2 种模型都适用于评估企业的违约风险，它们使用基于财务数据和市场数据的衡量方法得出企业破产概率。接下来，我们将介绍神经网络，其基于计算机的自适应学习系统，通过训练自己来评估信用质量，被应用于信用管理流程的各部分。在第 11 章中，我们讨论了利用股票价格波动来预测债务工具违约概率的模型。在第 12 章中，我们介绍了信用风险模型在消费者贷款中的应用。其他应用如小型企业、金融机构风险和房地产贷款的违约预测模型将在第 13 章进行讲解。这些模型有很多需要注意的细节。虽然不是每位读者都需要理解所有的复杂之处，但大多数读者都希望掌握每个模型背后的基本思想。为了方便读者在阅读选择适当的详细级别，在继续深入介绍模型之前，我们在每一章都先对其内容进行了概述。

第 14 章总结了信用风险模型部分，讨论了模型的应用和尚未解决的问题。第 15 章和第 16 章提供了一些重要的违约，以及信用风险迁移工具和数据，它们对信用产品的定价和管理有很大帮助。第 17 章至第 22 章讨论了利用最优化和模拟的投资组合管理工具和技术。

原书参考文献

Hillier, F. S., and G. J. Lieberman, 1973. Introduction to Operations Research, SanFrancisco: Holden-Day, Inc.

Interater, Mark. 1997. Interview.

Mallios, W. 1989. Statistical Modeling: Applications in Contemporary Issues, Ames,Iowa: Iowa State University Press.

McKinsey. 1993. Special Report on “The New World of Financial Services”. TheMcKinsey Quarterly, no. 2.

Palisades Corporation. 1996. @RISK—Advanced Risk Analysis for Spreadsheets. Newfield, New York.

Trigeorgis, L. 1996. Real Options: Managerial Flexibility and Strategy in Resource Allocation. Cambridge, Mass.: MIT Press.

第10章　基于会计数据和市场价值的信用风险模型

(John Stuart 说) 只有当存在对立的假设，并且必须从中做出选择时，Mill 的探究方法才有用。首先是假设。福尔摩斯故事中的一些对话可以更简要地说明这一点。

罗斯上校:“你还有什么别的发现想要告诉我吗?”

福尔摩斯:“那天晚上这只狗很奇怪。”

罗斯上校:“那天晚上这只狗什么都没做。”

福尔摩斯:“这就很奇怪。”

在罗斯上校看来，福尔摩斯提到的情况根本不算什么，但这一无关紧要的事实却是解决问题的关键：罪犯与狗很熟悉。

——Martin Goldstein and Inge F. Goldstein,

How We Know: An Exploration of the Scientific Process（1978）

除了美国政府，企业部门是资本市场上最大的资金借款人之一。2006 年，非金融行业的未偿债务总额为 9 万亿美元，所有行业的未偿债务总额为 45.1 万亿美元，包括家庭、企业、州和地方政府、联邦政府，以及所有其他部门。如图 10.1 所示为美国信用市场债务，其中展示了 1952—2007 年的银行贷款、公司债券和外国债券的增长情况。显然，公司债券市场规模巨大。

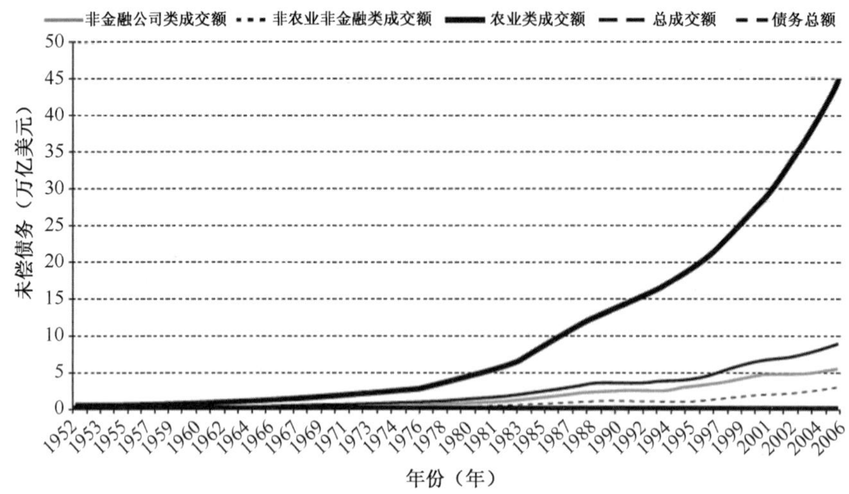

图 10.1　美国信用市场债务

来源：美国联邦储蓄委员会，资金流量表，1952—2006 年，表 L.1。

10.1　专家系统和主观分析

50 年前，大多数银行只依赖主观判断（如第 7 章中描述的古典信用分析）来评估企业借款人的信用风险。本质上，银行家在决定是否发放一笔贷款时会参考借款人的各种相关特征信息，例如，品质（声誉）、资本（杠杆率）、能力（收益波动性）和抵押品。开发这种类型的专家系统费时费力，这也是银行时不时试图复制专家们的决策过程的原因。即便如此，在向企业客户提供贷款时，许多银行仍然主要依靠其传统的专家系统来评估潜在借款人。

10.2　基于财务数据的信用评分系统

近几十年，人们开发出了大量客观的、定量的信用评分系统。在基于财务数据的单变量信用评分系统中，信用分析师将潜在借款人的各种关键财务比率与其行业或群体的标准和趋势进行比较。今天，标准普尔、穆迪、惠誉和风险管理协会都可以向银行提供行业比率。单变量模型使分析师可以展开调查，以此确定潜在借款人的特定比率是否与行业标准之间存在显著差异。然而，在现实中，一个不太理想的比率数值常常可以由其他令人满意的比率数值弥补。例如，一家公司可能有一个较差的盈利比率，但其流动比率较高。单变量模型的局限性就是很难在有效性较弱的比率和有效性较强的比率之间进行平衡。当然，一个好的信用分析师可以在这些比率之间做出适当调整。然而，一些单变量指标是分类数据而不是比值数据，例如，特定的行业组织、上市公司、非上市公司，以及地区，这类指标的分析比较困难。

10.3 从单变量模型到多变量模型

尽管单变量模型在今天仍然有许多银行使用，但是似乎大多数学者和越来越多的从业者反对使用比率分析来评估企业能力。许多权威学者对从业者广泛使用的经验法则（如公司比率比较）不屑一顾，他们倾向于使用更严格的统计方法。然而，在某些方面，这些统计方法更应该看作对传统比率分析的改进，而不是将其彻底摒弃。

比率分析与破产的经典研究之一由 Beaver（1966）开展。Beaver 发现在公司破产前的 5 年时间里，在破产公司和非破产公司的匹配样本中存在大量指标差异。在随后的研究中，Deakin（1972）使用了与 Beaver 相同的 14 个变量，与之不同的是他引入了一系列多变量模型。尽管 Deakin 在研究样本中获得了较高的分类准确率（破产前 3 年的样本分类准确率超过 95%），但在公司破产前 1 年的样本分类准确率出现了大幅下降，对于这一结果，Deakin 表示“不是样本中出现的所有异常事件都可以被解释”。这一发现的重要意义在于，它指出了仅通过样本检验就得出结论是无法确保这种经验关系的有效性的。

一般来说，衡量盈利能力、流动性和偿付能力的比率似乎是在单变量研究中最重要的指标。然而，它们的重要性并没有明确的顺序，因为几乎每项研究都引用不同的比率作为最有效的指标。因此，对单变量研究的适当扩展，就是在已有研究的基础上将几种度量方法结合到一个有意义的预测模型中。在构建多变量模型时存在的关键问题是：

- 在预测破产概率时，哪些比率是最重要的？
- 应为这些选定的比率赋予多大权重？
- 如何客观地确定权重？

我们首先介绍 Altman（1968；1993；2005）的 *Z*-Score 模型和 Atman 等的 ZETA

模型，ZETA 模型是在原始 Z-Score 模型的基础上进行的更新和改进。其次，我们将描述商业化的 RiskCalc 模型，这是一种基于财务比率的模型，结合了 Altman 的 Z-Score 模型、标准普尔的 CreditModel 模型和信用风险跟踪模型、CreditSight 公司的 BondScore 模型的思想。最后，我们介绍神经网络、人工智能、市场溢价模型，以及死亡率模型等的发展。基于资本市场指标的模型将在第 11 章进行讨论。

10.4 Altman 的 *Z*-Score 模型（1968）

Altman 的 Z-Score 模型是基于比率水平和分类的单变量指标的多变量方法。这些变量被组合加权，以此形成一种用于区分破产公司和非破产公司的度量标准（信用风险评分）。这种方法可以用来衡量信用风险，因为破产公司的财务比率和变化趋势与非破产公司明显不同。在使用这种评分方法的银行中，如果借款人的评分低于一个关键基准值，那么它们要么会被拒绝，要么会受到更严格的审查。如表 10.1 所示为 Z-Score 模型变量均值和 *F* 比率，Altman 基于其中的财务比率建立了他的多变量模型。基本的 Z-Score 模型沿用至今，被广泛地应用于非上市公司、非制造业公司和新兴市场公司。这些模型的详细信息可从 Altman（1993；2005）的研究中获取。

表 10.1　Z-Score 模型变量组均值和 *F* 比率

变量	破产组均值[a]	非破产组均值[a]	*F* 比率[b]
$X_1=\frac{营运资本}{总资产}$	–6.1%	41.4%	32.60
$X_2=\frac{留存收益}{总资产}$	–62.6%	35.5%	58.86
$X_3=\frac{息税前利润}{总资产}$	–31.8%	15.4%	26.56
$X_4=\frac{股票的市场价值}{总负债的账面价值}$	40.1%	247.7%	33.26
$X_5=\frac{销售额}{总资产}$	1.5 倍	1.9 倍	2.84

[a] 样本量= 33。

[b] 除销售/总资产外，*F* 比率在 0.001 水平对所有变量上来说都是显著的，这个比率可用于检验 2 组均值之间存在的统计差异。

来源：Altman（1968）。

Z-Score 模型的判别函数为

$$Z=1.2X_1+1.4X_2+2.3X_3+0.6X_4+0.999X_5 \tag{10.1}$$

Altman 发现，下界值 1.81（破产）和上界 2.99（非破产）是最优的。在 1.81 至 2.99 之间的任何分数都不会被考虑，因为在分数的原始样本中存在误差。

从表 10.1 中可以看出，在这 5 个变量中有 4 个（X_5除外）与 2 组均值相差较大。为了能够进行有效预测，组内标准差应该相对较小[1]。在 Altman 的样本中，破产组由 33 家破产的制造企业组成，而非破产组是以随机分组为基础抽样的与破产企业匹配的制造企业样本[2]。在进行分析时，非破产组的企业仍然正常运营。

Z-Score 模型是使用多元判别分析来构建的，这是一种最大化组间方差、最小化组内方差的多变量模型。这是一个典型的序列过程，分析人员根据各种统计标准选择或排除变量。值得注意的是，如果在单变量模型中的组间方差不是很大，那么多变量模型就不能较好地提高判别能力。

可以采取以下步骤确定最终模型包含的变量：① 观察各种可选择的函数的统计显著性，包括确定每个自变量的相对贡献；② 评价各相关变量间的相关性；③ 观测各变量的预测准确率；④ 人工判断。从原始的 22 个变量列表中，选择 5 个变量形成最终的 *Z*-Score 模型（注意，该方程与表 10.1 所示的方程等价）。比率 X_1 到 X_4 用小数表示，而不是百分数。第 5 个比率变量 X_5 的单位是次，其系数与表 10.1 中的方程的系数完全相同。

- X_1，营运资本/总资产（WC/TA）。营运资本/总资产比率是在研究企业问题时经常使用的指标，它衡量的是企业流动资产净额相对于总资本的比率。营运资本的定义是流动资产和流动负债之间的差额，同时要明确考虑流动性和规模特征。通常一家持续经营亏损的公司的流动资产相对于总资产的比例将会减小。
- X_2，留存收益/总资产（RE/TA）。留存收益（也被称为收益盈余）是一个报告公司在整个生命周期内再投资收益和/或损失总额的账户。留存收益账户可以通过公司重组和股票分红声明等方式人为操纵。虽然这些现象在本研究中并不明显，但可以想象，大规模重组或股票分红将会给留存收益带来偏差，因此必须对账户进行适当调整。该比率隐晦地考虑了公司“年龄”，例如，一家相对“年轻”的公司可能会呈现出较低的 RE/TA 比率，因为它还没有时间积累利润。因此，可以认为这种分析方法对“年轻”公司存在偏见。然而在现实中，这种偏见是完全合理的，因为“年轻”公司的破产概率较高。1996 年，在所有破产公司中有 45%在成立的前 5 年留存收益/总资

[1] 在信用分析中，使用均值来分组是信用分析常用的决策过程。例如，在一般情况下，在商业地产中的债务还本付息率应超过 1.5。相对于无担保公司债务的担保要求，这一价格并不高，因为存在房地产抵押品。

[2] 分组是通过将同一行业中一家破产公司与一家规模相当的非破产公司相匹配来实现的。由于可能存在几家非破产公司均符合标准的情况，所以匹配的公司是从中随机选择的。

产比率很低（Dun&Bradstreet，1997——这个序列被中断）。

- X_3，息税前利润/总资产（EBIT/TA）。这一比率是对公司资产盈利能力的衡量，与任何税收或杠杆因素无关。由于一家公司存在的根本是其资产的盈利能力，所以这个比率特别适合判断公司的破产概率。此外，当一家公司的总负债超过其资产的公允价值（由这些资产的盈利能力决定）时，就会出现资不抵债的情况。

- X_4，股票的市场价值/总负债的账面价值（MVE/TL）。股票的市场价值通过综合所有股票（优先股和普通股）的市场价值来衡量，而负债包括流动负债和长期负债。因此，这一比率显示了在公司负债超过资产、失去偿付能力破产之前，公司的资产价值（以股票和债务的市场价值衡量）会下降多少。例如，一家股票市值为 1000 美元、债务为 500 美元的公司在破产前资产价值只能下降 2/3（1000 美元+ 500 美元= 1500 美元，因此下降 2/3 后的资产为 500 美元）。然而，如果这家公司的股票市场价值是 250 美元，那么当公司的资产价值下降到只剩 1/3 时，公司就会破产。这一比率所考虑的股票市场价值是其他研究没有考虑到的。自 *Z*-Score 模型于 1968 年建立之后，Altman 就建议在公司总负债中加入经营性租赁和融资租赁。

- X_5，销售额/总资产（S/TA），即资产周转率。资产周转率是一个标准的财务比率，反映了企业资产创造盈利的能力。这一指标衡量的是公司管理层应对竞争环境的能力。根据单变量的统计显著性检验，这一比率不应该包含在 *Z*-Score 模型中。然而，由于这个比率与模型中其他变量的关系较为独特，销售额/总资产比率对模型的总体判别能力排名第二。不过，不同行业之间的资产周转率存在很大差异。本章后面的内容会构建并详细描述不含有此变量的其他判别模型。

研究样本的总体分类结果如表 10.2、表 10.3 所示，从中可看出 *Z*-Score 模型的分类准确率。针对研究样本，在表 10.2 中，在公司破产前 1 年，该模型的总体分类准确率为 95%，在表 10.3 中，在公司破产前 2 年，模型的总体分类准确率为 82%。分类准确率是用于检验一个模型是否会在实践中表现良好的重要标准之一。这种准确率表示为第 I 类准确率（模型将破产的公司识别为弱）和第 II 类准确率（模型将非破产的公司识别为强）。整体准确率是第 I 类准确率和第 II 类准确率的结合。一般来说，第 I 类准确率被认为比第 II 类准确率更重要，因为无法识别一家破产的公司（第 I 类错误）所付出的代价，远超过将一家非破产的公司视作一家潜在的破产公司（第 II 类错误）所付出的机会成本。

表 10.2 研究样本的总体分类结果（公司破产前 1 年）

实际分组	样本量	预测组成分	
		分组 1	分组 2
分组 1（破产）	33	31（94.0%）	2（6.0%）
分组 2（非破产）	33	1（3.0%）	32（97.0%）

注释：总体分类准确率为 95.0%。

来源：Altman（1968），以及 Altman 等（2005）。

表 10.3 研究样本的总体分类结果（公司破产前 2 年）

实际分组	样本量	预测组成分	
		分组 1	分组 2
分组 1（破产）	33	23（69.7%）	9（27.3%）
分组 2（非破产）	33	2（6.0%）	31（94.0%）

注释：总体分类准确率为 82.0%。

来源：Altman（1968），以及 Altman 等（2005）。

由于基于研究样本的结果存在样本偏差，所以第二次样本检验非常重要。一种检验方法是仅使用原始样本的一个子集来估计模型参数，然后根据所确定的参数对样本的剩余部分进行分类。然后应用简单的 t 检验来检验结果的显著性。

从原始样本中选择子集（16 家公司）时可以使用以下 5 种不同的方法，包括：①随机抽样；②从 1 号公司开始隔一选择；③与②相同的方法，但从 2 号公司开始；④选择 1—16 号公司；⑤选择 17—32 号公司。所有的结果均表明判别函数是统计显著的。其他检验还使用次级样本（完全独立于研究样本）来执行。在次级样本中，第Ⅱ类错误（将非破产的公司归类为破产公司）占 15%～20%。

10.5 *Z*-Score 模型和债券评级

信用评分模型的主要应用之一是给每个分数指定相应的债券评级，使分析人员能够通过观察每个债券评级的历史数据来评估申请人的违约概率，这些违约概率将在第 15 章中详细讨论。

如表 10.4 所示为标准普尔债券评级下的不同等级债券的平均 *Z*-Score。值得注意的是，在 2004—2005 年，债券平均 *Z*-Score 的范围从 AAA 级的 5.31 到 CCC 级的 0.45 不等。平均 *Z*-Score 处于 B 级的公司实际上处于 *Z*-Score 的“盲区”。事实上，发行 B 级债券的公司确实可能表现出破产的特征。例如，B 级工业企业的平均利息覆盖率（税前利润/利息支出）仅为 1.2（Stand & Poor's，2006）。此外，表 10.4 还列出了发生违约时的平均 Z-Score（D 级）。关于 Altman 的 Z-Score 模型，以及相关评级方法的详细内容和最新数据，可查阅 Altman 等（2005）的研究。

表 10.4　标准普尔债券评级下的不同等级债券的平均 Z-Score
（1992—2005 年标准普尔 500 指数）

评级	2004—2005 年	1996—2001 年	1992—1995 年
AAA 级	5.31	5.60	4.80
AA 级	4.99	4.73	4.15
A 级	4.22	3.74	3.87
BBB 级	3.37	2.81	2.75
BB 级	2.27	2.38	2.25
B 级	1.79	1.80	1.87
CCC 级	0.45	0.33	0.40
D 级	−0.19	−0.20	0.05

来源：Compustat 数据库（见 Altman et al.，2005）。

需要注意的是，Z-Score 的计算通过许多软件包都可以实现，而且在 Bloomberg 终端上几乎可以立即获得，只需输入股票代码或公司名称，然后单击“a-z-s”（用于启动 Altman 的 Z-Score 模型）并按 Enter 键即可。对于 Z-Score 和 Z''-Score 模型（Z''-Score 模型将在本章后面的内容中进行描述），我们建议通过以下步骤计算得出违约概率。

- 计算 Z-Score 或 Z''-Score。
- 将该分数与债券评级结果匹配。
- 利用 Altman 死亡率表（参见第 15 章和第 20 章）观察边际概率和累积概率。

10.6　非上市公司的 Z'-Score 模型

为了给非上市制造企业打分，Altman 修改了原来的 Z-Score 模型，在计算比率 X_4 时使用账面价值代替市场价值，最后得到了下面的 Z'-Score 模型

$$Z' = 0.717X_1 + 0.847X_2 + 3.107X_3 + 0.420X_4 + 0.998X_5 \qquad (10.2)$$

X_4（25.8）的账面价值的单变量 F 比率虽然依旧非常显著，但低于按照市场价值的检验结果（33.3）。然而，缩放矢量结果表明，修改后的账面价值指标的重要性仍然

居于第 3 位。事实上，重要性的顺序（例如，X_3、X_2、X_4、X_5、X_1）在非上市公司的模型中没有发生明显改变。

如表 10.5 所示为 Z' -Score 模型的分类准确率、组平均值及分界值。第 I 类分类准确率（对破产公司的正确识别）只比 Z-Score 模型的分类准确率（91%相对于 94%）稍差一些，而第Ⅱ类分类准确率（对非破产公司的正确识别）与 Z-Score 模型的分类准确率相同（97%）。非破产组的 Z' -Score 模型的均值低于 Z-Score 模型的均值（4.14 相对于 5.02）。因此，评分的分布更加紧密，而且组间的重叠度更高。然而，由于 Z'-Score 模型的下界为 1.23，而 Z-Score 模型为 1.81；Z'-Score 模型的上界为 2.90，而 Z-Score 模型为 2.99，所以灰色区域（无效区域）的范围也更大了。

表 10.5　Z' -Score 模型的分类准确率、组平均值及分界值

实际分组	样本量	预测组成分	
		分组 1	分组 2
分组 1（破产）	33	30（90.9%）	3（9.1%）
分组 2（非破产）	33	1（3.0%）	32（97.0%）

注释：破产组均值= 0.15；非破产组均值= 4.14；

Z'< 1.23 = I 区（破产分类无错误）；

Z''> 2.90 = II 区（非破产分类无错误）；

灰色区域= 1.23～2.90；

来源：Altman（1968），以及 Altman 等（2005）。

10.7　非制造企业的 Z'' -Score 模型

Z-Score 模型的另一种修改版本分析了不包含 X_5（销售额/总资产）的模型的特征和准确率。这样做是为了尽量最小化潜在的行业影响，如果将资产周转率等行业敏感变量包含在模型内，那么更有可能存在行业的潜在影响。在 Z''-Score 模型中，变量 X_4 使用的是股票账面价值。

分类结果与修正的五变量的 Z' -Score 模型一致。新的 Z'' -Score 模型为

$$Z'' = 6.56X_1 + 3.26X_2 + 6.72X_3 + 1.05X_4 \tag{10.3}$$

变量 X_1 到 X_4 的系数发生了改变，组内均值和分界值也发生了变化。这种特殊模型适用于以多种方法为资产融资，以及没有融资租赁的公司。零售业就是一个很好的例子。下面讨论的新兴市场模型加入了一个常量+“3.25”，将评分标准化，使得零值等同于 D–级（违约）评级债券。该模型已被用于评估非美国公司的财务健康状况。Altman 等（1995）和 Altman（2005）将这种 Z''-Score 模型应用于评估新兴市场公司，

特别是那些发行了以美元计价的欧洲债券的墨西哥公司。在美国以外的许多国家，许多研究人员和使用者已经开发出 Z-Score 类模型，具体可见 Altman 等（1997）的研究。

10.8 新兴市场评分模型与评分过程

最初对新兴市场使用的信用分析方法可能与对美国公司使用的传统分析方法相似。一旦出现了定量化的风险度量方法，分析人员就可以使用定性分析根据货币风险、行业特征和公司在该行业的竞争地位等因素对其进行修正。新兴国家缺乏信用经验，因此通常不会根据某个特定新兴国家的样本建立新兴市场的特征模型。为了解决这个问题，Altman 等（1995）修改了原来的 Z-Score 模型，创建了新兴市场评分（Emerging Market Scoring，EMS）模型。

对墨西哥公司进行信用评级的过程如下。

- 计算 EMS 评分，通过将 EMS 评分与对应的美国债券评级进行匹配，得到相应的评级，具体如图 10.2 所示。
- 分析债券发行公司对偿还外币计价债务的敏感性。该分析基于非本地货币收入减去成本，与非本地货币支出之间的关系进行。然后，将非本地货币现金流水平与下一年到期的债务进行比较。分析人员根据敏感程度适当地向下调整评级等级。
- 如果公司所处行业的风险比从 EMS 模型中得出的相应债券评级的风险更高（或风险更低），那么将评级进一步向下（或向上）调整。
- 评级将根据公司在行业中的主导地位进一步上调或下调。
- 如果债务具备抵押品或优秀担保人等特殊性质，那么其评级将进行相应调整。
- 使用股票的市场价值代替变量 X_4 中的最佳值，同时比较在 2 种情况下得出的相应债券评级。如果相应的债券评级存在显著差异，那么公司最终的信用评级将上调或下调。

为了进行相对价值分析，我们将相应的美国公司的信用利差加到主权国债券的期权调整利差中。只有少数几家墨西哥公司获得了评级机构的评级。因此，对墨西哥的海外投资者来说，EMS 模型提供的风险评估往往是唯一可靠的信用风险指标。

根据作者的报告，修改后的评级在预测降级、违约（如 1995 年 5 月和 1996 年的 Grupo Synkro），以及升级（如 1995 年 7 月的 Aeromexico）等方面均证明是准确的。

Z''-Score		评级	区域
8.15	>8.15	AAA级	安全区域
7.60	8.15	AA+级	安全区域
7.30	7.60	AA级	安全区域
7.00	7.30	AA-级	安全区域
6.85	7.00	A+级	安全区域
6.65	6.85	A级	安全区域
6.40	6.65	A-级	安全区域
6.25	6.40	BBB+级	安全区域
5.85	6.25	BBB级	安全区域
5.65	5.85	BBB-级	灰色区域
5.25	5.65	BB+级	灰色区域
4.95	5.25	BB级	灰色区域
4.75	4.95	BB-级	灰色区域
4.50	4.75	B+级	灰色区域
4.15	4.50	B级	危险区域
3.75	4.15	B-级	危险区域
3.20	3.75	CCC+级	危险区域
2.50	3.20	CCC级	危险区域
1.75	2.50	CCC-级	危险区域
<1.75	1.75	D级	危险区域

图 10.2　Z''-Score 及相应的债券评级

来源：深度数据公司 1995 年的数据，基于 750 多家被评级的未偿债务公司的平均数据得出。

10.9　ZETA 信用风险模型

1977 年，Altman 等（1977）对原始的 Z-Score 模型进行了若干改进，建立了第二代模型，即 ZETA 信用风险模型（以下简称“ZETA 模型”）。其目的是构造一种度量方法，用以明确反映商业破产和租赁资本化等会计报告变化的最新发展情况。由于破产公司的平均规模急剧增大，新的研究集中于破产前 2 年平均资产为 1 亿美元的大型公司（原来的 Z-Score 模型的样本仅限于资产低于 2500 万美元的公司）。其所使用的数据更新，如在 53 家破产公司样本中，有 50 家是在过去 7 年内破产的。在分析过程中进行适当地调整，使模型可以在同样的基础上应用于分析零售公司，这类群体尤为脆弱。此外，新的研究报告反映了财务报告准则和公认会计准则的最新变化，判别统计方法也进行了改进。出于模型的专利性质，我们不能提供 ZETA 模型的系数。

10.9.1　主要研究结果

ZETA 这种新模型可以在破产前 5 年有效地对将要破产的公司进行分类，其中对破产前 1 年的分类准确率超过 90%，对破产前 5 年的分类准确率超过 70%。将零售公司和制造商纳入同一模型似乎没有对结果产生负面影响。

10.9.2 变量分析

将在信用分析中广泛使用的 27 个变量被纳入 ZETA 模型中，这些变量分别衡量了公司盈利能力、偿债能力，以及与杠杆率、流动性、资本化比率和收益波动性相关的诸多方面。

10.9.3 报告调整

租赁资本化是最重要和最普遍需要做出调整的公司报告数据。资本化的租赁金额被加到公司的资产和负债中，并将利息成本计入这一“新负债”中。其他调整则针对公司储备、资产负债表中的少数权益、未合并子公司、商誉和无形资产，以及资本化研究和研发成本等方面。

10.9.4 七变量模型

ZETA 模型不仅能够很好地对研究样本进行分类，而且在各种检验过程中也被证明是最可靠的。它的七个变量分别如下。

- X_1，资产收益率。这一指标通过税前收益/总资产进行计算。在之前的多变量研究中，该变量被证明在评估公司业绩时非常有用。
- X_2，收益的稳定性。通过对 X_1 的 5～10 年趋势的标准误差进行标准化度量，这一指标得以体现。商业风险通常用收益波动性来表示，这种代理方法被证明特别有效。
- X_3，偿债能力。这一指标通过利息覆盖率来衡量，即利息税前收益/利息支付总额。这是固定收益证券分析师和债券评级机构使用的主要变量之一。
- X_4，累计盈利能力。这一指标通过公司的留存收益（资产负债表/总资产）衡量。该比率计入了公司“年龄”、股利政策，以及长期盈利记录等因素，在 *Z*-Score 模型中的贡献度非常高。毫无疑问，它是最重要的变量，无论是在单变量分析中，还是多变量分析中。
- X_5，流动性。这一指标通过流动比率来衡量。
- X_6，资本化程度。这一指标通过普通股权益/总资本来衡量。无论是在分子还是分母上，普通股权益均使用总市场价值的 5 年平均值来衡量，而不使用权益的账面价值。5 年平均值用来分摊可能出现的严重的、暂时的市场波动，并且在模型中加入了趋势变量（连同上面的 X_2）。

- X_7，公司规模。这一指标通过公司总资产的对数来衡量。该变量也根据财务报告的变化进行了调整。

10.10 分类准确率

表 10.6 比较了 ZETA 模型和 Z-Score 模型的分类准确率。鉴于在研发模型中所做出的改进，毫无疑问，ZETA 模型比 Z-Score 模型更准确，尤其是在破产前更久远的年限。

表 10.6 ZETA 模型与 Z-Score 模型的分类准确率的比较

	ZETA 模型		Z-Score 模型		使用 ZETA 样本的 Z-Score 模型		使用 ZETA 样本估计的 Z-Score 变量	
破产前年限	破产组	非破产组	破产组	非破产组	破产组	非破产组	破产组	非破产组
1 年	96.2%	89.7%	93.9%	97.0%	86.8%	82.4%	92.5%	84.5%
2 年	84.9%	93.1%	71.9%	93.9%	83.0%	89.3%	83.0%	86.2%
3 年	74.5%	91.4%	48.3%	不适用	70.6%	91.4%	72.7%	89.7%
4 年	68.1%	89.5%	28.6%	不适用	61.7%	86.0%	57.5%	83.0%
5 年	69.8%	82.1%	36.0%	不适用	55.8%	86.2%	44.2%	82.1%

来源：Altman 等（1977）。

10.11 先验概率、错误成本和模型效率

如果将模型作为信用审批过程的一部分，那么临界值的设置将需要进行某些权衡。如果临界值设置得太高，那么较低的信用评分将被排除在外（第 I 类准确率提高），但一些较高的信用评分将被拒之门外（第 II 类准确率降低）。如果临界值设置得太低，就会发生相反的情况。直观地说，临界值应该是第 I 类错误成本（由于接受不良信用而导致的贷款损失）和第 II 类错误成本（由于模型错误而无法贷款给信用评分较高公

司导致的收入损失）的函数。此外，临界值还会受到不良信用先验概率的影响。如果一笔收入的信用好坏的概率是相等的，并且如果第Ⅰ类错误和第Ⅱ类错误的成本是相等的，那么先验概率是 50%，临界值是 0。

实际上，只有一小部分借款人会发生违约的情况，因此先验概率将小于 50%。当然，不良信用也不只来自那些会导致冲销的贷款。非司法安排、要求公司债权人接管业务或同意消极重组安排的极端流动性问题，以及债券违约都可能被视为破产。从最终的分析来看，破产的先验概率是无法准确获知的。在模型开发过程中，先验概率估计假定在 1%～5%的范围内。

那么，ZETA_c 的最佳临界值就等于

$$\text{ZETA}_c = \ln\frac{q_1 C_1}{q_2 C_2} \tag{10.4}$$

式中，q_1 为破产组的先验概率，q_2 为非破产组的先验概率，C_1 和 C_2 分别为第Ⅰ类错误成本和第Ⅱ类错误成本。根据对商业银行的回收经验和放弃收入机会成本的首次研究，Altman 等（1977）估计第Ⅰ类错误的成本 C_1 为在每年的每 100 美元中，贷款占 62 美元；第Ⅱ类错误的成本 C_2 为在每年的每 100 美元中，贷款占 2 美元。后者的金额被假设为 1 年期 2%的利差。有了这些假设，我们就得到了 ZETA_c 的临界值

$$\text{ZETA}_c = \ln\frac{q_1 C_1}{q_2 C_2} = \ln\frac{0.02\times 62}{0.98\times 2} = \ln(0.63) = -0.458 \tag{10.5}$$

在临界值为−0.458 的情况下，第Ⅰ类错误从 2 个（3.8%）增加到 4 个（7.6%），而第Ⅱ类错误从 6 个（10.3%）减少到 4 个（7.0%）。

10.12　临界值调整与实际应用

除了用于评估和比较模型效率，破产或违约的先验概率和分类错误成本估计在实际应用中也具有一定有价值。例如，银行贷款主管或贷款审查分析师可能会根据其对公司的先验概率、错误成本等估计来调整临界值，以此反映当前的经济状况。可以想象，随着商业环境的改善，临界值会下降（从而降低接受标准），银行家的破产先验概率估计也会从 2%降至 1.5%；或者，第Ⅰ类错误的成本估计值相对于第Ⅱ类错误的成本估计值的变化（上升）导致临界值上升。

10.13 ZETA 比率的稳定性

当 ZETA 模型被研发出来时，包含在模型中的比率是被谨慎选择的，并且不会随着时间改变。关于它们判别公司破产的能力，通过 1997 年研究样本中模型变量的均值和 F 比率，以及 1981—1993 年 480 家破产公司和随机匹配的非破产公司的相同指标的比较，如表 10.7 所示，从中可以看到，这些比率呈现出一致性特征，在破产公司和非破产公司之间形成了对比。这些比率的均值大小次序相同，并且所有变量的 F 比率在 0.001 水平上仍然具有统计显著性。这一时期的 F 比率远高于模型研究样本阶段，反映了更大的样本规模（480 样本量，相对于 1977 年的 53 样本量）。

表 10.7　ZETA 比率统计量（基于 1977 年研究样本、1981—1993 年研究样本，以及 1993—2005 年研究样本）

变量	破产组均值	非破产组均值	F比率
1977 年的数据			
资产收益率	−0.0055	0.1117	54.3
收益稳定性	1.6870	5.874	33.8
偿债能力	0.9625	1.1620	26.1
累计盈利能力	−0.0006	0.2935	114.6
流动性	1.5757	2.6040	38.2
资本化	0.4063	0.6210	31.0
规模	1.9854	2. 2220	5.5
1981—1993 年的数据			
资产收益率	−0.08223	0.09253	316.36
收益稳定性	0.88471	3.83302	247.28
偿债能力	0.87261	1.09928	156.72
累计盈利能力	−0.21484	0.21139	559.55
流动性	1.13783	2.20532	190.48
资本化	0.47803	0.58802	44.69
规模	1.63024	2.01598	40.07
1993—2005 年的数据			
资产收益率	−0.09	0.02	172.13
收益稳定性	0.56	3.58	208.98
偿债能力	0.81	0.97	98.30
累计盈利能力	−0.24	−0.01	345.96

续表

变量	破产组均值	非破产组均值	F比率
流动性	1.73	2.21	71.97
资本化	0.10	0.41	324.75
规模	1.93	2.06	14.22

来源：ZETA Services, Inc。

10.14　系数重估

针对 ZETA 模型和 Z-Score 模型的一个批评是，这 2 个模型可能已经不具备判别优良信用和不良信用的能力，因为它们的系数没有被持续地重新评估。但是，不断舍弃旧数据点而获取最新数据点的模型可能具有严重的缺陷：通过添加新的观测数据，模型可能会变得更加敏感，并且由于过去的经验数据被舍弃，模型可能会失去预测长期变化的能力。

Lovie 等（1986）深入分析了 Z-Score 模型和 ZETA 模型能够持续有效的原因。对于如何建立稳定的模型，他们提出了以下建议。

- 选择主要的预测变量，通常是那些从学习集数据中估计出的权重最大的变量，这将至少保证模型具有高于随机水平的判别能力，无论随后采用何种加权方案。
- 从剩余预测变量中选择最小且最优的子集，即产生最大 R^2 的子集。
- 保证所有预测变量的影响为同一方向，最好是正向的，而对于标准变量则要避免出现“抑制”变量的影响。
- 选择一个二分或可二分的标准变量，以实现模型判别能力的最大化。

如果上述建议都被采纳并实现，那么在使用模型进行预测时，选择哪一种加权方案就无关紧要了。在研发 Z-Score 模型和 ZETA 模型时，要注意比率的选择，这将决定模型预测效果的持续稳定性和模型的稳定性。

10.15　Altman 和 Sabato 的中小企业模型

Altman 和 Sabato（2005）为中小型企业（年销售额为 1 万美元至 6500 万美元，

总资产为 1 美元至 1 亿美元的企业）建立了 *Z*-Score 分类模型。该模型使用了 5 种财务比率，并且使用了来自 Compustat WRDS 数据库 1994—2002 年的 120 家违约公司和 1890 家未违约公司的数据。5 种财务比率分别为（比率的会计分类显示在括号内）：

- 短期债务/股票账面价值（杠杆）。
- 现金/总资产（流动性）。
- EBITDA/总资产（盈利能力）。
- 留存收益/总资产（偿债能力）。
- EBITDA/利息支出（账款）。

该模型使用 logistic 回归建立了 2 个版本的模型：第一个版本使用原始变量，第二个版本使用对数转换。预测准确率最高的模型是使用对数转换的模型，使用下方公式可以得出 p（企业破产概率）

$$
\begin{aligned}
\log(p/(1-p)) = {} & 53.48 \\
& +4.09\text{-LN}（1\text{-EBITDA/总资产}） \\
& -1.13\text{LN}（\text{短期债务/股票账面价值}） \\
& +4.32\text{-LN}（1\text{-留存收益/总资产}） \\
& +1.84\text{LN}（\text{现金/总资产}） \\
& +1.97\text{LN}（\text{EBITDA/利息支出}）
\end{aligned}
\tag{10.6}
$$

使用多元判别分析（MDA）对模型进行重新评估，结果显示，多元判别分析结果（判别准确率为 87.22%）略低于 logistic 回归分析结果（判别准确率为 59.87%）。《巴塞尔协议 II》允许银行将中小企业（销售额低于 5000 万欧元的企业）划分为企业或零售企业。如果中小企业被视为零售企业，那么其资本要求就是基于零售准则（合伙基础）的。这表明，对于这两种方法，使用特定用于中小企业的信用评分模型将导致资本要求降低；同时也表明，专门为中小企业建立的信用评分模型优于一般的企业信用评分模型（*Z*″-Score 模型）。此外，如果中小企业被视为企业，那么无论采用哪种模型，其资本要求都将变得更高。

10.16 穆迪 KMV 的 RiskCalc 模型

穆迪 KMV 的 RiskCalc 模型是在信用风险行业中广泛使用的工具，用于处理多个行业和国家（如日本、德国、澳大利亚）的非上市企业的信用风险度量问题。与 *Z*-Score 模型和 ZETA 模型相同，RiskCalc 模型也是基于财务比率的模型，但是它在建模方法上与前两者不同。例如，在 RiskCalc 模型中，因变量是违约公司所占比例；而在 *Z*-Score 模型中，因变量是先验组成员。RiskCalc 模型利用了优良企业和不良企业的数据样本，这些样本明显大于 *Z*-Score 模型中使用的样本。截至 2004 年 5 月，该数据库包含全球 150 多万家独特的非上市公司和近 10 万起违约事件的数据。在模型中，比率的表示方法也有所不同：RiskCalc 模型使用的不是原始值，而是总体排序的转换值。最初的 RiskCalc 模型于 2000 年首次推出，并在随后的研发过程中不断改进。

在建立信用模型时，研究样本的规模需要足够大，同时该模型需要能够代表最终其将要应用的企业的具体特征（例如，规模和行业）。对于美国，RiskCalc 模型可以通过访问穆迪的信用研究数据库获得涵盖多个主要行业组的数据样本，并且可以均衡地代表各种公司规模。RiskCalc 模型将违约定义为下列任何一种情况：逾期 90 天、破产、处于非应计状态或减记。该模型根据主要的违约倾向进行修正，以此确保得出的平均违约概率能够反映潜在总体。

RiskCalc 模型拥有 3 个组成部分：FSO 模型（仅包含财务报表）、行业调整，以及信用周期调整。这是一个计量经济模型，而不是如穆迪 KMV 的信用监测模型一样的结构化模型。RiskCalc 模型适用于非上市工业公司，也就是说，它的应用范围不包括金融、保险和房地产公司。通常，这个模型被应用于资产超过 10 万美元的公司，因为较小的公司通常不报告财务报表。

用于估计上市公司违约概率的结构化模型并不能应用于非上市公司，原因有以下 2 个。第一，非上市公司的股票市场价值并不存在，结构化模型依赖公司资产价值，而资产价值是由公司股票市场价值衍生出来的。第二，非上市公司和上市公司的违约机制可能有所不同。当非上市公司破产时，上市公司可能不会破产，因为上市公司比非上市公司拥有更多的融资渠道。这种融资差异表明，非上市公司比上市公司拥有更多的流动性和留存收益，以及更少的债务。

第 11 章将介绍基于股票价格的结构化模型，即 KMV 模型（已更名为 MKMV Credit Monitor）。KMV 模型将适用于上市公司的模型进行了拓展，使其可以适用于进行非上市公司的信用分析，但是后来这一方法在很大程度上被放弃了。最初的 RiskCalc 模型是由穆迪风险管理服务公司开发的，后来该公司被穆迪 KMV 公司合并。在二者合并之后，KMV 非上市公司模型的要素被纳入了 RiskCalc 模型的新版本，也就是现在的 RiskCalcv3.1 日本模型（Dwyer et al.，2004；Dwyer，2007）。

10.16.1 RiskCalc 模型的推导

RiskCalc 模型是基于财务比率和违约概率之间的非线性关系的模型。因此，建立 RiskCalc 模型的困难在于，从大量相关的财务比率（从公司的财务报表中得出）中选择与违约概率呈非线性关系的比率，就如在其他模型（如 Altman 的 Z-Score 模型）中所做的一样。在这一选择过程中，我们倾向于选择与违约概率有直接关系，而且在不同的数据子集中均稳定的比率。

这些比率主要分为 7 个不同类别，即盈利能力、杠杆率、偿债能力、成长能力、流动性、活动比率和公司规模。这些是公司财务业绩的主要驱动因素，同时也是公司违约概率的主要影响因素。虽然大多数所选比率为水平变量，即某一时刻的比率的值，但也有些变量是趋势变量。趋势变量可以是收入增长率或盈利增长率，而水平变量可以是盈利能力、偿债能力或杠杆率等。RiskCalc 模型的研发人员发现，在预测违约方面，水平变量比趋势变量更重要，因此趋势变量在模型中的权重较小，在独立的基础上提供的预测能力较弱。

一旦确定了比率，就对它们分别进行转换并映射到预期违约率（Expected Default Frequency，EDF）模型上。也就是说，每个比率都将被转换为样本内的百分位数，并且与在该百分位数下观察到的违约概率进行映射。通过这种方式可以观察到比率与违约概率的线性或非线性关系。权重的计算方法是，对 EDF 产生最大边际影响的变量将获得最大的权重，产生影响最小的变量将拥有最小的权重，权重总和为 100%。

以 2004 年的 RiskCalc v3.1 日本模型为例，各变量的相对权重如表 10.8 所示。RiskCalc 模型是根据各国的数据为其特定开发的，并且针对各国的具体实践进行了改进。

FSO 模型（仅包含财务报表）中的 EDF 考虑了行业因素的影响。根据 RiskCalc 模型，这是因为虽然财务比率相似，但处于不同行业的公司，其信用质量往往不同。

表 10.8 RiskCalc v3.1 日本模型各变量的相对权重

风险因素	权重
杠杆率 负债减去现金对资产之比 留存收益与负债总额之比	26%
债务偿还能力 EBITDA 与利息费用之比	22%

续表

风险因素	权重
经营状况 存货与销售净额之比 应收账款与销售净额之比	13%
流动性 现金与总资产之比	16%
盈利能力 总利润与总资产之比 上年的净收入与销售额之比	12%
成长能力 净销售额增长	8%
规模 净销售额	3%

信用周期调整（Credit Cycle Adjustment，CCA）模型评估了当前处于信用周期的哪个阶段，是对 RiskCalc 模型的 EDF 的进一步改进。这是通过使用各行业的上市公司的违约距离（Distance to Default，DD）统计数据来实现的（见第 11 章的相关定义）。就此处的目的而言，我们可以简单地将 DD 定义为在未来的不同时间点，公司资产价值与到期债务之间的距离。DD 与 EDF 成反比，DD 越高，EDF 越低。RiskCalc 模型比较了当前 DD 的平均值和行业的历史平均值，并根据这个变量的增加或减少来判断非上市公司 EDF 会增加还是减少。这里的假设是，身处同一行业的上市公司和非上市公司具有相似的违约概率趋势。这一点在多大程度上是正确的，全凭经验判断，并且可能因行业和国家而异。

10.16.2 RiskCalc 模型的有效性

RiskCalc 模型的有效性通过准确率（也被称为基尼系数）来衡量。准确率是 RiskCalc 模型相对于简单模型的有效性的比率，后者是一种为每个样本随机分配分数的模型。准确率的取值范围为从 0（最差）到 1（最好）。从图形上看，对准确率的最佳理解方式是累计准确率（Cumulative Accuracy Profile，CAP）曲线（Moody's Investors Service，2000），如图 10.3 所示。CAP 曲线显示了模型正确识别“不良信用”的百分比与被批准信用的总人数百分比的关系。RiskCalc v3.1 美国模型的准确率为 54%～57%，其他国家模型的准确率也较为相似。

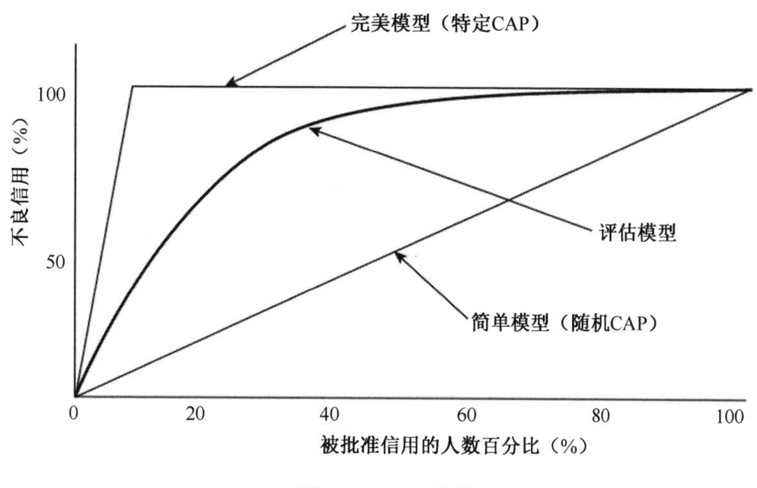

图 10.3　CAP 曲线

来源：穆迪（2000）。

根据各国数据分别建立适用的 RiskCalc 模型，并且根据各国的具体实践对 RiskCalc 模型进行改进。

10.17　标准普尔的 CreditModel 模型（2003）

标准普尔构建了一种信用风险模型，即 CreditModel 模型，其使用财务比率生成隐含评级。该模型的输出结果是定量的衍生评级，适用于非上市公司和上市公司。该模型不适用于金融机构，也不考虑母公司的利益和负债，同时也不适用于国有企业。不推荐收入低于 5000 万美元的公司使用 CreditModel 模型。CreditModel 模型的子模型的使用特定于某些区域和行业，其使用市场细分中被认为是重要的比率。

与 Altman 的 *Z*-Score 模型一样，CreditModel 模型也是一个多变量模型。它使用一组金融变量（不包含市场价值），同时使用不同的方法和目标变量。该模型使用类似神经网络模型的支持向量（SVM）模型，通过最小化预测误差获得最优权重。支持向量模型被认为可以消除其他评估方法的缺陷。例如，参数回归模型不考虑输入和输出变量之间的非线性、非单调关系。

标准普尔（2004）指出：

就像神经网络模型一样，支持向量将任务简化为最优化问题。然而，支持向量模型的最优化问题具有严格的凸性和可处理性。有且只有一个全局最优值，并且可以通过数值找到。这些模型不会陷入局部（错误的）最优。因此，对于数据出现的微小变化，其解决方案是稳定的。在输入时的一个微小变化不会导致评分出现较大变化。支持向量模型成功地解决了困扰神经网络模型的问题。

CreditModel 模型的目标变量是实际的标准普尔评级。研究样本的规模为 85～400 家公司 3～5 年的财务数据。20%的样本被保留下，用于进行样本外测试。CreditModel 模型效果基于模型对样本中的公司（样本外）评级的预测效果得出。1981—2001 年北美信用模型、培训和验证样本的表现如表 10.9 所示。标准普尔（2003）提供了其他的模型效果衡量标准，如评级相关系数和 Kolmogorow-Smirnow 的统计结果。

表 10.9　1998—2001 年北美信用模型、培训和验证样本的表现

行业	得分=评级	在 1 级的得分	在 2 级的得分	相关系数	样本量
化学品行业	67.08%	88.20%	96.89%	0.9709	161
品牌消费品行业	82.81%	95.485%	97.29%	0.9876	221
其他消费品行业	67.78%	93.70%	97.78%	0.9760	270
药品行业	80.32%	88.15%	93.43%	0.9788	137
电子媒体行业	80.12%	93.98%	96.39%	0.9649	166
餐饮行业	78.10%	92.70%	96.35%	0.9795	137
林业和建筑业	55.00%	88.64%	96.82%	0.9634	220
医疗保健服务	64.23%	88.62%	96.75%	0.9763	123
五金行业	78.80%	86.96%	96.20%	0.9744	184
零售行业	53.82%	84.83%	92.45%	0.9308	294
总计	69.37%	90.10%	95.97%	0.9679	1913

来源：标准普尔（2003）。

CreditModel 模型在欧洲的表现、培训和验证样本如表 10.10 所示。

表 10.10　CreditModel 模型在欧洲的表现、培训和验证样本[a]

国家	样本量	准确率	在 1 级的得分	在 2 级的得分
奥地利	1	0.0%	0.0%	100.0%
比利时	8	75.0%	75.0%	87.5%
丹麦	7	42.9%	42.9%	85.7%
芬兰	13	7.7%	30.8%	92.3%
法国	103	54.4%	81.6%	93.2%
德国	49	59.2%	81.6%	93.9%
希腊	5	60.0%	80.0%	100.0%
爱尔兰	10	70.0%	90.0%	100.0%
意大利	8	100.0%	100.0%	100.0%
卢森堡	7	57.1%	85.7%	100.0%

续表

国家	样本量	准确率	在 1 级的得分	在 2 级的得分
荷兰	43	69.8%	90.7%	97.7%
挪威	4	75.0%	100.0%	100.0%
葡萄牙	6	83.3%	100.0%	100.0%
西班牙	8	100.0%	100.0%	100.0%
瑞士	37	67.6%	81.1%	91.9%
瑞典	37	59.5%	81.1%	94.6%
英国	182	62.6%	84.6%	95.6%

[a] 排除实用程序的模型。

来源：标准普尔（2003）。

10.18 标准普尔的信用风险跟踪模型（2006）

信用风险跟踪（Credit Risk Tracker，CRT）模型可以帮助促进北美中等市场、非上市公司的信用评估过程。信用风险跟踪模型也适用于法国、德国、意大利、英国和西班牙。信用风险跟踪模型根据相关的宏观经济、金融和行业变量，为资产超过 10 万美元的非上市公司提供之后 1 年的违约概率估计。该模型是使用财务报表数据、行业数据和宏观经济数据的多变量模型。在表 10.11 中，信用风险跟踪模型使用的候选变量的分布，以及基于财务报表数据的变量分布清晰可见。有关其比率的详细情况可查询标准普尔（2006）的研究。

表 10.11 信用风险跟踪模型的变量

数据类型	变量个数（个）
金融变量	43
行业类别变量	7
宏观经济变量	30
分类	财务比率（%）
杠杆率	7
流动性	6
收益率	11
规模	7
结构	3
效率	6
成长能力	3
总计	43

信用风险跟踪模型使用的数据库包括大多数经济部门经营的 17065 家加拿大和美国公司的详细财务资料。北美（NA）信用风险跟踪数据库拥有大多数公司 3～5 年的连续历史数据，拥有部分公司长达 8 年的数据信息。北美信用风险跟踪数据库所含公司的规模从收入不到 100 万美元到超过 10 亿美元不等。

信用风险跟踪模型的研发步骤分为两步。第一步是关键变量的选择，第二步是赋予所选变量相应的权重。统计变量的选择始于应用线性 logit 模型的逼近过程。在这个过程中，所有可能的单变量模型都被检验，而后选择其中效果最好的一个，模型效果通过预期财富增长率增量（EWGRP）来衡量。EWGRP 是投资者在基于该模型做出投资决策时，相对于无信息投资者而言的预期财富增长率的增量，它与投资者的期望效用收益成正比，并且与模型和均匀概率分布之间的似然比率成正比。逐步添加变量，直到模型效果的边际增量为 0，此时的变量为最终的变量集。

可以通过使用以下 5 种不同方法进行改进，得到所选比率的权重。

- 增强线性 logit 模型。
- 增强二元 logit 模型。
- MEU 建模方法。
- MEU 建模方法与高斯正则化。
- MEU 建模方法与 L1 正则化。

研究发现，基于 L1 正则化特征选择的 MEU 建模方法，能够使北美信用风险跟踪模型获得最佳的“样本外”效果。

最大期望效用（MEU）方法是一种基于统计学习理论的方法。在 MEU 建模方法中，真实世界的违约概率可以通过对固定时间范围内的一组给定的解释变量建模得出。MEU 建模方法允许模型在不过度拟合的情况下，在数据中包含非线性、非单调性和交互作用。北美信用风险跟踪模型的效果表现如表 10.12 所示。

表 10.12　北美信用风险跟踪模型的效果表现

	EWGRP		基尼系数	
	样本内	样本外	样本内	样本外
线性分对数	78.30%	75.35%	71.10%	70.23%
MEU	95.32%	81.51%	76.38%	72.44%

来源：标准普尔（2006）。

美国和欧洲的信用风险跟踪模型已应用于贷款证券化和信用决策。

10.19 BondScore 模型

BondSocre 模型由 CreditSights 公司开发，其与 Z-Score 模型相似，也使用关键的财务比率（EBITDA/销售额、资产周转率、杠杆率、规模、流动性、股票收益波动率和现金流波动率）对一家公司的信用状况建模。该模型基于 logistic 回归，适用于非金融、公开发行债务的公司。BondScore 模型处理异常值的方式很有趣：变量值在用于模型估计之前就被转换成百分比。首先，通过债券评分得到信用风险估计（CRE，即下一年的违约概率）。其次，通过将 CRE 与公共评级机构的评级进行校准，将信用风险校准为隐含评级。最后，将该量表应用于未评级的公司。随着时间的推移，通过 BordSocre 模型得出的评级会被一直跟踪。此外，CreditSights 公司还发布上市公司的信用分析报告。

10.20 *Z*-Score 模型、ZETA 模型、RiskCalc 模型、CreditModel 模型、信用风险跟踪模型和 BondScore 模型的组合使用

Z-Score 模型、ZETA 模型、RiskCalc 模型、CreditModel 模型、信用风险跟踪模型、BondScore 模型已经被应用于多种情况，具体如下。

- 信用政策。缺乏内部风险评级系统的机构可以使用基于关联模型评分范围或基于实际违约历史评级开发的评级模型。这种模型预测的评级为处理地区、规模和所有权的变化提供了一种具有客观性和一致性的方法。如果将模型评级与机构自身的评级进行比较，那么任何异常情况都可以进行分析，从而对所分配的评级进行检验。《巴塞尔协议 II》的执行模型是可行的，并且由于可以获得模型验证数据，有时其会比内部研发的模型更好用。
- 信用审查。当借款人的信用质量从根本上改善或下降时，这些模型为机构提供了一个预警系统。
- 贷款。这些模型为审批提供了一种低成本、可以快速进行风险评估的方法。利用评分和违约概率之间的对应关系，目标信用利差和意外损失可能被考虑

在定价函数中。

- 检验。这些模型可以用来检验内部信用评分模型，提供评分基准，并且生成一份评级差异报告，以进行进一步分析。
- 证券化。通过提供可信的、一致的信用术语，这些模型可以促进商业贷款证券化的分层和结构化。实际上，这种模式是一种成本效益较高的证券化资产承销方式，为投资者提供了发起者所遵循的信用标准的透明度。消费者和商业资产的证券化现在普遍使用这种模型。

10.21 多变量模型的局限性

尽管多变量模型表现得很出色，并且得到了全世界的认可，但它们有时会被批评“拟合”或“关联”，也就是说，它们是缺乏理论的经验模型。在现实中，大多数破产预测模型背后的理论与公司破产的期权理论框架是一样的：一个过度杠杆化的公司如果不能产生足够的收益，它就会失败。然而，Scott（1981）在比较这些经验模型与使用破产概念且具有理论基础的模型方法后，得出的结论是，ZETA 模型最接近他的理论。穆迪 KMV 公司表示，在构建 RiskCalc 模型时要注意，不要过度拟合数据。Dwyer（2005）举了两个例子来拟合“数据收集过程”，而不是展现在构建 RiskCalc 模型时遇到的潜在经济关系，他的论文描述了如何通过诊断方法识别问题，并将其从最终模型中删除。

虽然在许多情况下，基于财务数据的多变量信用评分模型在不同时期和不同国家表现得相当好（见 Altman et al.，1997），但它们也因一些其他原因受到了批评。由于主要使用基于账面价值的财务数据（以离散的间隔进行测量），这些模型可能无法捕捉借款人状况中更微妙、更快速的变化，即那些可以反映资本市场数据和价值的变化。此外，世界在本质上是非线性的。因此，线性判别分析和线性概率模型的预测可能不如解释变量之间线性假设的模型准确。RiskCalc 和 CreditModel 等模型解决了这一问题。

由于财务数据不能完全反映企业的真实状况和发展前景，所以任何基于该数据的模型都不可避免地具有一定局限性。同时，由于会计行业还没有一个好的方法来报告资产负债表外风险，所以这些基于财务数据的模型也无法很好地处理这些风险。此外，由于这些模型与资产估值、资产负债表结构或监管存在某种关系，所以它们无法用于衡量公用事业、金融公司、新公司，以及石油和采矿等开采行业公司的风险。

10.22 神经网络

神经网络分析是一种相对较新的信用风险判别方法。神经网络（Neural Network，NN）分析与非线性判别分析相似，它不假设破产预测函数的变量是线性且独立的。信用风险的神经网络模型探索预测变量之间的“隐藏”相关性，这些预测变量随后将成为附加的非线性破产预测函数的解释变量。神经网络分析在企业破产预测分析中的应用包括 Coats 等（1993）在美国企业破产预测中的应用、Altman 等（1994）在意大利企业破产预测中的应用，以及 Trippi 等（1996）讨论了神经网络在信用风险方面的其他应用，包括消费贷款、住房抵押贷款、银行和储蓄机构。Altman 等的模型尤其具有相关性，因为它们使用相同样本对神经网络分析的结果与多元判别分析模型的结果进行了比较[1]。

神经网络是相互连接的简单计算元素的集合。人类大脑是一个相互联系的神经集合。在大脑中，神经元之间传递的电信号是被抑制还是被增强，取决于神经网络过去的学习情况。类似地，人工神经元可以使用硬件或软件构建，使其行为方式与生物神经元相似。网络的行为来源于相互连接的单元（神经元）的集体行为。神经元之间的连接不是刚性的，而是可以通过网络与外界交互产生的学习过程进行修改。在神经网络中，神经元的一般框架如图 10.4 所示[2]。

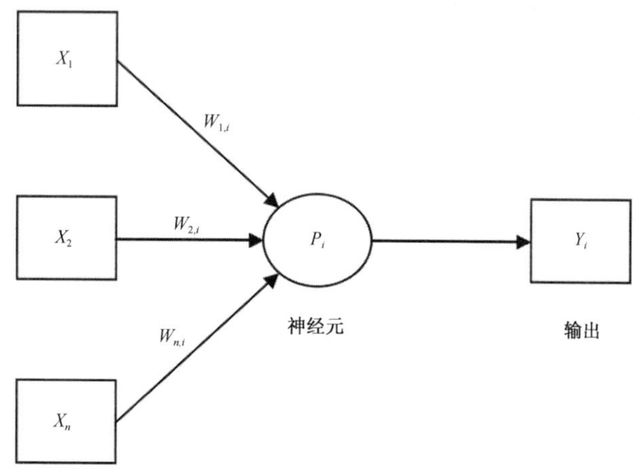

图 10.4　神经元的一般框架

来源：Altman 等（1994）。

[1] 作者们的结论是，这两种方法给出了非常相似的结果，但他们更倾向于判别分析模型的结果，原因在于它们具有连续的和更精细的信用质量评级。

[2] 这些说明和描述来自 Altman 等（1994）。

每个神经元 i 从外部接收一个输入（X_i）。输入可以是财务比率、市场变化或任何其他输入变量。输入信号也可以是与此神经元相连的另一个神经元的输出信号。每个输入 X_i 都与一个权重 W_{ji} 相关联，表示有 j 个不同的输入进入该神经元，其中 $j=1,2,\cdots,n$。除了输入 X_i，该神经元还接收 S_i，一个被称为激发阈值或偏差的恒定输入值。神经元 i 的总输入被称为电位 P_i，具体计算方法为

$$P_i = \sum_{j=1}^{j=n} nW_{ji} \times X_i - S_i \tag{10.7}$$

式中，S_i 的目的是限制神经元对输入刺激 X_i 的反应程度。例如，当总输入量超过 S_i 值时，神经元才会给出响应信号。

为了从式（10.7）中消去 S_i，此处设置哑变量输入 $X_0 = 1$，设置 $W_{0i}=-S_i$，从而得到一般表达式

$$P_i = \sum_{j=0}^{j=n} nW_{ji} \times X_i \tag{10.8}$$

注意，P_i 只是神经元输入 X_i 的权重的线性组合[1]。神经网络的下一个方面是，神经元使用转换函数将电位 P_i 转换为输出 Y_i。转换函数通常是 logistic 函数或 sigmoid 函数，具体为

$$Y_i = \frac{1}{1+\mathrm{e}^{-P_i}} \tag{10.9}$$

式中，Y_i 是一个介于 0 和 1 之间的值，它可以是最终的输出，也可以是进一步神经元的输入。

转换函数提供了对脉冲非线性响应的能力。例如，人们相信如果一个财务比率（如偿债能力）的系数低于最低水平（如 AAA 级），那么超过这个临界值的增值不会增加信用质量。线性回归不能限制这样的响应，但神经网络中的转换函数可以。

神经网络可以在监督模式下学习（结果是已知的，相当于判别分析中的先验组）或非监督模式（相当于先验组未知的因子分析）。给神经网络一组输入并生成响应，然后将其与所需的（或正确的）响应进行比较。如果错误率超过了容忍水平，就对权重进行修改，然后重新开始学习。经过大量的循环，误差将会降低到可接受的水平。一旦达到了现在保持的准确率水平，学习就结束了，权重也就确定了。因此，该过程与传统模型没有较大的不同，唯一的区别在于权重是通过试错或搜索机制得到的，而不是一个封闭的解。

[1] 因为线性判别分析仅由单一的神经元组成，所以可被视为神经网络的一种特殊情况。该神经网络从一组指标中接收信号，生成评级分数并输出。

神经网络的一种表现形式是多层感知器，如图 10.5 所示。在该模型中，神经元分为输入层、隐藏层和输出层 3 层。输入层中的每个神经元与隐藏层的每个神经元相连。输入层为神经网络提供外部输入。隐藏层接收来自输入层或另一个隐藏层的输入，并且将输入提供给输出层。输出层接收来自隐藏层的输入，然后产生输出。信用模型的输出是“优良信用”或“不良信用”。根据预测准确率可对权重进行调整。

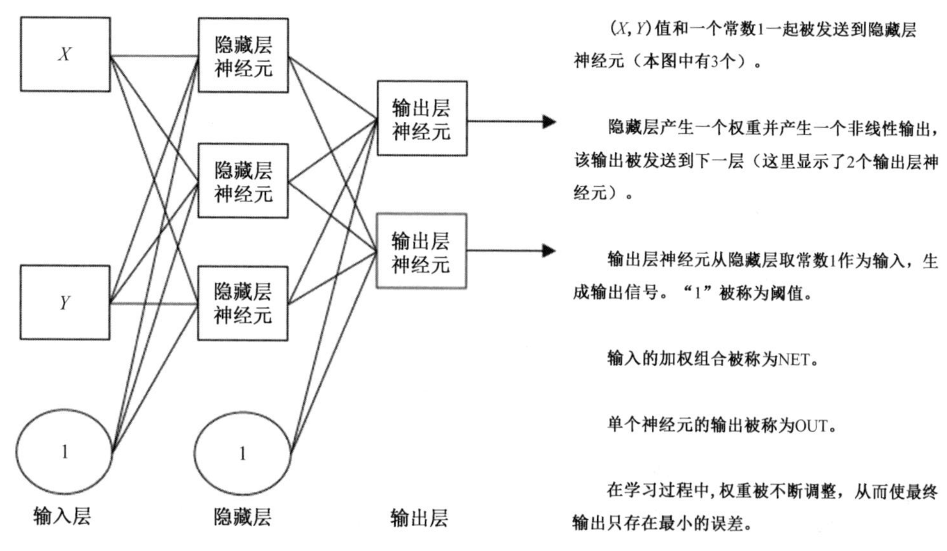

图 10.5　多层感知器

来源：Berry 等（1993）。

输入层神经元向隐藏层神经元发送一个信号，该信号表示与其自身相关联的输入变量的值。输入变量值可以是比率值或分类值，也可以是几个输入变量中的任何一个。为输入层神经元到隐藏层神经元之间的连接路径分配一个权重。隐藏层神经元对输入值施加权重，通过非线性变换产生一个信号 Y_i，并使 $0 \leqslant Y_i \leqslant 1$，这种变换被称为转换函数。

每个输出层神经元都以同样的方式从每个隐藏层神经元接收输入，即使用权重和转换函数的组合。图 10.5 中的椭圆并不是神经元，它们是信号发生器，沿着带有权重的连接向隐藏层神经元和输出层神经元发送一个恒定值 1。这个信号成为 P_i 的一部分，代表每个接收神经元的阈值。超过阈值后，Y_i 迅速上升。对于一个二元分类，输出层的输出对于一个神经元是 0，对于另一个神经元则是 1。神经网络通过使用一个包含误差的反馈循环，在训练过程中调整关联权重 W_{ji} 来学习生成这些值，其中，误差等于输出值减去（预期的）目标值。反复进行训练，直到达到预先设定的表现水平，即预测误差的最大百分比。

如果神经网络无法达到预期准确率，那么可能需要增加隐藏层的数量。在某些情况下，隐藏层可以通过用于调整互联权重的解决方案算法动态地更改。一旦训练阶段结束，神经网络就可以用于预测目标。

神经网络的学习机制涉及许多问题，具体如下。

- 学习阶段可能非常长，需要多个周期。
- 系统可能锁定局部最小误差，而从未达到全局（或最佳可达到的）最小误差。
- 系统可能会在 1 个或 2 个最小误差点之间振荡。
- 如果实际情况与测试情况存在显著差异，那么系统可能无法正常工作。
- 对权重的分析是复杂的，很难解释。想要预先知道系统是否良好也很困难，即对输入值的微小变化不敏感。如果神经网络存在过度拟合问题，就可能发生这种情况。

CASA 开发了一种基于神经网络的违约预测模型[1]。开发样本使用了 Compustat 数据库 1985—2005 年的数据。传统的财务比率、股票价格和 BARRA 因素是提供给神经网络的输入[2]。神经网络模型的验证采用 k 组交叉验证的方法，即将样本分为 k 组，其中，（$k-1$）组提供训练数据，第 k 组提供测试数据。样本包括年销售额超过 6 亿美元的非金融公司。预测以财务清算日之前的一段时间为基础，但时间的定义各不相同。开发该模型可采用反向传播算法。

在 1997 年的一次采访中，CASA 投资分析小组的负责人 Camilo Gomez 博士表示，与基于线性判别分析的基准模型相比，神经网络模型的平均分类误差（MCE）表现更佳。CASA 的分析师 Jose Hernandez 博士在接受本书作者 Paul Naryanan 的采访时指出："神经网络模型的优势之一是它们可以使用转换函数对非线性建模。"他发现最终模型表现出弱非线性的趋势。虽然可以将一组线性模型组合在一起（每 k 组一个模型），但使用这种方法构建一组非线性模型的组合比较困难。Hernandez 博士补充道："为神经网络准备正确的数据，以及使用稳健的统计数据处理异常值，是构建神

---

[1] CASA 是自适应系统应用中心（Center for Adaptive System Applications）的缩写，其总部设在新墨西哥州的洛斯阿拉莫斯。作者感谢 Camilo Gomez 博士和 Jose Hernadez 博士对这里的神经网络模型的介绍。

[2] Compustat 是一家以机器可读形式为上市公司提供季度和年度财务报表数据的公司。BARRA 因素是安全收益的根本驱动因素。在固定收益领域，它们包括收益率曲线的平行移动，以及收益率曲线的弯曲和伸展。此外，它们还包括各种专属于证券的因素，如信用质量、行业部门、回购条款等。这些因素的权重是通过历史收益率数据进行估计的。其基本思想是，对于每种证券，都可以从统计上估计出收益对这些基本因素的敏感性。通过预测因素的变化趋势，可以估计出每种证券和整个投资组合的收益率变动。

经网络模型的重要元素。”

错误判别的代价被纳入实施部分，进而产生了有趣的结果。行业分组、BARRA 因素和股票价格没有显著增强模型的预测能力。根据 Gomez 博士的观点，会计报表中的财务比率可以提供公司破产的信息。

神经网络模型可能因其特殊的理论基础，以及使用数据挖掘来识别解释变量之间的“隐藏”相关性而不是拥有一个先验理论而受到批评。在一项比较检验中，Altman 等（1994）得出结论，神经网络模型在预测银行破产时没有对线性判别函数进行实质性改进。尽管如此，神经网络模型在改进过去的结果方面具有巨大潜力，并且已经被用于信用风险评估和欺诈检测。

10.23 专家系统

专家系统有时也被称为 AI（人工智能）系统，其是基于计算机的决策支持系统。专家系统根据以下 3 个部分对信用风险进行推理和演绎判断。

- 咨询模块：通过询问问题、提供中间答案和假设，以及询问进一步的问题来与用户交互，直至收集到足够的证据，能够支持给出最终建议。
- 包含静态数据的知识库：使用金融模拟、优化和统计预测算法，以及一组告诉系统“如果……，怎样做……”的“运行规则”。
- 知识获取和学习模块：一般由 2 个部分组成。第一部分是根据专家离线提供的输入创建运行规则。例如，系统可以从贷款专员那里获取客户背景信息相对于商业潜力的重要性。第二部分是自身生成附加规则。

尽管 AI 系统似乎在信用评估领域前景光明（Chorafas et al.，1991），但除了在某些情况下的一些专业应用程序，它在该领域的进步是缓慢的[1]。AI 系统渗透市场缓慢的一个原因是，在全球金融体系中，信用风险本身的性质正在发生变化。即使是人工专家系统和自动化专家系统也都面临被快速淘汰的风险。因此，AI 系统可能需要进行频繁更新和重新设计。新技术对银行其他方面业务的进步做出了巨大的贡献，由于信息系统改进，各机构可以提高对信用风险敞口的警惕性[2]，也可以更加灵活地发放

[1] 这并不是说 AI 系统在这个领域没有成功，只是它并没有像人们预期的那样迅速在信贷管理领域广泛应用。

[2] 例如，在 1974 年赫斯塔特银行倒闭后，货币中心银行启用了监控日间透支的系统。

信用贷款[1]。随着信用产品和风险评级标准变得更加标准化和数字化，我们预计该领域将出现进一步创新，特别是 Blaze（由 Fair Isaac 提供）等规则引擎的发展促进了金融机构对信用决策过程的快速判别和部署。

10.24 基于市场风险溢价的模型

市场风险溢价模型试图通过无违约公司和有风险公司之间的证券收益率利差的期限结构来推算隐含的违约概率。这种方法的早期版本可以在 Jonkhart（1979）和 Iben 等（1991）的研究中找到。这些模型推导出无风险债券和有风险债券的“隐含”远期利率，并且利用这些利率提取出市场对未来不同时期违约的预期。该方法基于以下假设：① 利率预期理论成立；② 交易成本较低；③ 没有看涨期权、偿债基金等期权特征；④ 贴现债券收益率曲线存在或可从附息债券收益率曲线中提取。其他用于违约贷款的模型包括违约风险模型、期限结构风险模型，以及市场风险的影响模型（可在 Grenadier et al.，1995；Longstaff et al.，1993；Das et al.，1996 中查看实例）。Jarrow-Chava 模型是一个风险度量模型，它将企业的违约概率与几个解释变量联系起来（Chava et al.，2004），包括公司财务比率、其他公司特征、行业分类、利率，以及关于公司和市场股票价格水平与行为的信息。在该模型中，企业违约可以在任何时间随机发生，其强度由解释变量决定。

10.25 死亡率模型

Altman（1989）的死亡率模型与 Asquith 等（1989）的老龄化方法都是基于资本市场来建模的。这些死亡率-违约概率模型试图从过去的按信用等级（穆迪、标准普尔）和年期计算的债券违约数据中推导出准确的违约概率。所有评级机构都采用并修改了死亡率模型（例如，Moody’s Investors Service，1990；Standard & Poor’s，1991），并且将这一模型应用于对结构化金融工具的分析（McElravey et al.，1996）。死亡率模型和违约率模型将在第 15 章进行更详细的讨论。

死亡率模型的应用已从债券扩展到了贷款（Altman et al.，2000），但据我们所知，可能由于缺乏足够的数据库，银行尚未采用这一模型。McAllister 等（1994）推测，

---

[1] 例如，信用卡、借记卡和智能卡都是扩展信贷授权的技术。

如果想要对违约概率进行稳定估计，那么所选用的机构的数据库中需要 2 万到 3 万个观测值。除了一两个例外，全球很少有机构拥有接近这种体量的潜在违约借款人数据。

在介绍了基于财务数据和市场数据的模型之后，接下来我们转向介绍完全依赖市场数据来推导借款人信用风险的模型，这将是第 11 章的主题。

原书参考文献

Altman, E. I. 1968. Financial Ratios, Discriminant Analysis and the Prediction of Corporate Bankruptcy. Journal of Finance 23, no. 4:589-609.

Altman, E. I. 1970. Corporate Bankruptcy Prediction and its Implications for Commercial Loan Evaluation. Journal of Commercial Bank Lending 53, no. 12:9-19.

Altman, E. I. 1973. Predicting Railroad Bankruptcies in America. Bell Journal of Economics and Management Science 4, no. 1:184-211.

Altman, E. I. 1983. Corporate Financial Distress, New York: John Wiley & Sons.

Altman, E. I. 1989. Measuring Corporate Bond Mortality and Performance. Journal of Finance 44, no. 4:909-922.

Altman, E. I. 1993. Valuation, Loss Reserves and the Pricing of Corporate Loans. Journal of Commercial Bank Lending 75, no. 12:56-62.

Altman, E. I. 2000. Predicting Financial Distress of Companies: Revisiting the Z-Score And ZETAR ?Models. New York University Salomon Center Working Paper Series.

Altman, E. I. 2002. Corporate Distress Prediction Models In A Turbulent Economic and Basel II Environment. In Credit Rating: Methodologies, Rationale and Default Risk, edited by M. Ong. London: Risk Books.

Altman, E. I. 2005. An Emerging Market Credit Scoring Model for Corporate Bonds. Emerging Markets Review 6, no. 4:311-323.

Altman, E. I., R. G. Haldeman, and P. Narayanan. 1975. ZETA Analysis: A New Model to Identify Bankruptcy Risk of Corporations. Journal of Banking and Finance 1, no. 1:29-54.

Altman, E. I., and E. Hotchkiss. 2005. Corporate Financial Distress and Bankruptcy,3rd ed. New York: John Wiley & Sons.

Altman, E. I., G. Marco, and F. Varetto. 1994. Corporate Distress Diagnosis: Comparisons Using Linear Discriminant Analysis and Neural Networks. Journal of Banking & Finance 18, no. 3:505-529.

Altman, E. I., and P. Narayanan. 1997. An International Survey of Business Failure Classification Models. Financial Markets, Institutions and Instruments 6, no.2:1-57.

Altman, E. I., and G. Sabato. 2007. Modeling Credit Risk for SMEs: Evidence from the U.S. Market." Abacus 19, no. 6:716-723.

Altman, E. I., and H. J. Suggitt. 2000. Default Rates in the Syndicated Bank Loan Market: A Mortality Analysis. Journal of Banking & Finance 24, no.1-2:229-253.

Asquith, P., D. W. Mullins Jr., and E. D. Wolff. 1989. Original Issue High Yield Bonds: Aging Analysis of Defaults, Exchanges and Calls. Journal of Finance44, no. 4:923-952.

Beaver, W. 1966. Financial Ratios as Predictors of Failures. In Empirical Research in Accounting, selected studies, supplement to Journal of Accounting Research 4, no. 3:71-111.

Beaver, W. 1968. Alternative Accounting Measures as Predictors of Failure. Accounting Review 43, no. 1:113-122.

Bennett, P. 1984. Applying Portfolio Theory to Global Bank Lending. Journal of Banking & Finance 8, no. 2:153-169.

Chava, S., and R. A. Jarrow. 2004. Bankruptcy Prediction with Industry Effects. Review of Finance 8, no. 4:537-569.

Chirinko, R., and G. Guill. 1991. A Framework for Assessing Credit Risk in Depository Institutions: Toward Regulatory Reform. Journal of Banking & Finance 15, no. 4-5:785-804.

Coats, P., and K. Fant. 1993. Recognizing Financial Distress Patterns Using a Neural Network Tool. Financial Management 22, no. 3:142-155.

Das, S. R., and P. Tufano, 1996. Pricing Credit-Sensitive Debt When Interest Rates, Credit Ratings and Credit Spreads Are Stochastic. Journal of Financial Engineering 5, no. 2:161-198.

Dawes, R. M., and B. Corrigan. 1974. Linear Models in Decision-making. Psychological Bulletin 81:95-106.

Deakin, E. B. 1972. A Discriminant Analysis of Predictors of Business Failure. Journal of Accounting Research 10, no. 1:169-179.

Dun & Bradstreet. 1997. The U.S. Business Failure Record. New York.

Dwyer, D. W. 2005. Examples of Overfitting Encountered When Building Private Firm Default Prediction Models. Moody's KMV, New York.

Dwyer, D. W., A. E. Kocagil, and R. M. Stein. 2004. Moody's KMV RiskCalc^{TM} V3.1 Model. San Francisco: Moody's KMV Corporation.

Fisher, L. 1959. Determinants of Risk Premiums on Corporate Bonds. Journal of Political Economy 67, no. 3:217-237.

Frydman, H., E. I. Altman, and D. L. Kao. 1985. Introducing Recursive Partitioning Analysis for Financial Classification: The Case of Financial Distress. Journal of Finance, 40, no. 1:269-291.

Goldstein, M., and I. F. Goldstein. 1978. How We Know: An Exploration of the Scientific Process. New York: Plenum Press.

Grenadier, S. R., and B. J. Hall. 1996. Risk-based Capital Standards and the Riskiness of Bank Portfolios: Credit and Factor Risks. Regional Science and Urban Economics 26, no. 3-4:433-464.

Iben, T., and R. Litterman. 1991. Corporate Bond Valuation and the Term Structure of Credit Spreads. Journal of Portfolio Management 17, no. 3:52-64.

Jonkhart, M. 1979. On the Term Structure of Interest Rates and the Risk of Default. Journal of Banking & Finance 3, no. 3:253-262.

Kao, D. L., and J. Kallberg. 1994. Strategies for Measuring and Managing Risk Concentration in Loan Portfolios. Journal of Commercial Bank Lending 76, no. 5:18-27.

Lachenbruch, P. A. 1967. An Almost Unbiased Method of Obtaining Confidence Intervals for the Probability of Misclassification in Discriminant Analysis. Biometrics 23, no. 4:639-645.

Lane, W. R., S. W. Looney, and J. W. Wansley. 1989. An Application of the Cox Proportional Hazards Model to Bank Failure. Journal of Banking & Finance 10, no. 4:511-531.

Lee, E. T. 1980. Statistical Methods for Survival Data Analysis, Belmont, Ca: Lifetime Learning Publications.

Longstaff, F. A., and E. S. Schwartz. 1995. A Simple Approach to Valuing Risky Fixed and Floating Rate Debt. Journal of Finance 50, no. 3:789-819.

Lovie, A. D., and P. Lovie,. 1986. The Flat Maximum Effect and Linear Scoring Models for Prediction. Journal of Forecasting 5, no. 3:159-168.

McAllister, P., and J. J. Mingo. 1994. Commercial Loan Risk Management, CreditScoring and Pricing: The Need for a New Shared Data Base. Journal of Commercial Bank Lending 76, no. 9:6-20.

McKinsey & Co. 1993. Special Report on The New World of Financial Services. The McKinsey Quarterly, no. 2:59-106.

Merton, R. C. 1973. An Intertemporal Capital Asset Pricing Model. Econometica 41, no. 5:867-887.

Moody's Investors Service. 1995, January. Corporate Bond Defaults and Default Rates. New York.

Moody's Investors Service. 2000, May. Rating Methodology: Bench marking Quantitative Default Risk Models. New York.

Moody's Investors Service. 2000, May. RiscCalc™ Private Model: Moody's Default Model for Private Firms. New York.

Moody's KMV Corporation. 2004, May 25. EDF RiskCalc V3.1 Japan. New York.
Mueller, P. H. 1994. Credit Policy: The Anchor of the Credit Culture. Journal of Commercial Bank Lending 76, no. 7:1-5.

Ohlson, J. 1980. Financial Ratios and the Probabilistic Prediction of Bankruptcy. Journal of Accounting Research 8, no. 1:109-113.

Orgler, Y. 1980. A Credit Scoring Model for Commercial Loans. Journal of Money, Credit and Banking 2, no. 4:435-445.

Scott, J. 1981. The Probability of Bankruptcy: A Comparison of Empirical Predictions and Theoretical Models. Journal of Banking and Finance 5, no. 3:317-344.

Sharpe, W. 1972. Simple Strategies for Portfolio Diversification: Comment. Journal of Finance 27, no. 1:127-129.

Society of Actuaries. 1996. 1986—1992 Credit Risk Loss Experience Study: Private Placement Bonds. Schlaumburg, Ill.

Standard & Poor's. 1995. Corporate Defaults Level Off in 1994. Creditweek, 1 May, 45-59.

Standard & Poor's. 2003, December 8. CreditModel Performance Statistics. New York.

Standard & Poor's. 2004, January 12. About CreditModel. New York.

Standard & Poor's. 2006. September 9. Credit Risk Tracker North America: Technical

Documentation. New York.

Trippi, R. R., and E. Turban (eds). 1996. Neural Networks in Finance and Investing, Chicago: Irwin Professional Publishing.

Wuffli, P., and D. Hunt. 1993. Fixing the Credit Problem. The McKinsey Quarterly, no. 2:93-106.

Wyss, D., C. Probyn, and R. de Angelis. 1989. The Impact of Recession on High Yield Bonds, Alliance for Capital Access, Washington, D.C.

Zavgren, C. V. 1983. Corporate Failure Predictors: The State of the Art. Journal of Accounting Literature 2:1-38.

Zmijewski, M. E. 1984. Methodological Issues Related To the Estimation of Financial Distress Prediction Models. Journal of Accounting Research 22 supplement:59-82.

第 11 章　基于股票价格的企业信用风险模型

金融市场的明显功能是允许个人和企业交易金融资产。资本市场的一个潜在功能是为决策提供有用的信息。在过去的 20 年中，随着金融市场多样性的逐渐增加，我们有机会从金融工具的价格中提取有用的信息。

——Zvie Bodie and Robert Merton（1995）

股票市场可以被看作一个为上市公司估值的庞大机构，它把有关经济、产业和公司的信息高速传递给大大小小的投资分析师和投资者。因此，股票价格在整个交易日都在波动。在一定程度上，公司股票价格的波动为公司的资信变化提供了可靠依据，贷款人有机会使用大规模的现成的信用风险管理工具评估公司的资信情况。

基于股票市场衡量信用风险的一个典型例子是穆迪 KMV 公司（也被称为 MKMV 公司）的预期违约率（Expected Default Frequency，EDF）[1,2]。KMV 模型最开始被用来测度 EDF，如今，它的应用已经扩展到投资组合领域（见第 19 章）。

为了了解 KMV 模型，我们首先介绍以期权定价方法为主导的现代金融发展情况。如果需要更详细的介绍，那么建议读者自行参考金融理论的标准教材（例如，Haugen，1997）。通过期权定价方法评估信用风险这一想法最初被认为是不可行的，但随着我们回溯公司金融理论的发展，这种方法的逻辑就变得愈发清晰。在介绍和评论完 KMV 模型后，我们会把 KMV 模型和 ZETA 模型进行对比，因为这些模型都是最著名的信用风险评估模型。

---

[1] KMV 是一家总部位于旧金山市的公司，它向金融机构销售信用分析软件和信息产品。KMV 公司在 2002 年被穆迪收购，其继任公司现在被称为穆迪 KMV 公司或 MKMV 公司。KMV 模型的 EDF 现在被称为 Credit Monitor。

[2] 加利福尼亚州洛杉矶市的 Helix Investment Partners 推出的一种类似的、基于期权理论的信用风险评估模型，其名称为 Helix。它的输入与 KMV 模型相同，可生成公司债券的风险评分。

11.1 期权理论前传

20 世纪 50 年代，Franco Modigliani 和 Merton Miller 在 1958 年对公司资本结构决定因素进行了探索，最终导致公司金融发生了根本性改变。资本结构是公司用来为其资产融资的债权、股权和其他负债的组合。在 Franco Modigliani 和 Merton Miller 的理论提出之前，行业内普遍的观点是，随着公司杠杆率的增加，市场对其债务要求更多的回报。一个自然的结果是，当杠杆率达到一定程度时，额外要求的回报会使公司放弃债务融资，这一观点建立在公司的投资决策与资本结构相关的基础上。债务发行所要求的收益将取决于公司打算如何使用这笔资金。随着公司试图加大投资，其投资回报率将会下降。这意味着存在一定水平的杠杆，使公司的总资金成本可以最小化。Franco Modigliani 和 Merton Miller 的研究表明，在某些简单的假设下，资金总成本将独立于债务和股权的特定组合。他们还证明，尽管不断增加的杠杆会导致公司债务和股权要求更高的回报，但结论依然成立。

这是一个令人震惊的结果，因为这意味着除了杠杆，还必须通过一个或多个因素来解释公司的资本结构。对于这些因素的探索一直持续到今天，业内对包括所得税对利息支出和股息影响在内的各种因素的相对重要性已达成一些共识，但同时也存在很大的分歧。

与具体结果同样重要的是 Franco Modigliani 和 Merton Miller 采用的分析方法，他们的做法是将投资决策与融资决策分开考虑。一个给定的投资计划意味着公司可获得一个预期的现金流，这也代表着公司当前的市场价值，使得市场价值成为该公司的潜在特征。公司的债务、股权和其他债务的市场价值源于公司的总价值，这些加起来就是公司的价值。

从本质上讲，公司的预期经营现金流决定了公司的总价值，而资本结构仅是从资本提供者的角度对现金流进行了划分。例如，更多的债务意味着债权人提供了更多的资本并获得了更多的公司现金流。但是，它没有从本质上提高或降低公司的价值，因为它是独立于公司投资计划的。

在 Franco Modigliani 和 Merton Miller 进行研究时，还没有方法可以分别确定债务价值和股权价值。根据债务规则，债务持有者优于股权持有者获得支付，债务具有优先求偿权。目前还没有方法可以确定债务作为公司现金流的优先求偿权的价值，也没有方法可以确定股权作为公司现金流的次级求偿权的价值。世界都在等待期权定价理论的进一步发展。

11.2 期权定价

金融合约有 3 种基本类型：现货交易、远期和期权。现货交易是发生在“当场”的交易，即资产以当前价格出售并立即以现金支付。远期交易是指价格在今天商定，但是资产的交割和支付实际上是在约定的未来的某个时刻进行的。在交易所交易的期货合同就是远期交易中的一种。

期权合约与远期合约相似，只是期权的买方不必进行交易。它们可以选择是否按照商定的条款进行交易。该期权可以是买入期权（看涨期权），也可以是卖出期权（看跌期权）。期权通常有一个到期日，有时也可在到期日前行使。看涨期权的买方具有一个非对称收益函数，如果标的股票的价格上涨，那么它的上行潜力是无限的，而下行风险仅限于它为期权支付的价格。看涨期权的卖方则具有完全相反的支付函数。当股票价格上涨时，它的下跌是无限的，但上涨仅限于卖方最初卖出看涨期权时的价格。敏锐的读者可以立即看出看涨期权与股票之间的相似之处。远期合约和期权合约都被认为是衍生产品，因为它们的价值可以根据现货交易的价值确定。在过去的 30 年里，金融领域的主要发展可能就是期权定价理论。这个理论是由 Fisher Black、Myron Scholes 和 Robert Merton 完成的，它展示了如何推导期权价格，包括适用特殊情况的公式。期权定价背后的基本思想是对远期合约定价方式的概括（Black et al.，1973；Merton，1973）。

在远期购买合约中需要详细规定与未来会发生的交易有关的条款。在今天借入资金、购入资产，并在到期日偿还借款，就可以获得购买资产远期合约中约定的结果。通过现在支付商定的价格就可以在到期日获得资产的所有权，这与远期购买合约的结果是一样的，因此应具有相同的价值。由此可知，当前的远期价格必须等于今天购买商品的成本×（1+到期时必须支付的利息）。实际上，远期合约的收益可以通过当前购买资产和借款来模拟。因此，这 2 种选择在当前情况下必须具有相同的价值。

看涨期权的回报也可以通过购买资产和借款来模拟。然而，与远期交易只进行一笔交易的情况不同，看涨期权需要先进行一笔初始交易，然后随着不同时点资产的现货价格的变化和期限的缩短进行调整。Black 和 Scholes 创建了一种构造初始交易并在后续通过调整交易来对期权收益进行模拟的方法，而且不需要或不会产生额外的资金。这意味着期权的价值必须与初始交易的成本相同。

然而，为了得出相应的结论，他们还需要掌握另外一条信息，即标的资产的波动率。波动率衡量的是标的资产的现货价格可能变化的百分比范围。一般来说，波动率越大，购买合约的交易量就越大，看涨期权的价值也就越高。Black、Scholes 和 Merton 研究得出的最终结果是，根据执行价格、当前价格、到期日、股价波动率和无风险利率，可以得出公司股票期权的“公平价值”。正如下面将要介绍的，许多金融债权，如股票、债券，以及其他复杂的金融工具均可使用期权定价理论进行建模。

11.3 股权是一种看涨期权

Black 等（1973）及 Merton（1973）的期权定价理论巧妙地与 Franco Modigliani 和 Merton Miller 的资本结构理论相呼应。资本结构的次级求偿权和优先求偿权可以理解为期权，因此我们可以参照公司的市场价值来确定公司的股权价值。期权定价提供了一项估值技术，这正是十年前 Franco Modigliani 和 Merton Miller 意识到股权和债务都是衍生产品时所欠缺的。

这里存在的逻辑是什么呢？考虑一家非常简单的控股公司，其唯一的资产是上市公司的股票，如 IBM。我们假设控股公司拥有债务和股权，债务包括一张一年到期的贴现票据，设票据的面值为 D。公司必须在一年内一次性支付金额 D，否则就会违约。如果违约，资产就会转让给债权人，它的股权就将变得一文不值。

那么，在什么情况下公司会违约？如果其资产的价值，即 IBM 的股票在一年内的价值超过 D，公司就不会想要违约，也不必违约。通过出售足够的 IBM 股票，公司可以偿还债务，并且仍可保留股票价值和 D 之间的差额收益。如果 IBM 股票价值低于 D，那么公司将会违约，因为它宁愿把股票给债权人，也不会拿出额外的钱来偿还债务。如果它真的拿出额外的钱偿还债务，那么它将什么也得不到。另外，如果发生违约，那么它就可以使用额外的钱去投资新的公司。简而言之，如果一年内公司的资产价值低于 D，公司就将违约，股权将一文不值；如果公司的资产价值在一年内超过 D，公司就不会违约，并且股权价值为资产价值和 D 之间的差额。

在这个例子中，控股公司的股权收益与以该公司持有的 IBM 股票为标的的看涨期权的收益是完全相同的，总执行价格为 D。在这种情况下，当 IBM 股票价值高于 D 时，期权将被执行，收益是 IBM 股票价值与 D 之间的差额；反之，期权则一文不值。换句话说，公司的股权是以公司资产为标的的看涨期权，其执行价格和期限由债务的面值和期限决定。

如果我们已知债务的面值和到期日、当前的资产价值和资产波动率，我们就可以明确地对这家公司的股权进行估值。对于这个简单的例子，我们可以使用 Black-Scholes 期权定价公式。对于更复杂的情况，我们可能不能使用 Black-Scholes 期权定价公式，但可以使用更常规的方法求得公司的股权价值。

从信用分析的角度来看，违约可以被看作期权行使失败。股权持有者"选择性地"拥有公司，如果公司经营得不够好，它们就不会行使期权，而是允许将公司的所有权转移给债权人，以此代替还本付息。

11.4 债务是一种看跌期权

这种情况也可以用"买卖权平价关系"这一定理重新进行定义。也就是说，购买执行价格为 D 的看涨期权相当于拥有标的资产，借入金额为 D 的债务并持有执行价格为 D 的看跌期权。在到期日到来时，如果资产的价值小于 D，持有者就会行使看跌期权卖出资产并使用它来还清债务，此后没有收益，也没有损失。另外，如果资产价值超过 D，那么持有者可以卖掉资产并使用所得收益偿还债务，而不行使看跌期权。2 种方法求得的收益和看涨期权相同，因此是等价的。

根据这个结果（股权可以视为看涨期权），我们可以给出以下解释：股权持有者拥有资产并借入资金 D，但拥有一个看跌期权能让他们以 D 的价格卖掉资产。实际上，该公司的债务持有者在借给公司资金的同时意识到存在违约的可能性，于是也卖出一个看跌期权给股权持有者。看跌期权能使股权持有者通过转让资产代替偿还债务。因此，该公司的债务等同于金额为 D 的无风险贷款减去一个看跌期权。在这种情况下，违约事件可以看作股权持有者行使看跌期权。

公司债务的价值总是低于无违约风险债务，因为它是看跌期权的"空头"。企业的违约风险越高，看跌期权的价值就越高，债务的价值就越低，因为它在做空看跌期权。存在违约风险的债务可以划分为无违约风险债务和看跌期权。在进行信用分析时，重点在于看跌期权的价值和它可能被执行的概率。

11.5 KMV 模型

穆迪 KMV 公司（1995）创建了一种基于 Merton（1974）的估计公司违约概率的

方法，可以分 3 步确定公司的 EDF。第 1 步，通过股票的市场价值、股票的波动性和负债的账面价值来估算公司的市场价值和波动性；第 2 步，根据公司负债计算违约点，并根据当前的企业价值得出预期企业价值，二者再加上公司价值的波动率就可构建出一个度量指标，表示从预期公司价值到违约点的距离是标准差的多少倍；第 3 步，基于具有不同违约距离的公司的历史违约数据，构建违约距离与违约概率之间的实证映射。

对于无法获得股票价格和违约数据的非上市公司，KMV 模型使用基本相同的方法，即根据所观察到的公司特征和收集到的会计数据，估计非上市公司的资产价值和波动率。然而，这些估计需要基于上市公司的数据进行。

KMV 模型如图 11.1 所示，其出发点是，当公司的市场价值低于某一水平时，公司将不履行偿还义务。

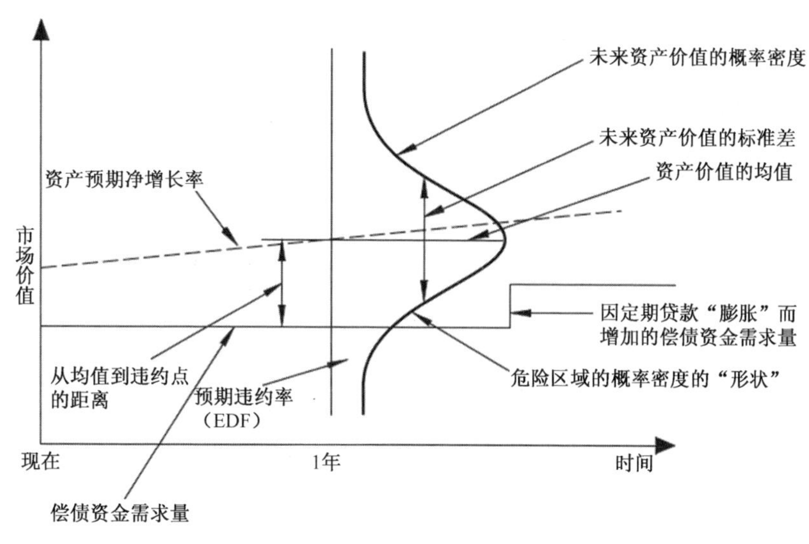

图 11.1　KMV 模型

来源：穆迪 KMV 公司（1995）。

在图 11.1 中，公司价值在未来某个给定的日期被预测会符合某种概率分布，此分布以其期望值和标准差（波动性）为特征。在代表公司账面负债的直线下方的分布面积表示的是公司违约概率。可以看到，这个概率值取决于资产价值分布曲线的形状。下面将详细描述如何通过上述步骤获得对公司违约概率的经验估计。

对于股票公开交易的公司，其股权市场价值可以被观察到。根据前面介绍的期权定价方法，股权市场价值可以表示为看涨期权的价值，即

$$股权市场价值^{1}=f（负债的账面价值,资产的市场价值,资产波动率,时间范围） \quad (11.1)$$

KMV 模型使用了一种未被披露的特殊形式的期权定价方法。为了将它们的方法表现得更加具体，我们可以使用 Black-Scholes 期权定价公式来代替函数 f，得到如下表达式

$$E=VN(d_1)-De^{-r\tau}N(d_2) \quad (11.2)$$

式中，E 是股权市场价值（期权价值）；D 是负债的账面价值（执行价格）；V 是资产的市场价值；τ 是时间范围；r 为借贷的无风险利率；σ_a 是资产价值的标准差（波动率）；$N(\cdot)$是累积正态分布函数，其值在 d_1 和 d_2 处计算得出，其中

$$d_1=\frac{\ln(\frac{V}{D})+(r+\frac{1}{2}\sigma_a^2)\tau}{\sigma_a\sqrt{\tau}} \quad (11.3)$$

$$d_2=d_1-(\sigma_a)\sqrt{\tau} \quad (11.4)$$

在式（11.1）或式（11.2）中存在 2 个未知数，即资产的市场价值（V）和资产价值的标准差（波动率）(σ_a)。可以通过求微分再求数学期望，也可以从式（11.1）或式（11.2）中推导出另一个等式

$$股票波动率(\sigma_a)=g（负债的账面价值,资产的市场价值,资产波动率,时间范围） \quad (11.5)$$

同样，可以用 Black-Scholes 期权定价公式作为示例来理解这一等式。通过在式（11.2）两边取一阶导数，并求数学期望，可得到如下表达式[2]

$$\sigma_e=\frac{N(d_1)V\sigma_a}{E} \quad (11.6)$$

在式（11.2）和式（11.6）中，股权市场价值（E）、股价波动率(σ_e)（根据历史数据估算得出）、负债的账面价值（D）和时间范围（τ）是已知变量。2 个未知数是资产的市场价值（V）和资产波动率（σ）。在 2 个方程式中，有 2 个未知数可以求解。这样第 1 步就完成了。

第 2 步，确定到期日的预期资产价值和违约点。持有该资产的投资者期望得到的预期回报等于支出与资本收益的和。预期回报与资产的系统性风险相关，使用资产的系统性风险测量方法，KMV 模型可以根据历史资产市场回报率确定预期回报。但这要减去公司利息和股息支付决定的支付率。得到的结果就是资产预期上升率，再结合

1 严格来说，这个函数还应包括借贷的无风险收益率。

2 基于与 Steve Kealhofer 和 Peter Crosbie 的私人交流，穆迪 KMV 公司向我们披露了此事。

当前的资产价值，就可得到资产的预期未来价值。

在前面的分析中，我们假设当公司总市值降至负债的账面价值以下时，公司就会违约。在这一点上，公司的资产价值正好足够偿还其债务。基于对违约的实证分析，KMV 模型发现最常见的违约点出现在公司价值约等于流动负债加 50%的长期负债时。

基于公司的预期价值和违约点，KMV 模型可确定出公司价值下降多少即到达违约点。例如，如果公司一年后的预期价值是 100，违约点是 25，那么当公司价值下降 75%时就达到违约点。公司价值下降 75%的可能性取决于公司价值的波动率。将下降的百分比除以波动率，KMV 模型控制了不同波动率的影响。因此，如果公司价值的波动率为每年 15%，那么下降 75%将等于下降了 5 个标准差。

为了达到违约点，资产价值必须下降的标准差的倍数被称为违约距离。其表达式为

$$\text{违约距离}=\frac{\text{资产的预期市场价值}-\text{违约点}}{\text{资产的预期市场价值}\times\text{资产波动率}} \tag{11.7}$$

对违约距离的度量是一种标准化度量，可以用于公司之间的比较。KMV 模型的一个关键假设是，确定相对违约风险的所有相关信息都包含在资产的预期市场价值、违约点和资产波动率中。行业、国家地理位置、规模等造成的差异被假设包含在这些变量中，特别是资产波动率。

违约距离是一种类似于债券评级的有序度量。它仍然不能告诉你违约概率是多少。为了把风险度量延伸为基数或概率度量，KMV 模型使用历史违约数据来确定 EDF，这一步通过比较计算出的违约距离和观察到的同一组公司的实际违约率来实现。股价数据和未偿债务推导出的违约距离与观察到的违约频率之间的关联关系，构成了 KMV 模型的实证部分。

11.6 非上市公司 KMV 模型

EDF 依靠市场价格预测违约，因此它不能直接应用于非上市公司。为此，穆迪 KMV 公司使用上市公司的数据开发了一个资产的市场价值和资产波动率的估计模型，并且经常更新模型的参数，使其成为一种将当前市场信息与非上市公司联系起来的方式。但是，模型仍依赖非上市公司报告的公司特征和会计数据，而这些数据可能不是及时的或准确的。

公司的市场价值在经营价值和清算价值之间“动荡”。经营价值的计算方法为 EBITDA 乘以一个乘数。乘数是在将上市公司按国家和行业分层后估计得出的。清算价值基于公司的账面负债得出。当 EBITDA 较高时，市场价值接近经营价值；当 EBITDA 较低时，市场价值则接近清算价值。该公式的作用是估算出一个比单独使用经营价值求得的市场价值更大的值。清算价值能够起到在公司现金流表现不佳时“支撑”公司价值的作用。

公司的资产波动率被建模为销售规模、行业集群和资产规模的函数。由于上市公司的资产波动率已被估计出来，销售规模、行业集群和资产规模对资产波动率的影响可通过多元统计技术确定。这一关系也被应用于研究非上市公司的特征，用于估算其资产波动率。

利用已估算出的市场价值和波动率，根据上市公司的违约数据，以类似于上述的方式估算 EDF[1]。然而，违约距离和 EDF 之间的映射在上市公司模型和非上市公司模型之间略有不同，这是因为使用了估算数据而非实际市场数据而产生的信息损失。

在任何情况下都值得注意的是，非上市公司模型是从上市公司的股权数据中衍生出来的。考虑到规模、行业和国家的影响[2]，非上市公司的行为被认为与上市公司的相同。穆迪 KMV 公司使用 RiskCalc 模型取代了非上市公司的 KMV 模型，后者使用的财务比率类似于 Altman 的 *Z*-Score 模型。

11.7 KMV 模型和其他方法

KMV 模型较之其他方法有 2 个根本区别。第一，它依赖股票价格中的信息。第二，它没有明确地要尝试预测。虽然机构债务评级基于对未来事件的预测得出，但在 KMV 模型中没有对未来的真实预测。它只是着眼相对违约点和历史波动率的公司当前价值。因此，如果它具有预测能力，那是因为公司的当前价值是未来价值的良好预测指标。由于该值是由公司的股票市场价值得出的，因此 KMV 模型的信息内容完全依赖于股票价格。

所有模型的起点都来源于观察和推理。KMV 模型来源于一个基于期权理论的公司价值，以及其与债务和股权价值之间的关系的抽象模型。概念方法告诉我们哪些变

[1] 穆迪 KMV 公司维护着一个大型的违约上市公司数据库，据报道，有超过 2500 家公司违约。

[2] 在对模型的说明中，作者受益于与穆迪 KMV 公司的 Stephen Kealhofer、Peter Crosbie，以及 CapMAC 公司的 Jan Nicholson 的讨论，并且还从他们那里收到了本章早期版本的书面评论。本书中存在的任何剩余错误或遗漏，由作者负责。

量应该是重要的，以及在数学上应如何将它们组合起来。统计方法根据经验确定重要的因素，并且在确定最稳健的因素之前考虑结构性假设和替代关系。更常规的统计方法，例如，神经网络，很少做结构上的假设，但代价是需要大量的数据进行适当的拟合。所有的方法，包括 KMV 模型，都包含“拟合”的因素，其区别在于与实证经验相拟合的程度有所不同。

2 种方法都具有成本和收益。没有哪种概念方法可以提供真正的预先说明，明确到底哪些变量应该包含，哪些又应该被排除，历史上对不同替代方案的检验在概念上与统计上的模型拟合是一致的。通过缩小可能的变量的范围和减少相互作用的类型，使用概念方法过度拟合偏差的可能性较低，但也存在拟合不足的可能（缺失可能的重要变量）。过度拟合与拟合不足都会导致不理想的结果。

概念方法的稳定性依赖于概念是否正确、是否被正确应用，以及在模型中的估计稳定性。统计方法的稳定性依赖于正确识别重要变量、变量的关系结构、满足分布假设，以及对独立样本的严格检验。随着时间的推移，我们在工作中会对基础问题有更深入地理解，这 2 种方法都有继续完善的可能性。

然而，真正的问题是这些方法的效果到底如何，以及它们的使用在多大程度上有助于改善机构的财务业绩。不能应用的概念方法与可应用的统计方法相比没有任何优势。遗憾的是，目前在文献中还没有关于比较不同方法之间的内容，而在进行此类研究之前，我们需要对不同方法的优缺点做出评判。

除了强调它们的不同之处，也应该注意它们的相似之处。为了评估相似度，我们计算了 1995 年的 EDF，以及基于 865 家公司账面价值的 ZETA 得分的 Spearman 相关系数[1]。系数是 0.7031，在 0.001 的水平上显著，这表明 2 种系统之间具有很强的相关性。在 EDF 排名中大约有一半的变化可以使用 ZETA 得分排名来解释，反之亦然。

违约距离包含 2 种主要类型的指标：杠杆率和波动率。公司的市场价值和公司负债之间的关系是一种杠杆关系，尽管其是基于市场价值而不是账面价值的。这种杠杆是根据公司的波动率来判断的，其同样是基于市场价值而不是账面价值。ZETA 模型中包含大量由账面杠杆率和偿债比率衡量的杠杆信息，以及由收益稳定性和规模衡量的波动信息，这 2 项指标之间存在显著相关性。

如前所述，KMV 模型最显著的特点是，它为市场价值和违约概率建立了直接联系。从历史上看，特定公司的 EDF 值的变化与公司股权价值的变化之间存在密切联

[1] Spearman 相关系数与更常见的 Pearson 相关系数相似，二者均用于测量数值对之间的关联度。Spearman 相关系数用于比较，其结果比任何绝对量度都更能指示等级相关性。ZETA 值和 KMV 值虽以数值的方式表示，但它们反映的是一组公司违约的相对可能性，而不是绝对可能性。有关等级相关的更多详细信息，请参阅 Lehmann（1975）。

系，这种联系比任何现有的统计模型都要紧密得多。在 KMV 模型看来，这是一个理想的特征，它代表着股票价格信息向信用信息的转换。在很大程度上，KMV 模型代表了从会计方法到市场价值方法过程中研究范式的变化。

11.8 违约模型的预测能力

大多数违约模型都展现了它们能够正确地预测近期的企业违约或破产事件，从而使人们注意到它们的有效性。虽然这令人印象深刻，也是必要的，但是很少能看到在公开的例子中有模型预测公司财务困难，而在随后的发展中公司却没有发生不利事件的情况。因此，在研究违约模型时，必须在实例和轶事证据的基础上寻求更有力的有效性统计检验工具。下面的讨论涉及 KMV 模型的诸多方面，同样也适用于其他模型。

检验违约模型的预测准确性的最简单方法是将具体预测与实际结果进行比较。例如，如果模型预测一组公司在一年内的无条件违约概率[1]为 25%，而这一组中有 25%的公司在随后的一年内确实发生了违约，那么该模型的准确率就是 100%，预测误差为 0%。根据事前值（估计值）和事后值（实际值）计算出的预测误差是对模型效果的最佳检验。如果模型给出的违约概率的预测值是 25%，而实际的违约概率为 35%，那么模型预测误差就是 40%（35%减 25%的差再除以 25%）。如果模型预测的违约概率是 25%，实际的违约概率是 15%，那么违约误差仍为 40%（25%减 15%的差再除以 25%）。然而，第 I 类错误（未预测到违约）所付出的代价比第 II 类错误（过度的预测违约）高出许多倍。需要注意的是，预测误差不是通过将模型应用于某一家公司来计算的，而是通过将其应用于一组具有相似违约概率的公司得到的。

对违约模型的预测能力的最佳测试是从收集尽可能多的公司数据开始的，这些公司包括后来的违约公司和未违约公司。对于每家公司，模型值是根据在违约事件发生前预先设定的时间计算得出的（后续违约公司、未违约公司和违约公司需同时进行计算）。对于模型值的每个可能水平，可以假设低于该水平的公司将会违约，高于该水平的公司将不会违约，然后将这些预测与随后得出的结果进行比较。

如前面所述，有 2 种可能的错误类型：预测会违约但是公司没有违约，以及预测不会违约但是公司确实发生了违约。我们可以确定每个水平的模型值的错误类型。由

[1] 无条件是指不必附加任何其他条件，例如，行业成员资格或债券评级。也就是说，除了模型用作输入的信息，没有其他信息。

此产生的关系能提供关于模型违约预测能力的全面表征。

这种测试的绝对结果取决于所使用的特定样本。一般来说，将通过某一组得到的结果与另一组的结果进行比较是不合适的。为了比较 2 种不同的模型，应选取完全相同的样本公司，并且只包括同时适用 2 种模型的公司。

这种测试的局限性在于只关注违约预测。对于几乎不会违约的高质量公司群体，想要从违约预测能力方面得出有关模型效率的相关结论十分困难。为了进行定价或投资组合管理，人们通常希望能够使用一种模型对公司的风险进行排名，特别是在较高质量的范围内。对于较高质量的公司，模型可能表现出相似的违约预测能力，但提供了令人惊讶的不同的违约风险排名，这仅是因为预测的违约概率很低，而且很少有后续违约可以用来验证一种模型与另一种模型。

在一个理想的世界里，人们可以通过观察公司的违约风险排名与债务工具的市场价格之间的一致性来检验高质量公司的评级。然而在实践中，这种做法难以实现，因为高信用风险资产的价格差异不完全取决于违约风险，供求状况、投资者风险溢价与预期损失的差异、流动性风险，以及州税等其他因素，都在资产定价中发挥作用。

最后，只有在投资组合风险和收益的背景下，模型之间的比较才是有意义的。世界上的信用等级是自然分布（例如，AAA 级信用比 BBB 级信用少得多）的，而且每一种信用都有一个由市场决定的风险溢价。与其比较模型之间的预测错误率，不如基于一致的决策规则与约束的交易模拟进行更直接的评估，并将由此得出的利润和损失数值进行比较。固定收益投资组合管理的创新越来越多地使用这种方法，例如，由穆迪 KMV 公司的 2 位创始人创立的资产管理公司 Diversified Credit Investments, Inc.使用了一种资产评估方法，即使用 KMV 模型来指导资产选择过程。在信用衍生产品市场中，隐含违约概率和隐含收益率在用于评估信用互换利差的模型中具有重要地位。

11.9 KMV 模型的违约预测结果

穆迪 KMV 公司公布的结果表明，KMV 模型是一个比标准普尔评级更强大的违约预测方法。例如，使用 EDF（排除了 72%的后续违约公司）只能排除 20%的非违约样本，而使用标准普尔方法（排除了 72%的后续违约公司）却排除了近 30%的非违约样本。虽然机构债券评级为评判业绩表现提供了更方便的基准，但需要指出的是，市场并不认为债券评级的变化传达了及时的信息（Wakeman，1990）。超越评级机构是一个必要条件，但绝不是充分条件，因为债券收益率似乎也会导致评级发生变化。有关 EDF 的最新评估可参考 Bharath 等（2005）。

Helix 模型也是一种基于市场价值的模型，其在预测标准普尔评级变化方面的表现说明了这一点，如表 11.1 所示，它强化了预测评级变化是可能的这一观念。即使债券评级不是对企业信用风险的最终评判，由 KMV 模型、ZETA 模型和其他模型发布的比较结果也会对这些模型的使用者有所帮助。

表 11.1 Helix 模型在预测标准普尔评级变化方面的表现

	Helix 模型实例				
	总计	超前	同时	滞后	不相符
升级	203（100%）	157（77.3%）	5（2.5%）	5（2.5%）	36（17.7%）
降级	217（100%）	144（66.4%）	7（3.2%）	12（5.5%）	54（24.9%）
总计	420（100%）	301（71.7%）	12（2.9%）	17（4.0%）	90（21.4%）

来源：Helix Investment Partners, L.P（1997）。

接下来的问题就是 EDF 模型能够在多大程度上预测公开交易债券的收益率变化，这个问题已经取得了一些具有前景的结果，但明确的研究截至原书出版时尚未发表[1]。

11.10 应用

从历史上看，银行在做放贷决策时往往会忽略股票的市场价格。从 KMV 模型或 Helix 模型等将市场价值引入贷款等式的程度来看，这一做法肯定会提高银行决策的质量。金融机构（主要是商业银行）对 KMV 模型的实际应用具有较大差别。在一些极端情况下，一些银行仅将公司的 EDF 作为其咨询的一般信息之一。而其他机构已经正式引入 EDF 模型，作为对传统信用分析的补充。还有一些公司利用 EDF 模型进行内部风险评级[2]。有些机构将 EDF 模型作为投资组合审查小组的早期预警工具，用来向贷款专员通报公司的风险变化情况。至少有一家机构在进行贷款定价及与银行债务交易相关的估值时，会将 EDF 作为衡量信用风险的唯一指标。

[1] 穆迪 KMV 公司使用了期权调整后的 108 只债券的收益率利差（Vasicek，1995）进行研究，发现使用 EDF 模型来确定定价过低或定价过高的投资组合会产生大量的超额收益。然而，由于报告的债券价格和价差可能存在误差，作者对结果提出了警示。

[2] EDF 模型可能会经常发出风险评级频繁变化的信号，这可能会被视为负面消息。KMV 模型的观点是，借款人的信用风险确实在不断变化。

穆迪 KMV 公司通常建议银行以最适应其情况的方式使用 KMV 模型。对一些银行来说，EDF 模型可以作为优先考虑信用决策的工具。它还可以帮助银行减少花费在评估违约风险上的时间，从而把更多的资源集中在构建交易上，以便在违约的情况下获得最大限度的赔偿。在几乎所有的情况中，EDF 模型都倾向于充当催化剂，促进管理层对信用风险进行思考。

EDF 模型也是一种利用股票市场信息对债务进行估价的创新方法。银行再也不能忽视股票市场信息，它们需要不断监测股票市场估值，并解读其对信用风险的影响。如果一个模型能够客观而持续地做到这一点，那它就像蒙特利尔银行的 Brian Ranson 在接受本书作者 Paul Narayanan 和 John Caouette 采访时所述的那样，“这就是你箭筒中的另一支箭”。显然，正如他继续指出的，一家机构不能完全依赖一种模型的信息，当然也不能忽视它们。巴克莱资本（Barclays Capital）的结构化金融主管 John Hopper 在接受本书作者 Paul Narayanan 采访时表示，KMV 模型非常有用，但是也必须与其他信息一起使用，有时还要对其加以修改，以此适应特定融资的独特结构，例如，基金次级参与。

11.11 EDF 在资产评估中的应用：结构化模型和简约化模型

信用违约互换（Credit Default Swap，CDS）市场在过去 10 年中的发展使人们了解了市场是如何为信用风险定价的。尽管受各种技术和金融因素的影响，公司的信用违约互换利差可能大不相同，但从其借入资金所支付的信用利差来看，交易信用风险的能力已经使纯信用风险作为资产类别出现，并且催生了买卖信用风险的新型投资者。针对信用风险的“多空”基金就是一个例子。利用穆迪 KMV 公司的 KMV 模型进行信用风险评估的情况越来越多，如穆迪 KMV 公司的 CreditEdge 工具和 RiskMetrics 集团的 CreditGrades 工具。资产价值的推导一直是 KMV 模型的核心问题，现在已经公开化。利用 Merton 的债务期权结构对信用风险资产进行估值的模型被称为结构化模型。经过一些修改，这一模型被应用于穆迪 KMV 公司的投资组合管理过程，以减少使用 Merton 提出的简单框架所造成的估值误差。

虽然结构化模型使用了资产价值和债务价值之间的因果关系来开发资产价值，但另一类简约化模型所使用的方法是在给定的违约过程（或违约强度）中评估风险资产，也就是说，变量是外生的。在这种方法中，模型认为在一个投资者行为是风险中性的理想化世界里，违约概率具有这样的值：当概率加权的债券的未来现金流通过无风险利率折现时，所得现值恰好等于观察价格。如前面所述，结构化模型和简约化模型正在信用违约互换市场的估值过程中得到应用。Turnbull（2005）对这 2 种模型尚未解决的问题进行了较好的总结。

11.12 KMV 模型的改良（1995—2006）

KMV 模型最初于 1985 年被引入资产波动模型，虽然其最初的公式被认为是不变的，但模型从最开始就进行了改进。最近的改进包括使用穆迪 KMV 公司更大、更新的违约数据库，将违约距离与 1 年期 EDF 对应，将 1 年期 EDF 的下限从 2 个基点调整为 1 个基点，上限从 25%调整到 35%，并且重新规划了 EDF 的期限结构（例如，2～5 年的 EDF），使其更符合未来的实际情况。

KMV 模型还有一个重要变化，由于原来的 KMV 模型倾向于夸大金融企业的 EDF，所以金融机构在建模时使用了一种略有不同的方法。许多金融公司具有独特的业务性质，即它们的行为像是一个投资组合和一些特许经营业务的组合，并且在实际中可以选择扩大或缩小特许经营业务的范围，这使得它们有别于传统的工业公司。对这些金融公司来说，资产价值波动率是由其组成部分的相互作用决定的，这些组成部分分别属于金融资产组合，以及特许经营业务或服务业务。使用这种双业务方法可以提高公司估算 EDF 的准确性。

11.13 结束语

KMV 和 ZETA 等创新模型为决策者在不断变化的世界中提供了处理信用风险管理的额外工具。需要注意的是，Jules Henri Poincare（1914）曾告诫：“怀疑一切或相信一切是两个偷懒的解决方案，它们都不需要认真思考。”

谨慎的做法是既不全盘接受，也不全部否认，而是对它们进行客观的审查，并且将它们与其他信息来源结合起来进行信用风险决策。

原书参考文献

Arditti, F. D. 1996. Derivatives: A Comprehensive Resource for Options, Futures, Interest Rate Swaps, and Mortgage Securities. Boston: Harvard Business School Press.

Bharath, S.T., and T. Shumway. 2005. Forecasting Default with the KMV-Merton Model. University of Michigan Working Paper.

Black, F. 1986. Noise. Journal of Finance 41, no. 3: 529-543.

Bohn, J. R., and N. Arora. 2006. EDF Credit Measures: Advancements and Evidence,-presented at Moody's KMV Credit Practitioner Conference, September 18-21, 2005. Key Biscayne, Florida.

Black, F., and M. Scholes. 1973. The Pricing of Options and Corporate Liabilities. Journal of Political Economy 81, no. 2: 637-654.

Bodie, Z., and R. C. Merton. 1995. The Informational Role of Asset Prices: The Case of Implied Volatility. In The Global Financial System, by D. B. Crane et al. Boston: Harvard Business School Press.

Fridson, M. S., and J. G. J 'onsson. 1997. Contingent Claims Analysis Does not Cover All Contingencies. Journal of Portfolio Management 3, no. 2: 30-43.

Galai, D. 1982. A Survey of Empirical Tests of Option Pricing Models. In Option Pricing: Theory and Applications, edited by M. Brenner, Lexington, MA: Lexington Books.

Haugen, R. A. 1997. Modern Investment Theory, 4th ed. Upper Saddle River, N.J.: Prentice Hall.

Helix Investment Partners, L.P. 1997. The Credit Ranker, December 1996/January 1997. Los Angeles.

Helix Investment Partners, L.P. 1997 Credit Rankings, October 1997. Los Angeles.

Jarrow, R. A., and A. Rudd. 1983. Option Pricing. Homewood, Ill.: Dow-Jones Irwin.

Kliger, D., and S. Oded. The Information Value of Bond Ratings. forthcoming.

Kealhofer, S. 1996. Managing Default Risk in Portfolios of Derivatives, mimeo.

Moody's KMV Corporation.

Lehmann, E. 1975. Nonparametrics: Statistical Methods Based on Ranks. San Francisco: Holden-Day, Inc.

Markowitz, H. 1952. Portfolio Selection. Journal of Finance 7, no. 1: 77-91.

McQuown J. A. 1995. A Comment on Market vs. Accounting Based Measures of Default Risk. San Francisco: Moody's KMV Corporation.

Merton, R. C. 1973. Theory of Rational Option Pricing. Bell Journal of Economics and Management Science 4, no. 1:141-183. Corporate Credit Risk Models Based on Stock Price 199.

Merton, R. C. 1974. On The Pricing of Corporate Debt: The Risk Structure of Interest Rates. Journal of Finance 29, no. 2: 449-470.

Merton, R. C., and Z. Bodie. 1992. The Management of Financial Guarantees. Financial Management. 21, no. 4: 87-109.

Moody's KMV Corporation. Undated. Empirical Analysis of EDF as a Predictor of Default, unpublished memorandum.

Moody's KMV Corporation. 1992. Credit Monitor II Overview. San Francisco.

Moody's KMV Corporation. 1995. Introducing Credit Monitor Version 4. San Francisco.

Moody's KMV Corporation. 2005. Structural Models of Credit Risk: A Case Study of Three Models San Francisco.

Newton, B. 1993. Modeling Credit Risk, presented at Bank Loan Portfolio Management Conference, IMI, New York, New York, October 27-28. Barra Associates, Berkeley, Ca.

Poincar'e, H. 1914. Science and Method, preface by Bertrand Russell. New York: Dover Publications.

Roll, R. 1994. What Every CFO Should Know about Scientific Progress in Financial Economics: What Is Known and What Remains to be Resolved." Financial Management 23, no. 2: 69-75.

Sellers M., and N. Arora. 2004. Financial EDF Measures: A New Model of Dual Business Lines—Modelling Methodology. San Francisco: Moody's KMV Corporation.

Sharpe, W. F. 1964. Capital Asset Prices: A Theory of Market Equilibrium under

Conditions of Risk. Journal of Finance 19, no. 3: 425-442.

Turnbull, S. M. 2005. Unresolved Issues in Modeling Credit-Risky Assets. Journal of Fixed Income 15, no. 1: 68-87.

Vasicek, O. A. 1995. EDF and Corporate Bond Pricing. San Francisco: Moody's KMV Corporation.

Wakeman, L. M. 1990. The Real Function of Bond Rating Agencies. In The Modern Theory of Corporate Finance, edited by C. W. Smith. New York: McGraw-Hill.

第 12 章　消费者金融模型

当你排除了所有的不可能，剩下的无论多么不可思议，都一定是真相。

——Sir Arthur Conan Doyle，*The Sign of Four*

消费信贷行业是美国金融市场的较大组成部分，消费者债务对经济的影响巨大，因此受到政策制定者和分析人士的密切关注。消费信用增长的变化往往是衡量经济好转或放缓的主要指标。消费者债务还本付息率（Consumer Debt Service Ratio），这一用于衡量个人可支配收入与利息和本金支付关系的指标，其恶化往往与经济衰退同步。消费信贷行业的贷款总规模超过 12 万亿美元。根据美国联邦储备银行的数据，2006 年中期用于住宅房地产的消费者贷款超过 10 万亿美元，用于其他目的的消费者贷款为 2.3 万亿美元。

大多数人对于住房抵押贷款市场都很熟悉，无论是单户住宅还是多户住宅，但是对其他大量个人借款却知之甚少。这些产品包括有担保的非循环产品，如房屋净值贷款或汽车和船舶贷款，以及以信用卡为主的无担保循环产品。关于非房地产消费者债务主要提供者的更多细节，包括商业银行、金融公司、信用合作社、联邦政府及其代理机构，以及储蓄机构非金融公司等，可参考表 12.1。证券化为一般消费者债务提供了近 40%的融资，并且在消费者房地产市场中发挥了更大的作用，在这一市场，证券化提供了近 60%的融资。

表 12.1　循环债务与非循环债务（单位：百万美元）

主要提供者	循环债务	非循环债务
商业银行	300068	411189
金融公司	70688	448264
信用合作社	25755	208484
联邦政府及其代理机构	—	102394
储蓄机构	39876	60845

续表

主要提供者	循环债务	非循环债务
非金融公司	11677	45400
证券化池	397355	228114
总计	845218	1504330

来源：联邦存款保险公司（2006）。

如图 12.1 所示，自第二次世界大战结束后，一般消费者金融产品的受欢迎程度稳步提高。消费者对贷款的需求较高，许多消费者谨慎地借款，以此满足自身对更多耐用消费品和服务的迫切需求，而这违背了未来偿还的承诺。问题出在贷款机构，尤其是银行身上。银行多年来一直受到限制，首先，它们以市场利率筹集新存款和按市场利率放贷的能力被严格监管；其次，大规模消费者贷款技术和技能发展缓慢。这些情况在 20 世纪 80 年代初期发生了变化，当时许多州提高了高利贷利率上限，并且修改了相关银行法规，允许引入货币市场存款账户。

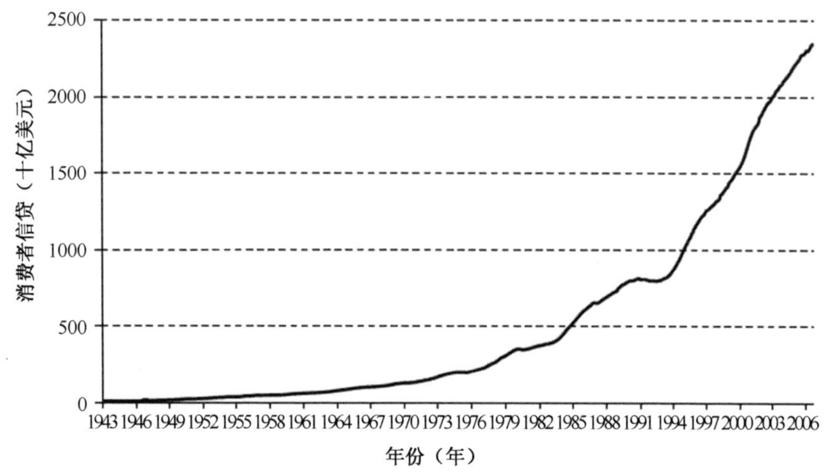

图 12.1　1946—2006 年的消费者信贷

注释：系列按季节调整。

来源：美联储（2006）。

这些变化的结果是允许贷款人增加存款、收取更高的利率，并且采用更加激进的放贷政策。消费者贷款成为一项利润丰厚、颇具吸引力的业务，信贷基础设施也迅速变化，以促进其出现进一步增长。抵押贷款支持证券的证券化始于 20 世纪 70 年代中期，并且迅速增长。随后，这项技术被推广用于一般的消费者金融产品，如第一批汽车证券化于 1982 年完成，第一批信用卡证券化于 1986 年完成。大众市场消费者贷款是一项规模庞大的业务，需要对系统、流程和基础设施进行大量前期投资，这些共同组成了其进入市场的重大障碍。

消费者信用风险管理系统适用于整个零售产品范围，从分期付款信贷到房屋净值贷款，再到信用卡和分时度假。这些系统使用了一系列技术，并且依赖提供基本服务（从信贷机构到催收机构）的企业的深层次支持。这也是数据挖掘的概念与过程的起源。

近年来，随着消费者债务激增，消费者破产和拖欠债务也在同比增加，几乎每年都有新纪录出现，如图 12.2 所示为偿债比率。

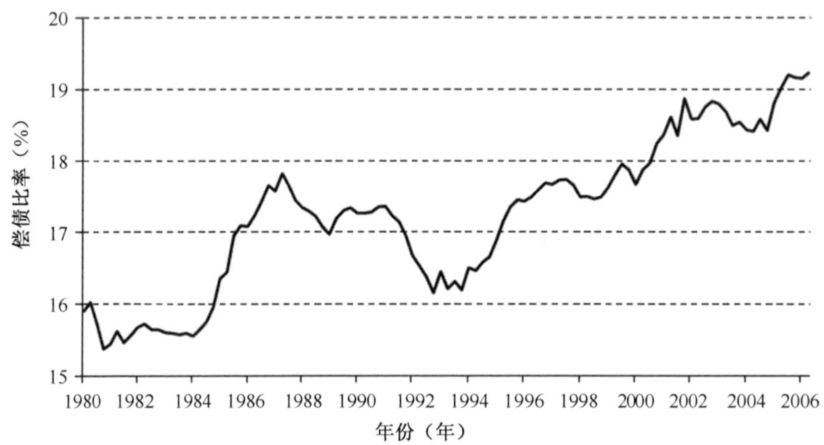

图 12.2　偿债比率

来源：美联储（2006）。

信贷审查标准如下。

- 债务与工资之比最大不可超过 60%。
- 申请人的年龄大于（或等于）25 周岁。
- 在目前的岗位最少已工作 2 年。
- 受所属行业的限制，例如，不是在娱乐圈工作的人，不是出租车司机。

申请破产的企业数量在一个相当小的范围内波动，而消费者申请破产的数量几乎是在逐年增加。

在过去的 25 年里，我们已经看到了拖欠率波动，如图 12.3 所示，如今情况仍然如此。

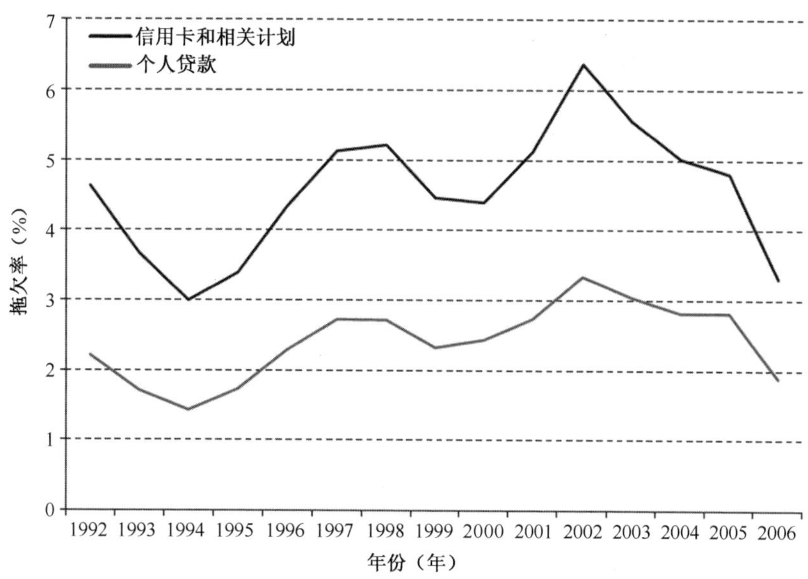

图 12.3 拖欠率波动

来源：联邦存款保险公司（2006）。

12.1 消费者信用评分模型

如果没有消费者信用评分模型的发展，消费信贷不可能有如此巨大的增长。这些最初都是基于对申请人信誉的判断分析。对于担保贷款，特别是住房抵押贷款，许多贷款机构仍然主要依赖潜在的安全性和简单的判断进行评分。经典的判决批准信用标准如下。

- 在现居住地居住最少 1 年，同时，需要提供电话号码和居住证明。
- 对于边缘个例，必须有 3 年可核实的居住史。
- 在当前工作岗位至少工作 1 年。
- 对于边缘个例，必须有 3 年可证实的工作经历。
- 对于应届大学毕业生，免除就业年限的要求。
- 每月最低收入 1500 美元及收入证明。
- 个体户必须提供美国报税 1040 表格的复印件。
- 基于汽车付款、按揭、保险、流动贷款和其他固定债务的 50%的债务比率。

■ 信用机构评级。

随着贷款规模的增加，交易速度提升了很多倍，从抵押贷款到小额个人贷款的交易规模都在缩小，信用评分模型变成了基于计算消费者信誉的算法的纯粹统计模型。

这些统计模型分为 2 类：应用评分模型和行为评分模型。应用评分模型是静态模型，其具有一定数量的变量。如表 12.2 所示为信用评分变量及其对评分的影响。

表 12.2 信用评分变量及其对评分的影响

变量	影响
租借或自有	自有 = +
在当前地址的年数	高 = +
个人收入	高 = +
婚姻状况（单身、已婚、离婚、分居）	已婚 = +
职业	变化
信用机构的查询记录[a]	较少 = +
其他信用卡	是 = +
石油公司信用卡的拥有情况	是 = +
信用历史上的不良记录数量	较少 = +
严重的毁约次数	较少 = +
过去 6 个月的查询数量	较少 = +
提供电话号码（是或否）	是 = +
在当前岗位上工作的年数[b]	较高 = +

[a] 信用机构的报告已被证明具有相当大的预测价值，可参考 Chandler 等（1989）。

[b] 这一项已不那么有价值，因为债权人现在认为收入稳定比工作稳定更重要。

行为评分模型中包含更多的信息，这些信息是动态的和不断更新的。许多美国大型银行从交易客户的账户中获取行为评分数据，以此更好地了解客户的支出、储蓄模式，以及其现金流。

消费者信用评分模型的最大开发者和信用评分的提供者是信用报告机构，其也被称为信用机构。美国市场主要有 3 家信用机构，分别是 Experian、Equifax 和 Trans Union。例如，2006 年 Experian 的数据库拥有超过 2.15 亿名消费者和 1.1 亿个家庭的相关数据。这些机构使用的模型必须遵守联邦条例，特别是美国联邦储备委员会条例 B，该条例明确禁止这些数据被用于任何有关种族、性别、宗教、民族血统或婚姻状况的模型，同时要求机构的模型在统计上是基于经验且可靠的。

每家机构都拥有独家评分规则，这些规则要么由机构内部开发，要么由外部供应商开发，对于相同的人，这些机构给出的评分肯定有所不同，因为它们的模型、定义和数据库都是独立的，而且略有不同。最大和最有影响力的外部供应商是 Fair Isaac 公司，其产品被称为 FICO 评分，分值范围为 300～850 分。美国的 FICO 评分中位数为 725 分，一般低于 660 分就被认为是次级贷款。虽然这些公司没有披露计算评分的确切公式，但 Fair Isaac 公司使用了 10 种不同的记分卡，并且确定了如下评分组成部分及其大致权重。

- 35%基于付款的准时程度。
- 30%基于未达到循环债务上限的循环债务数量。
- 15%基于信用历史的长度。
- 10%基于信用组合的使用情况。
- 10%基于最近的任何查询或最近成功申请的信贷。

在 2005 年，Experian、Equifax 和 Trans Union 这 3 家机构成立了一家新的合资企业，名为 VantageScore LLC。2006 年春季，VantageScore LLC 推出了一个新的评分模型，该模型基于 1500 万个消费者样本开发，每家机构提供 500 万个样本，关于同一个人的信息，均使用一致的定义及相同的日期。评分的分数从 501～990 分被划分为从 A 到 E 的 5 个波段，其中 A 波段（901～990 分）具有非常低的风险，在 501～600 分的 E 波段具有非常高的风险。这些分数可能会变得非常有意义，因为各机构正在使用相同的算法并应用新的一系列分散化记分卡。如果评级机构之间给出的评分存在差异，那么消费者和贷款人将知道这是数据的差异导致的，而不是评分模型的差异导致的。VantageScore LLC 披露了其评分模型的组成部分及所占权重，具体如下。

- 32%基于历史付款。
- 23%基于限制利用率。
- 15%基于未付欠款。
- 13%基于信用历史的深度。
- 10%基于最近的信用查询或申请。
- 7%基于信用总额。

VantageScore LLC 声称它们的评分模型将为信用历史记录有限的消费者提供更好的风险预测、细分和评估“薄”文件。

鉴于评分机构所出具的报告的重要性，美国消费者可以依法每年免费向各机构索取一份自己的报告副本。

12.2 消费者信用评分模型的设计

消费者信用评分模型的设计与实现的基本步骤如下（Cathcart，2004）。

- 定义业务问题。
- 数据选择、过滤、采样。
- 选择建模方法。
- 模型发展。
- 解释结果。
- 独立审查后批准。
- 在业务上实施。
- 维护和监控。

消费者信用评分模型的基本假设是，存在一个度量标准，使群体能够形成良好信用和不良信用这 2 种不同的分布，如图 12.4 所示。

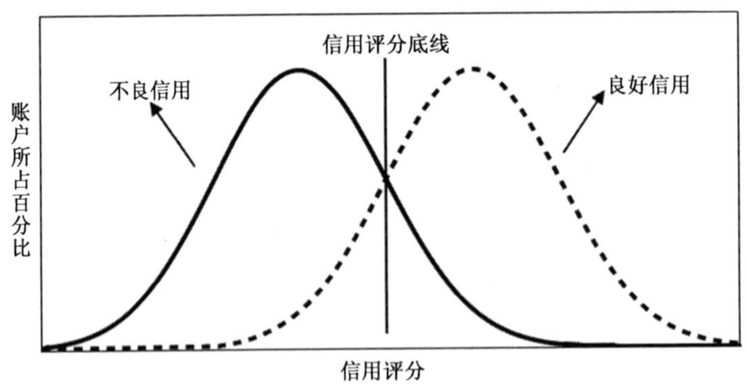

图 12.4 消费者信用评分模型中良好信用和不良信用评分的分布

这 2 个群体之间会产生一些重叠，例如，在每 100 名被接受的申请人中有一些会违约，而在每 100 名被拒绝的申请人中反而有一些不会违约。消费者信用评分模型的目标是在 2 个群体之间设置 1 个临界点，使申请人池中的收入在信用出现损失后得到优化。这就是为什么定义业务问题是关键起点，因为必须充分了解群体和金融产品。

通常，当贷款机构开始提供一种新产品或与新客户群体打交道时，它们几乎没有可用的数据。在这样的情况下，它们将不得不使用外部供应商提供的统计样本，直到它们有机会建立自己的数据库。即使有了自己的数据，它们也需要仔细选择和筛查使用的数据。这一步需要注意细节，并且通常是模型构建过程中最耗时的步骤。事实证明，在这一步出现的错误可能会对最终的模型造成致命的影响。收集到的数据可分为用于建立模型的一组训练数据集，以及用于验证模型结果的一组测试数据集，这 2 组数据必须具有统计学上的可比性。

消费者信用评分模型的开发过程通常如下。基于贷款人的实际信用经验，选取具有代表性的良好信用样本和不良信用样本[1]。对于不良信用，我们需要使用一致的定义，通常基于三次付款拖欠认定。具有良好信用的账户是指那些没有经历过这种拖欠的账户。需要注意的是，在这一阶段及这个模型没有考虑盈利能力。

为信用申请表中捕获的每个属性开发一个度量或权衡系统。设置每个属性的捕获方式可以减轻应用程序的运行负担，并且在区分过程中具有重要意义。单变量统计，如 t、F 和 R 平方统计被用来识别重要变量。一些分析师建议使用主成分分析来消除高度相关的变量，否则会产生多重共线性，从而导致评估出现问题。

账户绩效信息（好与坏）仅适用于被贷款人接受了的群体，这就排除了被拒之门外的群体。贷款人了解所有数据对于建模目的的重要性，并且将保存这个被拒绝群体的记录。然而，如果贷款人没有跟踪这个群体，有时就会通过构建一个模型来区分被接受群体和被拒绝群体。利用这个模型可以导出任何被接受账户的概率 P_a。根据定义，对于每个符合配置条件的被接受账户，都有（$1-P_a$）的被拒绝概率。这是按数量 $1/P_a$ 加权的，使样本可以模拟最初申请信用时的账户总体。这种权重适用于被接受信用样本中的每个账户，无论其是良好账户还是不良账户。例如，如果最初接受样本的概率是 50%，就意味着在 2 个申请人中有 1 个将被接受。其中隐藏的关键假设是：① 被拒绝群体中不包含在任何情况下都不具有信用资格的子群体（可能处于破产状态）；② 被接受群体中不包含在任何情况下都会被接受的子群体（可能是贷款人的雇员）；③ 在做出最初的接受/拒绝决定时，所使用的是每个群体的数据集。

采用多变量法选择最佳变量和权重能够最有效率地分离出 2 组变量。这个技术可以是最优化方法、判别分析、logit 分析、probit 分析或生存分析[2]。建立的方程式应该能够区分良好账户与不良账户，因此，分数分布之间的重叠越少，模型就越好。

---

[1] 在样本设计中，消除样本偏差是确保设计的模型具有统计有效性的一个极其重要的步骤。有些群体可能会基于地理、性别和年龄等其他因素表现出差异，其中一些可能从数据集中就可以看出，而另一些可能无法看出，要么是因为没有被收集，要么是因为它是一种被禁止的数据类型。样本应该是尽可能随机的，同时，样本容量应较大。

[2] 关于这些技术的讨论，见 Han 等（2001）的研究。

此时，建模者需要对结果进行解释，并且对模型提出较为直观的质疑。例如，它们是否捕捉到了业务领域的细微差别，以及是否与使用不同方法（如年份分析或滚动率分析）得出的结果进行了合理比较。

12.3　模型充分性的检验

当对一个模型进行统计有效性检验时，评分模型中变量的权重应该具有直观意义。例如，收入变量预期会产生积极的信号。此外，这些变量不应违反禁止贷款歧视的法律。例如，可以将年限作为变量，只要它不给分数带来负面影响。常用的一种检验方式是比较良好信用和不良信用的分数分布。如果显著性检验表明这 2 种信用的分数分布具有统计学差异，就可以进一步分析该模型的可接受性[1]。同时，需要铭记一点，在诊断上表现良好的模型不一定是最好的预测模型。

这可以通过 Kolmogorow-Smirnow（K-S）检验的例子来证明，其通常被用于评估信用评分模型。K-S 统计量是在 2 个经验分布函数之间观测到的最大纵坐标差。当 2 个样本的类别限制相等时，使用累积频率 F_1 和 F_2 除以相应的样本大小 n_1 和 n_2。K-S 统计量 D 即为

$$D = \max\left|\left(\frac{F_1}{n_1} - \frac{F_2}{n_2}\right)\right| \tag{12.1}$$

在这个例子中，样本容量为 10 人，其原始信用分数如表 12.3 所示。

表 12.3　原始信用分数

不良信用	2.1	2.9	1.2	2.9	0.6	2.8	1.6	1.7	3.2	1.7
良好信用	3.2	3.8	2.1	7.2	2.3	3.5	3.0	3.1	4.6	3.2

为了计算 K-S 统计量，可将这些分数按升序排序，如表 12.4 所示。

表 12.4　按升序排列的分数

不良信用	0.6	1.2	1.6	1.7	1.7	2.1	2.8	2.9	2.9	3.2
良好信用	2.1	2.3	3.0	3.1	3.2	3.2	3.5	3.8	4.6	7.2

[1] 使用的 2 个检验统计量是 Kolmogorow-Smirnow（K-S）的两样本统计量和卡方统计量。关于这些方法的描述，见 Sachs（1984）的研究。

观察表 12.5 可以发现，其列出了落入各区间的分数的数量。例如，有 4 个不良信用的分数在 2.0～2.9，而在良好信用中只有 2 个分数落在此区间。二者的绝对差值的最高值为$\frac{7}{10}$，这是给定样本容量的临界值[1]。因此，2 种信用分数的分布具有显著差异。但考虑到统计量的敏感性，如果只是其中一个分数碰巧略有不同，那么这个统计数据就不再重要了。在给出的例子中，如果在不良信用样本中观察到的一个分数是 2.9 而不是 3.0，那么检验统计量将变为$\frac{6}{10}$，这意味着同质性假设不能被拒绝。因此，在 20 个观测值中，只要有一个值发生 0.1 的变化，就可以使模型从统计显著变为统计不显著。

表 12.5 计算 K-S 统计量

区间	0.0 ~ 0.9	1.0 ~ 1.9	2.0 ~ 2.9	3.0 ~ 3.9	4.0 ~ 4.9	5.0 ~ 5.9	6.0 ~ 6.9	7.0 ~ 7.9
f_1	1	4	4	1	0	0	0	0
f_2	0	0	2	6	1	0	0	1
$\frac{F_1}{n_1}$	$\frac{1}{10}$	$\frac{5}{10}$	$\frac{9}{10}$	$\frac{10}{10}$	$\frac{10}{10}$	$\frac{10}{10}$	$\frac{10}{10}$	$\frac{10}{10}$
$\frac{F_2}{n_2}$	$\frac{0}{10}$	$\frac{0}{10}$	$\frac{2}{10}$	$\frac{8}{10}$	$\frac{9}{10}$	$\frac{9}{10}$	$\frac{9}{10}$	$\frac{10}{10}$
$\frac{F_1}{n_1}-\frac{F_2}{n_2}$	$\frac{1}{10}$	$\frac{5}{10}$	$\frac{7}{10}$	$\frac{2}{10}$	$\frac{1}{10}$	$\frac{1}{10}$	$\frac{1}{10}$	0

如果信用分数的临界值设置为 3.9，那么模型执行起来会更加有效。在分数为 3.9 或更高的情况下，所有不良信用都被排除在外。然而，如果申请人信用分数样本主要落在 2.0 附近，那么临界值必须减少到 2.0，在 10 个申请人中可能有 5 个就拥有不良信用。显然，这不是一个令人满意的结果。因此，统计上显著的模型可能会产生令人无法接受的结果。虽然这是一个使用较小样本的非常简单的例子，但它确实说明了完全依赖显著性统计检验的缺陷。

还有一种测试模型质量的方法，即基尼系数，也被称为累积精度剖面。可涵盖整个分数范围的模型的预测准确度，将与简单模型的预测准确度进行比较（例如，它以同样的方式处理所有不良信用与良好信用）。

[1] 统计量 D 是非参数统计量，即它是自由分布的。关于统计量 D 的临界值表，请参阅 Sachs（1984）的研究。

12.4 样本外检验

由于模型存在样本偏差，所以开发样本的分类结果总是较好。也就是说，根据定义，模型的构建是为了使样本内的差别最大化。可以基于独立的样本对模型进行更有效的测试，该测试包括根据计算出的每个申请样本的概率将良好信用与不良信用进行分类，然后查看错误率。第 I 类准确率是不良信用被正确识别的百分比，这体现了该模型最小化信用损失的能力；第 II 类准确率是良好信用被正确识别的百分比，这体现了模型不拒绝向真正有信誉的客户提供信用的能力[1]。第 II 类准确率对于确保未因过度控制损失而牺牲利润来说至关重要。为了防止数据挖掘，该样本不应与开发样本混合，也不应分析其总体特征。

信用评分通常只用于做出是否接受的决定，但一些机构也使用它来设置信用的规模。另一些机构则使用信用评分模型进行信用审批，但同时以收入或其他规模衡量标准为基础设置界限。目前的趋势似乎是让市场来设定界线。这就是为什么许多美国人每天都可能收到 2～3 封表示可预先批准的 1 万美元信用额度的邮件。

12.5 优点和缺陷

信用评分模型有许多优点。它们具有客观性和一致性，这对任何机构而言都是可取的特征，特别是对于那些缺乏强大信用文化的机构来说。如果设计得当，它们甚至可以消除贷款人的歧视性做法。此类模型的设置相对简单，用于构建这些模型的方法也是常见且易于理解的，用于评估它们的方法更是如此。监管机构认可设计良好的、基于统计的模型。通过快速批准或拒绝贷款请求，机构能够提供更好的客户服务。在当今快节奏的世界里，这是一个重要因素。

然而，信用评分模型也确实存在一些缺陷。在大多数情况下，它们只是将银行普遍的信贷操作自动化。换句话说，它们几乎没有消除机构的历史筛选偏见。此外，如

---

[1] “真正有信誉”是有条件的。即使是真正有信誉的公司，如果身处严重的逆境，其信誉也可能会被冲销。这里使用这个词是为了表示这些账户在观察期间没有表现出拖欠行为。良好的样本被称为截尾样本，因为它的长期结果是未知的。

果变量不能满足基本假设，如多元正态分布，那么模型的统计有效性就可能存在问题。通常用来打磨这些模型的统计测试都很薄弱，可能会误导用户高估它们的有效性。模型通常根据静态标准进行测试。例如，将各种临界分数的批准率与相应的不合格率相权衡。这种做法的问题是，批准是一次性事件，而坏账是长期累积的。坏账并不都发生在信用周期的早期；相反，经验表明，坏账率会随着时间的推移趋于稳定，如图 12.5 所示。

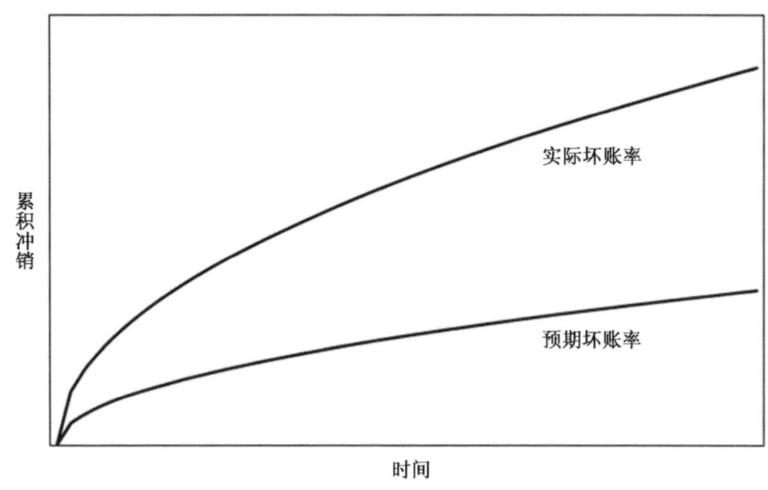

图 12.5　随着时间推移趋于稳定的坏账率

图 12.5 中的“预期坏账率”会随着时间的流逝提前达到峰值并趋于平缓；而“实际坏账率”不会变得平缓，这意味着随着投资组合的恶化，损失会持续出现。现有的研究表明，即使有更严格的接受标准，曲线的斜率也不会改变——它只是向下移动。因此，任何信用评分模型都应结合账户余额和投资组合生命期间的累积收费率进行评估。随着时间的推移，以及如此多的消费金融被证券化，坏账被发行人和评级机构跟踪。例如，标准普尔（1997）使用事后信息（又被称为损失曲线）作为给定评级类别所需的信用支持数量的基础，其中损失的幅度和时间在确定信用规模时十分重要。

如果使用信用评分模型群体与用于构建信用评分模型的原始群体不同，那么信用评分模型可能会随着时间的推移而退化。如果存在对模型推荐的信用决策的手动更改，那么投资组合绩效可能会下降。为此，应定期计算每个评分区间内的批准率和销账率，并且将其与模型开发时估计的基线批准率和销账率进行比较。如果批准率与基线批准率不同，那么可能是群体迁移或手动修改造成的。

联邦存款保险公司（1997）的一份报告指出，“当信用评分模型或其他贷款选择方法产生不可靠或错误的结果，并且无法准确量化或区分相对风险水平时，贷款人就会遇到麻烦。这些贷款人没有得到相应的风险补偿，损失超过了预期。为了解决这一问题，应不断测试和评估信用评分模型，以确保实际表现接近最初的预测。” 在次级贷款领域，辨别模型退化程度的能力尤为重要。次级贷款是指将信贷发放给那些信用记录不完整或有污点的消费者。这可能对贷款人非常有吸引力，因为这意味着更高的收益率和更多的服务费。

值得注意的是，信用评分只有一个，尽管它可能是导致最终损失的最重要变量，但适当地核实申请人数据、适当的收集方法、经济力量（如利率、个人收入、失业率、房价）和法律环境（如破产法）也会对企业损失造成影响。

12.6　动态信用风险管理系统

许多人认为接受或拒绝申请人的行为在很大程度上决定了一个账户最终是会履行协议，还是将成为一个坏账账户。还有些人认为，贷款人可以在研究个人借款人的行为后，改变其对待个人借款人的方式，并且以此降低发生信用损失的概率，后者是动态信用风险管理系统的基础。动态信用风险管理系统是一个基于个人借款人的行为和账单历史数据的系统，用于评估和管理个体借款人的信用风险，并根据其行为模式和还款历史进行动态调整。此系统是从数据仓库中开发出来的，该数据仓库包括每个账户的月度账单历史记录，无论是交易级别的，还是汇总级别的。系统中的行为模型一般分为以下 4 类。

- 信用额度增加模型或再次发行模型。
- 追账模型。
- 账户取消模型。
- 欺诈鉴别模型。

信用额度增加模型使人认识到，信用额度利用率水平与信用质量成反比。为了鼓励更高质量的账户使用其信用额度，贷款人批准为其增加额度，并且诱以其他措施，如分层定价等。信用额度增加模型是通过将信用额度的利用率和付款的及时性纳入系统中来生成信用评分，从而确定那些可能成为贷款目标的客户，在不显著增加违约概率的情况下增加贷款。

追账模型针对的是信用领域的另一方面。当账户演变为注销的风险很高时，可以采取加速追账措施。经验表明，早期干预有助于最大限度地减少拖欠，并减少那些真正成为坏账账户带来的损失。追账模型会频繁地监测收费和支付活动，以确定新出现的模式。在追账模型中使用的变量包括信用评分、账户来源（或邮件列表来源）、信用额度使用模式、月偿付占余额百分比，以及拖欠历史。虽然机构一般不会向信用机构获取关于这类借款人的定期报告，但在某些情况下会要求其提供。一些客户最终必须被归类为“跳过”，这意味着这类客户机构已经无法找到。预测未来问题的能力建立在延迟偿付和低偿付率等预警信号之上。

根据一份报告（Philadelphia Inquirer，1997），银行家们正在失去预测问题贷款的能力，因为“越来越多的借款人通过直接宣布破产来解决问题”。如果这是真的，那么就必须制订新的策略来管理信用损失。对借款人进行频繁的重新认证及更加慎重地设定信用额度，可能是解决问题的方法。一些专家认为人们看待信用的方式已经发生了范式转变，社会道德也淡化了宣告破产的污名。如今，在美国的一些地区，律师们正在积极地宣传宣布破产和逃避债务的好处。

CASA 公司的消费者分析部主任 Stephen Coggeshall 认为，深入了解消费者行为的一个关键是分析信用交易和所有可用的辅助数据。他认为，贷款人倾向于以高度划分的方式来看待信用审批、信用监控和催收管理的整个过程。为了提高效率，他倾向于制订综合客户选择、产品定价和信用管理的整体策略。在他看来，账户活动只是金融产品使用综合模型过程中的一个元素，该模型基于个人的经济和生命周期概况构建。还有一个挑战是在不违反消费者权益保护法和个人隐私权的情况下，发现逻辑关系。

账户取消模型用于限制对账户的进一步提款，甚至在客户停止这样做的情况下取消账户，因为客户借的钱越来越多，最终将成为一笔坏账。账户取消模型与追账模型相似，但通常是在新投资组合被收购并被发现包含不太理想的信用之后，才会发挥作用。如果没有法律的阻碍，那么取消是一个可行的方法，可以限定并预先支付损失，以此获得投资组合回购条款下的减免。

欺诈鉴别模型试图通过查找以往的欺诈行为来识别欺诈账户。例如，如果账户提款略低于限额，那么可能就是信用卡被盗的信号。出于一些原因，贷款人并没有很好地宣传欺诈账户的表现。直观来看，欺诈可追溯到特定的地理区域、特定的商店和商品类别，以及不寻常的提款模式，包括在不寻常的时间连续、大额购买。神经网络模型可以描述正常账户的提款模式，如果明显偏离了这个模式，就会发出警报，特别是当偏离与欺诈可能性较高的销售商品有关时，如珠宝或大宗消费品购买。消费者欺诈也可能是申请破产的前奏。在申请破产前隐瞒和（或）转让资产是欺诈性破产中的常见行为，申请人信用记录的电子化（包括贷款申请本身）可能有助于预测和分析欺诈性破产。

12.7 决策树模型

使用统计方法开发的信用评分模型与运筹学中的决策树模型相对应。在决策树模型中，申请人的属性被从最重要的到最不重要的依次进行划分。申请人群体可以分为 2 个主要分支，即自有住房者和租房者。自有住房者可以再根据不同的收入级别进行细分，每个收入级别可以根据在当前地址的居住年数再细分，整个群组被分成相互排斥的“篮子”，然后就可以根据每个“篮子”或每个阶段的违约概率做出信用决策。信用筛选决策树如图 12.6 所示，其中 2 个变量系统（自有/租金和收入水平）得到了生动地展示。在图 12.6 中，当树分支被创建时，选择不良信用（或良好信用）账户的概率从 0.5（一半的机会）转变为接近 0 或 1 的概率，大大提高了选择的正确性。

决策树模型的支持者声称，其比信用评分模型更有效地处理了变量的相互作用。决策树模型也可以生成信用评分，即使其中的一些变量丢失了（例如，一些较低级别的单元格可能条目太少，无法向信用管理人员提供可以从更常见的统计模型中获得的合适级别）。

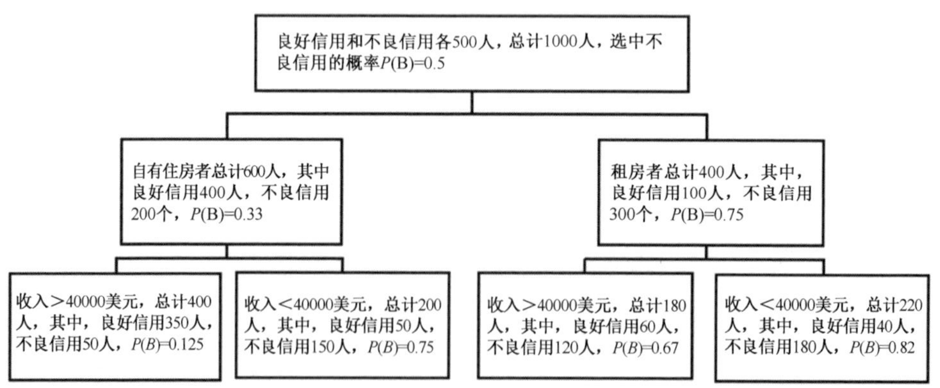

图 12.6　信用筛选决策树

12.8 神经网络模型

神经网络（Neural Network，NN）技术最近被 Jensen（1996）和 Richeson 等（1996）

应用在分类准确率为 76%～82%的信用评分模型中。神经网络是一种人工智能系统，旨在粗略地模仿人类的思维过程和学习方法。神经网络算法是一组输入（在本例中是信用申请时使用的变量），通过传递函数进行数学转换，产生一个输出（在本例中是对申请人将履行信用还是取消的预测）。在学习或训练阶段，权重被修改，以此减少期望输出（正确的预测）与实际输出（生成的预测）之间的差异。神经网络模型的具体内容一般包括模型的类型（前馈或反馈）、隐含层的数量、每个隐含层中处理元素的数量、输入层中变量的数量、传递函数和修改权重的学习规则。第 10 章对这一技术进行了较为详细的描述。

Richeson 等（1996）称，执行账户的分类准确率为 78%，不执行账户的分类准确率为 70%。尽管结果令人鼓舞，但从监管的角度来看，基于神经网络的模型是否可以被接受，结论仍不明确，因为从投入的角度来解释这些预测是非常困难的。虽然监管机构认为信用分析师的定性判断是信用决策可接受的基础，但它们仍然期望基于机器的信用决策能够满足可操作性的标准，即拥有解释哪些变量产生了不利的信用决策的能力。基于这个原因，神经网络模型在信用管理的后端更有用（例如，后审批流程，包括信用审查、额度增加、收款策略等），而不是在前端（例如，授信等）。神经网络模型已应用于行为评分系统和欺诈鉴别模型。在这些情况下，所得结果的准确性是首要标准，而不是方法背后的“理论”。与能够解释考虑了哪些变量，以及如何使用它们相比，如何以可接受的准确性检测欺诈才是更为重要的。

12.9 建立基于市场份额的信用评分模型

如今，贷款机构正在激烈地争夺信用客户。一些机构采取了激进的方法，将信用风险知识与市场营销结合，形成所谓的大规模定制。例如，通过瞄准信用需求更为迫切的中低端市场并为贷款定价来实现预期的更高收费水平。通常，次级变量，如间接贷款的经销商代码或学生贷款的学校代码，将提供关于基础贷款的信用质量的指示。虽然这些可能不会直接影响初级信用决策，但它们对于衡量投资组合风险至关重要。与大多数信用风险模型一样，数据质量滞后于技术。随着对数据存储和数据挖掘的重视不断提高，我们可以期待看到更多创新的消费信用管理方法。

当新进入者决定发放新贷款以增加业务量时，它们更倾向于依赖信用机构给出的评分分数，而不是依赖自己独立的应用数据。这种做法的风险之一是，贷款人实际上是使用征信机构的系统代替了自己的信用文化和判断。消费者分期付款信用的爆炸式增长、部分个人可能拥有多笔信用额度，其总额远远超过其偿债能力。与此同时，还有美国创纪录的个人破产数量。这些都足以引起任何谨慎的银行家或投资者的警惕。一项研究（Johnson，1989）显示，潜在可收回债务仅占平均个人破产申请中所列债务总额的 1/4。换句话说，即使制订了还款计划，贷款人最多也只能收回欠款的 25%。因此，无论破产法宽大与否，信用发放的决定都应对迅速增长的信用损失负有责任。

当投资组合的增长出现下降，不能再补贴信用决策的损失时，信用风险模型可能是抵御重大信用损失的第一道（也许是唯一的一道）防线。消费者信用模型正在进入小企业贷款领域（Johnson，1989）[1]。因此，信用风险管理者不能再简单地把信用风险模型视为“黑匣子”，而是应该熟悉它们的设计理念，以及优点和缺点。

一个经常被问到的问题是，为什么信用评分模型在消费者贷款中如此有效，而在商业贷款中却没有那么有效？这个问题存在制度、分析和经济方面的 3 种解释。从制度方面讲，公司贷款人坚持认为，公司贷款是一个高度复杂、多层面的过程，需要专家的判断，根本无法使用定量模型来处理。同时，消费者贷款机构通常更容易接受建模方法，也许是因为它们会从商品的角度而不是从贷款的角度来看待产品。从分析方面讲，建立消费者信用模型比较容易，因为信用程序提供了固定数量的信息，并且拥有较大的信用经验统计基础来测试和完善信用模型。从经济方面讲，消费者投资组合中的损失往往数量相对较大，但规模较小。公司投资组合的损失并不常见，但规模要大得多。许多人认为公司违约较难预测，因此，依赖模型做出决策可能是轻率的。无论出于何种原因，定量信用风险模型在企业贷款中没有像在消费者贷款中那样被广泛接受。但近年来，其接受度呈现出快速提高的趋势。

12.10 下一步

我们在本章中讨论的是建立消费者信用评分模型的过程，该模型旨在预测个人账户拖欠甚至最终违约的可能性。无论模型变得多么复杂，总是会出现这样的问题，即用于构建模型的数据是过时的（通常在模型实现之前已经过了 12～18 个月）。有时会使因果关系迅速瓦解，从而很难消除建模中的外来经济因素。这就是引入和持续审查模型有效性的规范程序是如此重要的原因。这也是“冠军—挑战者”方法对于良性

---

[1] 根据 R.W.Johnson 在 1989 年发表在《零售银行》（*Jornal of Retal Banking*）第 11 卷（冬季）第 39-44 页的文章“消费者银行问题：原因和治疗”可知，爱尔兰国家银行、富国银行、化学银行公司及现在的大通银行，都正在使用计算机模型批准不超过 25 万美元的企业贷款。这些模型中的大多数变量与消费信用模型中的相同，因为尽管商业财务报表不同，但贷款规则是相同的。

过程如此重要的原因。

消费者信用评分模型建立的焦点集中在另外 2 个相关的问题上。首先，亏损预测侧重于投资组合或子投资组合，而不是单个账户。通常这些模型包括依赖账龄分析曲线的累积损失率模型，以及依赖违约分析和滚动率的马尔可夫模型（Markov Models）。推动这一趋势发展的是即将实施的《巴塞尔协议II》，该协议鼓励银行使用自己的内部评级模型来评估其贷款的信用度。根据该协议，贷款被分为 5 类，其中一类是消费者贷款。银行业监管机构将要求贷款机构预备充足的准备金来弥补预期损失，并且保持足够的股权资本水平，以弥补这些消费者贷款带来的意外损失，其置信水平在不超过 99.9%的范围内波动，具体取决于所建模的投资组合中贷款之间的相关性。为了使用自己的模型（这对于多获得最有利的资本处理是必要的），银行需要有 3 年的可用数据，并且验证它们的违约和损失评估方法。这些要求使最先进的银行也要在新领域迅速前进。

其次，消费者信用评分模型建立的一个持续重点是产品的定制和基于风险定价的发展，二者实际上是互补且平行的。为了适当地为客户定制产品，贷款人必须建立关联视角，其中包括二者之间的所有联系。同时，这种关系中的产品定价需要在风险调整的基础上进行，以此鼓励较强的信用以更有利的利率和更优惠的条件借入更多的款项。

下一步，很明显，消费者信用评分模型在未来 10 年将比以往任何时候都演变得更加频繁。

原书参考文献

Altman, E. I., R. B. Avery, R. A. Eisenbeis, and J.F. Sinkey, Jr. 1981. Application of Classification Techniques in Business, Banking and Finance. Greenwich, Conn.: JAI Press.

Cathcart, R. 2004. EVP CIBC Forum on Validation of Consumer Credit Risk Mod els, Wharton School Financial Institutions Center, November 19.

Chandler, G. G., and L. E. Parker. 1989. Predictive Value of Credit Bureau Reports. Journal of Retail Banking 11, no. 4: 47-54.

Cole, R., and L. Mishler. 1995. Consumer and Business Credit Management, 10th ed. Chicago: Richard D. Irwin, Inc.

Federal Deposit Insurance Corporation (FDIC). 1997. Risks Associated with Subprime Lending. Financial Institution Letter FIL-44-97, 2 May.

Hansell, S. 1995. Loans Granted By The Megabyte: Computer Models Change Small-Business Lending. New York Times, 18 April.

Hansell, S. 1995. Merchants of Debt. New York Times, 2 July.

Jensen, H. 1996. Using Neural Networks for Credit Scoring. In Neural Networks In Finance and Investing, edited by R. R. Trippi and E. Turban. Chicago: Irwin Professional Publishing.

Johnson, R. W. 1989. The Consumer Banking Problem: Causes and Cures. Journal of Retail Banking 11, no. 4: 39-44.

McCarthy, J. 1997. Debt, Delinquencies and Consumer Spending. Federal Reserve Bank of New York Current Issues in Economics and Finance 3, no. 3.

Philadelphia Inquirer. 1997. Debt—and Bad Loans—in National Credit Card Bender. 11 May.

Richeson, L., R. A. Zimmermann, and K. G. Barnett. 1996. Predicting Consumer Credit Performance: Can Neural Networks Outperform Traditional Statistical Methods? In Neural Networks In Finance and Investing, edited by R. R. Trippi and E. Turban. Chicago: Irwin Professional Publishing.

Sachs, L. 1984. Applied Statistics, 2nd ed. New York: Springer.

SAS, Inc. 1997. Multivariate Statistical Analysis. In Statistical Manual. Cray, N.C.

SPSS, Inc. 1997. Advanced Statistics. In Statistical Manual. Chicago.

Standard & Poor's. 1997, May. Structured Finance. New York.

第 13 章　小企业、房地产和金融机构的信用模型

预测是非常困难的，尤其是对未来的预测。

——Niels Bohr

在第 10 章至第 12 章中，我们介绍了为公司和消费者开发的信用风险模型，本章讨论为其他类型的借款人创建的信用风险模型。适用于小企业和住房抵押贷款的贷款模型与我们描述的消费者信用模型非常相似，为商业房地产贷款开发的系统则往往更接近专业系统。金融机构本身的信用（或偿付能力）风险是另一个需重要关注的领域。监管机构、代理银行，甚至非银行机构都利用这种模型来评估银行的风险，因为任何一家银行在作为存款机构时，也是借款人。它也可能是在信用衍生产品交易中带来违约风险的交易对手。

13.1　小企业模型

上市公司通常通过收益报告和美国证券交易委员会的文件，对其运营情况进行规范地、及时地披露。此外，对它们股票价格的持续监测也为观察上市公司的状况提供了一种机制，不过也许对某些公司来说，这种机制可能太不稳定。正如我们所看到的，建立信用风险模型是为了利用这 2 种信息来源。然而，小型非上市公司显然需要使用其他方法来评估信用风险。Carey 等（1993）认为，对于贷款机构来说，小公司的信息是有问题的，因为它们很少与雇员、客户和供应商签订外部可见的合同。这样的公司也往往更“年轻”。在这些风险明显更高的公司中，从贷款人那里掠夺财富这一不良行为的动机可能会更为强烈。出于这个原因，贷款机构通常会与这些客户签订

严格的财务契约，对它们进行更频繁的监管，期限也相对较短。

如表 13.1 所示为在贷款为 25 万美元以下的传统商业信用评分模型中使用的变量。

表 13.1 在贷款为 25 万美元以下的传统商业信用评分模型中使用的变量

变量	最差值点	最优值点
信用特征与得分	0	10
经营年限	1 年以下	5 年以上
流动比率	小于 1	大于 1.80
债务总额/资产净值	2.0 以上	2.0 以下
收益率	最近 1 年的损失	连续 3 年盈利
贷款/应收账款	1.25	<0.5
可接受的财务数据	中期财务报表	最近 3 年
应付账款	超过 20%，达到 60 天以上	20%的信贷支持，剩余现金/折扣

一些小企业，特别是独资企业，可能很难使用财务比率，因为个人和企业的活动会结合在一起。以现金流为基础的企业也是如此。小型服务企业是人员密集型企业，而不是设备密集型企业，因此可能也不太适合基于财务比率的评分模型。

一般来说，小企业模型要综合使用个人分期付款、信用和财务报表项目等信息。例如，表 13.1 所涉及的传统商业评分模型可以使用财务比率，如债务还本付息率、杠杆率，以及业务方面的风险收入是呈负增长还是过度增长。同时，信用机构数据也被用来为业务的主要所有者生成个人信用评分，RMA/Fair Isaacs 模型（Asch，1995）就是使用这种方法的一个例子。纽约 Oliver Wyman 公司的顾问 Paul Ross 在 1997 年接受本书作者时采访表示，贷款人越来越多地将基于消费者贷款开发的方法应用于小企业业务，原因有 3 个：第一，许多应用于消费者贷款的评分变量在区分小企业贷款风险上十分有效，其中，业主的信用状况是关键；第二，小企业贷款的经济性要求具有高效、廉价的数据收集和信用评估过程，而消费者信用评分过程较好地满足了这一要求；第三，在许多情况下，用于为小企业融资的借款实际上是通过消费工具得到的，例如，业主本人的信用卡。在这个市场中，最近的一些创新是标准化的贷款产品和文件。通过邮件进行的“预先批准”的消费贷款也变得越来越普遍。

特许经营贷款是从 50 万美元到 70 万美元不等的小型企业贷款。贷款审批基于对特许经营的定性和定量因素的分析。贷款以现金流量为基础，固定费用覆盖比率是其最重要的标准，这一比率在 150%左右浮动。信用数据供应商诸如邓白氏、Experian 和 Equifax 等，将自我报告的财务报表数据维持在不同水平上，并且从报告金融机构、其他债权人和公用事业公司上收集支付经验。信用机构提供的模型可以预测及时向债权人付款的能力（例如，邓白氏的商业信用评分模型，以及 Experian 的 Intelliscore 模型），或者预测可能导致债权人遭受损失的财务困境（例如，邓白氏的财务压力评分模型）。这些模型都更多地依赖信贷利用、诉讼、规范、判断，以及支付模式，而更少地依赖财务报表变量本身[1]。在财务报表变量中，流动比率、速动比率和负债与有形净资产比率是最常用的变量。在模型中使用的变量还包括公司的“年龄”、行业拖欠率和公司的贸易债权人数量等。

13.2 住宅房地产模型

住宅房地产贷款市场是美国金融市场资金的重要使用者。如图 13.1 所示为 1973—2005 年住房抵押贷款未偿还情况，其中，2005 年的未偿余额为 9.12 万亿美元。这是一个创新的市场，在这个市场中，抵押贷款银行家等发起人将贷款交付给投资者，后者可能会将这些贷款证券化。FNMA 和 FHMLC 是 2 个将大量住房抵押贷款证券化的实体。

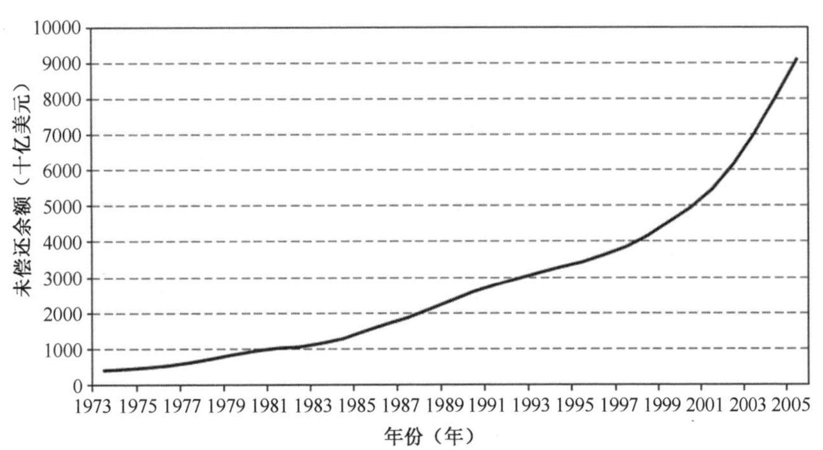

图 13.1　1973—2005 年住房抵押贷款未偿还情况

来源：美联储，资金流动账户（1973—2006 年）。

在抵押贷款分析中，信用评分是一个相对较新的现象。公司使用信用评分的方式多种多样（Moody’s Investor Service，1996）。

[1] 邓白氏通过“paydex”评分来衡量一家公司的及时付款情况，这是一种与信用条款相关的针对支付行为进行的衡量，分数越高意味着支付行为越好。

- 作为接受或拒绝申请的承保工具。
- 作为确定文件要求的一种方法。
- 作为评估财产需求的一种手段。
- 作为对服务业务的支持，如募捐。

从历史上看，住房抵押贷款的担保方式与商业贷款的担保方式大致相同。古典信用分析包括对借款人财务能力的详细分析，以及对其财产的评估。然而，越来越多的定量信用模型正在被使用，一方面因为数据和计算技术更容易获得，另一方面因为这些模型有助于降低启动成本。

长期以来，基于期权理论的抵押贷款违约模型一直认为，借款人在房屋中的资产规模是违约的一个根本决定因素。借款人的股权表示为房屋的当前价值（扣除销售成本后）与债务的当前市场价值之间的差额。该模型由另外 2 组变量进行修正：第一组衡量借款人的支付能力，例如，由债务比率和储蓄表示的收入缓冲风险的能力大小，以及由信用机构历史记录证明的借款人的收入稳定性。第二组是一系列引发风险的事件，如离婚、失业、疾病或商业失败，这些会给借款人带来财务压力。然而，即使是在这些条件下，借款人也可能选择出售房产并偿还贷款，而不是违约，因为那样会失去所有的资产净值。这就是为什么借款人的房屋净值是决定其是否违约的一个极其重要的变量。

在住房抵押贷款中，与商业贷款一样，许多机构过去只依靠主观判断进行信用筛选。以下因素被视为信用质量的重要衡量指标。

- 借款人的收入来源。
- 包括及不包括非抵押债务的债务比率。
- 资产持有情况。
- 就业史。
- 信用机构报告。
- 该地区的经济条件。

以宾夕法尼亚州的一家大型银行为例，在持有的住房抵押贷款样本（见表 13.2）中，对关键比率的比较为这种承销业务提供了支持。逾期至少 90 天、丧失抵押品赎回权或通过契据代替丧失抵押品赎回权而终止的抵押贷款被列为被拖欠的贷款；那些从未拖欠超过 30 天的贷款被列为正在偿还的抵押贷款，2 组数据都经历了 7 年的变化。Van Order 等（2000）证实了贷款–价值比率越高，损失的严重程度越大（见表 13.3）。

表 13.2 关键比率：住房抵押贷款

变量	被拖欠的抵押贷款	正在偿还的抵押贷款	F比率
贷款价值	0.87%	0.77%	33.77%
债务比率 1	0.24%	0.19%	17.08%
债务比率 2	0.33%	0.28%	11.90%
信用报告中不良评论次数	1.59%	0%	37.52%
所属州	3.45%	2.28%	56.99%

表 13.3 1993 年年底前违约并导致损失的选定抵押贷款占比、选定的贷款-价值比率范围

	贷款-价值比率（%）				
业绩表现指标	10 ~ 70	71 ~ 80	81 ~ 90	91 ~ 95	100
违约比率	0.24	1.11	2.74	6.20	2.16
平均损失严重程度	22.3	29.2	34.4	47.9	39.2

来源：Van Order 等（1995）。

在早期的住房抵押贷款违约决定因素的研究中，Campbell 等（1983）使用了消费者选择的优化模型。借款人的选择集包括：①违约；②延期付款；③提前还款；④继续还本付息[1]。其所使用的解释变量是当前贷款-价值比率、当前付款与收入的比率、居住地区的失业率、抵押贷款利率与现行抵押贷款利率的比率、年初抵押贷款的“年龄”（指已存在的时间）、抵押贷款“年龄”的平方，以及是否为新房的虚拟变量[2]。使用 logit 函数对借款人每年选择 i 的概率进行建模，选择 i 的概率是年初解释变量向量 $\boldsymbol{X}$ 的函数。这个方程可表示为

$$\log\frac{P_i}{P_4}=-\boldsymbol{\beta}_i\boldsymbol{X} \tag{13.1}$$

式中，P_4 是继续支付抵押贷款的概率，P_i 是做出 3 种选择之一的概率 i，$\boldsymbol{\beta}_i$ 是估计系数的向量。所使用的数据为 1960—1980 年投保的 250 万首笔抵押贷款。对 3 个 P_i 进行回归估计，结果表明，初始贷款-价值比率和违约率成反比关系。由于与“年龄”变量高度相关，我们对包含和不包含这些变量的方程都进行了估计。本书作者发现，回归结果与他们关于提前还款和违约决策的假设基本一致，但是无法对推迟付款的决定给出令人满意的解释。

抵押贷款市场的主要参与者 FNMA 和 FHMLC 鼓励了成千上万购买贷款的贷款人，并在它们的贷款承销过程中考虑了信用机构的指数和信用历史评分。信用机构的信用记录评分系统建立在申请人的破产记录、当前信用额度和账户拖欠历史的基础上。

[1] Campbell 等（1983）指出，延迟支付和违约实际上是顺序事件，并且在分类过程中解释了这一点。

[2] 虚拟变量是指值为 1 或 0 的变量。例如，虚拟新房将新房设为 1，将二手房设为 0。

贷款人将这一评分与贷款-价值比率、债务比率和就业稳定性等传统承销因素相结合，它们使用信用筛选模型来确定适用于简化贷款决策的申请者，并核实所报告的信息和对抵押品进行评估。那些不能符合模型条件的贷款申请则依惯例处理。私人抵押贷款保险公司也在使用这样的模型来确定贷款是否保险。

Avery 等（1994）对 Equifax 提供的大量贷款样本专有数据进行了广泛分析，以此检验这些模型的预测能力。信用评分模型被认为是一个可以在所有评分水平上均能很好预测贷款表现的模型，无论是针对潜在的抵押贷款借款人，还是针对那些现有抵押贷款的借款人。问题贷款的占比随着信用分数的降低而增加。虽然业界对这些模型了解得很慢，但逐渐且更多地使用模型的趋势却很明显。如今，人们经常听到优质、Alt-A 和次级抵押贷款等，它们的区别主要在于信用评分，而 FICO（Fair Isaac Co.）是主要的评分模型。这些评分模型与商业贷款模型和消费者贷款模型具有相同的局限性，其中最重要的是相对缺乏前瞻性。例如，它们不太擅长预测以房价下跌和/或失业率上升为特征的经济衰退。2007 年，次级抵押贷款部分的拖欠情况超过了 FICO 评分的预测。导致这个部分出现困境的因素有很多，其中最重要的就是宽松的承销行为，包括使用固定收入（而不是实际收入）、未能使用完全指数化的利率来评估在浮动利率下抵押贷款人的借款资格，并且未能考虑房价下跌对借款人违约可能产生的影响。

13.3 商业房地产模型

判断方法，尤其是对抵押品贷款的评估，仍在商业房地产贷款中占据主导地位。商业房地产的市场指数和模拟项目现金流被用来估计抵押品价值。在这个市场中，定量信用风险模型很少被使用（如果有）。以下变量取自一个旨在识别潜在的问题借款人的专家系统，可能对商业房地产项目持续的信用风险产生影响。

- 偿债覆盖率低于 120%并持续下降。
- 预期的标准（例如，主要租户不续租）。
- 房地产税拖欠。
- 收入增长持平或更糟。
- 费用的增长相对于收入较高。
- 近期所有权的变更。
- 二级融资的存在。

- 再融资。
- 复杂的融资结构。
- 财产被忽视的迹象。
- 迟报或不可信的财务报表（未由注册会计师编制或业主高级代表签字）。
- 财产远离经济中心。

事实证明，这些变量在预测问题借款人时出奇地准确。

13.4 银行模型

银行通过操作支付系统和充当执行货币政策的工具来履行重要的公共职能，因此受到高度监管，它们也因此被要求向监管机构提交详细的财务报告。多年来，对这些报告的要求变得更加精确和精简。例如，大型银行现在需要披露其有关利率风险敞口、衍生产品风险和贷款组合质量的大量信息。银行的偿付能力不仅事关监管机构，也事关其他金融机构和借款人。例如，具有流动性额度的借款人希望确保银行在其需要的时候可以提取资金。

以下因素可用于评估银行的偿付能力。

- 资产质量。
- 管理。
- 通过异常临界比率，即离群值/匹配组的比较。
- 多变量或综合度量。
- 基于市场价值的度量。

13.4.1 资产质量

资产质量是监管机构和投资者关注的首要重点。事实上，银行基于风险的资本标准是以资产质量（各类资产的信贷质量）的形式来表示的。银行的风险资产被审查并划分为 3 类，即损失、可疑和不合格。这些类别被分配相等的权重，银行的资本减少到将经历损失的程度。现有资本缓冲与风险资产的比率，或净资本比率，是衡量银行资不抵债的风险的指标。另一个衡量风险的方法是通过调整后的资本比率进行衡量，在某种程度上其更宽松，因为在计算分子时，它赋予可疑贷款的权重为 0.5，赋予不合格贷款的权重为 0。这 2 种比率评估的是在考虑了损失、可疑和不合格类别资产带来的损失后，银行能够承受盈利压力的能力。

银行面临的风险既来自内部因素，又来自外部因素。管理人员的素质、成本控制和风险偏好是银行管理层可以进行控制的内部因素，经济状况和竞争对手的行为是银行无法控制的外部因素。虽然在上述比率的讨论中，银行监管者没有考虑银行所面临的外部条件，但在对贷款进行分类时，审查员会默认将外部因素考虑在内，这一点在经济衰退时期最为明显。当经济脆弱时，审查员往往会过分热心地给金融机构贴上问题银行的标签。他们宁愿谨慎行事，也不愿因过于宽松而错过问题银行。

13.4.2　管理

美国通货监理局办公室的 Graham 等（1988）针对银行风险提出了不同的观点，他们将银行风险和银行破产的责任完全归咎于内部管理因素。虽然经济在银行破产中起着重要作用，但许多身处经济困难地区的银行却能够承受不利的经济条件。美国通货监理局办公室研究了 171 家倒闭的银行，其中大多数是小型银行（资产不足 5000 万美元），51 家为重新恢复运营的银行，以及由 38 家正常运营银行组成的对照组。这项研究也与其他人的观点一致，即资产质量差是银行衰退的主要原因，但它也试图追踪导致资产质量差的因素，并且确定出以下因素。

（1）不了解情况或粗心大意的董事会，具体表现为：

- 不存在或不遵守贷款政策。
- 没有合适的系统保证遵守政策。
- 对关键人员的控制或监督不足。
- 系统不足以识别问题贷款。
- 由占主导地位的个人进行决策。

（2）过度激进的董事会或管理层，具体表现为：

- 不适当的贷款政策。
- 贷款过度增长，但管理能力有限。
- 过度依赖不稳定的负债。
- 缺乏用于二级流动性的流动资产。
- 内部滥用或欺诈。

■ 经济环境不利。

基于组织理论，以上风险评价因素检查了机构的流程和系统是否存在退化的早期征兆。

13.5 异常临界比率：离群值/匹配组

这种方法根据重要的财务比率建立临界值，然后使用这些临界值来识别离群值。如果一家银行的财务比率未能通过临界值测试，那么它就会被列入异常候选名单。显然，这种方法的成功取决于确定正确的比率并设置正确的临界值。这种方法倾向于在相对容忍的水平上设置临界值，以便只有异常的情况才会被识别，但有时因为它们被识别得太晚了而于事无补。匹配组分析的风险则是，例外情况可能会掩盖系统性恶化。

13.6 多变量或综合测度

多变量财务比率模型会使用银行定期披露的有关其财务状况的信息。然而，许多分析师认为，目前的会计政策歪曲了银行资产负债表和损益表的重要方面，不能全面地反映风险状况。会计准则确实无法捕捉风险的许多方面，这些方面既是内在的，也是不断变化的，例如，利率风险、诸如信用证和利率互换等表外项目，以及执行资产分类的不同标准等。尽管存在这些缺陷，但有足够的证据表明，如果分析得当，那么会计信息确实可以用于预测。

CAMEL 系统是最著名的多变量模型，被 3 家联邦监管机构使用。CAMEL 由资本充足率（Capital Adequacy）、资产质量（Asset Quality）、管理水平（Management）、盈利稳定性（Earning Stability）和流动性（Liquidity）的首字母组成。其赋予每一类别的比率相应权重，以此获得最终分数，从而获得评级。然而，这些权重没有在统计学上得到发展。CAMEL 系统从 1（最好）到 5（最差）给予一家银行评级。这些机构似乎没有对银行控股公司使用这一制度，也没有就监督过程中使用的统一制度达成一致。美联储和美国通货监理局办公室使用的是一个综合评分，也就是说，当其他机构使用临界比率时，美联储与美国通货监理局办公室在监督过程中使用的是一个综合值，即对财务比率进行了汇总。

无论采用何种方法，定义破产银行和非破产银行的先验组都是构建多变量模型的第一步。从理论上来说，监管机构有可能无限期地阻止一家银行倒闭，因此必须给出一些武断的定义。按照惯例，破产银行是指那些需要存款保险基金支出的银行，包括已关闭的银行及所有援助案件。其他定义可能依赖审查员的决定，如潜在收益、严重问题和其他问题类别。有时，“潜在脆弱性”这一委婉说法会被用来代替银行破产的各阶段。

然后，以随机的方式将破产银行与正常运营银行相匹配，并且使用类似于第 10 章中描述的方法来构建模型。Meyer 等（1970）、Martin（1977）、Bovenzi 等（1983）、Lane 等（1986）、Pantone 等（1987），以及 Spahr（1989）开发了关于银行稳健性的重要模型。Sinkey（1977）对之前在这一领域所做的工作进行了总结。Trippi 等（1996）研究了 3 项神经网络技术应用于预测银行、储蓄机构和信用合作社破产的例子。

13.7 基于市场价值的测度

根据有效市场假说，企业的内在价值体现在其股票价格上，股票价格快速而准确地反映了有关企业状况的所有新信息。如果投资者意识到银行的风险增加了，那么他们就会要求更高的回报率。为了补偿投资者增加的风险，股票价格会下降到较低的水平。因此，在监管机构意识到银行的财务状况已显著恶化之前，银行普通股票的价格可能已经出现下跌。

这一假说已经得到了检验。因为银行股票的下跌可能与股票市场的普遍下跌相关，所以必须通过资本资产定价模型的 β 参数来评估银行特有的变化，这是衡量银行股票相对风险的指标（详见第 11 章）。如果实际回报与 β（使用累积平均残差来衡量）所显示的预期回报不同，那么就可以认为市场已发出银行风险增加的信号。Shick 等（1980）为这一假说找到了佐证，负残差模型可用于预测至少 15 个月内的不良审查评分变化。

我们所介绍的定量模型不是详尽无遗的，而是仅对当前可用的工具类型进行了概述。第 14 章将讨论在选择和实施信用风险模型过程中必须回答的典型问题。

原书参考文献

Altman, E. I., J. Hartzell, and M. Peck. 1995. Emerging Markets Corporate Bonds: A Scoring System. New York: Salomon Brothers, Inc.

Altman, E. I, R. B. Avery, R.A. Eisenbeis, and J. F. Sinkey, Jr. 1981. Application of Classification Techniques in Business, Banking and Finance. Greenwich, Conn.: JAI Press.

Altman, E. I., and P. Narayanan. 1997. An International Survey of Business Failure Classification Models. Financial Markets, Institutions & Instruments 6, no.2: 1-57.

Asch, L. 1995. How RMA/Fair, Isaac Credit-Scoring Model Was Built. Journal of Commercial Lending 77 no. 10: 10-16.

Bovenzi, J.F., J.A. Marino, F. E. McFadden. 1983. Commercial Bank Failure Prediction Models. Federal Reserve Bank of Atlanta Economic Review 68, no.11: 14-26.

Campbell, T.S. and K. J. Dietrich. 1983. The Determinants of Default on Insured Conventional Residential Mortgage Loans. Journal of Finance 38, no. 5: 1569-1581.

Carey, M., S. Prowse, J. Rea, and G. Udell. 1993. The Economics of the Private Placement Market. Staff Study 166. Washington, D.C.: Board of Governors of the Federal Reserve System.

Cates, D. C. 1985. Bank Risk and Predicting Bank Failure. Issues in Bank Regulation 9, no. 2: 16-20.

Eisenbeis, R. A., and G. G. Gilbert. 1985. Market Discipline and the Prevention of Bank problems and Failures. Issues in Bank Regulation 8, no. 3-4: 16-20.

Graham, F. C., and J. E. Horner. 1988. Bank Failure: An Evaluation of the Factors Contributing the Failure of National Banks. The Financial Services Industry in the Year 2000, Chicago: Federal Reserve Bank of Chicago, 406-435.

Lane, W. R., S. W. Looney, and J. W. Wansley. 1986. An Application of the Cox Proportional Hazards Model to Bank Failure. Journal of Banking and Finance 10, no. 4: 511-531.

Martin, D. 1977. Early Warning of Bank Failure: A Logit Regression Approach. Journal of Banking and Finance 1, no. 3: 249-276.

Meyer, P. A., and H. W. Pifer. 1970. Prediction of Bank Failures. Journal of Finance 25, no. 4: 853-868.

Moody's Investors Service. 1996. A Guide to Credit Scoring of Mortgage Loans. Moody's Special Report, May.

Nelson, R. W. 1988. Management vs. Economic Conditions as Contributors to the Recent Increase in Bank Failures: Commentary. In Financial Risk: Theory, Evidence and Implications, edited by Courtney C. Stone. Dordrecht: Kluwer Academic.

Trippi, R. R., and E. Turban (eds.). 1996. Neural Networks in Finance and Investing. Chicago: Irwin.

Pantalone, C. C., and Platt, M. B. 1987. Predicting Commercial Bank Failure Since Deregulation. New England Economic Review 13, (July-August): 37-47.

Pettway, R. H., and J. F. Sinkey, Jr. 1980. Establishing On-site Bank Examination Priorities: An Early Warning System Using Accounting and Market Information. Journal of Finance 35, no. 1: 137-150.

Shick, R. A., and Sherman, L. F. 1980. Bank Stock Prices as an Early Warning System for Changes in Condition. Journal of Bank Research 11, no. 3: 136-146.

Sinkey, J, F., Jr. 1979. Problem and Failed Institutions in the Commercial Banking Industry, Greenwich, CT: JAI Press.

Sinkey, J, F., Jr. 1977. Problem and Failed Banks, Bank Examinations, and Early Warning Systems: A Summary. In Financial Crises, edited by E. I. Altman and A. W. Sametz. New York: John Wiley & Sons.

Spahr, R. W. 1989. Predicting Bank Failures and Intertemporal Assessment of Bank Risk. Journal of Business Research 19, no. 3: 179-185.

Van Order, R., and P. Zorn. 2000. Income, Location and Default: Some Implications for Community Lending. Real Estate Economics 28, no. 3: 385-404.

第 14 章　信用风险模型的测试与实施

从头开始……一直走到最后，然后停下来。

——Lewis Carroll，*Alice's Adventures in Wonderland*

关于信用风险模型的讨论已结束，接下来要回答的问题是：为了成功实施这些模型，我们应该掌握哪些信息？银行和其他金融机构显然需要具有以下属性的工具。

- 继续强化强大的信用文化。
- 降低与信用分析相关的高固定成本。
- 建立信用风险评估和定价的一致性。
- 协助进行积极的投资组合管理和经济资本的有效配置。
- 能够帮助达到机构及其监管机构都能接受的资本水平。

目前，大多数金融机构已经为各业务部门开发了信用评级系统。这些信用评级系统大多是统计的或定量的，并且根据资产证券化的需要进行了调整，而不是将其保留在资产负债表上，例如，消费贷款、房屋净贷款和公司贷款。在这些情况下，使用在统计上有效的信用评级系统是获得机构评级并促进证券化的关键要求之一。但在其他情况下，信用评级系统是由部门自身建立的，所获得的信用结果将受到质疑。因此，这些系统不能产生客观、可重复的结果。实际上，许多信用评级系统反映的是会计人员及其上级的主观偏好，而不是与每个客户实际相关的潜在信用风险。通常，同一家银行的不同分支机构会选择性地应用这些系统。因此，同一家银行的信贷专员为同一客户分配不同信用评级的情况并不罕见。评级的定义也倾向于使用概括性的表述，从而留下了很大的解释空间。

银行信用评级系统对客户进行模糊但有序的风险排序。显然，在经典的 9 级评级系统中，评级为 2 高于评级为 3，低于评级为 1。但它通常不会对会计主管、中央信贷部门或高级信贷管理人员评估预期损失或对贷款定价有所帮助。如果一家公司有未偿还的公共债务，那么银行对该公司的内部评级确实会倾向于使其与公共债券评级对应，这给银行提供了一个外部参考。但是，非上市公司和没有公共债券评级的公司的风险等级会受到很多变化的影响，其中的一些变化可能是任意的。在某些情况下，信贷专员不确定给定的风险评级是适用于整个公司，还是仅适用于其众多业务部门中的某一个。处于相同评级的借款人的真实信用质量可能存在很大差异，因此，粗糙的评级制度会为确定与评级相关的限制、定价和资本分配带来困难。公司的信用等级可能是弱 4 级，也可能是强 4 级，在这种情况下，银行通常会考虑在 1～10 的数值尺度上增加一个等级。

主观的系统评价使贷款人很难意识到借款人信用情况的恶化。当然，银行有充分的理由避免评级的错误警告。银行知道，如果它们给予借款人较低的评级结果，银行与该借款客户的关系就会受到影响。银行更倾向于给客户带来好处，等待他们能够自己解决问题。不幸的是，如果借款人的信用情况真的恶化了，银行不愿承认借款人的真实情况可能会导致其遭受损失。

14.1　内在信用价值模型

银行需要的工具是衡量每个借款人内在风险的标准化方法。这个工具以历史为基础，不受潮流的影响，它将衡量违约风险，并且在不同时期为大量借款人提供一致的评级。拥有这种工具的系统可以作为银行信贷政策的锚定，提供一种通用的信贷语言和质量控制的反馈机制。没有达到标准的借款人会被银行仔细调查。每当系统发出使用其他信息无法解释的警告时，银行就会根据这个警告采取行动。这种工具不会取代管理风险中的人为因素，但会通过提供对风险的客观度量来挑战主观持有的信念。

内在价值信用模型用来评估任意一家公司与其他数百家损害债权人利益的公司的相似性。这种模型关注的是借款人的财务报表，如盈利能力、流动性和资本结构等，这些概念是模型的重要组成部分。这些不同的指标被合并成一个衡量公司脆弱性的单一指标。这种模型为合理的信用评级和贷款定价提供了必要的基准和反馈。

内在信用价值模型为稳定银行的信用文化提供了坚实的基础，因为它根植于会计基础和经过时间检验的信用分析原则，是衡量借款人内在风险的最佳方法之一。如果存在足够的数据进行实证验证，就可以通过评估违约概率来量化这种风险。然而，正如我们在第 10 章中所指出的，会计报表未能全面反映企业的信用风险。报表信息既不具备时效性，也不具备前瞻性。鉴于这些局限性，基于会计标准的方法只有证明其在预测信贷质量下降和（或）违约方面具有卓越的能力，才能证明其价值，而且在获得这些信息时，应考虑资本市场的同期风险评估。

不幸的是，许多已发布的企业内部模型仅将变量或比率放入合适的位置并进行组合，直到它们似乎可以预测出测试样本中的某些内容。很少有模型是经过严格测试的，这是一个相当严重的缺点。如果确实需要锚定银行的信贷流程，那么评分系统必须是客观的且经过良好测试的。客观意味着它将遵循统计或机械过程来摆脱人的观点进行评级；经过良好测试的意味着它不但在设计阶段被仔细评估过，而且在投入运行后也进行了仔细评估。建立一个稳健模型的过程类似于工程科学研究。此外，它还要求制订务实的决策，包括制订控制样本和模型评估标准、处理异常值和缺失数据，以及对原始数据进行可复制的调整，使其在整个样本中保持一致。这些是工程师将采取的行为，而不是寻求纯粹理论的科学家会采取的行为。

14.2 有效模型的组成部分

一个令人满意且有效的企业借款人信用评分模型应具备以下 5 个关键要素。

- 信用评级对信贷质量实际变化的敏感性。
- 已进行确认的、真正与质量变化相关的交货时间。
- 在没有发生根本变化的情况下，评级的稳定性。
- 风险评估分级，有助于提高信贷定价和贷款条款设置的合理性。
- 跨行业、跨公司规模和跨地理位置的评级一致性。

让我们来看看信用评分模型的不同维度。这些观察结果不仅与企业内部模型相关，而且与其他市场价值或计量经济模型相关。它们适用于针对个人、小企业和金融机构开发的模型，也适用于为企业借款人量身定做的模型。

14.2.1 风险事件的定义

评估一个模型首先要确定它实际度量的是什么。为了体现对信贷质量实际变化的敏感性，大多数模型以破产/非破产，或是违约/非违约等条件为标准。有些模型可能用处不大，但仍然很重要，因为它们被设计用来将公司划分为不同的债券评级等级或银行贷款等级。破产/非破产等标准更为可取，因为这种分类比评级或等级更加主观。破产是一种事实，而债券评级或贷款评级则是主观意见。主要评级机构之间存在分歧的案例数量之多令人吃惊，银行家们也经常在贷款评级上存在不同意见。为了复制专家意见（如评级机构的判断）而设计的模型不可避免地必须接受他们高度主观的决策标准。

如果要在预测过程中使用一个模型，那么确定时间框架也很重要。如果一个模型预测一家公司会在未来某个不确定的时间点发生违约，这实际上并没有传达什么信息。预测应在某个时间范围内进行，例如，在事件发生前 1 年、前 2 年或前 3 年预测某个风险事件是否会发生，并且跟踪预测误差。

14.2.2　目标群体

信用评分模型通常都是针对不同的借款人群体建立的，这是必要的，因为各市场的风险参数并不相同。针对制造业企业和非制造业企业、金融机构，以及贷款购买房屋或汽车的个人，信用评分模型会使用不同的变量。确定模型所适用的市场范围十分重要，包括地理位置、公司规模和行业。模型应用的市场应与机构覆盖的市场范围相适应。即使在同一个借贷领域内，一些模型在一个细分市场（如大型企业）中可能比在另一个细分市场（如中端市场）中表现得更好。在查看测试结果时，重点是查看测试群体的规模、分布和行业组成。

14.2.3　模型开发质量

信用评分模型的开发过程通常包含统计测试。现在有许多统计技术可供选用，但技术的选择不及风险事件定义和解释变量定义的选择、数据的收集和模型的检验那样重要。因变量可以是一个先验组的成员（好或坏）或违约频率，即具有相同协变量的坏的概率。

对于以破产/非破产为标准的模型，其表现通常由 2 类错误率来衡量。第 I 类错误发生在模型将破产公司归类为非破产公司时。第 II 类错误发生在模型将非破产公司归类为破产公司时。错误率测量通常用于评估评级对实际信用质量变化的敏感性。不需要使用原始错误率，当每种错误类型的成本信息可用时，模型性能还可以根据错误分类的总成本进行计算。通常，第 I 类错误成本（将不良借款人划分为良好借款人）要比第 II 类错误成本（将良好借款人划分为不良借款人，从而拒绝向良好借款人提供信贷）大得多。

出于测试目的，在开发样本之外还要提供另一组公司数据，用于测试模型。在样本内或样本外的测试中报告的错误，比在开发样本中的错误更能代表模型的预期性能。

可以进行超时测试，以便基于同一组客户观察模型随时间变化的性能。除第 I 类错误和第 II 类错误外，衡量模型判别能力的附加指标是 Kolmogorow-Smirnow 统计量和基尼系数。功率曲线和信息比率是与基尼系数相似的其他指标。

虽然大多数信用评分模型都基于二元选择（例如，违约与不违约）构建，但在真实的信用世界中很少出现明确的接受/拒绝情况。通常，借款人会被划分到某个信用等级。例如，一家采用 9 级评级系统的银行可能会决定接受 1～5 级的借款人，而拒绝 6～9 级的借款人。每个等级的第 I 类错误和第 II 类错误的错误率各不相同。为了计算不同的错误率，必须在破产前的数年里积累关于每个信用等级的未破产和最终破产公司的足够信息。尽管在整个信用规模范围内，评估信用评分模型的有效性十分重要，但很少有模型已经积累了足够的数据可以实现这种评估。

当一家机构依赖供应商提供此类统计数据时，其必须坚持和理解在构建准确性测试中对所用数据的质量、准确性和完整性等方面的要求。供应商未必会隐瞒不受欢迎的结果，但可以肯定的是，它们会尽最大努力来推广自己的模型。接下来，消费者提出的问题将针对模型与机构市场的开发样本的可比性，以及模型“样本外”表现和“过时”表现等。机构除了无所作为，其采取的最糟糕行为就是相信第三方模型。

14.2.4 模型稳定性

对于机械、客观的评级系统的一个合理担忧是，它们可能过于不稳定。当公司没有实际发生根本性变化时，评级会改变吗？有时会。在没有发生根本性变化的情况下，信用评级在短期内的剧烈波动会导致出现噪声。噪声是一个主观量。例如，在交易中，个体交易者的交易时间跨度可能从一天到一周，甚至几个月不等。在某一类交易者看来是趋势的东西，对另一类交易者来说可能只是噪声。随机波动会破坏定价和信贷审批过程的可信度，对持续的信贷关系没有任何建设性的作用。只有当公司的基本事实也发生变化时，理想的模型才会发生变化。无论是最小化噪声，还是识别来自模型的消息是真正的信号而不是噪声，都至关重要。在选择信用评分模型的过程中，噪声测试应该起到核心作用。

在基于股票价格的模型中，噪声可能是一个需要特别关注的问题。有些人认为，这些模型显示的波动率反映了信贷状况实际上已经发生了变化。毫无疑问，公司的股票市场估值在长期内往往是准确的，并且市场价值应纳入贷款的审查程序，但是将信贷定价与短期市场波动联系起来，可能会使银行处于竞争劣势。除非其他所有银行都采用相同的（基于当前市场波动的）信用风险评估标准，否则，对感知到的信用风险短期波动做出反应可能会损害银行之间的关系。

14.2.5 违约模型的预测能力

大多数违约模型都能通过其正确预测出的近期公司违约或破产事件，将人们的注意力吸引到其所声称的有效性上。虽然这是令人印象深刻且有必要的，但很少有公开的例子体现出模型预测到了财务困境但随后没有发生任何不利的情况。因此，在对违约模型进行研究时，不能仅局限在有效性指标上。

对一个模型预测准确率的最简单测试是将具体预测结果与实际结果进行比较。例如，如果一个模型预测一组公司在一年内的无条件违约概率[1]为 25%，而在随后的一年内，组中 25%的公司实际发生违约，那么该模型的预测准确率为 100%，预测误差为 0%。根据事前值（估计值）和事后值（实际值）计算得出预测误差，这是对模型性能的最佳测试。如果模型预测的违约概率为 25%，而实际违约概率为 35%，那么模型的预测误差为 40%（35%减 25%后，再除以 25%）。如果预测的违约概率是 25%，而实际违约概率是 15%，那么模型的预测误差仍然是 40%（25%减去 15%，再除以 25%）。然而，第 I 类错误（没有预测到失败）所付出的代价将比第 II 类错误（过度预期的失败）高出许多倍。值得注意的是，预测误差不是通过将模型应用于单个公司来计算的，而是针对一组具有相似违约概率的公司计算得出的。

当然，错误率（预测误差）很难确定，因为在做出预测后，世界不会停滞不前，解释变量（在本例中为预期违约率，简称 EDF）和被解释变量的违约率都在不断变化。从实用的角度来看，任何预测模型的主要问题都没那么明确，即区分风险等级的能力及其早期预警特性，这 2 个标准不是同义词。模型可能缺乏对风险进行评级的能力，但同时也可能是一个很好的违约预测工具。例如，一个模型可能只有 2 个风险等级（良好信用与不良信用），但是可能在违约发生的很久之前，其就将一个良好信用降级为不良信用，并通过这一变化来预测违约。同时，模型可能很擅长风险评级，即逐步将信用等级从 1 级提升到 2 级，再到 3 级，等等，但是模型不一定能够提前预测违约。事实上，一个模型可能在违约前一个月就已将风险等级降至 5 级（例如，在银行进行贷款分类的前一步），这说明它没有良好的预警特性。大多数银行使用的主观信用评级系统都属于 2 级。因此，一个好的系统应该能够正确地对风险进行评级，除了能提前充分预测违约，还要能对信贷质量变化进行预测。风险等级的变化并不总是显而易见的，只有经济后果才是如此。显而易见的后果可能是公司违约或破产，或者如

[1] 无条件是指不附加任何其他条件，例如，行业成员资格或债券评级；也就是说，除了模型使用的输入信息，再无其他信息。

果资产被交易了，经济后果就是其市场价值将发生的变化。

区分风险等级的能力可以被绝对准确地评估。例如，通过查看第 I 类准确率（预测破产公司的失败）的不同级别及第 II 类准确率（预测未破产公司的持续经营能力），进而确定信用分组，例如，得分区间或 EDF 范围。在理想情况下，这种测试应该基于独立的样本进行，即以没有被用于构建模型的公司为样本。它还应该具有一段合理的准备期，在此期间可以衡量风险等级结果。通常使用一年的时间进行准备，尽管有些人可能认为大多数模型，包括相当原始的模型，都可以预测大公司在这段时间内的失败。

一个模型的风险区分能力可以与其他类似模型进行比较，以此确定其有用性。例如，可以将模型对公司进行评级的方式与评级机构对公司进行评级的方式进行比较。这是通过构造一个错误分类矩阵来实现的，其中，行是实际的评级（从 1 到 10），列是模型预测的评级（也是从 1 到 10）。矩阵中的单元格（i，j）代表实际评级为 i 且预测评级为 j 的公司。当 i=j 时，对角线单元格（i，j）代表正确的分类。利用该矩阵可以计算出模型对实际等级进行准确“预测”的精度、预测误差在±一个缺口内等相关指标。然而，一些模型构建者可能不认同这种方法，他们认为自己的模型比债券评级更能区分风险，因此得出的结果应该与债券评级结果不同。我们可以只使用这种方法对存在分歧的公司进行事后分析。

如果投资组合风险和对收益的模拟分析是利用实际价格数据进行的，那么对不同模型之间进行比较就更有意义。由于债券和银行贷款的风险溢价是由市场决定的，所以可以通过模拟交易进行更直接地评估，而不是比较模型间的预测误差率。由此产生的盈亏数字可以与基准指数（有效投资组合）在足够长的持有期内进行比较，以此反映贷款的期限。因为现在贷款和债券的买卖价格更加容易获取，所以我们至少可以对大型企业借款人展开这种测试。

14.2.6 追踪记录

每一个新模型的创造者都对此感到兴奋，这是可以理解的。然而，即使统计工作已经做得足够彻底，模型也只是基于后见之明进行预测。一个好的信用评分模型必须能够随着时间的推移保持良好地运行，无论是在良好的商业环境中，还是在糟糕的环境中。其必须在会计规则、宏观经济、股票市场市盈率、通货膨胀，以及其他影响因素不断变动的情况下，保持其运行的有效性，并且应该在采取行动前有足够的时间进行风险评估。

一个模型的性能应该在连续的基础上得到验证和确认。验证测试利用了模型在其初始开发之后进行的预测所得出的结果，所需进行的测试类型与模型开发测试类似，因为它们的目的是测量信贷质量的变化和识别实际变化的准备时间。应该使用一套严格的程序来追踪破产和违约的借款人，并且监控模型的成功率。

为了分析错误率、开发破产（或损失）概率函数，以及树立对模型的信心，我们需要掌握大量数据和进行大量测试。在通过接触新公司和新经济场景对模型进行调整之后，模型的有效性可以得到进一步认证，这比通过实验室进行测试后得出的结果有力得多。

值得考虑的是，一个信用评分模型应该在包含不止一个信用周期的 10 年测试期内，对至少数百家公司进行测试。尤其如果该模型适用于私营实体，那么它就可以对成千上万家公司在 10～15 年内的运营情况进行预测，然后将预测结果与实际情况进行比较，并且将这种表现与其他信用指标（如银行排名或债券评级）进行比较。这些数据最终会积累得足够丰富，可以用来估计损失函数，甚至估计损失的时间。这样的经验使银行家们对信用评级的意义产生了更大的信心。

归根结底，实践是唯一的检验标准，模型的好坏取决于模型的性能表现，而不是模型的构造和其精妙的数学形式。金融机构的责任是从供应商构造的模型中筛选出性能表现出色的一个。第 I 类准确率、第 II 类准确率、预测期限、缺失的公司和数据、非上市公司领域的绩效、风险评级与市场收益率的关系，以及“样本内”、“样本外”和“过期”的验证等，都是模型需要仔细审查的方面。

14.2.7 模型对非上市公司的适用性

出于实际的考虑，大多数模型构建者将他们的精力更多地投放在上市公司上，因为上市公司的数据更容易获取。为上市公司开发的数据库通常比为非上市公司开发的数据库更可靠、数据更广泛，这就需要进行更严格的初始测试。如果想要对非上市公司和上市公司使用相同的模型，那么就必须进行公开/私下测试，以此确保非上市公司和上市公司的分类或预测结果具有可比性。由于存在信息问题和道德风险问题，对非上市公司进行风险评估会更加困难。

14.2.8 模型识别

通过判断模型的评级结果在金融界是否具有可信度，可以较好地衡量一个模型的具体潜力。建立一个模型并不困难，监管者、银行、保险公司、学者和学生已经开发出数百种模型。然而，只有少数几种模型能够经得起公众的监督，被监管者和金融机构使用而不是被放弃的模型就更少了。

14.2.9 《巴塞尔协议Ⅱ》与模型验证

如果一家银行使用基于内部评级（IRB）或更高级的方法来获得监管资本，那么在《巴塞尔协议Ⅱ》中，它还必须遵守监管验证要求。以下内容是来自《巴塞尔协议Ⅱ》的“框架”（BIS，2004）：

银行必须拥有一个健全的系统来验证其内部模型和建模过程的准确性和一致性。银行必须向其监管机构证明，内部验证流程使其能够持续且有意义地评估其内部模型的性能。

银行必须定期比较实际回报表现（使用已实现和未实现损益进行计算）和模型评估结果，并且证明这些回报处于投资组合和个人持有的预期范围内。这种比较必须使用尽可能长期的历史数据。银行必须清楚地记录用于此类比较的方法和数据。这类分析和文件应至少每年更新一次。

银行应利用其他定量验证工具，并且与外部数据源进行比较。分析必须基于适合投资组合的数据进行，定期更新，并且覆盖相关的观察周期。银行对其自身模型性能表现的内部评估必须基于长期的历史数据进行，同时能够涵盖一系列经济状况，在理想情况下会基于一个或多个完整的商业周期。

银行必须证明它们在各时间点使用了相同的定量验证工具和数据。评估方法和数据（包括来源和时期）的变化必须被清楚、完整地记录在案。

因此，除非银行决定放弃使用基于内部评级的方法来获取监管资本（选择采用所谓的“简化”方法），否则，严格测试和验证不仅是业务工作的需要，也是监管的要求。

14.2.10 实施

无论是内部开发还是从供应商处购买，信用评分模型都应被视为一个主要系统，其在安装时涉及与银行贷款会计系统、数据库电子表格和报告编写软件的集成。同时，其实施过程包括建立程序、制定制度和对银行人员进行培训，以便机构能够根据警告采取行动并避免违约。一个良好的系统应该足够灵活，以此适应它所捕获的信息类型的变化。

信用评分模型的实施需要配备一名掌握多种技能的强大支持人员，其应掌握的技能包括：

- 信贷和金融。模型的基础是其创建者在信用和财务分析方面的基本经验。只有充分了解变量的人，才能从零开始建立出良好的模型。
- 统计学。通过严格应用统计原理确保模型的客观性。继续应用这些原理就等于是进行了质量控制。
- 保险精算。精算方法提供了工具，其可以将信用信息转化为基于风险的定价和投资组合管理信息。
- 模型和编程。有安装经验的专业人员可以在信用模型的实施过程中避免出现无休止的失败。

14.2.11 引导测试

引导测试是验收模型的试金石，它基于银行 5～10 年的数据进行分析，被设计用来衡量风险度量的 3 个关键方面：对实际变化的敏感性、识别变化的准备时间，以及在没有发生实际变化的情况下的稳定性[1]。它还必须将模型的性能表现与机构在各领域的绩效表现进行比较，必须仔细挑选测试样本，以便对大公司和小公司、上市公司和非上市公司的结果进行比较。同时，应计入足够的违约贷款，并且涵盖金融机构的全部信用等级。即使是最大的银行，也可能因为没有足够的大公司借款人违约数据而无法获得合理的样本量。然而，银行不需要依靠自己的经验来获取大公司的财务信息。借助诸如评级变化和收益率变化等的帮助，银行不仅可以对违约进行测试，还可以对信贷质量的变化进行测试。

当然，良好的模型应该能够预见贷款人没有意识到的信贷问题，或者对没有充分意识到的问题进行更仔细地审查。如果一个模型真的有效，那么它将促使银行对贷款进行重新评估，并且可能引发银行赋予的信用等级的变化。而且，它会尽早采取这种措施，以避免损失。

14.3 信用风险模型的发展

在信用风险度量方面仍存在一些尚未解决的问题。缺乏所需详细程度和时间范

---

[1] 实际变化是指在事后的基础上确定的借款人财务状况发生的实质性变化，其可以是积极的，也可以是消极的。

围的良好数据是需要一个持续关注的问题。虽然银行和其他机构一直在收集相关公司财务报表、违约和收益的历史数据，但在很大程度上，它们没有保存良好的横截面数据和时间序列数据。以行业相关性为例，在个位数水平上的 SIC 分组过于粗糙，无法提供有意义的相关性。然而，在两位数水平上，用于计算相关系数的数据点数量往往非常少[1]。这种数据稀缺的问题只能随着时间的推移逐步得到解决。事实上，那些已经积累了可靠的违约和收益数据的公司将发现，利用这些数据可以为自己赢得竞争优势。证券化的规模不断扩大，现在可以使用更大的数据样本建立信用风险模型。穆迪 KMV 公司为评估非金融公司提供的 RiskCalc 模型广受欢迎，就是一个很好的例子。

收益数据仍然是有限的。虽然大公司借款人现在可以获得基于市场价值的收益数据（基于违约后观察到的市场价格得出），但最终的收益数据，即重组或资产清算后收回的实际现值并不容易获得。此外，其他资产类型（如市政债券、主权债券和各种结构化证券）的收益数据也并不多见。穆迪在 1992 年、标准普尔在 1995 年，以及精算师协会在 1997 年、2002 年和 2006 年都已经开始发布收益数据。标准普尔会在违背和脱离破产法第 11 章后收回债务。这些有关公共债券市场的研究指出，收益率是按债券优先级划分的。对于商业贷款来说，最可能与公共债券市场等同的是直接的（不可转换）高级有担保债券和高级无担保债券。利用债券数据，Altman 和 Eberhart 的研究，以及 Altman 和 Kishore 的研究按优先级和行业组别提供了这一重要变量的统计数据。

关于信用风险模型的另一个关键问题仍有待解决，即迄今为止，人们更多地强调预测违约而非预测价值。为了预测价值，人们必须更好地理解诸如相关性、契约、内含期权、破产和税等变量对资产评估的影响。截至原书出版，还没有人开发出一个有效的模型来衡量和定价信用风险，包括交易对手信用风险的各方面，以及信用风险缓解措施。穆迪 KMV 公司的信用边缘模型和 Risk Metrics Group 的信用等级模型是最近出现的创新成果，这些模型根据股票价格行为隐含的 EDF 推导出信用利差的风险中性值。然而，包括基本面分析、模拟、压力测试和离线预测在内的古典信用分析，将仍是衡量和管理信用风险的重要工具。

信用风险模型尚未发展到能够使企业或个人微观层面的风险与宏观经济层面的因素相关联的程度。大多数建立在历史数据基础上的模型都无法利用诸如通胀、GDP 增长或失业等宏观经济情况来预测结果。换句话说，经济学家和金融分析师对企业失败的见解还有待整合。尽管已经进行了一些将微观和宏观变量联系起来的尝试，但是这些尝试仍处于实验室阶段，并且在固定收益资产的评估中尚未发现实际应用。

最后，虽然有适当的方法来评估信用风险模型，但模型结果的呈现往往忽略了有

[1] 计算出的相关性可能还会存在其他问题，如不稳定性。

关方法论、数据、测试统计、第Ⅰ类错误和第Ⅱ类错误，以及保留结果的重要细节。在制定出能够被普遍接受的标准之前，决策者必须在接受模型供内部使用之前先进行仔细的尽职调查。在某种程度上，每一个信用风险模型都是一种预测（资产的价值应该是多少，或违约的可能性是多少），这对于对一个组织进行持续“跟踪预测—实施”来说非常有用。可以采用如下方法：绘制随时间推移的实际结果与预测对比图，或者绘制随时间推移的方向性误差和百分比误差[1]。与其使用点值，不如使用预测周围的置信带。如果能证明频繁对模型进行重新评估可以提高模型性能，那么重新评估可能是可取的。

飞机控制面板上的仪器可以测量飞机的移动和飞行的空间，它们使飞行更加安全，也使飞行员在恶劣的天气条件下仍能保证高速飞行。但无论如何，它们都不能取代飞行员的技能和判断力。我们也可以使用类似的方式来看待信用风险模型。然而，飞行员们被要求注意仪器读数，这些仪器被放置在驾驶舱里，因为它们被证明具有价值和可靠性。但是，信用风险模型还没有获得同样程度的信赖，或者就可靠性而言是这样的。因此，分析师的判断在信用评估和定价中仍然至关重要。

原书参考文献

Bank for International Settlements (BIS). 2004. Basel II: International Convergence of Capital Measurement and Capital Standards: A Revised Framework. Basel.

Moody’s KMV Corporation. 2002. Benchmarking Default Prediction Models: Pit- falls and Remedies in Model Validation, Technical Report #020305, Revised: 6/13/02. San Francisco.

[1] 方向性误差又被称为转折点误差，例如，预测出一个正的变化，而实际的变化是负的。

第 15 章　关于公司违约率

事实之于思想，犹如食物之于身体。前者的勤勉取决于后者的力量和智慧。

——E. Burke from *Forbes Scrapbook of Thoughts on Business and Life*（1976）

在《巴塞尔协议 II》的框架中，一般的信用风险管理可能需要指定和分析的最重要因素是信用交易对手的违约概率（PD）。无论债务工具是在独立的基础上考虑，还是在投资组合的背景下考虑，违约概率和收益调整（将在第 16 章中讨论）在风险评估和估值中发挥着关键作用。事实上，金融机构被接纳为《巴塞尔协议 II》中的“高级银行”的要求主要基于内部评级（IRB）的实施，其中包含所有资产类别中每个交易对手的违约概率和回收率（RR）说明，这一目的是确定预期的和预期之外的违约损失率（LGD）。

目前可获得的最全面的、几乎被普遍引用的企业违约统计数据，是根据公司或机构债券评级，以及从基准时间点开始的某个成熟期进行分层的。这些数据每年都由主要评级机构进行更新，2006 年的最新数据可在惠誉（2007）、穆迪（2007）和标准普尔（2007）的研究中找到。此外，Altman 等（2007）的报告以“传统”和“累积死亡率”2 种形式更新了违约情况。我们将仔细地介绍和讨论每一种统计方法和结果，因为当用户将这些风险度量应用到他们自己的投资组合中，以及基于《巴塞尔协议 II》确定风险资本要求时，对它们细微之处的理解，以及对它们的理解程度都是非常重要的。此外，公司交易对手的违约概率是定价和评估信用违约互换（CDS），或者评估信用违约互换与贷款担保凭证（CDO）组合的基础。

本章主要关注美国的公司债券和公司贷款，也会关注其他领域和资产类别，例如，资产支持证券等结构化产品。本章格外关注公司高收益债券（或垃圾债券）和与之对应的贷款——杠杆贷款，原因在于这些资产类别在违约之前总属于公司信贷资产的风险类别。

15.1 高收益债券违约率

如前面所述，评估公司部门违约风险的相关指标是其不同时期的高收益债券（或垃圾债券）的市场违约率。这个市场是从一个几乎完全由“堕落天使”组成的市场中发展起来的，也就是说，投资级别不能一直保持或被降级为非投资级、垃圾债券级别等。如图 15.1 所示为 1978—2006 年美国高收益债券市场规模，其中 1998 年约为 5000 亿美元，2006 年约为 1 万亿美元。从某种意义上来说，这些高收益、高风险的债券是可能出现违约[1]的源头。

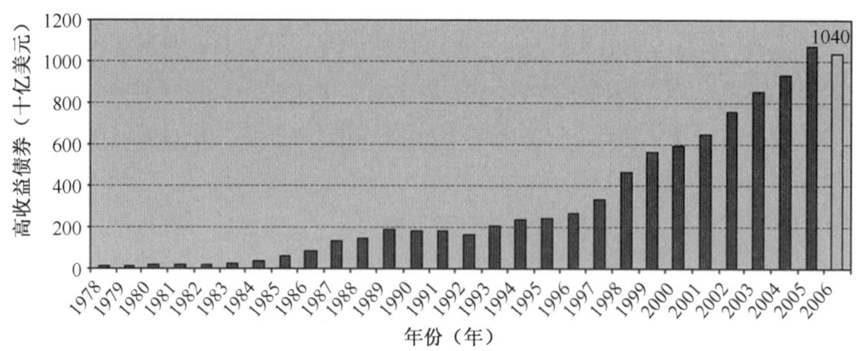

图 15.1　1978—2006 年美国高收益债券市场规模

来源：作者汇编。

违约率可以使用美元（例如，使用 Altman 和惠誉评级）来计算，也可以使用基于发行人计价的违约率（如穆迪和标准普尔）来计算。穆迪现在还报告了以美元计价的违约率。以美元计价的违约率与以发行人计价的违约率在一段时间内具有非常高的相关性，但在特定时间点又可能会存在较大的不同。例如，穆迪 2006 年投机级发行人计价违约率为 1.57%，美元计价违约率为 1.07%，在 2002 年违约率较高时，美元计价违约率明显高于发行人计价违约率。一般来说，以美元计价的违约率比以发行人计价的违约率的波动率更高。至于哪种违约率与投资者更加相关，正确的答案是二者都相关，具体取决于所遵循的投资策略。例如，对于大多数投资高收益债券或杠杆贷款的

[1] 违约的定义是，未支付利息且未在宽限期（通常为 30 天）内纠正的债券发行行为，或者公司已根据重组或清算申请破产，或者已宣布过一次紧急重组。后者通常涉及股权与债务互换的投标，债权人接受使用较低优先权的证券来代替债券（通常是普通股），或者提议支付较低的票面利率或延期偿还债券。

机构投资者来说，其投资每只债券的金额并不相同。因此，对它们来说，美元加权违约率似乎最具相关性。对于权重相等的投资者来说，如贷款担保凭证，则发行人计价违约更有意义，因为“池”中的抵押品通常与购买的数量具有同等权重。

Altman 等（2007）的研究展示了 1971—2006 年美国和加拿大以美元计价的高收益公司违约率，如表 15.1 所示。由于投资全部债券评级类别（从 AAA 级到 CCC 级）的经理相对较少，所以高收益、投机级债券的违约率对该资产类别的分析师和投资者来说较为相关。然而，我们将看到违约率可以通过各种评级进行分解，Altman、评级机构和一些投资银行也会报告违约率。1971—2006 年，36 年的加权平均（按未偿美元金额计算）年违约率为 4.244%，算术平均年违约率为每年 3.167%，标准差为 3.072%。

我们可以观察到，年违约率从 1981 年的 0.158%波动上升到 2002 年的 12.795%，年违约率的中值为 1.800%，平均利率与中值利率之间的差异可以用 0 作为最小值的截断分布进行解释。在某些年份，如 1990 年、1991 年和 2002 年，这一比率超过了 10.000%。事实上，我们可以观察到，在我们计算比率的 36 年中，有 4 年的年违约率在 10.000%左右。由于 10.000%或更高的值比平均值高出大约 2 个标准差，因此，如果我们假设一个正态分布，那么在 36 年的时间里，年违约率就出现了这样的 4 个数值，比预期的多（36 年中的 2.500%，或大约 1 个观测值）。

表 15.1 1971—2006 年美国和加拿大以美元计价的高收益公司违约率

年份（年）	票面价值（百万美元）	违约票面价值（百万美元）	年违约率（%）
2006	993600	7559	0.761
2005	1073000	36209	3.375
2004	933100	11657	1.249
2003	825000	38451	4.661
2002	757000	96858	12.795
2001	649000	63609	9.801
2000	597200	30295	5.073
1999	567400	23532	4.147
1998	465500	7464	1.603
1997	335400	4200	1.252
1996	271000	3336	1.231
1995	240000	4551	1.896
1994	235000	3418	1.454
1993	206907	2287	1.105
1992	163000	5545	3.402
1991	183600	18862	10.273
1990	181000	18354	10.140

续表

年份（年）	票面价值（百万美元）	违约票面价值（百万美元）	年违约率（%）
1989	189258	8110	4.285
1988	148187	3944	2.662
1987	129557	7486	5.778
1986	90243	3156	3.497
1985	58088	992	1.708
1984	40939	344	0.840
1983	27492	301	1.095
1982	18109	577	3.186
1981	17115	27	0.158
1980	14935	224	1.500
1979	10356	20	0.193
1978	8946	119	1.330
1977	8157	381	4.671
1976	7735	30	0.388
1975	7471	204	2.731
1974	10894	123	1.129
1973	7824	49	0.626
1972	6928	193	2.786
1971	6602	82	1.242

	年份（年）	数值（%）	标准差（%）
算术平均年违约率[a]	1971—2006	3.167	3.072
	1978—2006	3.464	3.283
	1985—2006	4.189	3.428
加权平均年违约率[b]	1971—2006	4.244	
	1978—2006	4.258	
	1985—2006	4.303	
年违约率中位数	1971—2006	1.802	

[a] 从年中开始计算。

[b] 按每年未偿清金额的票面价值加权。

来源：作者汇编。

2006 年，年违约率仅为 0.761%，为 25 年来的最低水平（1981 年的高收益债券市场规模只有约 170 亿美元）。穆迪的发行人计价利率略高一些，约为 1.57%，但与大约 5%的历史平均水平相比，还是处于非常低的水平。这 2 种利率都与极其良好的信贷环境保持一致。实际上，从表 15.1 和图 15.2 所示的 1991—2006 年季度违约率和 4 个季度的平均移动趋势中，我们可以观察到，2003—2006 年的季度违约率和年度违约率非常低，除了 2005 年年末发生了几起较大违约事件导致违约率上升（例如，达美航空与西北航空、Delphi 公司、Calpine 公司的违约)。最近，关于异常低的违约率时期，以及情况是否会恢复到平均利率，或者极端的、大规模的流动性状况是否会在未来很长一段时间内继续存在，已经形成了很多文章和讨论(见 Altman，2006; 2007)。正如预期的那样，我们在 2007 年秋季观察到，尽管违约率仍然较低，但流动性状况确实发生了显著变化。2007 年的年违约率仅为 0.51%。从 1993 年到 1998 年，我们观察到了另一个良好时期，因此，虽然情况可能会持续，但我们认为将会出现一个回归均值的趋势，实际上，这可能早就应该发生了。

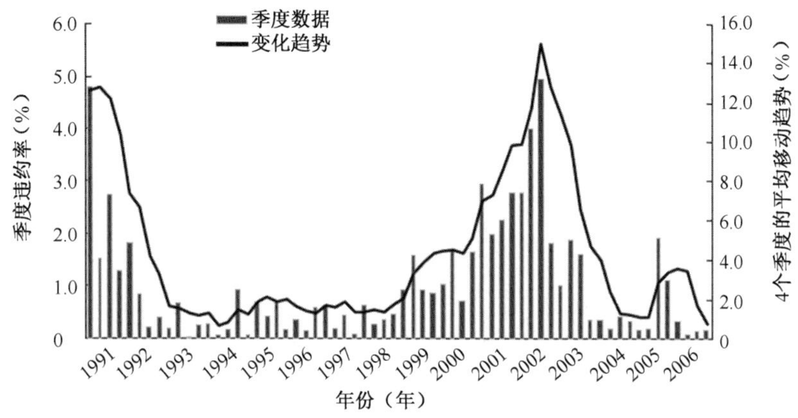

图 15.2　1991—2006 年季度违约率和 4 个季度的平均移动趋势

来源：作者汇编。

15.2　死亡率和累积违约率

尽管传统的衡量违约率的方法也适用于衡量高收益债券或与投资者/分析师相关的所有资产类别的广泛横截面的平均年利率，但它不足以作为参考基准。首先，它没有参考高收益债券领域内的特定债券评级(例如，BB 级、B 级或 CCC 级)，实际上，它根本没有提到投资级债券类别。其次，它没有涉及从某个参考日期开始的违约时间。为了更精确地计算给定信用评级的预期违约率，Altman（1989)、穆迪（1990）和标准普尔（1991）都在某个时间点将相关的同类群组确定为债券评级。然而，正如我们看到的，Altman 的死亡率测量是基于对债券发行后长达 10 年的原始评级调查进行的。穆迪和标准普尔对给定债券评级的所有债券的违约率进行了评估，而不管它们的“年龄”。穆迪认为，宏观经济现象比长期平均值的年份效应更加重要。我们还应注意的是，穆迪将发行人作为基本记账单位。Hamilton 等（2006；2007）的研究讨论了穆迪的更精细的衡量方法，该方法在计算累积违约率时特别引入了老龄化因素，以及计算违约率的优缺点，这些违约率是根据评级撤销来进行调整的。然而，他们的方法并没有分析从原始发行日起的违约率。

Altman（1989）保留了这样一种观点，即单个时期的违约率（例如，每年）是根据该时期相对于同一时期某些基本群体的违约率来衡量的。但是，当我们从特定的同类群组开始衡量，如债券评级类别，并且跟踪该群组在多个时间段内的表现时，计算将变得更加复杂。由于原始群体会根据一系列不同事件并随时间发生变化，所以 Altman 考虑了与剩余群体相关的死亡率，然后通过输入违约率来计算死亡率。债券可能会因为至少 5 种不同的事件而退出市场，即违约、赎回、偿债基金、并购和到期。

每年特定评级类别债券的个体死亡率（也被称为边际死亡率或 MMR）的计算公式为

$$\mathrm{MMR}_{(t)}=\frac{\text{本年度违约债务总额}(t)}{\text{今年年初债券总数的总和}(t)} \tag{15.1}$$

累积死亡率（CMR）是在特定时间段内（1 年，2 年，…，t 年）测量的，其计算方法是 1-前几年剩余群体的乘积，即

$$\mathrm{CMR}_{(T)}=1-\prod_{t=1}^{T}\mathrm{SR}_{(t)} \tag{15.2}$$

式中，CMR 代表累积死亡率，SR 代表生存率。

每个债券评级的个别年份的边际死亡率，将根据 1971—2006 年整个样本期间发行债券时计算得出的当年死亡率汇编而成。例如，对 1 年期边际死亡率（36 个加权汇编）进行汇总，得出 1 年期死亡率；将所有（35 个加权汇编）的 2 年期边际死亡率汇总起来计算 2 年期死亡率，以此类推。

死亡率是发行后特定年份的价值加权比率，而不是未加权平均数。如果只是简单地将第 1 年、第 2 年等的利率平均化，结果就会受到特定年份的偏差的显著影响。例如，如果某年发行的新债券较少，而该年的违约率相较于发行的债券数额较高，那么未加权平均数可能就会受到不适当的影响。Altman（1989）的加权平均技术使结果更加偏向发行量较大的年份，尤其是最近几年。应该注意的是，根据生存率调整的违约率与定价目的的相关性最高。

Altman 利用 1971 年以来的数据，对所有标准普尔主要评级类别的公司债券违约率进行了测算和更新（如果采用穆迪的评级，预计也会得出类似的结果）。在报告发表后的 10 年内，边际死亡率和累积死亡率的最新估计区间为 1971—2006 年，将其按原始评级排序，如表 15.2 所示，从中可以观察到累积违约率的期望层次结构。对于

信用评级较低的债券而言，在发行后的可比较年份中，违约率会上升，只有 2 种异常情况除外：一种是 AA 级债券累积利率高于 A 级债券；另一种是 BBB 级债券的 2 年期边际利率高于 BB 级债券或 3 年期 BBB 级债券的边际利率。前者是 Texaco 在 1987 年根据破产法第 11 章申请破产造成的，涉及超过 30 亿美元的原始 AA 级债券；后者是数量更多的 WorldCom 债券造成的，这些债券最初被评为 BBB 级并于 2000 年发行，2 年后（2002 年）违约。如果常观察发行人计价违约率，那么这些异常现象就不会出现。

表 15.2　按原始评级排序的死亡率（1971—2006 年[a]所有评级公司债券）

		发行后的年份									
		1 年	2 年	3 年	4 年	5 年	6 年	7 年	8 年	9 年	10 年
AAA 级	边际死亡率	0.00%	0.00%	0.00%	0.00%	0.05%	0.03%	0.01%	0.00%	0.00%	0.00%
	累积死亡率	0.00%	0.00%	0.00%	0.00%	0.05%	0.08%	0.09%	0.09%	0.09%	0.09%
AA 级	边际死亡率	0.00%	0.00%	0.30%	0.14%	0.02%	0.02%	0.00%	0.00%	0.05%	0.01%
	累积死亡率	0.00%	0.00%	0.30%	0.44%	0.46%	0.48%	0.48%	0.48%	0.53%	0.54%
A 级	边际死亡率	0.01%	0.08%	0.02%	0.06%	0.06%	0.09%	0.05%	0.20%	0.09%	0.05%
	累积死亡率	0.01%	0.09%	0.11%	0.17%	0.23%	0.32%	0.37%	0.57%	0.66%	0.71%
BBB 级	边际死亡率	0.33%	3.13%	1.34%	1.24%	0.74%	0.31%	0.25%	0.19%	0.14%	0.40%
	累积死亡率	0.33%	3.45%	4.74%	5.92%	6.62%	7.10%	7.33%	7.51%	7.63%	8.00%
BB 级	边际死亡率	1.15%	2.42%	4.32%	2.26%	2.53%	1.27%	1.61%	1.11%	1.71%	3.47%
	累积死亡率	1.15%	3.54%	7.72%	9.88%	12.10%	13.20%	14.60%	15.56%	17.00%	19.88%
B 级	边际死亡率	2.84%	6.78%	7.35%	8.49%	6.01%	4.32%	3.95%	2.40%	1.96%	0.83%
	累积死亡率	2.84%	9.43%	16.08%	23.21%	27.82%	30.94%	35.67%	35.26%	36.53%	37.06%
CCC 级	边际死亡率	8.12%	15.42%	18.75%	11.76%	4.14%	9.33%	5.79%	5.70%	0.85%	4.70%
	累积死亡率	8.12%	22.30%	36.86%	44.30%	46.60%	51.57%	54.38%	56.98%	57.34%	59.36%

[a]标准普尔对 1955 只发行债券的评级。

来源：标准普尔和作者汇编。

AA 级债券的损失率与预期相符，然而，Texaco 的债券在违约后立即恢复了 80%的面值，远高于所有债券约 40%的平均收益率。1971—2006 年所有评级公司按原始评级排序的死亡损失率，如表 15.3 所示。请注意，死亡损失率的计算基于表 15.2 中的死亡率进行，并且对违约时的收益情况进行了调整。（关于回收率的深入讨论，详见第 16 章）。

表 15.3　按原始评级排序的死亡损失率（1971—2006 年[a]所有评级公司债券）

		发行后的年份									
		1 年	2 年	3 年	4 年	5 年	6 年	7 年	8 年	9 年	10 年
AAA 级	边际死亡率	0.00%	0.00%	0.00%	0.00%	0.01%	0.01%	0.01%	0.00%	0.00%	0.00%
	累积死亡率	0.00%	0.00%	0.00%	0.00%	0.01%	0.02%	0.03%	0.03%	0.03%	0.03%
AA 级	边际死亡率	0.00%	0.00%	0.05%	0.04%	0.01%	0.01%	0.00%	0.00%	0.00%	0.00%
	累积死亡率	0.00%	0.00%	0.05%	0.09%	0.10%	0.11%	0.11%	0.11%	0.13%	0.14%
A 级	边际死亡率	0.00%	0.03%	0.01%	0.04%	0.03%	0.04%	0.02%	0.03%	0.06%	0.00%
	累积死亡率	0.00%	0.03%	0.04%	0.08%	0.11%	0.15%	0.17%	0.20%	0.26%	0.26%
BBB 级	边际死亡率	0.23%	2.19%	1.06%	0.45%	0.44%	0.21%	0.10%	0.11%	0.07%	0.23%
	累积死亡率	0.23%	2.41%	3.45%	3.88%	4.31%	4.54%	4.63%	4.74%	4.80%	5.02%
BB 级	边际死亡率	0.67%	1.41%	2.50%	1.27%	1.47%	0.65%	0.90%	0.48%	0.85%	1.25%
	累积死亡率	0.67%	2.07%	4.52%	5.73%	7.12%	7.72%	8.55%	8.99%	9.76%	10.89%
B 级	边际死亡率	1.83%	4.74%	4.92%	5.49%	3.90%	2.37%	2.56%	1.34%	1.03%	0.61%
	累积死亡率	1.83%	6.48%	11.08%	15.97%	18.37%	19.24%	21.31%	22.36%	23.16%	23.63%
CCC 级	边际死亡率	5.44%	11.10%	13.50%	8.46%	2.90%	7.00%	4.34%	4.41%	0.51%	3.01%
	累积死亡率	5.44%	15.94%	27.38%	33.44%	35.37%	39.89%	42.50%	45.04%	45.32%	46.96%

[a] 标准普尔对 1777 只发行债券的评级。

来源：标准普尔和作者汇编。

表 15.2 中有许多值得注意的问题。可以观察到，高收益债券的边际死亡率在债券生命周期的前三四年中每年都在上升，在接下来的几年里趋于稳定。因此，我们确实观察到了一种老龄化效应，这只能通过跟踪初始发行时的违约率来观察。老龄化效应在直觉上是合理的，因为大多数公司在发行债券后就会拥有大量现金，即使它们的经营现金流为负，它们通常也能够应对几个阶段的利息支付要求。

应该指出的是，评级较低的公司债券，如 B 级债券，其违约率似乎非常高。在表 15.2 中，其累积死亡率在第 5 年接近 28%，第 10 年接近 37%。但相对于在样本期内平均每年接近 5%的承诺收益率差，这些利率并没有那么高。如果将至少 40%的平均回收率（以及最近更高的回收率）考虑在内，那么 28%的 5 年期违约率将导致 18%的累积死亡率，或者每年约 2.5%的损失。实际上，高收益债券（其中 B 级债券占主导地位）的收益率，1978—2006 年每年比无风险利率高出 2.56%（Altman et al. 2007）。投资者还应该考虑收益的波动率和平均利差的问题。

15.3 比较累积违约率

前面已经介绍了评级机构报告的违约率与 Altman 方法的主要差异。如表 15.4 所示为累积违约率方法比较，其中总结了这些不同的方法，包括：①票面价值—美元金额与发行人基础；②实际评级与隐含高级无担保评级；③国内直接债务与国内（包括可转换债券）和国外债务；④原始发行与同类群组（不考虑发行年限）；⑤死亡率与违约率；⑥样本期，与之特别相关的是第④点。与 Altman 最初的发行评级方法不同，穆迪和标准普尔的“队列研究方法”只基于在队列日期持有某一评级的发行人池，而不考虑原始评级或发行后的时间。

表 15.4 累积违约率方法比较

方法	Altman	穆迪/标准普尔
票面价值—美元金额与发行人基础	票面价值加权基础	发行人，未加权基础
国内直接债务与国内（包括可转换债券）和国外债务	国内直接债券	在发行者层面考虑的国内直接债券、可转换债券和外国债券
实际评级与隐含高级无担保评级	基于从最初发行到 10 年的实际评级	基于队列或静态池组的隐含高级无担保评级，将所有年限不超过 20 年的债券（穆迪）和 15 年的债券（标准普尔）结合起来
死亡率与违约率	调整催缴、到期和违约的死亡率违约计算	违约率基于原始队列组的百分比。调整边际违约率计算中撤销的评级
原始发行与同类群组（不考虑发行年限）	基于全面评级等级类别，从 AAA 级至 CCC 级（无子等级）	基于全面评级等级类别和子等级，从 Aaa 级至 Caa 级/AAA 级/CCC 级
样本期	样本周期（1971—2006 年）	穆迪的全级样本期（1970 年）和子级样本期（1983—2006 年）；标准普尔的样本期（1981—2006 年）

表 15.5 列出了以 Altman、穆迪、标准普尔为 3 个主要来源的 1—10 年累积违约率。死亡率/原始发行方法、标准普尔使用的静态池方法和穆迪使用的动态队列方法之间的主要经验差异出现在最初几年观察到的违约率中，尤其是在较低评级等级的类别中。以 B 级债券为例，Altman 给出的第 1 年违约率为 2.84%，而穆迪和标准普尔分别为 5.24%和 4.99%，这种显著的差异一直持续到第 3 年，之后的情况较为相似。还是以 B 级债券为例，穆迪在第 5 年给出的累积违约率为 26.79%，而 Altman 为 27.82%。由于某些年份的边际利率较低，所以标准普尔的累积违约率实际上在第 5 年

低于 Altman 的累积违约率，仅为22.55%。这种差异很难解释，尽管标准普尔没有对评级撤销进行调整。如前文所述，造成这些差异的主要原因是老龄化效应。事实上，穆迪已经计算出了债券加权违约率，但它们没有公开报告。

表 15.5　累积违约率比较（10 年内）

年限	1 年	2 年	3 年	4 年	5 年	6 年	7 年	8 年	9 年	10 年
AAA 级/Aaa 级										
Altman	0.00%	0.00%	0.00%	0.00%	0.05%	0.08%	0.09%	0.09%	0.09%	0.09%
穆迪	0.00%	0.00%	0.00%	0.03%	0.10%	0.17%	0.25%	0.34%	0.42%	0.52%
标准普尔	0.00%	0.00%	0.09%	0.19%	0.29%	0.43%	0.50%	0.62%	0.66%	0.70%
AA 级/Aa 级										
Altman	0.00%	0.00%	0.30%	0.44%	0.46%	0.48%	0.48%	0.48%	0.53%	0.54%
穆迪	0.01%	0.02%	0.04%	0.11%	0.18%	0.26%	0.34%	0.42%	0.46%	0.52%
标准普尔	0.01%	0.05%	0.10%	0.20%	0.32%	0.43%	0.56%	0.68%	0.78%	0.89%
A 级/A 级										
Altman	0.01%	0.09%	0.11%	0.17%	0.23%	0.32%	0.37%	0.57%	0.66%	0.71%
穆迪	0.02%	0.10%	0.22%	0.34%	0.47%	0.61%	0.76%	0.93%	1.11%	1.29%
标准普尔	0.06%	0.17%	0.31%	0.47%	0.68%	0.91%	1.19%	1.41%	1.64%	1.90%
BBB 级/Baa 级										
Altman	0.33%	3.45%	4.74%	5.92%	6.62%	7.10%	7.33%	7.51%	7.63%	8.00%
穆迪	0.18%	0.51%	0.93%	1.43%	1.94%	2.45%	2.96%	3.45%	4.02%	4.64%
标准普尔	0.24%	0.71%	1.23%	1.92%	2.61%	3.28%	3.82%	4.38%	4.89%	5.42%
BB 级/Ba 级										
Altman	1.15%	3.54%	7.72%	9.88%	12.10%	13.20%	14.60%	15.56%	17.00%	19.88%
穆迪	1.21%	3.22%	5.57%	7.96%	10.22%	12.24%	14.01%	15.71%	17.39%	19.12%
标准普尔	1.07%	3.14%	5.61%	7.97%	10.10%	12.12%	13.73%	15.15%	16.47%	17.49%
B 级/B 级										
Altman	2.84%	9.43%	16.08%	23.21%	27.82%	30.94%	35.67%	35.26%	36.53%	37.06%
穆迪	5.24%	1.30%	17.04%	22.05%	26.79%	30.98%	34.77%	37.98%	40.92%	43.34%
标准普尔	4.99%	10.92%	15.90%	19.76%	22.55%	24.72%	26.54%	28.00%	29.20%	30.42%
CCC 级/Caa 级										
Altman	8.12%	22.30%	36.86%	44.30%	46.60%	51.57%	54.38%	56.98%	57.34%	59.36%
穆迪	19.48%	30.49%	39.72%	46.90%	52.62%	56.81%	59.94%	63.27%	66.28%	69.18%
标准普尔	26.39%	34.73%	39.96%	43.19%	46.22%	47.49%	48.61%	49.23%	50.95%	51.83%

来源：①Altman：1971—2006 年根据实际评级，按标准普尔原始发行年份划分的市值权重（Altman et al.，2007）；②穆迪：发行人加权，队列分析，1971—2006 年基于实际或隐含的高级无担保评级（Moody's Investors Service，2007）；③标准普尔：发行人加权，静态池分析，1981—2006 年基于实际或隐含的高级无担保评级（Standard & Poor's，2007）。

使用哪种方法最好可能取决于单个债券相关投资组合的年限分布。对于新债券的发行分析（通常是公司债券投资者的观点），死亡率方法似乎更为适用。对于经验丰富的债券组合，评级机构的方法或许更为恰当。所有的方法覆盖的样本周期均包含许多商业周期。

Altman 的边际利率也可以被使用，但只能用于评估存活到这一时间点的债券的 1 年期边际违约率。投资组合经理关于债券权重的策略也会影响方法的选择。Altman 赋予规模较大的债券的权重大于规模较小的债券，而评级机构赋予每个发行人的权重是相等的。

15.4 违约年限

如表 15.6 所示为 1989—2006 年违约债券的年限分布。请注意，在 2006 年及整个样本期内，我们发现，在债券发行后第 1 年违约率较低，而在第 2 年和第 3 年违约率上升的传统模式。然而，与历史平均水平相比，2006 年所有比率都较低。此外，在 2006 年，发行后 2 年至 9 年的债券，发行数量分布相对平稳，在第 6 年略有上升（按发行数量计算）。然而，2006 年遵循了过去几年的趋势，即违约发生的时间比历史平均值晚（6~9 年）。

表 15.6 1989—2006 年违约债券的年限分布

违约年限	1989 年		1990 年		1991 年		1992 年		1993 年/1994 年		1995 年		1996 年		1997 年		1998 年	
	发行数量(只)	总计(%)	发行数量(只)	总计(%)	发行数量(只)	总计(%)	发行数量(只)	总计(%)	发行数量(只)	总计(%)	发行数量(只)	总计(%)	发行数量(只)	总计(%)	发行数量(只)	总计(%)	发行数量(只)	总计(%)
1	4	6	3	3	0	0	0	0	175	9	1	3	2	8	5	20	2	6
2	12	18	25	23	18	13	0	0	333	17	9	28	3	13	4	16	5	15
3	15	23	23	21	26	19	7	13	362	19	7	22	3	13	4	16	10	30
4	13	20	18	17	29	21	10	19	291	15	3	9	8	33	9	36	3	9
5	1	2	23	21	35	26	8	15	239	12	1	3	1	4	3	12	10	30
6	7	11	5	5	10	7	12	22	151	8	2	6	5	21	0	0	2	6
7	7	11	5	5	4	3	5	9	124	6	2	6	0	0	0	0	1	3
8	2	3	4	4	10	7	4	7	56	3	2	6	0	0	0	0	0	0
9	1	2	1	1	3	2	0	0	38	2	4	13	0	0	0	0	0	0
10	3	5	1	1	2	1	8	15	164	8	1	3	2	8	0	0	0	0
总计	**65**	**100**	**108**	**100**	**137**	**100**	**54**	**100**	**1933**	**100**	**32**	**100**	**24**	**100**	**25**	**100**	**33**	**100**

续表

违约年限	1999年		2000年		2001年		2002年		2003年		2004年		2005年		2006年		1989—2006年	
	发行数量（只）	总计（%）	发行数量（只）	总计（%）	发行数量（只）	总计（%）	发行数量（只）	总计（%）	发行数量（只）	总计（%）	发行数量（只）	总计（%）	发行数量（只）	总计（%）	发行数量（只）	总计（%）	发行数量（只）	总计（%）
1	32	26	19	10	40	12	29	8	18	9	8	10	16	9	2	4	184	9
2	37	30	51	28	69	21	51	15	30	15	7	9	13	7	4	8	344	17
3	15	12	56	31	87	26	61	18	26	13	8	10	9	6	6	12	368	18
4	14	11	14	8	65	19	56	16	23	11	6	8	22	12	5	10	300	15
5	7	6	13	7	27	8	45	13	40	20	10	13	14	8	4	8	246	12
6	8	6	5	3	14	4	21	6	20	10	16	21	17	9	9	17	161	8
7	10	8	12	7	21	6	8	2	25	12	9	12	13	7	6	12	135	7
8	2	2	4	2	5	1	7	2	3	1	6	8	11	6	7	13	67	3
9	0	0	3	2	4	1	12	3	5	2	1	1	5	3	6	12	45	2
10	0	0	6	3	3	1	54	16	13	6	6	8	64	34	3	6	168	8
总计	**125**	**100**	**183**	**100**	**335**	**100**	**344**	**100**	**203**	**100**	**77**	**100**	**184**	**100**	**52**	**100**	**2018**	**100**

来源：作者汇编。

15.5 “堕落天使”的违约

影响违约年限的一个因素是，违约债券是否在某个时间点处于投资级别，然后被降级（“堕落天使”）。如表15.7所示为1977—2006年原始评级为投资级和非投资级的债券的违约情况，其中展示了被视为“堕落天使”的违约债券比率的时间序列。表15.8展示了“堕落天使”违约率（以发行人百分比来衡量）与原始债券和所有美国高收益债券违约率的比较。虽然“堕落天使”的年均违约率较低，但与后二者之间的差异（约为1.0%）在统计学上并不显著。

表15.7　1977—2006年原始评级为投资级和非投资级的债券的违约情况

年份（年）	总违约债券发行额[a]（亿美元）	原始评级为投资级的占比（%）	原始评级为非投资级的占比（%）
2006	52	13	87
2005	184	49	51
2004	79	19	81
2003	203	33	67
2002	322	39	61

续表

年份（年）	总违约债券发行额[a]（亿美元）	原始评级为投资级的占比（%）	原始评级为非投资级的占比（%）
2001	258	14	86
2000	142	16	84
1999	87	13	87
1998	39	31	69
1997	20	0	100
1996	24	13	88
1995	29	10	90
1994	16	0	100
1993	24	0	100
1992	59	25	75
1991	163	27	73
1990	117	16	84
1989	66	18	82
1988	64	42	58
1987	31	39	61
1986	55	15	85
1985	26	4	96
1984	14	21	79
1983	7	43	57
1982	20	55	45
1981	1	0	100
1980	4	25	75
1979	1	0	100
1978	1	100	0
1977	2	100	0
总计	2110	26	74

[a] 此列可以找到标准普尔或穆迪的原始评级。

来源：作者根据标准普尔和穆迪的记录进行汇编。

表 15.8 “堕落天使”（以发行人百分比来衡量）与原始债券和所有美国高收益债券违约率的比较

年份（年）	“堕落天使”年均违约率（%）	原发行为投资级的债券违约率[a]（%）	所有发行为投资级的债券违约率（%）
2006	1.40	1.23	1.26
2005	2.74	3.70	2.48
2004	0.83	2.65	2.23
2003	5.88	5.46	5.53
2002	6.59	8.55	8.32

续表

年份（年）	“堕落天使”年均违约率（%）	原发行为投资级的债券违约率[a]（%）	所有发行为投资级的债券违约率（%）
2001	8.46	10.14	10.99
2000	7.01	7.10	7.03
1999	4.01	5.10	4.62
1998	3.31	2.75	2.23
1997	2.04	2.10	1.71
1996	1.38	2.00	1.71
1995	0.25	3.90	3.07
1994	0.00	2.31	1.70
1993	1.72	1.99	1.79
1992	4.50	5.48	5.45
1991	7.53	10.86	11.66
1990	5.77	8.30	8.20
1989	3.74	4.93	5.33
1988	4.25	3.39	3.95
1987	4.36	2.92	2.41
1986	2.46	6.29	4.78
1985	6.77	4.06	3.24
算术平均值（%）	3.86	4.78	4.69
加权平均值（按发行人数量计算）（%）	4.22	5.15	5.10
标准差（%）	2.43	2.67	2.96

[a]标准普尔在 2006 年没有计算过这一比率。

来源：作者根据来自标准普尔信用数据库的数据进行汇编，2006 年除外。

15.6 行业违约

如表 15.9 所示为 1972—2006 年按行业分类的公司债券违约情况，如表 15.10 所示为 1990—2006 年按行业划分的公司债券违约金。可以看到，最大的贡献者是通信行业，违约金额超过 1000 亿美元，大部分发生在 2000—2003 年，并且以电信行业为首，其中，世界通信公司 WorldCom 贡献了大约 300 亿美元。最近，金融危机最严重的行业是汽车行业，主要是汽车零部件供应商。

表 15.9　1972—2006 按行业分类的公司债券违约情况（单位：只）

行业	1972—1982 年	1983 年	1984 年	1985 年	1986 年	1987 年	1988 年	1989 年	1990 年	1991 年	1992 年	1993 年	1994 年	1995 年	1996 年	1997 年	1998 年	1999 年	2000 年	2001 年	2002 年	2003 年	2004 年	2005 年	2006 年	总计
自动/汽车运输	3							3	3					1				1			1			4	3	19
综合性企业						1	3	1	1	3	3								1			1	1			15
能源	3	3	5	7	12	2	4			4	2	3		1			1	13	1		8	9		1		78
金融服务	4	1	1	1			4	11	7	14	3	2	1	2	1	2	6	1	6	4	5	6	2	3	2	88
休闲/娱乐						2	4	4	8	2	4	3	4	3	1	5	5	8	9	6	5	6			3	81
制造业	9	1	1	2	6	3	3	1	5	8	8	7	3	8	6	7	6	16	23	43	22	13	17	12	6	236
保健						1	2		2	1	1	1		2			2	8	6	3	4	3		2		39
杂货工业	3																									176
房地产/建筑	7		1	1		1	1	3	7	5	1			2	1	2	1	4	6	4	3		2	1		53
信托	11	1																			1					14
零售业	6	1					1	2	6	15	6	4	5	6	3	6	6	12	7	12	5	5	3	2	2	115
通信	7	2	2	1	1	3	1		3	4	1	1	3	2	2	1	6	11	8	39	26	21	6	3	2	156
交通（非自动）	4	2		1	1			1	1	2			2			2	1	8	5	7	7	6	2	5	1	58
公共事业							11				1				1	1			1		0	0				6
总计	57	12	12	19	23	15	21	26	47	62	31	22	19	28	15	29	37	98	107	156	112	86	39	31	23	1134

来源：作者汇编。

表 15.10　1990—2006 年按行业划分的公司债券违约金（单位：百万美元）

行业	1990 年	1991 年	1992 年	1993 年	1994 年	1995 年	1996 年	1997 年	1998 年	1999 年	2000 年	2001 年	2002 年	2003 年	2004 年	2005 年	2006 年	总计
自动/汽车运输	468	90				215		300	100	430	12	3737	285		280	3573	2692	12290
综合性企业													100	690	275			1065
能源		60	103	600		75	100			3812	217	4200	4085	11857		8895		34004
金融服务	928	696	536		78	687	700	66	689	375	1968	5062	3803	1079	110	541	156	17474
休闲/娱乐	498	1191	159		138	435	293		245	1100	2891	3437	21242	633	1286	6861	715	41124
制造业	2675	3695	488	118		616	641	123	247	2092	2507	3138	2455	2108	255	1396	1486	24010
保健	18	1120				75			125	2214	1715	692	115	3843		360		10277
杂货工业	1968	4911	1378	1056	317	1286	832	461	1290	7615	8352	9715	5594	4494	1977	569	409	52224
房地产/建筑	2605	417	113	49	75	190		258	383	385	252	1110	1088	77	1783	174		8959
零售业	4443	2937	1489	18	2814	395	164	2504	1241	2052	3081	1586	4092	877	749	1059	332	29833
通信							460	286	1549	2980	5893	34827	47953	7603	2551	150	1496	105838
交通（非自动）	1028	1452			301	562			1125	310	2890	1430	4711	2086	2421	12376	272	30964
公共事业		1452	617	85			275	202		75			1150	1417				5273
总计	14631	18021	4883	1926	3723	4536	3465	4200	6994	23440	29976	68934	96673	36764	11647	35954	7559	373336

来源：作者汇编。

15.7 预测违约率

在讨论针对年度违约率的预测时，我们应再次区分以美元计价的利率和以发行人计价的利率。在任何一种情况下，违约风险都是决定投资任何债务类别所需回报率的关键指标，这一事实使得违约率估计尤为重要。因此，在一个良好的违约风险环境中，如果预期违约率继续维持在较低的水平，那么看似很小的收益率息差可能也是可以接受的。

15.8 基于发行人的违约率预测

Keenan 等（1999）对基于发行人的违约率预测进行了非常详细的总结。关于这一话题的第一个研究可能是 Fons（1991）发现历史违约率大约一半的变化都可以使用信用质量和整体经济状况来解释。前者的依据是按评级类别划分的历史 1 年期违约率，以及做出预测时的发行人分布情况。研究发现，当前评级的分布加上基于经济状况的预期变化在预测准确性方面做得非常好。对国民生产总值（GNP）增长的一致预测被用来代表经济的预期状况，而一个双因素回归模型很好地拟合了这一数据。

Helwege 等（1997）在 Fons 框架的基础上，解释了高收益债券违约率的年度波动，模型调整后的 R^2 高达 81%。他们增加了一个老龄化因素，这在前面的 Altman 模型中已经讨论过，同时还加入了一组经过调整的非对称宏观经济因素。他们发现，1.5%的经济增长阈值（虚拟变量）对于确定投机等级信用底层（例如，B3 级或更低）的违约率是否会飙升很重要，而更高级别的投机等级信用则不会这么脆弱。在解释违约收益率时，他们也使用了任意给定的 GDP 增长阈值（见第 16 章），但是其对基于供求关系的模型几乎无法提供额外的解释作用。

Jonsson 等（1996）及 Jonsson 等（1998）的研究使用了一组不同的基于发行人的违约率宏观经济指标，能够解释历史投机级违约率 86.5%的变化。他们的模型还包含一个衡量发行人现有老龄化因素和发行人现有信用状况的变量。后者是基于现有评级为 B3 级或更低的发行人的比例，即对“不良群体”的集中。宏观经济因素包括企业利润占 GNP 的百分比、企业破产的流动负债规模、纳斯达克（Nasdaq）指数和标准普尔 500 指数市盈率，以及首次公开募股的总收益。这些指标被用来评估经济的乐观程度或悲观程度，以及探索在经济中企业的股权资本成本和获得股权资本的途径。宏观经济表现与乐观情绪和违约率之间的预期负相关关系被证明是显著的。

关于基于全球投机级债券的违约率预测模型，Keenan 等（1999）提供了一种在本书撰写时仍被穆迪使用的方法。他们采用了一种新的衡量潜在违约发行人的指标，即减去那些在过去 12 个月中被评级为撤资的发行人。因此，有必要对市场规模进行预测，以此反映预期的撤资率。作者认为，随着时间的推移，撤资情况相当稳定，投机级发行人的平均撤资率约为 4%，全公司级的平均撤资率为 2%。一个简单的自回归模型被用来外推这一撤资率。在穆迪先前讨论过的累积违约率中，以及在 Altman 先前讨论过的死亡率估计及其违约率预测模型中，撤资都扮演着重要的角色。

穆迪的模型会基于 Poisson 回归模型来预测下一个以 12 个月为周期的违约率，并假设要估计的变量是非负整数值，该模型是适当的，该值是一组解释变量的函数，他们认为基于 Poisson 回归的模型适用于 Duffie 等（1997）的聚合违约活动模型，以及 CSFB 的 CreditRisk$^+$投资组合模型。该建模过程的一个重要假设是，月度违约观测值可以假设为不相关。作者想要指出的是，无论是跨行业还是在一个行业内，即使是在违约频发的月份，他们也几乎没有发现集群的证据。

穆迪的违约预测指标包括：①信用质量的变化；②现有发行人的老龄化效应；③反映宏观经济状况的诸多变量。后者包括按生产者价格指数（PPI）调整的美国工业总产值指数和 10 年期美国国债收益率。作者发现，它们可以用来解释跟踪得出的全球公司 12 个月的违约率高达 85%的变化，以及 12 个月内跟踪的投机级债券的违约率约 80%的变化。

15.9 基于美元的死亡率方法

使用本章前面讨论过的死亡率方法来计算违约率，Altman 多年来一直在预测未来 1 年的违约率（Altman et al.，2007），这种以美元计价的利率既能带来美元估值，也能用于计算预期违约的高收益市场的百分比。这种方法极其简单，其不利用任何对宏观经济因素的预测来实现其预测，只是观察了过去 10 年新发行的所有评级的债券，从 AAA 级到 CCC 级，并且使用最新的死亡率矩阵（可参考表 15.2）估算下一自然年的边际死亡率和预期违约的美元，例如，使用 2006 年发行的 B 级债券乘以第 1 年的边际死亡率 2.84%，就可以得出 B 级债券在第 1 年对 2007 年违约债券的美元总额的贡献；使用第 2 年的边际死亡率（6.78%）乘以 2005 年新发行的 B 级债券，将为我们提供其当年的贡献，以此类推。然后，可以简单地按等级汇总所有等级的债券的每年贡献，以此确定未来 1 年的违约总数。由于 Altman 的违约率方法（见表 15.1）使用年中约定来确定其计算中的分母，所以预测的总违约率计算需要估算预测年份的年中高收益债券的规模。

15.10 关于预测违约率的最后一点说明

本章描述了 2 种预测违约率的方法，在 2007 年年初的预测中，2007 年的高收益债券违约率约为 2.5%。虽然这些技术在过去的预测中相当准确，但它们都高估了 2006 年的增长率。2006 年的极低利率与最近的良性信贷市场相吻合，如果这些状况在 2007 年（本章撰写之时）持续存在，那么可以预见，如果预测技术依赖基于长期观察的估计（例如，穆迪和 Altman 的方法超过了 35 年），那么违约率将再次被高估。然而，在某一时刻，我们预计违约率会回归到平均水平，预测结果也会更加准确。

15.11 杠杆贷款违约率

与高收益债券市场相似的贷款被称为杠杆贷款市场。这些贷款大多是提供给非投资级公司的定期贷款，或者收益率至少比 LIBOR 高出 150 个基点的贷款。这些贷款大多由非银行机构投资者持有，通常期限为 3～7 年，其与公共债券有着相似的条款。这一市场近来发展迅猛，在 2006 年将达到 1.4 万亿美元，如图 15.3 所示，其比美国高收益债券市场高出 40%左右。事实上，在 2006 年，新发行的债券达到了创纪录的 4800 亿美元，而新发行的高收益债券接近创纪录的 1400 亿美元。在最近的高杠杆交易（HLTs）热潮中，这些贷款是债务融资（主要是杠杆收购，即 Lererage Buyouts，简称 LBOs）的主要提供者。

与 2006 年高收益债券市场异常低的违约率类似，我们可以观察到，杠杆贷款市场的违约率也非常低，如图 15.4 所示。事实上，在过去的 12 个月中，以美元计价的违约率（来自标准普尔/LCD）从 2005 年的约 3.0%降至 2006 年的 1.1%，并且在 2007 年 9 月进一步降至 0.40%。相比之下，2006 年的债券发行利率约为 0.80%，低于 1 年前的 2.0%，并且在 2 月也降至 0.46%。这些统计数据与我们的观察结果相符，即高风险的债券市场在 2006 年具有异常高的流动性和低违约风险。而值得注意的是，贷款机构要求无风险的国债几乎所有时间都保持低收益率。一些观察人士（如 Altman，2006）认为，市场的风险基本面远大于收益利差、违约率和信用违约互换溢价所隐含的水平，而且在未来几年内，一种向平均水平的回归很可能会显现出来。不过，也有人认为，一种新的范式已经出现，2006 年信贷风险管理的情景在可预见的未来可能还会出现。时间会告诉我们答案。事实上，在 2007 年中期信贷市场泡沫破裂之际，情况也确实如此。

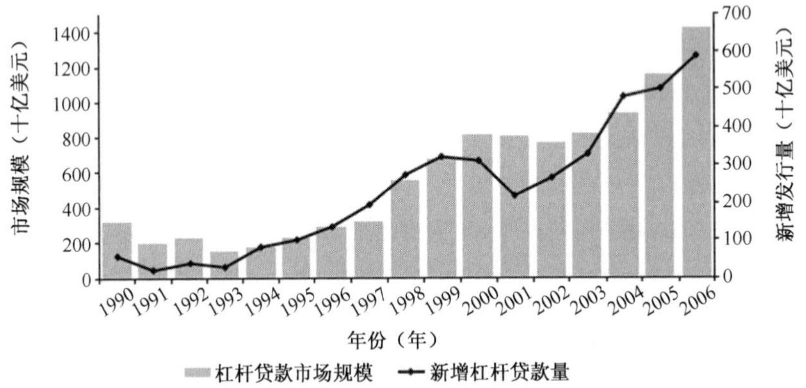

图 15.3　1990—2006 年[a]美国不良市场最新数据整理得出的杠杆贷款市场

[a]被定义为投机级别，LIBOR 利差为 150 个基点或更高。

来源：瑞士信贷，摘自 Avenue Capital（2006）的报告。

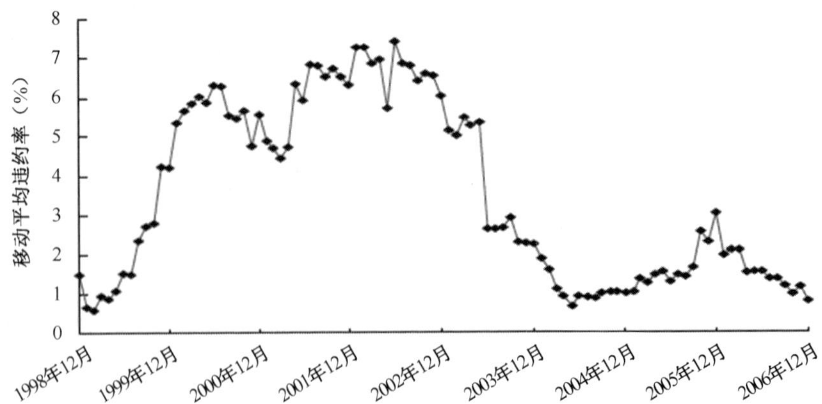

图 15.4　根据 1998—2006 年 12 个月的移动平均违约率得出的标准普尔杠杆贷款指数

来源：根据标准普尔/LCD 汇编。

15.12 结构化金融产品违约率

本章的重点一直放在公司债券部门的违约率上，鉴于2007年债券市场的动荡（将在第24章和第25章进行讨论），我们不对结构化金融产品部门发表评论。结构化金融产品始于20世纪70年代的抵押贷款支持证券，随后是非抵押证券，如租赁（1985年）、信用卡（1986年），以及许多资产支持型证券，如汽车贷款、船舶贷款、房屋净值贷款、银行创设的学生贷款、有关流动资产的贷款，同时还有次级抵押贷款等。此外，结构化金融产品的主要类别包括住房抵押贷款支持证券（RMBS）、商业抵押贷款支持证券（CMBS）和贷款担保凭证（CDO）等。

尽管结构化金融产品在一段时间里经历了惊人的增长，尤其是2002年以来，但是对其违约的研究相对较少，对其违约收益率的研究就更少了。2006年，惠誉对结构化金融进行了一次相当全面的违约研究（Mah et al.，2006）。这项研究的时间范围为1991—2005年，包括资产支持证券、住房抵押贷款支持证券、商业抵押支持证券和贷款担保凭证这四大市场。在这15年的大部分时间里，除了2000—2002年和2007年年初以来的情况，评级上调程度都超过了下调程度。在1991—2005年，惠誉记录了1027起结构化违约事件，其中90%发生在2001年以后。当它们更新2006年和2007年的数据时，违约的数量急剧增加，特别是在资产支持证券和住房抵押贷款支持证券市场上。

惠誉在2006年的主要研究发现如下。

- 投资级债券的平均年违约率为 0.13%，而投机级债券的平均年违约率为3.4%。
- 这些结构化金融产品的违约率被发现与公司债券的违约率相当，分别为0.11%（投资级）和3.27%（投机级），如表15.11所示。
- 一般来说，违约率与违约前的评级是一致的，即评级越低，后续的违约率越高。

表 15.11　1991—2005 年全球结构化金融产品和公司平均累积违约率

	平均 1 年		平均 3 年		平均 5 年	
	结构性融资	公司融资	结构性融资	公司融资	结构性融资	公司融资
AAA 级	0.02%	0.00%	0.10%	0.00%	0.14%	0.00%
AA 级	0.07%	0.00%	0.36%	0.00%	0.58%	0.07%
A 级	0.11%	0.04%	0.95%	0.34%	1.95%	0.71%
BBB 级	0.41%	0.28%	3.11%	1.79%	5.75%	3.65%
BB 级	1.13%	1.39%	4.97%	6.26%	7.01%	9.80%
B 级	3.11%	1.63%	9.79%	6.40%	12.00%	7.58%
CCC 级	24.87%	23.87%	49.40%	37.04%	50.21%	33.09%
投资评级	0.13%	0.11%	0.95%	0.68%	1.75%	1.31%
高收益	3.40%	3.37%	8.78%	8.83%	10.24%	11.30%
所有结构性融资或所有公司融资	0.70%	0.65%	2.37%	1.97%	3.30%	2.77%

来源：惠普；Mah 等（2006）。

惠誉将结构化金融市场的违约定义为，债券遭受了不可弥补的损失，这种损失可能是利息或本金短缺，也可能是资产减记，上市公司、非上市公司，以及满足 144A 规则的债券均包含在内。违约率的计算基于发行的数量进行，而不是发行人或发行金额，后者也是由惠誉为公司发行而发布的。

在 1991—2005 年，绝大多数结构化金融产品的违约发生在资产支持证券部分（55%），贷款担保凭证和住房抵押贷款支持证券市场的违约率均为 18%；而抵押贷款支持证券市场的违约率最低。在全球结构化违约中，超过 97%来自美国。2007 年全年的数据显示，这一数字甚至更高。大部分资产支持证券的违约归因于房屋制造（MH）、房屋净值贷款（HEL），以及特许经营贷款。当次级资产支持证券结构被包括在内时，资产支持证券市场将更加占据主导地位。

虽然截至 2005 年，公司和结构化金融产品的平均 1 年、平均 3 年和平均 5 年累积违约率的结果具有可比性（见表 15.11），但在记录 2006 年和 2007 年时，这种比较会发生变化。近年来，与次级贷款相关的结构化金融产品的违约数量激增，但是企业违约率仍维持在接近历史低位的水平。我们期待可以获得有关结构化金融产品的产违约收益率的更明确结果。

原书参考文献

Altman, E. 1989. Measuring Corporate Bond Mortality and Performance. Journal of Finance 54, no. 4: 909-922.

Altman, E. 2006. Are Historically Based Default and Recovery Models in the High Yield and Distressed Debt Markets Still Relevant for Investment Funds in Today's Credit Environment? Working Paper, NYU Salomon Center, November.

Altman, E. 2007. Global Debt Markets in 2007: New Paradigm or the Great Credit Bubble?. Journal of Applied Corporate Finance 19, no. 3: 17-31.

Altman, E., and S. Ramayanam. 2007. Defaults and Returns in the High-Yield Bond Market: 2006 in Review and Outlook. NYU Salomon Center, February.

Avenue Capital. 2006. 2006 Investor Conference, New York, October.

Credit Suisse Financial Products. 1997. CreditRisk+: A Credit Risk Management Framework. London.

Duffie, D., and K. Singleton. 1997. Modeling Term Structures of Defaultable Bonds. Review of Financial Studies 12, no. 4: 687-729.

Fitch Ratings. 2007. The Shrinking Default Rate and the Credit Cycle–New Twists, New Risks. Credit Market Research, February 20.

Fons, J. S. 1991. An Approach to Forecasting Default Rates. Moody's Special Reports, August.

Hamilton, D., and R. Cantor. 2006. Special Comment: Measuring Corporate Default Rates, November. New York: Moody's Investors Service.

Hamilton, D., and R. Cantor. 2007. Adjusting Corporate Default Rates for Rating Withdrawals. Journal of Credit Risk 3, no. 2: 3-26.

Helwege, J., and P. Kleinman. 1997. Understanding Aggregate Default Rates of High Yield Bonds. Journal of Fixed Income 7, no. 1: 55-61.

Jonsson, J. G., and M. S. Fridson. 1996. Forecasting Default Rates on High Yield Bonds. The Journal of Fixed Income 6, no. 2: 66-77.

Jonsson, J. G., M. S. Fridson, and H. Zhong. 1998. Advances in Default Rate Forecasting. Merrill Lynch's Global Securities Research & Economics Group, May.

Keenan, S. C., I. Shtogrin, and J. Sobehart. 1999. Historical Default Rates of Corporate Bond Issuers, 1920—1999. Moody's Special Reports, January.

Mah, S. and M. Verde. 2006. Fitch Global Structured Finance 1991—2005 Default Study. Fitch ratings, November 28.

Moody's Investors Service. 1990. Corporate Bond Default and Default Rates. Moody's Special Reports, February.

Moody's Investors Service. 1999. Predicting Default Rates: A Forecasting Model for Moody's Issuer- Based Default Rates. Moody's Global Credit Research, August.

Moody's Investors Service. 2007. Corporate Default and Recovery Rates: 1920—2006. Moody's Special Report, February.

Standard & Poor's. 1991. Corporate Bond Defaults Study. parts 1-3. Credit Week, 15 and 16 September; and 21 December.

Standard & Poor's. 2007, February. Ratings Performance 2006: Stability and Transition. New York.

第 16 章　信用风险建模与实践中的违约回收率和违约损失率

“数据！数据！数据！”他不耐烦地叫道，“没有黏土我就做不出砖来。”

——Sir Arthur Conan Doyle, *The Adventures of the Copper Beeches*

16.1　引言

影响金融资产信用风险的 3 个主要变量是：① 违约概率（Probability of Default，PD）；② 违约损失率（Loss Given Default，LGD），其等于 PD×（1–RR），其中，RR 为违约事件的回收率（Recovery Rate）；③ 违约风险敞口（Exposure at Default，EAD）[1]。虽然信用风险文献对第一个变量 PD 的估计给予了极大的关注，但对 RR 的估计，以及对 PD 与 RR 之间关系的关注要少得多，这主要是由于以下两个原因。首先，信用定价模型和风险管理应用往往侧重于关注信用风险的系统性成分，因为这是引发风险溢价的主要因素。其次，传统上的信用风险模型假设 RR 依赖个体特征（例如，抵押或优先级），这些特征由于不影响系统因素，因此独立于 PD。

最近，越来越多的研究致力于探索 RR 估计，以及 PD 与 RR 之间的关系（Fridson et al.，2000；Gupton et al.，2000；Altman et al.，2001；Altman et al.，2005；Frye，2000a，2000b，and 2000c；Hu et al.，2002；Hamilton et al.，2001；Jarrow，2001；Jokivuolle et al.，2003；Altman et al.，2005），这在一定程度上是 1999—2002 年记录的违约率上升和回收率下降导致的结果。更普遍的是，近年来许多国家的证据表明，抵押品价值和回收率可能是不稳定的，而且在经济低迷时期，当违约数量增加时，它

[1] 在讨论违约概率与回收率的关系时，为便于说明与理解，将使用其英文简称，即 PD 与 RR。其余处正常使用中文名称。

们往往会下降。

本章详细回顾了在过去 30 年间发展起来的利用信用风险模型处理 RR 的方法，更具体地说，回顾了它与债务人 PD 的关系。此外，本章还提供了债券和贷款回收率的实证数据。这些模型可以分为两大类：① 信用定价模型；② 投资组合信用风险价值模型。信用定价模型又包含 3 种主要模型：① 第一代结构化模型；② 第二代结构化模型；③ 简约化模型。这 3 种不同的模型及它们的基本假设、优点、缺点和经验表现将在接下来的 3 个部分进行回顾，投资组合信用风险价值模型将在后续章节中进行研究。同时，本章回顾了针对 PD 与 RR 的关系进行的较为明确的建模和实践的研究。在 16.2 节，我们将讨论国际清算银行为激励银行在《巴塞尔协议Ⅱ》下的资本要求规范中考虑“低迷 LGD”所做出的努力。随后，对主要评级机构最近做出的努力进行评估，以提供在给定违约情况下对回收率的明确估计。本章最后还回顾了顺周期问题，并提供了一些近期的经验证据，证明了违约债券和贷款回收率，以及违约率和回收率之间存在的关系。

16.2　第一代结构化模型：默顿模型

第一类信用定价模型是基于 Merton（1974）的期权定价原则（Black et al.，1973）开发的原始框架。在这种框架下，公司的违约过程是由公司资产相对于负债的价值所驱动的，因此，公司的违约风险与公司资产价值的可变性之间存在明确联系。默顿模型的基本直觉是相对简单的：当公司的资产价值（公司的市场价值）低于其负债时，公司就会发生违约。因此，在债务到期时支付给债券持有者的款项，是债务的面值和公司资产的市场价值中的较小者。假设公司债务完全由零息债券表示，如果公司到期时的资产价值大于债券的面值，那么债券持有者就可以收回债券的面值。但是，如果公司的资产价值低于债券的面值，那么股东就什么也得不到，债券持有者就可以收回公司的市场价值。因此，债券持有者在到期时的收益等于债券的面值减去公司价值的看跌期权，其执行价格等于债券的面值，期限等于债券的期限。根据这一基本直觉，Merton 得出了一个估算风险债券的明确公式，该公式既可用来估算公司的日收益率，也可用来估算风险债券与无风险债券之间的收益率差。

除了 Merton（1974），第一代结构化模型还包括 Black 等（1976）、Geske（1977）和 Vasicek（1984）等。每个模型都试图通过删除一个或多个不现实的假设来改进最初的默顿模型。Black 等（1976）引入了更复杂的资本结构，包括次级债务的可能性；

Geske（1977）提出了付息债务；Vasicek（1984）介绍了短期负债和长期负债之间的区别，这种区别代表了默顿模型最成功的应用版本——穆迪的 KMV 模型的显著特征[1]，此模型在第 11 章已经讨论过。

在这些概念模型下，所有相关信用风险要素，包括 PD 和 RR，都是企业结构特征的函数，如资产水平、资产波动率（商业风险）和杠杆率（金融风险）。因此，RR 是一个内生变量，因为债务持有者的收益是违约公司资产剩余价值的函数。更准确地说，在 Merton 的理论框架下，PD 与 RR 成反比。例如，如果公司的资产价值增加，那么它的 PD 就会呈现下降趋势，而预期的 RR 在违约的情况下就会增加（其他条件不变）。另外，如果公司的债务增加，那么其 PD 就会增加，预期的 RR 则会下降。最后，如果公司的资产波动率增加，那么 PD 就会增加，违约时的预期 RR 则会降低，因为相对于负债水平，资产价值可能会低很多。

虽然研究已证明默顿模型对于解决信用风险定价很有效果，但在实际应用中却不太成功[2]。失败的原因有很多，首先，在默顿模型中，公司只有在债务到期时才会违约，这与现实不符。其次，对于在资本结构（复杂的资本结构）中有一种以上债务的公司，如果想要使用该模型来评估其债务违约风险，就必须明确各种债务的优先级或年期结构。此外，默顿模型还假定在发生违约时，需要遵守绝对优先级规则，因为债务是按照优先级顺序偿还的。然而，经验证据表明，正如 Franks 等（1994）所述，绝对优先级规则经常被违反。此外，在基本的默顿模型中使用对数正态分布（而不是肥尾分布）往往会提高 RR。

16.3　第二代结构化模型

针对这些困难，一些替代模型被开发出来，这种模型在违约过程中仍然采用原来的默顿模型，但同时消除了默顿模型的一个不现实的假设，即违约只能在公司资产已经不足以偿还债务的时候发生。相反，我们假定违约可能发生在债券发行至到期之间的任何时间，当公司资产价值达到较低的阈值水平时，违约就会被触发[3]。这些模型包括 Kim 等（1993）、Hull 等（1995）、Nielsen 等（1993）、Longstaff 等（1995）。

---

[1] 在当前版本的 KMV 模型中，当公司的资产价值低于全部短期负债和一半长期负债相加的总和所代表的临界值时，就会发生违约。

[2] 标准参考 Jones 等（1984）的研究，他们发现，即使对于资本结构非常简单的公司，默顿模型也无法与假设没有违约风险的简单模型相比，无法更好地为投资级公司债券定价。

[3] 基于这一框架的最早研究之一是 Black 等（1976）。但是，RR 处理不包含在第一代结构化模型中。

在这些模型中，违约时的 RR 是外生的，与公司的资产价值无关，它通常被定义为未偿债务价值的固定比率，因此独立于 PD。例如，Longstaff 等（1995）认为，通过查看历史违约和可比较公司的各类债务回收率，可以形成对 RR 的可靠估计，他们的模型考虑了利率的随机期限结构，以及违约风险与利率之间的某种相关性，这种相关性对信用利差的性质有显著影响[1]。该方法简化了第一代结构化模型，既从外部指定了破产时风险债务的现金流，也简化了破产过程。后者发生在公司基础资产的价值达到某种外生指定边界时。

尽管在原有默顿框架的基础上进行了这些改进，但第二代结构化模型仍然存在 3 个主要缺陷，这是导致其经验性能相对较差的主要原因[2]。第一，它们仍然需要估计公司资产价值的参数，这是不可观测的。事实上，与 Black-Scholes 期权定价公式中股票期权的估值不同，公司当前的市值并不容易观察到。第二，结构化模型没有考虑信用评级的变化，而信用评级的变化经常发生在具有违约风险的公司债券上。大多数公司债券在实际违约前都会经历信用评级下调的过程，因此，任何信用风险模型都应考虑与信用变化相关的不确定性，以及与违约相关的不确定性。第三，大多数结构化模型都假定企业的价值是连续的，因此可以在违约之前预测其发生的时间，正如 Duffie 等（2000）所主张的，没有突然的意外。换句话说，在不重复“跳转过程”（Jump Process）的情况下，企业的 PD 是确定的。

16.4 简约化模型

为了克服上述结构化模型的不足，简约化模型应运而生，这方面的研究有 Litterman 等（1991）、Madan 等（1995）、Jarrow 等（1995）、Jarrow 等（1997）、Lando（1998）、Duffie（1998）、Duffie 等（1999）。与结构化模型不同，简约化模型不需要针对企业的价值预设条件，也不需要通过估计与企业价值相关的参数才能实现。此外，简约化模型还针对 PD 和 RR 的动态特性引入了单独的明确假设，这些变量独立于公司的结构特征、资产波动率和杠杆进行建模。一般来说，简约化模型会假定一个与 PD 无关的外生 RR，并且以无风险利率的行为、违约债券的 RR，以及违约强度的随机过程作为基础。在任一时刻，公司都有可能违约，PD 和 RR 可能会随时间变化而产生随机变化，这些随机过程决定了信用风险的价格。虽然这些过程与公司的资产价值不

[1] 利用穆迪的债券收益率数据，他们发现信贷利差与利率呈现出负相关关系。

[2] 见 Eom 等（2001）对结构化模型的实证分析。

存在显性联系，但可能存在一些潜在联系，因此 Duffie 等（1999）将这些替代方法描述为简约化模型。

简约化模型在违约的预测性上与典型的结构化模型存在根本不同，因为它们可以适应突然出现的违约情况。一个典型的简约化模型假设一个外生随机变量驱动违约，并且在任何时间间隔内违约的概率都是非零的。当随机变量在其水平上发生离散移位时，违约就会发生。这些模型将违约视为不可预测的泊松事件。根据今天可获得的信息，无法预测离散移位发生的时间。

不同的简约化模型在参数化 RR 的方式上有所不同。例如，Jarrow 等（1995）假设在违约时，债券的市场价值等价于另一种同样无违约债券的外生特定部分。Duffie 等（1999）提出了一个模型，即处于违约时的市场价值（指 RR）是外生指定的，允许对信用利差的期限结构采用封闭形式的解决方案。他们的模型还考虑了随机 RR，具体取决于债券违约前的价值。虽然该模型假设违约时的预期损失是外生的（这意味着 RR 不依赖违约索赔的价值），但它承认违约风险与 RR 之间的相关性。事实上，在这个模型中，PD 和 RR 的行为可以依赖特定公司或宏观经济变量，因此二者是相关的。

其他模型假设发行人、优先级和面值相同的债券在违约时具有相同的 RR，不考虑剩余期限。例如，Duffie（1998）假设，在违约时，给定面值的债券持有者无论票面利率或到期日如何，都将获得固定的付款，并且票面价值与同等优先级的任何其他债券相同，这使得他可以使用基于穆迪等评级机构提供的统计数据的收益参数。Jarrow 等（1997）还允许不同的债务优先级转化为给定公司的不同 RR。Lando（1998）和 Jarrow 等（1997）都使用转移矩阵（信用评级变化的历史概率）来为违约债券定价。

关于简约化模型的经验证据相当有限。使用 Duffie 等（1999）的框架，Duffee（1999）发现这些模型难以解释所观察到的不同信用风险质量公司之间的信用利差期限结构。特别地，当公司信用风险较低时，此类模型难以产生相对“平坦”的收益率差，而当公司信用风险较高时，难以产生较“陡峭”的收益率差。

最近，Zhou（2001）的研究中尝试将结构化模型（违约过程背后的清晰经济机制）与简约化模型（违约的不可预测性）的优点结合，这一设想通过将企业价值的演化建模为跳跃扩散过程来实现。该模型将 RR 与违约时的公司价值联系起来，这样，RR 的变化是内生的，并且 RR 与信用评级之间的相关性是合理的，这种相关性最早见于 Altman（1989）和 Gupton 等（2000）的研究。

16.5　信用风险价值模型

20 世纪 90 年代下半叶，银行和咨询公司开始发展信用风险模型，旨在以预先确定的置信水平衡量潜在损失，即信贷敞口投资组合可能在指定的时间范围内（通常是 1 年）遭受损失。信用风险管理的重要性日益提升，尤其是在国际清算银行提出《巴塞尔协议 II》时，上述措施也受到了推动。这些信用风险价值模型包括摩根大通的 CreditMetrics（Gupton et al.，1997）、瑞士信贷金融产品公司的 CreditRisk+（1997）、麦肯锡公司的 CreditPortfolioView（Wilson，1998）、KMV 公司的 CreditPortfolioManager 和 Kamakura 公司的 Risk Manager（详见穆迪/KMV 公司和 Kamakura 公司的网站）。

信用风险价值（Value-at-Risk，VaR）模型可以分为两大类：违约模式（DM）模型和市值（MTM）模型。在前者中，信用风险采用二项式方法与违约风险相结合。因此，只需要考虑 2 种可能的事件：违约和存续。后者包括借款人信誉度所有可能出现的变化，在技术上称为信用迁移。在 DM 模型中，只有在发生违约时才会出现信贷损失。另外，MTM 模型是多项的，在出现负信用迁移时，损失也会随之出现。这 2 种方法所需要的数据量基本不同：在 DM 模型中，数据量有限；而在 MTM 模型中，数据量要大得多。

信用风险模型的主要输出是计算信用组合未来损失的概率密度函数（PDF）。通过对这种损失分布进行分析，金融机构可以估算出其信贷组合的预期损失和意外损失。预期损失等于损失分布（无条件）的均值，它代表投资者在一段特定时间内（通常是 1 年）可能损失的金额。意外损失是对预期损失的偏离，是对实际投资组合风险的度量，又可以被测量为损失分布的标准差。由于这种衡量方法只适用于正态分布，所以对信贷风险的衡量几乎没有用处。事实上，信贷损失的分布通常是高度不对称和厚尾的，这意味着其比正态分布的损失高。金融机构通常采用信用风险模型来评估经济资本，以此应对与信贷组合相关的风险。在这种框架下，信贷损失准备金应涵盖预期损失[1]，而经济资本被视为意外损失的缓冲，《巴塞尔协议 II》在最后一次迭代中（BIS，2004）已将这 2 种损失分开。

信用风险价值模型在很大程度上可以被看作一种简约化模型，其中，RR 通常被视为一个外生常数参数或独立于 PD 的随机变量。一些模型如 CreditMetrics 模型，会将违约时的 RR 视为一个随机变量，通常通过独立于 PD 的 Beta 分布建模。另一些如 CreditRisk+模型，则将 RR 视为一个常数参数，并且必须将其指定为每个信用风险敞

[1] 正如 Jones 等（1999）所讨论的，储备金是用来弥补预期损失的。

口的输入值。虽然对这些模型的全面分析超出了本书的写作目的[1]，但必须强调的是，所有的信用风险价值模型都将 RR 和 PD 作为 2 个独立变量使用。

16.6 PD-RR 关系的最新研究成果及其影响

在过去的几年里，针对 PD 与 RR 的关系的明确建模和动态研究的新方法已经开发出来，这些模型包括 Bakshi 等（2001）、Jokivoulle 等（2003）、Frye（2000a；2000b）、Jarrow（2001）、Hu 等（2002）、Carey 等（2003）、Altman 等（2001；2005）、Acharya 等（2003；2007）。

Bakshi 等（2001）改进了简约化模型（此模型已在 16.4 节中介绍），允许无风险利率、违约概率和回收率之间存在灵活的相关性。评级机构公布的一些证据迫使回收率与违约概率成负相关关系。通过对 BBB 级公司债券样本进行分析，它们发现这一假设得到了一些有力支持。更准确地说，它们的实证结果表明，平均而言，（风险中性）风险率恶化 4%与（风险中性）回收率下降 1%具有相关性。

Jokivuolle 等（2003）提出了一种完全不同的方法，即一个抵押价值与 PD 相关的银行贷款模型，其使用期权定价框架来建模风险债务——假设借款公司的总资产价值触发违约事件。然而，该公司的资产价值不能决定 RR，而抵押品价值被认为是决定回收率的唯一随机因素。基于这一假设，该模型可以使用外生 PD 实现，不需要估算公司的资产价值参数。在这一方面，该模型结合了结构化模型和简约化模型的特点。基于一家公司的资产价值和抵押品价值存在正相关关系的假设，他们得到了与 Frye（2000a；2000b）类似的结果，即违约率和回收率之间存在反向关系。

Frye 提出的模型借鉴了 Finger（1999）和 Gordy（2000）提出的条件方法。在这些模型中，违约是由单个系统因素（经济状况）驱动的，而不是由众多相关参数驱动的。这些模型基于这样的假设，即导致违约增多的经济条件可能导致 RR 下降，即在高违约期和低违约期，收益的分布是不同的。在 Frye 的模型中，PD 和 RR 都依赖系统因子的状态，因此，这 2 个变量之间的相关性源于它们对系统因子的相互依赖。

Frye 的理论模型背后的直觉相对简单：如果借款人拖欠贷款，那么银行的回收率可能就取决于贷款抵押品的价值。抵押品的价值就像其他资产的价值一样，取决于经济状况。如果经济经历衰退，那么 RR 可能会下降，就像违约率往往会上升一样，

[1] 对于这些模型的全面分析，请见 Crouhy 等（2000）、Gordy（2000）的研究。

这导致违约率和 RR 之间呈现负相关关系。

Frye（2000a）最初开发的模型暗示了 RR 是从一个确定抵押品的等式中提取的，而后 Frye（2000b）直接对 RR 进行了建模，使自己能够利用美国公司债券数据中的违约和收益数据，对自己的模型进行实证检验。更准确地说，他在进行实证分析时使用的数据来自穆迪 1982—1997 年违约风险服务数据库[1]。结果显示，公司债券的违约率与 RR 之间存在很强的负相关关系。这一证据与美国债券市场数据相符，表明 1999—2002 年违约率和 LGD 同时上升[2]。Frye（2000b；2000c）的实证分析也得出结论，即在严重的经济衰退中，债券的 RR 相比正常年份的平均水平可能会下降 20%～25%。贷款的 RR 可能会出现类似幅度的下降，但降幅会更大。在所有情况下，Frye 和其他人比较的是违约和违约后的 RR，而不是重组后的最终 RR 或回收期。

Jarrow（2001）提出了一种新的估算债务和股票价格中隐含的 RR 和 PD 的方法。在 Frye 的研究中，RR 和 PD 是相关的，具体取决于宏观经济状态，而 Jarrow 的方法明确地将股票价格包含在估算过程中，允许单独识别 RR 和 PD，并且使用了扩展的相关数据集。此外，该方法还明确地将流动性溢价纳入评估程序，因为考虑到高风险债券和美国国债之间存在较大的收益率差异，流动性溢价被认为是必不可少的。

从 1970 年到 1999 年，Carey 等（2003）使用 4 个不同的数据集（穆迪的债券违约和 LGD 违约风险服务数据库、精算师协会的私募违约和 LGD 数据库、标准普尔的债券违约和 LGD 数据库，以及投资组合管理数据的 LGD 数据库），分析了 LGD 指标及其与违约率的相关性。他们得出的初步结果与 Frye（2000b）的结果形成对比，即单一违约率 LGD 相关性的估计结果接近于零。然而，他们发现，将样本期限制在 1988—1998 年，得出的估计的相关性更符合 Frye 的结果（优先债务为 0.45，次级债务为 0.8）。作者假设，在这段时期内，相关性上升并不是因为在 1993—1996 年违约率较低年份的 LGD 较低，而是因为违约率较高的 1990 年和 1991 年的 LGD 相对较高。因此，他们得出结论，Frye 的模型背后的基本直觉可能无法充分描述违约率与 LGD 之间的关系。事实上，微弱或不对称的关系表明，违约率和 LGD 可能会受到经济周期的不同组成部分的影响。

继 Altman 等（2001）之后，Altman 等（2005）利用 1982—2002 年（包括 2000—2002 年这一违约相对较多的周期）的违约债券数据，发现了与 Frye 的直觉基本一致的实证结果——违约率与 RR 之间存在负相关关系。然而，他们发现单一系统的风险因素（经济表现）并不像 Frye 的模型所显示的那样具有预测性。他们的计量经济学单变量和多变量模型赋予了违约债券供给（指 RR）一个关键角色，表明该变量及代

[1] 1970—1981 年的数据已从抽样期间删除，因为可供计算年度回收率的违约价格较少。

[2] Hamilton 等（2001）、Altman 等（2005）的研究为这一现象提供了明确的经验证据。

表高收益债券市场规模和经济周期的变量，可以解释所有优先级和抵押品级别的债券收益率的绝大部分（接近 90%）差异。他们得出的结论是，基于违约证券供求关系的简单市场机制，比通常依赖宏观经济周期状态的违约和回收率模型更能驱动总体回收率。在违约率高的年份，违约证券的供应往往会超过需求[1]，从而导致二级市场价格下跌。这反过来又会对 RR 估值产生负面影响，因为这些估值通常是在违约后不久以债券价格来衡量的，正如我们在 2004—2006 年这一周期观察到的，在违约较少时期，RR 会上升。

高收益债券违约率/回收率的协方差关系如图 16.1 所示，图表使用 4 个双变量回归指标显示了美元加权平均回收率和美元加权平均违约率在 1982—2006 年的关系。实际的回归分析基于 1982—2003 年的数据，随后增加的 3 年（2004—2006 年）用于显示回归估计与实际的比较。请注意，总债券回收率 65%的变化仅由 1 个变量解释，即总违约率。这些回归结构包括线性（53.6%）、二次项（61.5%）、对数线性（62.9%）和幂函数（65.3%）。违约率与回收率之间明显的负相关关系引人注目，违约供过于求导致 1990 年、1991 年、2001 年和 2002 年等的回收率异常低。

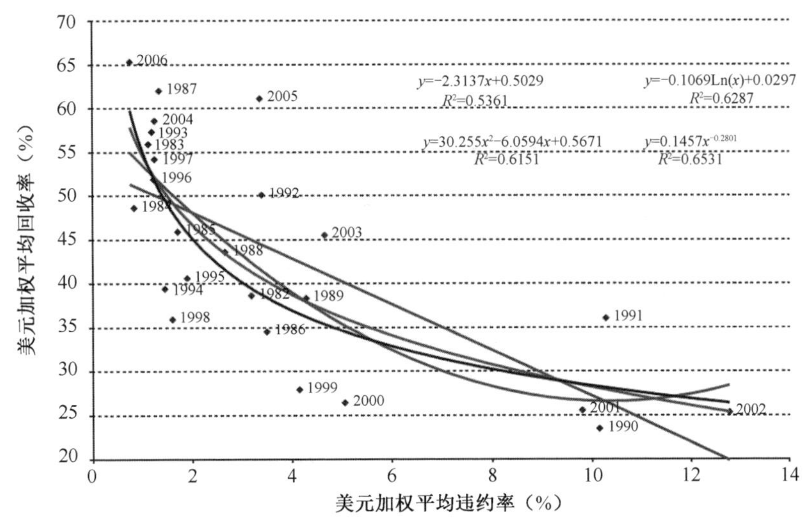

图 16.1　高收益债券违约率/回收率的协方差关系

来源：Altman 的违约债券数据库、纽约大学所罗门中心、纽约大学斯特恩商学院。

然而，我们也可以观察到，最近几年（2005 年和 2006 年）属于违约极少周期，显示的估计结果远远低于实际结果。例如，我们的模型预测 2006 年的回收率将高于平均水平 56%左右，而实际是 65.3%（Altman et al.，2007）。2005 年估计的回收率是

[1] 需求主要来自被称为“秃鹫”的利基投资者，他们故意购买违约债券。这些投资者在债务市场中所占的份额相对较小（可能是 1000 亿美元）。但是，2003—2006 年，该对冲基金行业的增长相当可观，规模可能翻了一番以上（作者估计）。

45%，而实际回收率超过 61%。要么是模型表现不佳，要么是违约市场受到了信贷流动性异常过剩的影响。或许还有其他因素，但这些因素可能只是暂时改变了信贷市场的动态。本书作者之一（Altman，2007）发表的一篇论文认为存在一种信贷泡沫，这种泡沫导致看似陷入困境的公司能够保持未破产状态，而在更为“正常”的时期，这些公司中有许多都将违约，进而导致违约率变得异常低，不良债务投资者提供的巨额流动性推高了现有违约债券和新违约债券的价格。时间会告诉我们是否能够观察到长期均值的回归，也就是说，较低的回收率或新范式已经形成，而较高的回收率将保持不变（见图 16.1）。

利用穆迪的历史债券市场数据，Hu 等（2002）研究了回收率和违约率之间存在的依赖关系，他们首先对季度回收率数据进行标准化，以便过滤被评级借款人池中由于时间变化而导致的回收率波动。他们发现，在 1982 年以后的数据（1983—2000 年）中，美国境内债务人发行债券的季度回收率与违约率的相关系数为 0.22，1971—2000 年的相关系数为 0.19。利用极值理论和其他非参数技术，他们还检验了这种负相关关系对信用风险价值度量的影响，结果发现在置信水平超过 99%时，这种增长具有统计学意义。

16.7 相关结果的影响和低迷期 LGD

Altman 等（2001；2005），以及 Hu 等（2002）、Frye（2000a；2000b；2000c）的研究影响几乎是立竿见影的，这导致了对《巴塞尔协议 II》中“支柱 I ”指南的修改。具体来说，最终 BIS 协议（2004）通过其第 468 段声明暗示了银行的“低迷”或“压力”LGD。根据该文件，基于内部评级（IRB）的银行在必要时需要使用 LGD 参数的估计值来捕获相关风险。该指导原则具有一般性，具体的量化细节留给监管者与银行业合作制定。其根本的理论是，在经济衰退期间，违约风险敞口的 RR 可能低于正常时期的 RR，因此，应实行资本规则，以此保证在这些不利时期拥有足够的资本弥补损失。BIS 协议第 468 段声明还指出，损失的严重程度可能不会表现出周期性变化，尤其是在以最终回收率为基础的情况下。因此，低迷期的 LGD 估计结果可能与长期加权平均值相差较小。

许多银行对这种保守做法的反应较为消极，同时提出了更温和的调整措施。事实上，Araten 等（2004）认为相关性通常并不重要。所有的讨论和辩论都在 BIS 协议第 468 段声明的指导方针和原则中得到了新的体现。在这份报告中，国际清算银行发现了以下 3 点：① 在违约率较高的时期，现实的回收率可能低于平均水平，如果不考虑这一点，就可能会低估弥补意外损失所需的资本；② 数据的局限性对一般的 LGD 估计构成了较大的挑战，尤其是在经济低迷时期；③ 对于在 LGD 估计中纳入低迷状况的适当方法，没有达成一致意见。国际清算银行谨慎地指出，任何原则都应具有足够的灵活性，以便允许采取一系列适合的方法，并且鼓励继续改进。换句话说，尽管银行需要对其成员的低迷期 LGD 进行分析和报告，但银行似乎可以自由选择是否应对其 LGD 参数的平均评估进行处罚。

BIS 协议的原则是，银行必须使用严格的、记录良好的程序来评估（如果需要）经济衰退对回收率的影响，这个程序必须能够：① 确定每种资产类别适应的衰退条件；② 识别违约率和回收率之间是否存在不利依存关系；③ 将它们合并，以此生成 LGD 估计值。回收现金流应采用贴现率来反映在执行期内持有违约资产的成本，包括适当的风险溢价。这些成本应该与经济损失的概念一致，而不是与经济损失的会计概念（例如，不是旧贷款的利率）一致。这可以通过基于无风险利率的折现率加上适合回收风险和现金流成本的利差来实现，也可以通过将现金流转换为确定的等价物（在 BIS 协议的脚注 3 中进行描述）并折现来实现。这些都是无风险利率，或者是折现率调整的组合。

国际清算银行和其他银行特别提到了重组期间的现金流，它们正在使用最终回收率，而不是违约时的回收率。因此，一些研究人员早期讨论过的在债券市场上观察到的违约率和回收率之间的相关性，可能并不意味着违约率和最终回收率之间存在负相关关系。的确，时间上的脱节可能很重要，特别是在不良贷款市场效率不高，最终回收的折现价值与违约时的回收价值存在重大差异时。最后，BIS 协议的原则提到，在正常预期回收值下进行的压力测试，与根据 BIS 协议第 468 段声明估计的低迷期 LGD 不会产生不同的结果。银行监管机构应如何应对银行评估低迷期 LGD 估值所带来的影响，仍有待观察。

美国联邦储备系统（Federal Reserve System）的一个监管机构表示，美国的内部评级银行使用了一个简单的公式来明确表示低迷期 LGD

$$\text{低迷期 LGD} = 0.08 + 0.92\ \text{LGD} \tag{16.1}$$

式中，LGD=长期 LGD 均值。

因此，在长期 LGD 均值等于 0.3 的情况下（相当于回收率为 0.7），低迷期 LGD 将小幅上升至 0.356（约 19%）。如果这一修正适用于《巴塞尔协议 II》提及的基础银行（在美国是不可能的），那么当长期 LGD 均值为 0.45 时，无担保风险敞口的低迷期 LGD 为 0.494（计算过程为 $0.08+0.92\times0.45=0.494$），较正常情况下的预期回收率增加了约 10%。对于有担保贷款，在分析时需要对抵押品本身进行压力测试。

Miu 等（2006）分析了这一低迷期的 LGD 需求，他们认为银行在不考虑 PD 和 RR 相关性的情况下，通过将一定程度的稳健性纳入对某个时间点的周期性 LGD 估算，可以适当地调整银行的原始 LGD 评估。他们发现了比 Altman 等（2001）研究中更大的经济影响，即公司贷款组合增加了 35%～45%，中型市场投资组合增加了 16%，以此弥补相关性的缺失。Altman 等（2001）通过对贷款组合的模拟发现，需要增加约 30%的贷款组合金。然而，这两项研究都表明，银行在确定这些惩罚措施（如果有）时，不会放弃选取任何时间点，它们会从 1 年的角度来估计 LGD。

16.8 一些参考资料

在 Altman 等（2005）的文集中可以找到许多有关 LGD 的研究，本书发现的研究包括：Chabane 等（2004）对随机 LGD 和相关效应的信用风险评估；Friedman 和 Sandow 的回收率条件概率分布分析；Laurent 和 Schmit 对不良 LGD 租赁合同的估计；DeLaurentis 和 Riani 对租赁行业 LGD 的进一步分析；Citron 和 Wright 对不良管理层收购回收率的估计；Neto de Carvalho 等（2003）关于回收率对银行准备金影响的实证研究。Schuermann（2006）也概述了我们对 LGD 的了解和不了解。

Gupton 等（2002）分析了 900 家公司的 1800 多只公司债券、贷款和优先股违约的回收率，以此确定和检验穆迪的 LossCalc 模型并预测 LGD。他们的模型在 2 个时间点（此时此刻和 1 年后）估计了 LGD，这为分析增加了持有期维度。作者发现，将微观变量（例如，债务类型、优先级）、行业和一些宏观经济因素（例如，违约率、领先指标的变化）结合在一起的多因素模型，在预测 LGD 方面的效果优于传统的历史平均方法。

Acharya 等（2003；2007）利用观察到的 1982—1999 年美国违约证券的价格数据进行分析并发现，优先级和安全性是回收率的重要决定因素。尽管这一结果并不令人意外，而且与以往对回收率的实证研究一致，但他们发现的第二个主要结果相当惊人，涉及违约年份的行业特殊性和宏观经济状况的影响。事实上，人们发现，违约时的行业状况是决定回收率的重要因素。当违约公司所在行业陷入困境时，或者非违约企业流动性较差，又或者当其债务以特定资产作为抵押，而这些资产又不容易被重新配置给其他部门时，违约公司的债权人能够以现值计算回收的金额将显著降低。此外，他们还发现，宏观经济因素在行业状况之上的影响很小，即使考虑到宏观经济因素，行业状况的影响依然稳健。Altman 等（2005）再次强调了债券市场总变量和回收率之间的联系，这可能是 Shleifer 等（1992）提到的行业均衡效应的表现，即宏观经济变量和债券市场状况可能会受到被忽略的行业状况带来的影响。Schuermann（2006）在对学术和文献的调查中强调了行业状况在确定 LGD 中的重要性。

Frye（2000a）、Pykhtin（2003）、Dullmann 等（2004）都提出了一个模型，以此来解释回收率对系统性风险的依赖。他们扩展了 Gordy（2000）提出的单因素模型，假设回收率遵循对数正态（Pykhtin，2003）或 logit 正态（Dullmann et al.，2004）模型。Dullmann 和 Trapp 在经验上比较了使用 2 种替代模型获得的结果（Frye，2000a；Pykhtin，2003）。他们使用了来自标准普尔的 CreditPro 数据库的违约率和回收率的时间序列，包括 1982—1999 年的债券和贷款违约信息。他们发现，以违约时市场价格为基础的回收率估计值，明显高于以重组时回收率为基础的估计值。本研究与前人的研究成果一致，即系统性风险是影响回收率的重要因素。作者指出，忽视这一风险因素可能会导致对经济资本的低估。

16.9 回收率评级

在文献中有一项争议，即讨论回收率如何影响债券评级，这些债券评级来自各大评级机构对于违约风险的评估。穆迪一直坚称其明确考虑了某一特定公司债券评级的回收率。标准普尔和惠誉等其他评级机构通常会根据特定发行人是投资级还是投机级来给予一定的资历优先级，通过评级调整高级无担保发行人的评级。例如，投资级公司的次级债券通常会被下调一级，而投机级债券的次级债券则会被下调两级。穆迪的说法值得怀疑，因为在 20 世纪 90 年代之前，根本不存在可靠的回收率数据库。

不管采用何种古老的方法，这 3 家评级机构最近都认识到，回收率对包括《巴塞尔协议 II》、结构化产品、信用违约互换市场，以及传统的违约分析在内的许多应用的重要性，并引入了回收率评级作为风险评级的补充指标。

表 16.1 回顾了来自评级机构的回收率评级，这些数据由标准普尔在 2003 年 12 月首次针对美国高级银行贷款引入，并在 Chew 等（2005）中进行了讨论，随后由 Altman 等（2005）发表。惠誉随后在 2005 年年底对所有评级为 B 级或更低等级的高级投机级债券进行了回收率分析。最后，穆迪在 2006 年 9 月介绍了它们对美国非金融投机级债券的评级，并称 2007 年它们也会对欧洲这样做。我们预计，如果市场认为这些信息有价值，那么所有评级机构都将扩大其评级覆盖范围。

表 16.1 来自评级机构的回收率评级

<table>
<tr><td colspan="4">来自评级机构的回收率</td></tr>
<tr><td>服务机构</td><td>穆迪</td><td>标准普尔</td><td>惠誉</td></tr>
<tr><td>评级类型</td><td>预设评级损失</td><td>回收率</td><td>回收率</td></tr>
<tr><td>评级量表</td><td>LGD1：0%～9%
LGD2：10%～29%
LGD3：30%～49%
LGD4：50%～69%
LGD5：70%～89%
LGD6：90%～100%</td><td>1+：100%
1：100%
2：80%～100%
3：50%～80%
4：25%～50%
5：0%～25%</td><td>RR1：91%～100%
RR2：71%～90%
RR3：51%～70%
RR4：31%～50%
RR5：11%～30%
RR6：0%～10%</td></tr>
<tr><td>资产评估</td><td>美国非金融投机级发行人</td><td>美国和加拿大对银行贷款进行评级的有担保银行贷款、欧洲的高级有担保贷款，以及与有评级银行贷款一起发行的有担保债券</td><td>评级在B级及以下的所有企业、金融机构和主权发行人</td></tr>
<tr><td>方法</td><td>(1) 确立索赔优先权
● 初级债券次于优先债券，同时可能次于或高于其他无担保债务
● 优先处理子公司之间的索赔
(2) 假设潜在企业价值（EV）结果的 Beta 分布
● 针对大多数发行人，假设其 EV 相对于总负债的 Beta 分布
● 在公司的 LGD 分布中，损失率的均值为 50%，标准差为 26%
(3) 对于每个 EV 结果，计算绝对优先级隐含的每个担保级别的 LGD
(4) 预期 LGD 等于 LGD 在 EV 结果中的概率加权平均值</td><td>(1) 审查交易结构
(2) 审查借款人的项目
(3) 建立默认的模拟路径
(4) 基于模拟的违约场景和违约代理，预测借款人违约时的自由现金流
(5) 确定估值
(6) 确定优先债权和价值
(7) 确定贷款人可用的抵押品价值
(8) 确定回收率
(9) 向发行人和投资者群体传达回收率分析结果</td><td>(1) 评估 EV
● 确定最适合作为估值基础的现金流量水平
● 根据实际或预期市场和（或）亏损的倍数，使用倍数来反映公司在某一行业的相对地位
(2) 估计债权人数量（确定现有债权）
● 由于公司财富恶化而承担的索赔
● 重整程序所必需的索赔
● 在相关破产法中享有优先权的债权
(3) 分发 EV，即将由此产生的价值根据司法惯例分配给债权人</td></tr>
</table>

注释：在所有的情况下，除了传统的违约评级，还可以使用回收率评级。市场对第二套评级的接受程度，以及它们是否会成为投资决策的重要组成部分，仍有待观察。

来源：穆迪、标准普尔及惠誉官网。

如表 16.1 所示，每种回收率评级类别（在每种情况下有 6 档）都对在违约情况下的预计回收率进行了定量估计，这些数据高至 100%，低至 0%。除了记录百分比估计值，表 16.1 还审查了各评级机构得出其估计值的方法，即先采用基本估值技术，然后对所考虑的每个问题进行优先级分析。

16.10 回收率和顺周期性

Altman 等（2005）强调了他们的研究结果对信用风险建模和资本要求顺周期问题[1]的影响。为了评估违约率和回收率之间的负相关关系对信用风险模型的影响，他们对银行贷款的样本组合进行蒙特卡罗模拟，并且比较了关键的风险度量（预期损失和意外损失），他们的研究表明，如果假设 PD 和 RR 不相关，那么预期损失和意外损失就都被大大低估了[2]。因此，如果信用模型没有仔细考虑 PD 和 RR 之间的负相关性，就可能会导致银行准备金不足，并且对金融市场造成不必要的冲击。

就顺周期性而言，他们的研究表明，这种影响往往会因 PD 和 RR 之间的相关性而加剧，即当违约率较高时，低回收率将放大周期效应。在所谓的“高级”内部评级法下，情况尤其如此，银行可以自由估算自己的回收率，并且可以在违约增加和评级恶化时向下修正回收率。Resti（2002）也根据 20 年的模拟，使用标准银行贷款组合（其组成根据标准普尔转换矩阵随时间调整）评估了这种机制的影响，这一模拟产生了 2 个主要结果：① 顺周期效应更多地是由上调和下调推动的，而不是由违约率推动的，换言之，为符合资本要求而对信贷供应进行调整主要是对加权资产结构的变化做出的反应，而对实际信用损失做出的反应较小（违约率极高的年份除外）；② 当允许 RR 随违约率波动时，顺周期效应显著增加。

16.11 进一步的经验证据

本节重点介绍违约回收率的不同度量和经验证据。大多数信用风险模型利用历史平均经验进行估算，同时结合违约概率的主要分析指标，得出最重要的 LGD 输入。由于很少有金融机构拥有按资产类型和按抵押品类型划分的回收率的充足数据，因此负责将《巴塞尔协议 II》输入内部评级模型的模型构建者和分析师，会首先从公共债券和私人银行贷款市场的估计入手。当然，许多银行会研究自己的内部数据库，以此

[1] 顺周期涉及经济和金融市场周期对监管资本要求的敏感性。由于评级和违约率会对周期做出反应，巴塞尔委员会提出的新的内部评级法面临着在经济放缓时增加资本费用和限制信贷供应的风险（当经济快速增长时，情况正好相反）。

[2] 与信心水平相关的预期损失和风险价值在衡量时往往被低估约 30%。

符合《巴塞尔协议Ⅱ》在“支柱Ⅰ”中对于先进内部评级方法的要求。

16.11.1 早期的经验证据

已公布的违约回收率数据一般使用二级市场债券或银行贷款价格计算得出，但并非总是如此。我们所知道的第一个估计违约回收率的实证研究，是 Altman 等（1977）在 ZETA 模型中对第二代最优临界值的调整，它遵循 Altman（1968）的第一代 Z-Score 模型（已在第 10 章中讨论）。有趣的是，这些重新估算的银行贷款并非来自次级贷款交易市场（当时还不存在），而是来自对 1971—1975 年银行工作部门成本的调查。根据这些部门的早期经验，我们得出的结论是，不良无担保贷款的回收率仅为贷款总额的 30%再加上应计利息。违约后 3 年的现金流没有折现至违约时期。我们将这一经验称为“最终名义回收率”，因为它利用了违约后的回收率，通常是重组期结束后的回收率。最近，对最终利率的估计要高得多（请参阅我们对这些估计的回顾）。

在后续的研究中，最终回收率指的是债券或贷款的名义价值或折算价值，其基础要么是重组期（详见第 11 章）结束时证券的价格，要么是重组后现金或证券的价值。例如，Altman 等（1994）观察了重组时按优先级划分的违约债券价格，以及这些价格的贴现价值并得出结论，在资本结构中最高级别的债券（高级担保债券和高级无担保债券）在违约后时期表现出色（年收益为 20%～30%），而次级债券（次级债券和普通次级债券）表现不佳，在名义基础上勉强盈亏平衡，在贴现基础上亏损。Fridson 等（2001）在更新 1994—2000 年的研究结果时也发现了类似的结果，但没有那么极端，Altman 和 Eberhart 的早期研究涵盖了 1981—1993 年的数据。

其他分析银行贷款回收率的研究包括 Asarnow 等（1995）、Eales 等（1998）。第一项研究基于花旗银行 24 年的数据对银行的贷款违约损失进行了分析，使用的数据包括 831 笔工商（C&I）贷款，以及 89 笔结构性贷款（高级抵押贷款，包含许多限制性条款）。第二项研究的结果（基于最终回收率）表明，工商贷款的 LGD 约为 35%（较大的贷款，超过 1000 万美元，损失率略低于 29%），同时不出所料，结构性贷款的 LGD 要低得多（13%），这是由于抵押品和契约在支持早期违约检测和回收过程中发挥了作用。在第二项研究中，研究者报告了在美国经营的外资银行 Westpac Banking Corporation 的回收率实证结果。这项研究的重点是小企业贷款和较大的消费贷款，如住房贷款和投资房地产贷款。

Neto de Carvalho 等（2003）利用葡萄牙最大的私人银行——葡萄牙商业银行（Banco Comercial Portugues）提供的信贷组合，分析了给定违约率下损失的决定因素。他们的研究基于 1985 年 6 月至 2000 年 12 月发放给中小型企业的 371 笔违约贷款样本。回收率的估计是根据违约事件后回收的贴现现金流计算的。研究者报告了 3 种主要的实证结果，与以往的实证结果一致：① 违约时贷款损失的频率分布是双峰的，许多案例出现了回收率为 0%的结果，其他案例出现了回收率为 100%的结果；② 贷款规模对回收率在统计上具有显著的负面影响；③ 虽然抵押品的类型在决定回收率方面具有统计学意义，但对于处于银行-公司关系的年代来说，情况并非如此。

16.11.2 更多的近期证据

在表 16.2 中，我们展示了穆迪（Emery et al.，2007）、标准普尔（Vazza et al.，2007），以及 Aman 等（2007）按照优先级划分的上市公司债券违约回收率（1978—2006 年）和银行贷款（1989—2006 年），后者是基于这些证券在违约后的平均价格进行划分的。不足为奇的是，违约时最高的回收率中值是高级担保银行贷款（73.00%），其次是高级担保债券（59.08%）[1]。尽管穆迪和 Altman 等的数据来自不同的时期和样本，有趣的是，高级无担保债券的回收率（45.40%）是相似的，但是低于高级无担保银行贷款（49.20%），它们具有相似的标准差。高级次级债券和次级债券的回收率估计结果非常相似。类似的违约债券回收率可以从 Varma 等（2003）使用的穆迪的数据中找到。例如，Altman 和 Ramayanam 计算了 2000 多只违约债券的价值加权平均回收率，得出结果为 37.7%；穆迪计算了 1239 只债券的价值加权平均回收率，得出结果为 33.8%，而发行人加权平均回收率为 35.4%。

表 16.2 上市公司债券违约回收率（1978—2006 年）和银行贷款（1989—2006 年）[a]

贷款/债券优先级	发行量（亿美元）	中值（%）	均值（%）	标准差（%）
高级担保银行贷款	260	73.00	69.20	24.60
高级无担保银行贷款	48	49.20	51.10	25.20
高级担保债券	332	59.08	59.65	27.00
高级无担保债券	1017	45.40	36.85	24.40
高级次级债券	414	32.79	30.60	24.00
次级债券	249	31.00	31.17	25.70
贴现债券	156	19.80	25.90	20.20
样本债券总计	2168	41.77	37.68	25.56

[a] 数据取自 2 个阶段的第二季度的数据；基于债券违约的价格和贷款违约 30 天后的价格得出。

来源：银行贷款：穆迪（Emery et al.，2007）；债券：Altman 等（2007）。

[1] 2003 年的违约率中值大约降低了 4.5%（结果为 54.5%），这表明 2004—2006 年债券的违约回收率有了较大的增长。

Altman 等（2007）通过分析基于原始评级的债券回收率，在违约日期之后进一步细分了债券回收率（与“堕落天使”相比；原始评级为非投资级或垃圾级的债券）。例如，在表 16.3 中我们观察到，原始评级为投资级的高级担保债券的中值回收率为 50.50%，而同等级别的非投资级高级担保债券的中值回收率仅为 38.00%，这些都是相似优先级证券在统计上体现出的显著差异。由于“堕落天使”违约在美国的某些年份更为显著（例如，在 2001 年和 2002 年，近 50%的违约金额来自违约之前的“堕落天使”），所以这些统计数据相当有意义。高级无担保债券的中值回收率差异同样较大（43.50%相较于 31.15%）。对于高级次级债券和次级债券来说，发行时的原始评级所带来的影响不大，虽然投资级、低优先级债券的样本规模较小。Varma 等（2003）也得出结论，违约前的债券评级越高（包括发行时的评级），违约时的平均回收率越高。显然，从资产质量和资产负债结构来看，高质量的原始发行债券的回收率较高。

表 16.3 在公共债券违约时，投资级与非投资级（原始评级）债券的违约回收率对比

（基于 1978 年与 2006 年第三季度的数据）

债券优先级	发行量（亿美元）	中值回收率（%）	平均回收率（%）	加权平均回收率（%）	标准差（%）
高级担保债券					
投资级	134	50.50	54.91	59.63	25.62
非投资级	263	38.00	41.58	42.02	27.39
高级无担保债券					
投资级	320	43.50	47.47[a]	46.38	25.47
非投资级	566	31.15	35.52	33.88	22.92
高级次级债券					
投资级	15	28.00	38.91	36.36	27.44
非投资级	396	27.50	32.40	29.14	23.81
次级债券					
投资级	10	35.69	37.67	25.29	32.99
非投资级	214	29.00	32.03	28.77	22.30
折扣值					
投资级	1	13.63	13.63	13.63	——
非投资级	116	17.67	23.88	26.43	20.34
样本总计	2035	33	37.46	34.82	25.17

[a] 包括 WorldCom 在内，平均回收率和加权平均回收率分别为 44.96%和 34.34%。

注释：未评级债券被视为非投资级债券。

来源：Altman 等（2007）。

在表 16.4 中，我们展示了最终回收率的相关数据，这些数据来自标准普尔（2006）对银行贷款和债券回收率的评估。这些结果展示了 1988—2006 年超过 3000 笔违约

贷款和债券在重组期结束时的名义价值和贴现价值（以贷款的违约前利率计算）的最终回收率。首先，在标准普尔的数据中，所有银行债务的回收率都相当高，其最终名义回收率和最终贴现回收率分别为 87.32%和 77.20%。穆迪所有银行贷款的最终贴现回收率为 81.67%。高级担保债券和高级无担保债券（包括贷款和债券）的回收率较低，而次级债券（几乎所有债券）的回收率最低，这并不奇怪。注意，在较低优先级水平上，名义回收率和贴现回收率之间的差异有所减小。

表 16.4　银行贷款和债券违约的最终回收率（基于名义价值和贴现价值，1988—2006 年）

	观测值	最终贴现回收率（%）	标准差（%）	最终名义回收率（%）[a]
所有银行债务（基于标准普尔的数据）	1320	77.20	31.10	87.32
担保银行债务	1205	78.50	30.00	n. a.
无担保银行债务	119	64.20	38.20	n. a.
所有银行债务（基于穆迪的数据）	668	81.67	30.37	90.61
担保贷款	609	84.58	27.59	93.46
无担保贷款	59	52.67	39.96	62.63
高级担保债券	320	62.00	32.90	76.03
高级无担保债券	863	43.80	35.10	59.29
高级次级债券	489	30.50	34.10	38.41
次级债券	399	28.80	34.00	34.81

[a]1998—2006 年。

来源：标准普尔亏损统计数据库，1987 年至 2006 年第三季度的 3395 笔违约贷款和债券发行（回收率以每种工具的违约前利率贴现）；以及 1987—2006 年穆迪最终回收率数据库（Emery et al.，2007），包括名义回收率和贴现回收率。

Keisman（2004）还发现，在最近一次出现“极端压力”的违约年份（1998—2002 年）中，与 1988—2002 年的较长样本期相比，所有高级债券的回收率都有所下降。由于 1998 年和 1999 年并不是真正的高违约率年，所以标准普尔给出的 2000—2002 年的数据结果与 Altman 等（2001；2005）关于违约率和回收率之间成反比关系的预测一致。事实上，2001 年和 2002 年，当违约率达到两位数时，公司债券市场的回收率都相对较低，只有 25%，但在 2006 年，当违约率跌至远低于平均年的水平时，回收率上升到了 70%以上（Altman et al.，2007）。

穆迪的研究（Emery et al.，2007）对从 1987—2006 年超过 720 个美国非金融企业违约事件中提取到的约 3500 笔贷款和债券样本进行了调查，揭示了一些有趣的结果。

- 贷款的最终平均贴现回收率为 81.7%（100%的中值回收率），但债券的平均值和中值分别为 32.0%和 24.0%。这些统计数据并不令人惊讶，贷款回收率呈现明显的右侧倾斜，债券回收率则呈现左侧倾斜。
- 企业家族贷款和债券回收率分布广泛，并且表现出相当强的周期性，这是根据其与美国投资级债务的违约率的相关性来衡量的，这也证实了 Altman 等（2005）的发现。另外，贷款回收率表现出较弱的周期性。
- 最终贴现回收率与违约后的债务交易价格之间存在密切联系(表现为约 50%的相关性)。
- 特定年份的违约数量与过去违约的清算数量（可参考第 11 章）之间具有时间差异（见图 16.2）。这表明，在高违约信用期的最初几年，违约数量与清算数量相对较多，而在低违约信用期的最初几年则相反。

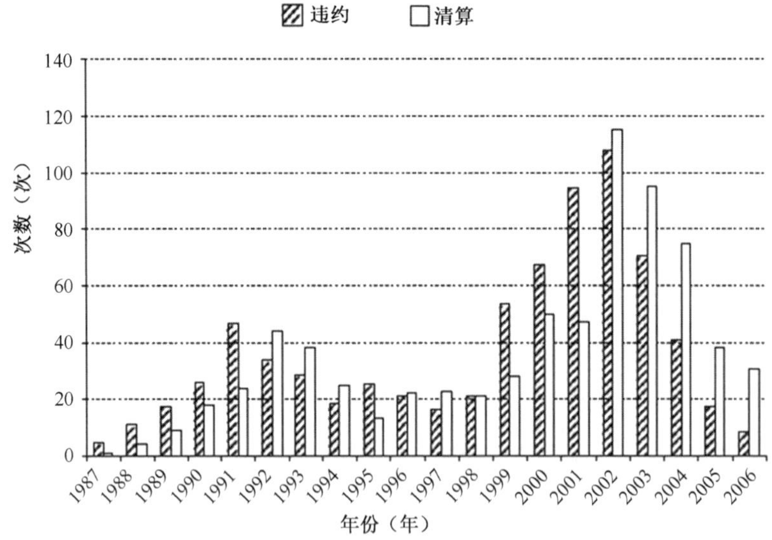

图 16.2　按年份列出的违约数量和过去违约的清算数量

来源：Emery 等（2007）。

一些专家对不同行业的回收率进行了研究。Altman 等（1996）、Verde（2003）报告了行业部门回收率处于一个相当高的范围内，尽管统计方差并不高。例如，Verde(2003)发现 2001 年与 2002 年的回收率具有较大差异。例如，游戏业、旅游住宿业和餐饮业在 2001 年和 2002 年的回收率分别为 16%和 77%；零售业在 2001 年和 2002 年的回收率分别为 7%和 48%；而运输业在 2001 年和 2002 年的回收率分别为 31%和 19%，但在 2003 年恢复到正常水平。Emery 等（2007）的研究显示，行业最终名义回收率从环境行业和电信行业的分别低至 27.5%和 37.5%，到航空公司的高达 80%左右——这些都是贷款和债券的“家庭回收率”，大多数行业的回收率都介于二者之间。

一些研究则强调了另一个问题，特别是标准普尔的研究（Van de Castle et al.，1999；Keisman，2004；Emery et al.，2007），即最终回收率的一个重要决定因素是给定级别的初级债务低于其水平；次级证券在债务结构中的占比越大，高级证券的回收率就越高。该理论认为，股本缓冲越大，有价值资产存在的可能性就越高；在绝对优先权下，这些资产在清算或重组时会流向更高级的渠道。

16.12 结束语

表 16.5 总结了本章前面各节所述的不同信用风险模型对 RR 与 PD 的关系的处理方式。在最初的 Merton（1974）框架中，PD 和 RR 之间存在反比关系，而 20 世纪 90 年代开发的信用风险模型将这 2 个变量视为独立变量。实际上，当前可用且使用得最多的信用定价和信用风险价值模型确实基于此独立性进行假设，并且将 RR 视为恒定参数或独立于 PD 的随机变量。后一种情况会假设 RR 波动代表一种特质风险，可以通过适当的投资组合来分散消除。该假设与不断增长的经验证据形成鲜明对比，表明违约率与回收率之间存在负相关关系，相关证明已在本章及其他研究中进行了展示。同时，本章提示了回收风险是系统性风险的组成部分，因此它会引起风险溢价，应在信用风险管理应用中充分对其进行考虑。

表 16.5 不同信用风险模型中对 RR 和 PD 的关系的处理方式

模型名称	主要模型及相关实证研究	对 LGD 的处理	RR 与 PD 的关系
信用定价模型			
第一代结构化模型	Merton（1974）、Black 等（1976）、Geske（1977）、Vasicek（1984）、Crouhy 等（1994）、Mason 等（1984）	PD 和 RR 是企业结构特征的函数，因此 RR 是一个内生变量	PD 和 RR 成负相关关系
第二代结构化模型	Kim 等（1993）、Nielsen 等（1993）、Hull 等（1995）、Longstaff 等（1995）	RR 是外生的，独立于公司的资产价值	RR 通常被定义为未偿债务价值的固定比率，因此独立于 PD
简约化模型	Litterman 等（1991）、Madan 等（1995）、Jarrow 等（1995）、Jarrow 等（1997）、Lando（1998）、Duffie 等（1999）、Duffie（1998）、Duffee（1999）	简约化模型假设外生 RR 是一个常数或一个独立于 PD 的随机变量	简约化模型引入了单独的 PD 和 RR 动态假设，它们的建模独立于企业的结构特征

续表

模型名称	主要模型及相关实证研究	对 LGD 的处理	RR 与 PD 的关系
信用定价模型			
对 PD-RR 关系的最新研究	Frye (2000a; 2000b)、Jarrow (2001)、Carey 等（2003）、Altman 等（2001; 2003; 2005）、Acharya 等 (2003, 2007)、Miu 等（2006）、Emery 等（2007）	PD 和 RR 是依赖一个共同的系统风险因素（经济状态）的随机变量	债券的 PD 和 RR 成负相关关系；贷款的负相关性较低。在宏观经济方法中，这源于对单一系统因素的共同依赖。在微观经济学方法中，它源于违约债券的供给和需求。行业健康也是一个主要方面，以及有关低迷期 LGD 的研究
信用风险价值模型			
CreditMetrics 模型	Gupton 等（1997）	随机变量 (Beta 分布)	RR 独立于 PD
Credit Portfolio View 模型	Wilson（1998）	随机变量	RR 独立于 PD
Credit Risk+模型	瑞士信贷金融产品（1997）	常量	RR 独立于 PD
Portfolio Manager 模型	McQuown（1997）、Crosbie（1999）	随机变量	RR 独立于 PD

实证结果显示了违约概率和回收率（PD 和 RR）对 LGD 的潜在周期性影响，以及供求因素，特别是 2004—2006 年极端良性信用环境下的历史回收率水平。同时，我们认为根据债券或贷款的个体发行人的微观经济/金融属性，并且结合市场的总供给和需求状况，可以较好地解释特定违约问题的违约回收率。更大的挑战是如何准确估计单个债券和贷款的最终回收率，以及公司重组后的总回收率。

原书参考文献

Acharya, V. V., S. T. Bharath, and A. Srinivasan. 2003. Understanding the Recovery Rates on Defaulted Securities. Working Paper, London Business School.

Acharya, V. V., S. T. Bharath, and A. Srinivasan. 2007. Does Industry-wide Distress Affect Defaulted Firms? Evidence from Creditor Recoveries. Journal of Financial Economics 85, no. 3: 787-821.

Altman, E. I. 1989. Measuring Corporate Bond Mortality and Performance. Journal of

Finance 54, no. 4: 909-922.

Altman, E. I. 2007. Global Debt Markets in 2007: New Paradigm or the Great Credit Bubble? Journal of Applied Corporate Finance 19, no. 3: 17-31.

Altman, E. I., B. Brady, A. Resti, and A. Sironi. 2005. The Link Between Default and Recovery Rates: Theory, Empirical Evidence and Implications. Journal of Business 78, no. 6: 2203-2227.

Altman, E. I., and A. Eberhart. 1994. Do Seniority Provisions Protect Bondholders' Investments? Journal of Portfolio Management 20, no. 4: 67-75.

Altman, E. I., R. Haldeman, and P. Narayanan. 1977. ZETA Analysis: A New Model to Identify Bankruptcy Risk of Corporations. Journal of Banking & Finance 1, no. 1: 29-54.

Altman, E. I., and V. M. Kishore. 1996. Almost Everything You Wanted to Know About Recoveries on Defaulted Bonds. Financial Analysts Journal 52, no. 6: 57-64.

Altman, E. I., and S. Ramayanam. 2006. The High-Yield Bond Default and Return Report 2006 Review. Special Report, NYU Salomon Center.

Altman, E. I., A. Resti, and A. Sironi. 2001, December. Analyzing and Explaining Default Recovery Rates. London: ISDA.

Altman, E. I., A. Resti and A. Sironi. 2005. Recovery Risk. London: Risk Books. Araten, M., M. Jacobs and P. Varshny. 2004. Measuring LGD on Commercial Loans. The RMA Journal 86, no. 3: 24-36.

Asarnow, E., and D. Edwards. 1995. Measuring Loss on Defaulted Bank Loans: a 24 year Study. Journal of Commercial Bank Lending 77, no. 7: 11-23.

Bakshi, G., D. Madan, and F. Zhang. 2001. Understanding the Role of Recovery in Default Risk Models: Empirical Comparisons and Implied Recovery Rates, Finance and Economics Discussion Series. 2001-37. Washington D.C.: Federal Reserve Board of Governors.

Bank for International Settlement (BIS), Basel Committee on Banking Supervision. 2003. The New Basel Capital Accord: Consultative Document, Basel, April.

Bank for International Settlement (BIS), Basel Committee on Banking Supervision. 2004. International Convergence on Capital Measurement and Capital Stan- dards, Basel, June.

Bank for International Settlement (BIS), Basel Committee on Banking Supervision. 2005. Guidance on Paragraph 468 of the Framework Document, Basel, July.

Black, F., and J. C. Cox. 1976. Valuing Corporate Securities: Some Effects of Bond

Indenture Provisions. Journal of Finance 31, no. 2: 351-367.

Black, F., and M. Scholes. 1973. The Pricing of Options and Corporate Liabilities. Journal of Political Economy 81, no. 3: 637-659.

Carey, M., and M. Gordy. 2003. Systematic Risk in Recoveries on Defaulted Debt [memo], Federal Reserve Board of Governors, Washington D.C.

Chabane, A., L Jean-Paul, and J. Salomon. 2004. Double Impact: Credit Risk Assessment and Collateral Value. Revue Finance 25, no. 1: 157-78.

Chew W. and S. Kerr. 2005. Recovery Ratings: A Fundamental Approach to Estimating Recovery Risk. In edited by E. Altman, A. Resti and A. Sironi. Recovery Risk, London: Risk Books.

Credit Suisse Financial Products. 1997. CreditRisk. A Credit Risk Management Framework. London.

Crosbie, P. J. 1999. Modeling Default Risk [memo]. Moody's KMV Corporation, San Francisco.

Crouhy, M., D. Galai, and R. Mark. 2000. A Comparative Analysis of Current Credit Risk Models. Journal of Banking and Finance 24, no. 1: 59-117.

Das, S., and P. Hanonna. 2006. Implied Recovery. White Paper, University of Santa Clara, July.

Duffee, G. R. 1999. Estimating the Price of Default Risk. Review of Financial Studies 12, no. 1: 197-225.

Duffie, D. 1998. Defaultable Term Structure Models with Fractional Recovery of Par. Working Paper, Graduate School of Business, Stanford University.

Duffie, D., and K. J. Singleton. 1999. Modeling the Term Structures of Defaultable Bonds. Review of Financial Studies 12, no. 2: 687-720.

Duffie, D., and D. Lando. 2000. Term Structure of Credit Spreads With Incomplete Accounting Information. Econometrica 69, no.2: 633-664 .

Düllmann, K., and Trapp, M. 2004. Systematic Risk in Recovery Rates—An Empirical Analysis of U.S. Corporate Credit Exposures. EFMA 2004 Basel Meetings Paper, June.

Eales, R., and E. Bosworth. 1998. Severity of Loss in the Event of Default in Small Business and Large Consumer Loans. Journal of Lending and Credit Risk Management 12, no. 1: 58-65.

Emery, K., R. Cantor, and R. Avner. 2004. Recovery Rates on North American Syndicated Bank Loans: 1989—2003. Moody's Special Report, March.

Emery, K., R. Cantor, D. Keisman, and S. Ou. 2007, April. Moody's Ultimate Recovery Database. New York: Moody's Investors Service.

Finger, C. 1999. Conditional Approaches for CreditMetrics§R Portfolio Distributions. CreditMetrics Monitor, April.

Franks, J., and W. Torous. 1994. A Comparison of Financial Recontracting in Distressed Exchanges and Chapter 11 Reorganizations. Journal of Financial Economics, 35, no. 2: 349-370.

Fridson, M. S., C. M. Garman, and K. Okashima. 2000. Recovery Rates: The Search for Meaning. In Merrill Lynch & Co., High Yield Strategy. New York: Merrill Lynch.

Frye, J. 2000a. Collateral Damage. Risk 4, no. 1: 91-94.

Frye, J. 2000b. Collateral Damage Detected. Federal Reserve Bank of Chicago Emerging Issues Series, October, 1-14.

Frye, J. 2000c. Depressing Recoveries. Risk 4, no. 2: 82-86.

Geske, R. 1977. The Valuation of Corporate Liabilities as Compound Options. Journal of Financial and Quantitative Analysis 12, no. 2: 541-552.

Gordy, M. 2000. A Comparative Anatomy of Credit Risk Models. Journal of Banking and Finance 24, no. 1: 119-149.

Gupton, G. M., C. Finger, M. Bhatia. 1997. CreditMetrics-Technical Document. New York: JPMorgan.

Gupton, G. M., D. Gates and L.V. Carty. 2000. Bank Loan Loss Given Default. Moody's Special Report, November.

Gupton, G. M., and R. M. Stein. 2002. LossCalc: Moody's Model for Predicting Loss Given Default (LGD). New York: Moody's Investors Service.

Hamilton, D. T., G. M. Gupton, and A. Berthault. 2001, February. Default and Recovery Rates of Corporate Bond Issuers: 2000. New York: Moody's Investors Service.

Hamilton, D. T., S. Ou, F. Kim, and R. Cantor. 2007, February. Special Comment: Corporate Default and Recovery Rates: 1920–2006. Moody's Investors Service.

Hu, Y., and W. Perraudin. 2002. The Dependence of Recovery Rates and Defaults. White Paper, BirkBeck College and CEPR Working Chapter, February.

Hull, J. 1997. Options, Futures and Other Derivative Securities, Englewood Cliffs. N.J.:

Prentice Hall.

Hull, J., and A. White. 1995. The Impact of Default Risk on the Prices of Op- tions and Other Derivative Securities. Journal of Banking and Finance 19, no. 2: 299-322.

Jarrow, R. A. 2001. Default Parameter Estimation Using Market Prices. Financial Analysts Journal 57, no. 5: 75-92.

Jarrow, R. A., D. Lando, S. M. Turnbull. 1997. A Markov Model for the Term Structure of Credit Risk Spreads. Review of Financial Studies 10, no. 5: 481-523.

Jarrow, R. A., and S. M. Turnbull. 1995. Pricing Derivatives on Financial Securities Subject to Credit Risk. Journal of Finance 50, no. 1: 53-86.

Jones, E., S. Mason, and E. Rosenfeld. 1984. Contingent Claims Analysis of Corporate Capital Structures: An Empirical Investigation. Journal of Finance, 39, no. 2: 611-627.

Jokivuolle, E. and S. Peura. 2003. A Model for Estimating Recovery Rates and Collateral Haircuts for Bank Loans. European Financial Management 6, no. 2: 113-131.

Keisman, D. 2004. Ultimate Recovery Rates on Bank Loan and Bond Defaults. S&P Loss Stats. New York: Standard & Poor's.

Kim I.J., K. Ramaswamy, and S. Sundaresan. 1993. Does Default Risk in Coupons Affect the Valuation of Corporate Bonds? A Contingent Claims Model. Financial Management 22, no. 3: 117-131.

Lando, D. 1998. On Cox Processes and Credit Risky Securities. Review of Deriva- tives Research 2, no. 1: 99-120.

Litterman, R., and T. Iben. 1991. Corporate Bond Valuation and the Term Structure of Credit Spreads. Financial Analysts Journal 47, no. 1: 52-64.

Liu, S., J. C. Lu, D. W. Kolpin, and W. Q. Meeker. 1997. Analysis of Environmental Data with Censored Observations. Environmental Science and Technology 31, no. 12: 3358-3362.

Longstaff, F. A., and E. S. Schwartz. 1995. A Simple Approach to Valuing Risky Fixed and Floating Rate Debt. Journal of Finance 50, no. 2: 789-819.

Madan, D., and H. Unal. 1995. Pricing the Risks of Default. Review of Derivatives Research 2, no. 1: 121-160.

Merton, R. C. 1974. On the Pricing of Corporate Debt: The Risk Structure of Interest Rates. Journal of Finance 29, no. 2: 449-471.

Miu, P., and B. Ozdemir. 2006. Basel Requirements of Downturn Loss-Given-De-fault: Modeling and Estimating Probability of Default and LGD Correlations. Journal of Credit

Risk 2, no. 2: 43-68.

Neto de Carvalho, C., and Jean Dermine. 2003. Bank Loan Losses-Given-Default—Empirical Evidence. Working Paper, INSEAD.

Nielsen, L. T., J. Saà-Requejo, and P. Santa-Clara. 1993. Default Risk and Interest Rate Risk: The Term Structure of Default Spreads. Working Paper, INSEAD.

New York University Salomon Center Defaulted Debt Database, Stern School of Business, Annual Updates.

Pan, J., and K. Singleton. 2005. Default and Recovery Implicit in the Term Structure of Sovereign CDS Spreads. Working Paper, Stanford University.

Pykhtin, M. 2003. Unexpected Recovery Risk. Risk 16, no. 8: 74-78.

Resti, A. 2002. The New Basel Capital Accord: Structure, Possible Changes, Micro- and Macroeconomic Effects. Brussels: Centre for European Policy Studies.

Saikat, N. 1998. Valuation Models for Default-Risky Securities: An Overview. Federal Reserve Bank of Atlanta, Economic Review, Fourth Quarter 20, no. 4: 2-28.

Schleifer, A., and R. Vishny. 1992. Liquidation Values and Debt Capacity: A Mar- ket Equilibrium Approach. Journal of Finance, 47, no. 5: 1343-1366.

Schuermann, T. 2006. What Do We Know About Loss Given Default? In Credit Risk Models and Management, 2nd ed., edited by D. Shimko. London: Risk Books.

Van de Castle, K., and D. Keisman. 2000. Suddenly Structure Mattered: Insights into Recoveries of Defaulted. S&P Corporate Ratings, May 24.

Varma, P., R. Cantor, and D. Hamilton. 2003, December. Recovery Rates on Defaulted Corporate Bonds and Preferred Stocks. New York: Moody's Investors Service.

Vasicek, O. A. 1984, March. Credit Valuation. San Francisco: Moody's KMV Cor- poration.

Vazza, D., D. Aurora, and C. Miller. 2007, February. U.S. Recovery Study: Liquidity Avalanche Propels Recovery Rates into the Stratosphere, Global Fixed Income Research. New York: Standard & Poor's.

Verde, M. 2003, September. Recovery Rates Return to Historic Norms. New York: Fitch Ratings.

Wilson, T. C. 1998. Portfolio Credit Risk. Federal Reserve Board of New York Economic Policy Review 33, no. 10: 71-82.

Zhou, C. 2001. The Term Structure of Credit Spreads with Jump Risk. Journal of Banking and Finance 25, no. 10: 2015-2040.

第 17 章　信用风险迁移

移动的手指写啊写，有了命令，就会继续写下去，你的虔诚和智慧也不能诱使它取消半行，你的眼泪也不能冲刷掉一个字。

——*The Rubhāiyāt of Omar Khayyam*, stanza 71（translated by Edward FitzGerald）

正如本书其他章节所讨论的，评级机构通常会在发行公共债务时对其进行评级，并在随后的几年中定期对其进行审查。如果公司的信用质量随着时间的推移发生显著改善或恶化，那么此类审查通常会提示该机构提高或降低其评级。由于市场认为高评级的债券和贷款比低评级的债券和贷款更有价值（风险更低），因此债券评级的提高或降低通常伴随债券价格的变化而发生。然而，在大多数情况下，在评级机构对评级进行调整之前，债券市场就观察到发行人的信用质量已经发生了变化，价格也已经发生了相应的变化。尽管在实际评级发生变动时，有多少剩余价格发生变动尚存在争议，但毫无疑问，信用风险的迁移会对价值产生影响。我们可以观察到，债券的评级如果降低了，就很难提升到原来的水平。

在本章中，我们以债券和贷款评级的变化来表示信用质量的变化。可以使用的一种度量标准是信用评分或违约概率的相关模型，并将其映射为等价的债券评级。该标准的优势在于，信用质量及其变化是一种连续的衡量指标（如信用评分），而评级机构的债券评级是相对少见的。例如，Altman 的 *Z*-Score 模型（见第 10 章）或穆迪的 KMV 模型（见第 11 章）都具有相应的评级。实际上，KMV 模型的波动率比 *Z*-Score 模型高，而且二者的波动率都比评级更高。

信用质量和评级的迁移会以多种方式影响固定收益投资者。当债券价格发生变动时，投资者显然有得也有失，这对投资组合整体信用质量的影响可能是同样重要的。一些机构对它们可能持有的金融工具的信用质量有明确的政策要求，评级迁移可能导致它们超出这些既定的要求限制。例如，一家银行可能会采取一项政策，即在其投资组合中评级低于 BB 级的贷款不能超过 5%。同样地，投资级别的固定收益共同基金也具有类似的规则，可以继续持有占投资组合小于 5%的投资级证券，但任何证券的评级若低于 B 级，就必须立即将其出售。此类规则可能是自行制定的，也可能反映了监管限制。

某些固定收益投资策略是建立在信用迁移假设的基础上的。例如，由于公司债券的收益率利差收窄，一些投资级别的投资者可能会采用交叉策略（Crossover Strategy）来购买一些不同评级的债券（如一家机构的投资级评级债券和另一家机构的非投资级评级债券），或者非投资级评级债券。在这些可能性中，第一种策略被称为 5B 策略，因为这些债券的信用等级分别为 3B 级和 2B 级；第二种策略称为 4B 策略，因为债券具有 2 个 BB 级评级。此外，一些固定投资经理会基于对公司债券评级的升降预测来确定应持有的头寸。

关于交叉策略的一种说法是，这些债券的信用风险是可以接受的，但其收益率明显高于那些 6B 级债券（在 2 个机构都被评为投资级评级）。如果目前指定非投资级评级的机构最终只将债券评级上调一个级别，那么利差可能会大幅收窄，债券价格将大幅上涨。许多这类债券还具有很大的看涨潜力——要么来自可用来偿还给现有债券持有者的高现金流量，要么来自并购。交叉策略是理性的投资策略吗？换句话说，在相对较短的时间范围内，5B 级债券变为 6B 级及以下，或者变为 4B 级及以下的可能性有多大？只有系统地理解信用风险的迁移，并且考察历史变迁模式，才能回答这个问题。

除了固定收益投资者的特殊需求，评级迁移分析在众多信用风险管理策略中也起着不可或缺的作用（见 Lucas，1995）。实际上，CreditMetrics 模型的方法论将信用迁移分析作为其核心内容之一（Gupton et al.，1997）。这项重要的开创性研究强调，在按市值计价的会计环境中，评级的升和降会引起市场定价反应，从而带来收益和造成损失。如果不能认识到这些事件对个人安全和资产组合价值的影响，那么我们将会遗漏重要的风险成分，具体内容请参考第 20 章中对 CreditMetrics 模型的讨论。尽管信用风险迁移分析不是银行的全新课题，但大多数意识到其重要性的机构都在努力寻找方法和数据源，以便能够合理、全面地评估评级迁移[1]。实际上，尤其是当基础抵押品由次级抵押贷款或类似的衍生产品构成时，结构化金融产品的评级降低在 2007 年震惊了全球金融界，一些分析师和评论员质疑评级机构在这场严重危机中所起到的作用。

---

[1] 见 Oleksin（1997）对 100 家美国大型银行控股公司的信用迁移程序调查的描述。Oleksin 的目标是了解哪些机构在进行信用迁移分析，以及它们是如何进行的。在这 100 家银行中，有 80 家给出了回应，大多数银行以某种方式对所有贷款或仅对已注销的贷款进行了信用迁移分析。

17.1 跟踪评级迁移的方法

到本书出版为止，至少有 3 类关于评级迁移现象的研究已经发表。第一类是 Altman 和 Kao（1991a；1991b；1992a；1992b）撰写的一系列文章，利用了标准普尔在 1971—1989 年的评级变化数据。第二类是穆迪的一组特别研究报告，一篇作为特别评论发表于 1991 年，转载于 Lucas 等（1992）、Carty 等（1994）、Carty（1997）[1]。第三类是标准普尔定期地审查评级迁移，其 2007 年的最新报告涵盖了 1981—2006 年的评级变化。Altman 等（1991b）报告了关于工业、金融公司和公共事业的评级迁移模式，他们及 Carty 等（1994）还研究了评级变化的自相关性（Altman et al., 1992b）。标准普尔发布了名为 CreditPro 和 Ratings Xpress 的产品（通过沃顿商学院建立的基于互联网的综合数据管理系统 WRDS），提供了 1981 年至本书出版的 6000 多名债务人的违约和迁移数据。虽然 Altman 和 Kao 的研究还没有更新，但观察其结果与评级机构的差异仍然具有指导意义。

这 3 类研究存在一些基本差异。虽然所有研究者都基于某个初始水平观察了长达 10 年（或更长时间）的信用质量评级变化，但 Altman 和 Kao 评估了从债券初始评级（通常是在发行时）到发行后 10 年内的变化。相比之下，穆迪和标准普尔评估的是某只债券初始阶段的评级变化，而与构成初始评级类别的债券的年限无关。穆迪和标准普尔在某个时间点（例如，1981 年）将新发行的债券及发行多时的债券纳入其静态资产池中，然后从该日起对池中债券的信用评级进行长达 15 年的跟踪[2]。这一区别十分重要，因为在发行后的最初几年可以观察到老龄化效应，而这种效应会在 4 年或 5 年之内消失。与新发行的债券相比，旧债券似乎有更大的短期升级或降级趋势。我们在第 15 章讨论违约率时，观察到了评级机构和 Altman 的研究之间的差异。

Altman 和 Kao 的研究还有其他不同于上述 2 家评级机构的方面。他们的方法是以发行为基础的，而评级机构评估的是每个发行人的优先债券等价物，不考虑特定发行的规模或发行机构未偿债券的数量。此外，Altman 和 Kao 提出了几种马尔可夫链模型，用来估计迁移模式[3]。

---

[1] Carty（1997）的研究是一次更新，涵盖了 1938—1996 年穆迪评级的变化，而穆迪（2007）的研究涵盖了 1993—2006 年结构化金融证券的评级变化。

[2] 对于评级机构的累积违约分析也是如此，如 Carty 等（1999）、标准普尔（2007）。Altman 等（2007）的研究（见第 15 章）追踪了从最初发行开始的所有债券的累计违约 / 死亡率。这与本章讨论的 Altman 等（1991a）的评级迁移方法一致。

[3] 马尔可夫链（Markov Chain）是一个随机过程，其中未来事件的条件概率与过去事件无关，只依赖过程的当前状态。

有意义的是，不同的研究覆盖了不同的时间段。穆迪的研究目前覆盖了最长的时期（1938—2006 年）；Altman 和 Kao 的研究涵盖了 20 世纪 70 年代，最终截止时间在 1989 年中期；标准普尔的研究所使用的数据则从 1981 年开始到 2006 年结束。事实上，升级和降级的相对可能性随着时间的推移而变化。对于所有的评级等级而言，20 世纪 70 年代的典型特征是升级多于降级；但从 1981 年到 1998 年，每一年的降级次数都多于升级次数；1998 年以来，升级/降级比率发生了巨大变化，1999—2002 年降级占主导地位，2003 年年初以来则是升级占主导地位。

评级机构的方法与 Altman 和 Kao 的方法的最后一个区别是，前 2 项研究包括了等级撤销这一评级类别。这就意味着债券会因某种原因被赎回（例如，赎回或收购发行公司），也可能意味着没有足够的信息对债券进行评级，这是比较明显的区分方法。1 年后，2%～3%的发行人可能会被归入撤销评级类别；5 年后，高达 25%～40%的发行人可能会被归入该类别。由于大多数赎回都会使债券持有者获得 100%或更多的本金回报，所以人们可能会选择将撤销评级的部分纳入发行人最初获得的评级类别中。在计算对收益的影响时，撤销评级类别可能也会反映看涨期权或赎回债券的平均价格，通常比看涨期权的票面价值和到期赎回的票面价值高 1%～5%，我们稍后再讨论这个因素。

17.2 评级变化的及时性和准确性

Altman 等（2004；2006）在一系列研究中分析了信用评级机构的作用和绩效。这些研究特别及时，因为评级机构的表现近年来一直备受争议。Altman 等的研究基于美国的几项调查结果，如 2002 年金融专业人员协会，以及 Baker 和 Mansi 的调查。Baker 和 Mansi 发现，大多数投资者认为评级机构调整评级（迁移政策）的速度太慢，这是因为他们采用的是周期管理的方法，一旦记录到变化，他们就不愿更改评级。Altman 等（2004；2006）从投资者的时间角度对问题进行了定量分析，并且试图阐明评级稳定性（受发行人青睐）、评级及时性和预测违约的表现（受投资者青睐）。此外，作者发现，当实际评级和模型预测评级之间的差异超过某个阈值水平时，评级迁移就会被触发。然而，当评级迁移被触发时，评级机构往往只会调整部分评级，这与已知的评级变动的序列依赖性一致（例如，在评级降低后，通常会更频繁地出现降级，而不是升级）（Altman et al.，1992a；1992b）。

17.3 评级迁移结果比较

表 17.1、表 17.2 和表 17.3 比较了上述 3 项研究的 1 年期、5 年期和 10 年期评级转换矩阵。为了获得更完整的违约统计数据，我们对 Altman 和 Kao 调查的结果进行了一些调整。他们的调查结果与这 2 家评级机构的结果截然不同，主要受到老龄化效应和撤销评级（Rating Withdrawn，RW）的影响。同样，Altman 和 Kao 的数据是 1971—1989 年的数据，没有 2006 年的违约迁移数据，而穆迪和标准普尔的数据更新到了 2006 年。

不同年限的债券或贷款的最佳参考点是什么？新的贷款或债券更有可能与 Altman 和 Kao 得出的结果相符，因为他们的参考点是新发行的债券。对于现有债券或成熟的债券，适当的参考点就不那么清晰了。债券越成熟，Altman 和 Kao 的研究越不可能成为合适的参考。尽管穆迪和标准普尔可能是成熟债券的更好参考来源，但目前尚不清楚这 2 家公司究竟哪一家的结果更值得参考。

表 17.1　1 年期评级转换矩阵（单位：%）

(A/K)									
穆迪（M）	Aaa 级	Aa 级	A 级	Baa 级	Ba 级	B 级	Caa 级	违约率	RW
标准普尔（S&P）	AAA 级	AA 级	A 级	BBB 级	BB 级	B 级	CCC-C 级	违约率	NR
(A/K)	94.32	5.50	0.10	0.00	0.00	0.00	0.00	0.00	—
Aaa 级（M）	88.82	7.50	0.67	0.00	0.02	0.00	0.00	0.00	2.99
AAA 级（S&P）	88.20	7.67	0.49	0.09	0.06	0.00	0.00	0.00	3.49
(A/K)	0.70	92.62	6.40	0.20	0.11	0.10	0.00	0.00	—
Aa 级（M）	0.83	87.84	7.04	0.28	0.06	0.02	0.00	0.01	3.93
AA 级（S&P）	0.58	87.16	7.63	0.58	0.08	0.11	0.02	0.01	3.85
(A/K)	0.00	2.62	94.14	4.70	0.32	0.20	0.00	0.00	—
A 级（M）	0.06	2.55	88.10	4.95	0.51	0.10	0.02	0.02	4.70
A 级（S&P）	0.05	1.90	87.24	5.59	0.42	0.15	0.03	0.04	4.58
(A/K)	0.00	0.00	5.50	90.00	2.82	1.12	0.12	0.32	—
Baa 级（M）	0.05	0.21	4.93	84.72	4.39	0.80	0.24	0.18	4.28
BBB 级（S&P）	0.02	0.16	3.85	84.13	4.27	0.76	0.17	0.27	4.37
(A/K)	0.00	0.00	0.00	6.82	86.13	6.30	0.91	0.00	—
Ba 级（M）	0.01	0.06	0.48	5.67	76.38	7.59	0.58	1.16	8.08
BB 级（S&P）	0.03	0.04	0.25	5.26	75.74	7.36	0.90	1.12	9.28
(A/K)	0.00	0.00	0.20	1.63	1.72	93.72	1.70	0.10	—
B 级（M）	0.01	0.04	0.17	0.37	5.69	74.16	5.38	5.00	9.18

续表

B 级（S&P）	0.00	0.05	0.19	0.31	5.52	72.67	4.21	5.38	11.67
(A/K)	0.00	0.00	0.00	0.00	0.00	2.81	92.52	4.62	——
Caa 级（M）	0.00	0.04	0.04	0.23	0.70	9.31	62.01	16.38	11.30
CCC 级（S&P）	0.00	0.00	0.28	0.41	1.24	10.92	47.06	27.02	13.06

来源及关键词：

A/K＝Altman 和 Kao（1971—1989 年的数据），以及 Altman 和 Ramayanam（2007 年的数据）。

M＝ 穆迪（1970—2006 年的数据）。

S&P＝ 标准普尔（1981—2006 年的数据）。

RW＝ 撤销评级。

NR＝ 没有评级。

表 17.2　5 年期评级转换矩阵（单位：%）

(A/K)									
穆迪（M）	Aaa 级	Aa 级	A 级	Baa 级	Ba 级	B 级	Caa 级	违约率	RW
标准普尔（S&P）	AAA 级	AA 级	A 级	BBB 级	BB 级	B 级	CCC-C 级	违约率	NR
(A/K)	69.82	28.52	2.91	3.60	0.11	0.00	0.10	0.12	—
Aaa 级（M）	56.88	23.78	5.58	0.46	0.40	0.04	0.08	0.11	12.67
AAA 级（S&P）	53.57	23.85	5.01	1.06	0.13	0.13	0.03	0.30	15.92
(A/K)	2.40	67.11	22.54	5.01	1.02	0.32	0.11	1.70	—
Aa 级（M）	4.16	53.86	23.13	3.58	0.90	0.29	0.02	0.21	13.84
AA 级（S&P）	1.75	51.00	24.05	4.25	0.66	0.39	0.04	0.34	17.52
(A/K)	0.40	9.21	72.22	15.10	1.92	0.71	0.00	0.71	—
A 级（M）	0.25	8.15	57.83	14.20	2.95	0.82	0.16	0.43	15.22
A 级（S&P）	0.13	5.62	53.01	15.49	2.58	1.02	0.18	0.73	21.24
(A/K)	0.40	1.62	19.61	65.42	7.61	1.70	1.90	1.81	—
Baa 级（M）	0.24	1.51	15.64	47.05	9.58	2.65	0.47	1.72	21.14
BBB 级（S&P）	0.07	0.81	10.57	46.23	8.75	3.08	0.53	2.97	26.99
(A/K)	0.00	0.00	7.72	20.41	40.81	16.51	7.81	6.82	—
Ba 级（M）	0.08	0.25	2.98	12.63	32.12	11.10	1.07	8.12	31.76
BB 级（S&P）	0.03	0.15	1.59	12.32	27.49	10.87	1.63	11.42	34.49
(A/K)	0.11	0.00	2.31	4.10	7.72	53.31	16.81	20.81	—
B 级（M）	0.05	0.08	0.51	2.82	12.55	29.56	2.31	20.58	31.54
B 级（S&P）	0.03	0.07	0.58	2.07	10.06	20.41	2.90	25.73	38.14
(A/K)	0.00	0.00	2.61	3.61	2.62	30.71	26.52	34.01	—
Caa-C 级（M）	0.00	0.00	0.00	3.03	5.62	7.06	15.12	42.85	26.31
CCC 级（S&P）	0.00	0.00	0.29	1.18	2.95	9.64	3.93	51.13	30.88

来源及关键词：

A/K＝Altman 和 Kao（1971—1989 年），以及 Altman 和 Ramayanam（2007 年）。

M＝穆迪（1970—2006 年）。

S&P＝ 标准普尔（1981—2006 年）。

RW＝ 撤销评级。

NR＝ 没有评级。

表 17.3　10 年期评级转换矩阵（单位：%）

(A/K)									
穆迪（M）	Aaa 级	Aa 级	A 级	Baa 级	Ba 级	B 级	Caa 级	违约率	RW
标准普尔（S&P）	AAA 级	AA 级	A 级	BBB 级	BB 级	B 级	CCC-C 级	违约率	NR
(A/K)	52.10	35.62	7.11	4.61	0.00	0.40	0.10	0.20	—
Aaa 级（M）	32.38	30.47	10.41	2.97	0.76	0.10	0.05	0.60	22.26
AAA 级（S&P）	30.37	27.08	10.60	3.86	0.13	0.00	0.00	0.88	27.08
(A/K)	3.50	45.73	22.11	19.00	2.41	0.22	0.00	2.11	—
Aa 级（M）	4.83	30.20	28.25	7.94	2.32	0.58	0.09	0.78	25.01
AA 级（S&P）	1.65	29.65	27.44	7.54	1.15	0.36	0.02	0.93	31.25
(A/K)	0.82	17.33	60.92	20.01	3.46	0.91	0.62	1.11	—
A 级（M）	0.36	10.40	38.29	15.66	4.32	1.53	0.24	1.24	27.96
A 级（S&P）	0.22	5.86	35.54	16.58	3.43	1.16	0.06	1.91	35.25
(A/K)	0.00	2.82	36.11	42.33	8.20	4.62	1.91	4.13	—
Baa 级（M）	0.21	2.38	17.33	26.84	7.81	3.08	0.38	3.63	38.35
BBB 级（S&P）	0.06	1.45	11.88	28.47	7.13	2.22	0.22	5.57	43.01
(A/K)	0.00	0.00	10.32	25.54	20.62	12.56	17.22	13.91	—
Ba 级（M）	0.20	0.81	5.26	11.37	11.30	6.82	0.70	13.67	49.87
BB 级（S&P）	0.04	0.15	1.59	12.32	27.49	10.87	1.63	11.42	34.49
(A/K)	0.00	0.00	5.72	8.61	6.70	40.10	6.61	31.51	—
B 级（M）	0.06	0.03	1.62	3.98	8.58	9.41	0.75	27.39	48.18
B 级（S&P）	0.00	0.04	0.83	3.88	6.76	6.38	0.83	29.75	51.53
(A/K)	—	—	—	—	—	—	—	—	—
Caa-C 级（M）	0.00	0.00	0.00	4.49	1.92	1.85	2.14	50.42	39.17
CCC 级（S&P）	0.00	0.00	0.36	0.72	3.23	2.33	0.36	51.17	41.83

来源及关键词：

A/K = Altman 和 Kao（1971—1989 年），以及 Altman 和 Ramayanam（2007 年）。

M = 穆迪（1970—2006 年）。

S&P = 标准普尔（1981—2006 年）。

RW = 撤销评级。

NR = 没有评级。

这 3 种数据来源带来了截然不同的结果。对于 B 级债券，Altman 和 Kao 指出，93.72%的新发行债券在 1 年后仍为 B 级，53.31%的债券在 5 年后仍为 B 级。然而，穆迪和标准普尔表示，只有 74.16%和 72.67%的新发行债券在 1 年后，以及 29.52%和 20.41%的新发行债券在 5 年后仍保留原评级。虽然 Altman 和 Kao 没有指定撤销评级类别，但由于大多数债券至少拥有 3 年或 5 年的不赎回条款，所以许多债券在发行后 1 年内不太可能被赎回。另外，穆迪和标准普尔分别表示，有 9.18%和 11.67%的发行人在 1 年后被撤销评级，这一比率在 5 年后分别为 31.54%和 38.14%。很明显，在这些案例中，最初的一篮子债券包括了成熟债券的发行人。这些现象比较有力地证明了评级迁移的老龄化效应，这与我们在第 15 章中讨论的违约老龄化效应相似。

撤销评级的类别值得进一步分析。在工作中，Carty（1997）、Cantor 等（2007）为这一现象提供了重要的证据，这一现象被 Altman 在 1997 年首次观察到。他们展示了 1 年期的迁移模式，包括撤销评级的可能性，以及无评级条件下的迁移模式。Carty（1997）在分析了超过 35000 个撤销的债务评级发现，92%的被撤销债务评级是因为发行的债券已经到期或被叫停，而在剩下 8%的被撤销的债务评级中，有一半是因为不明确的原因被撤销的。他认为，高达 95%的评级被撤销的原因不是信用恶化。因此，当考虑到穆迪和标准普尔转换矩阵对债券估值的影响时，评级被撤销的影响应该是积极的，或者最差也应该是中性的。

目前，尚不清楚为什么穆迪和标准普尔的结果在 5 年后差异如此之大。很可能是因为不同的研究阶段及撤销评级的经验影响了它们的结果。也可以这样认为，2 家机构采用的不同评级标准的差异导致评级产生了差异，但这种差异的系统效应并不明显。Altman 和 Kao 的结果在所有评级级别上都与其他 2 个来源不同，对于较低的信用等级，差异尤为明显。在大多数情况下，Altman 和 Kao 发现，保留评级的债券所占比例较大，这主要是受年份效应和老龄化效应的影响。

Altman 和 Kao 发现了较低级的迁移模式，最可能的迁移原因是评级过程本身、评级撤销类别，以及老龄化效应。对于后者，评级机构和银行贷款审查小组至少在 1 年之后才开始审查大多数债券或贷款。在刚发行的几年内，发行人信用质量的变化必须是实质性的，如此才能引起其信用评级的变化。另外，在评级机构决定改变某只成熟债券的评级之前，它可能已经缓慢恶化（或改善）了好几年。然而，正如我们在第 15 章中所指出的，穆迪最近在其累积违约模型中纳入了老龄化概念，但这一概念尚未在其迁移表中显示出来（见表 17.4 和表 17.5）。

表 17.4　按评级等级划分的平均收益率和利差（1985—1996 年）

	AAA 级		AA 级		A 级		BBB 级		BB 级		B 级		CCC 级	
	到期收益率平均值/%	利差	到期收益率平均值/%	利差	到期收益率平均值/%	利差	到期收益率平均值/%	利差	到期收益率平均值/%	利差	到期收益率平均值/%	利差	到期收益率平均值/%	利差
平均值	8.21	54.82	8.73	60.44	8.89	85.31	9.52	139.79	10.91	326.13	13.04	538.73	17.59	1027.91
标准差	1.58	22.22	1.44	18.42	1.53	24.52	1.54	36.81	1.76	76.18	2.20	140.23	5.50	520.48

注释：

到期收益率（YTM）：基于 12 个月观察的平均值得出。

利差（Spread）：1985—1996 年美国国债平均期权调整利差（基点）的月平均观察值。

来源：纽约大学所罗门中心的 Edward I. Altman 教授。

表 17.5　按评级类别划分的平均修正期限（来自标准普尔 1985—1996 年的评级）

1995—1996 年	AAA 级	AA 级	A 级	BBB 级	BB 级	B 级	CCC 级
平均值（%）	5.32	6.48	6.24	6.22	5.49	4.86	4.30
标准差	0.84	0.36	0.29	0.28	0.71	0.57	0.94

注释：1985—1996 年的月平均观察值。

来源：纽约大学所罗门中心的 Edward I. Altman 教授和穆迪投资者服务数据。

17.4　对结果的影响

当一家公司的信用质量、评级发生变化时，其证券持有者的投资价值在评级变化前后也会发生变化。那么，变化有多大？至少有 4 种方法可以用来确定评级变动对价格的影响。

第一种方法是将初始评级与新评级的收益率利差的变化，乘以债券的修正期限（与利率变动 100 个基点相关的价格变化的百分比）。该方法使用平均到期收益率或按债券评级级别调整的期权（主要是看涨期权）利差。如表 17.4 所示为 1985—1996 年按平均等级划分的平均收益率和利差。如表 17.5 所示为标准普尔 1985—1996 年的按评级类别划分的平均修正期限，其中显示了同一时期不同债券等级的修正期限数据。按期限划分的利差的最新信息，可以在表 17.6 中找到。值得注意的是，与 2006 年相比，在 2007 年中期，这些信用利差大幅扩大。如表 17.7 所示为 BBB 级债券的迁移价格影响示例，此表格展示了应如何使用这些信息。

表 17.6　2006 年债券对美国国债利率的信用利差中值（按期限划分）

时期	AAA 级	AA 级	A 级	BBB 级	BB 级	B 级	C 级
1	40	61	66	71	268	453	865
2	47	70	82	94	277	442	757
3	52	76	92	111	282	436	701
4	55	81	101	125	286	431	663
5	58	85	108	137	289	428	636
6	61	88	114	148	291	425	614
7	63	91	119	158	293	423	596
8	65	94	124	166	295	421	581
9	66	96	129	175	297	419	568
10	68	98	133	182	298	417	557

注释：基点利差。

来源：穆迪（2007）。

表 17.7 BBB 级债券的迁移价格影响示例

评级	AAA 级	AA 级	A 级	BBB 级	BB 级	B 级	CCC 级
价差平均值（来自表 17.4）	54.8	60.4	85.3	139.8	326.1	538.7	1027.9

注释：

BBB 级债券的平均修正期限（来自表 17.5）为 6.2 年。

平均预期价格变化 =6.2×（139.8－85.3）≈ 338 bps，因为提升到了 A 级。

从 BBB 级迁移到 A 级的概率（来自表 17.2：A/K 值）= 19.61%。

迁移的预期影响=19.6%×338≈66 bps。

第二种计算评级变动对债券价值影响的方法是估计下一个时期（如 1 年）可能发生的评级变化，然后使用新评级类别债券的远期零息曲线对该时期至到期日的剩余现金流进行折现。前面介绍的第一种方法假设利率没有变化，而不是试图估计远期利率曲线。如果我们同时估计所有可能的评级迁移模式对多种证券组合的影响，那么某类远期收益率曲线模拟分析将是一种合理的方法[1]。

第三种分析评级变动对价格影响的方法是直接观察大量不同评级等级的债券样本的价格变化。使用这种技术的主要困难是如何确定测量价格变化的正确日期。很明显，在评级发生改变的确切时间点来衡量这一变化为时已晚，因为大多数（即使不是全部）变化都已经发生了。一种可能的选择是使用评级机构首次将债券列入观察名单并公布这一事件的日期（例如，在标准普尔的 *Credit Week* 上）。当观察到的名单和前景与实际评级相比发生变化时，可以参见 Altman 等（2008）对及时性改进的讨论。随着时间的推移，价格的变化并不总是相同的，因为市场条件是不断变化的。这种事件研究分析是一种难以捉摸的方法。

第四种可能的方法是对观察到的不同评级级别债券的市场利差进行分解，以便消除预期评级迁移的影响。结合历史评级迁移模式，这些观察到的市场利差可以揭示评级变化的预期经济后果，然而这种分解存在的问题是巨大的。

全面分析信用风险迁移对收益的影响，一定会超出对个别资产的评估，以此计算投资组合中不同固定收益资产随时间同一方向迁移的概率，包括计算迁移相关性及其总投资组合效应。在第 20 章中，我们讨论了 CreditMetrics（Gupton et al.，1997），用于评估所有主要评级类别的迁移模式，包括违约状态。分析这些相关性的关键问题之一是确定相关矩阵的基础。现在已经确定了 4 个候选方案，即历史评级系列本身、评估信用评分的模型、股票价格，以及解释股票价格的模型。尽管股票价格和相关模型非常受欢迎，但我们倾向于使用第二种方法。

[1] 这是 CreditMetrics（Gupton et al.，1997）建议的方法。

17.5 信用风险迁移与贷款损失

关于如何估算银行贷款组合的预期和非预期损失，已经有较多的文章可供参考。随着按市值计价的价格披露的重要性日益增加，这种研究应将因信用风险模式恶化而产生的损益包括在内。这些变化的影响现在可以通过评级水平的预期价格变化和针对违约情况的预期收益率方法（见第 16 章）来更精确地量化。

17.6 未来的发展方向

我们已经强调了各种评级迁移公开报告之间的一些较大差异。这些差异是基于不同的样本方法、评级体系和观察期产生的。我们还探讨了这些数据的许多直接应用，包括各类投资者的预期收益。买卖信用衍生产品的机构（见第 21 章），尤其是买卖总收益互换衍生产品，特别需要了解评级迁移。我们鼓励对所有相关时期的评级迁移模式进行更深入的研究。在《演进着的信用风险管理：金融领域面临的巨大挑战》（原书第 1 版）中，我们还根据等级差异对迁移统计数据进行了汇编。

原书参考文献

Altman, E. I. 1997. Rating Migration of Corporate Bonds-Comparative Results and Investor Implications. Working Paper, NYU Salomon Center.

Altman, E. I., and D. L. Kao. 1991a. Corporate Bond Rating Drift: An Examination of Rating Agency Credit Quality Changes. Charlottesville, VA: AIMR.

Altman, E. I., and D. L. Kao. 1991b. Appendices to the AIMR Report on An Examination of Rating Agency Drift over Time. Working Paper no. S-91-40, NYU Salomon Center.

Altman, E. I., and D. L. Kao. 1992a. Rating Drift of High-Yield Bonds. Journal of Fixed

Income 2, no. 1: 15-20.

Altman, E. I., and D. L. Kao. 1992b. The Implications of Corporate Bond Rating Drift. Financial An- alysts Journal 48, no. 1: 64-75.

Altman, E. I., and H. Suggitt. 1999. Default Rates in the Syndicated Bank Loan Markets: A Mortality Analysis. Journal of Banking and Finance 24, no. 1-2: 229-253.

Altman, E. I., and S. Ramayanam. 2007. Defaults and Returns on High Yields Bonds: Analysis Through 2006. Special Report, NYU Salomon Center, February.

Altman, E.I., and H. Rijken. 2004. How Rating Agencies Achieve Rating Stability. Journal of Banking & Finance 28, no. 10: 2679-2714.

Altman, E.I., and H. Rijken. 2006. A Point-in-Time Perspective on Through-the-Cycle Ratings. Finan- cial Analysts Journal 62, no. 1: 54-69.

Altman, E.I., and H. Rijken. 2008. The Added Value of Rating Outlooks and Rating Reviews to Cor- porate Bond Ratings. Working Paper, NYU Salomon Center（New York） and Free University（Amsterdam）.

Cantor, R. and D. T. Hamilton. 2007. Adjusting Corporate Default Rates for Rating Withdrawal. Journal of Credit Risk 3, no. 2: 3-26.

Carty, L. 1997. Moody's Rating Migration and Credit Quality Correlation, 1920—1996. Moody's Special Report, July.

Carty, L., and J. Fons. 1994. Measuring Changes in Credit Quality. Journal of Fixed Income 4, no. 1: 27-41.

Hamilton, D. T. 2007. Default and Recovery Rates of Corporate Bond Issuers. 1938—2006. Moody's Special Report, January.

Gupton, G. M., C. C. Finger, and M. Bhatia. 1997, April. CreditMetrics: The Benchmark for Understanding Credit Risk. New York: JPMorgan.

Lucas, D. 1995. The Effectiveness of Downgrade Provisions in Reducing Counterparty Risk. Journal of Fixed Income 5, no. 1: 32-41.

Lucas, D., and J. Lonski. 1992. Changes in Corporate Credit Quality: 1970—1990. Journal of Fixed Income 2, no. 1: 7-14.

Moody's Investors Service. 2007. Special Comment: Structured Finance Rating Transitions: 1983–2006, January. Moody's Investors Service.

Oleksin, I. M. 1997. Using Risk Migration Analysis for Managing Portfolio Risk:

Results of Study. Journal of Lending and Credit Risk Management 8, no. 1: 49-56.

Standard & Poor’s. 2007. Ratings Performance 2006: Stability and Transition. New York.

Standard & Poor’s. 1997b. CreditPro. New York.

原书拓展阅读

Altman, E. I. 1989. Measuring Corporate Bond Mortality and Performance. Journal of Finance 54, no. 4: 909-922.

Altman, E. I. 1998. The Importance and Subtlety of Credit Risk Migration. Journal of Banking and Finance 22, no. 5: 1231-1247.

Altman, E.I. and H. Rijken. 2006. A Point-in-Time Perspective on Through-the-Cycle Ratings. Financial Analysts Journal 12, no. 1: 54-69.

Austin, D. 1992. Use Migration Analysis to Refine Estimates of Future Loan Losses. Commercial Lending Review 25, no. 1: 34-43.

第 18 章　投资组合方法介绍

尽管许多经济和金融变量的分布近似于钟形曲线，但情况永远不会完美。这又一次说明了与真理具有相似之处并不等同于真理，正是在这些异常值和不完美中潜藏着野性。

——Peter Bernstein（1996）

本章主要介绍投资组合理论在银行和保险公司的固定收益资产管理中的应用。过去，这些机构由于没有充分重视投资组合管理而受到了影响。它们专注于分析个人贷款，很少考虑投资组合的影响，导致风险过度集中，从而遭受了极大的损失。认识和处理金融机构的集中问题现在已不是惯例，而是规则。次级贷款市场、结构化金融产品和信用衍生产品的发展在一定程度上是银行和保险公司渴望解决投资组合的集中问题而带来的直接结果[1]。

一般来说，当金融机构对个人、产品、主权或行业具有一定程度的风险敞口时，过度集中会导致这种风险敞口出现严重不利的发展，再进一步可能会阻碍该机构继续运转。美联储 1993 年的一份报告进行了如下总结：

信用风险的集中通常表现为单个或相关借款人群体的直接或间接风险敞口水平过高，或者由单一证券、具有相同特征的证券担保的信用风险敞口过高，或者在同一行业或类似受影响群体中具有相同特征的借款人的信用风险敞口过高。

防止出现集中的一种措施是监管机构和金融机构在自身信贷政策中设定单一借款人的信用额度（法定贷款限额）。现有的其他控制措施包括行业、国家和抵押品限制，这些限制通常基于主观判断来确定[2]。本章和第 19 章将讨论如何客观地衡量投资组合集中度，以及如何为其分配价值或成本。在介绍了经典的投资组合理论之后，我们将探讨将其应用于银行和保险资产管理时会出现的问题。然后，我们将回顾已采取的几种替代方法。

[1] 监管和寻找新的资金来源也是这些创新的背后原因，在第 18～24 章中我们将描述行业的反应。

[2] 抵押品限制很常见，例如，在商业房地产中就存在。银行可以对办公楼、购物中心、厂房、仓库等设定限制。

18.1 当其他条件相同时，分散是最优的方法

一提到投资组合方法，就会让人想起哈里 • 马科维茨和分散化理论（Markowitz，1959）。马科维茨的分散化理论背后的思想是，虽然证券收益的风险可以用其方差来表征，但一组证券之间的相互影响或协方差将影响证券组合的风险和收益。马科维茨使用历史数据求得方差-协方差矩阵作为未来情况的代替，建立了经典的二次规划问题，其中，目标函数以投资组合的期望收益和收益方差为条件，并受证券投资权重累加和为 1 这一条件的约束。这一过程使得公司可以在给定的风险水平下找到收益最高的投资组合，或者在给定收益水平下找到风险最小的投资组合。

以上是对投资模型的一个高度简化的描述，我们在这里介绍它是因为投资组合理论的见解对财务管理理论和实践的后续发展产生了积极的影响。通过投资相互之间成负相关关系的资产，可以将投资回报的变动降到最低。一个典型的教学案例是，同时投资一家生产滑雪板的公司和另一家生产泳衣的公司，由于第一家公司在下雪时繁荣，第二家公司在阳光明媚时繁荣，这将使投资这两家公司的投资组合的整体收益波动率降到最低。随着越来越多的证券被添加到投资组合中，即使它们相互之间不存在正相关关系，但也有利于投资组合的分散化。

18.2 多个小赌注与一个大赌注

进行一系列小赌注比进行一次大赌注要好，因为当赌注的数量分散在一定数量的资本上时，结果方差会减小。

这个概念可以用一个涉及船主的例子来说明。想象一下，有一群想要规避风险的船主，他们每个人都拥有具有以下风险收益的船：如果船安全返回，那么船主将获利 10 万美元；然而，如果船沉没了（这种情况发生的概率为 0.2），那么船主将什么也得不到。这项业务的预期回报是 \$ 100000×0.8−0×0.2=80000 美元。用标准差衡量投资来风险是

$$\sqrt{0.2\times(0-\$80000)^2+0.8\times(\$100000-\$80000)^2}=\$40000 \tag{18.1}$$

如果一艘船沉没的概率完全独立于其他船（例如，如果它们走不同的航线），那

么两位船主可以达成协议，将一艘船的一半收益换成另一艘船的一半收益。现在，概率不再只是沉船 0.2 和不沉船 0.8。相反，存在有 3 种可能的结果：① 两艘船都沉没；② 两艘船都没有沉没；③ 只有一艘船沉没，如表 18.1 所示。

表 18.1　3 种可能的结果

概率	支付（美元）
两艘船都沉没：0.2×0.2=0.04	0
两艘船都不沉没：0.8×0.8=0.64	100000
只有一艘船沉没：1−0.04−0.64=0.32	50000

期望值仍然是 80000 美元，但波动已从 40000 美元降至 28864 美元。标准差现在为

$$\sqrt{0.04\times(0-\$80000)^2+0.64\times(\$100000-\$80000)^2+0.32\times(\$50000-\$80000)^2]}=\$28864 \tag{18.2}$$

船主把赌注从一艘船扩大到两艘船。假设越来越多的船主采用这种策略，就可以得出如果有 100 位船主，那么标准差降至 4000 美元的结果。

分散化的力量在于，如果有 N 位船主，那么标准差将下降到 40000 美元/N。但是当且仅当试验结果独立时，此结果适用。如果所有船都在同一航线上行驶，许多船沉没的风险将大大增加。这并不是马科维茨所说的分散化，他关注的是负相关，或者说极低的正相关。在负相关的情况下，只需要较少的投资即可获得所需的结果。独立试验是零相关的特例：在增加更多的资产时，投资波动率会降低。当固定收益基金经理谈论分散化时，他们主要指的是不相关或弱相关的投资，而不是负相关的投资，例如，泳衣和滑雪板的制造商。

创建和衡量资产证券分散化的一个方法是穆迪的抵押产品分散度指数，该指数将单个资产视为分布在许多行业中的公司。穆迪的分散度得分是基于弱相关或零相关概念的，它假设同一行业中的公司往往相互关联，而不同行业的公司之间关联性较小。换言之，行业分散度被用作衡量独立性的标准。分散度评分系统考虑了样本中不同风险的数量及其基于行业样本的独立程度。在穆迪分类系统中有 32 个行业，该指数可以用来衡量结构化金融交易中抵押产品的分散化程度（Moody's Investor's Service，1991）。如表 18.2 所示为分散度得分计算表，其中展示了在投资组合中同一行业的公司数量的分散度得分。分数似乎来自主观判断，是直接给出的，因为它们不反映潜在的风险来源，但实际上它们所基于的原则和我们关于船主的故事所阐述的相同。

表 18.2　分散度得分计算表

投资组合中的公司数量（家）	如果公司来自同一行业的分散度得分	如果公司来自不同行业的分散度得分
1	1.00	1
2	1.50	2
3	2.00	3
4	2.33	4
5	2.67	5
6	3.00	6
7	3.25	7
8	3.50	8
9	3.75	9
10	4.00	10
>10	根据具体情况进行评估	

分散度指数取两种计算方法中较小的（更保守的）值。第一种是，在给定单一公司的限制下，投资组合中的公司数量应尽可能少。第二种是，在给定单一行业限制的情况下，投资组合的行业数量应尽可能少。例如，发行人规定每家公司的最高限额为 2%，规定每个行业的最高限额为 5%。第一种计算意味着投资组合中至少有 100/2=50 家公司，每家公司占其中的 2%。你只能将同一行业的 2 家公司放入投资组合中，因为如果放入 3 家，行业风险敞口就将上升至 6%。如果每个行业有 2 家公司，使用 1.5 的分散度得分，那么最小行业数为 25。由表 18.2 可知，本示例的分散度得分为 25×1.5，即 37.5。第二种计算表明，最小行业数为 20。由于每家公司的上限是 2%，而每个行业至少必须包括 3 家公司，所以如果只包括 2 家，那么每家公司将分别占 2.5%（行业 5%的一半），这将违反限制。使用表 18.2 中的分散度得分 2，计算得出分散度指数为 40。选择分散度得分为 37.5 和 40 中的较低者，即 37.5。

分散度得分是穆迪用来确定结构化金融交易是否符合特定评级时考虑的一个因素。此外，穆迪还针对集中度设置了一个绝对限额，即某个风险在某个组和整个风险池中所占的百分比，以及一个行业在整个投资组合中所占的百分比。这些限额被计入实际分数。结合使用分散度得分与二项式展开技术（BET），将投资组合建模为具有相同违约概率但不相关的资产。基于与公司债券评级水平相关的历史预期损失，各种附加点的预期损失（1 到 N 个违约点，其中 N 是分散度得分）被用于将评级分配给相应的担保债务凭证部分。

分散度得分是了解所有投资组合中债务人和行业分散程度的一种简单方法。然而重要的是，分散度指数假设行业之间的相关性为 0，行业内的相关性较高。这些假设并非在所有的情况下都有效。然而，在没有任何好的替代方案的情况下，该方法可以用来量化分散。穆迪的分散度得分方法可能有不完善的地方，但在实践中被广泛用于描述债务抵押中的债务证券池的分散度。

有时，分散化是需要付出代价的。20 世纪 90 年代，市政债券保险公司 MBIA 和 Ambac 将其核心业务从市政债券承销转向结构性融资。这是因为，虽然市政债券承销业务稳定，但实际上没有增长的机会。随着证券化市场的发展，发展结构化金融业务对保险公司来说极为有利。证券化的资产种类越来越多。但是，随着它们进一步转向结构化金融的新产品，保险公司开始涉足次级抵押贷款市场。遗憾的是，在结构化金融中，这种特殊的分散化投资对它们来说代价非常高，2007—2008 年对其股价的影响，以及失去宝贵的 AAA 级评级就是明显的证据。

Berkshire Hathaway Inc.的董事长沃伦·巴菲特（Warren Buffett）抓住这些公司面临困境时所带来的机遇，宣布计划为地方政府开办一家债券保险公司。根据《华尔街日报》2007 年的报道，巴菲特的公司不会为结构化金融产品提供担保，例如，抵押债务或任何资产支持证券。显然，巴菲特并没有被分散化收益所吸引。Tempus Advisors 的首席执行官 Ed Grebeck 表示："只要它坚持为市政债券提供保险，就有意义。"《华尔街日报》2007 年在报道中引用了这一观点。

此时宣布债券保险公司开展结构化金融业务是不正确的。在撰写本章时，大部分问题都来自按市值计价的损失，而不是实际亏损。虽然可能会有实际损失需要应对，但到目前为止，保险公司遭受的累计市政损失远大于结构化金融的累积损失。这里需要加以注意的是，分散化经营本身不能保证消除系统性或其他方式的风险。

18.3 在信用投资组合中实施标准投资组合的问题

马科维茨因他在投资组合理论方面的贡献而获得诺贝尔奖，毫无疑问，他所提出的方法非常有用。然而，在将标准投资组合模型（资产选择优化的均值-方差模型）应用于投资，尤其是固定收益或贷款资产组合时，存在实际困难。我们讨论了其中的一些问题，然后提出了解决办法。这些问题与以下 5 个方面有关。

- 相关性估计。
- 收益分布。
- 多周期选择。
- 缺乏价格数据。
- 缺乏基本数据。

正如马科维茨最初设想的那样，投资组合是在单个证券中进行选择。第一个问题是，随着备选证券数量的增加，需要计算的相关性数量会迅速增加[1]。例如，30 种不同资产的协方差矩阵将有 435 种不同的协方差。假设我们拥有 12 个季度（3 年）的时间序列数据，我们用 360（12×30=360）个已知值来估计 435 个未知值，这是荒谬的。在统计方面，可用的数据将产生一个秩为 66 的矩阵，即在 435 个条目中只有 66 个包含信息，其余 369 个将包含噪声（Beckers，1996）。

第二个问题是，虽然在将该理论应用于股票市场时使用了股票收益的相关性，但将该理论应用于固定收益资产时，所使用的变量却不是很清楚。这些变量可以是总收益的相关性、解释收益的因素之间的相关性、违约概率的相关性、现金利差的相关性、期权调整利差的相关性，或者上述的所有。股票收益相关性可以衡量，但违约趋势的相关性是不可观察的。在大型企业中，违约本身并不常见。有时我们会利用不同公司违约概率的预测时间序列来计算违约相关性，这种方法存在的问题是，预测违约概率仅是一种预测，因此它会包含预测误差。而在一系列预测的基础上计算得出的相关性，如果事实证明基础预测的标准误差较高，那么其几乎没有现实意义。

此外，每一种相关性定义都有其特征和局限性。相关系数仅捕获 2 个随机变量之间的线性关系。如果 2 个变量之间存在一种非线性关系，那么系数将无法捕捉到这种关系的强度，可以将表 18.3 中一组 X 和 Y 的值的集合作为线性相关的示例进行理解。

X 与 Y 之间的相关系数为 0.88，它们不是完全相关的。实际上，在这个示例中，Y 完全由 X 定义，并且正好等于 X^4。

表 18.3　线性相关的示例

X	Y
1	1
2	16
3	81
4	256
5	625
6	1296
7	2401
8	4096
9	6561
10	10000

[1] N 个资产组合的相关系数为 $\frac{N(N-1)}{2}$。

第三个问题是，大多数相关性都是无条件的，因为它们在计算时没有保持其他结构变量不变。如果结构变量发生变化，或者结构本身发生变化，就很难针对相关性的变化进行建模。关于这个问题的一个简单示例是，当系统突然受到冲击时（例如，爆发敌对行动或出现石油禁运的情况），风险的相关性通常会在最需要它们的时候被打破！当系统受到冲击时，看似不相关的变量会以通常所说的“传染”或“尾部相关性”的形式相互关联。违约相关性的问题并非学术问题。一位资深银行家暗示了不稳定的相关性估计对贷款业务的影响（Hopper，1997）：

最近，我们被告知要对我们的相关性矩阵进行大幅度修正。如果您使用此矩阵，那么这种情况可能会对内部产生巨大影响。一直以来，您都被告知您的部门集中度限额尚可，您的资本也很充足，突然您被告知：“哎呀，您把您的资本都花光了！那个特定部门现在还好，但这个部门不行。”您无法适应这类事情（于 1997 年 7 月受访于 Paul Narayanan 时谈论到）。

18.4　收益分布

标准投资组合模型不能直接运用到固定收益投资组合中，因为当且仅当单个证券收益分布是对称的（它们可以完全由均值和方差来表征）时，投资组合的收益和方差等式才适用。如果不是，那么等式不成立。虽然我们不知道债券收益分布的确切形状，但我们知道它是不对称的。信用风险损失的一种可能的分布形态如图 18.1 所示，但它不是凭经验得出的。直观地说，这种分布展示了银行家们非常清楚的一个事实：当你放贷时，你得不到超额的收益，反倒要承担可能的损失。这是因为你可能会损失全部或大部分投资，但你的收益仅限于承诺的收益率。在信用损失区域，极值结果的概率密度大于正态分布曲线所隐含的概率密度，这就是所谓的厚尾问题。请注意，*X* 轴测量的是信用损失的大小。如果 X 轴是收益率，那么图形将横向反转，厚尾就会在均值的左边。

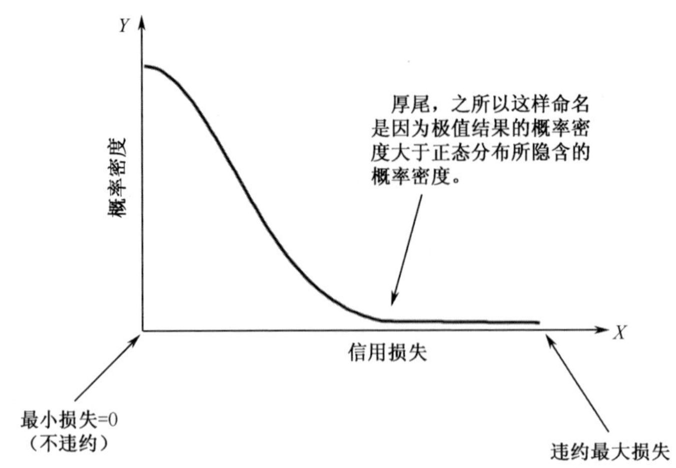

图 18.1　信用损失的一种可能的分布形态

18.5　持有期

标准投资组合方法通常被描述为单周期问题。只有将模型构造为一个多周期模型，当最优解从一种资产交换到另一种资产时，交易成本才能发挥作用。对于天生缺乏流动性的证券来说，交易成本可能会非常大，以至于它们将影响结果，甚至会成为求解的障碍。当然，信用衍生产品市场的流动性将改善这一问题。标准模型的单周期限制通常是通过重复运行模型来处理的，也就是说，解决方案是在周期 t 内实现的，当达到周期 $t+1$ 时，使用新的输入重新运行模型，然后就可以进行必要的调整了。这个模型的缺点是，尽管它消除了构建多周期模型的需要，但仍不能完全解决交易成本问题。或许更值得关注的是，实际上，我们无法知道重复优化是否会带来全局最优结果，也就是说，如果没有在模型中充分考虑跨时期选择，所获得的结果是否仍然是最优的[1]？

18.6　缺乏价格数据

尽管股票市场为股票收益的平滑连续建模提供了可能性，但至少在短期内，债券

[1] 跨时期是指算法在寻找最优解时，在时间上向前看和向后看的能力。例如，债券应该在 t 期或 $t+1$ 期，还是 $t+2$ 期出售？这些选择所带来的影响只能用一个多周期模型来模拟。

的可控性较差。这些工具本身包含较多变量，可能会影响结果的大小。资历、契约和看涨期权都会对价值产生影响。在股票市场上，分析师对这些变量和其他影响价值的变量进行了综合判断，可以用售价减去购置成本加上股息来衡量总收益。然而，除了大公司的债券，以及某种程度上的高收益证券，市场交易相当惨淡，买卖价差比股票市场更大。即使可以通过工具的特征来确定其价值，许多观察者仍然认为，债券市场在反映公司证券的“真实”或“公允”价值方面落后于股票市场。跟踪数据的可用性、信用违约互换市场和贷款二级市场缓解了与固定收益资产定价相关的一些问题。

18.7 缺乏良好的数据

除了在公共债券市场，我们很难获得影响债券价值变量的良好数据，这一事实增加了建模的难度。即使是执行一些基本的分析，分析师也必须通过精心调整来将数据转换为所需要的形式。最简单的例子就是债券违约和收益数据。债券违约评级可能是唯一一个公开的企业违约数据库[1]。如果有人拥有一个自制的风险评级系统，并且想用它来预测违约，那么他必须依赖债券违约数据。换言之，如果想要分析一个非债券投资组合，就必须将本身的评级体系映射到隐含的债券评级上，然后再映射到违约概率上。如果在将本身风险评级与债券评级联系起来的标度过程中出现错误，那么它也会传递到估计的违约概率上。还有一个问题是，债券评级本身并不是衡量信用风险的一种恒定指标，尽管评级机构声称与此相反。20 世纪 50 年代被评为 AA 级的公司可能与 21 世纪的 AA 级公司不同，因为违约概率会随着公司复杂程度的变化而变化。这些都是重要的关注点，因为基于债券违约得出的违约概率是当前提出/使用的许多投资组合方法的基础[2]。

数据问题在地理和行业识别方面也很常见。除了房地产和消费贷款，很难确定借款人所处的地域范围。一方面，公司地址可能与公司制造业务的开展地点无关（制造业务可能存在于许多国家），甚至与客户所在地无关。以鞋类制造商耐克公司为例，耐克公司的总部位于俄勒冈州的比弗顿。1994 年，该公司在那里雇用了 700 名员工，而在全球 86 个办公地点雇用了 9600 名员工。贷款人的管理信息系统（MIS）很可能将耐克公司的地理位置标记为比弗顿，而几乎不会提及其他地点。公司的地理位置等

[1] 请参阅第 15 章的债券违约和死亡率数据。随着贷款证券化市场的不断发展，我们现在拥有了更多关于违约和回收的跟踪数据。关于银团贷款违约的数据，请参见第 15 章中提到的 Altman 和 Suggitt（1997）的研究。

[2] CreditMetrics（Gupton et al.，1997）是一种基于投资组合理论的评估信用风险的方法，它需要使用债券评级数据中的违约概率数据。

同于公司办公地址。至于 SIC 代码，大多数 MIS 系统不会为给定公司提供多个 SIC 代码。在某些情况下，几个 SIC 类别具有相同的风险集中。例如，尽管汽车电池制造和安全气囊制造被划分为不同的行业，但它们有共同的行业风险因素，也就是说，它们的运维方式相同。

一家公司可能拥有多个 SIC 代码，但银行的数据系统设计仅用于捕获主要的 SIC 代码（见 Ranson，1993）。很难决定是按一位数、两位数还是三位数处理 SIC 代码。随着行业细节的增加，准确定位经济活动成为可能，但可能仍然没有足够的数据来创建一个有意义的、概括性的行业群体特征描述。

除非有意识地努力描绘所有可能的间接的风险敞口，否则很难确定潜在的风险集中。虽然路易斯安那州各行业的命运与油价的联系相当明显，但投资组合中一组看似不相关的个体对一个共同因素（如出口风险）的依赖性并不那么明显。举个例子，如果波音公司开始减少对美国航空公司和美国政府的采购依赖，转而更多地依赖海外买家的采购，那么这种转变意味着外国经济事件将对波音公司的供应商产生影响。事实上，整个华盛顿州都将表现出与依赖外国飞机购买趋势共振的现象，这种潜在的风险集中更难解决。除非分析师将波音公司及其关联公司的出口风险分类并标签化，否则从常规的资产组合分析中不能较为明显地看到风险集中。KMV 公司的 Portfolio Manager 等投资组合模型试图通过使用驱动相关违约的因素来捕捉这些不太明显的相关性。

根据一位资深银行家（Hopper，1997）的说法，我们很难获得具有风险特征的资产的基准数据库：

活跃的投资组合管理仍处于初期阶段，我怀疑您已经从其他人那里听到了这种说法。我认为我们与其他任何组织都没有任何不同。在过去的两三年中，我们积极参与投资组合管理，其中最大的问题是如何获取足够完整的数据。这些公司看上去拥有管理信息，但是实际上很难在银行中获得高质量的信息。部分原因是我们有一些簿记系统不可用，而有些系统非常复杂，或者不同系统完全互相隔绝。我们在美国有一个投资组合，但美国只有一个会计系统。我们在英国有另一个投资组合，它有 3～4 个会计系统，有些仍然是手动的。在欧洲还有不同的会计系统。因此，对于这些不同的会计系统，我们一直在尝试开发一些可以实际输入和提取数据的系统。

问题在于，会计记录仅服务于特定目的，而并非旨在提供进行投资组合管理分析所需的所有详细信息。所以，它们会告诉我们余额为多少，但可能不会告诉我们贷款的期限是什么时候，因为它们不需要知道这些。因此，我们一直在尝试开发一些记录系统，使之能够含有限额、余额、产品类型、所有定价细节、正确的到期日、BIC 代码分级等，并且保证所有信息随时可用。明年我们将推出一个全新的簿记系统，同时它也是一个贷款管理系统，这将是一个巨大的进步。到那个阶段，我们将能够进入该系统并获得我们所需要的大部分数据。此系统可能需要访问 1～2 个其他系统才能完整了解情况。其主要目标是获得一些我们认为是足够可靠的数据，以此产生一些有价值的输出。

BIS II 资本标准的实施加速了银行信息系统的改进，但系统的完善仍需数年。

18.8 相关矩阵的求解

处理大型相关矩阵的一种方法是，不要利用单家公司来解决问题，而是要将其与行业平均值或整体联系起来，或者是与一个行业的代表性公司联系起来。计量经济学的解决方案，特别是因子分析或主成分分析，被用来分离影响企业财务困境的基本宏观因素。破产率表示为外部变量的函数（如行业、失业率等）（Chirinko et al.，1991；McKinsey，1997）。破产率的估计值等价于符合自变量所示风险情况的单家公司的破产率。另一种方法将股本收益率表示为一组指标变量的函数，其遵循早期在多指标模型上的基本思想（Elton et al.，1981）或后来的套利定价理论（Ross，1984），然后使用计算得出的收益推导出公司之间收益的隐含相关性。这种框架通常是计量经济学、最优化、外生变量的单变量时间序列预测和模拟方法的混合体。这种方法对于广泛的资产配置或部门决策来说可能是足够的，但是在没有验证结果的情况下，它可能不太适用于单个资产决策。不过，大体正确（资产配置正确）显然比完全错误（选择单个资产错误）要好。

那么，我们如何预测未来的相关性？学者们已经提出了多种备选方案。Treynor 和 Black 在 1973 年提出了一种方法，即基于资本资产定价模型，该模型主张持有一个市场投资组合，而不是试图将证券分析师的见解转化为算法需要输入的变量——预期收益、方差和协方差。Treynor 和 Black 将投资组合分为 3 个部分：无风险部分、与市场投资组合相似的高度分散的部分，以及同时具有可分散风险和市场风险的活跃性强的部分。主动创建投资组合是为了让投资组合经理将市场缺乏的额外见解货币化。投资组合绩效的衡量标准是，市场风险大于无风险利率的程度，以及特定风险（Treynor 和 Black 称之为评估风险）的承担程度。这种方法囊括了单一风险评估，因此它与资本资产定价模型不同（资本资产定价模型完全排除了这一点）。据我们所知，Treynor 和 Black 的方法尚未应用于固定收益投资组合的管理，但它是可以应用于这个领域的，因为它能够将市场收益与非市场收益分离，而且只需要估计相对于市场的贷款收益的 Beta 系数。

另一种对未来不同期望的处理方法是 Markowitz 等（1981）提出的情景分析方法。在这种方法中，收益与未来的世界状态（情景）关联，每个情景都具有一个概率分布。股票投资组合通常使用情景分析方法来构建。在贷款组合分析中，Bennett（1984）建议使用这种方法来设置因素对评级的影响，并根据此构建一个情景的多个因素所带来的影响，我们将在第 19 章对他的工作进行更详细的描述。Chirinko 等（1991）也采用了这种方法。

18.9 当前的投资组合方法

金融机构使用了多种投资组合方法，它们从简单到复杂。在最简单的层面上，金融机构采用“切片和分割”的方法，即对各种类型的风险集中设置限额，并相应地监控其敞口程度。例如，银行通常按国家（国内和跨境）、州、行业、交易类型和抵押品设定限额。这些限额主要基于主观判断，同时采用离线分析来支持推导限额。限额通常根据以下的一种或多种方法来制定：

- 历史的或近期的损失经验。
- 基于对资本的最大损失的容忍度建立的标准。
- 风险调整后的资本收益率，这里的风险评估是基于交易层次或业务部门层次的风险进行的。

一些近期引入的概念包括分散度指数、预期损失和意外损失、风险调整资本回报率（RAROC）、RAROC 2020、信用风险价值和夏普比率的变形[1]。上述方法之间存在一些重叠。例如，RAROC、CreditMetrics 和 CreditRisk⁺都使用了意外损失这一概念，而这些方法可能都涉及迁移、安全性、契约等。

18.10 预期损失与意外损失

由于难以将基于单个资产收益率和收益率方差的方法应用于非流动性固定收益证券，投资组合分析师转而基于意外损失和预期损失的概念对问题进行建模。预期损

[1] 夏普比率（Sharpe，1994），即投资组合预期超额收益率除以投资组合标准差。超额收益是指超过无风险利率的收益。

失是长期平均损失，因此可以反映在定价中。意外损失则不会直接反映在定价中，而是要求预留资本来吸收冲击，使组织不会因受到这类损失而被击垮。意外损失听起来像是自相矛盾的，毕竟一旦损失被量化，就不能再被称为意外损失。然而，该术语实际上是指最大潜在损失，或者在给定置信水平下的最大损失（如 95%）[1]。意外损失背后的一个基本原理是，投资组合集中部分共同违约，或单一债务人严重违约可能带来的损失。另外，预期损失值可能是不正确的，因此了解产生该值的潜在分布十分重要。由于意外损失是根据违约概率和收益率得出的，因此这种方法更多地是由内在价值（所谓的模型价值）驱动的，而不是市场价值。

投资组合的预期损失和意外损失如图 18.2 所示。预期损失是指与贷款或投资组合的损失分布均值相关的损失。意外损失是指与损失曲线下 95%的面积相关的损失。预计右侧区域所代表的事件发生的可能性较低，因此持有 100%的资本来应对这种意外情况是不经济的。请注意，图 18.2 描述的是单个资产的图形。如果将所有资产合并在一起，那么 95%置信水平右侧的区域就是资本的损失水平。资本要求可能不是 1 美元换 1 美元，但它必须与风险价值存在某种关系。尽管意外损失这一术语是最近才出现的，但它的基本原理已经存在了很长一段时间。例如，Vojta（1973）将意外损失定义为偏离平均历史损失的偏差并以谨慎、合理的幅度来表示（如 2 倍）。实际上，Vojta 的资本充足率模型考虑了均匀集中，但是以一种启发式的方式进行的。

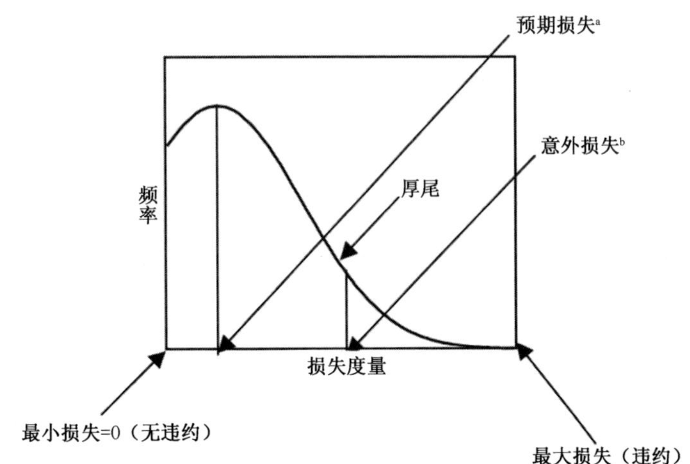

图 18.2 投资组合的预期损失和意外损失

[a]对于应保留的储备金，定价应包括此要素。

[b]对于应该持有的资本，定价应包括净资产收益率（ROE）。

来源：改编自 Mark（1996）。

---

[1] 注意，意外损失（在 95%置信水平下）只是预期损失加上正态分布的 2 个标准差，在正的一侧没有对称项，最低损失为 0。

预期损失表示为

$$预期损失=违约概率\times违约严重程度 \tag{18.3}$$

式中，违约严重程度是指损失贷款的百分比。例如，如果违约概率为 30%，违约严重程度为 60%（与 40%的收益率相同），那么预期损失就是 30%×60%，即票面价值的 18%。

这个概念被广泛使用。穆迪利用分散度得分，以及与特定评级的抵押品相关的预期损失和意外损失，来求实现某个评级所需的信用保护。分散度得分越高，意外损失覆盖要求就越低。如表 18.4 所示为不同抵押品评级需要承受的损失率，可以被理解为资产池所能够承受的损失水平。

表 18.4　不同抵押品评级需要承受的损失率

分散度得分	B3级	B2级	B1级	Ba3级	Ba2级	Ba1级	Baa3级	Baa2级	Baa1级	A3级	A2级	A1级	Aa3级	Aa2级	Aa1级
1[a]															
2	100	100	100	100	100	100	85	71	57	52	49	47	45	42	39
3	99	98	97	95	95	92	75	59	43	38	36	35	33	32	30
4	95	92	91	87	84	80	64	50	36	33	31	29	27	25	24
6	90	87	85	83	76	73	58	44	30	27	25	23	22	21	20
7	81	77	73	69	66	60	49	38	27	24	22	20	19	18	17
10	75	69	65	59	58	51	41	33	25	22	20	19	18	17	16
15	66	60	56	51	46	43	36	30	24	21	19	18	17	16	15
20	62	56	51	46	42	38	33	28	23	20	18	17	16	15	14
25	58	53	48	43	38	35	30	26	22	19	17	16	15	14	13
30	56	51	46	40	35	32	28	24	20	17	16	15	14	13	12
35	54	48	44	38	35	30	26	22	19	16	15	14	13	12	11
40	52	47	42	37	33	29	24	20	19	15	14	13	12	11	10

[a] 逐案评估。

来源：穆迪（1991）。

如果一个风险类别（如评级）的违约概率是稳定的，那么我们可以将信用损失计入预期价值计算中，并将其纳入定价。但是，如前文所述，违约概率本身是一个估计值，受到不确定性的影响。意外损失的概念试图考虑与事前违约概率相关的不确定性。在考察不同债券等级的实际违约率时，很明显，由于经济状况的变化，它们在很大程度上会随着时间的推移而出现波动[1]。这种违约概率的标准差可作为违约“意外”方面的代表。均值加上 2 个标准差即可得出“95%置信水平”的违约概率。这个较高的

[1] 由于涉及人为因素和主观性，评级标准本身可能发生了迁移，无法保证评级机构的标准得到一致应用。

值可用来推导损失的意外价值，从而确定待预留的资本。

表 18.5 展示了按债券评级划分的 1 年期平均违约率。根据这一历史经验，Ba 级债券的 1 年期平均违约率为 1.14%，标准差为 1.26%。如图 18.3 所示为 1970—2006 年 Ba 级债券的违约率，其中，水平线被绘制出来，用以显示平均值，以及平均值加上 2 倍标准差。值得注意的是，实际违约率至少有 1 次超过了 95%置信水平，即超出了“意外”水平。

表 18.5　按债券评级划分的 1 年期平均违约率

评级	1 年期平均违约率 (1970—2006 年)	1 年期平均违约率标准差 (1970—2006 年)
Aaa 级	0.00%	0.00%
Aa 级	0.02%	0.10%
A 级	0.02%	0.05%
Baa 级	0.17%	0.33%
Ba 级	1.14%	1.26%
B 级	5.87%	4.49%
Caa-C 级	23.34%	20.73%

来源：穆迪（2007）。

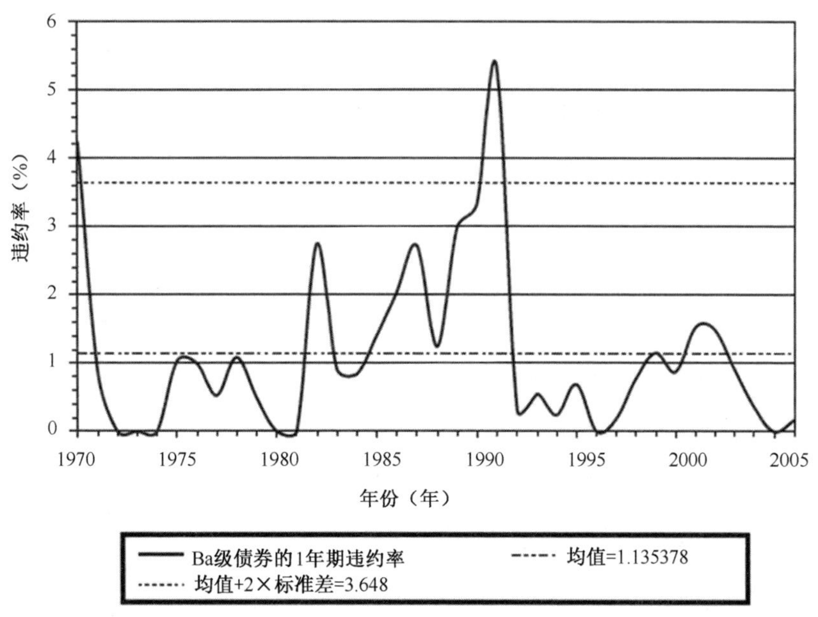

图 18.3　1970—2006 年 Ba 级债券的违约率

来源：穆迪（2007）。

18.11 资本使用最优化

经济资本是一种稀缺资源，最优投资组合就是一个能够以最有效的方式使用经济资本的组合。经济资本是缓解意外损失所需的资源，此推理可用于建立最优化问题，其中，目标函数是使投资组合中的预期损失最小化，并受以下 2 个条件的约束：

- 意外损失之和小于或等于风险资本。
- 资产配置只在可获得资产中进行。

尽管这种投资组合管理方法是按逐个个体进行的，但为了进行战略分析，该方法可以应用于资产类别之间的配置。投资组合问题也可以重述如下

$$最小化=-\sum(意外损失)^i \tag{18.4}$$

遵循

- $\sum(投资组合权重)^i=1$。
- $\sum(预期利息收入-预期损失)\geqslant$目标 RDE。
- 总资产≤100/资本充足率。

第二个约束条件证明了预期损失越高，对应的所需收益率就越高。下面给出一个使用债券组合的例子。如表 18.6 所示为债券组合的输入数据。我们应为 AAA 级、AA 级、A 级、BBB 级、BB 级、B 级投资多少？根据所提供的信息，最佳投资组合是否有明确的答案？

表 18.6　债券组合的输入数据

	投资组合权重	总资本比率（常数）=资本/总风险资产（%）	利差（%）	违约概率（%）	标准偏差（%）	收益率（%）
符号	w_i	C	m_i	p_i	d_i	r_i
AAA 级	?	8.00	0.40	0.00	0.00	78
AA 级	?	8.00	0.65	0.02	0.12	77
A 级	?	8.00	1.20	0.01	0.05	57
BBB 级	?	8.00	1.60	0.15	0.30	53
BB 级	?	8.00	2.40	1.22	1.35	42
B 级	?	8.00		6.32	4.78	35

目标函数是最小化意外损失

$$\frac{\sum_{i=1}^{i=6} w_i(p_i + 2d_i)(1 - r_i)}{C} \tag{18.5}$$

式中，w_i是投资于评级 i 债券的比率，它与（p_i+2d_i）相乘，即违约概率加上 2 个标准差，再乘上（1−r_i），即无法收回的贷款金额。所有评级债券的总和除以资本比率得出投资组合意外损失的总价值，有时又被称为经济资本。这个值将按实际需要的资本比例进行换算，要么以美元换算，要么以其他比例换算。

第一个约束条件是投资组合的权重加起来是 100%。

$$\sum_{i=1}^{i=6} w_i = 100 \tag{18.6}$$

第二个约束条件是 ROE 大于或等于目标金额。这一约束条件抓住了杠杆作用，因为只有通过杠杆作用，收益才可能被放大。

$$\frac{\sum_{i=1}^{i=6} w_i m_i}{C} \geqslant \text{目标 ROE} \tag{18.7}$$

这是一个简单的最优化问题，可以使用商用的优化软件在个人计算机上求解。使用不同水平的目标 ROE 计算得到的结果如表 18.7 所示。

表 18.7　不同水平的目标 ROE 下的计算结果

目标 ROE	最优解	预期损失	意外损失	净收入
5%	100%投入 AAA 级	0	0	5.00
10%	49.7% 投入 AAA 级 50.3% 投入 A 级	0.0270	0.297	10.00
15%	98.7% 投入 A 级 1.3% 投入 BBB 级	0.0644	0.640	15.00
20%	56.7% 投入 BBB 级 53.3% 投入 BB 级	4.3278	14.798	20.00

结果是我们所期望的，为了增加净利润，我们必须在市场下跌时做好准备，即使收入增加，我们同时也要为承受更多的亏损做好准备。请注意，损失的增长速度非常快。由于概率和标准差是基于很长一段时间的实际债券市场经验得出的，因此从经济上来讲（以风险回报为基础），低于 BB 级或同等水平以下的债券，实现 15%～20% 的 ROE 似乎是没有意义的。在可用的风险收益选择中，该投资组合可以实现的最高

ROE 为 21.5%。虽然这些结论对于少数证券来说可能是显而易见的，但随着风险等级的进一步增加，问题很快会变得更加复杂：① 对不同的细分市场施加限制，以此反映该细分市场具有的特定信用质量的借款人数量；② 基于风险的监管资本。这就是最优化方法有助于揭示权衡的地方。

我们没有考虑任何协方差或多周期选择问题。由于所有债券等级所需的资本都是相同的，因此没有实施特殊的风险资本限制。由于债券评级被认为适用于所有行业，因此评级类别之间的违约相关性很可能非常低。换句话说，债券评级分散化将带来一些好处。如果将其纳入相关性并使用较长的时间维度（如 5 年）来衡量，那么上述例子的结果将会有所不同[1]。

固定收益资产的投资组合方法仍处于发展状态。目前提出的大多数投资组合最优化解决方案都与上述方法相同，但可能在以下方面有所不同：① 目标函数的设计；② 相关性和违约概率的来源；③ 在资产达到最终状态（如贷款到期、再融资或违约）之前对信用迁移的关注。

18.12　不同的目标

对于不同的主体，资产组合管理也是不同的。养老金计划的管理者可能会将投资组合管理视为一个资产配置问题，即在各部门投资多少，以及如何随着预期变化重新平衡投资组合。资本约束或税收不是其投资方程式的一部分。Brinson 等（1986）分析了职业基金经理看待投资回报的方式，发现他们确定了投资战略（资产组合）、市场交易时机和证券选择 3 个基本组成部分。他们的研究表明，市场交易时机和证券选择对总计划收益的影响远小于投资战略。相比之下，保险公司和银行必须考虑监管资本和评级机构收取的资本费用。它们也有不同的负债结构，这也是投资战略必须关注的内容。一些可供投资的资产（如信用卡应收账款）是预先分类的，投资者使用的投资组合模型应该能够区分这些证券和其他单一风险证券，如公司债券。对于金融担保公司，应该对担保的选择功能（在投资组合中特定交易的第一损失水平被超过之前，不进行索赔）进行建模，以此评估预期的商业投资组合的收益多样性。在业务部门层面，一项交易与另一项交易或两项投资组合之间的违约相关性可能难以估计。接下来的两章将讨论解决这些问题的方法。

---

[1] 见 Chirinko 等（1991）关于违约协变量的影响，以及 Lucas（1995）关于债券违约相关性的数据。

原书参考文献

Beckers, S. 1996. Survey of Risk Measurement Theory and Practice. In Handbook of Risk Management, edited by C. Alexander. New York: John Wiley & Sons.

Bennett, P. 1984. Applying Portfolio Theory to Global Bank Lending. Journal of Banking and Finance, 153-169.

Bernstein, P. 1996. Against the Gods: The Remarkable Story of Risk. New York: John Wiley & Sons.

Brinson, G.P, L.R. Hood, and G.L. Beebower. 1986. Determinants of Portfolio Performance. Financial Analysts Journal, 40-48.

Chirinko, R. S., and G. D. Guill. 1991. A Framework for Assessing Credit Risk in Depository Institutions: Toward Regulatory Reform. Journal of Banking and Finance, 785-804.

Coopers and Lybrand. 1993. Growth and Diversification: Are the Benefits Always There? In Mortgage Banking, edited by J. Lederman. Chicago: Probus. Credit Suisse Group. 1996, December. CreditRisk$^+$. New York.

Elton, E., and M. Gruber. 1981. Modern Portfolio Theory and Investment Analysis, 1st ed. New York: John Wiley & Sons.

Elton, E., and M. Gruber. 1995. Modern Portfolio Theory and Investment Analysis, 5th ed. New York: John Wiley & Sons.

Federal Reserve System, Board of Governors. 1993. Risks of Concentration of Credit and Nontraditional Activities, Washington D.C., March 26.

Gupton, G. M., C. C. Finger, and M. Bhatia. 1997, April. CreditMetrics: The Benchmark for Understanding Credit Risk. New York: JPMorgan.

Hopper, J. 1997, July. John Hopper, Barclays Bank, London, interviewed by P. Narayanan.

Klein, R. A., and J. Lederman. 1996. Derivatives Risk and Responsibility. Chicago: Irwin Professional Publishing.

Lucas, D. J. 1995. Default Correlation and Credit Analysis. Journal of Fixed Income.

Markowitz, H. 1959. Portfolio Selection: Efficient Diversification of Investments. New York: John Wiley & Sons.

Markowitz, H., and A. Perold. 1981. Portfolio Analysis with Scenarios and Fac tors. Journal of Finance, 36: 871-877.

McKinsey & Co. 1997. Measuring Credit Portfolio Risk: A New Approach. IAFE Annual Meeting, Zurich, June 10.

McQuown, J. 1994. All That Counts is Diversification: In Bank Asset Portfolio Management. IMI Bank Loan Portfolio Management Conference, May 11, 1994.

Merton, R. C. 1974. On the Pricing of Corporate Debt. Journal of Finance: 449-470.

Moody's Investor's Service. 1990. Corporate Bond Defaults and Default Rates, 1970—1989. Moody's Special Report, April.

Moody's Investor's Service. 1991. Rating Cash Flow Transactions Backed by Corporate Debt. Moody's Structured Finance, March.

Moody's Investor's Service. 1996. The Binomial Expansion Method Applied to CBO/CLU Analysis. Moody's Special Report, December.

Ranson, B. 1993. Rabbit Stew. Balance Sheet (Spring): 37-40.

Ross, S. A., and R. Roll. 1984. The Arbitrage Pricing Theory Approach to Strategic Portfolio Planning. Financial Analysts Journal.

Sharpe, W. 1994. The Sharpe Ratio. Journal of Portfolio Management: 49-58.

Standard & Poor's. 1991. Corporate Bond Default Study. Credit Week, 16 September.

Treynor, J. L., and F. Black. 1973. How to Use Security Analysis to Improve Portfolio Selection. Journal of Business 46, no. 1: 66-86.

Vojta, G. J. 1973. Bank Capital Adequacy. New York: First National City Bank.

第19章　经济资本与资本配置

在形成阶级（抽象概念）时，把“不重要的”特征放在一边，强调“重要的”特征，这一点十分重要。这种活动的危险性也很高，因为必要的泛化很容易演变成过度泛化。通常，我们没有机会提前测试我们所发展的概念是否达到了正确的抽象程度，或者已过度泛化。

——Dietrich Dörner（1996）[1]

在提到经济资本时，机敏的读者可能会想到的一个问题，即经济资本与管理信用风险有什么关系？经济资本一词在第 18 章出现过，但没有与信用风险产生直接联系。任何机构在经营一家企业时，都必须应对许多风险，有时只是少数风险，有时甚至是数百种风险。一家大型银行的风险名单包括利率风险、货币风险、信用风险、国家风险和操作风险。对于保险公司而言，它存在保险风险（如灾难性事件或死亡风险）。对于每种风险类型，投资组合的组成部分都会产生集中效应和分散效应。另外，不同的风险类型之间可能存在关联，例如，信用风险和市场风险。整家公司所需的经济资本是指在考虑了投资组合中所有风险的相互作用后，能够承受极端罕见损失事件的资本的名义金额。例如，如果我们想要构建一个损失分布，那么在综合了所有的单一风险之后，我们可以不同的概率水平来显示公司的总损失，然后可以任意选择一个置信水平，如 99%，并将在这个水平上的损失称为所需的经济资本[2]。公司需要有足够的实际资本来承受这种损失并保持偿付能力。有关偿付能力的标准不仅对企业所有者来说很重要，对企业的债权人来说同样重要。正是出于这个原因，评级机构才会关注这些机构的经济资本，并对其债务或偿债能力进行评级（见 Standard & Poor，2007）。

---

[1] 有些人使用概率值右边的损失平均值代替给定置信水平下的损失，这个量被称为预期损失或有条件尾部预期。

[2] RAROC 最初应用于交易组合。Bankers Trust 在过去是一家提供全方位服务的银行，但在 20 世纪 70 年代，它完全放弃了零售银行业务，转而完全专注于批发银行业务和交易业务。它在衍生产品市场也采用了 RAROC 方法。值得注意的是，风险调整指标如 RAROC、RiskMetrics 和 CreditMetrics 都 100%来自批发银行（Bankers Trust 和摩根大通）。向企业放贷的批发银行比零售银行更容易面临集中风险。Bankers Trust 后来被德意志银行（Deutsche Bank）和摩根大通收购，后者是化学银行（Chemical Bank）的继任者，在此之前，后者已经吸收了另外 2 家货币中心银行制造商汉诺威（Hanover）和大通曼哈顿银行（Chase Manhattan Bank），它的继任者现在被称为摩根大通。

如果损失分布是对称的，那么该分布的标准差的倍数就是对极端损失的充分度量（例如，正态分布的平均值加上 3 倍标准差，将产生 99.73%置信水平的损失）。但对于其他偏态分布和厚尾分布来说，使用标准差不会在特定的置信水平上得到准确的损失值。

一旦估计出企业所需的经济资本，我们就应该将其与企业的总资本进行比较。企业的总资本就是企业的市值。如果企业的总资本小于经济资本，那么企业就处于无法持续的风险状态，因为可用资本为负。如果企业的总资本大于所需的经济资本，那就意味着市场认为该企业具有额外价值，也具有承受冲击且能够继续经营的能力，同时拥有增长的空间，或者在看不到增长机会的情况下拥有偿还过剩资本的能力。因此，经济资本无论在内部还是在外部都是一个有用的衡量标准，它本质上是一个投资组合概念，因为任何企业如果能够进行分散投资而不是集中投资，其承担风险的能力就会提高，因为集中投资可能会导致比在正常情况下更大的损失。然而，如果我们将单一资产、子投资组合或产品与投资组合的其余部分联系起来，就可能将其对经济资本的影响分离出来。然后，分配的资本可以成为进行事前决策（如定价）和事后分析（如业绩评估）的基准。由于经济资本是对企业偿付能力风险的一种衡量，而不是像股权账面价值这样的会计数字，所以它为企业管理层提供了在共同的基准上评估不同风险的业务部门业绩的方法。经济资本是一个适用于所有风险的概念，但对银行来说，它与信用风险最为相关，因为大多数银行的倒闭都可以追溯到信用损失上。

在我们深入研究经济资本的使用之前，先回顾一家机构在承担增量信用风险时所面临的 3 个基本问题。

- 从投资组合的角度来看，我们需要什么样的“门槛”功能，才能使每一项增量资产都是可接受的？换句话来说，发起人应该如何操作？
- 在买入资产后，如何处理投资组合的组成？具体而言，正确的分散化水平是什么样的？或者再换句话来说，投资组合经理应如何运作？
- 在承担增量信用风险时消耗了多少资本？

这些问题的答案在一定程度上取决于银行对投资的风险和收益属性的权衡程度，更取决于该机构可用的投资组合策略。很明显，“买入并持有”策略将提供一种不同于“买入、持有、对冲或出售”策略的解决方案。

19.1 定价机制的使用

从历史上来看，在买入一项资产时，一家机构会将定价机制与产品、地理位置、行业或期限结合起来使用。例如，如果一家银行认为从投资组合的角度来看，郊区购物中心的建设贷款缺乏吸引力，它就可以将这些贷款的价格提高到一定程度，从而限制借款人能够获得的利益。这是边际成本定价的一个例子，即在风险调整的基础上，资产价格应补偿机构的边际成本。一种产品越能提高贷款人的投资组合集中度，其对该贷款人的边际成本就越高。边际成本定价并不总是奏效。一家银行可能会有闲置资金和尚未调配运用的资本，这是很大的成本来源。显然，这样的机构不想以负利差提供贷款，但只要增加的风险是可以接受的，它可能就会认为在整体关系盈利的情况下，如果能够证明交易的合理性，即使只有较低的正利差也是值得的。

当金融机构无法清晰地分配其成本基础或无法对其风险进行精细区分时，它们往往会选择定价不高的贷款。如果一家银行不能分配其成本，那么它将无法区分需要进行少量分析的借款人成本与需要进行大量审查及跟进的借款人成本。类似地，如果利差与评级过于粗糙的风险评级系统（例如，只有 4 个等级）挂钩，那么在定价时进行风险区分要比进行风险评级（例如，15 个等级）更难。

成本加利润定价策略在短期内有效，但从长期来看，竞争会对定价产生下行压力。只要银行在一系列服务上具有一定的灵活性，而不是只在价格上进行竞争，那么成本加利润定价策略仍然有效。在贷款人是价格接受者而不是价格领导者的市场，定价面临的困难更大。

传统的信用风险定价沿用了成本加利润定价策略，传统贷款定价方法如图 19.1 所示。

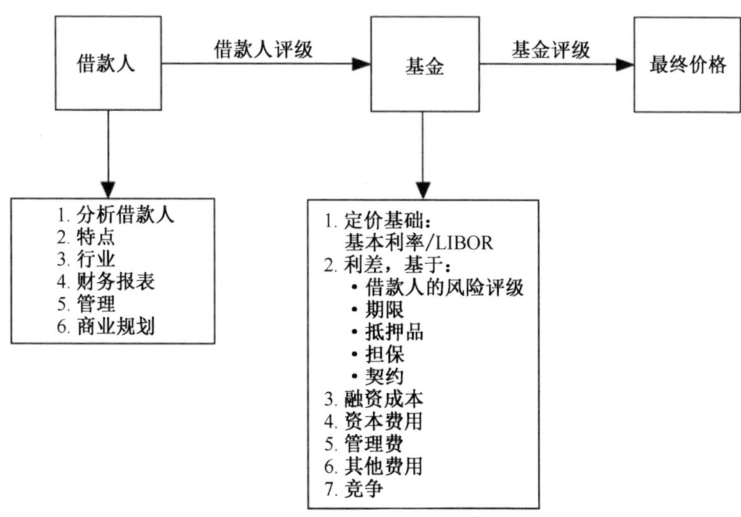

图 19.1　传统贷款定价方法

下面给出一个传统贷款定价方法的示例，即基于借款人的风险评级、期限、抵押品、担保和契约进行定价，资本费用根据最低收益率和资本比率收取。如表 19.1 所示为内部风险评级及与之对应的历史风险，其中列出了每种风险评级类别的 5 年期损失率，用于计算要计入价格的预期损失准备金。

表 19.1　内部风险评级及与之对应的历史风险

评级	5 年期损失率
Aaa 级	0.034%
Aa 级	0.106%
A 级	0.264%
Baa 级	1.166%
Ba 级	6.371%
B 级	15.737%

来源：穆迪（2007）。

根据收益率曲线，表 19.2 显示了 1～10 年各种到期期限的资金成本。

表 19.2　1～10 年各种到期期限的资金成本

期限	资金成本
1 年	5%
2 年	5.5%
3 年	6%
4 年	8%
5 年	10%
10 年	12%

另外 2 个需要输入的变量是资本比率（8%）和所需的资本收益率（16%）。利用这些假设条件，我们可以得出客户的评级为 5（相当于 Ba 级），它收取的 5 年期无抵押贷款的利率为 11.75%，如表 19.3 所示，其与资金成本相差 1.75%。

只要假设是正确的，特别是关于借款人信用质量的假设是正确的，那么这种简单的信用定价方法就行之有效。

表 19.3　基于成本加利润的价格增长

项目	计算过程	数量/价值
借款人的风险评级		5（Ba 级）
贷款期限		5 年
5 年期损失率		6.371%

续表

项目	计算过程	数量/价值
资本比率		8%
预设回报率		16%
贷款数额		1000000
资本金要求（贷款数额的 8%）	8%×1000000	80000
价格组成		
每年的资本费用为 16%	16%×80000	12800
每年的资金成本固定为 10%	10%×920000	92000
每年的贷款损失准备金	1%×6.371%×1000000/5	12742
盈亏平衡的年利息收入		117542
贷款利率（无融资风险）	117521/1000000	11.75%
最低价差	11.75%−10.00%	1.75%（175bp）

如今，许多银行都在使用这种方法。这种方法主要缺点是，预期损失与借款人的信用质量有关。如果贷款风险较高或贷款规模较大，那么以 8%的资本比率（16%的股权成本）收取的资本费用可能是不够的。即使具有相同的违约概率，一笔 1 亿美元的贷款也比每笔 100 万美元的 100 笔贷款对银行构成的风险更大。在前一种情况下，如果发生违约，整个 1 亿美元都面临未偿还的风险。在后一种情况下，即使具有相同的违约概率，100 笔贷款同时全部违约也不太可能。对所有规模的贷款都征收 8%的资本金忽略了严重性的影响。这种方法的另一个缺点是，它隐含地假设贷款只有 2 个可能的状态：违约或不违约。它没有对借款人财务状况改善或下降所产生的信用风险溢价或贴现进行建模。只有当资产可以按面值重新定价或出售时，它才有意义，这就是经济资本概念有用的地方。贷款的信用风险可以看成由两部分组成：一部分是预期损失，直接在定价中予以补偿（计入贷款损失准备金）；另一部分是贷款的规模，以及贷款增加投资组合集中的程度，意外损失是指贷款对投资组合的极端潜在损失的“贡献”。后者可以用经济资本衡量。

长期以来，金融机构一直在努力寻找与所承担风险一致的最佳资本配置方法。它们发现，很难找到一个一致且可信的方法来为各种收入来源分配资本，如贷款承诺、循环信用额度（没有到期日），以及有担保贷款和无担保贷款。一种方法是根据业务部门的资产规模分配资本，虽然更大的投资组合确实会产生更大的损失，但这种方法也意味着业务部门将被迫动用分配给它的所有资本，而且这种方法对所有风险一视同仁。

另一种方法是使用监管（风险调整）资本作为资本配置。这种方法的问题在于，监管资本可能会反映企业的真实风险，也可能不会。

还有一种方法是使用子投资组合中的意外损失（一段时间内公司全年损失的标准差）作为资本配置的代理。这种方法的问题在于，它忽略了子投资组合之间的违约相关性。子投资组合的波动率事实上可能会抑制机构投资组合的波动率，因此，基于子投资组合波动率的定价决策可能不是最优的。实际上，这意味着贷款机构中的一个业务部门有时可能会补贴另一个，由此产生的协同效应将使该机构更加强大，因为补贴的方向可能在未来某个时刻发生逆转。分配经济资本是一种考虑到这些相互作用的措施，并且为具有不同风险特征的资产提供了一个共同框架。

资本配置是一个可以实现的目标，但由于缺乏足够的数据和分析，大多数银行在很大程度上依赖于近似值，例如，贷款定价和绩效衡量中的资产收益率。契约特定的递增或递减定价，以及迁移定价，或者更一般的事件风险定价，都是罕见的。对于贷款人来说，制订一个经过深思熟虑的定价策略较为重要，因为在股东看来，这是最终推动机构取得较好业绩的因素。在 1997 年对作者的采访中，Oliver，Wyman&Company 的合伙人 Marc Intrater 指出：

> 通常情况下，市场是定价不足的罪魁祸首。的确，平均而言，在某些市场中，市场定价不足以满足风险调整后的最低收益率要求。然而，即使作为纯粹的价格接受者，银行也可以根据定价是否充分覆盖风险，或是是否能够带来足够的盈利来选择是否参与并接受这样的机会。此外，大多数银行在所有或大多数贷款情况下都不是纯粹的价格接受者。在定价过程中，一个设计良好的定价策略显然至关重要。

制订一个好的定价策略需要了解贷款的组成部分，如构成总收入的现金流来源、贷款期限、贷款对投资组合风险收益的影响、贷款将在公开市场上获得的评级/定价，以及在贷款承诺中嵌入期权的价值。如果有与信用条款和信用质量相对应的现成市场价格，那么对贷款组合的风险价值的量化就容易得多。毕竟，由于存在利率风险、货币风险等其他因素，信用因素的风险价值只是投资组合风险价值中的一部分。但是，如果支持一项资产所需的经济资本是可用的，那么这将是应用资本费用的基础金额，而不是示例中使用的 8%的统一税率。

19.2 银行家们在资本配置方面的创新

第一个创新是资本配置。从逻辑上讲，资本配置来自银行资产负债表中可以随时按市价计价的部分。Bankers Trust 通过阐述和实施 RAROC 的概念来引导这项工作。根据 Guill（2007）的说法：

与推动经济体系向前发展的大多数创新一样，现代风险管理实践源于经济机遇和生存竞争压力。但是创新需要企业家来完成，在这个故事中的关键企业家是Charles Sarford。Sarford在沃顿商学院(Wharton School)读完工商管理硕士学位(MBA)并在学术界短暂耕耘后，于 1961 年加入 Bankers Trust。他的职业生涯始于商业贷款银行，在 1969 年转入银行的资源管理部门工作，随后在 1973 年成为该部门的主管。

最初，资源管理部门负责外汇、政府债券、市政债券和其他短期金融工具的交易，为银行提供资金，并管理银行的投资账户。其职责后来扩展到包括公司债券、衍生产品和股票的交易。Sarford 在担任部门主管几个月后，有一天，他离开公司时遇到了一名政府债券交易员。当他们走出大楼时，Sarford 问道："你今天过得怎么样？"交易员回答："我把它们拿进来，然后把它们投出去，没赚到钱。"

这种肤浅的说法使 Sarford 记忆犹新。这名交易员今天过得是好是坏？他买卖的债券是好价格还是坏价格？如何评价他的表现？是基于市场还是基于绝对基准进行评估？一般来说，如何正确看待交易员的表现？

在考虑这些问题时，Sarford 提出了以下 3 个在现代金融中已确立但从未整合并应用于企业管理的原则。

- 交易员通过持仓（购买债券）将风险带入银行，并使用银行的资本。
- 承担风险的唯一原因是获得回报。在交易中，交易员应该拥有赚取回报的期望。此外，风险越高，交易员期望的回报就越高。
- 为证明股东资金的使用合理性，交易员的回报期望必须与股东要求的类似风险的最小回报一致。

根据这些原则，Sarford 着手将个人交易与银行资本的使用联系起来。

Sarford 假设，资产或企业创造价值的能力在以收益率和所承担风险之比来表示时，可以用来对具有不同规模和风险特征的资产或企业进行比较。当一家机构能够直接观察到资产价格或从可观察到的资产价格中推断出风险时，它就可以根据资产的波动率来决定需要持有多少股东资本。如果持有的股东资本相较从资产中获得的总收益过高，那么银行将不会买入它。如果资产已经在银行的投资组合中，那么它将被出售或对冲。Bankers Trust 称，衡量资产或产品创造价值能力的度量标准是 RAROC[1]。

[1] 区分线性风险和非线性风险十分重要。在大多数情况下，收益或损失随资产呈现出线性变化。例如，如果您拥有国库券，那么该票面价值下降 1%就等于您拥有的国库券下降 1%。对于衍生产品和一些证券，如抵押贷款，产品价值的变化可能大于或小于潜在风险因素的变化。带有期权的其他风险因素包括波动性变化引起的价值变化（vega 风险）和价格变化引起的价值非线性变化（gamma 风险）。尽管信用风险可能是这些变量的促成因素，但该术语与市场风险相关，而不与信用风险相关。

正如 Bankers Trust（1995）所定义的那样，RAROC 在税后的基础上，按 1 年内最大预期损失（99%置信水平）的金额为一笔交易或某项业务配置资本费用。可以预期，收益的波动率越高，分配的资本就越多。较高的资本配置意味着交易必须产生足够大的现金流，才能抵消信用风险、市场风险和其他风险造成的收益波动。RAROC 估计了在最坏的情况下可能占主导地位的资产价值，然后提供了等价于将要承受持续亏损的资本缓冲。此过程有以下 4 个基本步骤。

步骤 1：分析活动或产品，并且确定其包含的基本风险类别，如利率（国家、方向、基准、收益率曲线、期权性）、外汇、股票、商品、信用和操作风险。

步骤 2：通过市场代理量化每种类别的风险。

步骤 3：利用过去 3 年市场代理指标的历史价格变动来计算市场风险系数，即

$$\text{RAROC 风险因素} = 2.33 \times \text{周波动率} \times \sqrt{52}\ (1-\text{税率}) \qquad (19.1)$$

式中，乘数 2.33 为在 99%置信水平上的波动率（以百分比表示）；假设分布为正态分布，$\sqrt{52}$ 将每周的价格变动转换为年度价格变动；（1−税率）将计算数值转换为税后数值。

步骤 4：使用风险因素乘以头寸规模，计算出每种风险类别所需的资本金额。

RAROC 风险因素如图 19.2 所示，其中展示了 7 种产品样本的风险因素：5 年期和 30 年期美国国债、德国马克/荷兰盾、美元/加元、美元/日元、富时 100 指数，以及现货石油。

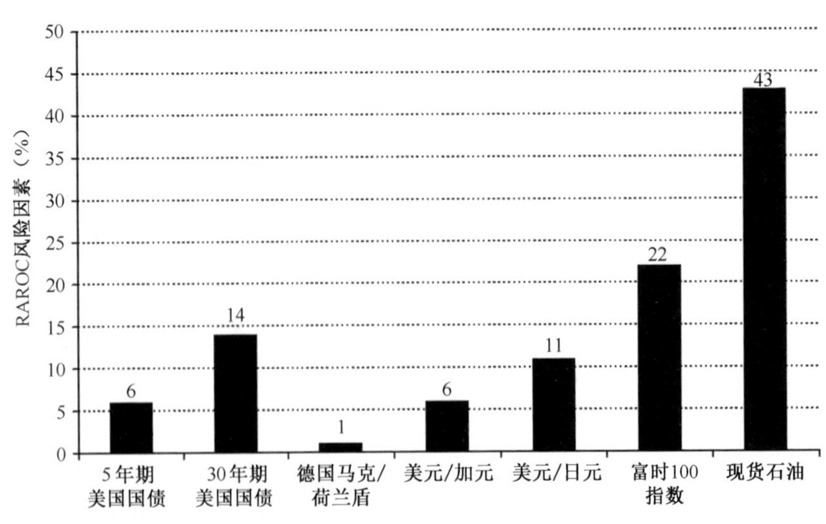

图 19.2 RAROC 风险因素

确定每种产品的最大预期损失并将资本与损失挂钩，就可以通过一致的方式说明风险-收益方程中的风险，从而比较不同风险水平的产品。因此，风险与收益的比率具有可比性。为了说明这一点，我们来比较以下 2 位交易员所面临的情况：一位交易美国政府债券，持有 1 亿美元的头寸；另一位交易加元，平均持有 1 亿美元的头寸。

根据图 19.2，政府贸易部门将需要配置 1400 万美元的资本，而加元交易商只需要 600 万美元。如果 2 个部门的利润相同，如 200 万美元，那么债券交易员的 RAROC 是 2/14≈14.3%，而外汇交易员的 RAROC 是 2/6≈33.3%。在使用 RAROC 的机构中，业务部门没有固定数量的资本，相反，还要根据支持所需业务量的需要为其分配足够的资本。

RAROC 是对传统方法的改进，它允许比较 2 个具有不同风险（收益波动）特征的业务。通过使用最低预期利率，贷款人还可以使用 RAROC 原则针对关系或交易设定目标价格。尽管不是所有资产都具有市场价格分布，但 RAROC 是以市值为基础来审查金融机构整个资产负债表的第一步（如果只是为了更好地了解已做出的风险与收益之间的权衡，分析整个资产负债表是必要的）。

敏锐的读者会发现，针对单一业务的 RAROC 不会因集中度而明显受到惩罚，也不会因此受到奖励，而且收益间的相关性基本上来源于历史价格时间序列的相关性，而不是预期的相关性。

1991 年，Bankers Trust 将 RAROC 扩展到了所谓的全面风险管理系统中，并将其命名为 RAROC 2020。RAROC 2020 包含投资组合概念，并假定该产品组合中的产品具有市场价格。言外之意，市场价格包含信用风险，因此没有直接强调违约是驱动资产价值的事件。RAROC 2020 的构成要素之一是计算日价格波动（DPV）。这是一种风险价值度量，它显示了投资组合隔夜最大的潜在经济损失。

在表 19.4 中，我们总结了一些新出现的缩略词和在文献中出现的一些较老的缩略词。下面将描述其中最重要的 RAROC。

表 19.4　风险调整后的绩效评估

缩写	定义	分子	分母
ROA（资产回报率）以基点表示	这是一个历史悠久的比率，银行一直使用它来衡量业绩。不幸的是，这一措施并没有考虑到风险	扣除贷款损失准备金后的净收入	期末资产（账面价值）
ROE（净资产收益率）以百分比表示	这一措施没有考虑到风险。它还回避了单个贷款或业务部门的分母应该是多少的问题	扣除贷款损失准备金后的收入	平均股权或期末股权（股权资本和留存收益）

续表

缩写	定义	分子	分母
VaR（风险价值）表示在 99%置信水平上的最大损失	这是一个很好的例子，但是基于长期观点给出的数量应该可以为所有意外损失提供缓冲，这是一个衡量资产最大预期损失的指标。有时，风险价值=分配资本。在其他时刻，这种关系由期望的置信水平决定	预计的最大损失概率为 99%	资产的购置成本。请注意，这个数值将用来表示购买资产时支付的溢价或折价。对于银行来说，它们在大部分时间将会记录资产的价值
MTM（按市值计价）以票面价值（账面价值）的百分比表示	这是一项资产的当前市场价值。VaR 和 MTM 的关系可解释为 MTM 是一种统计分布的实现，而 VaR 是与分布中 99%的概率相关的值。MTM 是一种衡量价值的方法；VaR 是衡量价值在不利条件下可能产生的影响	资产的市场价值	资产的账面价值
RORAA（风险调整资产回报率）	这是对资产收益率的细化，可以通过调整分母来反映资产类别的不同风险	净收入	资产的估值是基于信用风险的。例如，美国国债的风险权重可能为 1，而 C&I 贷款的风险权重为 1.15
RAROC（风险调整资本回报率）	资金分配到企业。分配基于意料之外的损失进行	净收入	头寸的大小乘以风险因素。风险因素基于市场价值的波动

19.3 风险价值

Bankers Trust 引入了每日价格波动的概念。摩根大通以类似的思想建立了 RiskMetrics，即根据利息支付期限、到期日、货币和期权的不同复杂程度，计算流动资产组合的风险市场价值。

银行资产负债表中的许多资产都包含期权，其中有些是经过深思熟虑的，有些则是通过惯例和实践引入的。例如，浮动利率贷款可能有利率上限，而抵押贷款则有提前还款的选项。当涉及期权时，资产的价值就会以非线性的方式随着潜在变量的变化而变化[1]。如果是非线性的，那么对未来市场条件价值的影响只能通过模拟来估计（见

[1] 例如，在推导 Black-Scholes 期权定价公式中期权的公允价值时，不使用套利论据。如果你不能套利，如当市场出现不连续性时，衍生的公允价值就不再适用。关于定价模型风险的评论，可参见 Wilson（1996）。

第 9 章）。

RiskMetrics 是一种方法和数据集的集合，旨在帮助机构获得其风险投资组合的价值。它提供了一套工具，可以将其产品映射到标准化风险头寸上，并且将这些头寸输入方差-协方差矩阵，以此得出投资组合收益和方差。RiskMetrics 使用历史数据和多种技术（包括简单的指数平滑、自回归移动平均模型和其他复杂的预测技术）来估计此矩阵。这套工具为机构提供了一种简便的方法，即可以直接计算其风险头寸，无须投资开发数据库和软件。需要注意的是，我们所计算的风险价值是每日价值，只能在按市值计算的情况下计算。在无法获得价格的情况下，必须采用按模型计价的方法。当出现大幅价格波动且流动性下降时，即使在模拟中，使用无套利参数的组件也可能被证明是不可靠的[1]。

从分析的角度来看，前面所描述的风险价值概念同样适用于信用风险。唯一的困难是，与市场风险不同，信用风险导致的价值变化是不容易被观察到的。这为将信用风险资产的价值与其信用质量变化联系起来进行创新创造了机会。穆迪的 KMV Portfolio Manager 就是一个很好的例子。

19.4 经济资本和监管资本

经济资本是管理层对提供给资产或业务领域的资本现金进行的内部评估。监管资本是指监管机构认为一家机构为了能够安全稳健地运营，用来保护公众利益所需要的资本。监管资本的来源因金融机构的类型而异，对于银行来说，它基于国际清算银行的标准，通常被称为 BIS Ⅰ 和 BIS Ⅱ，但必须得到各主权管辖区的正式接受[2]。在欧洲和世界的其他地区，对银行的监管通常处于单一机构的权限范围内（例如，英国的金融服务管理局）。在美国，监管权力由美联储（Federal Reserve）、储蓄监管办公室（OTS）、联邦存款保险公司（FDIC）和货币监督办公室（OCC）共享。经纪交易商的资本充足率由美国证券交易委员会（SEC）监管。对于受国家监管的保险公司，由全国保险监督官协会（NAIC）对其资本要求提供建议，并由各州采纳。在欧洲，对保险公司的监管分为《偿付能力Ⅰ》（*Solveney I*）和《偿付能力Ⅱ》（*Solveney II*）。评级机构（如穆迪、标准普尔、惠誉、贝氏等）负责对保险公司的债务及其偿付能力

[1] 本章将进一步讨论《巴塞尔协议Ⅰ》和《巴塞尔协议Ⅱ》。

[2] 利用最优化等数学规划技术，可以较为容易地施加多个约束并求解资产的最佳组合。第 17 章给出了一个简单的例子。

进行评级，并密切监测保险公司的资本充足率。尽管所有机构都关注偿付能力，但监管规定在复杂性方面存在较大差异。

当监管资本用于资产定价时，总资本不必与监管资本相等。监管资本通常不支持分散化，例如，在《巴塞尔协议Ⅱ》中，1 笔 1000 万美元的 A 级贷款所需的资本与 10 笔 100 万美元的 A 级贷款所需的资本相同。另一个例子是，在《巴塞尔协议Ⅱ》中，监管资本不会随着期限超过 5 年而增加，而有些人会认为，如果期限较长，如 30 年，那么风险价值会更高。因此，为了设定资本的最佳配置，必须同时考虑经济约束和监管约束，因为监管资本对交易定价来说是不准确的[1]。监管资本的要求旨在适合各种机构，它们必然是不太灵敏的工具（Marvin，1996），需要简化假设，并且以牺牲准确性为代价来实现一致性。

19.5　经济资本的估算与优化

第 18 章中介绍的最优化方法有助于在竞争性资产和产品之间确定应配置的资本量。监管资本比率、经济资本和股本账面价值可以被设为建模的约束条件，使分配给资产类别的资本满足这三者的要求。这种方法基于的假设是，一家机构不应持有超过其应有水平的资本（因为这将导致股东股权回报率降低），但也不应低于其所承担的风险敞口（意外损失）所规定的水平。在最优化过程中，所有的超额资本都被视为投资于一个无风险证券，同时反映在目标函数中，表明超额资本在经济性上不具有吸引力。实际上，如果一家机构发现它持有的资本超过了它的需要，它可能就会承担更大的风险，或者决定回购自己的股票。后者向市场发出了一个信号，即该机构不准备改变其选择的风险承受能力。后最优分析对于确定制约机构达成目标的因素及其边际成本是很有帮助的，在这一方面，它比最优解决方案更能找到重点。

在数学的最优化中，目标函数的设置使决策变量的总贡献随变量值的增加而增加，随其减少而减少。例如，如果决策变量为投资 BBB 级债券的比例，那么随着这个比例的增加，投资 BBB 级债券的总收入也会增加。利润的增加可能是线性的或二次幂的，或者相反，但无论如何，一般都假定其会单调增加或减少。不过，对利率上限业务或期权的投资又将如何处理呢？对于某些利率值，利润贡献为正，而对于其他

[1] 标准的投资组合优化方法被称为资产正态，因为它假设资产收益率是联合正态分布的。当资产收益率不是正态分布时，可以使用 delta（资产价格随基础变量的微小变化而小幅度变化）进行优化。当收益不呈现出线性时，可以使用 delta-gamma 方法。这些方法越来越复杂，但无法处理事件风险，具体可见 Wilson（1995）。

利率，利润贡献则为零甚至负。对于期权，收益在利润函数的某些部分是非线性的，而在其他部分则是零或负的。由于很难使用标准最优化技术对此类产品进行建模，蒙特卡罗（Mante Carlo）模拟（见第 9 章）可能是通过模拟各种随机情景下的资产行为来评估影响的唯一方法。当然，在使用蒙特卡罗模拟时，我们无法直接找到最佳策略，因为模拟只是在我们向计算机描述数据时，对真实世界进行的抽样。制订最优化或模拟模型的详细程度取决于机构的复杂程度，以及目标是战略性的还是战术性的。正如 Dörner（1996）在本章开头引用的文章中所指出的，对一家机构的泛化，如将所有债券视为一类投资，可能是对另一家机构的投资而言的过度泛化，这类机构可能更倾向于将债券按行业、到期日和风险评级进行细分。

竞争、基于风险的资本标准、通过行业整合实现的规模经济、资本配置技术、历史经验教训（无论由什么因素驱动）、定价和投资组合管理方面的创新在当今的金融机构中是显而易见的。新的方法已经被发明出来，用来评估经济资本的信用价值风险，以及将其分配给个别资产和企业的技术。这些应用将在第 20 章进行介绍。

原书参考文献

Altman, E. I, and V. M. Kishore. 1997. Defaults and Returns on High Yield Bonds: Analysis Through 1996. White Paper, NYU Salomon Center.

Bankers Trust New York Corporation. 1995, August. RAROC9 & Risk Manage-ment: Quantifying the Risks of Business. New York.

Beckers, S. 1996. A Survey of Risk Measurement Theory and Practice. In Hand- book of Risk Management and Analysis, edited by C. Alexander. New York: John Wiley & Sons.

Dörner, D. 1996. The Logic of Failure. New York: Holt.

Guill, G. D. 2007. Bankers Trust and the Birth of Modern Risk Management. White Paper, Wharton Financial Institutions Center, University of Pennsylvania.

Intrater, M. 1997. Marc Intrater, Director, Oliver, Wymon & Company, interviewed by authors.

Jorian, P. 1997. Value at Risk: The New Benchmark for Controlling Derivatives Risk. Chicago: Irwin.

JPMorgan, Inc., 1997. RiskMetrics§®, 4th ed. New York.

Marvin, S. G. 1996. Capital Allocation: A Study of Current and Evolving Practices in Selected Banks. OCC Staff Study 96-1, December.

Matten, C. 1996. Managing Bank Capital: Capital Allocation and Performance Measurement. New York: John Wiley & Sons.

Moody's Investors Service. 2007. Special Comment: Corporate Bond Defaults and Default Rates, 1920—2006. New York.

Robert Morris Associates, Inc., First Manhattan Consulting Group. 1997. Credit Portfolio Measurement and Management Survey Findings. Philadelphia, August 21.

Standard & Poors. 2007. Request for Comment: Economic Capital Review Process for Insurers, Standard and Poor's Corporation, Standard & Poor's Rating Service, February 5, 2007.

Wilson, T. C. 1996. Calculating Risk Capital. In Handbook of Risk Management and Analysis, edited by C. Alexander. New York: John Wiley & Sons.

第 20 章 投资组合方法的应用

我之所以可以看得更远，是因为站在巨人的肩膀上。

——Sir Isaac Newton（1675）

对贷款人违约概率的评估是信用决策中非常重要的参考指标。在投资组合中，有一些因素非常关键：①违约的实际风险敞口（使用信贷额度的程度）；②违约概率如何随时间演变；③潜在因素如何同时影响多个信用违约概率；④在违约发生后，资本恢复前景如何。这些影响因素是投资组合分析方法的核心，也是从内部或外部获得资本需求的核心。

金融模型的创新激发了“信用风险价值”（Credit Value at Risk）分析的进步，就像“市场风险价值”（Market Value at Risk）经历的那样。金融监管者、金融监管机构也跟上了这些创新的脚步，这在《巴塞尔协议Ⅱ》相对于《巴塞尔协议Ⅰ》进行的改进中得到了充分体现。在《巴塞尔协议Ⅰ》中，资本金要求主要是由违约概率决定的[1]。虽然我们不能武断地判定某个单一因素就会引发金融创新，但是在下面的案例中，我们可以认为有 2 个主要驱动因素推动了投资组合的改进和信用衍生产品市场的发展：一是风险过于集中在国际清算银行上；二是《巴塞尔协议Ⅰ》无法对拥有不同违约概率的公司实行差别化策略。

在 1997 年的一次访谈中，摩根大通风控委员会的已退休主席 Stephen Thieke 曾这样提道：

以前银行在处理贷款时只有 2 种选择：发行长期贷款或发行更长期的贷款。现在的市场已经允许银行进行做空交易，大大提高了银行在管理投资组合集中方面的灵活性。

目前，大多数银行已经采用了依市定价策略，即根据市场价格来确定资产和负债的价值。这么做不仅是为了出售资产，也是为了对在投资组合中应保留哪些风险，

[1] 违约损失仅考虑用于设定信用准备金的信用受损贷款。

以及着重关注哪些市场进行判断。估值定价同时适用于流动资产和非流动资产。根据 Thieke 的说法，摩根大通出于内部管理的目的，以投资组合的形式开展了投资行动：

资产管理往往以总收益为基础，根据信用评级和市场利差的变化进行调整。定价估值更多地以模型定价为基础，而不是按市值定价，因为一些信用风险之间的关联是无法被观测到的，而这些风险因素在信用评级中尤为重要。另外，这个估值体系是由内部风险评级驱动的，而内部风险评级具有一个规范的分析过程，能够反映所有关键因素的预期状况。违约概率和恢复概率不会频繁地变化，这样的结果总比只有在损失发生后才承认要强得多。那样陈旧的观点往往会让人错失把握资产价值的时机。

判断可接受和不可接受的风险因素需要从定性和定量两方面出发。从定量的角度来看，投资机构可以根据由风险因素决定的息差水平进行判断。主要的风险因素通常包括市场风险和信用风险，也有其他相对重要的因素，例如，操作风险和清算风险。市场风险是指资产价值由于利率的变化而波动的风险，如使用短期资金为长期固定利率抵押贷款融资，致使融资利率上升。信用风险是指借款人偿付能力变化的风险（见第 16 章对信用迁移的讨论）。用 Stephen Thieke 的话来说：

市场的变化意味着我们需要在分析时从使用两因素模型向使用多元化模型转变。在面对复杂的信用环境时，你往往会得出不同的结论。当你将一笔 5 年期贷款评定为 AA 级时，你对其信用质量的判断在当时可能是对的。5 年后，这笔贷款的评级下降到 BB+级。你拿回了你的钱，但你把它错误地评定为 AA 级肯定浪费了股东的资源。

采用依市定价策略时，检测市场风险相对比较简单，因为市场价格会随着时间快速变化。但是在采用依市定价策略时，检测信用风险会比较困难，主要因为它非常主观，使得我们难以检测信用风险的变化，甚至找不到信用风险与违约风险之间存在的关系。在本章中，我们将解决 3 个与风险价值（VaR）相关的问题，分别是关联驱动信用质量变化的相关因素，对相关相信用风险进行建模，以及对信用状况不稳定的信用资产进行估值。摩根大通是首批采用市场风险的方式进行信用风险价值评估的银行之一，该银行与市场风险评估机构 RiskMetrics 共同发布了 CreditMetrics。在同一时期，其他公司也提出了一些有效的评价方法，如麦肯锡（McKinsey）的 Credit Portfolio View 和瑞士信贷（Credit Suisse）的 CreditRisk^{+}。在这些方法中发展出来的信用评价观念已经被大众广泛接受，并且在标准普尔的担保债务凭证模型及惠誉的用于抵押债券分析的区块模型中得到广泛使用。在本章中，我们总结了最近开发的模型和一些早期的工作。我们的调查没有覆盖全部样本，但它总结了已经开发出来的更受欢迎和更有意义的解决方案。我们将在本章结束时讨论《巴塞尔协议 II》，它体现了许多创新成就。

如表 20.1 所示为多种投资组合方法，其对这些研究成果进行了集中总结。

表 20.1 多种投资组合方法

方法	作者	视角	关键假设	结果
最优化	Altman	个人高收益债券	历史相关性将在未来占上风	最优投资组合权重
蒙特卡罗模拟	MKMV	所有对信贷风险敏感的资产，其市场价格可以被观察或推断，包括衍生产品，但不包括房地产贷款、外来资产。MKMV 公司推出的下一个版本名为 Risk Frontier，其用来处理担保债务凭证、信用违约互换、股票和内含期权的信用产品	资产价值相关性近似于信用质量相关性	预期损失、意外损失和投资组合价值分布
蒙特卡罗模拟	RAROC 2020	所有可以观察到市场价格的资产，包括衍生产品，但不包括房地产贷款、消费贷款、外来资产	价格的正态分布。历史相关性将保持不变。信用风险的变化是通过信用利差的变化反映出来的。信用迁移和违约没有明确建模	资本风险调整收益，每日价格波动，限制使用
解析近似法	CreditRisk+	贷款、衍生产品和债券	违约概率的波动包含了违约相关性的影响	预期损失、风险贡献和 99%分位数损失
蒙特卡罗模拟	CreditMetrics	所有可以观察到市场价格的资产，包括衍生产品，但不包括房地产贷款、消费贷款、外来资产	使用计量经济学对参数进行估计的方法在未来将继续流行。股权相关性近似于资产价值相关性，资产价值相关性近似于信用质量相关性	投资组合值、标准差、1%受险值、边际风险
蒙特卡罗模拟	McKinsey&Co./Wilson	适用于所有资产，包括房地产和消费贷款	对关系的计量经济学估计今后将继续盛行。在一个个细分市场中，公司数量是衡量投资组合多样化的一个指标	投资组合价值分布

20.1 MKMV 资产管理

穆迪 KMV（MKMV）的 Portfolio Manager 提供了管理投资组合的信用迁移、集中和多样化的功能。为了理解它是如何做到这一点的，我们不妨从一些概念入手，这些概念的发展先于处理信用相关性的思想。这些概念最初是在投资金融领域（而不是银行业）发展起来的，人们发现它们与信贷投资组合风险具有较强的相似性。

20.2 最优投资组合和有效边界理论

第一个概念是哈里•马科维茨提出的多样化策略（Markowitz，1959）。马科维茨的策略主要针对股票市场，因为股票具有上涨和下跌的潜力，而银行贷款和债券等固定收益资产的上涨潜力有限，下跌风险却较高。马科维茨指出，由于单个资产收益之间存在低相关性或负相关性，所以可以通过资产组合得出最优权重（持股比例），使在给定的收益水平下，最优投资组合的风险水平可以通过投资组合的最低标准差体现出来。实际上，我们可以构建一个有效边界，即针对不同风险和收益水平的有效投资组合集。一旦投资者具有一个有效的边界，他们就可以选择基于自身风险偏好的最优投资组合，并通过投资组合收益的波动率表现出来。

马科维茨具有开创性的工作充分利用了市场风险，即对数分布价格和正态分布收益的波动率和相关性分析。在基本层面上，最优投资组合理论引入了 2 个重要的概念：①将一组资产视为“投资组合”的想法，以及不仅要考虑一种投资产品的单一收益率，还要考虑它在投资组合中的影响与作用；②风险价值的概念，即将风险表示为投资组合的波动率（标准差）或尾部风险。

资产定价模型，以及后续继承马科维茨思想的其他计量模型，都曾做过相同的尝试。它们试图将模型进行简化，并通过 Beta 值的概念把单一证券的收益率与市场收益率联系起来。Beta 值定义了资产与市场之间的协方差，可以用来描述证券收益的协动变化。这使模型得到了简化，我们不需要再追踪整个资产组合的收益的方差-协方差矩阵。值得注意的是，由于固定收益证券的收益率具有非对称性和厚尾的特征，所以马科维茨的最优投资组合理论在固定收益证券中没有得到有效地应用。然而，在 Black-Scholes 期权定价模型发表之后，Robert Merton 指出，股票和债务本身能够以期权的形式进行计量；同时他指出，可以使用分析证券的方法来分析债券。这使得使用股权投资组合的概念并通过资产相关性来对信用风险的相关性进行建模分析成为可能，这也是 MKMV 的 Portfolio Manager 背后的主要思想[1]。在展示如何运用这种方法之前，我们有必要了解一下 MKMV 中 EDF（预期违约频率）的概念。

从公司的角度出发，股票可以被认为是对持有者发行的以公司价值为标的的看涨期权。持股人持有的头寸是对公司价值的长期看涨期权，因为股票下跌是以股本为限的，但是股票的上涨是无限的。而从公司的角度来看，负债相当于看跌期权中的多头头寸。如果公司的资产价值低于债务，那么看跌期权可通过将资产出售给债权人来行使。如果公司的资产价值高于债务义务，那么看跌期权不会被行使。MKMV 的 EDF 模型通过公司的股票波动率和总资产计算得出公司的资产波动率。股票波动对股票期权的影响就像资产波动对债务的影响一样，换句话说，Black-Scholes 期权定价模型将公司债务表示为看跌期权，将到期债务作为执行价格，将资产波动率、无风险利率和到期日作为期权的其他组成部分。资产价值分配和债务之间的关系可以表现出公司违约的可能性，这种关系是通过“违约距离”来衡量的，同时可以通过与具有相似“违约距离”的企业的实际违约率进行对比和调整，从而得出 EDF。

因此，资产价值分布的存在（不同于信贷损失的分布）可以用于间接模拟 2 家公司风险债务的信用质量变化或违约。违约的相关性可以通过 2 家公司之间更加对称分布（正态分布）的资产回报相关性来建模。MKMV 的 Portfolio Manager 就是通过资产收益相关性来对违约相关性进行建模的。需要注意的是，资产收益相关性是指不同时期的收益，即公司总资产的增长率（可能等于公司股票和债务的市场价值之和）。MKMV 在发表的文献中使用“资产”一词来指代企业的总资产，而不是企业的负债，即企业的债务（从投资者的角度来看，这些通常被称为资产），这可能会导致人们在理解时产生一些概念上的混淆。

20.3 信用评估的风险中性定价

市场风险的第二个重要思想是利用市场风险进行风险中性定价。风险中性定价原则源于或有债权的无套利定价原理，这一原理是以一价定律为基础的。根据一价

[1] 这里的资产是指企业的资产，而不是指投资者以债券或股权形式所持有的资产。

定律，现金流完全相同的 2 种证券必须以相同的价格出售，因为如果存在价格差异，就意味着存在无风险套利的投资机会。因为交易者可以在不承担任何风险的情况下进入市场并赚取无限的利润，所以这个机会不可能存在，除非是在非常短暂的时间内。

对于特定的某种证券，其或有索取权（如看涨期权）的价值可以通过构造与无风险借贷的投资组合来获得，从而使二者的收益相同。这一发现是一个巨大的突破，因为金融工程可以通过简单的方式对资产进行定价。投资者可以通过构建投资组合的方式来承担需要的风险，并通过合成的投资工具来对冲其不愿意承担的风险部分。

风险中性定价是无套利定价的一种简化形式，它不需要烦琐地构造一个复制的投资组合，其遵循原则是，对任何资产都存在一定的期望，使得到现金流的预期收益率等于无风险收益率。换句话来说，我们可以从价格已知的证券中生成期望，使现金流的贴现（按无风险利率计算）期望值等于其当前价格。然后我们将这些概率应用到已知偿付但价格未知的证券或投资组合中，从而求出价格。在这个假设的风险中性世界中，投资者对 2 种具有相同期望值的投资不感兴趣。实际上，由于投资者对风险持厌恶态度，因此不存在风险中性的假设情况。但是风险中性的定义能够帮助我们根据一种或多种价格已知的资产来复制那些价格未知的资产，从而进行估值，并通过这种复制已知价格的资产来形成相同现金流量的投资组合行为获得收益。

对于风险中性投资者来说，或有资产的价格取决于已知基础资产的价值，简单来说，就是基于风险中性概率，以及无风险收益率的资产的预期价值。在考虑信用风险的情况下，风险中性定价的概念可以应用于评估风险债务。但在这种情况下，投资者采用的是依市定价策略，而不是买入并持有策略。另外，风险中性定价不应与市场中性投资混淆。市场中性投资指的是按照一种投资方式进行投资，其收益与市场平均收益率相互独立。

在信用风险领域，风险中性的投资者只要将无风险利率加上基于实际损失概率得出的预期损失，就可以得出在风险中性假设下的预期损失。另外，厌恶风险的投资者需要以额外的风险溢价作为补偿，因为他们更喜欢确定的收益率。如果贷款发生违约，那么预期损失未必就是实际损失。因此，风险中性违约概率始终高于实际违约概率。信用风险资产的价格是根据排除了市场风险后的无风险利率决定的，这意味着信用风险资产的价格仅包含其信用风险，也就是说，若回收率为 1-LGD（违约损失率），则违约概率为 p；若回收率为 100%，则违约概率为 $1-p$，其中，p 为拟违约概率；再换句话说，风险中性违约概率，正如前面提到的，它总是比“真实”的违约概率或 EDF 值要高。当违约概率发生变化时，预期损失会随之发生变化，风险中性违约概率也会发生变化。因此，风险中性定价方法常用于分离预期损失的影响和意外损失的风险溢价（例如，超过以实际损失概率为基础计算的预期损失），从而得出具有特定 EDF 值的任何信用风险资产的市场价值。

在出现信用质量迁移的情况下，风险中性定价方法与在险价值的概念存在一定关联。因为信用状况改变而带来的资产价值潜在收益或损失，可以根据风险中性概率进行计算，并除以恰当的无风险利率。在 20.5 节将介绍的 CreditMetrics 中，信用质量的转移可以通过迁移矩阵中评级水平的变化来体现。值得注意的是，在 CreditMetrics 中，信用质量情况之间是相互独立的；而在 MKMV 的 Portofolio Manager 中，信用质量是一个相互影响的整体，EDF 值则是处于 0%～100%的连续区间上。EDF 值的变化是通过推导资产价值分布变化导致的违约距离变化得到的。和 EDF 值与传统信用评级之间的差别类似，MKMV 的经验信用迁移模型被认为能够比评级转移矩阵更加准确、动态地评估信用状态的分布和变化。

在建立投资组合价值分布时，要对每个债务人的资产收益进行水平模拟。每个债务人的资产价值变化是根据决定资产价值的因素计算得出的；同理，资产价值相关性是由影响因素相关性反映出来的。针对特定的借款人，资产收益实现可能会低于或高于默认阈值。如果借款人违约，那么按回收价值计算。在非违约情况下，借款人可以迁移信用质量。MKMV 的经验信用转迁模型决定了实现任何特定的非违约信用状态的概率。一旦借款人的水平信用状态即 Horizon EDF 得以实现，我们就可以通过前面提到的风险中性定价方法计算贷款的市场价值。

20.4　资产价值的影响因素

市场风险和信用风险的相似之处在于，信用风险投资组合可以基于资产收益波动率和资产收益相关性来选择（这里的资产是指发行债务的公司的总资产）。市场风险和信用风险的另一个相似之处在于，量化风险时使用的因子。

市场风险是指投资组合的市场价值的潜在下行标准差。市场风险是通过投资组合的波动率和风险价值来衡量的，其核心是独立风险和投资组合风险。就独立风险而言，为了获得风险中性定价，使用单因子模型是一种很流行的方法。单因子模型假设所有的股票价格完全由同一个因素决定（例如，6 个月的 LIBOR）。根据这一假设，我们对这一因素的时间序列变化的研究可以作为确定风险中性的起始点，并通过这一因素来研究其他现金流的风险中性定价。例如，在 Ho-Lee（1986）的模型中，未来利率是指在现行利率的基础上增加漂移项，其中，漂移项涉及上升和下降 2 个状态的因素，同时还涉及 1 个短期波动项。可以将上升和下降波动的风险中性概率设为 50%，并根据当前价格估算漂移项和波动（随机冲击）的值。使用这个模型，任何其他证券的价格都可以从对其未来现金流的分析中得出。

当此模型的参数根据当前的市场价格进行校准后，我们可以通过蒙特卡罗模拟这一方法采用折现因子对现金流进行折现，从而得出资产现值。由于模型和工具中的因子数量可能较多，以树状结构的方式呈现这些因子的时间序列变化相应会较为烦琐（例如，一个 10 年期、半年付息债券的单因子模型在最后一个阶段可能会有超过 500000 个节点），所以我们会采用一些简单直接的方法来简化风险价值计算中的资产定价。

虽然我们对市场风险的影响因素已经具有一定的了解，但对于信用风险影响因素的研究还不够深入。信用质量的迁移（例如，评级下调）和信用质量相关性（信用质量的影响和违约的可能性）都很难估计，或者可以使用模型进行分析。

在 MKMV 的 Portfolio Manager 中，公司的投资收益在模型中被划分为 3 个部分的函数：①全球、国家和行业因素资产收益的权重；② r^2 项；③随机项。资产收益的“权重”，即资产收益与各因素之间的系数关系，是通过计量的方法推导出来的；各因素带来的收益是利用单个企业资产收益的横截面信息构建的。该过程涉及许多个步骤，包括使用合成或平均单个资产的横截面，或者使用类似于主成分分析的相关技术，以此产生一组正交因子。而资产收益率是发行债券的债务人的总资产在某个时刻的水平面上的增长率或变化率。

另外，r^2项衡量的是公司资产收益受这些因素影响的程度，随机项用于表示特殊收益，即不受上述因素影响的收益。综上所述，这 3 个驱动因素（权重、r^2项和随机项）决定了债务人的资产收益。资产收益将决定违约距离或预期 EDF。蒙特卡罗模拟的结果往往分为违约状态和非违约状态（在这种情况下，模拟值是基于一个随机的 LGD 得出的）。与 EDF 的初始状态相比，非违约状态下的信用质量可能会升级、降级或无变化。在非违约状态下，资产的价值是使用前面描述的信用风险中性模型得出的。在违约状态下，该值基于假设的 LGD 计算得出。将由此得到的投资组合中所有资产的价值相加，就可以得出投资组合的价值。通过蒙特卡罗模拟，我们可以得到资产价值的分布情况。最终资产价值的分布减去初始投资组合价值，就是损失的分布情况。MKMV 将预留资本定义为预留用以吸收 x%的损失额的资本保证金，其中 x%是预期损失率。因此，它衡量的是在未来某个时间点的损失额折现到当期的实际损失。当损失超过预期损失时，损失基准点为价值分布的期望值；当损失超过总利差时，损失基准点为在无风险利率水平下提出的分析日的投资组合价值（或资本的基准点为分析日的投资组合价值）。损失分布的标准差用来表示意外损失。

因此，在 Portfolio Manager 中，违约/信用质量的相关性是通过一些潜在因素之间的相关结构和企业内部因素的权重分布得出的，而这些因素又反过来影响企业的资产收益，从而影响企业的信用水平。因此，信用质量迁移及其价值效应是通过与市场风险类似的因素来分析得出的。

Portfolio Manager 的模拟结果包括处于风险中的信用价值（相当于特定信心水平下所需的经济资本）、投资组合预期损失的估计值，以及投资组合中分配给每种资产的资本。分配给每种资产的资本，取决于该资产对投资组合意外损失（标准差）的贡献程度。每个资本分配的资本是与该资本对投资组合意外损失（标准差）的贡献相关的函数。此外，Portfolio Manager 还可以对最佳投资组合权重、风险贡献和尾部风险的收益进行分析。

Portfolio Manager 的主要目的是帮助度量和管理投资组合的信用风险，现在其被越来越多地用于经济资本的估计。

20.5 CreditMetrics

CreditMetrics 是由摩根大通于 1997 年 4 月发行、用于信用风险分析与投资组合定价的分析工具和数据库。这个产品现在归属 Risk Metrics 集团。CreditMetrics 的目的是提供一种方法，用于评估信用质量发生变化（包括违约）的任何资产组合的价值分布。

CreditMetrics 的核心概念是，资产或投资组合的价值不仅可以通过违约的可能性来衡量，还应可以通过信用质量随时间的变化情况来衡量，其中，违约只是一个特例[1]。这种方法并不新鲜。早在 20 世纪 60 年代，Cyert 等（1962；1968）就考虑过使用信用转迁概率来观察以违约水平表示的投资组合的信用状况。Altman 等（1992）研究了评级随时间的转移。然而，具有创新意义的是，CreditMetrics 第一个尝试在统一和全面的模型中考虑信用质量迁移、违约、恢复和违约/评级相关性的问题。CreditMetrics 处理信用质量相关性的方法值得关注，它通过使用股票相关性数据得出资产在下一阶段评级变动的概率。

为了帮助读者理解分析过程，本文以相反的顺序介绍了 CreditMetrics 的输入方法和计算方法。CreditMetrics 的示意图如图 20.1 所示。

[1] 严格来说，违约不是资产完全损失的状态，因为即使在违约后，公司也可以恢复正常运作的状态。

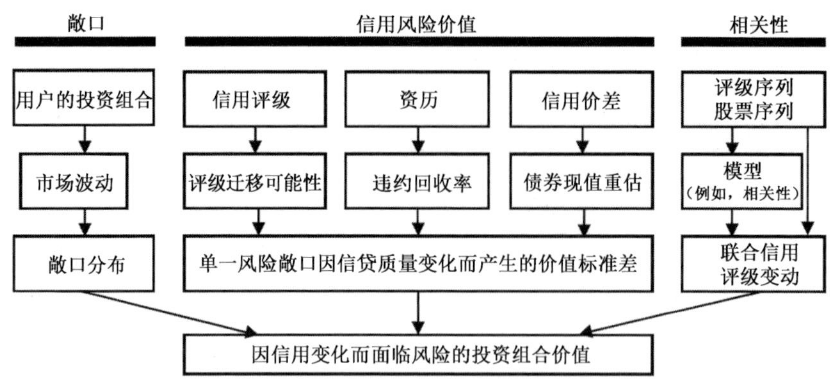

图 20.1　CreditMetrics 的示意图

来源：CreditMetrics（1997）。

在 CreditMetrics 中，原始投资组合被定义为一种未来现金流可预测的独立资产。我们需要了解的信息有借贷平衡表、摊销表，以及发行债券的票面利率等。每种资产都是通过债券评级来确定的。如果没有评级，那么只要用户拥有分析和数据，能够用其来表示在执行分析的时间间隔内违约的概率和转移到其他评级上的概率，我们也可以对其进行分类。在几乎所有的情况下，CreditMetrics 都使用债券评级作为分组标准。当没有明确的债券评级可用时，还可以使用“影子”评级。

资产可能处于未来的 8 种状态中的一种，每种状态都表示它未来可能转移到的债券评级（如果相关的转换矩阵可用，那么信用状态的数量可能会增加）。迁移概率代表了未来资产评级发生转移的可能性。7 个债券评级样本的 1 年期转换矩阵如表 20.2 所示。

表 20.2　7 个债券评级样本的 1 年期转换矩阵

初始评级	年终评级							
	AAA 级	AA 级	A 级	BBB 级	BB 级	B 级	CCC 级	违约率
AAA 级	90.81%	8.33%	0.68%	0.06%	0.12%	0.00%	0.00%	0.00%
AA 级	0.70%	90.65%	7.79%	0.64%	0.06%	0.24%	0.02%	0.00%
A 级	0.09%	2.27%	91.05%	5.52%	0.74%	0.26%	0.01%	0.06%
BBB 级	0.02%	0.33%	5.95%	86.93%	5.30%	1.17%	0.12%	0.18%
BB 级	0.03%	0.14%	0.67%	7.73%	80.53%	8.84%	1.00%	1.06%
B 级	0.00%	0.11%	0.24%	0%	6.48%	83.46%	4.07%	5.20%
CCC 级	0.22%	0.00%	0.22%	1.30%	2.38%	11.24%	64.86%	19.79%

来源：CreditMetrics（1997）。

我们以评级为 BBB 级的债券为例来解释表 20.2。BBB 级债券有 0.02%的概率被升级为 AAA 级，有 0.33%的概率被升级为 AA 级，以此类推。它继续被评为 BBB 级的概率是 86.93%。未来的每种不同评级都有不同的息差水平，可以使用零息远期收益率曲线来表示（该曲线用于将承诺的现金流折现为现值，使用的贴现率基于债券/贷款转移到的新评级得出）。如表 20.3 所示为不同信用评级债券的远期零息利率[1]。按照目前的情况，这些利差在模型中是固定的，由于利差的波动率而产生的风险未被考虑在内。

表 20.3 不同信用评级债券的远期零息利率（单位：%）

信用评级	第 1 年	第 2 年	第 3 年	第 4 年
AAA 级	3.60	4.17	4.73	5.12
AA 级	3.65	4.22	4.78	5.17
A 级	3.72	4.32	4.93	5.32
BBB 级	4.10	4.67	5.25	5.63
BB 级	5.55	6.02	6.78	7.27
B 级	6.05	7.02	8.03	8.52
CCC 级	15.05	15.02	14.03	13.52

来源：CreditMetrics（1997）。

如果债券违约，就不再存在任何可承诺的现金流，取而代之的是资产处置收益，其会因资产质量和优先级而有所不同。由于收益率是一个范围，而不是确定的值，因此其可以使用收益率与资产价值的标准差进行调整。资产的预期价值不变，因为收益率是随机的[2]。资产收益率的估计可以基于违约后现金流状况进行，具体可以参考债券违约收益率（相对于账面价值的比率），如表 20.4 所示。

表 20.4 债券违约收益率（相对于账面价值的比率）

债券优先级分类	平均值（%）	标准差（%）
高级担保债券	53.80	26.86
高级无担保债券	51.13	25.45
高级次级债券	38.52	23.81
次级债券	32.74	20.18
更次级债券	17.09	10.90

来源：CreditMetrics（1997）。

[1] 远期零息利率可以用于贴现现金流量，因为该利率不包含再投资成分，并且债券的每个承诺现金流量都可以被视为零息票证债券。值得注意的是，美国国债收益率曲线表示的是到期收益率的利率，其中包括半年期息票支付和本金的一篮子支付。为了获得票面利率为 6%、期限为 5 年的 BBB 级债券的价值，需要将 6 美元、6 美元、6 美元、6 美元与 106 美元的现金流以 4.10%、4.67%、5.25%、5.63%和 5.63%的远期零息利率折现，最终总价值为 107.55 美元。

[2] 虽然这只是 CreditMetrics 中的假设，但将收益率与平均率划分进不同评级的做法可能是不正确的。然而，Altman 等（1996）发现，在对年金进行调整后，这种划分和评级对收益率没有影响。

考虑资产在未来状态中的现值和达到这些状态的概率，CreditMetrics 可以通过以下条件来计算资产价值的期望值。为了表示价值的波动率，CreditMetrics 使用 2 个指标进行表述。第一个是标准差。当变量分布不对称时，这种度量方法有时不能令人满意，债券就是这种情况。第二个指标是“1%值”，它可以捕捉波动率的本质，即对应转移概率为 1%的状态的分布值[1]。如表 20.5 所示为信贷质量变化导致的价值积累波动率变化，以 BBB 级债券为例，其期望平均值是 107.09 美元，标准差是 2.99 美元。例如，看第二列数据，在 1%的概率水平上，债券的价值对应为 B 级，即 98.10 美元（见“新债价值+票息”列）。而“1%值”就是平均值减去 98.10 美元，即 107.09−98.10=8.99 美元。

表 20.5　信贷质量变化导致的价值累积波动率变化

年末评级	状态概率加权 (%)	新债价值+票息 ($)	概率加权价值 ($)	平均值的价值差异（$）	概率加权差异标准差
AAA 级	0.02	109.37	0.02	2.28	0.0010
AA 级	0.33	109.19	0.36	2.10	0.0146
A 级	5.95	108.66	6.47	1.57	0.1474
BBB 级	86.93	107.55	93.49	0.46	0.1853
BB 级	5.30	102.02	5.41	(5.06)	1.3592
B 级	1.17	98.10	1.15	(8.99)	0.9446
CCC 级	0.12	83.64	1.10	(23.45)	0.6598
违约率	0.18	51.13	0.09	(55.96)	5.6358
		期望平均值 =107.09		方差=8.9477 标准差=2.99	

来源：CreditMetrics（1997）。

总而言之，CreditMetrics 根据承诺的现金流和收益率得出债券的未来价值，并根据资历、未来状态的概率分布和新评级的远期零息收益率曲线得出其分布。信用迁移的资产价值可以使用转移概率加权期望值和其标准差或“1%值”得出。请注意，到目前为止，我们还没有对信贷质量相关性做出任何假设，分析是独立的。

20.6　违约相关性的处理

如何将投资组合中各部分资产的信用质量相关性进行合成分析，是我们要面对

[1] 其与市场风险价值的概念相似。其与市场风险价值的主要区别在于，市场风险价值来自实际观察到的市场价格。此外，风险价值并未明确处理违约情况。在市场风险价值中，信用迁移和违约所造成的所有后果都是通过可观察的、已实现的值得到的。还有一个区别是，风险价值具有隔夜期限，而 CreditMetrics 具有 1 年的使用期限。

的新问题，CreditMetrics 使用的方法与 Portfolio Manager 非常相似，即通过投资收益、资产相关性和信用迁移模型来捕捉信用质量迁移。

假设现在有一个初始的信用评级，其信用质量迁移的概率基于资产价值收益的分布（公司资产价值从一个时期到下一个时期的变化，使用收益率来表示）得出。如图 20.2 所示为 BB 级债券评级变动下的资产收益分布。根据收益的分布，评级将保持在初始水平，或转移到更高或更低（包括违约）的评级上。

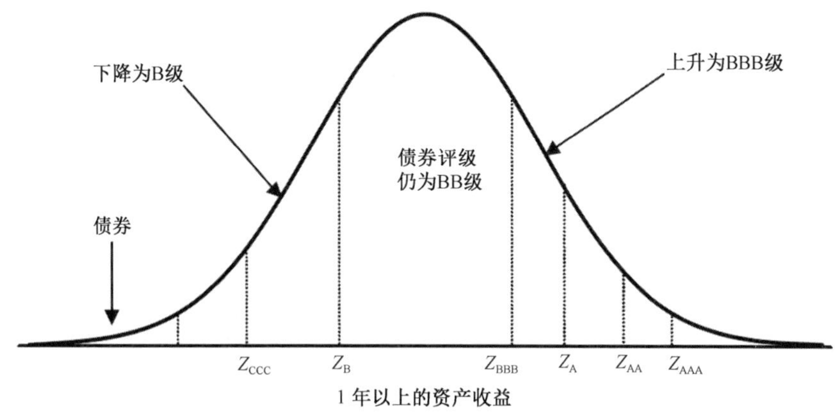

图 20.2 BB 级债券评级变动下的资产收益分布

来源：CreditMetrics（1997）。

我们假设投资收益通常服从均值为 μ、标准差为 σ 的正态分布。评级变化的范围等同于该投资收益的分布。假设现在有一个正态分布，将转换矩阵的概率映射到该正态分布中，从而得到以标准差倍数表示的评级变化范围。在给定转移概率的情况下，A 级债券的资产收益阈值如表 20.6 所示。

表 20.6 评级的转移概率和 A 级债券的资产收益阈值

评级	概率	阈值	价值
AAA 级	0.09%		
AA 级	2.27%	Z'_{AA}	$3.12\sigma'$
A 级	91.05%	Z'_{A}	$1.98\sigma'$
BBB 级	5.52%	Z'_{BBB}	$-1.51\sigma'$
BB 级	0.74%	Z'_{BB}	$-2.30\sigma'$
B 级	0.26%	Z'_{B}	$-2.72\sigma'$
CCC 级	0.01%	Z'_{CCC}	$-3.19\sigma'$
违约率	0.06%	Z'_{Def}	$-3.24\sigma'$

来源：CreditMetrics（1997）。

投资评级从 A 级向其他 8 个等级转移的概率是从历史实际数据中提取出来的。我们可以通过表 20.6 的第 3 列观察到这一数据。对于一个给定分布（μ和σ）的 A 级债券，当其投资收益大于 1.98σ时，该投资资产的评级会从 A 级上升到 AA 级；而且当投资收益为-1.51σ时，该投资资产的评级会从 A 级下降到 BBB 级。

因此，评级概率会被映射到投资资产的收益水平上。如果我们已得知 2 只债券之间的资产收益率相关性，就可以通过二元正态分布函数和企业资产价值相关系数的积分，来确定这 2 只债券对信用评级的共同影响。假设相关系数为 20%，对于 BB 级债券和 A 级债券，我们可以使用表 20.7 中的联合评级转移矩阵来计算。投资收益之间的相关系数可以辅助我们进行计算。

表 20.7　BB 级和 A 级债券的联合评级转移矩阵（单位：%）

第一只债券评级	第二只债券评级								
	AAA 级	AA 级	A 级	BBB 级	BB 级	B 级	CCC 级	违约率	总计
AAA 级	0.00	0.00	0.03	0.00	0.00	0.00	0.00	0.00	0.03
AA 级	0.00	0.01	0.13	0.00	0.00	0.00	0.00	0.00	0.14
A 级	0.00	0.04	0.61	0.01	0.00	0.00	0.00	0.00	0.67
BBB 级	0.02	0.35	7.10	0.20	0.02	0.01	0.00	0.00	7.69
BB 级	0.07	1.79	73.65	4.24	0.56	0.18	0.01	0.04	80.53
B 级	0.00	0.08	7.80	0.79	0.13	0.05	0.00	0.01	8.87
CCC 级	0.00	0.01	0.85	0.11	0.02	0.01	0.00	0.00	1.00
违约率	0.00	0.01	0.90	0.13	0.02	0.01	0.00	0.00	1.07
总计	0.09	2.29	91.06	5.48	0.75	0.26	0.01	0.06	100.00

来源：CreditMetrics（1997）。

这就引出了一个关键问题：如何得出 2 个或更多投资资产之间的相关性？CreditMetrics 使用股票收益之间的相关性作为资产收益相关性的替代指标，同时使用特定国家的行业指数来构建行业之间的关联矩阵。利用这些权重和指标相关性，我们得到了债券收益率之间的相关性，然后将债券收益率相关性作为投资收益相关性的替代指标。

总而言之，通过分析资产收益率之间的相关性，我们可以得到信用质量迁移的概率分布矩阵。假设将股票收益率看作资产收益率，那么股票收益率的相关性就可以通过同产业收益水平、国家规模和公司规模等因素来确定。CreditMetrics 为用户提供了有关产业收益率水平和相关性的数据表作为参考。

20.7 CreditMetrics 的实践与应用——CreditManager

CreditMetrics 的方法论在一款名为 CreditManager 的软件中得到了实践与应用，这个软件是基于 Windows XP 或 Windows Vista 系统开发的，由 RiskMetrics 集团命名。

这个软件基于国家、行业、成熟度和评级，对处于风险中的信用价值等信息进行量化分析，并且形成信用报告。CreditManager 可以分析的资产类型包括债券、贷款承诺、备用信用证、贷款、市场驱动的投资工具（如互换交易、上限合约等）和贸易应收账款。用户通过为投资组合中的每项资产指定以下组件来构建投资组合的风险敞口。

- 资产类型。
- 币种。
- 到期日。
- 利差曲线。
- 利率。
- 优先级。
- 收益率。
- 收益标准差。
- 头寸数额。

对于不同的资产类型，输入项略有不同。例如，对于贷款承诺，总提取额、当前提取额和预期提取额都是需要特别设定的内容。

CreditManager 可以计算可能出现的信用评级升级、降级和违约引起的资产价值波动。资产的预期价值和波动率是通过一个转移矩阵来估算的。在估算时，选择的转移矩阵应与资产使用的风险评级系统相对应（如标准普尔有 8 种状态，穆迪有 18 种状态）。货币收益率曲线和评级利差曲线由风险评级系统维护和更新，该系统的使用期限为 1 年。违约收益率可以根据客户来设定，或者是基于 4 项收益率研究中的其中之一（例如，Altman et al.，1996）来设定。汇率是由用户自己选择的，用来将所有的结果转换为用于报告的基本货币单位。

特定的债券波动率（以百分比来表示）由用户指定，它定义了公司的波动率与市场的相关程度。总资产规模决定了波动率与市场的相关程度，这一数据由

CreditManager 提供。国家和行业的权重由用户指定。这些权重将与各自的股票收益率一起使用，用来求得资产价值的分布。每一只债券的资产价值与股票市场指数的关联程度可通过它对国家（最多 3 个）和行业的权重来确定。一般来说，各权重指数是通过将历史股票收益与股票指数的收益相匹配来得出的。用户也可以从道琼斯公司购买数据，该公司基于财务报表的基本分析为一家公司定义权重。RMG 提供了一个时间序列，用于推导评估资产价值相关性的不同市场指数之间的相关性。

每个事件（升级、降级或违约）之间的相关性可以使用股票收益进行评估，这个相关性还可以用于将单个波动组合在一起，以此得到投资组合价值的总体波动性。可以使用恒定相关性，也可以使用基于 RMG 开发的专有方法的相关常量。通过模拟生成资产价值，并且计算二者之间的相关性，最终得到债券的相关矩阵。

蒙特卡罗模拟的结果是基于行业和国家/地区的现值、95%置信区间下的损失金额，以及按风险类别划分的投资组合边际风险得出的。

20.8　对 CreditMetrics 的评价

CreditMetrics 是信用风险分析领域的重要尝试，它在解决定价和交易分类等长期存在的问题上有着重要的意义。通过重点关注信用质量的迁移，以及资产价值的变化，而不是过多地关注违约率情况，CreditMetrics 为资产集中管理的实践指明了方向。信用衍生产品市场的增长为积极的资产负债表管理提供了机会。随着信用市场流动性的增加，市场中的投资者将有能力追踪市场信用定价，而不是由模型来决定信用定价。

由于许多方法都是围绕公开评级的债券展开的，因此固定收益投资组合经理可能会立即发现这一分析工具的重要作用。进行公开交易的投资机构能够较为轻松地使用这些概念和工具进行投资分析，那些面临资本配置选择的投资机构也会发现这种工具对它们来说十分有用。但对于提供多种产品服务的银行和中等市场贷款机构来说，在将这种工具应用于分析许多重要的投资产品之前，还需要做许多准备工作。例如，如何能够可靠地获得私募机构、政府债券、主权债券，以及各种结构化金融资产（如资产支持证券、住房抵押贷款支持证券、贷款担保凭证等）的公司资产价值呢？这些问题还有待解决。

但是，有一点是非常明确的，即如果在分析中对投资资产的初始评级是错误的，并且不能准确地反映其信用状况，那么剩下的分析就是无效的。对于非投资级证券来说更是如此，1 个或 2 个投资产品分类有误就会导致违约概率高于或低于正确水平。另外一个非常微妙但极为关键的因素是在评估资产的信用迁移模式时，我们需要考虑到资产的年限。正如我们在第 16 章中提到的，这样做可以极大地改变结果的概率分布。2种评级相同但年限不同的债券，其违约路径可能大相径庭。有研究曾将整体违约率与回收率相联系起来，发现它们之间存在的关系是，当违约率上升时，回收率往往较低，这种关系被称为PD-LGD。虽然CreditMetrics考虑了给定的LGD（违约损失率）的变化，但违约率（PD）与违约损失率（LGD）的关联却没有被考虑在内。

假设股票和债券的价值与一些特定因素相关，那么我们需要根据它们过去存在的关系分析收益率和投资模式。一般来说，股票和债券的价值会同向变动，这意味着二者的价格是正相关的，这一点会在模型中得到体现。但是在一些特定的情况下，例如，杠杆重组和资产剥离，股票和债券的价值通常会反向变动。我们认为，风险价值模型需要对这种情况进行进一步改进和修正。

20.9 CreditRisk^{+}

Credit Risk^{+}是由瑞士信贷金融产品（Credit Suisse Financial Products，CSFP）推出的用于计算信用违约风险的统计模型，它将违约率作为一个连续的随机变量，并且将违约率的波动率纳入其中，用以衡量违约率在水平上的不确定性。这种方法在概念上类似于收益率曲线的期限结构模型，该模型是针对市场风险进行分析的模型。违约的两两相关性是基于将投资组合划分为不同的类别来处理的，在同一类别中，假定一个债券集合具有相同的系统风险因素，每只债券可分配一个以上风险因素类别。例如，债权人的注册地可以作为一个类别被定义。

在指定的时间范围内，默认事件的数量可以用泊松分布[1]来描述。违约率的波动率被纳入泊松模型（其标准差等于违约平均次数的平方根），方法是将风险敞口划分为独立于其他部分的一个单独部分。Credit Risk^{+}可能从以下因素中获得投资组合的风险敞口。

- 个人资产的风险敞口。
- 平均违约率。

---

[1] 一年中发生 n 次违约的概率在泊松分布中表示为$\frac{e^{-u}\mu^{n}}{n!}$，其中 μ 是每年的长期期望违约次数。这是一种用来表示工程中组件故障率的常用方法。

- 违约率的标准差。
- 各风险敞口归属的风险类别，以及各自的损失率。

相关技术文档提供了从违约概率和回收率，再到损失分布估计的关系的理论推导。

20.10 麦肯锡公司的 Wilson 模型

Wilson（1997）给出了通过计量经济学和蒙特卡罗模拟来分析投资组合风险和收益的方法。他认识到，金融机构面临的许多实际风险，往往在投资组合方案的设计过程中被忽略了。以下是 Wilson 给出的模型所进行的改进。

- 根据投资组合中的信贷数量和规模，对实际的和离散的损失分布进行建模。
- 损失分布不是被动地和无条件地以历史平均水平为基础，而是取决于经济状况。
- 对于可能被清算的风险敞口和无法被清算的风险敞口，损失都是以市值来计量的。
- 该模型既适用于单只债券，也适用于投资组合的债券集合。
- 该模型涵盖了关于资本收益率的不确定性，以及由于国家风险带来的损失。

该模型以历史上的宏观经济变量和平均违约率时间序列等数据为基础，针对不同的国家和行业构建了一个多因子模型。一些国家的违约率迁移概率预期值如表 20.8 所示。

表 20.8　一些国家的违约率迁移概率预期值（单位：%）

国家	常数	失业率	GDP 增长率	政府转移支付	长期利率	汇率	总储蓄率	R^2
德国	8.41[a] (30.66)	−0.074[a] (4.87)	−0.063[a] (7.74)	0.025[a]（2.15）	—	—	—	95.7
法国	5.37[a] (29.92)	−0.148[a] (5.41)	—	—	−0.047[a] (2.36)	0.080[a] (2.26)	—	89.7
西班牙	3.87[a] (35.43)	−0.065[a] (17.23)	—	0.027[a]（9.47）	−0.013[a] (3.25)	—	—	77.5
英国	−0.11[b] (0.12)	−0.120[a] (4.35)	—	0.080[a]（3.80）	—	—	0.15[a]（5.38）	65.5

续表

国家	常数	失业率	GDP 增长率	政府转移支付	长期利率	汇率	总储蓄率	R^2
美国	5.48[a] (32.20)	−0.001[b] (0.04)	0.03[b] (1.84)	—	−0.165[a] (11.28)	—	—	82.6

[a]在 99%置信水平上表现得显著。

[b]在 95%置信水平上表现得较为显著。

来源：Wilson（1997）。

这是一种自上而下的方法，它基于对环境因素的概率进行假设，然后将其传递到模型的某个分类当中，该模型用于计算每个分类（子投资组合）的违约条件概率。在预测违约和违约相关性时，该模型假设除了国家、行业、评级和经济状况，没有其他进一步的信息。某一投资组合的多元化是以该分类中的公司数量为标准来衡量的。公司数量越多，分类中的隐含损失就越低。零售组合会被视为多元化指数组合并进行处理。违约损失根据一段时间内的边际违约概率预测得出，并且贴现到当前时间。流动性头寸则按市值计价。模拟的输出结果是投资组合的损失/收益分布，即收益或损失与概率的关系。

Wilson（1997）给出的结论为，任何投资组合管理策略都应以坚实的分析基础为前提。当投资者对机构的资产组合和经济预测提出一些基本而直观的问题和需求时，真正的投资组合管理就开始了。“因此，一个成功的信贷组合风险管理过程的标志不是简单的数字，而是你的管理层是否找到并回答了相关的问题。”（Wilson，1997）。Wilson 还指出，任何投资组合策略都应该根据机构的具体需求进行调整。

20.11 镰仓公司的违约和概率模型

镰仓公司在其 KRIS 违约概率服务中提供了 3 种违约概率模型：由该公司研究员 Robert Jarrow 教授开发的简约化模型、Merton 风险债务模型的高级版本，以及混合模型。镰仓公司推导出了在整个信贷周期中最能引发违约的宏观经济因素，并且将这些宏观经济因素嵌入其违约概率模型。在评估过程中，这些宏观因素与违约概率存在明确关联。

此外，镰仓公司还为目前被违约概率服务覆盖的所有公司提供违约概率相关性。同时，为用户定义的投资组合中的所有公司提供了违约概率相关性，如违约互换篮子或债务抵押债券结构中的基础参考名称所代表的公司。在违约概率服务中，总共有 3200 万个违约相关性数据。推导违约相关性的确切方法和违约相关性的验证结果尚未公开，但可以直接从镰仓公司的官网上获得。

20.12 Altman的优化方法

Altman 的方法值得我们注意，因为他试图将投资组合优化方法应用于固定收益证券。如果债券的市场价格是可获得的，那么夏普比率的一种变形可以用于创建债券的最佳投资组合，而不需要使用最小方差。对固定收益债券和贷款资产而言，衡量预期投资组合的收益实际上非常简单。如果投资者得到了一个可以在期末获得固定收益（到期收益率）的承诺，那么他的预期收益就等于固定收益承诺减去发行人违约的预期损失后得出的结果。在某些计量期间，收益会受到利率变化的影响，但为了便于说明，我们通常假设这些变化是随机的，其预期资本收益为0[1]。

因此，预期年收益率为

$$EAR = YTM - EAL \tag{20.1}$$

式中，EAR为预期年收益率；YTM为到期收益率；EAL为预期年损失率。

而预期年损失率来源于 Altman（1988；1989）先前关于债券违约率和违约损失的研究。投资组合中的每一份债券都在基于原始或现有[1]评级的基础上进行了分析，并得到了其发行后 10 年间的违约概率。在表 20.9 和表 20.10 中，我们分别列举了1971—2003 年债券的死亡率和损失率[2]。表 20.11 以年为单位列举了年化累积违约率和累积死亡损失率。例如，标准普尔评级的 10 年期 BB 级债券的预计损失为每年 91个基点。如果新发行的 BB 级债券的承诺收益率为 9.0%，利差为 2.0%，高于美国无风险国债的利率约 7.0%，那么其预期收益率为每年 8.09%，或较无风险利率存在 109个基点的风险溢价。如果衡量的周期是季度而不是年度，那么预期收益率大约为每个季度 2.025%。预期收益主要关注信用风险变化，而不是收益率曲线。

表 20.9　所有已评级公司债券基于初始评级的死亡率（1971—2003 年[a]）

评级	死亡率	1	2	3	4	5	6	7	8	9	10
AAA 级	边际死亡率	0.00%	0.00%	0.00%	0.00%	0.05%	0.03%	0.01%	0.00%	0.00%	0.00%
	累积死亡率	0.00%	0.00%	0.00%	0.00%	0.05%	0.08%	0.09%	0.09%	0.09%	0.09%

[1] 处理持有期问题的一种方法是优化代零息债券投资组合，包含所有可用的到期期限。

[1] 针对期限至少为 5 年的债券，对现有债券与新发行债券的预期违约的度量基本相同。穆迪和标准普尔在公布现有的一篮子债券的评级时，不考虑它们的年限，它们得出的结果与 Altman 的结果在第 4 年后基本一致（见 Altman，1992）。

[2] 1995 年以前的数据请见 Altman 等（1997）和第 15 章。

续表

评级	死亡率	1	2	3	4	5	6	7	8	9	10
AA 级	边际死亡率	0.00%	0.00%	0.30%	0.14%	0.02%	0.02%	0.00%	0.00%	0.05%	0.01%
	累积死亡率	0.00%	0.00%	0.30%	0.44%	0.46%	0.48%	0.48%	0.48%	0.53%	0.54%
A 级	边际死亡率	0.01%	0.08%	0.02%	0.06%	0.06%	0.09%	0.05%	0.20%	0.09%	0.05%
	累积死亡率	0.01%	0.09%	0.11%	0.17%	0.23%	0.32%	0.37%	0.57%	0.66%	0.71%
BBB 级	边际死亡率	0.33%	3.13%	1.34%	1.24%	0.74%	0.31%	0.25%	0.19%	0.14%	0.40%
	累积死亡率	0.33%	3.45%	4.74%	5.92%	6.62%	7.10%	7.33%	7.51%	7.63%	8.00%
BB 级	边际死亡率	1.15%	2.42%	4.32%	2.26%	2.53%	1.27%	1.61%	1.11%	1.71%	3.47%
	累积死亡率	1.15%	3.54%	7.72%	9.88%	12.10%	13.20%	14.60%	15.56%	17.00%	19.88%
B 级	边际死亡率	2.84%	6.78%	7.35%	8.49%	6.01%	4.32%	3.95%	2.40%	1.96%	0.83%
	累积死亡率	2.84%	9.43%	16.08%	23.21%	27.82%	30.94%	35.67%	35.26%	36.53%	37.06%
CCC 级	边际死亡率	8.12%	15.42%	18.75%	11.76%	4.14%	9.33%	5.79%	5.70%	0.85%	4.70%
	累积死亡率	8.12%	22.30%	36.86%	44.30%	46.60%	51.57%	54.38%	56.98%	57.34%	59.36%

[a]标准普尔根据 1995 只债券进行评级。

来源：标准普尔和作者汇编。

表 20.10　所有已评级公司债券基于原始评级的损失率（1971—2003 年[a]）

评级	损失率	1	2	3	4	5	6	7	8	9	10
AAA 级	边际损失率	0.00%	0.00%	0.00%	0.00%	0.01%	0.01%	0.01%	0.00%	0.00%	0.00%
	累积损失率	0.00%	0.00%	0.00%	0.00%	0.01%	0.02%	0.03%	0.03%	0.03%	0.03%
AA 级	边际损失率	0.00%	0.00%	0.05%	0.04%	0.01%	0.01%	0.00%	0.00%	0.02%	0.00%
	累积损失率	0.00%	0.00%	0.05%	0.09%	0.10%	0.11%	0.11%	0.11%	0.13%	0.14%
A 级	边际损失率	0.00%	0.03%	0.01%	0.04%	0.03%	0.04%	0.02%	0.03%	0.06%	0.00%
	累积损失率	0.00%	0.03%	0.04%	0.08%	0.11%	0.15%	0.17%	0.20%	0.26%	0.26%
BBB 级	边际损失率	0.23%	2.19%	1.06%	0.45%	0.44%	0.21%	0.10%	0.11%	0.07%	0.23%
	累积损失率	0.23%	2.41%	3.45%	3.88%	4.31%	4.54%	4.63%	4.74%	4.80%	5.02%
BB 级	边际损失率	0.67%	1.41%	2.50%	1.27%	1.47%	0.65%	0.90%	0.48%	0.85%	1.25%
	累积损失率	0.67%	2.07%	4.52%	5.73%	7.12%	7.72%	8.55%	8.99%	9.76%	10.89%
B 级	边际损失率	1.83%	4.74%	4.92%	5.49%	3.90%	2.37%	2.56%	1.34%	1.03%	0.61%
	累积损失率	1.83%	6.48%	11.08%	15.97%	18.37%	19.24%	21.31%	22.36%	23.16%	23.63%
CCC 级	边际损失率	5.44%	11.10%	13.50%	8.46%	2.90%	7.00%	4.34%	4.41%	0.51%	3.01%
	累积损失率	5.44%	15.94%	27.38%	33.44%	35.37%	39.89%	42.50%	45.04%	45.32%	46.96%

[a]标普根据 1777 只债券进行评级。

来源：标准普尔和作者汇编。

表 20.11　年化累积违约率和年化累积死亡损失率（1971—2006 年）

初始评级	年化累积死亡损失率（%）									
	1 年	2 年	3 年	4 年	5 年	6 年	7 年	8 年	9 年	10 年
AAA 级	0.00	0.00	0.00	0.00	0.01	0.01	0.01	0.01	0.01	0.01
AA 级	0.00	0.00	0.10	0.11	0.09	0.08	0.07	0.06	0.06	0.05
A 级	0.01	0.05	0.04	0.04	0.05	0.05	0.05	0.07	0.07	0.07
BBB 级	0.33	1.74	1.61	1.51	1.36	1.22	1.08	0.97	0.88	0.83
BB 级	1.15	1.79	2.64	2.57	2.55	2.33	2.23	2.09	2.05	2.19
B 级	2.84	4.83	5.68	6.39	6.31	5.98	6.11	5.29	4.93	4.52
CCC 级	8.12	11.85	14.21	13.61	11.79	11.38	10.61	10.01	9.03	8.61
AAA 级	0.00	0.00	0.00	0.00	0.00	0.00	0.00	0.00	0.00	0.00
AA 级	0.00	0.00	0.02	0.02	0.02	0.02	0.02	0.01	0.01	0.01
A 级	0.00	0.02	0.01	0.02	0.02	0.03	0.02	0.03	0.03	0.03
BBB 级	0.23	1.21	1.16	0.98	0.88	0.77	0.67	0.61	0.55	0.51
BB 级	0.67	1.04	1.53	1.46	1.47	1.33	1.27	1.17	1.13	1.15
B 级	1.83	3.29	3.84	4.26	3.98	3.50	3.37	3.11	2.88	2.66
CCC 级	5.44	8.32	10.12	9.68	8.36	8.13	7.60	7.21	6.49	6.14

来源：根据表 20.9 和表 20.10 中的数据计算得出。

衡量商业贷款预期收益的问题有些复杂。由于通常没有评级机构会对商业贷款进行明确的风险评级[1]，因此贷款组合分析师必须使用其他替代指标。Altman 主张银行使用自己的内部系统或商用系统[2]。每一种评级都要与 Altman、穆迪或标准普尔在其累积违约率计算中使用的公开债券评级关联，只有与公开债券评级相关联，银行才可以使用大量债券数据库中的信用迁移、违约和贷款收益。这些统计数据更可靠，因为它们是基于 30 多年的大量样本得出的。数据的完整性也无须担忧，因为评级机构从债券发行时或特定债券池的某个时间点就开始追踪这些证券（静态池方法）。

因此，预期投资组合收益（R_p）是基于每种资产的预期年收益来计算的，它按照每种贷款/债券相对于总投资组合的比例（X_i）进行加权

$$R_P = \sum_{i=1}^{N} X_i \text{EAR} \tag{20.2}$$

在持有期比较短的情况下，如月度或季度，在计算贷款/债券之间的收益相关性时，可以使用经典投资组合方差模型。

---

[1] 情况正在发生改变。1997 年，穆迪评估了 2000 亿美元的未偿银行贷款，总共涉及 891 笔贷款和 494 位借款人。

[2] 可以使用诸如 ZETA Services、穆迪、Helix 或基于神经网络的债券评级复制技术一类的系统，为所有公司分配评级和/或预期违约，无论它们是否未偿还公共债务。请参阅我们在第 9 章至第 14 章中对这些模型的讨论。

$$V_p = \sum_{i=l}^{N}\sum_{j=l}^{N} X_i X_j \sigma_i \sigma_i \rho_{ij} \tag{20.3}$$

式中，V_p 为投资组合的方差，X_i 为投资组合中债券 i 所占的比例，σ_i 为债券 i 在样本期内收益率的标准差，ρ_{ij} 为债券 i 和 j 收益率之间的相关系数。

投资组合比率 η 代表了夏普比率（Sharpe Ratio）的变化。夏普比率由夏普（1966）首次作为一个收益-风险比率指标提出，后来被作为夏普指数或夏普比率广泛应用，如在 Reilly（1989）和 Morningstar（1993）的研究中，最终由夏普（1994）再次进行改进和发展，应用范围得到扩展。这一比率常用于衡量股票基金的业绩，它反映的是基金与对应基准之间的平均收益率差异，以及一定时间内收益率差异的标准差。因此，夏普比率表达的是每单位风险所对应的平均收益，它可以明确地表示每单位风险的平均差异收益，即标准差。

McQuown（1994）和 Kealhofer（1995；1996）在其未出版的手稿中提出了夏普比率在固定收益资产组合和衍生产品中的应用，并依此建立了基于 KMV 模型的违约风险度量（见第 11 章），该模型的运算基于投资组合中现有的和潜在的公司股价的水平、波动率和相关性进行。Altman 的固定收益资产组合模型与 McQuown 的模型有许多相似之处，但其使用了不同的违约风险度量（见第 10 章和第 11 章中对 Z 和 ZETA 的风险度量，以及基于 KMV 模型计算 EDF 的讨论）。目标函数可以表示为

$$\eta = \frac{R_p}{\sqrt{V_p}} \tag{20.4}$$

最大值限制为

$$\sum_{i=l}^{N} X_i = 1 \tag{20.5}$$

约束条件为：①R_p≥目标收益；②X_i≤单只债券的投资限额。

如果投资组合的收益在很长一段时间内都非常显著，例如，长达 20 个季度，那么资产之间的关联性就可以被认为是有意义的，而且只要掌握了投资组合的有效边界，就可以对其进行计算。在图 20.3 中，我们展示了一个有效边界。也就是说，对于一个假定的高收益债券投资组合，有效边界是指在给定的风险水平下达到了最大期望收益，或者在给定的收益率水平下实现了最小风险（收益方差最小化）。

在图 20.4 中，我们展示了 1991—1995 年这 5 年以实际季度收益为基础的 10 种高收益公司债券的潜在投资组合的有效边界。有效投资组合的收益-风险比率明显优于等权重投资组合的收益-风险权衡。例如，η 的值在 0.67（2.0/3.0）至 1.14（2.0/1.75）时，期望收益相同，或是在 0.67（2.0/3.0）至 1.0（3.0/3.0）时方差相同。此外，请注

意无风险利率（每季度约 1.4%）与有效边界的关系，这一边界展示了风险与无风险固定收益资产的不同比例。在不受投资组合中资产数量限制的情况下，我们计算出的有效边界涉及了发行的 10 种高收益债券中的 8 种。当我们对模型进行约束时，如果限定单个资产的占比不超过投资组合的 15%，那么实际发行的数量可能是 7 种，也可能是 8 种，这取决于不同的预期收益（见表 20.9）。

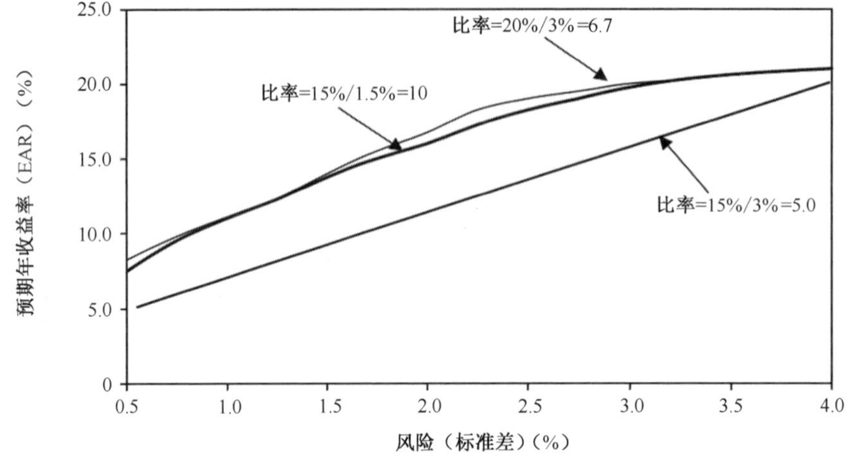

图 20.3　风险收益评估的组合比率法

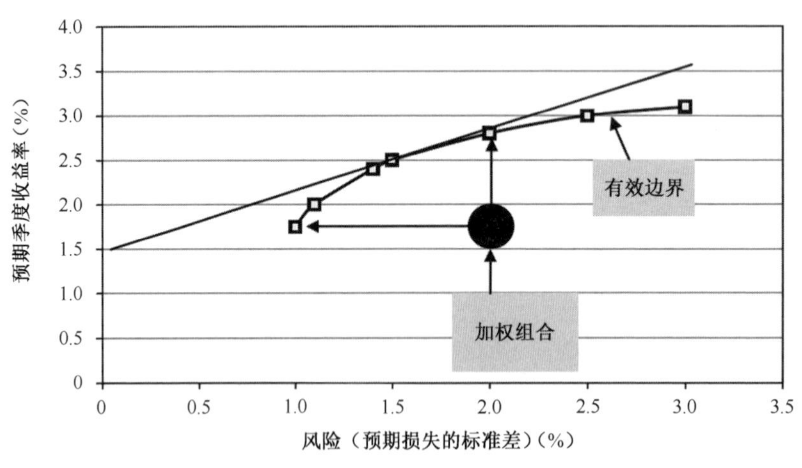

图 20.4　债券的有效投资边界和最优投资组合

20.13　投资组合风险和考虑意外损失的有效边界

债券和贷款市场的现实情况是，即使人们对投资组合收益的分布感到满意，但由于需要分析相当多的潜在投资资产，在使用经典的平均收益-方差（收益-风险）模型时存在较高的难度。具体来说，我们缺乏足够的高收益债券收益率和贷款收益率的历史数据来计算投资资产之间的相关性。如果我们不使用回报相关性（债券之间由于存在期限差异，可能会有所不同），而是利用每只债券与其他债券的久期相关性，以及与债券整体指数的相关性来计算债券之间的相关性和投资组合的方差，那么同样的问题将再次出现。我们选用了每只债券的久期与其他债券和债券总指数进行对比，以此计算债券之间的相关性和投资组合的方差。其他样本选择问题包括单只债券在计量期间的到期日变化，以及如何排除过去曾违约的债券，等等。

Altman 分析了高收益公司债券市场的收益数据和其使用价值。截至 1995 年年底，在将近 600 只发行债券中，只有不到 40 只债券拥有超过 20 个季度的历史数据。他得出的结论是，在这种数据不足的情况下，收益率方差不适合用来衡量单个资产或投资组合的风险。

此外，还有一种可以确定意外损失的方法，就是利用 *Z*-Score 模型的变形，即 *Z″*-Score 模型（Altman，1993），为可能进入投资组合的每一笔贷款/债券指定一个等价的债券评级（参见表20.12）[1]。如前面所述，这些分数和评级可以用来估计未来的预期损失。如果我们能够观察到围绕预期损失产生的变化（例如，标准差），我们就可以使用一个估计意外损失的方法。例如，评级为 BB 级的 10 年期美国国债的预期收益率为 91 个基点/年，这一资产的标准差接近 2.65%（265 基点/年）。这一数据是根据单个发行年的结果计算出来的，这些结果可用于计算累积违约损失的独立观察结果。例如，在 1971—1995 年，以某种评级等级发行的债券有 24 只出现了 1 年期违约损失，即 1971 年发行的债券在 1972 年发生违约，1972 年发行的债券在 1973 年发生违约，等等。同样，存在 23 个 2 年期累积损失观测值，以及 22 个 3 年期累积损失观测值，等等。甚至存在长达 15 年的违约损失记录。

如前面所述，这里使用的模型是 *Z″*-Score 风险评级模型

$$Z''\text{-Score} = 6.56X_1 + 3.26X_2 + 6.72X_3 + 1.05X_4 + 3.25 \tag{20.6}$$

式中，X_1 为营运资本/总资产；X_2 为留存收益/总资产；X_3 为息税前利润（EBIT）/总资产；X_4 为股票（账面价值）/负债总额。

各信用及其对应的概率，如表 20.12 所示。其他债券评级模型如 ZETA 模型、KMV 模型或 Finance FX 模型也被使用。

[1] *Z″*-Score 模型是 *Z*-Score 模型的四变量版本，它旨在减少不同行业或不同国家的公司信用评分的失真问题。我们还发现，该模型在评估新兴市场领域公司债券的信用风险方面极为有效，见 Altman 等（1995）。

表 20.12　美国债券评级（基于 Z″-Score 得出）

美国债券等级平均值[a]	样本 Z″-Score	样本容量
AAA 级	8.15	8
AA+级	7.60	—
AA 级	7.30	18
AA-级	7.00	15
A+级	6.85	24
A 级	6.65	42
A-级	6.40	38
BBB+级	6.25	38
BBB 级	5.85	59
BBB-级	5.65	52
BB+级	5.25	34
BB 级	4.95	25
BB-级	4.75	65
B+级	4.50	78
B 级	4.15	115
B-级	3.75	95
CCC+级	3.20	23
CCC 级	2.50	10
CCC-级	1.75	6
D 级	0.00	14

[a]平均值基于 1994 年超过 750 家美国工业企业的未偿评级债务计算得出。Z″-Score 模型的更新表见第 10 章。

来源：1995 年 5 月 15 日所罗门兄弟公司的数据，以及深度数据公司的数据。

20.14　考虑意外损失下的投资组合风险

Altman（1997）提出的资产组合风险度量方法为

$$\text{UAL}_p = \sum_{i-1}^{N}\sum_{j-1}^{N} X_i X_j \sigma_i \sigma_j p_{ij} \tag{20.7}$$

此方法度量的是在意外损失的情况下，个人资产意外损失(σ_i, σ_j)和他们在计算期内的相关系数($p_{i,j}$)样本。同样，这些意外损失是基于每季度计算的债券评级等价物的年度预期损失的标准差得出的[1]。所需注意的是，发行公司或借款人在整个样本期（如 5 年，并具有季度财务状况）都处于经营状态。实际上，债券或贷款不必在使用收益和收益方差的数据进行度量的期间进行清偿。由于债券或贷款可能在整个度量期内都没有被偿还，杠杆率的计算可能也会因此随着时间的推移而变化。尽管如此，公司间违约风险的大部分协方差还是可以被计算出来的。

20.15 Altman 投资方法的实证结果

我们在前面使用 10 只债券组合做过投资组合优化方法[2]的实证分析，现在我们将使用 Z''-Score 模型，以及与其相关的预期损失和非预期损失来代替收益进行信用评级。

我们得到的结果如图 20.5 所示，将其得出的有效投资边界与等权重投资组合相比，与之前观察到的一样，这个有效边界意味着 η 值大幅度提高。例如，由等权重的 10 只债券组成的投资组合，其收益-风险比率高于 0.50，并且可以在季度收益率水平为 2% 的情况下提高到 1.60（2.00/1.25），或是在同样的风险水平下提高到 1.00 左右（3.75%）。

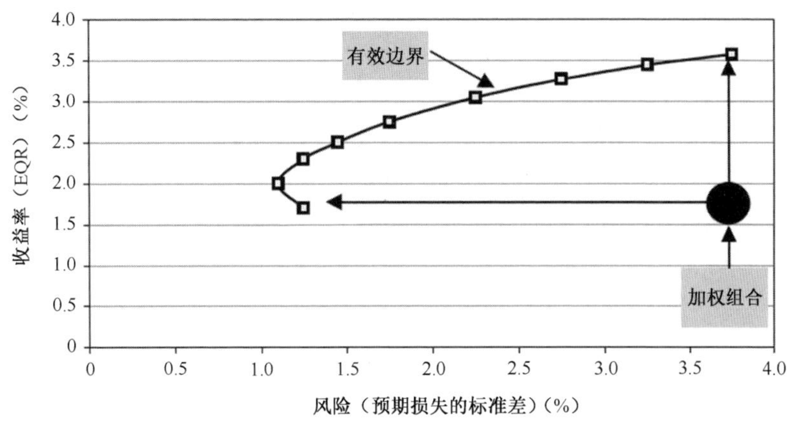

图 20.5 使用 Z"- Score 模型计算的有效债券投资组合（10 只债券）

[1] Altman 认识到对协方差的度量可能存在 2 种偏向。一方面，对单家公司债务意外损失的估计是根据给定评级等级的债券的经验数据得出的，因此可能会低估单家公司违约造成的损失风险。另一方面，2 家公司债务之间的违约损失的协方差是基于 2 家公司同时违约的联合概率得出的。如果将每家公司的默认决策视为 0 和 1（二项式分布），那么应根据 2 个基础二项式分布的联合密度函数计算适当的协方差或相关性。但是，Altman 的度量假设回报率是正态密度分布的函数，因此，回报率对于每家公司来说都是联合正态分布的，这样的结果可能夸大了投资组合风险的度量。尽管很难评估每个偏差的相对大小，但 2 个偏差在某种程度上会彼此抵消。

[2] 使用双精度、线性约束优化程序（DLCONG）。

表 20.13 显示了最优投资组合的相对权重，该投资组合同时使用收益和风险（意外损失）作为计算指标，但是在投资组合中单只股票的最高权重被限制在 15%以内，这是为了获得 1.75%的期望季度收益率。值得注意的是，这 2 种投资组合涵盖了 10 只债券中的 8 只，并且采用了非常相近的权重。实际上，在这 2 种投资组合中，有 7 只债券都被提到了。这些结果是令人欣慰的，因为以 Z″-Score 模型作为替代的风险度量方法，与基于实际评级的方法在结果上似乎是一致的。这个小样本的测试结果是令人激动的，因为这表明这种类型的投资组合方法用于管理固定收益资产是相当可行的。应当指出的是，这些只是初步的实证结果，进行后续的模型改进和更大样本的实证检验，对于获得固定收益资产（包括贷款）的投资组合方法来说是非常必要的。

表 20.13　最优投资组合的相对权重[a]

公司股票代码	例用 ZETA Scores 模型求出的权重	利用季度收益率求出的权重
AS	0.0000	0.1065
BOR	0.0776	0.0000
CGP	0.1500	0.1500
CQB	0.1500	0.1500
FA	0.0000	0.0000
IMD	0.1500	0.1351
RHR	0.1500	0.1209
STO	0.1500	0.1500
USG	0.1500	0.1500
WS	0.0224	0.0376

[a]每季度收益率为 1.75%且最大权重不超过 15%。

20.16　银行调控和投资组合建模

因为监管机构对非预期损失所带来的风险十分担忧，所以它们希望采用充足的资本来覆盖这一风险。监管机构随着银行业的发展不断改善监控信用组合风险的能力，同时在行业的创新和发展过程中规范和完善法规与监管。这一点在《巴塞尔协议 II》（针对银行）和《偿付能力 II》（针对保险公司）中体现得较为明显。

《巴塞尔协议 II》基于当时新发展的许多概念下形成，如 KMV 的 Portfolio Manager 和 CreditMetrics，这种信用状态的相关性可以通过观察股票指数或资产收益的多因素模型等基础因素来推断。1988 年，《巴塞尔协议 I 》被引入，这是全球银行资本首次被要求标准化。虽然那些被认为没有信用风险的资产（如政府和机构证券）不会被收取资本费用，但无论贷款质量如何，公司贷款的储备金率都是 8%。为了对冲和消除信用风险而减免资本金的行为会受到若干限制，例如，只有当担保人是经济合作与发展组织（OECD）银行时，第三方机构在提供信贷支持时才会降低资本金要求。

《巴塞尔协议II》试图修正《巴塞尔协议 I 》的一些缺点，分别是：

- 债务人之间的风险差异。《巴塞尔协议II》采用一种基于内部评级的方法，可以根据信用质量对借款人进行划分。8%的资本金比率不再是所有企业借款人都需要的，具体情况取决于其信用质量。
- 信用迁移与违约/无违约情况。《巴塞尔协议II》考虑到了发生信用迁移的可能性，这反映在具体的规则中，即基于到期时间的长短而设置额外的资本要求，因为期限越长，信用迁移的可能性越大。
- 对投资组合的相关影响。这是通过使用相关系数来实现的。相关系数是指投资组合中的资产价值的相互关联程度。
- 将资金需求建立在非预期损失的基础上。《巴塞尔协议II》的资本需求基于损失分布为正态分布的假设得出，置信度为 99%。这种违约损失基于条件违约概率或是在给定违约的“下行”损失条件下得出，被称为条件预期损失。条件违约概率是根据压力条件和相关性向上调整的平均违约概率。
- 《巴塞尔协议II》假设投资组合是无限细化的。也就是说，它已经高度多样化，它所面临的唯一风险就是系统风险。系统风险通过分析投资组合违约与个体违约概率之间的关系，以及资产价值与驱动系统风险的单一因素之间的相关性得出。
- 《巴塞尔协议II》为银行提供了一种选择，即可以使用监管机构允许的先进方法，使用自己的模型来推导资本金要求。

《巴塞尔协议II》包括 3 个要点。第一个要点是最低资本金要求，同时为银行设置了计算其最低资本金的 3 种替代方法。第二个要点是监管程序，旨在确保银行拥有一个健全的程序，可以使用第一个要点中提及的 3 种方法之一来评估其资本状况，以及银行维持监管资本水平的能力。监管程序将评估世界银行所使用的模型和数据的稳健性，以及对资本计算进行的压力测试。第三个要点是强调市场纪律，要求适当公开披露有关金融机构财务状况的重大信息。

《巴塞尔协议II》的第一个要点定义了最低资本金要求应等于信用风险、市场风险和经营风险所需资本的总和，这说明信用风险、市场风险和经营风险是完全相关的。在确定信贷的最低资本金要求时，银行可采用以下 3 种方法中的任意一种。

- 基础标准化模型（The Basic Standardized Model）。
- 内部评价模型方法。
- 高级内部评级（IRB）模型。

基础标准化模型针对的是没有内部评级体系的银行，其使用独立评级机构指定的外部评级。权重分配的评级从 AAA 级到 AA-级为 20%，从 A+级到 A 级为 50%，从 BBB+级到 BB-级为 100%，信用评级低于 BB-级为 150%。而对于未评级债券，该模型授予的权重为 100%。加权风险敞口的资本金比率为 8%。主权国家及其中央银行的债权风险权重也以类似的方式进行分级，尽管它们的风险权重略低。例如，主权评级的 A+级到 A-级评级有 20%，相比之下公司类似的评级权重为 50%。这种方法虽然相比《巴塞尔协议 I》有所改进，但对各等级的信用风险检测不够有效。例如，已知 BBB+级到 B-级的风险包含广泛的违约概率和违约损失（尽管风险范围较广），但它们被放置在单一的风险篮子中（被视为同一类别的风险）。

在基础标准化模型和高级内部评级模型中，机构应该使用在统计上有效的风险评级系统，该系统可以为其每笔交易分配风险评级和违约概率。需要额外输入的是《巴塞尔协议 I》提供的 LGD 的违约风险敞口（EAD）（例如，高级索赔 50%，次级索赔 75%）。对于高级内部评级模型，银行应提供其 LGD 数据和期限（*M*）。模型假设国际清算银行设定的相关系数为 10%～20%，其随着违约概率的增加而减少。《巴塞尔协议 II》中使用的模型基于 Merton 模型，它也是 CreditMetrics 和 Portfolio Manager 的核心。

对应的风险资本要求是指在风险压力条件下的非预期损失超过预期损失的部分。预期损失由贷款损失准备金承担。假设投资组合本金等于 EAD（假设违约敞口值等于损失准备金），违约损失率为 LGD，当选取的置信度为 CL 时，超过预期损失的最大损失（通过 EAD×LGD×PD 计算得出）可以被表示为

$$\mathrm{CV}aR(\mathrm{CL})=\mathrm{EAD}\times\mathrm{LGD}\times\left(\phi\left(\frac{\sqrt{\rho}\varphi^{-1}(\mathrm{CL})+\varphi^{-1}(\mathrm{PD})}{\sqrt{1-\rho}}\right)-\mathrm{PD}\right)\times\frac{1+(M-2.5)\times b(\mathrm{PD})}{1-1.5b(\mathrm{PD})} \tag{20.8}$$

式中，CV*aR* 为在 CL 下的信用风险价值；EAD 为违约敞口；LGD 为违约损失率；*M* 为期限；*b* 为调整后的到期日，其计算方式为 $b=(0.11852-0.05478\times\ln(\mathrm{PD}))^2$。

$$相关系数(\rho)=0.12\times\frac{\left(1-\mathrm{EXP}\left(-50\times \mathrm{PD}\right)\right)}{1-\mathrm{EXP}\left(-50\right)}+ 0.24\times\left[1-\left(1-\mathrm{EXP}\left(-50\times \mathrm{PD}\right)\right)\div\left(1-\mathrm{EXP}\left(-50\right)\right)\right] \tag{20.9}$$

式（20.8）的第一部分

$$\left(\phi\left(\frac{\sqrt{\rho}\phi^{-1}(\mathrm{CL})+\phi^{-1}(\mathrm{PD})}{\sqrt{1-\rho}}\right)-\mathrm{PD}\right) \tag{20.10}$$

测量的是置信度（CL）下的违约率。在资产相关系数为ρ、投资组合收益为正态分布的情况下，我们通常假设置信度为 99.9%。右边的期限是调整后的期限，随着到期日的增加，可能发生的最大损失也会增加。ϕ是在一个特定点的标准正态分布的值，ϕ^{-1}是正态分布的逆函数在一个特定点的值。因此，式（20.10）在已知正常情况下的 PD 和相关性ρ的情况下，强调使用风险压力情况下的 PD 减去正常情况下的 PD。

对《巴塞尔协议 II》的详细分析超出了本书的范围。读者可以前往国际清算银行官方网站了解对这些法规进行的大量分析，也可以阅读相关主题的书籍（见 Saunders et al.，2002）。

《巴塞尔协议 II》已被欧洲接受，并且在发展中国家逐渐得到了应用。在美国，由于一些监管和银行业的因素，《巴塞尔协议 II》的实施时间框架尚未确定，面临的一些障碍是建立风险系统、模型的校准和验证所需要的大量开支，以及一些监管机构担心可能无法为完全基于模型的结果提供足够的资金支持。[1]

20.17 信用投资组合技术的未来

由于信用投资组合模型的框架包含许多关于未来的假设，这些假设可能已经被

[1] 引用 2007 年 2 月 26 日全球风险专业人员协会成员、联邦存款保险公司董事长 Sheila C. Bair 的讲话：

在这个已经高度杠杆化的全球银行业格局中，我们引入了《巴塞尔协议 II》监管资本制度，该制度可能会使最低银行资本要求降低两位数，我指的是实质上的。参加了最新的美国影响力调查的银行中，有一半发布报告称，其基于风险的最低一级资本要求将减少 31%甚至更多。在美国，这些机构一致认为，如果这种结果是在持续不断的资本法规下产生的，那将是不可接受的。而且，如果没有保障，我们就无法负责任地开展工作。我了解大型银行的担忧，但作为监管者，我深信我们需要这些保护措施。我仍然非常担心当风险发生时，根据该拟议法规会发生什么。美国银行体系的安全与稳健不会因为银行资本要求无约束地降低两位数而得到较好的服务。以我的判断，全球银行体系也是如此。

测试过，也可能没有经过测试，因此通过实际经验对模型进行检验是最小化模型风险的关键方法（见第 14 章）。对模型进行检验的方法之一就是对模型进行压力测试，从而检验可能出现的结果与预期损失和信用风险价值存在多大的偏差。

投资组合管理中的风险重点会根据投资者的不同而变化。一些财务担保人也许会对信用风险的结构（如合约触发条件、首次亏损水平、发行人财务实力等）和被担保人的当前信用评级分布情况更感兴趣，而对被担保人的信用迁移情况不太在意，尽管后者对于贷款发行人来说更为重要。另外，从投资组合的角度来看，银行往往更关心系统性风险，而不是集中风险，例如，全国性的经济衰退或破产法的修改等。保险公司则希望对其策略进行建模，以此利用政策监管中的套利机会（例如，评级证券与未评级证券的资本收费不同），以及资产支持证券（如信用卡应收账款、担保贷款凭证和担保债务凭证）隐含的定价、期限、优先级、首次损失保护和多样化特征。

一些机构认为有必要将信贷监管与市场风险结合起来。银行已经越来越多地转向发行-分销策略，而不是发行-持有策略，信用风险和市场风险度量方法正在向同一方向发展。正如 Allen（1996）所指出的，将这 2 个度量方法进行统一是可取的，原因有 3 点：第一，信用风险与市场风险之间存在大量交易关联；第二，我们需要在信用风险和市场风险的收益之间建立可比性和相关性（例如，新兴市场债务）；第三，混合信用风险和市场风险的投资产品结构的出现，以及信用衍生产品的出现，使得这一点成为必要。

风险价值方法之所以受到批评，是因为它只停留在量化层面上，即它没有告诉管理层风险具体在哪里，或者应该做些什么。在投资组合案例上，管理层同样应该多留意名义上能够反映所有风险的量化指标，他们应该理解数字背后的定义和假设，并且进行分析，以便了解模型的优缺点。尽管这是一个冗长而困难的过程，但一个简单的事实是，管理者才是最终必须对投资组合的运行结果负责的人，而不是没有生命的模型。

在投资组合分析得到广泛应用之前，投资机构就应该对这种能够用于分析的信息系统多加关注。交易结构、产品数据、行业成员、地理位置、损失/索赔历史、贷款人的收入来源、特定用于单项贷款的关键指标、可用的评级和有效的股票价格，这些都是应该收集和更新的重要变量。依赖第三方数据是可以接受的，但是管理人员应该确保数据是可行的，并且在当前投资环境下是有效的。例如，债券违约收回的数据可能不适用于银行贷款或衍生产品头寸，除非对抵押品、赎回准备金、行业类别等方面的差异进行适当调整。在接受 Paul Narayanan 和 Jack Caouette 的采访时，曾任蒙特利尔银行（Bank of Montreal）高级副行长、现任穆迪 KMV 公司董事总经理的 Brian Ranson 将投资组合分析的过程比作“按照老菜谱炖兔子”。他表示，在详细介绍食材和做汤的方法之前，这个食谱会教你如何去抓一只兔子。“具有讽刺意味的是，在自家后院养兔子比在森林里要难得多。对于许多机构而言，外部市场提供的信贷风险数据要比自己系统提供的数据好得多。”Ranson 说道。

投资组合管理中存在结构性问题，也存在分析问题。银行中的投资发起人是利润中心的组成部分，但投资组合分析师往往占据员工的位置，通常是在成本中心，并且他们拥有权力和影响力。这更多地是理想状态，而非现实中的情况。虽然投资发起人被认为是在创造价值，但投资组合经理的建议可能会被视为负面的或中性的（建议银行什么也不做，停止交易或出售资产）。因为这些角色处于这种天生的冲突中，所以投资组合经理可能会被简化为一个被动的角色。

首席执行官（CEO）的责任通常落在防止投资组合的结构性失调、保持一致性、培养参与式管理，以及通过命令、补偿和合理的转移定价机制来提供必要的赋权上。投资机构中的薪酬体系应注重薪酬来源的价值、质量和数量。在 1993 年对作者的采访中，Brian Ranson（1993）曾解释，在蒙特利尔银行，投资组合经理的职位很有影响力：

> 关系管理工作是一项资产创造。投资组合经理寻找资产，协商合适的价格和投资结构。我们（在投资组合管理领域）将决定投资多少，其余部分通过贷款的销售和交易进行处理。投资组合的负责人是投资组合经理，在许多方面，他的职责与一只流动性相对较差的大型公募基金的经理相同。

无论是正式的还是非正式的沟通，都能很好地帮助人们重新关注投资组合管理。显然，投资发起人越能肩负起管理投资组合的经理角色，组织就越受益，反之亦然。最后，只有建立和维护适当的风险文化，才能成功地管理投资组合。

原书参考文献

Adamidou, E., Y. Ben-Dov, L. Pendergast, and V. Pica. 1995. The Optimal Portfolio System: Targeting Horizon Total Returns under Varying Interest-rate Scenar- ios. In Financial Optimization, edited by S. A. Zenios. Cambridge: Cambridge University Press.

Allen, R. A. 1996. Integrating Credit and Market Risk Management. Journal of Lending and Credit Risk Management 78, no. 6.

Altman, E. I. 1988. Default Risk, Mortality Rates, and the Performance of Cor- porate Bonds.

Research Foundation, Institute of Chartered Financial Analysts. Charlottesville, VA.

Altman, E. I. 1989. Measuring Corporate Bond Mortality and Performance. Journal of Finance 44, no. 4: 909-922.

Altman, E. I. 1992. Revisiting the High Yield Debt Market. Financial Management, 78-92.

Altman, E. I. 1993. Corporate Financial Distress and Bankruptcy: 2nd ed. New York: John Wiley & Sons.

Altman, E. I. 1997. Corporate Bond and Commercial Loan Portfolio Analysis. Working Paper S-97-12, NYU Salomon Brothers Center.

Altman, E. I., A. Resti, and A. Sironi. The PD/LGD Link: Implications for Credit Risk Modeling. In Recovery Risk, edited by E. I. Altman, A. Resti, and A. Sironi. London: Risk Books, 2005.

Altman, E. I., and A. Saunders. 1997. Credit Risk Measurement over the Last 20 Years. Journal of Banking and Finance 21, no. 11: 1721-1742.

Altman, E. I., and D. L. Kao. 1992. The Implications of Corporate Bond Rating Drift. Financial Analysts Journal, 64-75.

Altman, E. I., and P. Narayanan. 1997. Business Failure Classification Models: An International Survey. In International Accounting and Finance Handbook, 2nd ed., edited by Frederick Choi. New York: John Wiley & Sons.

Altman, E. I., and V. M. Kishore. 1996. Default and Returns in the High Yield Debt Market, 1991-1995. White Paper, NYU Salomon Center.

Altman, E. I., G. Marco, and F. Varetto. 1994. Corporate Distress Diagnosis: Comparisons using Linear Discriminant Analysis and Neural Networks（The Italian Experience）. Journal of Banking and Finance, 505-529.

Altman, E. I., J. Hartzell, and M. Peck. 1995, May 15.A Scoring System for Emerging Market Corporate Debt. New York: Salomon Brothers.

Altman, E. I., R. Haldeman, and P. Narayanan. 1977. Zeta Analysis: A New Model To Identify Bankruptcy Risk Of Corporations. Journal of Banking and Finance, 29-54.

Asquith, P., D. W. Mullins Jr., and E. D. Wolff. 1989. Original Issue High Yield Bonds: Aging Analysis of Defaults, Exchanges and Calls. Journal of Finance, 923-953.

Bankers Trust New York Corporation. 1995, August. RAROC & Risk Management: Quantifying the Risks of Business. New York.

Bennett, P. 1984. Applying Portfolio Theory to Global Bank Lending. Journal of Banking & Finance 8, 153-169.

Bessis, J. 2004. Risk Management in Banking. New York: John Wiley & Sons.

Black, F., and M. Scholes. 1973. The Pricing Of Options And Corporate Liabilities. Journal of Political Economy 8, 637-659.

Bluhm, C., L. Overbeck, and C. Wagner. 2003. Introduction to Credit Risk Modeling. London: Chapman & Hall /CRC.

Brewer, E., and G. D. Koppenhaver. 1992. The Impact of Standby Letters of Credit on Bank Risk: A Note. Journal of Banking and Finance 1616, 1037-1046.

Chava, S., and R. A. Jarrow. 2004. Bankruptcy Prediction with Industry Effects. Review of Finance 8, no. 4: 537-569.

Chirinko, R. S., and G. D. Guill. 1991. A Framework for Assessing Credit Risk in Depository Institutions: Toward Regulatory Reform. Journal of Banking and Finance 15, no. 4: 785-804.

Dev, A. 2004. Editor, Economic Capital. London: Risk Books.

Duffie, D., and Singleton, K. J. 2003. Credit Risk. Princeton, N.J.: Princeton Univer-sity Press.

Coats, P., and L. Fant. 1993. Recognizing Financial Distress Patterns Using a Neural Network Tool. Financial Management 142-155.

Cyert, R. M., H. J. Davidson and G. L. Thompson. 1962. Estimation of the Allowance for Doubtful Accounts by Markov Chains. Management Science 287-303.

Cyert R. M and G. L. Thompson. 1968. Selecting a Portfolio of Credit Risks by Markov Chains. Journal of Business 1, 39-46.

Elton, E., and M. Gruber. 1995. Modern Portfolio Theory and Investment Analysis, 5th ed. New York: John Wiley & Sons.

Freedman, D., R. Pisani, and R. Purves. 1997. Statistics, 3rd ed. New York: W.W. Norton.

Gupton, G. M., C. C. Finger, and M. Bhatia. 1997, April 3. CreditMetrics+: The Benchmark for Understanding Credit Risk. New York: JPMorgan.

Ho T. S. Y., and S. B. Lee. 1986. Term structure movements and pricing interest rate contingent claims. Journal of Finance 41, no. 5: 1011-29.

Hull, J., and A. White. 1995. The Impact of Default Risk on the Prices of Options and other Derivative Securities. Journal of Banking and Finance 299-322.

Iben, T., and R. Litterman. 1989. Corporate Bond Valuation and the Term Structure of Credit

Spreads. Journal of Portfolio Management, 52-64.

Izan, H. Y. 1984. Corporate Distress in Australia. Journal of Banking and Finance, 303-320.

JPMorgan. 1997. RiskMetrics+—Technical Document, 4 ed. New York.

Jagtiani, J., A. Saunders, and G. Udell. 1995. The Effect of Bank Capital Requirements on Bank Off-Balance Sheet Financing. Journal of Banking and Finance 647-658.

Jonkhart, M. 1979. On the Term Structure of Interest Rates and the Risk of Default. Journal of Banking and Finance, 253-262.

Journal of Banking and Finance. 1984. Special Issue on Company and Country Risk Models. Journal of Banking and Finance, 151-387.

Kealhofer, S. 1995. Portfolio Management of Default Risk. White Paper, Moody's KMV Corporation.

Kealhofer, S. 1996. Measuring Default Risk in Portfolios of Derivatives, White Paper, Moody's KMV Corporation.

Lawrence, E., L. D. Smith, and M. Rhoades. 1992. An Analysis of Default Risk in Mobile Home Credit. Journal of Banking and Finance, 299-312.

Markowitz, H. M. 1959.Portfolio Selection: Efficient Diversification of Investments, John Wiley & Sons, New York.

Markowitz, H. M., and Perold, Andre F. 1981. Portfolio Analysis with Factors and Scenarios. Journal of Finance.

Martin, D. 1977. Early Warning of Bank Failure: A Logit Regression Approach. Journal of Banking and Finance, 249-276.

McAllister, P., and J. J. Mingo. 1994. Commercial Loan Risk Management, Credit-Scoring and Pricing: The Need for a New Shared Data Base. Journal of Commercial Bank Lending, 6-20.

McElravey, J. N., and V. Shah. 1996, September. Rating Cash Flow Collateralized Bond Obligations. In Special Report, Asset Backed Securities. Chicago: Duff & Phelps Credit Rating Co.

McKinsey & Co. 1993. Special Report on The New World of Financial Services. The McKinsey Quarterly, 59-106.

McQuown, J. 1994. All That Counts is Diversification: In Bank Asset Portfolio Management. IMI Bank Loan Portfolio Management Conference, May 11, 1994.

Merton, R. C. 1974. On the Pricing of Corporate Debt. Journal of Finance, 449-470.

Moody's Investors Service. 1990. Corporate Bond Defaults and Default Rates, 1970-1989.

Moody's Special Report, April.

Moody's KMV Corporation. 1993. Credit Monitor Overview. San Francisco.

Morgan, J. B. 1989. Managing a Loan Portfolio Like an Equity Fund. Bankers Magazine, January-February.

Morgan, J. B., and T. L. Gollinger. 1993. Calculation of an Efficient Frontier for a Commercial Loan Portfolio. Journal of Portfolio Management.

Morningstar, Inc. 1993. Morningstar Mutual Funds User's Guide. Chicago.

Platt, H. D., and M. B. Platt. 1991a. A Note On The Use Of Industry-Relative Ratios In Bankruptcy Prediction. Journal of Banking and Finance, 1183-1194.

Platt, H. D., and M. B. Platt. 1991b. A Linear Programming Approach to Bond Portfolio Selection. Economic Financial Computing, 71-84.

Ranson, B. J. 1993. Rabbit Stew. Balance Sheet, 37-40.

Ranson, B. J. 2005. Credit Risk Management. Austin, TX: Sheshunoff/Alex eSolutions Inc.

Santomero, A., and J. Vinso. 1977. Estimating the Probability of Failure for Firms in the Banking System. Journal of Banking and Finance, 185-206.

Saunders, A. 1997. Financial Institutions Management: A Modern Perspective, 2nd ed. Burr Ridge, Ill.: Irwin.

Saunders, A., and L. Allen. 2002. Credit Risk Measurement, 2nd ed. New York, John Wiley & Sons.

Scott, J. 1981. The Probability of Bankruptcy: A Comparison of Empirical Predictions and Theoretical Models. Journal of Banking & Finance, 317-344.

Sharpe, W. 1966. Mutual Fund Performance. Journal of Business, 111-138.

Sharpe, W. 1994. The Sharpe Ratio. Journal of Portfolio Management, 49-58.

Smith, L. D., and E. Lawrence. 1995. Forecasting Losses on a Liquidating Long-Term Loan Portfolio. Journal of Banking and Finance, 959-985.

Sommerville, R. A., and R. J. Taffler. 1995. Banker Judgment versus Formal Forecasting Models: The Case of Country Risk Assessment. Journal of Banking and Finance, 281-297.

Standard & Poor's. 1991. Corporate Bond Default Study. Credit Week, September 16.

Thieke, S. 1997. Stephen Thieke interview with Paul Narayanan and Jack Caouette.

Trippi, R., and E. Turban. 1996. Neural Networks in Finance and Investing, rev. ed. Chicago: Irwin.

Vanderhoof, I. T. 1997. Variance of a Fixed-Income Portfolio. Contingencies, September/October.

West, R. C. 1985. A Factor-Analytic Approach to Bank Condition. Journal of Banking and Finance, 253-266.

Wilcox, J. W. 1973. A Prediction of Business Failure Using Accounting Data. Journal of Accounting Research 11, Supplement: Empirical Research in Accounting: Selected Studies 1973: 163-179.

Wilson, T. 1997. Measuring Credit Portfolio Risk: A New Approach. IAFE Annual Meeting, Zurich, June 10.

第 21 章　信用衍生产品

啊，使用现金吧，不要使用信用卡，不用管远方隆隆的鼓声！

——*The Rubhaiyat of Omar Khayayam*，stanza 13（translated by Edward FitzGerald）

信用衍生产品是一种金融工具，它的回报在某种程度上与发行人的信用质量有关。银行在 20 世纪 90 年代早期就引入了信用衍生产品这一制度，用来满足银行自相矛盾的需求——既想享受资产集中带来的好处[1]，又不想面对随之而来的风险。乍一看似乎难以置信，但是事实表明，银行确实有可能解决这一矛盾，使利益相关的各方均受益。解决方案是在银行保留资产的前提下，找到愿意承担信用风险并需要收取一定费用的交易对手。之所以称它为信用衍生产品，是因为它源于基础资产，如贷款。就像银行能够将资产的固定利率调换为浮动利率互换一样，现在，银行也可以通过支付溢价的方式将资产违约风险调换为资产违约时全额或部分补偿的承诺。定制的信用衍生产品可以剔除信用风险敞口、数量、回收率和到期期限等任何一部分，它们甚至可以设计为专门应对信用评级下调而不涉及违约的形式。

在过去的 10 年里，信用衍生产品市场出现了爆炸式增长。它的发展和持续创新已经不可逆转地改变了银行和固定收益市场，一些人认为我们仍处于这个市场增长的早期阶段。

在表 21.1 和图 21.1 中，我们展示了信用衍生产品市场是如何增长并吸引新参与者的。

[1] 资产集中是指不可接受的高的或无利可图的风险敞口。风险可能来自单一债务人或一组承担共同风险因素的债务人，风险因素如行业集团或地理位置（如国家、州或地区）。集中化是银行希望专攻某些行业和/或地理区域的结果。正如预期的那样，当集中化增加时，违约的严重程度也会增加。集中化的解决办法就是多元化，即使用不相关或负相关的资产取代高度相关的资产。这个概念在 20 世纪 50 年代被哈里·马科维茨（Harry Markowitz）正式定义为现代投资组合理论，详细内容见第 17 章。

表 21.1　利用信用衍生产品购买和出售信用风险保护的机构

类型	信用风险保护买方				信用风险保护卖方			
	2000 年	2002 年	2004 年	2006 年	2000 年	2002 年	2004 年	2006 年
银行的交易活动	81%	73%	67%	39%	63%	55%	54%	36%
银行贷款的投资组合	81%	73%	67%	20%	63%	55%	54%	9%
对冲基金	3%	12%	6%	28%	5%	5%	15%	32%
养老基金	1%	1%	3%	2%	3%	2%	4%	4%
企业贷款	6%	4%	3%	2%	3%	2%	2%	1%
单一险种保险公司	7%	3%	2%	2%	23%	21%	10%	8%
再保险公司	7%	3%	3%	2%	23%	21%	7%	4%
其他保险公司	7%	3%	2%	2%	23%	12%	3%	5%
共同基金	1%	2%	3%	2%	2%	3%	4%	3%
其他	1%	2%	1%	1%	1%	0	1%	1%

来源：Bear Stearns（2006）。

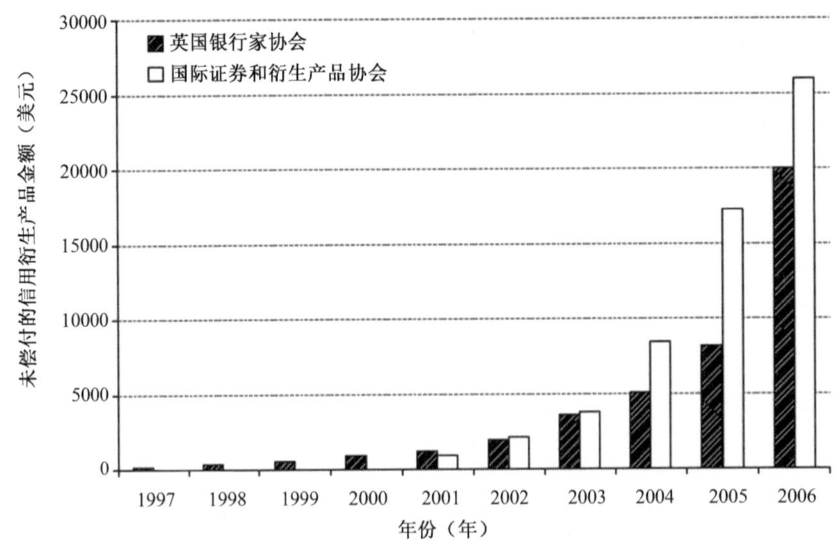

图 21.1　未偿付的信用衍生产品

来源：Bear Stearns（2006）。

尽管信用衍生产品是在利率衍生产品引入之后发展起来的，但它们实际上不是新型工具。除了名称新颖，信用衍生产品其实与单一险种担保或备用信用证等信用保险产品极为相似。实际上，二者相似到监管机构将信用互换等同于信用证交易，而将一篮子收入互换等同于权益互换[1]。早在 1893 年（Cockerell，1984），伦敦劳合社就提供了商业信用再保险服务。20 世纪 90 年代末，标准化术语和信用衍生产品的发展，推动信用衍生产品市场超越了银行和保险市场。如今，除了曾是市场先锋的银行，保险公司和对冲基金也成为大玩家。Bear Stearns（2006）的报告显示，信用衍生产品市场正在不断演变。

- 结构性信用市场已经成为参与者多样化的基础。
- 作为信用风险的管理者，银行是信用风险保护的重要买家和卖家，但随着市场的增长，银行的相对优势已经在减弱。正如预期的那样，银行是信用风险保护的净买家。
- 单一险种保险公司继续扮演重要角色，仍然是信用风险保护的净卖家。
- 对冲基金的活动将继续增加，因为它们有能力在这个尚未成熟的市场捕捉套利机会，并利用这个机会在信用衍生产品市场上交叉进行债券和股票交易，创建独特的头寸和定制投资。
- 随着对信用衍生产品的监管和会计处理越来越宽松，保险公司在市场的活跃度可能会更高。

21.1 信用衍生产品的一个例子

广义地说，信用衍生产品是一种双边金融合同，其价值源于发行人或发行人集团的信用质量变化。信用衍生产品最常见的形式是，双方根据在预先设定的未来一段时间内发生的信用事件，交换预先确定的或通过公式确定的现金流。信用事件必须是可观察的，并且通常（但不总是）与不利的事态发展相关，如违约、申请破产、信用评级下调或市场价格大幅下跌等。使用信用衍生产品的目的是为风险卖方提供违约保护，并为风险买方提供承担风险的补偿。根据信用衍生产品的术语，信用衍生产品卖家是风险保护卖方，即出售看跌期权的一方（例如，使用资产换回面值现金的权利）。来看下面的例子。

假设 A 银行持有 X 公司的 5 年期 1000 万美元风险敞口，并且希望在部分出售给

[1] “对于担保银行机构而言，审查人员应使用与备用信用证等其他信贷工具相同的方式，审查衍生产品合约中个别参考资产的信贷质量。因此，审查人员应该评估信用衍生产品……根据债务人的整体财务状况、资源、信用记录，以及任何次要的支付来源，例如抵押品。”（Board of Governors of the Federal Resrve System，1996）。注意其与传统信贷分析的相似性。

其他机构的情况下减少风险敞口。这是银行在贷款关系中经常遇到的困境，因为借款人往往不愿意出售自己的债务。银行也担心，如果它们出售了债务，那么可能会失去未来与借款人开展业务的机会。

面对想要最小化风险敞口的要求，A 银行可以与 B 银行签订协议，以向 B 银行支付 50 个基点的定期固定费用为代价，获得 B 银行提供的全部或部分风险敞口的保障。如果 X 公司违约，那么 B 银行就要向 A 银行支付一笔金额，以此弥补 A 银行在信用事件中遭受的损失。B 银行进行这项交易的原因可能有以下几个：①它希望获得曾经因进入壁垒而失去的风险敞口；②它希望投资组合多样化；③它可能比 A 银行更了解 X 公司的资信状况，因此对风险的估值可能与 A 银行不同。

B 银行的或有债务可以有多种定义方式，如：

- 现金结算贷款价值的损失值。
- 固定数量（双边，是或否，表示二者选且仅选其一，即事情发生或不发生，若发生则支付固定数量，若不发生则不支付）。
- 获得等同于贷款票面价值的赔偿并将贷款收益权移交给 B 银行，等等。

这种协议的有效期限也各不相同。根据 X 公司面对的最大不确定性，A 银行可能只需要获得 2 年信用风险保护，例如，X 公司可能是一家正在等待监管部门批准新药的制药公司。信用事件未必一定会违约。

目前，与再保险的安排方式极为相似，信用衍生产品并不在交易所内进行交易，而是一种场外交易产品。银行不喜欢使用“I”打头（Insurance，保险）的名称命名信用衍生产品，因为它们担心这样命名会使其在法律上被认定为保险产品，从而引起保险业和保险监管机构的警觉[1]。

在本书第 1 版中，我们采访了 Blythe Masters（1997），她当时正负责摩根大通信用衍生产品市场的开发工作。在信用衍生产品市场发展初期，摩根大通拥有巨大的领先优势。根据 Masters 女士的数据，在 1997 年年末，信用衍生产品的名义本金约为 2000 亿美元，而贷款市场的总规模达到 1.2 万亿美元。Masters 女士改变了这个新市场，并且试图使其超越早期采用银行模式的市场。在 1997 年的采访中，大部分内容都集中在信用衍生产品的监管措施上。银行监管机构显然对除设在经济发展与合作组织（OECD）成员国的银行以外的信用风险保护卖方存在偏见。银行试图让这个市场超越分散风险的范畴，将非银行的新投资者和风险承担者纳入其中。Masters 女士认为信用衍生产品市场的未来取决于监管措施的改变。

[1] 根据纽约的法律，实体必须先根据联邦金融担保保险计划获得特别许可，然后才能签订金融保险担保合同。只有几个机构获得了授权，并且它们都与华尔街没有任何关系。

为了了解最新的情况，我们再次联系了 Masters 女士。由于她在摩根大通内部“跳槽”了，所以把我们介绍给了她的同事 Tom Benson，Benson 是摩根大通信用衍生产品部门的总经理。Benson 在摩根大通发展的初期就加入了公司，因此他见证了过去 10 年里信用衍生产品市场的巨大变化。“我记得我们当时每周做 15 笔交易”，Benson（2007）回忆道，“现在我们做 15 笔交易只需要几分钟。早些时候，市场上的单一名称互换市场的交易量大多数都很小。大多数交易的规模都相当大，但毫无疑问，它们缺乏流动性”。在我们的采访中，Benson 谈到了很多为标准化文件、条款和交易结算方式所进行的努力。主要的交易商通过它们的行业组织，即国际互换交易商协会（ISDA）在上述这些问题上取得了显著进展，这也是信用衍生产品市场“起飞”的主要原因之一。Benson 也解释了，为了解决指数交易中如何部分交付的问题，他们付出了很多努力。当我们聆听 Benson 的讲解时，我们可以看到这个市场正在走向成熟。当前的主要目标是促进电子交易和电子处理。当前存在的问题不再是这个市场是否会变得庞大和重要，而是如何处理成交量，以及减少问题和争议。根据 Benson 的解释，信用衍生产品的流动性“正在给债券市场带来更多的流动性和更好的定价原则”。同时，对冲基金的介入确实改变了市场。现在，我们的非银行机构准备同时发展信用风险保护的出售和购买业务，如何做取决于它们在机会中看到了什么。Benson（2007）认为，信用衍生产品永远地改变了市场。

21.2 信用衍生产品的结构形式

当前的信用衍生产品市场存在 2 种类型的信用衍生产品。一种是信用违约互换（CDS），这是一种合约，买卖双方可以通过单个标的或指数中的一组标的押注公司风险或主权风险。另一种是担保债务凭证（CDO），它是一种综合创建的信用池，创建了独立于基础现金市场的债务工具。信用衍生产品市场是近年来重大金融创新的焦点，信用衍生产品的类别也发生了许多变化。评级机构积极地报告信用衍生产品市场的发展情况，并且希望创造出它们可以随时监控的广泛的产品类别。

根据惠誉的一份报告，如图 21.2 所示为信用衍生产品概览，其中概述了当前信用衍生产品的划分情况。清单中包含各种类型的风险，如单一标的风险或者在指数或担保债务凭证中包含的企业集团，以及其他代表交易构造方式的类别。近年来，信用衍生产品市场出现了巨大的创新，因此产品的类别也在不断变化，并且在不同的代理机构列表中略有不同。

由于专注信用衍生产品的金融工程师们具有较强的创造力和创新力，所以本章难以涵盖信用衍生产品市场的所有变化。对于某些类型的信用衍生产品，如单一标的信用违约互换，其结构仍然相当重要。其他类型的信用衍生产品无疑是创新思维所带来的成果，它们所代表的交易形式也在不断发生改变。下面将描述一些常用的信用衍生产品类型。

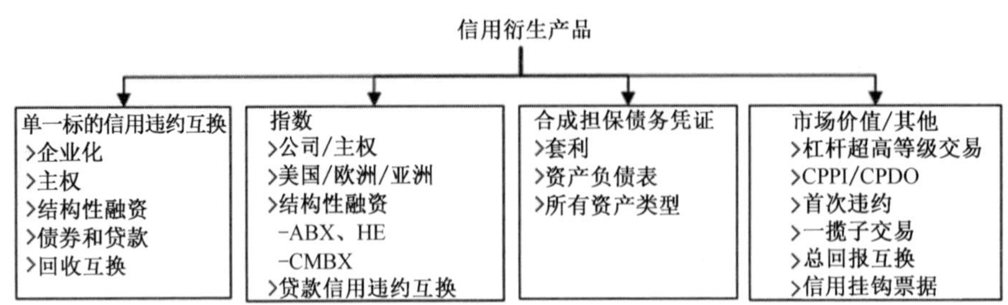

图 21.2　信用衍生产品概览

来源：惠誉（2007）。

21.2.1　信用违约互换

信用违约互换是信用衍生产品最基础的形式。在信用违约互换中，风险卖方支付固定的定期费用，以此换取违约发生时风险买方提供的或有偿付。当违约事件发生时，风险买方需要向风险卖方支付预先约定的金额，以此弥补违约事件给信用风险卖方造成的损失。单一标的信用违约互换如图 21.3 所示。当然，在现实中也可能有第三方中介来安排这个结构（此处没有展示）。

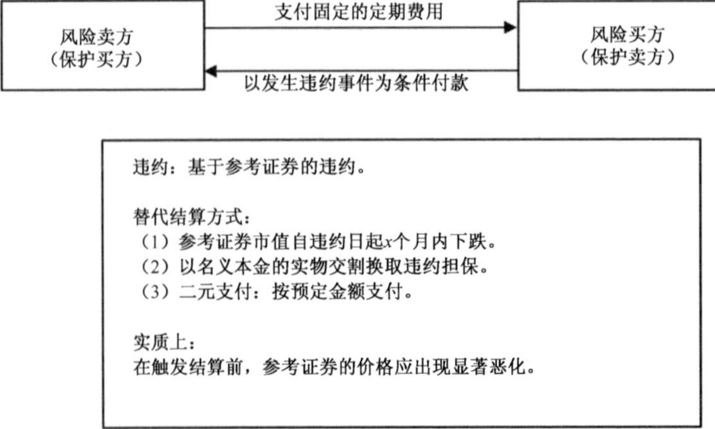

图 21.3　单一标的信用违约互换

信用违约互换通常包含一个重要条款，以此确保信用违约不是由微小的、非重要的或阶段性的事件触发的。重要性通常被定义为在明显的信用违约事件发生后的预设时间段内，根据经销商的调查，价格出现了显著下降。如果确实出现了违约事件，那么其经济影响将反映在参照证券的价格变化中。信用违约互换类似于贷款担保，实际上使用的可能是与贷款担保相同的定价方法。

另外，还有一种方法可以用来分析信用违约互换，即将其视为资产互换。资产互换很简单，只要双方能够就信用事件的定义达成一致，信用违约互换就很容易安排。

21.2.2 合成担保债务凭证

在合成担保债务凭证中，经理不购买实际债券，而是通常与第三方签订多个信用违约互换协议，从而对一系列公司发行的未偿债务形成合成敞口。随后，为持有这些风险敞口而成立的特殊目的公司，会发行由信用违约互换而非任何实际债券支持的金融工具。合成担保债务凭证的发展改变了信用衍生产品市场，使这一细分市场在不具备债券或其他现金债务工具可用性的情况下得以增长。如图 21.4 所示为合成担保债务凭证的基本示意图。

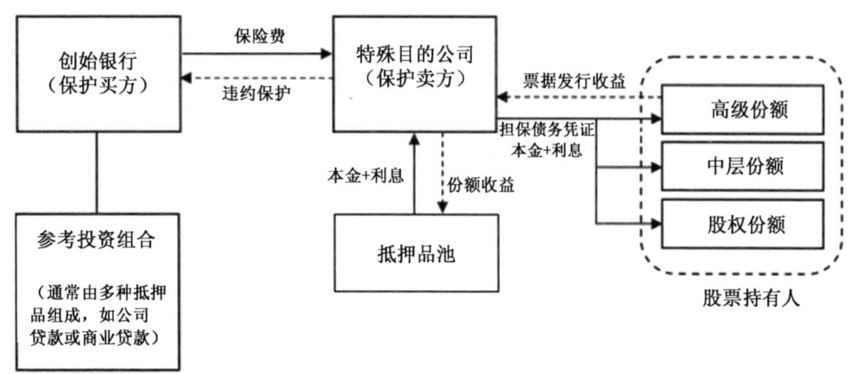

图 21.4 合成担保债务凭证的基本示意图

来源：作者汇编。

21.2.3 总收益率互换

总收益率（TROR 或 TR）互换是一种双边金融合约，在该合约中，资产在持有期间的全部收益被交换为其他现金流。它与信用违约互换的不同之处在于，信用违约互换是特定于信用事件的，而总收益率则不论是否出现违约都要交换现金流。总收益率互换的示意图如图 21.5 所示。总收益率互换的作用是在不实际出售资产的情况下，完全消除资产的经济风险。

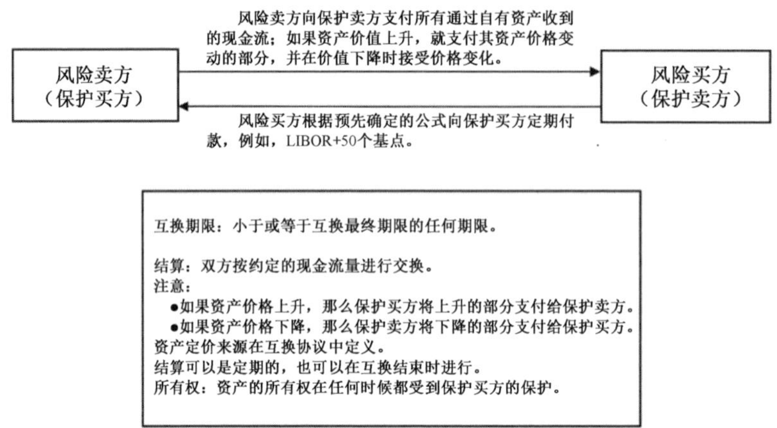

图 21.5　总收益率互换的示意图

21.2.4　信用关联票据

如图 21.6 所示为信用关联票据的结构。在信用关联票据中，我们需要设立一个特殊目的载体，用来发行票据或权证。所获得的收益将用于投资，以此获得风险买方寻求的与保护金额相等的现金抵押品。抵押品的收益和风险卖方支付的费用都被转移给投资者。如果出现违约，那么现金抵押品将被清算，以满足风险卖方的要求，剩余收益则会被分配给投资者。

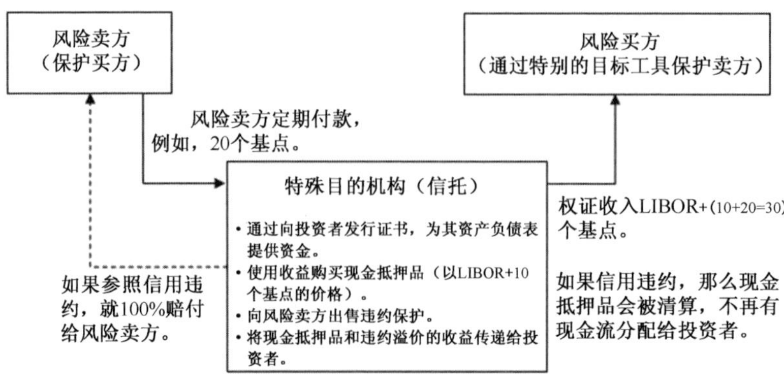

图 21.6　信用关联票据的结构

21.2.5 指数互换

指数互换是债券和信用期权的组合。债券息票支付或本金支付都将根据信用期权的条款重新计算。例如，假设一家金融公司为了运营融资而发行了一种固定利率债券，信用期权就可以设定为：全国的逾期贷款每增加 y %，适用的利率就会降低 x 个基点。因此，如果消费者债务拖欠率提高，那么该公司就不必继续偿还高额贷款，相当于它以信用期权的形式购买了保险。在发行信用衍生产品的背景下，指数互换通常被视为一种以信用池为参考的互换。我们通过图片总结了指数互换，如图 21.7 所示。

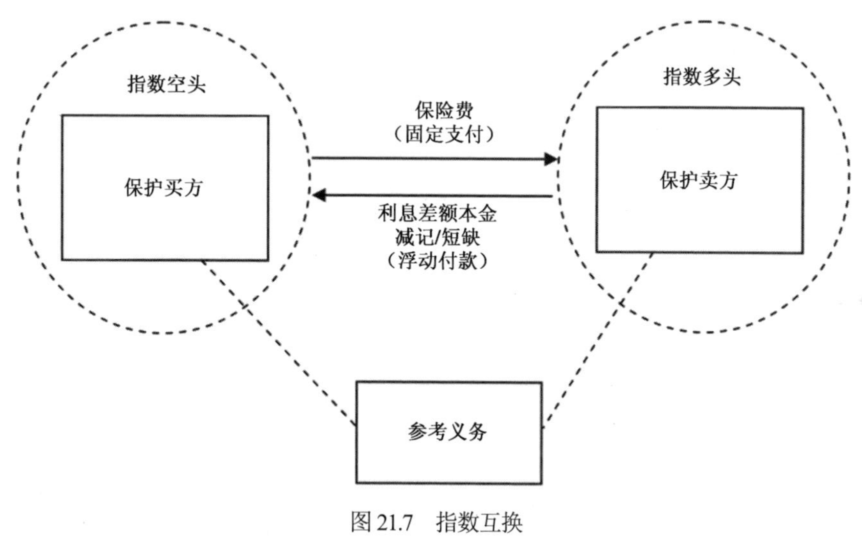

图 21.7 指数互换

来源：Wachovia Capital Markets LLC（2007）。

21.3 信用衍生产品对风险卖方的作用

银行通过发放贷款和提供其他配套的信用市场服务来获取利润，这不可避免地使银行处于信用风险多头的位置。正如 Masters（1997）指出的：

贷款、银团贷款、衍生产品中介、承销、做市、信用增强等信用功能为银行和金融机构带来了系统性的信用风险。过去，积极地管理信用投资组合是不可能的，因为你不能做空一笔贷款，而且贷款没有回购市场。同样地，你也不可能在不撤出业务的情况下售出该项业务的集中化风险。而现在，投资组合经理拥有一套量身定制的信用风险管理工具。随着流动性的增加，我们可以完全逆转、改变或优化我们的信用风险配置。从信用周期的角度来看，展望未来对我们来说是极具价值的。

投资组合多元化是银行买卖信用衍生产品的一个最常见的动机。银行的贷款组合的风险-收益特征可以由以下 2 个参数表示。

- 预期收益：根据净利差和预期贷款损失计算得出。
- 意外损失：根据可能遭受的最大可能损失计算得出。

预期收益取决于利差和信用损失，其中信用损失可根据违约概率和回收率进行计算。意外损失的计算则基于多个信用共同违约的假设进行[1]。意外损失还通常与信用违约的相关性有关。预期收益与意外损失之比构成了贷款组合的指标，类似于股票的夏普比率（预期超额收益与无风险利率之比除以标准差）。提高夏普比率可改善投资组合的预期表现。以下 2 种策略均可以实现这一目的。

- 减少投资组合中当前收益相对较低，但意外损失较高的资产。
- 增加其他对夏普比率有积极贡献的资产。

到目前为止，银行只能通过买卖贷款来实施这 2 种策略。虽然贷款销售市场已经存在，但它更加适合长期投资者，而不是那些希望根据信贷走势进行投机的交易员，或是那些希望塑造投资组合的投资组合经理。然而，如果利用信用衍生产品，这些策略就很容易就能实现。银行不再需要通过建立关系/贷款组织的基础结构来获得风险敞口。此外，承诺风险的对冲和期限风险的选择性对冲等一些风险降低策略，并不能通过出售或购买贷款来实现[2]。

信用衍生产品允许银行利用不同类别资产的定价差异、地理位置、期限结构和投资者类型等进行套利，例如，超过 13 个月期限的短期资产定价就存在差异。同样，不同评级机构表现出的不同理念带来了套利机会，如在进行信用评级时，穆迪会同时考虑违约概率和预期回收率，而标准普尔更注重违约概率。根据 Masters（1997）的说法，过去这些差异要么是有趣的，要么是令人沮丧的，但银行对此无能为力，因为它没有办法执行短线交易。信用衍生产品的出现为银行提供了这些可能性。

信用衍生产品使银行能够以较低的风险放贷，这往往会增加银行业的流动性。当银行知道它们可以出售这些贷款的利息时，它们就会愿意向客户发放更多的贷款。

---

[1] 意外损失也可以通过使用违约概率的“高”估计和回收率的“低”估计向上调整。因此，意外损失不仅受到违约风险与其他资产的相关性的影响，还受到对无条件违约概率和收回概率估计的无知程度的影响，这些都是需要理解的微妙但极其重要的要点。

[2] 可通过阅读第 17 章至第 20 章来了解投资组合管理中使用的方法，包括如何设定贷款投资组合优化策略。

在某些情况下，尽管银行此时愿意向某些行业或某些客户提供贷款，但是在这些客户没有找到可靠的途径来分散风险之前，它们是不会被银行考虑的。从银行的企业客户的角度来看，信用违约互换大大增加了从银行借款的可能性。

信用衍生产品正在以多种方式改变市场。信用衍生产品的一个优点是具有保密性。拥有风险资产的投资者可以在债务人不知情的情况下获得信用风险保护。如果银行决定使用第三方信用，那么风险买方也不需要知道债务人的身份。例如，一家向韩国 ABC 公司放贷的银行可以制订一种信用衍生产品，其违约条款规定的标的可以是韩国主权债务，而非 ABC 公司的债务。只要韩国主权风险与潜在风险之间的基准风险是可以接受的，那这样做就是可行的。与此同时，随着市场的发展和价格的公布，市场参与者可以获得更多的公司信息。在信用评级机构的信誉受到许多观察人员质疑之际，信用互换交易的价格可以为市场参与者提供有价值的信用信号。

银行可以根据其对风险的承受能力和为转移信用风险支付的价格，选择不同的覆盖范围。例如，通过定制信用衍生产品，使该信用衍生产品只覆盖部分名义本金或只在部分风险暴露期限内有效，或者在发生违约时将回收率设定为 0%～100%。

合约的文件往往比较简单，因为文件越复杂，在索赔案件中发生纠纷的可能性就越高。根据 Masters（1997）的说法，建立一个信用衍生产品只需要几个小时，但建立一个银团贷款需要花费大量时间来协商和完成。因为信用衍生产品市场是一个新市场，所以有机会实现文档标准化。这不仅会促进交易的进行，也会降低交易成本，并且使信用衍生产品成为一种成本效益非常高的机构之间进行风险转移的方式。

21.4 信用衍生产品对风险买方的作用

风险敞口的买方可以直接承担信用风险，不必为贷款融资或具备任何发起能力，这就相当于购买了一个信用期货或信用期权。一些实体在某些行业或某些国家拥有独特的信用监控资源，这是其他参与者不具备的优势，它们可以利用这一信息优势成为风险买方。

信用衍生产品是一类特殊的事件衍生产品，因为它们根据某类事件订立现金流合同，而这一事件的发生与否具有不确定性。即使是非金融公司，只要它们关注供应商和客户的偿付能力，就会发现信用衍生产品的好处。公司还可以利用信用衍生产品从自身资本结构的定价差异中获利。例如，如果一家公司的优先无担保债券比有担保债券的定价更低，那么它就可以购买其优先无担保风险敞口，并且做空其有担保风险敞口。

合成担保债务凭证创造了前所未有的投资机会。因为投资担保债务凭证的信用评级通常高于基础债券的信用评级，所以它们为投资者提供了新的机会。此外，监管或投资标准会限制许多投资者的投资选择。一些投资者可能无法购买担保债务凭证的基础债券，因为这些债券的信用评级较低。不过，他们可以从债券池中购买评级更高的担保债务凭证。类似地，尽管一些受监管的投资者如银行和保险公司可以购买基础债券，但由于受到信用评级的监管，它们不得不支付高额资本费用。信用评级较高的担保债务凭证具有较低的资本支出，使得它们在交易中更具有吸引力。

信用衍生产品在过去 10 年中的增长速度充分表明了其用途的多样性。

21.5 信用衍生产品的应用

信用衍生产品是金融市场朝着一个方向稳步发展的结果，它们的产品更多地是由其所发挥的经济功能而不是由其销售机构决定的。过去，银行一直被认为是信用风险的评估者，现在仍然如此。它们不仅评估信用风险，而且承担信用风险。

在住房抵押贷款市场，GNMA、FNMA 和 FHMLC 制定了统一的承销和文件标准。这使得独立的实体既能作为抵押资产的发起人，也能成为抵押资产的投资者。同样的情况在商业贷款和国际贷款市场上并没有发生，在这些市场上，贷款标准化只是极个别的情况，而不是强制的规则。银行可以定制自己的贷款，但它们担心通过出售贷款来释放产能会危及它们与客户的关系。信用衍生产品则为银行提供了一种不引人注目的方式来减少或增加信用风险敞口。

当然，信用衍生产品产生的前提是存在自愿的买方和卖方，以及市场出清的价格，即这一交易可能达到的买卖价差。市场的买卖价差可能非常大，通常需要一定的时间才能找到交易对手并达成协议，但现在市场的深度已经变深了许多，流动性也在增加，因此，信用衍生产品有可能帮助银行平衡它们相互冲突的目标——集中化的目标（通过领域集中在信用评估管理中获得比较优势[1]）和分散化的目标。

出售这些产品的投资银行，可以为企业贷款主管或银行投资组合经理提供产品，或许这是历史上第一次。由于信用衍生产品可以消除交易的全部或部分信用风险，所以银行及其监管机构已开始学习不但在单个交易层面，而且在投资组合层面认识

[1] 这一术语因赫克歇尔-俄林（Hechscher-Ohlin）定理而闻名，该术语认为，当一个国家生产的产品在成本和质量上具有优势时，其与其他国家在进行贸易时的经济利益将最大化。

信用风险。监管机构现在可能会允许银行使用内部模型来推导由信用风险带来的风险价值，然后根据风险价值计算监管资本。

银行可以买卖风险保护，也可以充当中间人。它们可以运用自己独特的风险评估能力，利用信用衍生产品来增加收入，而不必直接为贷款提供资金。银行还可以以此摊薄其信用分析基础设施建设的固定成本。最终，银行可能会将自己划分为纯粹的信用风险承担者和纯粹的贷款资金提供者。

良好的信用是一种宝贵而稀缺的商品。债务人总是试图以尽可能低的成本和对自己的信誉影响最小的方式借钱。特定目的子公司和附属金融公司，是为母公司客户提供信贷的 2 种全资子公司结构，旨在为债务人管理信用风险。第一种以公司形式为母公司提供债务隔离；第二种则是通过只在借款公司的资产负债表上存放高质量的金融资产来最小化借款成本，从而使子公司能够进入低成本的商业票据市场。我们可以回顾一下，在 20 世纪 80 年代，Chrysler Financial 因为具有高质量的资产得以进入商业票据市场，但是它的母公司 Chrysler Corporation 正在面临财政困难。福特（Ford）和通用汽车（General Motors）则是更近一段时间的例子，它们的融资部门继续拥有高等级资本市场的准入权，但是其母公司的债务评级则急剧下降。

贷款人与借款人之间总是存在不言而喻的较量，贷款人想要在给定的贷款条件下获得最大限度的保护，借款人想要以最少的资源负担获得资金。信用衍生产品的出现极大地促进了这 2 个目标的实现。即使贷款达成，借款人和贷款人也可以更容易地购买信用。企业借款人可以在无须增加或偿还债务的情况下微调其债务结构，还可以对冲未来借款成本的信用风险溢价。

21.6 信用衍生产品并不是完美的

毫无疑问，信用衍生产品市场给资本市场带来了许多好处。然而，在带来了如此多好处的同时，它们也会带来一些意想不到的结果，这些结果不一定是积极的，并且需要加以管理。在当前的市场动荡中，引起关注的问题之一是借款人与最终贷款人之间的距离。有人指出，这是结构化金融市场[1]和信用衍生产品市场出现问题的原因之一。当事情进展顺利时，成为公司治理的“积极分子”是银行所担任的传统角色。银行坚持要求更换首席财务官（CFO）或要求增加重组专家并以此作为再融条件的情况并不罕见。当公司破产时，银行处于后续相关决策的中心位。然而，在

[1] 请参阅第 24 章，了解更多有关证券化的讨论。

今天的市场中，多家银行同时拥有一家陷入困境的公司的风险敞口，并不一定意味着它们能“利益攸关，风险同担”（Lubben，2007）。如果它们不能共担风险，那么它们在这一组合中就可能引发道德风险。

安然公司的破产似乎就是一个典型例证。摩根大通、花旗集团等大型银行为安然公司提供了数十亿美元的贷款，但是几乎没有证据可以表明，这些银行在安然公司的信用开始下滑的前后进行了充分监管。安然公司的事件可能并不容易理解，更不用说 Coral 公司了，但看起来银行确实愿意为它们提供更多的贷款，并在它们的信用开始恶化时袖手旁观，因为它们利用信用衍生产品出售了大量风险敞口。

另外，信用市场中的一些主要参与者持有不同的观点，尤其是对冲基金。对冲基金与银行非常不同，它们通过信用衍生产品购买贷款。对冲基金不是关系贷款人，因此它们很少关心公司经济状况的复杂性或细微差别。此外，它们通常采用多种交易策略，并且可能会在使用信用衍生产品购买公司信用风险的同时做空公司股票。它们也可能会操作信用的期权和权证，在某些情况下，这意味着它们有动机破坏公司价值，因为它们的交易头寸得益于信用价值的下降。发生这一事件的频率难以确定，尤其是在大多数对冲基金不会披露其交易头寸和策略的情况下。

一个“臭名昭著”的例子是高塔汽车公司（Tower Automotive），该公司为汽车行业提供卡车车架。2004 年，高塔汽车公司通过摩根大通和摩根士丹利（Morgan Stanley）贷款了大约 5.8 亿美元（Sender，2005）。在财务状况恶化之后，高塔汽车公司试图从同一集团的贷款机构中获得额外的贷款。新贷款要求高塔汽车公司现有的贷款人释放部分抵押品并降低利率。显然，摩根大通及其牵头的银行集团愿意做出让步，以此保住高塔汽车公司的生存能力。但对冲基金参与者不同意，也没有提供新的贷款，于是 2 个月后，高塔汽车公司申请破产。据《华尔街日报》报道：“一些银行认为是对冲基金导致了高塔汽车公司提出破产申请，从而使它们的空头头寸（股票）价值更高。”（Sender，2005）

信用违约互换是场外衍生产品，不受监管，这意味着我们很难了解任何单个交易的具体细节。更严重的问题是，参与者之间的互换交易非常频繁。对于借款人而言，它们很难知道为其提供贷款的银行是委托人，还是仅是贷款的“代言人”。在情况开始恶化之前，它们没有办法知道谁参与了这笔贷款的交易。正是这一原因改变着贷款业务的整个性质。

信用衍生产品也引发了系统性的担忧。信用衍生产品带来了更多的参与者、不同的观点，以及频繁使用的杠杆头寸（尤其是对冲基金），这意味着市场的运作可能是由一些相对较小的事件触发的。正如我们在 2007 年夏季看到的那样，人们争相解除大量相互关联的合约，这无疑是这些因素产生作用的后果。

最后，虽然总体上信用衍生产品对信用风险的定价能够起到积极的影响，但在市场上也出现了一些定价问题。信用违约互换市场还不够成熟，除少数主要信用产品外，有心的玩家很容易就能达到自己的目的。因此，信用违约互换的定价常常超出了基础现金工具的定价范围。随着时间的推移，这种情况会减少。但是对于对冲基金和其他寻求套利机会的投资者来说，这是一个采取激进行为的机会。更麻烦的是与合成现金流担保债务凭证相关的定价。事实上，担保债务凭证经理可以创建一种担保债务凭证并为其定价，这样它就可以"市场价格"获得担保债务凭证的每个部分，然后支付自己、法律顾问、评级机构，以及为担保债务凭证融资所需的信用市场利差，并且仍能留有剩余利润，这表明一些有悖于正常经济理论的事情正在发生。这是近年来增长最快的活动之一，这一事实可能让人得出这样的结论：在这些市场中，存在某种形式的"结构性套利"。这可能是众多投资者所处的监管环境导致的，也可能是大多数投资者都是在"投资筒仓"中行动这一事实造成的，后者限制了投资者在不同投资类型之间转移的能力。然而，一些观察人员认为，进行大部分分析的投资银行创建了一个只有它们自己能理解并能从中受益的复杂系统。

21.7 信用衍生产品的监管观点

信用衍生产品为信用风险及信用风险管理提供了新的视角。正如期货和期权市场有助于价格发现一样，信用衍生产品也有助于进行有效的信用定价，并且提供自由竞争的市场能带来的好处。例如，信用衍生产品使理解信用溢价的期限结构成为可能。

因此，监管机构对信用衍生产品市场的发展持关注态度并不奇怪。同时，由于信用衍生产品是非现金表外工具，所以它们有可能增加系统风险。监管者既将信用衍生产品市场的发展视作机遇，也将其视作挑战[1]。目前，对信用衍生产品的监管意见可以概括如下。

■ 提供担保的银行应将其视为直接的信用替代品（将其体现在资产负债表上），并百分之百转换为名义等价物。监管机构认为，银行提供贷款担保

[1] 根据 2002 年 9 月 25 日艾伦·格林斯潘（Alan Greenspan）主席在英国伦敦兰卡斯特宫的讲话，"从具有较大短期杠杆的金融机构到保险公司、养老金基金等其他公司，包括安然、环球电讯、铁路、世通和瑞士航空，信用衍生产品似乎已经有效地分散了近几个月来由于违约造成的损失。" 英国金融服务管理局即将卸任的负责人霍华德·戴维斯（Howard Davies）称，合成抵押违约债务是"金融市场中最致命的风险"。

等同于银行将贷款直接记在账簿上。

- 对于风险保护买方而言，只要标的资产与参考资产属于同一法人实体的义务，那么在破产时就具有相同的破产求偿优先权，并适用于相互交叉违约条款，此时标的资产才被认为是为了资本目的而被担保了。基差风险指的是标的资产与参考资产之间的关系，是监管机构关注的问题。虽然这是一种真实的风险，但基差风险对银行来说不是什么大问题。在大多数情况下，参考资产是一种公开交易的证券，其交易流程很容易获得，但有一种风险是参考资产无法追踪对冲的真实风险。
- 如果担保人是经济合作与发展组织成员国中的银行，或者由高信用评级的交易对手（AAA 级、AA 级）提供担保，那么标的资产就会被划分到 20%的风险类别中。如果担保人是经济合作与发展组织成员国银行以外的机构，那么作为信用评级较低的实体，它会被划分到 100%的风险资本类别中。这意味着无论银行的信用状况如何，监管机构都将受监管的银行视为优秀的信用交易对手。《巴塞尔协议 II》的监管变化使非银行风险保护卖方对银行来说颇具吸引力，并推动了信用衍生产品市场的快速发展。实际上，许多 AAA 级的保险公司会比高杠杆的银行更强大。

尽管审查人员更加关注能够降低资产集中度的信用衍生产品担保，但出于报告的目的，此类担保的存在不被认为会降低资产集中度。例如，如果一家银行在某国有集中的贷款业务，并且购买了一种信用衍生产品来保护这个头寸，那么监管机构会注意到这一事实，但仍然会认为该银行在那个国家存在贷款集中的问题。

21.8 信用衍生产品的信用风险

21.8.1 交易对手风险

当一家机构将风险敞口出售给另一家机构时，它实际上是将标的资产的违约风险转换为交易对手和标的资产的共同违约风险。显然，如果二者中只有一个发生违约，就不存在信用风险。二者共同违约的概率取决于每一方违约的边际概率及 2 种违约概率之间的相关性，即[1]

[1] 关于这种关系的推导，见 Lucas（1995）的研究。

$$P(A\cap B)=\text{Corr}(A,\ B)\times[P(A)(1-P(A))]^{1/2}\times[P(BI)(1-P(B))]^{1/2}\times P+P(A)\times P(B) \quad (21.1)$$

式中，A 为标的债务人违约；B 为担保人或风险保护卖方违约；$P(A\cap B)$为二者同时违约的概率；$P(A)$为标的债务人违约概率（假设服从二项分布）；$P(B)$为担保人违约概率（假设服从二项分布）；$\text{Corr}(A,B)$为 A 和 B 两个事件之间的相关性。

虽然式（21.1）很简单，但必须记住，我们很难对 $P(A)$和 $P(B)$做出可靠的估算，更难以获得 A 与 B 之间相关性的可靠估算（这是 2 个量的乘积，相当于对不确定性进行平方）。如果 2 个违约事件是独立的，那么相关系数就为 0，在这种情况下，购买信用风险保护将使损失概率从 $P(A)$降到 $P(A)\times P(B)$。但是，一般来说，担保人与标的资产之间总会存在某种程度的相关性，例如，它们都处于同一国民经济环境中。

Lucas（1995）报告了不同评级债券的 5 年期违约相关性，如表 21.2 所示，表格仅供说明之用。在使用这一相关性时，不仅需要考虑 2 只债券的信用评级，还要考虑其他影响价值的因素，如地理位置、行业和规模等。

表 21.2　5 年期违约相关性

评级	Aaa 级	Aa 级	A 级	Baa 级	Ba 级	B 级
Aaa 级	0					
Aa 级	0	0.00				
A 级	0	0.01	0.01			
Baa 级	0	0.01	0.01	0.00		
Ba 级	0	0.03	0.04	0.03	0.15	
B 级	0	0.04	0.06	0.07	0.25	0.29

来源：经机构投资者股份有限公司许可，转载自 Lucas 刊登在 *Journal of Fixed Income* 上的文章 *Default Correlation and Credit of Analysis*。

21.8.2　风险模型

大型金融机构会使用内部模型来衡量市场风险，如风险价值模型。通常，这些模型被用来预测利率的期限结构，并且对证券价格变动的统计过程进行一些假设。风险价值包括反映在证券价格中的信用风险。风险价值模型本身可能会受到批评，因为驱动这种衡量方式的波动率很难预测。当面对的是违约事件建模而不是违约率建模时，风险价值模型的结果通常不会令人满意。与利率或股价变动不同，违约的发生会显著改变债券的价值。CreditMetrics 模型的先进性在于，它认识到通过信用评级迁移，以及由此产生的各评级对应的价值构建信用风险资产回报波动性，或许更为合理。尽管对风险价值的看法发生了改变，但是在 CreditMetrics 模型当前的发展状态下，我们只能提供一种对风险敞口的“近似”观点——我们强调“近似”一词，因为它内置的假设使它必须不断检查输出结果。此外，CreditMetrics 模型不会解决风险敞口问题。不过，CreditMetrics 模型这样的工具能够帮助我们通过信用衍生产品管理投资组合。

21.9 信用衍生产品的估值

一般而言，影响信用衍生产品内在价值的变量与用于评估信用风险资产的变量是相同的。以下是可能用于进行内在价值计算的部分变量。

- 标的信用和风险保护卖方的可能违约概率。
- 违约概率的悲观值。
- 标的信用和风险保护卖方的共同违约概率。
- 违约时间。
- 回收率分布。
- 成本分布。
- 资产的优先等级。
- 回收时间。
- 利率。
- 预付款概率分布。
- 定价基准（包括固定的和浮动的）。
- 摊销结构。
- 第一损失水平（用保险的术语来说，就是“可扣减的”）。
- 违约、预付款、回收率三者之间的相关性。

基于对这些变量的假设，我们可以采用概率现金流的方法来计算内在价值。将使用这种方法计算得到的内在价值与当前的市场利差进行比较，就可以估计出风险保护的成本。用来计算的方法可以是具有确定性的（例如，场景分析），也可以是具有随机性的（例如，蒙特卡罗模拟）。场景分析的局限性在于，计算过程遵循分析人员设定的有限数量的路径。而在蒙特卡罗模拟中，变量值不是预先设定的，而是从分布中抽取的，使得计算过程可以在更多的路径上执行，并且得出的是输出结果的可能范围，而不是点估计值，具体见 Trigeorgis（1996）的研究对解决此类问题的标准数值程序的总结。

21.10 目前的定价实践

虽然信用衍生产品以不同的形式存在了很长时间，但它们目前的形式还相对较新，定价方法仍在不断发展[1]。此处我们将基于 1997 年收集的信息描述从业者的做法。如今，信用衍生产品的定价是以资产互换为基础的，这是因为资产互换是信用衍生产品的紧密替代品。让我们思考一下原因。

资产互换是由固定收益证券和利率或货币互换组成的一篮子计划。它是利用互换和期权市场的价格发现而构建的，用以剔除证券中非信用部分的影响。例如，一旦一个固定收益证券与一个为了消除利率和外汇风险的互换交易捆绑在一起，它就变成了一个纯粹基于信用的产品，这样就可以将其与现有的投资选择进行相对价值比较。

例如，当前投资于美元和基于 LIBOR 的投资者可能会考虑使用一个最终现金流也是基于 LIBOR 的组合，如 XYZ 公司的欧元-英镑不可赎回债券（一种固定利率的英镑证券），与价格为 8.875 的固定英镑和与价格为 LIBOR+20 个基点的美元组成的货币互换这二者的组合。由此组合产生的现金流没有货币或利率风险，因为二者都被货币互换消除了。

让我们看看交易是如何进行的。最初，货币互换的收益用于购买 XYZ 债券。购买 XYZ 债券的汇率与货币互换到期时的本金兑换率相同。假设风险包括 XYZ 债券的信用风险和互换的交易对手信用风险，通过购买这个组合，投资者就购买了 XYZ 债券的风险敞口。这与卖出看跌期权的效果相同，即承担违约风险以换取信用利差。区别在于：①资产互换的买方已经拥有了 XYZ 债券，而衍生产品的卖方没有；②资产互换的买方具有信用或有利率和外汇汇率，因为如果债券违约，那么互换买方通常需要终止互换对冲，这将使买方蒙受损失。这 2 种情况都不存在利率或汇率风险。

假设小银行想买看跌期权，即从大银行购买信用保护，那么信用衍生产品的定价设置可以从资产互换的定价开始。看跌期权的买家（如小银行）希望摆脱 XYZ 公司的风险敞口，而这些风险敞口现在由大银行承担。大银行可以通过购买一种组合

[1] 内在价值和价格不是一回事。前者是对物体价值的估计，后者是人们愿意为物体支付的价格。

的 XYZ 债券来承担这种风险，这个组合可以是一只固定利率债券和一个利率互换的捆绑，这个互换将资产转换为基于 LIBOR 的浮动利率工具（因此只需要承担纯粹的信用风险，而不需要承担市场风险）。假设这个资产互换相对于 LIBOR 的价差为 50 个基点，请注意，这种利差是对由市场定价的 XYZ 债券纯信用风险的补偿，由于机构以市场价格作为推导无套利价格的基础，所以内在价值此时不计入计算范围。无套利定价（也称单一价格规则）规定在其他条件相同的情况下，看跌期权与资产互换等价，因此看跌期权的定价也应该是 50 个基点。

然而，信用衍生产品的支付将高于资产互换，因为在发生违约事件时会出现清算风险（无论多么低），而当大银行希望彻底退出并且关闭头寸时，不确定性会变得更高。如果小银行终止合同的价格没有吸引力，那么大银行就必须寻求其他方式来弥补其风险敞口。出于这个原因，出售看跌期权的大银行会增加一笔溢价，如 25% 的风险价差。此时，信用衍生产品的定价就变为 62.5（50+25%×50）个基点。

当交易对手出售风险保护的风险不成问题时，这种做法是适用的。但是，如果卖出期权的卖方（如没有发展前景的银行）被认为拥有更大的风险呢？在这种情况下，小银行可能不想购买看跌期权，因为当违约发生时，没有发展前景的银行可能无法履行职责。为了降低这种风险，小银行将要求现金抵押，这时与信用挂钩的信用关联票据就产生了。通过使用这种工具，没有发展前景的银行向小银行提供现金抵押品，作为交换，它将获得代表小银行风险的额外溢价，如 10 个基点。这一交易的最终结果是，没有发展前景的银行能获得小银行高于 LIBOR 的 72.5（50＋12.5＋10）个基点的回报。当看跌期权的到期日没有被行权时，没有发展前景的银行既承担了 XYZ 债券的风险，也承担了小银行的现金抵押品返还风险。

在应用这一方法时，我们应该区分投资级信用和非投资级信用。对于投资级信用，因为纯粹的信用利差已经相当小了，所以在计算对流动性不足和期限结构的补偿时使用了更大的乘数，如在上面的例子中使用的 50%。在市场上可以观察到的信用利差期限结构（见表 21.3），有助于验证定价方法的有效性。

表 21.3　2006 年 12 月的信用利差期限结构

种类	1 年期	2 年期	3 年期	5 年期	7 年期	10 年期
A1 产业	38	36	51	67	57	70
A2 产业	40	37	53	69	59	73
A3 产业	52	50	66	80	72	84
BBB1 产业	62	59	73	88	83	103

来源：Bloomberg。

对于非投资级信用来说，信用利差已变得较大，而非流动性溢价和期限结构溢价并没有按比例增加那么多。当信用利差为 250 个基点时，其违约互换价差可能会是 300 个基点（上浮 20%）。随着到期期限的增加，增加的幅度就会变得越大。在短期（例如，1年）内，流动性不足的问题不是很严重，但是对于长期而言，流动性不足就变得十分重要。这些信用很难定价，因为没有期限结构可以观察，只能靠猜测。非投资级违约互换一般为 1 年期至 3 年期，而投资级违约互换的期限可能更长，最长可达 10 年期。一般来说，信用违约互换价差通常比现金价差更小。因此，基准是由现金与衍生产品市场之间的供求关系驱动的，而不是由任何基本价值驱动的。

创新的另一个层次是第一次违约互换，假设一篮子信用中有 A、B、C、D 四种类型，互换利差分别为 30 个、35 个、40 个和 50 个基点，资产互换利差加起来总共为 155 个基点。如果 4 种信用高度相关，那么使用一个较低的百分比就可以求得价格。例如，投资者可以使用 15%，得到 155×15% ≈ 23 个基点。如果信用之间不相关，那么使用更高的比例，如 75%，可以得到的价格约 116 个基点。这一切背后的原因是，如果风险是相互关联的，那么投资者预计违约将来自于单一的潜在原因；如果风险是不相关的，那么违约可能来自 4 个不同原因中的任何一个，后者的风险会更大。在这种特殊情况下，相关性对信用结构是有利的。

细心的读者可能会发现，信用衍生产品的定价依赖基于市场的信用利差数据的可获得性。如果所有资产都按市场价值进行计算，那么几乎可以肯定的是，信用衍生产品将被广泛地使用。如今，大多数信用风险资产并不是按市场价值计价的，但指数化（例如，将消费者投资组合的违约与地区失业率挂钩）使信用衍生产品的使用成为可能。

到目前为止，对受利率风险影响的债务工具定价进行的理论研究，远多于对信用评级和利差均随机的资产定价进行的理论研究。Das 等（1996）的研究对这些理论进行了综述，并且提出了一个在利率、信用评级和信用利差均为随机条件下的信用敏感型债务工具定价模型。随着信用衍生产品被广泛接受，定价方法也得以发展，能够用来处理违约和信用质量迁移等问题。

希望利用信用衍生产品降低信用风险敞口的机构，应该尝试回答以下几个基本问题。

- 交易真的能降低信用风险吗？信用事件和时间框架是否以合理的方式与标的信用挂钩？交易对整个投资组合来说有意义吗？
- 这些数字相加了吗？这些关于世界未来状态的假设是否与历史经验相符，是否有可靠的理由进行支撑？在分析时是否正确处理了资产的信用风险和市场风险？价格是合理的吗？
- 交易对手风险是否可以承受？交易是否具有流动性，以便在其生命周期内完成交易？

信用衍生产品应受到与其他衍生产品一样的评价。重要的是，机构应该能够独立地进行判断，而不是简单地接受中间机构的建议。毕竟，在所有金融市场数据中，有关违约、回收率和违约相关性等的信用数据通常是最不完善的数据。在定价方面，机构应仔细审查这些数据是否适用于该机构现有的信用衍生产品。定价模型应根据实时数据进行校准，并且进行彻底的压力测试，以此揭示交易产生的财务影响。

原书参考文献

Benson, T. 2007. Tom Benson, JPMorgan Chase, interviewed by authors.

Board of Governors of the Federal Reserve System, 1996. Supervisory Guidance for Credit Derivatives SR 96-17（GE）. Washington, D.C.

Cockerell, H. 1984. Lloyd’s of London: A Portrait. Homewood, IL: Dow-Jones Irwin.

Das, S. R., and P. Tufano. 1996. Pricing Credit-Sensitive Debt When Interest Rates, Credit Ratings and Credit Spreads Are Stochastic. Journal of Financial Engineering 5, no. 2: 161-198.

Greenspan, A. 2002. Remarks by Chairman Alan Greenspan at Lancaster House, London, U.K., September 25.

Irving, R. 1996. Credit Derivatives Come Good. Risk 9, no. 7: 23-27.

Lubben, S. J. 2007. Credit Derivatives & the Future of Chapter 11. Seton Hall Public Law Research Paper No. 906613, July 17.

Lucas, D.J. 1995. Default Correlation and Credit Analysis. Journal of Fixed Income 4, no. 4: 76-87.

Masters, B. 1997. Blythe Masters, JPMorgan, interviewed by authors.

Minton, B., R. Stulz, and R. Williamson. 2006. How much do banks use credit derivatives to reduce risk?. Ohio State University Fischer College of Business Working Paper Series, June.

Sender, H. 2005. Hedge Funds Shake Up Lending Area. Wall Street Journal, 18 July.

Trigeorgis, L. 1996. Real Options: Managerial Flexibility and Strategy in Resource Allocation. Cambridge, Mass.: MIT Press.

Usman, P. 2001. New Applications for Credit Derivatives. Working Paper, University of Queensland, June.

第 22 章　交易对手风险

信用风险是指交易对手对衍生产品合约违约时出现损失的风险。违约带来的损失等于合约的重置成本再减去回收的部分。重置成本表示在违约时对未来现金流的现值的预期。需要强调的是，只有同时满足交易对手违约，并且衍生产品合约对守约方的市场价值为正的条件时，信用损失才会出现。

——Global Derivatives Study Group，Group of Thirty

大多数衍生产品合约本质上都是高度杠杆化的。在期货市场上，人们可以对美国政府债券的全部价值进行投机，需要花费的只是在现货市场上购买该债券所需资金的一小部分。杠杆是对冲基金和其他机构经常使用的金融技术，这是一个强有力的工具，但如果使用不当就会增加风险[1]。交易对手风险可能是巨大的，事实上，因为这种风险过大，市场对参与者提出了严格的信用质量要求。尽管在全球衍生产品研究小组 30 人小组（Global Derivatives Study Group，Group of Thirty）给出的定义中，违约是信用风险评估中最重要的因素，但当债务人信用质量发生微小变化时，交易的信用风险也已经发生变化。在本章中，我们考虑了可用于分析与场外交易（OTC）衍生产品相关的交易对手信用风险的方法。与衍生产品的票据交换所和保证金相关的讨论，请见第 5 章。

在过去的 25 年里，无论是在有组织的交易所还是在场外交易市场，衍生产品的交易量都有了巨大的增长。美国商业银行 2001—2006 年信用衍生产品交易量，如表 22.1 所示。2001—2006 年，交易额增加了约 2 倍，名义金额超过 122 万亿美元。

虽然基于未偿清名义金额的信用衍生产品交易量看起来非常大，但重置成本（见表 22.1 最后一行）使我们对风险敞口的总体规模有了更准确的认识。根据这一指标，2001 年美国银行利率和外汇汇率合约的重置成本占互换合约名义金额的 2.33%

[1] 高杠杆率是位于康涅狄格州的对冲基金 Amaranth 倒闭所带来的结果，它押在能源衍生产品上的价值损失了 2/3。

（598/25646），2006 年的占比为 1.25%（1019/81328）。据 Chew（1996）估计，利率衍生产品的重置成本所占比率应为 0.6%～2.4%，外汇衍生产品的重置成本所占比率应为 1.1%～3.8%。

表 22.1　美国商业银行 2001—2006 年信用衍生产品交易量（单位：十亿美元）

	2001 年	2002 年	2003 年	2004 年	2005 年	2006 年
衍生产品总额（名义金额）	44905	55567	70098	85526	95615	122480
期货及远期合约	9335	11376	11400	11365	12056	14877
利率合约	5330	7380	7213	6520	7060	8535
外汇汇率合约	3864	3866	4079	4717	4828	6143
其他期货及远期合约[a]	142	130	109	128	168	199
期权合约	9924	11574	14613	17750	18856	26275
利率期权	8487	9898	12542	14950	15160	20515
外汇期权	764	911	1300	1734	2360	3273
其他期权合约[b]	693	766	771	1065	1336	2487
互换合约	25646	32617	44085	56412	64704	81328
利率互换	24402	31195	42107	54048	62299	78366
外汇汇率互换	1129	1304	1805	2155	2101	2484
其他互换[c]	115	118	172	208	303	478
项目	111	196	273	419	431	664
即期外汇合约	421	642	1001	2347	5822	9019
信用衍生产品 报告衍生产品的银行数量	369	447	580	684	838	917
利率和外汇汇率合约的重置成本	598	1118	1118	1268	1129	1019

[a]不包括原始期限为 14 天或 14 天以下的外汇汇率合约或期货合约。

[b]不包括资产少于 3 亿美元的银行。

[c]反映了基于风险资本要求的利率和外汇合约的重置成本。

来源：联邦存款保险公司（2007）。

22.1　衍生产品损失

过去 15 年里发生的一系列与衍生产品相关的灾难，加剧了人们对衍生产品的担忧，例如，日本的 Kahima Oil、美国的 Procter & Gamble 和 Gibson Greetings、德国的 Metallge-sellschaft、英国的 Barings Securities，以及 1998 年长期资本管理公司的倒闭等，这些公司都蒙受了巨大的损失，而衍生产品是20世纪90年代诸多倒闭事件的罪魁祸首。近期[1]的金融市场经历了 2001 年安然公司破产，2002 年爱尔兰联合银行（AIB）亏损7.5亿美元，2005年Refco公司暂停交易，2006年Amaranth公司亏损60亿美元，以及 2007 年贝尔斯登（Bear Stearns）公司关闭了 2 家对冲基金和股价大幅下跌等一系列事件。

通常，与衍生产品交易有关的损失的产生原因有以下 9 种。

- 管理监督不足。
- 使用模型评估风险。
- 套期保值技术不当。
- 预期外的市场走势。
- 风险相对资本过大。
- 欺诈。
- 模型输入的假设不正确。
- 缺乏多元化。
- 依赖单一交易策略。

此处提到的损失是指衍生产品交易未能达到预期的结果，而不是指一方在零和博弈中失利了。衍生产品的信用损失才刚刚开始显现。由于银行体系整体的信用质量都在下降，所以对于与金融机构进行的衍生产品交易的信用质量更不能掉以轻心。为了进行基于衍生产品的交易，交易对手必须建立 AAA 级的特殊目的衍生产品（Special Purpose Derivative Vehicles，SPDV）。在经过多年金融创新后，可以这样说，如今全球参与者面临的关键问题是，如何在单个交易层面和投资组合层面对信用风险加以控制。

当提及衍生产品风险时，通常指的是与使用衍生产品相关的所有风险。Banks（1997）提到了资本市场中的几种风险，如经营风险、法律/文件风险、资产或抵押品流动性风险、套期保值风险、主权风险、交易对手违约风险、市场风险、交割风险、头寸风险和临时风险（由于信用疲软而产生的额外风险敞口），这些风险也同样会出现在衍生产品上。然而，此处我们关注的是衍生产品的交易对手违约风险，包括由于衍生产品交易给交易对手带来的当前的和未来的风险敞口、风险概率、交易对手无法履行的即将到期的债务，以及违约后的回收程度等。

[1] 埃克塞特大学（University of Exeter）的 Roy Davies 教授编制了一份近期衍生产品“惨败”的清单。

22.2 交易对手信用风险的重要性

从多方面来看，信用风险的度量对于衍生产品市场来说十分重要，其中定价方面最为重要。只有通过合理的定价，我们才能确保企业在承担当前的和未来的交易对手信用风险时可以得到充分补偿。在定价过程中存在许多微妙的问题，例如，5年期固定利率支付的互换信用风险与 5 年期固定利率贷款的信用风险其实并不相同。首先，就贷款而言，借款人不需要进入市场5年，但就互换而言，借款人需要每 3～6 个月就将本金滚动一次，因为标的的融资每 3～6 个月就浮动一次。其次，贷款的本金和利息都存在风险，而利息互换的风险只涉及利息。此外，由于定期现金流是基于互换中 2 种利率的差额来确定的，所以它们的大小远不及贷款的利率[1]。再次，互换合约的违约需要以下 2 个事件同时发生：① 互换合约的一方处于困境；② 合约对另一方的价值为负（例如，欠另一方的钱）。最后，互换交易者可以更容易地将抵押品和信用触发条件加入互换交易。这些因素综合在一起，就可以影响适用的信用利差，在通常情况下，互换的信用利差要低于贷款的信用利差。

一旦了解了交易对手风险，我们就可以通过交易结构或对冲来降低风险。相较于使用标准化合约的通过交易所交易的衍生产品市场，银行在这方面具有独特的优势。与此相反，银行可以更灵活地满足借款人的需求。

为了留出适当的资本水平，并以此应对不利的情况，我们有必要了解交易对手风险。反过来，这又使我们能够在理性的基础上评估衍生产品业务的盈利能力。

在某些情况下，需要具有评估交易对手信用风险能力的独立第三方机构介入。评级机构经常扮演这个角色，它们的评级可以被视为对交易对手信用风险敞口的估计。交易者在与不报告财务报表的非上市公司或对冲基金等不受监管的实体打交道时，评级是有帮助的[2]。

[1] 货币互换的风险更高，尽管它往往保持不变。

[2] 一些评级机构开始对对冲基金的运营规模进行评级。

22.3 衍生产品风险敞口

对于衍生产品来说，风险敞口并不是简单的名义本金值，而是会随着金融变量假设的改变而变化。一般来说，风险敞口会被表示为当前敞口，是为现有交易对手找到替代者而付出的当前成本；潜在风险敞口是基于未来利率的变化得出的；风险敞口峰值是在最坏的情况下的重置成本，有时也被称为压力场景。为什么使用重置成本呢？在利率互换的情况下，合约要求在每个重置期交换现金流。现金流的大小可通过固定利率与浮动利率之间的差额乘以名义本金来表示。假设交易对手违约并申请破产，那么只有在交易对手欠钱时才会带来经济影响，因为在合约剩余的时间里，利率差对它不利。此时，交易对手无法再履行其承诺，因此必须找到一个替代品。如果利率有所变动，那么替代成本需以当前的利率差和对利率的预期为基础来计算。需要重点注意的是，对这一风险敞口的评估受到许多外生变量的影响，而这些变量是无法被预先确定的。

衍生产品信用风险还有一个关键特征，即它可能是非线性的。例如，如果你购买了一个利率上限合约，那么交易对手的信用风险会随着利率（超过上限）的增加而增加。然而，如果利率低于上限，那么交易对手风险就为零[1]。对于场外看涨期权的持有者来说，当前的风险敞口等于当前的收益，但前提是期权是有价值的。如果期权没有价值，那么当前的风险敞口为零。

22.4 利率互换

介于利率互换交易双方之间的中介机构面临着风险，因为如果任何一方违约，中介机构就不得不介入，并且履行与未违约交易方的合约条款。如表 22.2 所示，违约对中介机构的影响由利率变化的方向和违约方决定。中介机构的风险敞口等于互换的重置成本[2]，或是在二级市场上出售未履约互换剩余部分所遭受的损失。重置成

[1] 在某些情况下，短期利率的上升可能会使收益率曲线趋平或反转，这预示着未来短期利率会下降。通常，这类行为会用来在估计风险的利率场景中建模。

[2] 重置成本是指以当前价格替换一项资产所需的成本。

本是通过模拟利率情景并预测风险方在此期间的净现金流量来确定的。重置成本的概念不仅适用于利率互换，也适用于货币互换、远期利率协议、利率上限和利率下限。利率变动的大小和方向需要根据利率的历史数据及其平均值和标准差，并且需要考虑利率模型、置信区间，以及时间范围等因素进行确定。

表 22.2　利率互换中的利率和风险敞口对中介机构的影响

利率环境	如果固定支付方（浮动接受方）违约	如果固定接受方（浮动支付方）违约
利率不变	无	无
利率上升	当找到一个重置成本更低的新固定支付者时，中介机构会获益	当未违约、尚未履约的固定利率互换的市场价值降低时，中介机构会受损
利率下降	中介会蒙受损失。损失与互换合约剩余部分的较低固定利率的价格上涨相对应	中介会获得收益。收益与未违约、尚未履约的固定支付互换合约的价格上升相对应

来源：Das（1994），作者在获得授权后复制。

我们用一个例子来阐明潜在损失的概念。假设一家银行与一家公司签订了一笔 1 亿美元的 5 年期互换协议，该银行将获得 10%的固定利率，并且需要支付 6 个月的 LIBOR。最初，风险敞口为 0。随后，我们假设互换利率下降到 9%。在第一年结束时，固定收益互换的市场价值将增加到相当于 100 万美元 4 年年金的现值（1 亿美元的 1%），在这种情况下，其就是第一年年底互换的重置成本。到第二年年底，如果利率再上升 100 个基点，重置成本将变成 200 万美元 3 年年金的现值，以此类推，在第五年年底归零。在不同预期利率的情景下，风险敞口的名义价值可以在表 22.3 中查找到。可以看出，风险敞口受到 2 种因素的影响，即摊销（随着时间的推移）引起的变化，以及波动性（利率的变化）引起的变化。

表 22.3　互换合约潜在信用风险增加示例

初始年数（年）	波动性的影响（利率逐年上升，以基点为单位）	摊销的影响（剩余时间，以年为单位）	风险敞口（以 100 万美元为单元）
1	0	5	0
2	100	4	4
3	200	3	6
4	300	2	6
5	400	1	4
6	NA	0	0

在任何一年，风险敞口都等于该年至到期日的潜在风险敞口估计值。在前面的例子中，风险敞口的峰值是 600 万美元，相当于 200 万美元的年金价值乘以合同到期

前 3 年的价值。需要注意的是，根据利率的差异和到期时间的不同，互换的信用风险会存在较大差异。这种风险敞口的变化可以产生我们熟悉的“倒杯图”，其与对风险方不利的利率场景建模相关（见图 22.1）。未来一段时期的风险敞口也可以使用现行利率折现的现值来表示。

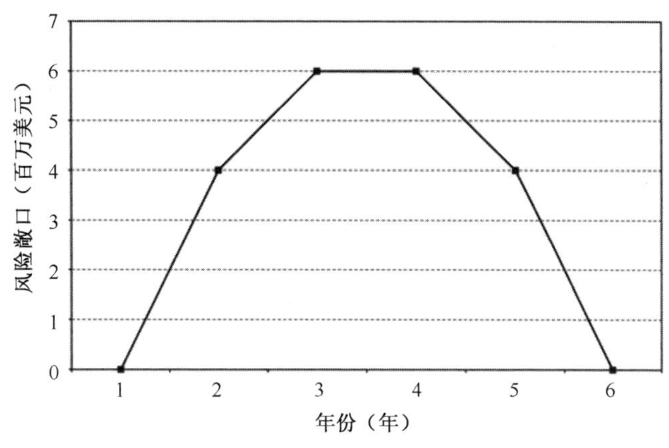

图 22.1 潜在的互换风险敞口

期货和期权等其他衍生产品的潜在风险敞口，也可以类似地通过假设未来的金融状况和预测现金流得出，然后再将现金流转化为重置成本。如果交易对手有双边净额结算协议，那么应在机构达到风险敞口之前就进行净额结算；如果没有进行净额结算，那么应仅对正数（金额）敞口进行加和。对于期货而言，风险敞口将呈线性增加。对于某些期权来说，由于交易所的存在消除了信用风险，所以不必再计算交易对手风险敞口，但出于监控的目的，一些机构还是会进行这些计算。

22.5 风险敞口和预期损失的计算

虽然大多数人都对信用风险的构成达成了共识，但在实际计算中存在较大差异。正如我们在前面介绍的，在最基础的层次上，风险敞口的计算是将在最坏的情况下求得的一个值与信用额度结合起来进行的。在更高的层次上，可以在蒙特卡罗模拟中使用收益率曲线和违约概率模型来构建风险和损失的分布。蒙特卡罗模拟基于当前资产价格、波动率和相关结构，将资产收益正态分布和预期资产收益率作为无风险利率的输入假设，对给定日期下资产收益的未来分布进行建模。

在利率互换中，未来信用风险敞口的详细计算可以归纳为 2 个步骤：① 风险敞口的计算[1]；② 损失的计算。

22.5.1 风险敞口计算

未来信用风险敞口的分布是根据信用工具或投资组合在生命期内的众多离散点进行估算的。标准的蒙特卡罗模拟涉及设置未来日期，并根据这些日期计算风险敞口。通过众多离散风险点的聚集，可以得到风险的具体分布，这些分布取决于金融变量的当前状态（例如，当前的收益率曲线和信用利差），而不是交易对手违约的概率。金融变量的未来状态则是通过蒙特卡罗模拟来确定的，在蒙特卡罗模拟中会使用经过历史数据校准的利率期限结构模型，即平均利率及其标准差。利率期限结构模型至少应包含一个波动成分，以此来模拟利率的随机行为。合约的重置价值（按市值计算）是根据每条时间路径上的每个点来计算的，并且重置价值假设重置是无风险的，由此得到的风险敞口可以用于进一步计算平均风险敞口和风险敞口峰值。

22.5.2 损失的计算

在对风险敞口进行计量后，还必须对影响信用风险的其他因素进行评估，这就包括影响违约概率的交易对手的金融状况，以及影响违约后回收率的借款人债务的优先级结构。随后，根据违约概率、预期回收率与合约的重置价值这三者即可得出在既定违约情况下的平均损失和最大损失。进一步，我们还可以应用预期损失和意外损失，以及违约相关性等概念（见第 17 章和第 18 章）。需要特别说明的是，从一种风险类别到下一种风险类别的迁移概率可以用来确定正确的价格，或者可以在合约期限内出现降级或升级的情况时用于计算补偿。

下面通过一个简单的例子来说明前述的计算过程。X 银行与 Y 公司签订了利率互换合约。X 银行每半年获得一次固定利率为 8%的支付，并且自己付出 6 个月 LIBOR，为期 3 年。假设名义本金的金额为 1000000 美元，我们可以计算 X 银行在以下 2 种情况下的风险敞口：①互换利率下降到 6%；②互换利率上升到 10%。关于在利率互换时交易双方的支付情况，见图 22.2。

[1] 风险敞口的计算方法见 Duffee（1996）的研究。

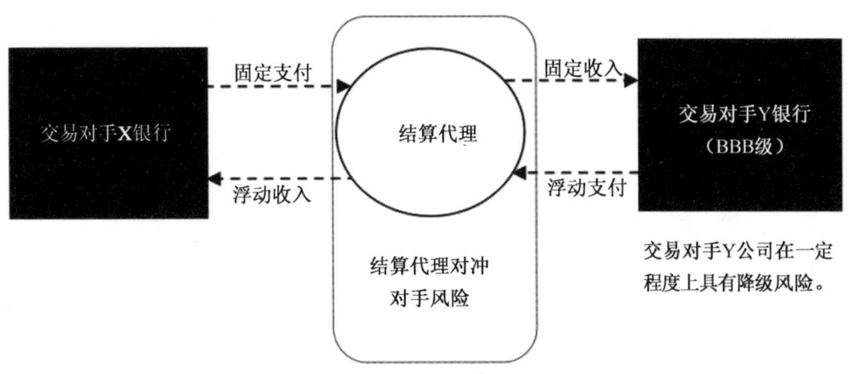

图 22.2 交易双方之间的利率互换

当互换利率下降（如果 Y 公司违约）时，X 银行会面临风险敞口，因为此时 X 银行必须以更低的利率替换现有的互换（并在之后接受新的利率）。该风险敞口互换剩余支付差额的现值，按照新的（重置）互换利率进行贴现。当互换利率下降到 6%时，第一次支付利息时的重置成本为 45797 美元（见表 22.4），并逐渐降至 0 美元，这反映了在互换的剩余期限内利息支付次数的减少（敞口显示为负值）。当互换利率上升到 10%时，X 银行就没有了对 Y 公司的风险敞口，因为如果 X 银行现在必须以更高的现行利率来重置互换，它就会获得额外的利润。

表 22.4 风险敞口的计算（单位：美元）

计息期	固定利率为 8%	固定利率为 6%	固定利率为 10%	固定利率为 6%时 X 银行的现金流差值	固定利率为 1%时 X 银行的现金流差值	折现率为 6%时的剩余现金流现值	折现率为 10%时的剩余现金流现值
1	40000	30000	50000	(10000)	10000	(45797)	43295
2	40000	30000	50000	(10000)	10000	(37171)	35460
3	40000	30000	50000	(10000)	10000	(28286)	27232
4	40000	30000	50000	(10000)	10000	(19135)	18594
5	40000	30000	50000	(10000)	10000	(9709)	9524
6	40000	30000	50000	(10000)	10000	(0)	0

如果 Y 公司的信用评级为 BBB 级，那么 X 银行在互换中的隐含信用利差为 200 个基点（基于表 22.5 中给出的信用利差）。换句话说，进行这笔互换交易等同于以 200 个基点的信用利差向 Y 公司提供一笔 45797 美元的定期偿付贷款，这个值已经反映在互换的固定利率中了。此时，一笔名义本金为 1000000 美元的互换，它的隐含信用利润率为 8%×45797/1000000≈37 个基点。

表 22.5 信用利差（单位：基点）

评级	1 年	2 年	3 年
AAA 级	50	100	150
AA 级	65	105	155
A 级	75	110	170
BBB 级	100	150	200
BB 级	250	280	350
B 级	300	380	480
CCC 级	1200	1200	1100

在上述分析中，潜在的假设是 Y 公司在整个互换交易期限内信用评级一直保持在 BBB 级，但是，如果在互换交易期间，Y 公司发生降级或违约，情况又会如何呢？Y 公司出现降级或违约的概率是多少？通过表 22.6[1]，可以看到评级为 BBB 级的公司一年内的评级迁移概率。由表 22.6 可以看出，Y 公司在一年后被降级为 BB 级、B 级或 CCC 级的概率分别为 4.55%、0.77%和 0.13%。从表 22.5 中可以看到，与信用评级下降对应的是其信用利差分别上升到 150（计算方式为 250−100=150）个基点和 200（计算方式为 300−100=200）个基点，以及 1100（计算方式为 1200−100=1100）个基点。这相当于公司的固定利率从 8%变为 8.56%和 9.35%。在最坏的情况下，评级的连续下降会迫使 Y 公司面临破产的风险。

表 22.6 评级迁移概率

评级	概率（%）
AAA 级	0.02
AA 级	0.17
A 级	3.76
BBB 级	84.09
BB 级	4.55
B 级	0.77
CCC 级	0.13
D 级	0.28
N.R.	6.23

来源：标准普尔公布的 2005 年度全球公司违约研究和评级转换。

基于上述数据，适用于该信用的降级溢价可由基于增加的利息期望值来表示，而期望值则是基于风险敞口和评级迁移概率进行计算的。(在本例中为 45797 美元)。

[1] 表 22.5 和表 22.6 中显示的评级迁移概率和信用利差仅为示例。

在表 22.7 中，计算得出的结果为 435 美元，相当于名义本金的 4 个基点。在这个协议中，互换的信用利差为 37 个基点，外加计算得出的 4 个基点，用来保护 X 银行避免遭受 Y 公司的降级风险。

表 22.7 评级迁移对信用利差的影响

从 BBB 级降至	信用利差增加值（基点）	评级迁移概率（%）	预期亏损增加值，基于 45797 美元的风险敞口（美元）
BB 级	56	4.55	254
B 级	135	0.77	181
			总计=435

Gupton 等（1997）的研究提供了另一个关于公司评级转换和违约概率的示例。在分析基于市场价值的信用利差时，债务市场的违约和迁移概率（已在第 15 章和第 17 章中讨论）数据十分有用。

虽然在前面的示例中我们只使用了单一的互换利率数据，但是在实践中，机构会使用随机模型[1]来生成利率的变化轨迹，并且采用蒙特卡罗模拟得出互换的风险敞口。

22.6 货币互换交易

从风险敞口的角度来看，货币互换与利率互换较为相似，但有 2 点不同。第一，现金流的估计不仅受到 2 种利率的影响，还会受到货币汇率的影响；第二，在到期日，交易双方要交换本金。在一个固定澳元（澳大利亚元）与固定美元的货币互换交易中，交易对手违约对中介方产生的影响如表 22.8 所示。固定澳元-浮动美元互换的交易可以拆分成 2 个互换交易进行分析，即固定澳元-固定美元互换，以及固定美元-浮动美元互换。

[1] 随机模型得名于随机微积分，它是微积分中的一个子领域，用于处理建模变量的随机运动。根据一种随机运动（典型的数学 Jargon Brownian 运动）的描述，一个变量在下一个无限小的时间增量中同样有可能向上或向下移动。随机运动最著名的例子是股票在一段时间内的运动，它确实遵循了随机游走的原则。

表 22.8　交易对手违约对中介方产生的影响

利率环境	固定澳元付款人违约	固定美元付款人违约
利率与合约利率相同	无影响	无影响
澳元利率比合约利率高	中介获利	中介亏损
澳元利率比合约利率低	中介亏损	中介获利
美元利率比合约利率高	中介亏损	中介获利
美元利率比合约利率低	中介获利	中介亏损
汇率环境	固定澳元付款人违约	固定美元付款人违约
利率与合约利率相同	无影响	无影响
澳元对比美元升值	中介亏损	中介获利
澳元对比美元贬值	中介获利	中介亏损

来源：Das（1994），作者经授权后复制。

22.7　衍生产品信用风险管理

衍生产品交易可以在交易所中执行，也可以在场外市场中执行。在交易所中进行的衍生产品交易，保证金程序（见第 5 章）充当了信用风险管理工具。作为交易枢纽，交易所可以累加并消除成员公司的所有风险敞口，使得综合单一风险的基础风险敞口管理成为可能。与场外市场相比，在交易所内执行衍生产品交易从信用风险的角度来看不但更安全，而且更经济。目前，在场外市场中尚未出现任何机制可以在当前的基础上消除交易对手的全部风险敞口。大多数机构根据交易对手的公共债券评级和自身的内部信用限额来进行信用风险敞口管理，也可以使用 ZETA 模型或 KMV 模型等违约预测模型来评估交易对手的金融状况。基于这些工具的投资组合管理方法同样适用于衍生产品投资组合的管理，同时存在公开的模型和专有的模型[1]，可以用来评估银行的偿付能力风险。

22.8　净额清算协议

通过采用净额清算协议，银行可以净额清算其某一特定交易对手的所有风险敞

[1] 有关金融机构风险的内容，请参阅第 13 章。

口，从而不必在单个基础上承担每个合约的风险敞口。净额包括支付额和余额[1]。在签署了双边净额清算协议后，欠款的衍生产品合约违约方，不能要求欠其款项的合约方此时付款[2]。

- 时间卖权。互换协议的时间卖权赋予一方在规定的一段时间后退出所有交易的选择权。
- 抵押协议。它要求交易对手提供支持交易的抵押品。对于在 20 世纪 80 年代末进行利率互换且资金比较匮乏的储蓄机构来说，这种情况相当普遍，并且机构会要求不断增加抵押品，以此适应不断变化的风险敞口。
- 现金缓冲机制。设立现金缓冲机制，通过改变收取现金流和支付现金流之间的时序安排，可以降低与较弱的交易对手之间的清算风险。
- 信用等级下降触发点。如果交易对手的信用评级降至某一水平以下，那么信用等级下调触发机制允许银行提前清算未偿清的交易（Lucas，1995）。

22.9 衍生产品信用风险的结构化金融解决方案

为了获得AAA级的信用评级，一些机构设立了用于防止破产的特殊目的衍生产品（SPDV）。大型金融机构要求证券公司等非银行交易对手建立特殊目的衍生产品，以便与其进行场外衍生产品交易。特殊目的衍生产品是资本充足的独立实体，它们可以“保护”合约使其免受母公司（证券公司）破产的影响（Derek，1995）。已经建立特殊目的衍生产品的 3 种机构分别是合资企业、具有连续结构的独立资本工具（SCV）和具有终端结构的独立资本工具。

在合资企业的结构中，衍生产品公司与实力更强的合作伙伴进行合作，通过分享合资企业的部分利润或交换其他条件来提高自身的信用评级。高盛与 Mitsui 的合资企业就是一个这种结构的示例。

在具有连续结构的独立资本工具中，通常会指定一名管理人员介入，在公开交易期满之前继续进行交易。为了获得最高的信用评级，母公司会向子公司提供充足的抵押品。这种方式是由美林银行（Merrill Lynch）首创的，并且看起来比终端结构

[1] 例如，国际互换交易商协会（ISDA）拥有标准的主协议，将特定交易的确认文件与主协议分开处理。美国《破产法》已明确修订，允许行使解约权，尤其是净额清算。这是为了减轻人们的担忧，即破产受托人会根据财务影响来选择合同并继续执行（Hendricks，1994）。

[2] 在此假设净额清算与交易对手相关的法律管辖权是一致的。

的独立资本工具更能获得市场的认可。

在所罗门兄弟公司率先提出的终端结构中，现有的衍生产品交易可以根据预先商定的终止值终止，与此同时对独立资本工具进行清算。

22.10 对现有的衍生产品信用风险评估方法的评价

未来的市场变量具有不确定性，市场变量对衍生产品交易的影响也存在不确定性，因此风险敞口是动态的、变化的。风险敞口的测量也可能受到风险模型的影响，即对外部变量的影响进行建模的方式会影响对风险敞口的度量。目前，我们已经建立了许多利率模型，例如 Ho-Lee 模型（Ho et al.，1986）[1]，Black-Derman-Toy 模型（Black et al.，1990）[2]和 Heath、Jarrow 和 Morton（Heath et al.，1992）模型[3]等。这些模型的构建都要先做出一组假设，基于这些假设来输出利率的时间路径。即使对于收益率曲线本身，用于求取各种期限的零息债券利率的数学方法也会因使用不同的插值技术而发生变化。

Duffee（1996）比较了使用 3 种不同利率模型的蒙特卡罗模拟在计算潜在风险敞口时的结果，3 种模型分别是具有固定利率参数的 Cox-Ingersollo-Ross（Cox et al., 1985）模型、具有概率选择参数的Cox-Ingersoll-Ross模型，以及直接利用实际历史数据的息票剥离法。第三种模型是无条件的，因为它使用实际的价格路径。Duffee 发现，使用收益率曲线模型的蒙特卡罗模拟倾向于低估无条件分布的风险敞口大小。这一结果表明，模型风险可能导致对标准衍生产品和第三方信用风险的错误度量。

Duffee 发现，用于预测未来价值的随机模型在表面上是可以接受的，但是它没有适当地考虑潜在金融变量的影响。另外，驱动利率路径的金融变量没有综合地用于确定公司的信用质量。此外，在衡量风险敞口或定价时，它们都没有考虑衍生产品之间的相关性。具体而言，Duffee 指出，目前的衍生产品信用风险方法论没有充分考虑违约的相关性，以及衍生产品对与投资组合相关的信用损失上限的边际效应。

---

[1] Ho-Lee 模型通过将利率建模为之前的利率加上或减去随机冲击来生成未来利率，它假设在任何时候利率都是正态分布的。它只使用了 2 个参数：利率波动率 σ 和漂移期限 m。

[2] 与 Ho-Lee 模型不同，Black-Derman-Toy 模型允许短期波动性随时间变化，并使漂移项成为利率水平的函数。

[3] Heath、Jarrow 和 Morton（HJM）的模型是期限结构模型的最一般形式。它主要关注收益率曲线中的瞬时远期利率。在 HJM 模型中，我们可以选择多种波动率结构来匹配期限结构中的历史波动率或可见波动率。我们能够独立对每一个远期利率进行建模，使每一个远期利率都能以不同的方式依赖外部冲击，并且表现出比其他模型更丰富的相关结构。

22.11 将信用风险与市场风险相结合

在传统的信用产品中，分离信用风险与市场风险相对简单。实际上，信用职能与市场职能（市场风险）在功能上常常是分离的。但就资产负债表的表外资产而言，信用风险和市场风险是紧密相连的。表内资产与表外资产（例如，一笔贷款与利率上限结合在一起，或者与资产互换结合在一起）捆绑在一起的情况并不少见。在这种情况下，信用风险和市场风险需要结合起来，因为交易中的信用风险将取决于市场风险。多样化既适用于信用风险，也适用于市场风险。

如果一家组织拥有多个衍生产品合约，那么其投资组合价值的波动不仅会受到单个合约波动的影响，还取决于这些合约在市场条件不断变动的情况下，共同变动程度的大小。由于国内外的利率和汇率密切相关，所以市场组合的波动并不是各组成部分波动的简单加和。在某些情况下，利率变动导致的风险增加通常会被汇率的变动抵消。在一个组合中，如果在固定支付互换与浮动支付互换之间进行平均分配，那么它的波动率会较低，因为当利率上升时，固定支付互换价值的提升将被浮动支付互换价值的下降所抵消。

大型机构越来越多地将市场风险监管与信用风险监管结合起来。20 世纪 90 年代末，摩根大通的董事总经理兼信用和市场风险管理主管 Steve Thieke（1997）发现，商业银行使用的策略由传统的买入-持有策略向发起、打包和分销策略转移。由于需要分销贷款资产，同时由于信用衍生产品交易的存在，它们所面临的市场风险在不断增加。而转移市场风险的结果就是，银行也开始承担交易对手风险。此外，银行还发现了其他的商业机会，如与信用衍生产品类似的围绕信用中介化概念开展的一些业务。为了在总体收益的基础上管理投资组合，银行认识到必须统一地看待信用风险和市场风险。在一个由有限数量的金融机构参与的衍生产品交易市场中，集中化风险（单个实体、国家和产品类型）可以达到足以引起关注的程度。基于这些原因，将信用风险和市场风险结合起来的观点被认为是至关重要的。

目前，信用损失的估计一般是在合同的剩余期限内推算得出的，并且假设合约能够持续到期满。如果信用风险市场的流动性增强，那么银行有可能会终止合约或将合约转让给其他交易商。通过信用衍生产品，银行可以规避与衍生产品合约相关的信用损失。因此，衍生产品的信用风险必须在整个投资组合的背景下进行分析，其中可能包括某家机构对单个债务人、货币、国家或产品类型等所有风险敞口的综合影响。这种方法可用于达成定价、销售或对冲决策。将违约预测与违约的相关性，以及信用质量变化的相关性结合起来，是 CreditMetrics 模型等工具的最基本目标之一。

原书参考文献

Ali, P.U. 2001. New Applications for Credit Derivatives. Working Paper. University of Queensland, T. C. Beirne School of Law.

Banks, E. 1997. Volatility and Credit Risk in the Capital Markets. Chicago: Irwin.

Baxter, M., and A. Rennie. 1997. Financial Calculus. Cambridge: Cambridge University Press.

Beder, T. S. 1996. Lessons from Derivatives Losses. In Derivatives Risk and Responsibility, edited by R. A. Klein and J. Lederman. Chicago: Irwin.

Black, F., E. Derman, and W. Toy. 1990. A One-Factor Model of Interest Rates and Its Application to Treasury Bond Options. Financial Analysts Journal 46, 33-39.

Chew, L. 1996. Managing Derivatives Risks. New York: John Wiley & Sons.

Cox, J. C., J. E. Ingersoll, Jr., and S. A. Ross. 1985. A Theory of the Term Structure of Interest Rates. Econometrica 53, no. 2：385-407.

Das, S. 1994. Swaps and Financial Derivatives. 2d ed. London: IFR.

Derek, R. 1995. Special Purpose Derivative Vehicles. Accountancy 1.

Duffee, D. 1996. On Measuring Credit Risks of Derivative Instruments. Journal of Banking and Finance 20, 805-833.

Fitch Ratings. 2006. 2006 Global Structured Finance Outlook: Economic and Sector-by-Sector Analysis, Credit Policy Special Report. New York.

Global Derivatives Study Group, Group of Thirty. 1995. Principles and Practices for Wholesale Financial Market Transactions 1.1. Washington, DC: Group of Thirty.

Gupton, G. M., C. C. Finger, and M. Bhatia. 1997, April 3. CreditMetrics: The Benchmarke for Understanding Credit Risk. New York: JPMorgan.

Heath, D., R. Jarrow, and A. Morton. 1992. Bond Pricing and the Term Structure of Interest Rates: A New Methodology for Contingent Claims Valuation. Econometrica 60, 77-105.

Hendricks, D. 1994. Netting Agreements and the Credit Exposures of OTC Derivatives

Products. Federal Reserve Bank of New York Quarterly Review 19, no. 1: 7-18.

Ho, T., and S. Lee. 1986. Term Structure Movements and Pricing Interest Contingent Claims. Journal of Finance 41, no. 5: 1011-1029.

Jobst, A. A. 2002. Collateralised Loan Obligations-A Primer. Center for Financial Studies, Johann Wolfgang Goethe-Universitat, No 2002/13.

Jobst, A. 2005. What Is Structured Finance?. ICFAI Journal of Financial Risk Management 4, no. 2: 37-45.

Kabance, G. 2007. Structured Finance in Latin America's Local Markets: 2006 Year in Review and 2007. New York: Structured Finance International.

Lucas, D. J. 1995. The Effectiveness of Downgrade Provisions in Reducing Counterparty Credit Risk. Journal of Fixed Income.

Minton, B., R. M. Stulz, and W. Williamson. 2006. How Much do Banks Use Credit Derivatives to Reduce Risk. Fisher College of Business Working Paper Series, The Ohio Sate University.

Thieke, S. 1997. Steve Thieke, JPMorgan, interviewed by the authors.

U.S. General Accounting Office. 1994. Financial Derivatives: Actions Needed to Protect the Financial System. Washington, D.C.

U.S. House. 1996. Committee on Banking and Financial Services. Hearings. Congr. Sess. 104.

van Deventer, D. R., and K. Imai. 1997. Financial Risk Analytics. Chicago: Irwin.

第 23 章　国家风险模型

我们当前的任务不是要弥补过错，而是要为未来指明方向。

——John F. Kennedy

正如第 7 章所述，信用决策的结果不仅取决于借款人或交易对手的立场，还会受到借款人无法控制的宏观变量的影响。这些变量包括外部因素，如总体经济环境、税法或其他法规等政府行为导致的特定事件等。在本章中，我们在分解信用价值评估的基础上，引入国家风险、主权风险和转移风险作为信用决策的主要限定因素。我们提供了一些历史背景，回顾了国家风险和风险评估工具中的几个重要问题，并且对一些国家风险模型进行了描述。

我们先对相关概念进行界定。国家风险是信用风险中最广泛、最具包容性的风险。这种风险是在想要全部且及时地偿还债务时，可能会受到常见的周边国家的特定经济因素，以及转移风险等的不利影响。当信用和交易对手义务跨越国界，涉及不同的货币、不同的法律制度和不同的主权政府时，转移风险就产生了。主权风险是指一个主权实体（通常是一个国家）通过其授权的中介机构（通常是财政部或中央银行），拒绝履行、拖延或修改其义务的风险。大多数贷款机构不会单独评估本国的国家风险或主权风险。例如，美国的银行在美国不会受到国家限制，风险敞口也不会受到美国政府的限制。

在通常情况下，当国家贷款出现问题时，上述所有风险往往会同时出现。当经济状况恶化时，无论是商业借款人还是主权借款人，都会感到压力重重。各国中央银行采取行动来保护稀缺的外汇储备，限制货币兑换，从而引发了转移风险。这些做法的后果是会造成支付违约和债务重组。在实际操作中，这意味着要想做出适当的风险决策，就需要对所有常见的外部因素及转移风险本身进行分析，即主权国家可以通过提供外汇来履行外汇义务。国家信用风险的一个不同寻常的附加维度是“传染”，即无论对错，对一个国家的担忧可能会迅速蔓延至其他类似国家，并且引发危机。

23.1 历史背景

如图 23.1 所示，跨境信用和主权违约的历史十分悠久。在这张标准普尔（2006）[1]绘制的图表中，1820—1990 年主权债券的违约率普遍较高，只有在 20 世纪 60 年代这类债券发行较少时才有所下降，并且在 20 世纪的 70 年代和 80 年代重点转向了银行贷款。20 世纪 80 年代末至 90 年代初，这些银行贷款的违约率达到了顶峰。从那以后，违约事件只在 20 世纪 90 年代的亚洲国家和俄罗斯，以及 2001—2002 年的阿根廷零星发生。在过去的 5 年里，即 2002—2006 年，发展中国家出现了一系列积极改善，然而这些国家才是真正的国家风险存在的地方（见图 23.2）。

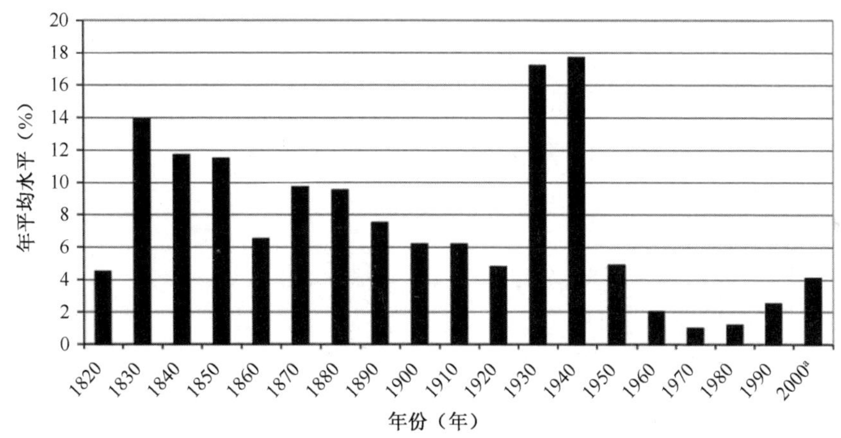

图 23.1　外币债券违约的主权国家（1820—2006 年）

a 指 2000—2006 年。

来源：Suter（1992），以及标准普尔（2006）。

自 1990 年至今，流入发展中国家的资本净额大幅度增加，如图 23.2 所示（World Bank，2007）。1990 年，净资本流量约为 1000 亿美元，其中约 2/3 为私人资本，1/3 为国家资本，约占发展中国家国内生产总值（GDP）的 3%。在这些资本流动中，大部分是债务资本（见图 23.3），股权流动部分大约占发展中国家 GDP 的 1%。

[1] 已有研究证明，所有先前的期限结构模型都是 HJM 模型的特例。HJM 模型实际上是一种方法，而不是模型。在许多变体中，它已成为期限结构建模的标准方法。具体见 Baxter 等（1997）的研究，以及 Deventer 等（1997）的研究。

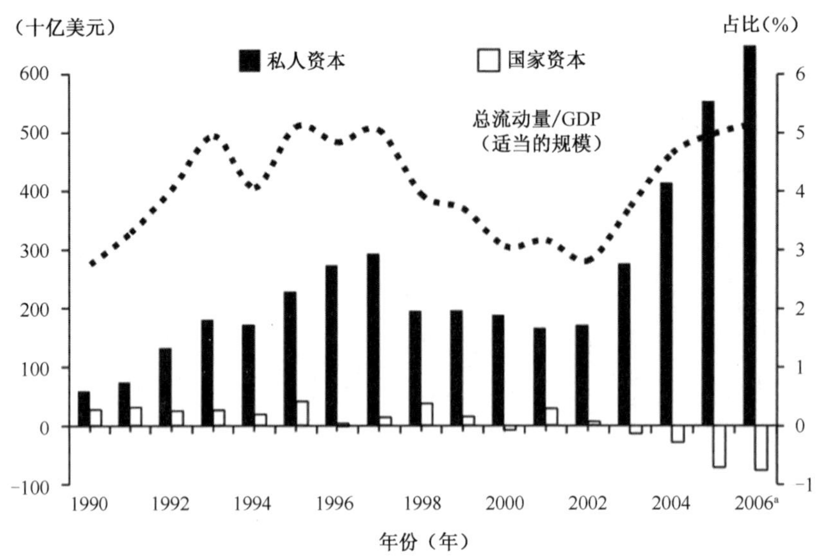

图 23.2　流入发展中国家的资本净额（1990—2006 年）

a 对 2006 年的初步估计。

来源：世界银行（2007）债务报告系统和工作人员估算得出。

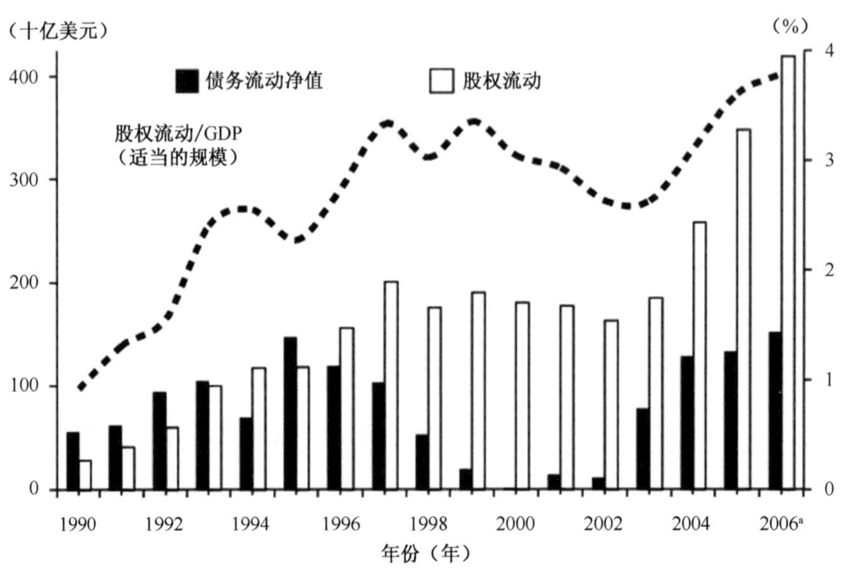

图 23.3　流入发展中国家的净债务和股本（1990—2006 年）

a2006 年的初步估计。

来源：世界银行（2007）。

2006 年，据世界银行（World Bank）估计，流入发展中国家的资本净额为 5710 亿美元，私人债务和股本流入 6470 亿美元，国家资本净偿还额为 760 亿美元。这些资金流入约占发展中国家 GDP 的 5%，相当于 1997—1998 年亚洲金融危机之前的水平。

股本流动包括外国直接投资和投资组合的股票投资，自 1996 年以来，股本流动的金额都大于净债务流动的金额，在 2006 年，这一数值超过 4000 亿美元，约等于 GDP 的 3.8%，是继 1999 年峰值（3.35%）之后的又一新高（World Bank，2007）。

在这些图表中，有几点值得我们注意，尤其是在这一时期，相比于国家资本净流动，私人资本净流动的规模是如此之大（2003—2006 年，国家债权人净偿还额为 1850 亿美元，私人债权人净借款额为 1.9 万亿美元），即使是 1998—2002 年，尽管此时对亚洲、俄罗斯和阿根廷的担忧导致了净债务的流动性降低，但股本的流动仍然十分活跃。

如图 23.4 所示为 1994—2006 年流向发展中国家的私人债务净额，从中可以清楚地观察到贷款机构在最后一个压力时期（1998—2002 年）的表现。在 1999 年和 2000 年，那些拥有短期信用的机构能够在这段时间内减少风险敞口；银行贷款机构得以降低净流入，并且最终减少了风险敞口；而债券承销商只服务于实力最强的发展中国家借款人，虽然规模有所降低，但是仍在继续开展业务。

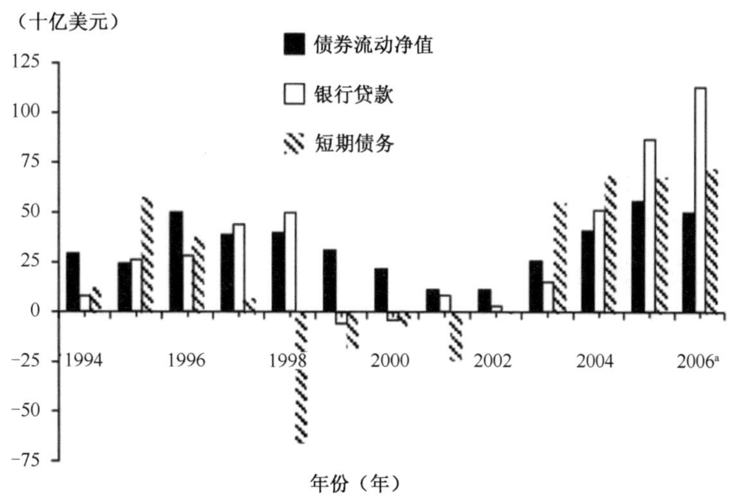

图 23.4　流向发展中国家的私人债务净额（1994—2006 年）

ª对 2006 年的初步估计。

来源：世界银行（2007）。

总而言之，在过去的几年里，国家信用风险方面出现了很多利好消息，如净资本流动逐年大幅增强；借款成本和借款约束下降；信用的可获得性和进入市场的机会都有所增加（根据世界银行估计，近 90%的发展中国家已进入银团贷款市场，如 135 个国家中有 122 个进入；41%的发展中国家已进入债券市场，如 135 个国家中有 56个进入）。对于发展中国家整体来说，它们的外汇收入（通常是账户头寸）一直在提高（2006 年为 3480 亿美元，占 GDP 的 3.1%，高于 1998 年的低点，当时它们的整体经常账户的状况为负）。这些国家的流动性也一直在改善，外汇储备目前约占 GDP 的 25%，高于 10 年前不到 10%。主权国家越来越多地将借款转移到国内市场，企业承担着更大的长期外债份额（从 20 世纪 90 年代末的不到 20%，增长到 2006 年的约 50%），因此国家信用评级一直在提高，自 2001 年以来，评级上调幅度每年都要超过下调幅度。人们有充分的理由相信，新兴经济体的负债和股权投资已经成为被广泛接受的资产类别，投资者愿意接受更大的波动率，以此获得更高的回报、更高的增长（与发达国家的 3%相比，2006 年发展中国家 GDP 的增长超过 7%）和多样化的好处。即便是在过去几年表现特别强劲的时期中，市场也经历了一些动荡，但是市场对此都能较好地适应。

也许最令人宽慰的是，发展中国家已采取了先发制人的行动，以此加强它们的财政实力（World Bank，2007）：

> 大多数发展中国家利用有利的外部条件实施相应的政策，旨在降低其对金融动荡和资本流动逆转的影响的敏感性。特别是各国都减轻了外债负担，延长了债务期限结构。一些国家利用充裕的外汇储备回购了大量外债，并且以更优惠的条件对现有债务进行了再融资。由于各国政府已从外部借款转向国内借款（通常以当地货币进行借款），因此主权债务市场发生了重大变化。

尽管这些良好发展令人印象深刻，但主要的担忧仍然存在。首先，很明显，这些市场很可能出现动荡，经济环境的变化将给这些国家带来巨大压力。情况不会比它们之前几年经历得更好；如果有人担心市场的某些风险被低估，那么市场很可能就会突然进行调整。许多国家已开放了市场并放宽了经济政策，但它们在压力下管理这些市场的能力仍被质疑。其次，这些发展中国家的进步和增长是不平衡的。进入债券市场的机会仍然由少数发展中国家主导，甚至在银团贷款方面也是如此，位于前十位的国家的银团贷款几乎占所有贷款的 75%。“过去几年支持资本流动扩张的许多因素，可能最终都具有强烈的周期性成分，即便是最具弹性的国家可能也面临强劲的阻力”（World Bank，2007）。

到了 2007 年，国家风险管理一如既往地重要。

23.2 基本面分析——关键比率

我们可以通过世界银行、国际货币基金组织、国际清算银行和经济合作与发展组织等超国家组织获得大量信息，并且根据这些信息对国家风险进行详细的基本分析。正如其他形式的信用分析方法拥有关键的统计数字和可遵循指标一样，国家风险评估也具有公认的量化指标。主要的评级机构已经为国家风险分析发展出一套非常明确的方法。穆迪每半年发布一次《国家信用统计手册》，内容包含“发达工业国家”和“发展中国家”2 个部分。它们有 53 种不同的比率，这些比率可以划分为 4 类：① 经济结构和绩效；② 政府财政；③ 对外支付和债务；④ 货币、外部敏感性和流动性因素。穆迪的国家风险分析更注重某些领域，如发展中国家的债务水平和国际收支平衡，以及发达工业国家的财政指标等。它们向其他评级机构强调，与穆迪的其他评级服务一样，在进行此类分析时，它们也会使用主观判断和定性审查等分析手段来补充各种比率、定量分析和压力测试得到的结果。“主权分析是一种跨学科的活动，在这种活动中，分析人员的定量分析技能必须与对历史、政治和文化因素的敏感性相结合，然而这些因素并不容易进行量化”（Moody’s Investor Service，2006）。

标准普尔（2006）开发了一个由九大类别组成的分析框架，它们将国家从 1（最好的）到 6（最差的）进行排序，然后对这些主权国家进行实际评级（见表 23.1）。与已有的分析方法相同，它们通过政治风险评估支付意愿，通过国家经济状况来评估支付能力。

表 23.1 主权信用评级方法概述

政治风险
> 政治机构的稳定性和合法性
> 政治过程的民众参与度
> 领导继任有序程度
> 经济政策决策和目标的透明度
> 公共安全
> 地缘政治风险
收入与经济结构
> 经济的繁荣程度、多样性和市场导向性
> 收入差距
> 金融部门在资金中介方面的有效性；信贷可获得性

续表

> 非金融市场部门的竞争力和盈利能力 > 公共部门的效率 > 保护主义和其他非市场因素的影响 > 劳动弹性
经济发展前景 > 储蓄与投资的规模和构成 > 经济增长速度和方式
财政灵活性 > 政府一般收入、支出及收支趋势 > 提高收入的灵活性和效率 > 支出的效用与约束 > 报告的及时性、覆盖率和透明度 > 养老金义务
政府一般债务负担 > 一般政府总和净（资产）债务占 GDP 的百分比 > 用于利息的收入份额 > 货币构成和到期日概况 > 地方资本市场的深度和广度
离岸及或有负债 > NFPEs 规模及运行状况 > 金融部分稳健性
货币灵活性 > 经济周期中的价格变动 > 货币和信贷扩张 > 汇率制度与货币目标的兼容性 > 制度因素，如中央银行独立性 > 货币政策工具的范围和效率
对外清偿能力 > 财政和货币政策对外部账户的影响 > 经常性账户的结构 > 资本流动的构成 > 储备充足性
外部债务负担 > 外债总额和净额，包括存款和结构性债务 > 期限概况、货币构成及对利率变动的敏感性 > 优惠资金可获得性 > 偿债负担

来源：标准普尔（2006）。

在这 9 个可量化的类别里，标准普尔披露了被评级国家的 8 个类别（不包括政治风险）中一些关键因素的中值结果。例如，就收入与经济结构而言，排名结果显然与人均GDP密切相关，因此，2006年AAA级国家的中值估计约为4万美元，BBB

级国家的中值估计约为 7000 美元，B 级国家的中值估计约为 1000 美元。类似地，标准普尔使用一般政府债务净额，即 GDP 比率来衡量一般政府债务负担。使用此方法进行估算，2006 年 AAA 级国家的中值约为 20%，而 B 级国家的中值约为 40%。然而，与其他测量方法一样，从 AAA 级国家到 B 级国家的一系列中值并不具备连续性，并且需要对异常值进行识别。例如，日本和比利时是 AA 级国家。它们是被标准普尔评级的主权债务最高的国家之一，这使得 AA 级国家的中值超过 30%，已经高于 A 级国家和 BBB 级国家的中值。然而，正如标准普尔所指出的："这些国家的财富、发展水平和提高收入的能力使其政府能够支持较高的债务水平。"

有趣的是，穆迪和标准普尔都报告称，它们能够将自己的分析技术充分地应用于主权信用评级，以至于主权违约率和公司违约率在大多数情况下是相似的。它们都强调，被评级的国家数量其实很少（标准普尔目前对 113 个主权国家进行评级，穆迪评级的国家约为 100 个），违约的债券数量也很少，尤其是在评级非常低的国家中。标准普尔对主权债务违约率与公司债务违约率的评估结果，如表 23.2 所示。

表 23.2　标准普尔主权债务违约率与公司债务违约率的评估结果

被评级发行人的百分比	1 年		3 年		5 年	
	主权	公司	主权	公司	主权	公司
AAA 级	0.0%	0.0%	0.0%	0.1%	0.0%	0.3%
AA 级	0.0%	0.0%	0.0%	0.1%	0.0%	0.3%
A 级	0.0%	0.1%	0.0%	0.3%	0.0%	0.7%
BBB 级	0.0%	0.2%	2.0%	1.2%	5.1%	2.6%
BB 级	1.0%	1.1%	5.0%	5.6%	8.7%	10.1%
B 级	1.9%	5.0%	8.5%	15.9%	16.8%	22.6%
CCC/CC 级	41.2%	26.3%	58.8%	40.0%	58.8%	46.2%

注释：1995 年及之前为隐含优先债务评级；之后为发行人信用评级。

来源：标准普尔风险解决方案 CreditPro 7.0，1975—2006 年的主权评级和 1981—2006 年的公司评级。

23.3　国家评级系统

如今，许多组织已经解散或大幅缩减分析国家风险的部门，这些组织会更多地关注自身的业务管理和风险敞口管理，相对较少地关注对宏观国家风险的评估。正如我们所看到的，这些组织会从评级机构等外部服务提供者处获得信息和分析报告，而评级机构则在许多国家建立了分支机构，其规模迅速扩大，覆盖范围迅速扩张，重要性也在不断增加。主要的外部服务提供者如下。

- 经济学人智库（EIU）。
- 欧洲货币。
- 机构投资者。
- 惠誉。
- 穆迪。
- 标准普尔。
- 主要经合作与发展组织国家的出口信用机构（如美国进出口银行、德国 HERMES 信用保险集团公司、ECGD 等）。
- 政治风险服务。

在第 6 章中，我们讨论了评级机构能够根据发行人和工具的特点提供不同类型的评级，并介绍了它们评定信用等级的方法。它们会对纯粹的主权风险（主权国家履行自身义务的能力和意愿）提供前瞻性意见。对非主权债券发行人的评级则会受到许多与主权评级相同的因素的影响。并且，评级机构同时提供本币评级和外币评级。

经济学人智库提供覆盖 120 个国家的“国家风险服务”，包括预测和风险评级。评级结果按月更新，每季度都会提供内容更广泛的报告。它们的方法考察了 2 种不同类型的风险：①由政治（权重为 22%）、经济政策（权重为 28%）、经济结构（权重为 27%）和流动性（权重为 23%）决定的国家风险；②具体的投资风险。具体的投资风险评级又分为货币风险、主权债务风险和银行部门风险，使用与国家风险评估相同的因素进行评估。

《欧洲货币》（*Euromoney*）每半年发布一次国家风险评级和排名。通过 9 个组成部分给每个国家打分，并且据此对其进行排名。这些组成部分包括政治风险（权重为 2%）、经济表现（权重为25%）、债务指标（权重为1%）、信用评级（权重为10%）、银行融资渠道（权重为 5%）、短期融资渠道（权重为 5%）、资本市场准入（权重为 5%）和贸易融资（权重为 5%）等方面。

《机构投资者II》（*Institutional Invostor II*）根据主要国际银行提供的回复，每半年进行一次国家信用调查。来自约 100 家银行的银行家对 174 个国家给予 0～100 的评分，得分 100 代表风险最低。他们给出的评级由《机构投资者II》进行加权，得出的调查结果每半年在《机构投资者（II）》杂志上发表一次。

经济合作与发展组织出口信用机构组成了经济合作与发展组织 ECG 论坛（出口信用机构小组），由每家机构单独提供自己的评级和分析。在这些机构中，有些属于公共部门，有些属于私营部门，但都是在政府的授权下运作的。这些组织也有许多是国际信用和投资保险人协会（又称伯尔尼协会）的成员。

政治风险服务机构出版了《国际国家风险指南》（ICRG），这是一项已提供了 25 年的成熟服务。ICRG 模型值得被仔细研究，因为它被广泛使用，提供的信息非常详细，而且非常透明（见政治风险服务机构的官网）。该系统由 22 个变量组成，代表国家风险的 3 个主要组成部分为政治风险、金融风险和经济风险。每个变量都有一个权重范围，评级越低，风险越高。

政治风险评级权重赋分最高可达 100 分，它衡量的是一个国家的政治稳定性，而政治稳定性会显著影响该国偿还债务的意愿与能力。如表 23.3 所示为 ICRG 模型中的政治风险变量及权重。

表 23.3　ICRG 模型中的政治风险变量及权重

政治风险变量	权重赋分
政府稳定性	0～12 分
社会经济条件	0～12 分
投资情况	0～12 分
内部矛盾	0～12 分
外部冲突	0～12 分
腐败	0～6 分
政治中的军事因素	0～6 分
宗教局势	0～6 分
法律与秩序	0～6 分
种族关系	0～6 分
民主责任	0～6 分
官员素质	0～4 分

来源：ICRG 政治风险服务（2007）。

经济风险评级衡量的是一个国家当前的经济优势和劣势。如表 23.4 所示为 ICRG 模型中的经济风险变量及权重。

表 23.4　ICRG 模型中的经济风险变量及权重

经济风险变量	权重赋分
人均 GDP	0～5 分
GDP 实际年增长	0～10 分
通货膨胀率	0～10 分
预算平衡占 GDP 的百分比	0～10 分
经常账户余额占 GDP 的百分比	0～15 分

来源：ICRG 政治风险服务（2007）。

金融风险评级衡量的是一个国家偿还其外币债务的能力。ICRG 模型中的金融风险变量及权重如表 23.5 所示。

表 23.5　ICRG 模型中的金融风险变量及权重

金融风险变量	权重赋分
外债占 GDP 的百分比	0～10 分
外债还本付息占货物和劳务出口的百分比	0～10 分
经常项目占商品和服务出口的百分比	0～15 分
净流动资金占月进口数额保障倍数	0～5 分
汇率稳定性	0～110 分

来源：ICRG 政治风险服务（2007）。

使用每组变量，并为这 3 个组成部分分别创建一个单独的风险评级。经济风险的 5 个变量和金融风险的 5 个变量的最高得分为 50 分。政治风险的 12 个变量得分最高可达 100 分。国家风险评级由 3 个方面的风险评级得分综合得出，即在总体国家风险中，政治风险占比 50%，金融风险和经济风险各占比 25%。若国家风险评级分值处于 80～100 分，则风险非常低；若国家风险评级分值处于 0～49.5 分，则非常高。

ICRG 模型中使用的因素与评级机构在评估风险时使用的因素非常相似，尽管因素所拥有的权重可能不同，但是都会既包含定性因素，又包含定量因素。

许多学者和服务供应商建立了更为复杂的定量模型，包括多年趋势分析、通过分析选定变量预测违约概率，以及通过回归分析识别违约关键指标模型等。正如 Richard Cantor 和 Frank Packer 所述，大多数国家风险的分析和建模往往集中在少数几个变量上，这些变量可以解释模型和分析中的大部分预测。

国家风险评级方法（通常是多种评级的组合）一旦建立，贷款机构就会通过这种方法确定一个取值范围，用以限制国家风险并转移风险敞口。通常，贷款机构会设立一个国家总体风险的上限，该上限取决于本地货币投资组合（如果存在）、已投资的任何股权资本，以及已经建立的任何外币贷款或交易对手投资组合。本地货币投资组合的规模上限取决于本地货币存款的可获得性。国家风险规模上限的高低与贷款机构的风险偏好和评级成正比，评级较低的贷款机构只能持有期限较短的少量风险敞口。主权国家和企业的风险敞口都需要在国家风险的限制范围内进行调整，其中有一些风险敞口将以本币计价，另一些风险敞口将以外币计价。

在贸易融资方面，一些银行在为出口提供融资时，特别是为食品等基本大宗商品的出口提供融资时，会为其分配较低的国家风险权重和转移风险权重。这些银行给出的理由是，它们相信那些陷入困境的主权国家或中央银行更有可能首先在外币偿债义务上违约，并且努力控制稀缺的硬通货储备，以此维持关键进口商品的供应。

贸易融资的短期交易性质也给银行提供了在短时间内取消贸易额度的机会，从而迅速并相对容易地降低国家风险敞口。

Altman 提出了另一种评估发展中国家的公司信用的方法。此方法提出为债务人定制 Z-Score 模型，首先根据外币贬值脆弱性、行业风险、竞争地位、特殊债务发行特征（如果有）进行调整，其次通过将所需的主权利差加到与美国可比债务相当的国内债务利率上进行调整。这一方法在商业决策中十分务实且有效，但是前提要求是使用市场价格作为确定国家风险水平的代理变量。

23.4 国家风险评估面临的挑战

对国家风险进行评估一直存在一些困难。首先，尽管多年来违约一直都在发生，但是违约国家的实际数量相对较少。对于一些发生违约的国家来说，一个很简单的原因就是没有足够的财政资源来偿还债务。尽管违约背后的原因可能很复杂，但这些原因不外乎是无力轻松偿还债务、不愿遭受经济崩溃的打击，以及不愿意为提高偿债能力而努力等因素的综合结果。

此外，在国家风险分析中，各变量之间的相互依赖关系可能非常复杂，以至于很难对风险评估结果进行建模或预测。传统的宏观经济分析认为，仅使用国民收入账户就足以分析国际贷款机构或投资者的风险和回报，这种观点早已受到批评。现在，宏观经济学家们开始接受委托代理等微观因素产生的影响。其中，委托代理问题是指，委托人（所有者或股东、代理人、银行管理层）发生利益冲突，各方采取不同的做法，进而影响国内外重要机构的行为，最终导致不寻常的、意想不到的结果。

不幸的是，只要投资回报良好，没有人会对金融体系的脆弱性、腐败或其他不足之处吹毛求疵，这就是事实。虽然已经注意到了这些问题的存在，但是很少有人会因为这些因素真正退出市场。当经济普遍繁荣但缺乏透明度时，投资者和贷款机构就会纵容这些因素的发展，并且将其视为文化差异，就像俗话所说的："在那个国家做生意就是这样。"的确，即使是对家庭义务来说也是如此——当你赢了的时候，你就是对的。那些发现自己得到相反结论的国家风险分析人员通常会保持沉默，以免发表的言论听起来像是危言耸听。只有在经济严重下滑时，这些批评的声音才会出现。例如，Haggard 等（1995）的研究揭示了一直以来人们对这些经济体的看法是多么乐观。

个人计算机和数据库的出现促进了国家风险模型的建立。然而，这些模型也容易失败，因为它们使用的数据常常是不可靠的或过时的。就像陷入困境的国内企业借款人往往不会提供完整的或准确的贷款条件数据，或者干脆推迟还款一样，主权国家和外国借款人的做法也是如此。据《华尔街日报》（Wall Street Journal，1998）报道，印度尼西亚的大部分私人外债都是不透明的，直到印尼盾面临越来越大的压力，中央银行才下令商业银行披露其风险敞口。在消息披露之后，印尼盾的价格进一步暴跌。甚至官方储备统计数据在某些情况下也是不准确的。据英国《金融时报》（Financial Times，1998）报道，泰国的外汇储备和中央银行的贷款额已经向公众隐瞒了好几个月。同样，在韩国将大量外汇储备存入当地商业银行之后，人们才意识到问题的存在。

国家层面的信息往往会具有较为严重的时滞性。由国际货币基金组织、世界银行、经济合作与发展组织、国际清算银行和联合国等机构收集的数据往往更强调组织的需求，而不是贷款人和投资者的需求。即使输入模型的数据质量是令人满意的，模型风险（结构偏离模型初始前提的风险）也可能存在问题。

此外，虽然计量经济学模型可能会生成漂亮的、整洁的数字排名和违约概率，但政治因素却可以戏剧性地塑造商业环境。这些因素是主观的、定性的变量，不太适合建模。这些变量之间的相互作用也不是不证自明的。据政治和经济风险咨询有限公司透露（PERC，1996）：

亚洲是由人和系统构成的，而不只是数字。了解一家典型亚洲公司的资产负债表远不如了解这些公司背后的家族动态重要，宏观经济统计数据往往无法说明政府的质量。然而，决定商业环境成败的往往是政府（国家和地方各级政府）的质量和政府政策。

因此，如果想要了解国家风险，就需要具备政治风险、宏观经济学和金融体系结构等多方面的专业知识。金融中介的贷款决策是亚洲经济崩溃事件的重要导火索之一。在投资组合的背景下，人们通常承认历史数据未能充分揭示传染效应，例如，其未能揭示 1997 年的亚洲金融危机是如何在泰国、印度尼西亚、马来西亚、菲律宾和韩国等国家之间蔓延的。

23.5 黑暗中总有一线光明

上一场亚洲国家的风险危机虽然给当地经济、国际贷款机构和投资者带来了极大地痛苦，但事实证明，从长期来看，它对相关国家也有一定益处。为了恢复国家的经济增长，必须恢复投资者的信心，这些都要通过改革监管体系和改善公司信息披露情况来实现。

穆迪（2007）对亚洲金融危机进行了一次有趣的回顾，结果显示，即使经过了10年，许多亚洲国家仍未恢复到危机前的评级水平（见图 23.5）。

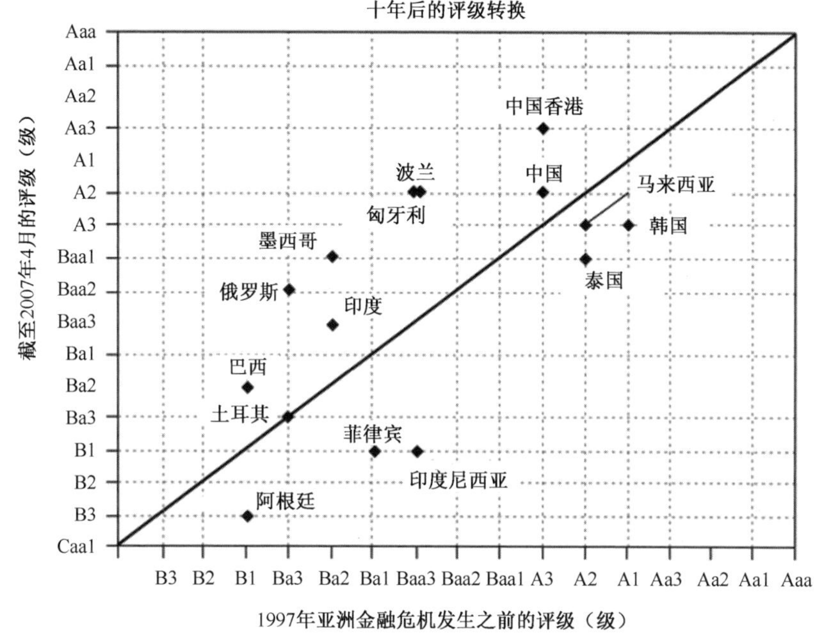

图 23.5 自 1997 年亚洲金融危机以来的评级转换

来源：穆迪（2007）。

随后，穆迪提出了许多重要观点，包括“喧嚣”的金融自由化往往会以失败告终，以及流动性是主权国家应对危机的关键因素。它还指出，如何能够将结构性因素从周期性因素中分离开来、如何进行政治风险预测，以及如何认识风险从一个国家蔓延到另一个国家，这些问题对我们来说还是未知的。

23.6 国家风险管理

正如发展中国家已经学会改善自己的金融状况和风险管理一样，贷款机构和投资者的风险管理方式也愈加成熟。

第一，它们在选择交易对手和借款人方面的鉴别能力提高了。如前面所述，贷款市场已变得更加开放，但大部分交易是在相对较少的国家内与客户进行的，这就激励各国提高其信誉，以便能够以更优惠的条件吸引更多的资金。

第二，贷款人对将要提供的融资类型更加精挑细选。在 20 世纪 70 年代末和 80 年代初，当银行贷款机构在国家融资上表现得非常激进时，许多融资是在一般国际收支平衡的基础上进行的，以此帮助解决经常账户的短缺问题。在过去的 10 年中，跨境融资业务更多地是针对具有特定目的的特定项目和公司开展的，以此产生足够的外汇偿还方式。

第三，许多国外金融机构已经在主要的发展中国家开拓了以当地货币为基础的业务。这意味着它们可以与这些国家的大量客户合作，也可以与主权国家本身合作，并且不存在转移风险。这对各国来说是极为有利的，因为已经建立了复杂的基础设施，并且为所有参与者的利益创造了有效的、有竞争力的产品和市场。

第四，外资金融机构能够提供更广泛的外汇服务，覆盖范围包括短期贸易融资，代理银行业务、商品、利率和外汇交易，到中期银团贷款、私募及证券市场的债务安排。这意味着其能够为外国金融机构吸引更加多样化的客户群体，有助于机构降低风险；同时这也意味着，这些机构比以往更容易调整自己对不可避免的动态经济周期的反应。持有一个 1 亿美元低摊销率的中期无抵押贷款的风险敞口，要比持有类似的短期外汇交易的风险敞口或自清算出口票据的风险敞口更大。

第五，金融机构正在利用它们与监管机构开发的各种技术来衡量、管理和降低国内市场的风险。这意味着更好的风险定价、更好的风险资本配置、更低的风险集中程度、通过衍生产品对冲风险、避免使用流动性差的抵押品和工具，以及对风险敞口进行更知情、更积极的压力测试，都有助于分析其在经济下行情况下的潜在损失。

原书参考文献

Altman, E. I. 2005. An Emerging Market Credit Scoring System for Corporate Bonds. Emerging Markets Review 6.

Altman, E. I., J. Hartzell, and M. Peck. 1995. Emerging Markets Corporate Bonds: A Scoring System. New York: Salomon Brothers, Inc.

Altman, E. I., and P. Narayanan. 1997. An International Survey of Business Failure Classification Models. In International Accounting and Finance Handbook, edited by F.D.S. Choi, New York: John Wiley & Sons.

Financial Times. 1998. Asia in Crisis—A 5 Day Series: The Day the Miracle Came to an End. 12 January.

Babbel, D. F., and S. Bertozzi. 1996. Insuring Sovereign Debt Against Default. World Bank Discussion. Paper No. 328, The World Bank. Washington, D.C.

Belcsak, S. 1995. Country Risk Assessment. In Handbook of International Credit Management, edited by B. Clarke. London: Gower.

Clark, E. 1991. Cross Border Investment Risk: In Applications of Modern Portfolio Theory. London: Euromoney.

Clark, E., and B. Marois. 1996. Managing Risk in International Business: Techniques and Applications. London: International Thomson Business Press.

Dym, S. 1997. Credit Risk Analysis for Developing Country Bond Portfolios. Journal of Portfolio Management 23, no. 2: 99-103.

The Economist. 1997. Rating Agencies: Risks beyond Measure. 13 December, 68-69.

Erb, C. B., R. H. Campbell, and T. E Viskanta. 1996. Political Risk, Economic Risk, and Financial Risk. Financial Analysts Journal 52, no. 6.

Feder, G., and R. E. Just. 1977. A Study of Debt Servicing Capacity Applying Logit Analysis. Journal of Development Economics 3.

Federal Reserve Bank of New York. 1996. Determinants and Impact of Sovereign Credit Ratios, October.

Fukuyama, F. 1998. Asian Values and the Asian Crisis. Commentary 105, no. 2.

Greider, W. 1997. One World Ready, or Not. New York: Simon & Schuster.

Haggard, S., and C. H. Lee（eds.）. 1995. Financial Systems and Economic Policy in Developing Countries. Ithaca, N.Y.: Cornell University Press.

Institutional Investor. 1997. Institutional Investor's 1997 Country Credit Ratings. New York.

Krayenbuehl, T. E. 1988. Country Risk. Cambridge, England: Woodhead-Faulkner.

Krugman, P. 1998. What Happened to Asia? White Paper for a conference in Japan, January, http://web.mit.edu/krugman/www/DISINTER.html.

Moody's Investors Service. 2006, December. Rating Methodology: Sources and Uses of Statistical Data in Moody's Sovereign Credit Analysis. New York.

Moody's Investors Service. 2007. International Policy Perspectives. New York.

Morris, A. 1997. Quantifying Sovereign Credit Risks: Methods and Issues. SBC Prospects 4-5: 8-13.

Political and Economic Risk Consultancy, Ltd.（PERC）. 1996. The Importance of Political Risk. Asian Intelligence, Issue 456, March 6.

Political and Economic Risk Consultancy, Ltd.（PERC）. 1997. Transparency Problems in Asia. Asian Intelligence, Issue 498, November 19.

Solberg, R. L.（ed.）. 1992. Country Risk Analysis. London: Routledge.

Sommerville, R. A., and R. J. Taffler. 1995. Banker Judgment versus Formal Forecasting Models: The Case of Country Risk Assessment. Journal of Banking and Finance 19, no. 2: 281-297.

Suter, C. 1992. Debt Cycles in the World-Economy: Foreign Loans, Financial Crises, and Debt Settlements, 1820-1990. Boulder: Westview Press.

Standard & Poor's. 2006. Sovereign Credit Ratings: A Primer. October 19, 2006. New York.

Walt Street Journal. 1998. Foreign Banks Lent Blindly. 4 February.

World Bank. 2007. Financial Flows to Developing Countries: Recent Trends and Prospects. Global Development Finance. Washington, D.C.

原书拓展阅读

Beers, D. T. 2004, Credit FAQ: The Future of Sovereign Credit Ratings. Standard & Poor's Sovereigns, 23 March.

Beers, D. T., and M. Cavanaugh. 2004. Sovereign Credit Ratings: A Primer. Standard & Poor's Sovereigns, 15 March.

Daly, K., and M. Cavanaugh. 2006. Sovereign Ratings History Since 1975. Standard & Poor's research, 1 December.

Hoti, S., and M. McAleer. 2007. Modelling the Riskiness in Country Risk Ratings. Elsevier 2005 IFC Foreign Investment Advisory Service 2007. London: Elsevier.

Kastein, E. B. 1994. Governing the Global Economy. Cambridge, Mass.: Harvard University Press.

Kindleberger, C. E. 1996. World Economic Primacy, 1500–1990. Oxford and New York: Oxford University Presss.

Kraemer, M., J. Chambers and B. Merino. 2005. In the Long Run, We Are All Debt: Aging Societies and Sovereign Ratings. Standard & Poor's Research, 18 March.

第 24 章　结构化金融

在法国和德国，对冲基金经常成为政治攻击的目标。曾在高盛担任银行家的 Paulson 先生为对冲基金进行辩护，助长危机的是不良贷款的做法，而不是新融资技术的发展，应该仔细考虑监管方面的变化。(《金融时报》Peggy Hollinger 报道)

我们想要得到正确的平衡。整个世界和美国已经从融资技术、证券化和信用供应方面的创新中获益，因此我们需要确保自己仔细考虑了这个问题，而不是匆忙作出判断或反应过度。

——Hank Paulson，U.S. Treasury Secretar，Paris（Hollinger，2007）

资产证券化是一种将住房抵押贷款、信用卡应收账款和企业应收账款等非流动性资金转化为资产支持证券的技术。在证券化的过程中，公司或金融机构通常将其产生的优质资产首先出售给专门的公司，再由该公司发行优质证券[1]。这些证券的利息和本金支付取决于标的资产的现金流。因此，偿还的负担不是由发起人承担，而是由产生未来现金流的资产池来承担，并且在出现资金短缺的情况下，由提供信用支持的实体（如果存在）承担。资产证券化使信用质量较低的发行人能够以更优惠的利率进入各类资本市场，尽管这些资本市场仍然继续为资产提供服务，但是资产证券化导致的信用风险要高于且独立于资本市场自身的信用风险。资产证券化可以通过诸如超额担保（自我保险的一种形式）、第三方信用增强，以及在不同条件下建立具有差异化定价和现金流“瀑布”权益的信用等级（分级）来实现。事实证明，这类技术的应用已经超出了资产证券化的范围。结构化金融这一术语涵盖了上述应用，即资产证券化、抵押贷款证券化，以及相当多的其他应用[2]。

包括银行、储蓄机构和金融公司等在内的许多金融机构，都已经通过结构化金

[1] 在某些情况下，金融机构可能还会将流动性较差的资产证券化，并且通过各种各样的信用增强措施进行打包。

[2] 在美国，抵押贷款支持证券是作为一种独立的投资类别从资产支持证券中发展出来的，而资产支持证券是在抵押贷款市场趋于成熟后发展起来的，尽管在市场中使用的技术非常相似，但这种区别仍持续存在。在本章中，我们基于资产证券化的背景将二者结合起来分析。

融受益。例如，商业银行之所以能够成为非常活跃的住房抵押贷款发放机构，是因为 FNMA、FHMLC 和 GNMA 能够将它们发放的抵押贷款证券化并出售。上市公司也能够从中受益，最显著的例子是克莱斯勒金融公司（Chrysler Financial Corporation，CFC）。在 1980—1981 年，CFC 处于崩溃的边缘，自身评级只有 CCC 级。在佩恩中央铁路公司（Penn Central）破产后，商业票据投资者抛弃了所有实力较弱的公司，CFC 也无法为商业票据业务提供资金。但是，它可以将其应收款项作为证券出售，并且通过这种方式继续筹集资金。到了 1996 年，CFC 已发展成为美国大型资产支持证券发行机构之一（Cantwell，1996）。

美国纳税人也能够从资产证券化中受益。在 20 世纪 90 年代，这是清算信托公司（Resolution Trust Corporation，RTC）在清算数百家破产的储蓄机构的过程中积累资产的主要策略之一。通过将单个家庭和商业用途的房地产贷款证券化，RTC 筹集了大约 430 亿美元（Jungman，1996）。伴随这些商业交易而来的是大量信用增强，这也许比非政府部门所见的还要多，因为 RTC 能够将这些资产从资产负债表上转移到资本市场上，这在当时被视为一项伟大的成功。

1970 年，Ginnie Mae Pool #1 公开发行，证券化由此开始发展。随后，抵押贷款支持证券和资产支持证券在美国发行并迅速扩张。2006 年，美国发行了 21304 亿美元的抵押贷款支持证券，而 1996 年仅发行了 4044 亿美元（见表 24.1）。同样地，美国资产支持证券市场的增长也非常迅速，从 1997 年的 24132 亿美元增长到 2006 年的 62359 亿美元，具体如表 24.2 所示。资产支持证券的总规模包括公共非抵押债务、私人债务（《144A 规则》）和资产支持商业票据。2006 年，仅美国就发行了约 62359 亿美元的资产支持证券，其中不包括房屋净值贷款和其他抵押贷款的相关部分。相比之下，根据 Thomson Financial 在 2007 年给出的数据，1996 年欧洲发行了 1510 亿美元的资产支持证券，英国、法国、德国、西班牙、意大利、比利时、荷兰、瑞典，以及日本、加拿大、澳大利亚、新西兰等亚洲和拉丁美洲国家也都发行了资产支持证券。另一种在国际上很受欢迎的证券化形式是“未来流动”资产支持证券，它将居住在国外的公民的汇款，以及资本市场准入受限国家（如土耳其、埃及、卡塔尔，甚至哈萨克斯坦）的其他可靠未来收入证券化。

表 24.1　资产支持证券的市场构成（单位：十亿美元）

年份	汽车贷款	信用卡应收账款	设备租赁	房屋净值贷款	房屋制造贷款	学生贷款	商业贷款	总计
1996 年	71.4	180.7	23.7	51.6	14.6	10.1	52.3	404.4
1997 年	77.0	214.5	35.2	90.2	19.1	18.3	81.5	535.8
1998 年	86.9	236.7	41.4	124.2	25.0	25.0	192.3	731.5

续表

年份	汽车贷款	信用卡应收账款	设备租赁	房屋净值贷款	房屋制造贷款	学生贷款	商业贷款	总计
1999 年	114.1	257.9	51.4	141.9	33.8	36.4	265.3	900.8
2000 年	133.1	306.3	58.8	151.5	36.9	41.1	344.1	1071.8
2001 年	187.9	361.9	70.2	185.1	42.7	60.2	373.2	1281.2
2002 年	221.7	397.9	68.3	286.5	44.5	74.4	449.9	1543.2
2003 年	234.5	401.9	70.1	346.0	44.3	99.2	497.7	1693.7
2004 年	232.1	390.7	70.7	454.0	42.2	115.2	522.9	1827.8
2005 年	219.7	356.7	61.8	551.1	34.5	153.2	578.2	1955.2
2006 年	202.4	339.9	53.1	581.2	28.8	183.6	741.4	2130.4
2007 年	202.6	338.1	50.6	583.4	28.7	199.4	835.3	2238.1

来源：SIFMA（2007b）。

表 24.2　按抵押品类划分的资产支持证券市场构成情况（单位：十亿美元）

年份	地方	财政部[a]	抵押[b]	企业债[c]	联邦机构证券	资产支持型	总计
1996 年	185.2	612.4	507.8	343.6	277.9	168.4	2095.3
1997 年	220.7	540.0	640.1	466.1	323.1	223.1	2413.1
1998 年	286.8	438.4	1167.3	610.7	596.4	286.6	3386.2
1999 年	227.5	364.6	1046.1	629.2	548.0	287.1	3102.5
2000 年	200.9	312.4	708.1	587.4	446.6	337.0	2592.4
2001 年	387.7	380.7	1671.4	776.1	941.0	383.3	4540.2
2002 年	357.5	571.6	2219.2	636.7	1041.5	469.2	5295.7
2003 年	282.7	745.2	3071.0	775.9	1267.5	600.2	6742.5
2004 年	359.7	853.3	1779.1	780.7	881.8[d]	869.8	5524.5
2005 年	408.2	746.2	1966.3	752.8	669.0	1172.1	5714.6
2006 年	386.7	788.5	2002.6	1059	747.2	1251.9	6235.9
2006 年							
第一季度	68.8	234.9	497.2	248.7	187.9	287.9	1525.4
第二季度	109.4	201.1	510.7	278.8	189.9	316.9	1606.8
第三季度	87.6	163.6	501.5	239.4	169.4	311.7	1473.2
第四季度	120.9	188.9	493.2	292.1	200.0	335.4	1630.5
2007 年							
第一季度	107.0	188.5	536.7	305.1	265.3	309.8	1712.4
年初至 6 月	68.8	234.9	497.2	248.7	187.9	287.9	1525.4
年初至 7 月	107.0	188.5	536.7	305.1	265.3	309.8	1712.4
变动	55.5%	−19.8%	7.9%	22.7%	41.2%	7.6%	12.3%

[a]有息可转让的公债。

[b]包括 GNMA、FNMA 和 FHLMC 的抵押贷款支持证券、CMOs 和私有抵押贷款支持证券/CMOs。

[c]包括所有不可转换债券、MTN 和扬基债券，但不包括 CDs 和联邦机构债券。

[d]从 2004 年开始，由于私有化，Sallie Mae 不被包含在内。

来源：SIFMA（2007a）。

表 24.1 展示了 1996—2007 年的美国信用市场的增长情况，以及债务证券化、抵押贷款相关和资产支持证券的市场份额是如何从 1996 年的约 1/3 增长到 2006 年的 1/2 以上的。

资产支持证券市场的基础资产包括信用卡、汽车贷款、房屋净值贷款和房屋制造贷款，以及大大小小的商业贷款支持证券。早期的资产支持证券市场几乎完全以消费者为导向，但近年来，由商业贷款（无论大小）支持的证券市场蓬勃发展[1]。表 24.1 显示了按抵押品类型划分的资产支持证券市场构成情况，信用卡、房屋净值贷款和汽车贷款都占有较大市场份额。

24.1 资产证券化的应用

结构化金融技术有助于实现金融市场的 4 项核心职能。第 1 项是存储职能，人们需要通过一个地方来存储他们的钱。第 2 项是投资职能，人们需要通过投资与他们在收益、流动性、期限等方面的偏好相匹配的资产来增加资本。第 3 项是信用职能，人们需要一个可以借钱的机构。第 4 项是风险管理职能，人们需要通过一种方式来转移他们不愿意独自承担的金融风险。时间不断推移，但这些核心职能一直稳定存在，无论是 1897 年还是 2007 年，人们进入金融市场都是出于同样的原因。

尽管这些职能本身变化不大，但提供这些职能的机构却发生了巨大变化。多年来，银行和保险公司一直是存款、投资、信用和风险管理服务的主要提供者。如今，专业金融公司、专业保险公司、经纪公司、养老基金、共同基金和对冲基金公司都给这些传统提供商带来了激烈的竞争。由于资本过剩和成本高昂，银行和保险公司一直在输给那些新的、通常管理效率更高的进入者。

结构化金融是开展上述业务的重要工具。银行和保险公司利用结构化金融来提高效率。大多数银行不再像过去那样持有所有的贷款，而是开始发行某些金融产品。就传统而言，银行会与其他银行合作分担信用风险，但现在它们正在让其他资本市场参与者（如担保公司、投资者和评级机构）参与其资产的发行和销售活动。与此同时，专业金融公司和专业保险公司正在利用结构化金融技术为它们正在构思的聪明想法提供资金，并且提高自身的能力。一些专业公司在资本市场上运用同样的技术进行风险管理，通过有限的风险产品来消除保险风险。由于灾难性风险往往与金融市

[1] 银团贷款和《144A 规则》规定的在场外市场交易的私募配售存在二级市场。有关这些市场的进一步讨论，请参阅第 25 章。

场无关，因此以保费流换取索赔付款的 CAT 债券作为一种分散投资策略受到投资者的青睐。事实上，CAT 债券已经成为保险公司另一种类似再保险的资本来源。投资者也开始使用结构化金融工具来创建它们想要的投资结构，并且获得它们需要的资产。

在结构化金融中，关注的焦点常常从发行人想要什么转移为投资者想要什么。发行人不会先创造出适合借款人的资产，然后再试图为其找到合适的投资场所，而是着眼于现有的投资者类别，并且构建一种足够多的投资者愿意购买的证券。通过这种方式，发行人可以根据那些为贷款生产活动提供资金的投资者的需要来调整发行策略。这种心态的转变是微妙的，但却是至关重要的。

结构化金融的规模正在迅速扩张，因为它几乎可以给各方都带来好处。资产供应商能够筹集资金来支持更多的发行，并且保持利差；担保人可以从中赚取一定费用；服务机构可以赚取资产管理费用；评级机构通过为这些证券评级来收取费用；投资者获得根据其风险/回报偏好量身定做的收益；二级市场的市场经理通过提供流动性赚取买卖价差。金融市场上的大多数参与者已经在某种程度上受益，而那些今天没有受益的参与者预计在未来也会受益。

为什么会是这样？信息技术是答案的一部分。结构化金融需要全面的和彻底的金融分析，而在计算机广泛普及之前，想要进行这样的分析是不切实际的。

24.2 发行人的收益

以下是发行人选择资产证券化的主要原因。

- 流动性。银行和其他发行人可以将其非流动性资产转换为现金。
- 降低借贷成本。独立的、受控制的金融公司通过资产证券化，获得具有吸引力的利率。
- 税收管理。一些司法管辖区会根据资产规模征税。
- 更有效地利用资本。证券化可以在不增加原始实体杠杆的情况下使资产成倍增加。
- 资本套利监管。由于向高质量借款人发放贷款的监管资本费用较高，因此银行在持有这些贷款时无法获得诱人的股本回报率。根据《巴塞尔协议 I》，对银行来说，将这些资产证券化并将其置于资产负债表外的非银行特殊载体上是有利的。保险公司也可以通过资产证券化来重新配置其资产负债表上的金融资产，以此凭借基于风险的资本准则获得更有利的待遇。它们在构建证券化时必须谨慎，以此避免可能引发合并的追索权。

- 获得更多的投资者。保险公司希望将其借款范围扩大，从而能够覆盖更多的机构投资者，这些机构投资者可以在未来满足发行人可能存在的其他服务需求（无论是表内的，还是表外的）。

迄今为止，美国结构化金融的扩张主要是由发行人的需求推动的。银行和保险公司不得不降低成本，在保留它们的特权的前提下，通过剥离资产负债表上的资产来获得更大的规模经济。风险资本准则的引入是一个主要因素，这些标准永久地改变了银行业和保险业。银行所持贷款的资本要求远高于所持证券的资本要求[1]。如果一家银行想要提高其资本比率，那么它可以投资证券，尤其是在贷款需求疲软但证券收益可以接受的情况下。这也许可以解释为什么抵押贷款支持证券在银行资产组合中的占比从 1988 年的 2.9%显著上升到了 1995 年的 7.6%，而后又上升到了 2006 年的 9.6%（FDIC，2006）。

对于保险公司来说，对证券的监管处理也不同于对贷款和不动产的监管。关于美国保险监督官协会（NAIC）资本准则，可从表 24.3 中获取[2]。

表 24.3　不同资产类型的资本储备金率

资产类别	评级范围	证券类型	储备金率
有价证券			
美国政府	NA	国债、GNMA	0%
NAIC1	AAA 级—A 级	代理债券、公司债券、抵押贷款支持证券、资产支持证券、商业抵押贷款支持证券	0.3%
NAIC2	BBB 级	代理债券、公司债券、抵押贷款支持证券、资产支持证券、商业抵押贷款支持证券	1.0%
NAIC3	BB 级	代理债券、公司债券、抵押贷款支持证券、资产支持证券、商业抵押贷款支持证券	4.0%
NAIC4	B 级	代理债券、公司债券、抵押贷款支持证券、资产支持证券、商业抵押贷款支持证券	9.0%

[1] C&I 贷款的资产权重为 100%，而由 FNMA、FHLMC 和 SLMA 等美国资助机构担保的证券权重为 20%。对于 1 美元的资本，银行可以持有的这些证券的数量是 C&I 贷款或无抵押的个人抵押贷款的 5 倍。请注意，在资产类别中，无论是房地产贷款还是大公司贷款，对其的资本要求都不会改变。对于人寿保险公司来说，商业和其他抵押贷款的准备金率为 10%，BBB 级证券的准备金率为 1%。

[2] 美国保险公司受其所在州监管。由于纽约在规模、经验、地位和监管政策方面等存在优越性，纽约州保险部已引导保险公司将纽约视为事实上的保险监管机构。为了促进各州监管标准的融合，一个多世纪以前，各州保险专员在 1871 年成立了美国保险监督官协会（NAIC）。NAIC 提出了示范投资法，各州可以选择采用，详见 Santamero 等（1997）的研究。

续表

资产类别	评级范围	证券类型	储备金率
有价证券			
NAIC5	CCC 级	代理债券、公司债券、抵押贷款支持证券、资产支持证券、商业抵押贷款支持证券	20.0%
NAIC6	违约	代理债券、公司债券、抵押贷款支持证券、资产支持证券、商业抵押贷款支持证券	30.0%
全部贷款			0.5%
单户/多户住房抵押贷款			0.1%
担保市政抵押贷款			3.0%
其他抵押贷款包括商业房地产			10.0%

来源：Jacob 等（1995）。

在实行以风险为基础的资本标准之前，银行或保险公司高管更多关注的是需要承担的风险，而不是净资产收益率（ROE）。但是根据《巴塞尔协议 I》（针对银行）和 NAIC 资本标准（针对保险公司）的条款，这些机构必须将特定数额的资本分配给资产负债表上的特定资产类别。这就意味着它们必须密切跟踪净资产收益率和资产回报率（ROA）。银行和保险公司现在将结构化金融视为最有效的工具，它们正在更加积极地管理资产负债表。

24.3 抵押贷款证券化

结构化金融技术的首次广泛应用发生在住房抵押贷款市场。1938 年，联邦政府建立了联邦国家抵押贷款协会（FNMA 或 Fannie Mae，中文简称为房利美），以确保大量美国购房者可以随时使用抵押资本。FNMA 购买合格的抵押贷款，并且发行了自己的证券。1968 年，政府国家抵押贷款协会（GNMA 或 Ginnie Mae）从 FNMA 分离出来，并且被授权为其他发行机构的抵押贷款证券的本金和利息提供担保。这项担保得到了充分信任和美国政府的信用支持。如图 24.1 所示为 GNMA 抵押贷款支持证券项目，其中展示了 GNMA 的证券化过程（Kinney et al.，1985）[1]。

[1] 见 404 页脚注 2 的说明。

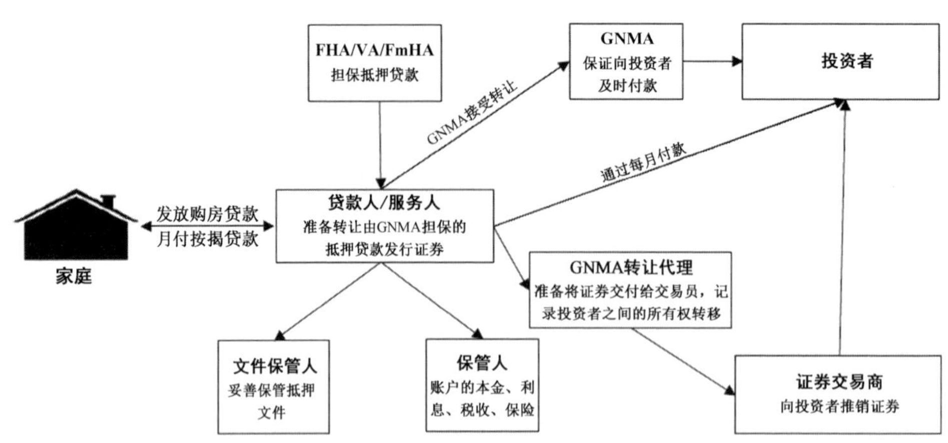

图 24.1　GNMA 抵押贷款支持型证券项目

来源：Kinney 等（1985）。

抵押贷款支持证券的发行形式有 2 种：一种是将资产出售给信托公司，由投资者购买信托公司的股票；另一种是将资产出售给通过发行债券为自己购买融资的特殊目的载体。这 2 种证券都包括内部产生的信用支持，其形式是超额现金流所积累的储备和资产发起人的次级利息（第一次损失吸收）。也可以通过信用证、贷款保险（如现金担保账户）、公司担保、担保债券或交叉担保等形式提供外部信用支持。设置一个负责监控抵押品价值和现金分配的受托人有助于维护这种结构。

抵押贷款证券化在美国和欧洲许多国家都取得了巨大的成功。美国住房抵押贷款证券化的比率从 1970 年的 1%上升到 2007 年第一季度的 56.5%。由于清楚自己可以通过出售贷款来筹集资金，许多新的、不同的参与者在鼓励中进入了抵押贷款市场。在当地报纸的房地产板块及互联网广告中，美国人可以比较抵押贷款经纪人、抵押贷款银行，以及商业银行和储蓄机构提供的贷款，这些机构都在竞相向他们提供贷款。通常，很难从广告中准确地判断贷款将如何发放及由谁发放。无论购房者选择哪家贷款机构，抵押贷款都极有可能在数周内被证券化。证券化使美国住房抵押贷款的成本降低了约 1/3（比贷款利率高 0.5%到 1.0%）。毫无疑问，信用的可获得性使许多过去不具备资格的借款人现在可以拥有住房。在许多新兴国家，政府热切地筹备建立充满活力的抵押贷款市场，美国的模式对其具有巨大的吸引力。

住房抵押贷款相对比较容易进行证券化。首先，抵押贷款市场已经大到足以找到对证券化感兴趣的金融专业人士。其次，这是一项消费者融资活动，可以应用大数定律并建立精算基础。由于记录一般都保存得较好，因此这些记录可以为证券化提供大量数据。最后，在过去的 30 年里，美国的抵押贷款文件已经标准化，无论是布朗克斯区的花旗银行、得梅因市的抵押贷款银行，还是圣地亚哥市发起抵押贷款的经纪人，抵押贷款文件在很大程度上都已标准化。这使得跨投资组合和发起人的数据收集、数据维护和数据评估工作变得容易进行。联邦机构一直是这种标准化背后的主要力量。

资产证券化改变了美国的抵押贷款市场，并且带来了很多积极的影响。资金与贷款的分离大大降低了成本，并且为所有分离的职能创造了竞争。消费者拥有的选择比以往任何时候都多，为新房子融资变得相对容易，而且可以在短时间内完成。然而，每个市场都有过度扩张的趋势。在 2007 年的夏天，美国抵押贷款市场受到了“次级抵押贷款部门”的危机的牵连，我们将在 24.11 节中进一步讨论这个问题。

24.4 其他资产证券化

继住房抵押贷款之后，第一批被证券化的非抵押资产是 1985 年的计算机租赁，而后是汽车贷款（汽车应收账款凭证或 CARS）。下一步自然是将信用卡应收账款等其他消费资产证券化。第一笔信用卡交易完成于 1986 年。对于消费的证券化，只要资产类别足够丰富，结构化金融专业人士就能够创建数学模型并预测消费者行为。不过，与抵押贷款不同的是，信用卡的相关文件尚未标准化，但美国信用卡市场的整合使不同结构之间的差异变得非常小。

在从住房抵押贷款到信用卡的过渡过程中，资产的定义发生了一定程度的变化，毕竟，住房抵押贷款是拥有住房的一项法律权利，潜在的实际资产是房屋，但是在信用卡资产证券化的情况下，什么是资产呢？持卡人购买的毛衣是吗？通过信用卡交费的大学课程是吗？显然不是。这里的资产是指持卡人支付信用卡账单时产生的现金流。随着证券化技术的发展，现金流已成为其价值的主要来源。当一项交易涉及实际上可以实现变现的有形资产时，这些资产仅能代表交易结构中的次要要素，即用来减轻风险的要素。如今，这些硬资产的缺乏并不会严重阻碍资产证券化。

随着时间的推移，许多类型的消费资产被证券化，包括房屋净值贷款、房车（RV）贷款、船舶贷款、汽车贷款、租赁、公用事业支付和银行发起的学生贷款。

企业资产证券化的规模相当大，但规模增长的速度有所放缓，因为相较于消费资产，企业资产是更加“笨重的”，前者的平均贷款规模为 3000 美元，而后者的平均贷款规模为 100 万美元，使得企业资产不容易应用精算原则。此外，银行对其企业贷款经验的记录通常不够全面。只有当事情出现了差错，银行确实遭受了损失时，这个事实才会被记录下来。当事情进展顺利、贷款得到偿还时，银行却通常不会记录借款人在借款期间的信用质量变化情况。即使债务人在某一时刻濒临违约，银行通常也不会记录这一事实[1]。

这一切都在发生改变。在过去的 20 年里，为了能够更有效地评估企业信用，主要的信用评级机构和其他机构一直致力于开发违约预测模型。更重要的是，由于投资者可以更容易地获取信息，所以银行开始发放贷款，意图将其证券化为交易应收账款或 CLO 结构，这导致证券化市场扩大和深化。有 2 种违约行为建模方式，第 1 种方法是研究同类群组或静态池的历史行为，并依据一段时间内的违约经验对评级资产的投资组合进行评估；第 2 种方法是根据第 1 种方法衍生出来的，即对每项资产进行风险评级（通过机构评级或建模评级），并将违约概率和收益率与资产的评级和优先级联系起来。这些方法已经在第 15 章至第 20 章中进行了讨论。

就像在消费部门一样，最容易被证券化的企业资产——应收账款，会最先被证券化。商业应收账款是风险相对较低的短期资产。任何正在经营的商业企业都将向其供应商付款，以便能够继续获得所需的供应品。其他类型的公司资产也在被证券化，包括公用事业车辆租赁、工伤保险费应收账款、房地产税留置款，以及一家大型电影制片厂未来的应收账款。担保债券凭证（CBO）和担保贷款凭证（CLO）是另外 2 种类型的公司资产支持证券，这些会在第 25 章中详细讨论。

24.5 风险分割

结构化金融的关键是将现金流划分为常见的风险类别。假设我们有一个 100 美元的资产组合，根据过去的经验，预期损失率为 10%。如果我们的投资组合中只有一项资产，那么我们除了希望自己选对了资产并正确定价，就没什么可做的了。但如果我们的投资组合中有 100 个项目，每个项目价值 1 美元，我们就可以期望其中 90 个是好的，10 个是坏的。虽然我们不知道哪些资产为好，哪些为坏，但我们知道每 10 笔付款中有 9 笔可能会按时支付。

如果我们决定将前 90 笔支付给其他人，并且将剩下的 10 笔作为储备金，那么拥有前 90 笔支付将是非常安全的行为，而拥有剩下 10 笔支付将是非常具有投机性的行为。相反，如果我们将前 50 笔支付给其他人，并且将剩下的 50 笔作为储备金，此时我们就创造了 2 个新的替代投资项目，即前 50 笔支付是非常安全的，后 50 笔支付

[1] 见 404 页脚注 2 的说明。

的风险虽然要比前 50 笔比大，但却小于 90/10 这种分割方式。即便交易的基本原则保持不变，仅通过改变支付的优先顺序，我们就改变了交易的动态。

假设，此时我们把支付分成 4 个部分，即 40、20、20、20。每一部分的动态将因收益和风险而异。第一部分（前 40 笔）支付将代表“苹果的第一口”——安全的交易。第二部分的投资者会期望得到比第一部分高的收益，因为此时的风险更高。第三部分的投资者则期望得到更高的收益。第四部分的投资者将面临相当大的风险，因此它们会期望获得类似股票投资的回报。

资产支持型交易的最低份额部分或股权部分对整个结构而言至关重要。只有将风险集中在这部分资产上，才有可能创造出评级更高的优先级资产。如果一笔交易对股权持有者来说是有意义的，那么它对其他所有人来说通常也是有意义的。关键是找到真正愿意接受这一最低额度的风险承担者，那么这个投资者到底是谁？他或她的动机又是什么？

一般来说，有 2 种可能。首先，在许多情况下，资产的发起人（通常是银行）保留了股权部分，使整个交易得以完成。其次，在其他情况下，外部投资者购买了股权部分。对于那些专业知识丰富且资本充足的人来说，这可能是一个非常合理的投资决定。而对于杠杆较高或不熟悉资产支持证券的投资者来说，这项投资很可能会在下次经济不景气时亏损。在经历了一次损失之后，这样的投资者可能会避免未来再进行此类投资。

通过准确计算股权部分的风险，并且适当地为此类投资定价，结构化金融专业人士扩大了那些对资产支持证券发行有兴趣的投资者的范围。接下来考虑投资者如何评估房屋净值贷款支持证券。那些购买高级抵押贷款的人看重信用等级最低的抵押品，因为它具有最大的提前还款稳定性。然而，对于 B 级债券（评级较低或次级债券）而言，信用质量问题比提前还款问题更重要。B 级债券存在的关键问题是，在最严峻的压力下，这种信用增强能否继续维持。评级机构需要确定 B 级债券不会提前偿付，因为这将使高级债券面临信用风险。尽管这种结构是出于信用原因而设计的，但 B 级债券实际上比高级债券具有更低的提前支付敏感性和相对较高的单位风险价值（Wagner et al.，1997）。

非线性、混合整数规划等最优化技术可用于开发替代的融资结构。结构化金融是一种预先分散的投资组合，可以将其视为一个数学规划问题，其通过流动性约束、评级机构要求、监管限制和内部资本配置进行建模。一旦开发出替代结构，就可以使用后最优性分析对相同优化方案下的解决方案进行压力测试。如果这一方法是难以实现或缺乏条件的，就可以尝试模拟解决。

如果涉及的资产是附息资产（例如，垃圾债券或住房抵押贷款），那么违约的时间就成为一个关键问题。假设我们有一个100美元的投资组合，损失预期是10%，收益预期是 10%，同时假设资产组合持续 10 年，那么在这段时间内，如果没有损失，我们就将获得 100 美元的单利。第一年 10%的损失的威力要远大于最后一年。如今，结构化金融市场正将大量注意力投入到违约水平和违约时间的假设和设定上（见表 24.4）。一种对时间非常敏感的证券（问题出现得越晚，证券整体表现就越好）可能会吸引那些本来会拒绝投资的投资者。同样，提前支付风险也是需要考虑的一个主要因素，因为资产支持证券通常不具备提前支付保护。

如表 24.4 所示为担保贷款凭证/担保债券凭证分析示例，其呈现了在构建证券时需要进行的一些金融分析。表格的第 1 部分包含关于现金流、违约和收益的重要假设。其中只显示了第 1 年、第 5 年和第 10 年的结果。一个重要的假设是累积违约率及其违约时间，在基本情况下，累积违约率假定为 34%。该结构连续几年的违约时间占总违约时间分别为 41%、24%、18%、11%，在连续年度中占比 6%；在有压力状态下，累积违约率假定为 48%，在连续年度的违约时间占比增加到 50%、33%和 8%。在结构中具有 3 个级别，即优先级、中间级和次级。

表 24.4 担保贷款凭证/担保债券凭证分析示例

第 1 部分：假设、抵押品余额和比率						
假设	基本情况			压力状态		
累积违约率	34%			48%		
违约时间（在每年总额中的占比）	41%、24%、18%、11%、6%			50%、33%、8%、8%		
收益率	32%			15%		
获得收益的时间	立即			1 年以后		
资产保障率测试	110%			110%		
利息保障率测试	125%			125%		
LIBOR	6%			6%		
利率	LIBOR+3%			LIBOR+3%		
再投资期限	4 年			4 年		
年限	第 1 年	第 5 年	第 10 年	第 1 年	第 5 年	第 10 年
抵押品余额（美元）						
期初余额	490000000	409893105	398757266	490000000	259135912	259135912
收到的本金偿付	0	0	398757266	0	0	259135912
原始担保品违约	68600000	9800000	0	117600000	0	0
再投资追回款违约	0	614656	0	0	0	0

续表

第 2 部分：现金流入和流出（单位：美元）						
假设	基本情况			压力状态		
再投资利差违约	0	721184	0	0	0	0
违约后余额	421400000	398757266	0	372400000	259135912	0
追回款再投资	21952000	0	0	0	0	0
超额利差再投资	9621432	0	0	5211432	0	0
资产期末余额	452973432	398757266	0	377611432	259135912	0
比率						
资产保障率[a]（%）	133.25	120.79	111.00	111.93	91.49	111.00
利息保障率[b]（%）	174.03	164.68	126.00	153.79	124.3	126.00
再投资期间	有	无	无	有	无	无
终止事件发生[c]	否	否	否	否	是	否
现金流入						
收到的本金偿付	0	0	398757266	0	0	259135912
现金追偿款	21952000	3136000	0	0	2940000	0
收到的总本金	21052000	3136000	398757266	0	2940000	259135912
原始资产预计利息	44100000	44100000	44100000	44100000	44100000	44100000
未收到的利息	6174000	14994000	14994000	10584000	21168000	21168000
原始资产净利息流入	37296000	29106000	29106000	33516000	22932000	22932000
收益部分再投资利息	0	4073288	4073288	0	0	0
超额利差再投资的利息	0	2708866	2708866	0	390232	390232
总利息流入	37926000	35888154	35888154	33516000	23322232	23322232
现金总额	59878000	39024154	434645419	33516000	26262232	282458144
减去现金流出						
优先债务利息	21973203	21973203	19266393	21973203	18762142	16811633
次级债务利息	6511365	6511365	5744454	6511365	0	6510599
应计利息	0	0	0	0	0	0
担保保证再投入	0	0	0	0	0	0
优先债本金	0	8804985	293532714	0	7500090	256666154
中间债本金	0	1914601	63827267	0	0	2469758
追回款再投资	21952000	0	0	0	0	0
超额利差再投资	9621432	0	0	5211432	0	0
次级债务支付	0	0	52314591	0	0	0
现金流出总额	59878000	39024154	434645419	33516000	26262232	282458144
年份	第 1 年	第 5 年	第 10 年	第 1 年	第 5 年	第 10 年
优先级债务						
起初余额	332720660	332720660	293532714	332720660	286444913	256666154
支付本金	0	8804985	293532714	0	7500090	256666154

续表

第 2 部分：现金流入和流出（单位：美元）						
假设	基本情况			压力状态		
剩余账户	0	0	0	0	0	0
期末余额	332720660	323915675	0	332720660	278944823	0
中间级债务						
起初余额	72348496	72348496	63827267	72348496	72348496	72348496
支付本金	0	1914601	63827267	0	0	2469758
期末余额	72348496	70433895	0	72348496	72348496	69878739
应计及未付利息	0	0	0	0	29777311	78274118
终止时支付的应计利息	0	0	0	0	0	0
本金及应计利息余额	72348496	70433895	0	72348496	102125807	148152857
次级债务						
初始余额	84930844	84930844	84930844	84930844	84930844	84930844
支付本金	0	0	52314591	0	0	0
期末余额	84930844	84930844	32616253	84930844	84930844	84930844
保证金						
初始余额	0	0	0	0	0	0
提款	0	0	0	0	0	0
再投入	0	0	0	0	0	0
利息	0	0	0	0	0	0
最终余额	0	0	0	0	0	0

[a]资产保障率（ACR）=违约后余额/初始优先级债务。

[b]利息保障率（ICR）=收到的利息/优先级债务的利息。

[c]ACR＜110%或 ICR＜125%。

设置资产保障率和利息保障率的所需水平并对结构进行测试，以此确定是否会因为不能满足其中 1 个或 2 个条件而触发终止事件。表 24.4 的第 2 部分显示了 3 个级别的预计现金流及其分布情况。从中可以看到，对于次级债务部分，唯一的本金支付（52314591 美元）发生在基本情况下的第 10 年，而在压力状态下不会发生。在基础情况和压力状态下，优先级债务和中间级债务这两部分都在第 10 年支付。在基本情况下，次级债务部分在第 10 年支付至 32616253 美元，但在压力状态下仍为 84930844 美元。

当然，一个好的资产选择过程或一位好的投资组合经理也能使投资者受益。一位具备一定专业知识的经理应该有能力选择出至少在最初几年表现良好的资产。不确定性只会随着时间的推移而发挥作用。如果投资组合经理善于预测问题并能够出售资产，那么投资组合的价值就可能会提高，只要资产的售价能达到市值的 90%以上。

24.6 高风险信用融资

结构化金融的一大优点是，它可以为高风险信用和大规模信用提供融资。如果资产池大到可以被精确估计（40 家或 50 家，甚至更多），那么它就可以包含一些评级较低的资产和一些评级较高的资产。如果我们想贷款给一些信用存在问题的人，那么这种资产池结构提供了一种很好的方式，前提是我们为贷款进行合理定价。结构中的好资产将抵消坏资产，这与保险公司管理风险的过程完全相同，每一天它们都为预期寿命较短的人与预期寿命较长的人共同投保，这样风险就被分散了。此外，在结构中的优先级部分可能会被限定规模和范围，这样即使在最高的压力预期下，流向这部分的现金流也将保持在这类投资者和评级机构设定的风险范围内。

在金融市场上，结构化解决方案允许贷款人扩大他们的客户基础，如通过创建贷款组合来降低信用风险，这就是为什么今天美国人的邮箱中会收到那么多信用卡邀约。一旦保险模式被应用到金融市场上，贷款机构就有可能向它们过去不愿提供贷款的人提供信用卡、抵押贷款和汽车贷款。

然而，投资组合也会受到系统性风险的影响。目前，次级抵押贷款市场的动荡证明了市场各部分之间存在相互依存的关系。近年来，次级抵押贷款市场得以大幅增长，这是因为抵押贷款证券化市场正在寻找更多的产品，为渴求收益的投资者提供多样化的投资结构和附加的投资产品。一些观察者会说，来自资本市场的需求是次级抵押贷款发放体系中不良放贷行为发展的催化剂。现在，这些做法已经造成了巨大损失，那些被分配到担保贷款凭证和担保债务凭证上的投资组合，使那些本应多样化的投资组合出现违约和评级下调。第一个证据是贝尔斯登公司在 2007 年 6 月承认，由于次级抵押贷款市场存在的问题，它们支持的 2 只基金分别损失了 60%和 100%的价值。其他投资工具也报告称，在次级抵押贷款领域的投资存在重大问题，包括高盛、瑞银（UBS）和法国巴黎银行（BNP Paribas）运营的基金。评级机构给出预测，它们认为包括次级抵押贷款在内的许多投资结构都可能会出现拖欠，而且损失金额将高达其价值的 19%。次级抵押贷款市场给资产证券化市场带来了系统性风险这一挑战。

24.7 资产支持证券剖析

下面介绍有关资产支持证券的 2 个例子。第 1 个例子采用封闭式贷款的循环信托结构，如表 24.5 所示。在固定循环期间，只要投资组合的业绩没有恶化到超出既定的损失水平，就可以使用部分本金支付购买新的贷款。在第 2 个例子中，证券由每月支付利息的一次性贷款提供支持（不提供提前支付保护），如表 24.6 所示。当贷款还清时，证券的周期就结束了。上述 2 种证券都获得了信用支持。

表 24.5 消费资产支持证券的示例

美国汽车应收账款信托 2007-C-M	
类别	A-2 等级票据
描述	优先级本金和利息
数额	3.7 亿美元（总交易金额为 15 亿美元）
息票	5.43%
等级	Aaa
结构	担保保证/周转信托
信用支持	MBIA（AAA 级/ Aaa 级）无条件、不可撤销地向票据持有者提供当期利息及最终本金支付的担保；初始增资总额为 9.0%（2.0%准备金和 7.0%超额抵押）；超额抵押担保的目标水平是 11.0%，而 2.0%的准备金仍维持在原始池余额的 2.0%
发行人	AmeriCredot Automoldied Receivables Trust 2007-C-M
出售方	AFS SenSub Corp
发起人/服务者	AmeriCredit Financial Services, Inc.
受托人	Wells Fargo Bank, N.A.
承销商	Credit Suisse
税收选择	债务税收
资产池摘要	固定利率，完全分期偿还次级汽车贷款
贷款数量	80593
平均贷款	18324 美元
贷款最大限额	71396 美元
时期	1 个月
加权平均成本（WAC）	16.56%
加权平均时间（WAM）	69 个月
息票	4.4% ~ 29.99%
状态	13% TX、10% FL、9% CA、5% OH、4% PA

续表

美国汽车应收账款信托 2007-C-M	
备注	Aaa 级主要基于 MBIA 的财务担保政策给出。基础信用支持由超额利差、储备金和超额抵押提供。在超出利差后，因贷款余额超过票据余额而产生的超额抵押，将在 MBIA 政策索赔之前，通过吸收贷款损失来提供第一笔损失保护。 利率和预付款项下降可能会导致潜在的利息短缺。该评级仅用来解释信用风险

来源：该交易的招股说明书补充资料（2007 年 7 月 17 日）。

表 24.6　企业贷款资产支持证券的示例

PREPS 2007-1 Mezzanine CLO			
发行人		PREPS 2007-1plc	
发行数量		2.48 亿欧元	
出售方/服务者		PREPS 2007-1plc	
投资服务提供商		Capital Efficiency Group AG	
银行账户		JPMorgan Chase Bank	
收益管理		CMP Recovery Management	
定位		公众	
贷款特征		对中小企业的次级贷款	
利率		季度固定年利率 7.8%与利润相关的部分	
资产池摘要		欧洲 52 项次级贷款协议	
总金额		150 万至 950 万欧元	
	A1 类	B1 类	初级
评级	AAA	A	NR
ISIN	XS0289620709	XS0289620881	XS0289621343
定位	公众	公众	公众
支付频率	半年	半年	半年
利率	6 个月 Euribor+0.32%	7 个月 Euribor+0.83%	初级票面利率[a]
面额	1.86 亿欧元	3500 万欧元	2700 万欧元
合约到期日	2016 年 3 月	2016 年 3 月	2016 年 3 月
平均年限	6.8 年	7 年	7 年
信用支持：PREPS 2007-1 交易具有强大的 PDL 机制。投资组合公司的任何违约都在 PDL 中进行了注册，从而提示要捕获超额利差，直到总账减少到零为止。			
主要违规事件包括： ● 本公司或担保人（如适用）的清算或破产程序申请； ● 逾期未付款，即逾期超过 90 天未支付未付利息； ● 在融资协议中出售发行者的股权； ● 融资协议的终止			

[a] 从 14.50%上升至 16.60%。

来源：惠誉（2007），作者经授权后重印。

24.8 资产支持证券的评估

结构化金融专业人士在评估一个资产支持证券时，会关注 3 个关键领域，即发起人（或卖方/服务方）、资产本身，以及交易的结构。谁发起的贷款？发起人使用了什么程序？它是否擅长信用选择和制定标准？它过去的表现如何？为什么要出售这些资产？这些是需要掌握的关键问题。

资产本身也必须加以研究。如果是消费资产，那么利率是多少？它们过去融资购买的是什么类型的资产？是房产、船只，还是休闲的交通工具？资产的质量往往与所融资项目的重要性有关。在严峻的经济压力下，大多数人会尽其所能地避免发生房屋抵押贷款违约。然而，相对而言，很少有人会有如此强烈的冲动继续支付跑车的租赁费用。我们需要彻底了解资产的特征，如资产的位置、行业集中度等其他方面特征。作者经历过一个案例，即采用预先批准的招标标准的系统将大量不良信用吸引到投资组合中，此时即使地理上不存在集中，投资组合的损失曲线仍然陡峭。

如果资产是公司的应收账款，那么又会出现其他问题。是否存在应收账款可能被终止支付的情况？例如，书商未售出的库存通常可以返还给出版商。在某些业务中，必须将高比率的返还因素考虑在内。这些资产是否受到经济周期的影响？是否受到利率变化的影响？是否易遭受自然灾害？如果发起人遭遇了融资困难，资产的性质会发生改变吗？一旦公司意识到它的供应商之一即将倒闭，它就可能会延迟付款。

服务质量对资产的评估来说也至关重要。如果投资组合依赖月度账单，那么，如果贷款时没有得到有效的服务，收款就可能受到阻碍。因此，收款部门的员工素质和拖欠款项管理工具也必须纳入分析。例如，在次贷汽车行业，因为债务人的信用质量较低，所以需要采用强硬的措施来保证付款的收回。从投资者的角度来看，服务机构应及时收取、申请款项，并且及时进行申报、汇款、对账。服务机构应该足够强大，不至于时刻面临破产风险。

资产评估必须由真正了解资产的人士来进行，这些人需要有在评级机构或银行信用卡部门工作的经历，或者对该业务有所研究，达到了专业人士的知识水平。

同时，必须对法律结构进行评估。这里的关键是资产的所有权和控制权问题。例如，所有权是否真正转移到特殊目的工具上？如果发起人破产，法院会收回资产吗？

根据上述提到的 3 个方面，评估资产支持证券需要经验丰富的专业人士进行密切监督和审查。

24.9 对银行业的影响

资产证券化正在逐渐改变银行扮演的角色。银行越来越多地从事资产的创造、推广和服务业务，而不是资产存储业务。为了有效地履行这一角色，银行必须提高创造资产的能力和对资产进行合理定价的能力，以便日后能够将其出售。过去，许多银行，尤其是规模较小的地区性银行，没有对债务进行合理定价。由于成熟企业的产能过剩，它们面临霍布森选择（Hobsons Choice），即没有选择的选择：要么贷款，要么破产。为了保住客户基础，它们的第一反应是降低价格并继续发放贷款。

通过将贷款持有者与贷款发放人分开，结构化金融为债券市场制定了定价规则。如果一笔贷款没有被正确定价，就没有人会购买它。投资基金不是企业，它没有需要保留的借款人基础。它的决策基于相对价值，而不是绝对价值。类似的模式在艺术品和古董等其他交易商市场也很常见。热爱艺术作品的收藏家可能会为能够拥有它们而付出任何代价，但是经销商在行事方式上具有纪律性，他们会“小心翼翼”地付出一定的代价，确保自己能够以额外的利润转售作品。与主要参与者不同，他们所从事的是了解价值的业务，并且几乎不会犯错。

结构化金融正在改变新兴国家和发达国家的银行业。在不久以前，国家银行业的重要性一般可以从其经济发展阶段来判断：一个国家越不发达，银行就越重要。随着经济的发展，银行体系通常会失去重要地位，因为其他机构（如养老基金）在可投资资本中所占的份额越来越大。这种模式表明，银行业在经济合作与发展组织成员国中是一项成熟的业务，但在新兴国家仍是一项增长型业务。

然而，金融市场的全球化似乎正在破坏这一事实。在正常市场上，墨西哥的一家金融公司很容易在美国资本市场完成资产支持证券的私募配售。即使当地没有大型养老基金或保险公司，这种可能性也会改变新兴市场银行的竞争格局。换句话来说，在新兴市场，银行业的发展可能比许多观察者意识到的更为成熟。

24.10 结构化金融的其他应用

尽管资产支持证券的发行仍是结构化金融技术最大的应用，但其他用途的重要性也在上升。例如，一家保险公司希望提高其投资组合的收益率，但由于监管限制，其无法进行进一步的高收益投资。该公司现有的高收益投资组合的结构是 5 亿美元的抵押债券，并且拥有 CapMAC 的担保函。国会预算办公室减少了该公司对高收益投资方面的风险敞口，使其能够增强购买高收益债券的能力，这样做带来的结果是，保险公司能够提高其投资组合的整体有效收益率。当以这种方式进行调整后，最初的风险评级为 3～6 的债券在调整后的降级为 1 或 2，资产评估准备金（AVR）也相应地减少。该策略被称为"AVR-bitrage"，因为它是基于资产评估准备金处理差异的套利。

在另一个例子中，美国的一家主要电影制片厂通过创新地利用结构化金融，为最近完成的、准备发行的电影筹集制作费用。在传统上，这些成本主要通过股本融资获得，还有部分额外资金来自银行贷款。然而，通过使用表外融资，该公司能够使其资金来源多样化，因为它利用的是资本市场而不是银行。通过有限追索权债务，它还能够筹集更多的资金。电影的总收入和电影版权为这种中期票据融资提供了担保。在传统的资产支持证券化中，资产的表现要么与发起人脱钩，要么保留下来保护债权人和担保人不受发起人信用问题的影响。然而，在这种情况下，资产（电影）的表现仍然取决于电影制片厂在发行电影和在各种发行渠道利用电影版权方面所能取得的成功。这种融资是如何实现的？

过去，银行是唯一能够为此类项目提供信用的参与者。上市成本和其他制度方面的考虑可能会阻碍投资者进入资本市场。然而，如今有其他 2 名参与者加入进来，即评级机构和担保人。将融资评级为投资级，表明该评级机构对这笔交易的支持。这为机构投资者的投资提供了途径。MBIA 作为担保的提供者，是这笔交易的关键推动者。它在现代投资组合概念和传统信用分析的基础上提供了担保。这项融资是由整个电影投资组合支持的。因此，一部收入高于平均水平的电影的收益，可以弥补一部表现低于平均水平的电影的损失。传统的信用分析被用来评估电影制片厂的财务可行性和它在交易期间的管理能力。该电影制片厂对于行业的绩效表现、分销策略，以及对未来结果的压力测试，都是信用分析的组成部分。在融资过程中也涉及了可选性，具体表现为触发事件的形式，如果电影制片厂的财务可行性降低，那么债务就更快地被清算。

一些发达国家和发展中国家利用结构化资本市场的技术为项目和活动提供资金。最近的一个例子就是英国的酒吧行业。近年来，人们熟悉的街坊酒吧发生了变化，并且逐渐成为重大金融工程的焦点。这一结果的形成主要有 2 个催化剂：第一个是旨在增加英国竞争环境的监管制度改革；第二个则是来自在资本市场上寻找一种方法为新成立的酒吧集团融资的需求。在此之前，大多数酒吧都是根据啤酒公司授予的特许经营权来经营的。如果是独立的酒吧，那么其会与啤酒公司捆绑在一起，将这种运营方式作为获得廉价融资、集中资源或购买的方式。根据新规定，啤酒公司需要削减投资。唯一的问题是，很少有酒吧经营者具有足够的财力来支持这一过程，于是企业并购公司和对该行业有所了解的个人很快看到了这个机会，但他们也需要巨额的资金来处理这些数以千计的需要转手的酒吧。自 1994 年起，一系列酒吧交易开始进入市场，第一个交易是发行达到 3.37 亿英镑的 Phoenix Inns。这些交易建立在酒吧业务及其产生的现金流的基础上。自 1994 年以来，评级机构、债券保险公司及主要的投资者做足了功课，发行了近 269 亿英镑的股票。

一些发达国家和发展中国家也在利用结构化资本市场的技术为项目融资。一个早期的例子是英国一家发电公司的再融资。英国电力供应行业的宽松管制为独立发电的公司创造了机会。欧洲投资银行（EIB）是欧洲联盟的一家金融机构，可提供长期贷款以协助经济发展。然而，欧洲投资银行不能根据借款人信用风险的变化来随时调整其利差。因此，要想获得欧洲投资银行收取的利差，融资必须得到全部或部分担保。这种融资的基础一部分来自现有的购电安排，一部分来自稳定的管制环境，还有一部分来自发电系统的预期盈利能力。评级机构对这种融资给予了投资级的"影子评级"，CapMAC 为其提供担保债券，保证在交易中及时向欧洲投资银行和其他债权人支付本息。在这一方面，结构化金融技术使借款人能够利用资本市场进行融资，而不是单一依赖商业银行等传统渠道。在过去的 10 年里，欧洲项目贷款已成为结构化金融活动的一个主要来源。英国的私有化倡议创造了重大的筹资机会，市场也据此给出了反应。医院、收费公路、供水公司、机场和铁路等其他运输系统都被卖给了私人投资者，大部分融资都是在资本市场上借助被称为私人融资计划（PFI）的技术完成的。在这些制度下，投资者虽然面临一定的商业风险，但在总体上他们对这些项目的本质，以及英国政府的间接支持感到放心。

不是每个欧洲国家都接受这种融资方式，但是这种方式在欧洲大陆也得到了发展。西班牙、葡萄牙、意大利和法国都首次在资本市场上为基础设施融资，并且都使用了某种形式的结构化金融技术。预计这一市场未来将实现进一步增长。

在世界的其他国家和地区也有类似的结构化金融的例子，商业银行、金融担保人和其他资本市场参与者在其中发挥作用。例如，智利的几个收费公路项目、秘鲁的一家发电厂、卡塔尔的天然气液化项目，以及智利和澳大利亚的机场等。其中，许多交易的目的是进入美国 144A 债券市场，该市场要求这些债券必须被评为投资级，这通常是通过金融担保人的担保债券来实现的。

通过资产支持证券、资产证券化、基于未来收入的融资，以及其他创新手段，资本市场已经能够承担起迄今主要由商业银行和州、市、主权国家等政府实体承担的信用风险。

24.11 证券化的风险

尽管证券化改变了资本市场，为恢复银行业的活力做出了巨大贡献，但是其负面影响也在逐渐显现，并且导致了 2007 年的巨大危机。证券化技术是复杂的，其依赖于先进的数学技术和建模技能。证券化技术仍然面临诸多考验，并且经常依赖于各种各样的“估算”假设，因为模型或数学公式所需的信息往往无法准确地获得或计算。这就意味着一旦证券化技术的“输入”是错误的，其就很可能会给出错误的“输出”。这种错误在 2007 年美国次贷危机中就发生了。随之而来的危机让我们再次关注企业能力、模型风险、流动性和完整性等问题，尤其此时的完整性可能已经崩溃了。这些投资银行控制着此类抵押贷款公司的发起人，并将其贷款打包出售给资本市场，但它们不关注这一做法的后果和在证券中可能存在的利益冲突。除了华尔街的崩溃，美国次贷危机似乎还牵扯到在这个过热市场中的投机者和一些抵押贷款银行的大规模欺诈行为。

由于 FNMA、FRE 和 GNMA 等机构享有联邦政府的资助，所以这些机构为传统抵押贷款市场设定了信用和抵押标准。这些标准相对保守，旨在使抵押贷款成为一种风险相对较低的活动。然而，许多潜在购房者却被排除在外，尤其是那些购买高端住宅的人，或者那些信用等级处于最低水平的人。借助各种新的分析技术，并且通过证券化的方法来分散风险，抵押贷款市场为那些没有资格获得联邦担保贷款的人完善了融资渠道，使这些不合格贷款的资金通过证券化进入了证券市场，进而使证券市场在近年来迅速发展。美国抵押贷款支持证券市场自 2000 年以来增长了 2 倍多，根据纽约证券业和金融市场协会（Securities Industry and Financial Markets Association）的数据，2006 年共发行了 2.4 万亿美元的抵押贷款支持证券。根据该行业组织的数据，2006 年是首次有超过一半的证券是由次级抵押贷款和其他不合格贷款提供支持的。

很明显，贷款发放方和贷款提供方的分离导致了过度激进的结果，并造成了行业的动荡。截至原书即将出版时，这一问题辐射的规模和范围仍未确定。但是，我们已经可以预料到，巨大的损失将席卷整个证券市场，大量的专业抵押贷款人及一些对冲基金将在这场市场危机中灭亡。为了帮助我们准确地了解在这些市场中到底发生了什么，我们采访了 Residential Capital 的首席执行官 Jim Jones。Jones（2007）在消费金融领域经验丰富，曾在 Providian、Bank of America 和 Wells Fargo 担任过高级职位。

问：到底是什么导致了美国次贷危机？

答：次级抵押贷款市场的发展源于以下几个因素。

- 低利率鼓励人们对贷款进行再融资或购买新房。
- 强劲的房地产市场，特别是在快速增长的地区。
- 次级抵押贷款的发展多年来相当成功，主要是因为房屋增值。
- 抵押贷款人可利用的资本市场融资为：
  ① 抵押支持证券。
  ② 担保债务凭证。
  ③ 新产品。

  投资者对新产品似乎有永不满足的追求。

问：次级抵押贷款市场什么时候出现了明显的问题？

答：市场这几年的行情一直很好。从 2002 年开始，一直持续到 2005 年，几乎所有事情都变得积极起来。融资很容易获得，盈利也变得容易。承销变得更加容易了，因为最近的经验表明，这样做是可以的。这些问题首次出现在 2005 年的下半年。在市场中早期发展起来的一种做法是提供提前支付违约担保。当贷款最初几个月的损失被证明高于担保水平时，该条款允许投资者将贷款“放回”银行。早期没有人太注意这些规定。我认为，投资银行制定这一条款是为了将投资者排除在贷款机构的业务之外，并且弥补偶尔出现的“承销错误”。在 21 世纪初，这种担保很少被要求。自 2005 年中期起，情况开始发生变化，许多贷款开始回流到贷款人手中。到了 2006 年，对许多抵押贷款发放机构来说，这变成了一股或有债务的洪流。

2006 年，一些保险公司等开始放松承销条件，以此保持它们的机器能够运转。从那时起，一直持续到 2007 年，情况变得越来越糟。

- 中西部地区开始出现较低的房价。
- 拖欠和违约开始增多。
- 越来越多的抵押贷款被华尔街根据提前还款违约权证“放回”。
- 利率提高，以及权证相关成本上升，融资成本因此上升。

- 信用标准的收紧减缓了贷款发放，给这些机构带来了压力。
- 成交量减少给整个市场带来压力，而市场原本是为高交易量而建立的。
- 市场放缓导致房价下跌得更多，高杠杆借款人的再融资选择变得更少。

Jones 形容抵押贷款市场此时发生的一切就像一场“完美风暴”。“短短几个月，整个行业就被‘一扫而空’。那些由大型金融机构资助的金融机构将会被保留下来，其他像 Greenpoint、BNC 这样的公司则将成为历史，”Jones 表示，“我们预计未来的市场规模会变得小得多，专注于不良贷款市场的实体将减少，专业贷款机构也会减少。”最后，Jones 补充道：“次级抵押贷款在单一险种机构中没有很好地形成规模。”

在美国次贷危机中破产的次级抵押贷款机构名单，如表 24.7 所示。

表 24.7　在美国次贷危机中破产的次级抵押贷款机构名单

公司名称	状态	时间
American Home Mortgage Investment Corporation	破产（破产保护）	2007.08.06
SouthStar Funding	破产（破产清算）	2007.04.11
New Century Financial	破产（破产保护）	2007.04.02
People's Choice	破产（破产保护）	2007.03.20
ResMae Mortgages Corp	破产（破产保护）	2007.02.12
Mortgage Lenders Network USA	破产（破产保护）	2007.02.05
Ownit Mortgage Solutions	破产（破产保护）	2006.12.10

来源：作者汇编。

次级抵押贷款的危机显然是由资产证券化导致的意料之外的结果，但它的影响范围远不止那些直接参与抵押贷款业务的公司。正如我们将在第 25 章和第 26 章中讨论的，次级抵押贷款在许多担保债务凭证中被视作跨地域和跨行业的多样化策略，这种策略十分依赖次级抵押贷款评级的准确性。2007 年 7 月，当评级机构承认它们可能高估了次级抵押贷款时，所有使用这些工具来对冲其他风险的担保债务凭证经理都意识到他们遇到了大麻烦。许多人试图通过对冲来降低风险，但这导致市场更加混乱。正如一位市场观察人士当时评论的：“如果你认为次级抵押贷款投资组合难以管理，那就试试将其埋在一个杠杆率为 25 倍的担保债务凭证中。”

24.12　结构化金融技术和投资管理

资产支持证券行业的增长速度超过我们理解这些工具的能力，因此，我们不得不依赖外部机构，如评级机构。

——Ralph Daloiso，Natixis（2007）

当一种投资产品对投资者来说是新鲜和不熟悉的时候，它们会努力让自己看起来并表现得更像是一种令人熟悉的、成熟的产品，其中一种方法是从评级机构那里获得一个可以接受的评级。评级机构维持严格的信用标准，并且提供统一的信用语言，它们在为市场带来新的信用过程中发挥重要作用（见第 6 章）。

结构化金融技术，如集中投资、高级/次级结构、储备和担保，可以改变产品的风险和收益状况，使其成为可接受的投资。一次发放一笔投资，所有的汽车贷款可能都不是投资级的，但结构化金融技术可以将其中一部分转化为保险公司能够购买的证券。一项资产甚至可能成为投资者当前首选投资的一个近似替代品。资产互换就是一个很好的例子，通常其是长期固定利率债券和利率互换的组合，后者将债券转换为浮动利率资产。这种组合产品有时被称为合成债券，它使投资者能够在不承担任何利率风险的情况下，承担发行人的信用风险（从而获得信用利差），因为资产回报与 LIBOR 挂钩。资产的许多特性（包括其支付频率）可能会限制投资者对其的接受程度。Lewis Ranieri（1996）经常被认为是抵押债务凭证的发明者。Lewis Ranieri 指出，最初在 John Hancock Insurance 购买一种抵押转移证券时，他曾抱怨这种证券是按月支付的，而不是像其他证券那样每半年支付一次。近年来，随着许多投资者为这类投资开发了特殊的投资组合，这些问题已不再那么令人担忧。

最后，定价透明度和流动性是投资者关注的另外 2 个问题。市场流动性越强，证券就越容易按市场价值计价，而不是依赖模型。在市场动荡导致结构化金融市场陷入停滞之前，这被认为是过去 10 年间结构化市场的重大改善之一。不幸的是，次级抵押贷款市场的惨败已经波及了担保贷款凭证和担保债务凭证市场，动摇了所有人对评级在结构化市场中能够发挥作用的信心。因此，在 2008 年 1 月，一个新的结构化贷款组合想要获得融资是不可能的，而使旧的投资组合获得可靠的价格（如果可能）也是困难的。之所以会出现这种情况，是因为市场中的大多数主要参与者已经宣布，在市场“自我调整”之前，它们将暂停进行新的投资。当然，在大多数投资者重返市场之前，新融资与合理定价都不可能出现。目前，没有人知道这需要多长时间，但毫无疑问，市场正在接受考验。

信用定价已经从过低上升到过高。

——Greg Reiter，UBS（2007）

24.13 证券化的未来

毫无疑问，证券化市场在2008年年初面临重大挑战。对结构化金融评级的信心正处于历史低点，若想让投资者看好某些住房抵押贷款等结构化金融资产，则可能还需要一段时间。大多数发行人都在推迟新股发行，没有人确切地知道市场将如何或何时恢复到接近近期成交量的水平。尽管如此，我们仍有许多理由相信，股票市场能够经受住这场风暴，并在未来几年恢复大幅增长的态势。

《巴塞尔协议Ⅱ》将是推动证券化市场进一步发展的主要力量。对大多数大型银行来说，降低资产负债表的表外风险敞口的监管资本要求，是资产证券化的强大动力。总体来说，《巴塞尔协议Ⅱ》会促进资产支持市场的增长，理由如下。

- 对中介机构的需求将继续增加，这将减少对银行流动资金的需要，并且促进对资产负债表的管理。根据评级机构的报告，对新中介机构进行的评级方法非常强大（Moody's Investors Service，2007）。
- 随着越来越多的公司和合成证券被用于优化监管资本要求，贷款担保凭证的发行可能会增加。
- 根据《巴塞尔协议Ⅱ》，大多数受到影响的银行都有强烈的资本动机将其信用卡应收账款证券化，并且将证券化中卖方的利益最小化，而不是将这些资产留在资产负债表上。较小的银行将倾向于将其高信用质量的投资组合证券化，同时将其低质量的投资组合保留在资产负债表上。
- 随着《巴塞尔协议Ⅱ》在欧洲启动，多数评级基金（通常是投资于最高质量的证券化资产的货币市场基金和增资现金基金，）被置于与银行存款同等的地位，并且依据标准方法设定20%的风险权重，这种低风险权重应该可以吸引大量投资流入。
- 虽然有很多声音在指责投资者只是贪婪地根据评级买进，却不知道自己真正买的是什么，但评级机构在这场危机中依然失去了巨大的公信力。因此，投资者正在修正他们对结构化产品的评价标准，未来可能会变得不那么依赖评级。

尽管《巴塞尔协议Ⅱ》不会为住房抵押贷款支持证券提供与资产支持证券市场相同水平的资本套利，但可以合理地推测，这些市场将继续使用证券化作为其长期融资的主要形式。

证券化市场正在接受考验。投资银行家将面临向投资者提供更多有关结构表现和信用类型的信息的挑战，而在未来一段时间内，对复杂性的看法不会是积极的。不过，我们预计这个市场最终会恢复以往的发行水平。

原书参考文献

Baum, S.P. 1996. The Securitization of Commercial Property Debt. In Primer on Securitization, edited by L. T. Kendall and M. J. Fishman. Cambridge, Mass.: MIT Press.

Board of Governors of the Federal Reserve System. 1997. Federal Reserve Bulletin. Washington, D.C.

Cantwell, L. T. 1996. Securitization: A New Era in American Finance. In Primer on Securitization, edited by L. T. Kendall and M. J. Fishman. Cambridge, Mass.： MIT Press.

Daloiso, R. 2007. Speech at the American Securitization Conference, New York City, September 19.

Federal Deposit Insurance Corporation（FDIC）. 1988. Statistics on Banking. Washington, D.C.

Federal Deposit Insurance Corporation（FDIC）. 1995. Statistics on Banking. Washington, D.C.

Hollinger, P. 2007. Paulson Seeks to Assuage Subprime Concerns. Financial Times, 18 September.

Jacob, D. P., and K. R. Duncan. 1995. Commercial Mortgage-backed Securities. In Handbook of Mortgage-backed Securities, 4th ed., edited by F. Fabozzi. Chicago: Probus.

Jones, J. 2007. Jim Jones, Residential Capital, interviewed by authors.

Jungman, M. 1996. The Contribution of the Resolution Trust Corporation to the Securitization Process. In Primer on Securitization, edited by L. T. Kendall and M. J. Fishman. Cambridge, Mass.: MIT Press.

Kinney, J. M., and R. T. Garrigan. 1985 The Handbook of Mortgage Banking: A Guide to the Secondary Mortgage Market. Homewood, Ill.: Dow JonesIrwin.

Moody's Investors Service. 1995. Moody's Global Credit Analysis. London: IFR Publishing.

Moody's Investors Service. 2007. SIVs: An Oasis of Calm in the Sub-Prime Maelstrom. Moody's Special Report, 20 July.

Mortgage Market Statistical Annual. 1997. Washington, D.C.: Inside Mortgage Finance Publications.

Ranieri, L. S. 1996. The Origins of Securitization, Sources of its Growth, and Its Future Potential. In Primer on Securitization, edited by L. T. Kendall and M. J. Fishman. Cambridge, Mass.: MIT Press.

Reiter, G. 2007. Speech at the American Securitization Conference, New York City, September 19.

Samuel, T. 1997. Customers' Debt Is Catching Up to Credit-Card Firm. Philadelphia Inquirer. 18 March.

Santamero, A. M., and D. F. Babbel. 1997. Financial Markets, Instruments and Institutions. Chicago: Irwin.

Securities Industry and Financial Markets Association（SIFMA）. 2007a. AssetBacked Securities Outstanding. www.sifma.org/research/pdf/ABS Outstanding.pdf.

Securities Industry and Financial Markets Association（SIFMA）. 2007b. Issuance in the U.S. Bond Markets. www.sifma.org/research/pdf/ Overall Issuance.pdf.

Standard & Poor's. 2007. New Risk-Based Insurance Capital Model. Standard & Poor's Research, 24 May.

Wagner, K. and E. Callahan. 1997. B-Pieces on Home-Equity Loan ABS. Mortgagebacked Securities Letter, 14 July.

原书拓展阅读

Rosenthal, J. A., and J. M. Ocampo. 1988. Securitization of Credit: Inside the New Technology of Finance. New York: John Wiley & Sons.

Schiavetta, J., J. Zelter, R. Hrvatin, M. Koo, S. Bund, and R. Hardee. 2007. Global Criteria Change for U.S. Structured Finance CDOs Reflects Heightened Subprime Risks. Derivative Fitch Structured Credit Criteria Report, 15 August.

Langellier, G., P. Walsh, J. Martin, and K. Brown. 2006. Time for One Last Smoke: Pub Securitisation Update 2006. Fitch Ratings Whole Business/UK Special Report, 10 August.

Global Structured Credit Strategy. 2007. Citi Global Structured Credit Strategy, 26 June.

King, M. 2007. Short Back and Sides: Subprime Haircuts-Too Much Off the Top? Citi Fixed Income Quantitative Research, 3 July.

Merrill Lynch Structured Finance Europe. 2006. European Structured Finance Annual Review 2006/2007: Running Fast While Standing Still, 24 November.

Jobst, A. A. 2002. Collateralised Loan Obligations（CLOs）−A Primer Center for Financial Studies Working Paper No. 2002/13, December.

Jobst, A. A. 2005, 2006. What is Structured Finance? The Securitization Conduit, Vol 8.

Fitch Ratings Credit Policy Special Report. 2006. Global Structured Finance Outlook: Economic and Sector-by-Sector Analysis. 17 January.

第 25 章　新市场，新玩家，新玩法

信用风险正在向证券市场转移。证券化的历史性障碍之一，就是证券市场不愿承担真正的信用风险。而现在，证券市场正在开放怀抱，迎接信用风险。

——Lowell Byran

越来越多的新老投资机构通过现代投资组合理论来管理信用风险。投资组合经理正在密切地关注投资分散化。这些机构在管理风险上投入的精力远大于它们在获取风险上投入的精力，这成为一种基于贷款二级市场流动性进行管理的方法。随着近 10 年来银团贷款的猛增，以及近期担保债务凭证和信用衍生产品市场的发展，这一市场近年来逐步发展成型。正是其对流动市场和市场定价的依赖，造成了 2007 年金融市场中多米诺骨牌式崩溃的窘境。与此同时，市场中存在一群“反其道而行之”的投资者。专业化贷款机构集中关注一个小范围的细分市场，以此来发掘投资机会并管理信用等一系列风险。这两群玩家，即投资组合经理和专业化贷款机构，在 21 世纪庞大的信用市场中扮演着关键角色，市场发展及大多数创新同样由他们创造，或是由他们引导。

在 20 世纪 70 年代以前，银团贷款曾是一种“俱乐部活动”。当通用汽车公司想要筹措一大笔资金时，它要求旗下的各家银行安排贷款。尽管每家银行都会被指定为代理人和发起人，但实际上所有银行都在内部的组织下集体运行，协同行动。

20 世纪 70 年代开始，伦敦和纽约的银团贷款开始扩张。在 OPEC 将每桶油的油价从 3 美元提高到 20 美元后，全球金融体系不得不进行调整，使石油美元能够重新高效流通。当日本和韩国从中东国家购买石油时，后者将资金转移到银行，从而让资金能够重新被日本和韩国借走，这是一个零和博弈的过程。当这种国际间借贷逐渐流行时，银行需要分散风险。银团成为一种机制，银行可以在开展业务时管理风险敞口。

在 20 世纪 80 年代和 90 年代，银团贷款进一步发展，将贷款交易变成了银行业

的一种常规业务。至此，大量货币中心银行已经成立了专门办理贷款交易业务的窗口。同时，贷款交易的二级市场应运而生，尤其是针对大额贷款的二级市场。“垃圾贷”交易（提供给信用等级低于投资级公司的贷款）变得尤为活跃（见图 25.1）。

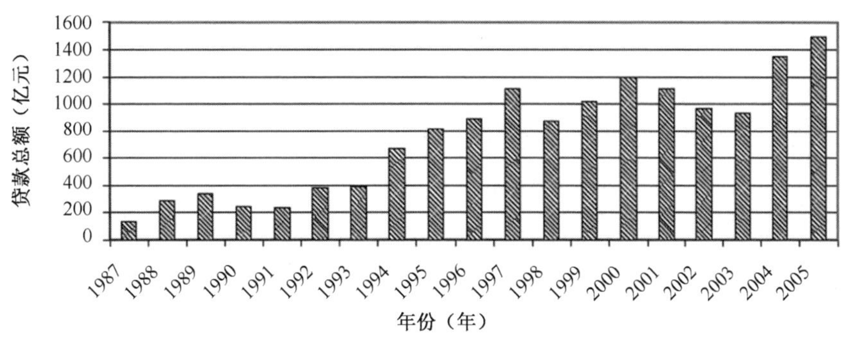

图 25.1 美国银团贷款总额

来源：Loan Pricing Corporation（1997），作者获得授权后重印。

一般来说，美国货币中心银行在这一市场中既是发起人又是交易商，而地区性银行和欧洲银行则是最终买方。近年来，欧洲的货币和欧洲货币中心银行已经开始挑战美国银行的主导地位，但是发展更早的美国银行仍继续占据银团业务的主导地位。

货币中心银行会处于资产充足而流动性缺乏的状态，美国和欧洲的地区性银行则通常会处于资产缺乏但流动性充足状态。地区性银行自己创造的资产数量有限，而有意愿购买的资产数量相对较多。这些资产包括政府和准政府的有价证券、抵押贷款、银团贷款，以及其他证券化贷款。后者之所以更有吸引力，是因为它们提供了更高的收益率。在美国经营的外国银行也有类似的偏好，但是相较于作为债券发行商的美国银行，这些外国银行在注册美国资产时的劣势较为明显。作为替代，它们可以在二级市场中购买优质贷款并将它们加入投资组合中。

银团贷款的票据期限通常在 5～8 年，但是其期限可以根据融资目的延长或缩短。这些贷款采用 LIBOR 作为定价标准。定期贷款一般可被划分为 A、B、C、D 等多个档，每档的期限一般比前一档长一年。A 档一般期限较短（3～5 年），并且通常包括一个轮转周期。其他档（也称为机构档）有一个预先确定的本金和一个较长的期限（7～10 年）。在通常情况下，利差都会逐年提高，近期这种情况有所改变，因为利差由于高需求和低损失率而降低。所有权权益可以通过转让证书（投资者之间有直接的债券债务关系）或贷款参与协议来转让。在后一种情况中，买方拥有不可分割的收益，但与债务人没有直接关系。在市场早期发展的阶段，商业贷款人对于将他们的贷款在不经其允许的情况下，就在二级市场中转让的行为相当反感。但是近年来，这一问题似乎逐渐消失了。越来越多的贷款在未经贷款人知晓的情况下就通过协议被转让了，或是加入了结构化投资工具，例如，担保贷款凭证。

最初，银行贷款的买方以一种“购买-持有”的心态来到市场。随着二级市场的扩张，例如，对冲基金等“新玩家”们带着一种截然不同的目标进入了市场，各类投资经理雇佣了银行贷款方面的专家，并且开始为他们的投资组合配置资产。不同于地区性银行和外国银行，他们坚信投资组合理论，并且倾向于积极管理资产组合，即积极买入或卖出贷款。投资管理公司还开发了专门用于购买银行贷款的结构化投资及基金。一个早期的例子就是 Eaton Vance 在 1989 年专门针对这些资产开发了一只基准利率基金。2007 年几乎每家大型固定收益基金都至少拥有这类基金中的一种。

大量的特殊目的机构被建立起来，用于购买资产，以此构建分散化的投资组合，然后分批出售给不同类型的投资者。例如，担保债务凭证经理通常是债券和贷款的主要买方。第 21 章及第 24 章都在讨论基于这一概念的多样化投资结构。如图 25.2 所示，次级贷款市场的发展证明了这些投资行为的重要性。

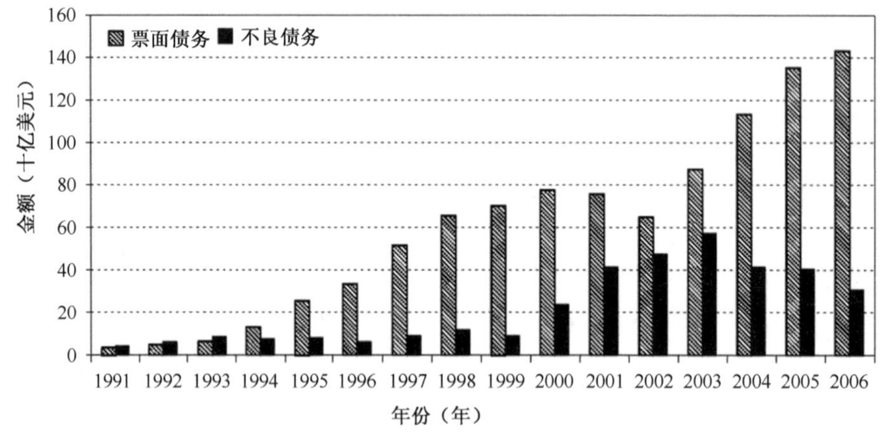

图 25.2　次级贷款市场的发展

来源：Reuters Loan Pricing Corporation（2007），作者获得授权后重印。

优先档（Senior Tranches）的投资者通常偏好高评级的浮动利率投资工具（AAA 级或 AA 级），它们通常是采用结构化金融工具来制订投资策略的机构。例如，结构化投资工具，包括 Alpha、Beta 和 Centauri。但是银行也会参与这些市场的业务，尤其是那些存款多、贷款少的银行，这是欧洲地区性银行的常态。而低评级部分贷款的投资者一般来源于保险公司。近年来，市场流动性的大幅增加和利差的不断缩小都与对冲基金的介入有关。早期市场的参与者们通常将自己的投资范围局限在股票部分，这部分的收益率高到足以满足他们的偏好。而现在，对冲基金活跃在一个更广阔的区域里，下至低于投资级的投资对象，上至 A 级投资产品，都处于这个区域。与此同时，评级机构在进行信用评级时更加自如，并且更加关注投资多元化、流动性，以及积极的资产管理等问题。所有的变化都与担保债务凭证市场的发展交织在一起。

25.1 担保债务凭证：担保贷款凭证和担保债券凭证

担保债务凭证（CDO）通常分为 2 种形式：担保贷款凭证（CLO）和担保债券凭证（CBO）。前者指的是信贷资产的证券化，后者指的是市场流通债券的再证券化，这些结构将低于投资级的资产转换为投资级证券。风险聚集、分期、分散化等多种优势被集中于一体，起到了“点石成金”的作用。这类证券在 1987 年首次发行，近年来发行量激增。推动这一增长的因素有很多，例如，高收益资产和投资级资产之间的息票差带来了套利机会；许多银行和保险公司需要将资产从其资产负债表上转移，从而降低其资本金要求；一些特殊目的机构（SPV）通过这一形式购买资产；投资者对收益率和多样化风险敞口产生了兴趣。20 世纪 90 年代后期的两大发展同样推动了市场的进步。1997 年，标准普尔对首个合成担保债务凭证进行了评级；2000 年出现了第一个“资产支持证券—担保债务凭证”（ABS-CDO）。担保债务凭证是银行管理资产负债表的最后一道防线。在 21 世纪 10 年代中期，这个市场确实得到了加速发展，二级贷款市场对金融格局的影响不亚于利率互换市场。

如图 25.3 所示为一个典型的担保贷款凭证/担保债券凭证结构。发行人建立了一个几乎不可能破产的特殊目的机构（SPV），根据评级机构预先设定的评级标准，从投资组合中购买债券/贷款。投资组合管理者将管理特殊目的机构中的资产，这一管理活动包括贷款管理、资产置换、资金的接受和分配等。特殊目的机构可以通过签订利率互换协议来消除利率风险，并且通过预付形式的本金归还为债券持有人提供的来自利差的现金流。风险和收益的再分配是由投资分档实现的。这种结构产生的优先级债务（可能被评为 AAA 级）的预期收益较低，但评级高于整个投资组合。次优先级债务也会获得投资级评级（如 BBB 级）。代表真正权益的次级部分可能没有评级。这种结构可能会包含储备账户或流动性信贷额度，并且要求担保。但是，随着投资者对于这种投资结构，以及担保债券凭证、担保贷款凭证质量满意度的提升，其在交易中对担保人的需求已经逐步减少，由此产生的储蓄流向投资者或管理者

（通常为借方），具体取决于供需关系。近些年来，管理者一直是主要受益者。

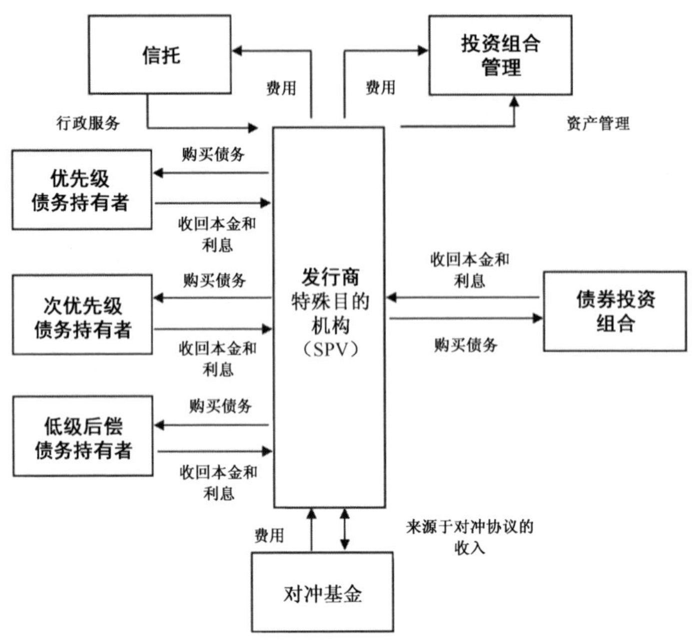

图 25.3　一个典型的担保贷款凭证/担保债券凭证结构

最初市场发展出 2 类主要的担保债券凭证形式。一类现金流担保债券凭证，也被称为套利型担保债券凭证，是指潜在收益性资产带来的现金流用于向投资者支付利息和本金。相比之下，另一类市值型担保债券凭证要求投资组合中资产的价值要保持在能够支付债务的限度上。投资组合管理是基于总回报设计的，即支付给投资者的现金流来源于交易产生的收益、本金，以及潜在债券的自然生息。

但是近年来，国际担保债务凭证市场的体量和产品结构种类与日俱增。结合图 25.4，我们可以了解到穆迪（2007a）对于 2006 年美元担保债务凭证的回顾：

2006 年是创纪录的一年，也是载入史册的一年。在这一年，所有关于担保债务凭证的疑问都被扫除，那些曾经的质疑者们终于承认担保债务凭证不再只局限于资本市场一隅。这一年，穆迪对 630 只担保债务凭证交易进行了评级，交易量同比前一年增长了 70%。参与评级的担保债务凭证总体量接近 320 亿美元，相较前一年同比增长了 90%。现象级的数字本身非常瞩目，与前两年的数据相比产生了跳跃式上升。2005 年的业绩也非常耀眼，最后 2 个季度的交易数据等于 2004 年全年的交易数据，这样的情况在 2006 年同样上演。

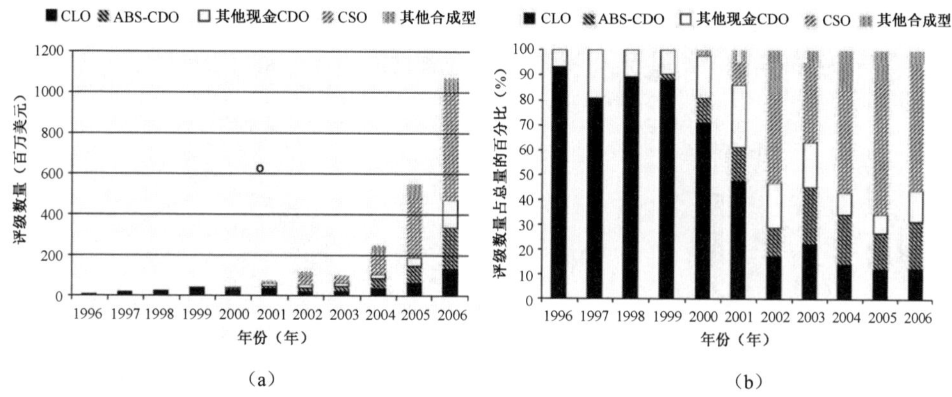

图 25.4　美国担保债务凭证（CDO）交易量及占比（1996—2006 年）

来源：穆迪（2007a）。

穆迪在报告中继续指出，这种混合型交易活动在接下来的几年继续朝着相同的方向发展，即更多的贷款交易，更多的合成产品和更多的创新。穆迪的交易组合图（见图 25.5）对比了 2005 年第四季度和 2006 年第四季度的交易组合。持续创新、及时修正，并随着发起人和投资者对于市场的适应和了解逐渐加深，担保债务凭证市场的影响力逐步扩大。

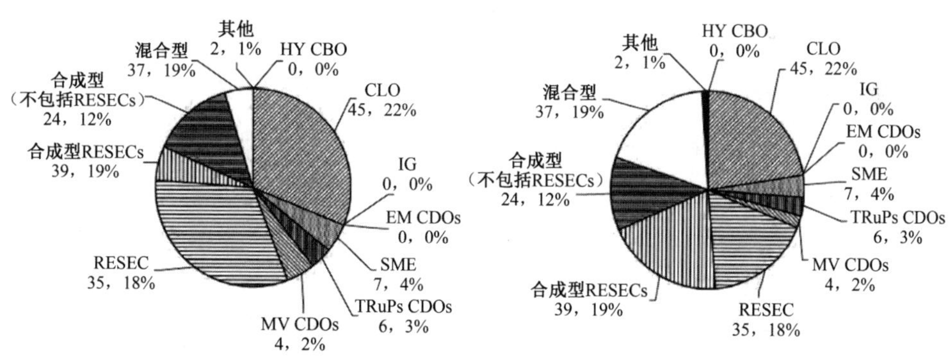

（a）2005 年第四季度评级交易数量　　（b）2006 年第四季度评级交易数量

图 25.5　评级交易的数量和其在总量中的占比

来源：穆迪（2007a）。

25.2　抵押品组合的转变

在早期担保债务凭证市场中，情况相当简单。公司债券是担保债务凭证组合的主要组成部分。近年来，这一情况有所改变。2006 年，结构化债务在美国担保债务凭证交易的抵押品中占比最大。具体情况参见穆迪的图表，如图 25.6 所示。

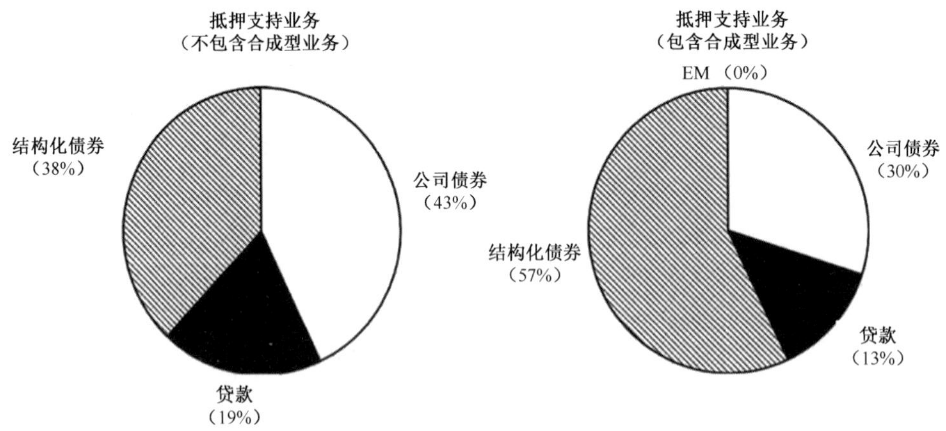

图 25.6　抵押贷款交易额（除去合成交易额）

来源：穆迪（2007a）。

合成担保债务凭证的引入从根本上改变了市场。它的出现解决了早期存在的一些问题，即需要在组合中寻找合适的债券来维持平衡。正如穆迪的数据所展现的，尽管现金交易仍然重要，但是合成型债券变得尤为关键。现金和合成化技术的结合成为推动新发展和创新的主要因素。

CDO-squared（双重债务抵押债券）交易在合成市场中非常热门。现金结合 CDO-Squared（一种部分由现金担保债务凭证组成的有抵押投资组合债务抵押债券）最先被开发出来，并在 2003 年至 2004 年年初成为市场的重要组成部分。然而到了 2005 年，这个市场向合成型交易发展。综合 CDO-squared 涉及信用违约互换投资组合，具有 2 层信用风险结构。在大多数的合成型 CDO-Squared 中，标的担保债务凭证的唯一目的是被纳入其中，因为具有合成的特性，这些标的担保债务凭证只被简单地作为计量 CDO-Squared 的单位。因此，合成型 CDO-Squared 会被视为一种复杂的衍生工具，它的现金等价物可以被视为现存担保债务凭证的重组。正因为以这种形式组成，毫不夸张地说，CDO-Squared 被视为一种超越常理、过度贪婪的典型。由于在 CDO-squared 中高杠杆被频繁地使用，所以即使在将投资多元化以后，这一投资工具面临重大损失的风险仍然极高，并且这种风险将会蔓延到其他相关贷款之中。

2005—2006 年，市场变得更加复杂和危机四伏。如 Richard Bookstaber 在《华尔街可怕的数字之夏》（*The Summer of Wall Street's Scary Numbers*）中所说："这些产品的规模正在接近一个恐怖的数量级。它们正在积少成多，最终将展现出强大的威力。"

25.3 不良债权市场

不良债权市场同样也源于银行借贷行为。银行很早就意识到，在特殊情况下（通过非正式或不合规的方式）为优质客户提供帮助是有利可图的。在银行史上有很多这样的例子：银行往往在中央银行的敦促下，向那些对维持金融体系稳定具有重要意义的关键企业伸出援手。在 19 世纪的英国，罗斯柴尔德银行应英国中央银行的要求援助巴林银行。在美国，Chrysler 和许多航空公司都受益于这种支持。类似的例子在法国、德国、日本和大多数主要经济体都存在。

不良债权业务就起源于这一传统，但是它建立在大相径庭的概念上。首先，"大而不倒"的概念在这个新时代毫无意义。其次，当银行继续在救市中扮演重要角色时，不良债权市场成就了那些美国破产律师。从 20 世纪 80 年代至 90 年代中期，破产律师这一行职业发展得如火如荼。在第 11 章中曾提到，破产保护促进了重组业务的发展，但降低了清算的重要性。重新强调重组而不是将资产变现，意味着那些涉及破产的人必须以一种更具"创业精神"的眼光来看待自己的角色。关键的参与者是律师，因为美国的破产是由律师推动的，只有当他们与投资者进行沟通时，市场才能真正"腾飞"。一些银行、秃鹫基金，以及对冲基金看到了其中蕴藏的潜力，它们愿意进行投资并承担风险。

不良债权市场可以被视为一种更高杠杆贷款市场的子集。基于我们在第 1 章提过的杠杆概念，美国的杠杆市场（也被定义为投机级债券）持续增长。为了保证股东能获得成长性回报，业务良好的优质公司往往会背负一定的债务。当公司业务稳定且不会面临衰退风险，或者整体经济形势没有发生异常变化时，这种行为十分合理。但是，如果这 2 种风险事件真的发生，那么这些公司就会跌落到劣质或违约的分类中，如图 25.7 所示。这无疑进入了专业贷款人的领域，如银行、对冲基金，以及其他投资公司长期专攻这一市场。在这些团队中有很多律师和银行家，他们在破产方面有充分的实操经验，近年来他们的表现非常突出。

但是，最近质疑的声音开始出现在这些市场中。过去一家公司的破产对于那些想要极力挽救它的人来说是故事的结束，但对于那些处理违约债务的人来说则是故事的开始。同样，过去市场对于破产公司的违约债券的预期交易价格为面值的 20%左右，这给违约债务的买方提供了较大的操作空间。然而，在 2006 年，违约债务的平均交易价值已经上升到面值的 80%以上，利润被极大地压缩了。这一市场反应证明，一些在破产中发生的故事是被提前设计好的。但是，在当前市场中无疑存在过多的资金在追逐有限的获利机会这一事实。我们的一位作者就是如此，他还没有等到真正的经济下滑来为不良贷款创造需求，就已匆忙出手，如图 25.8 所示。

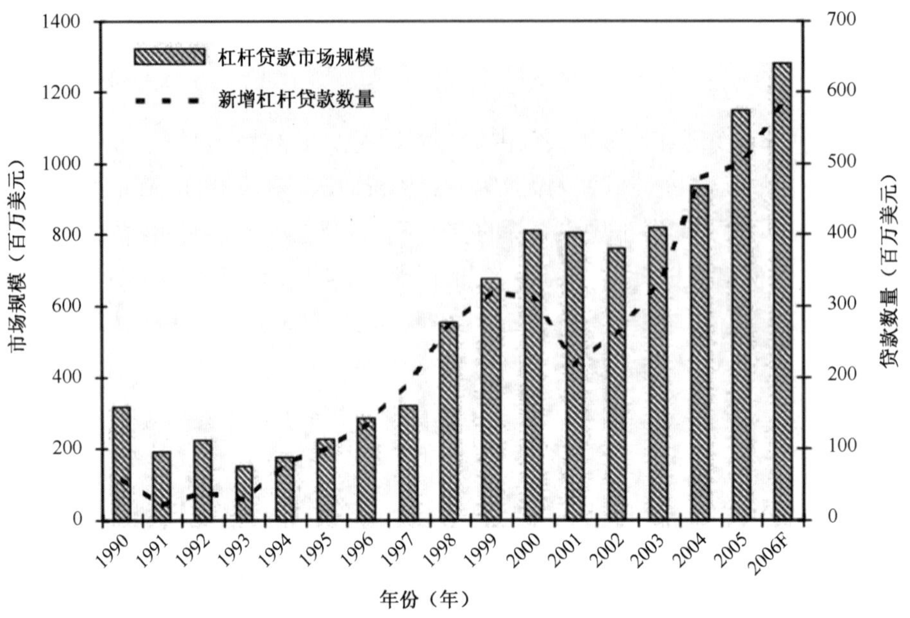

图 25.7　美国杠杆贷款市场（1900—2006 年）

来源：瑞士信贷（2007）。

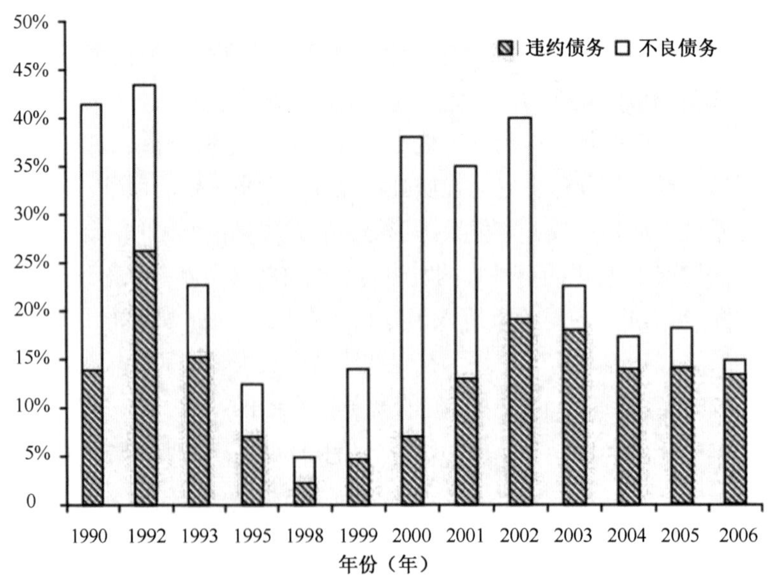

图 25.8　不良债务和违约债务占高收益和违约债务市场的百分比（1990—2006 年）

来源：花旗集团（2007）。

25.4 买方从何而来

近年来，投资者和贷款人剧变的态度显然推动了资本市场的成长，这种变化在很大程度上可以在结构化金融和信用衍生产品市场上看到。10 年前，这些市场是受众有限的发展中市场，而今天它们已成为主流市场。虽然各地的投资者似乎都在某种程度上参与了这些市场，但不同地区和不同类型的投资者之间存在显著的差异。一般来说，我们可以把投资者分为以下 4 类。

- 资产管理公司。
- 银行。
- 对冲基金。
- 保险公司。

这些投资者分别专注于不同的领域，如图 25.9 所示。投资细分市场的投资者类型往往决定了市场：一些投资者更喜欢股票型投资；另一些投资者希望获得更高的回报；但也有一些投资者希望获得收入，他们更喜欢投资夹层资产；还有一些低风险投资者，他们通常只关注优先级债券。在每种类型的投资者中，如银行、保险、对冲基金和资产管理公司都有符合每种风险和回报类别的投资者，但通常对冲基金和资产管理公司的机构基金经理更倾向于购买较高风险和高回报类别的股票。如图 25.10 所示为不同国家和地区的分级证券购买情况。

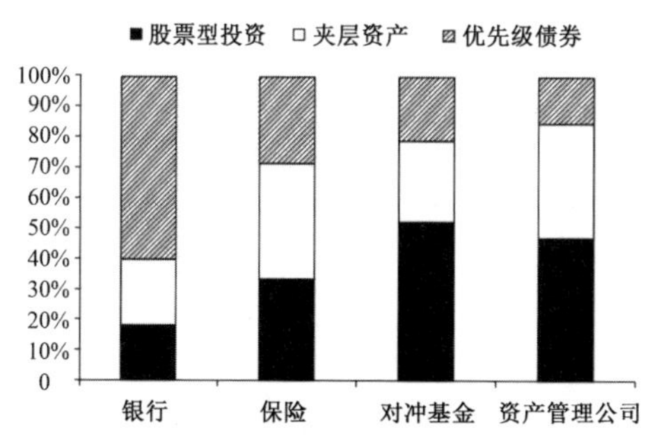

图 25.9 分级证券的买方

来源：花旗集团（2007）。

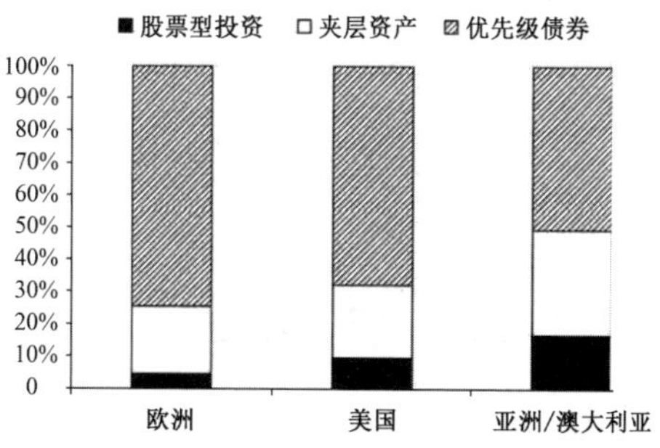

图 25.10 不同国家和地区的分级证券购买情况

来源：花旗集团（2007）。

不同区域的投资者和贷款人之间也存在差异。图 25.11 和 25.12 来源于一份花旗集团（Citigroup）的报告，展示了不同地区的投资倾向。

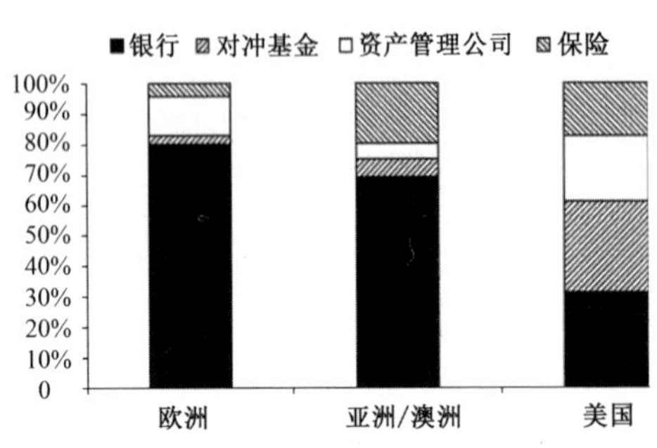

图 25.11　投资者类型（按地区划分）

来源：花旗集团（2007）。

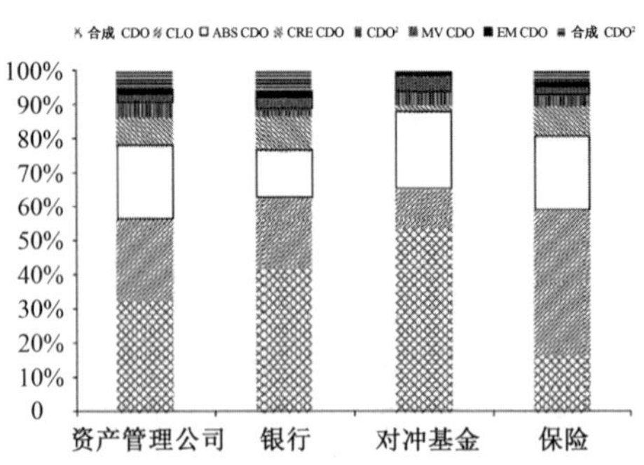

图 25.12　4 类投资者偏好的投资组合类型

来源：花旗集团（2007）。

最终，投资者可以通过他们偏好的投资类型进行区分，4 类投资者偏好的投资组合类型如图 25.12 所示。

投资银行和借款人对于全球投资者的偏好和特点非常敏感，他们为了提高那些参与到信用市场中的投资者的投资兴趣和数量付出了很大的努力。现代信息技术在提供信息和分析上提供了大量帮助，并且继续向着这个方向发展。近年来，信用市场的高速进步向世界展示了这一巨大成果。但这不是全部，还有 4 类主要的投资者类型在引导市场的转型及发展中起到了巨大的作用。一类是对冲基金，它代表投资者向股票市场的一种转移。其他三类分别为结构化投资工具、资产抵押商业票据（ABCP）和信用衍生产品公司（CDPC），它们则都是信用市场的产物。它们为欣欣向荣的市场提供了大量的“新玩家”。

25.5　4 个玩家，改变玩法

25.5.1　对冲基金

如果你向信用市场的从业者询问近年来市场转变的缘由，毫无疑问，他们会告诉你对冲基金是如何影响这个信用市场的，无论是正面的还是负面的。对冲基金是一种不受管制的私人化资本工具。对冲基金经理采用不同的投资战略来应对大量的投资资产选择，上至高风险投资，下至套利。而对冲基金不受这些投资战略和金融工具的限制，它们广泛地应用卖空、衍生产品、期权，以及股票市场来构建完整的信用风险管理策略。对冲基金还涉足杠杆工具，它们可以直接逆向购买贷款，或是购买带有杠杆的衍生产品和期权。这与其他投资经理的行为大相径庭。对冲基金经理拥有极大的职权自由，因此他们可以自由地使用杠杆。他们从美国和欧洲的金融监管中完美脱身，但这导致他们只能接触有限范围内的投资者。不受管制的状态允许他们在高度不透明的情况下操作。大多数对冲基金都是暗箱操作，这给市场带来许多神秘色彩。另外，对冲基金经理通常通过双重费率来获得基于规模和绝对回报的报酬。在这种双重费率结构下，对冲基金经理通常保留基金资产净值的 2%，以及超过某一基准 20%的回报。这种不透明和高薪酬的结合，往往使对冲基金有别于共同基金等其他投资管理公司。共同基金在开放、受监管的市场中运作，薪酬结构与市场基准挂钩。不透明和高度凸起的薪酬结构也有可能造成过度冒险，这显然是在某些情况下才会出现的结果。

对冲基金在近年来收获了巨大的成功，并且业务在过去的 10 年里迅速扩张。如图 25.13 所示为由对冲基金管理的总资产额，关于市场整体的增长，可通过其了解。并非所有对冲基金都进入了信贷市场，但毫无疑问，其中相当一部分参与了信贷风险活动。它们往往在某些领域占据主导地位。据估计，2005 年，它们占美国可转换债券交易量的 89%，占不良债务交易量的 66%，以及占新兴市场债券和杠杆贷款交易量的 33%，同时还占投机级债券的 20%和信用衍生产品交易量的 38%（Sender et al.，2006）。到了 2006 年年初，它们在信用衍生产品交易中所占的份额已经上升到 58%（Greenwich Associates，2007）。

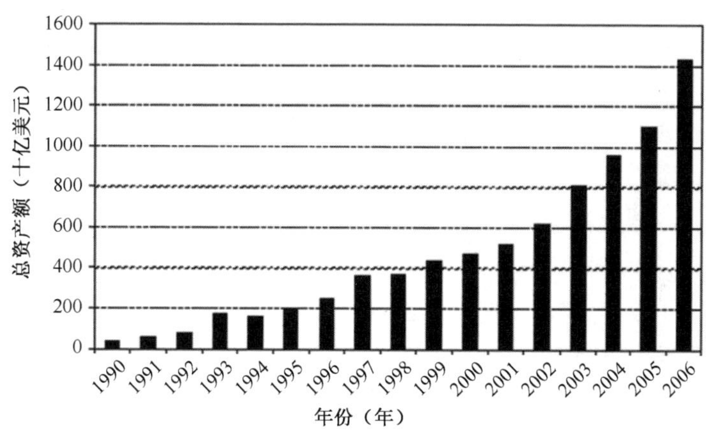

图 25.13　由对冲基金管理的总资产额

来源：Hedge Fund Research, Inc.（2007）。

市场在过去几年间的成长无疑是成功的，但是这一成长令部分旁观者较为担忧，特别是监管机构。这些投资者有能力储备人才，而且他们似乎已经这样做了。然而，大多数良好的市场表现已经出现在资本市场一个非常乐观的阶段中。在这个阶段，杠杆和激进的交易策略显然得到了回报。如果当前市场发生了动荡并导致这群投资者的收益被没收，那么他们不会从全球中央银行和其他监管机构那里得到多少同情，并且，事情可能没那么简单。银行和投资银行已经成为对冲基金的主要客户群，它们从对冲基金业产生的交易中获利。银行通常是许多对冲基金交易的交易对手，同时也为该行业提供流动性和其他信贷便利。服务对冲基金的银行存在重大的交易对手风险，银行监管机构正在鼓励开展良好的交易对手间信用风险管理实践（CCRM）。监管机构更担心的是，在其监管范围之外运作的大量信贷市场存在系统性风险。头部投资者还担心在金融动荡时期，交易对手风险会给金融体系带来整体风险。这一风险在交易对手风险管理 CCRM 第 I 政策小组和第 II 政策小组的报告中得到了充分体现。因此，当前的市场动荡会为中央银行和其他监管者的约束行动提供一些机会。

25.5.2 结构化投资工具

结构化投资工具（SIV）在资本市场中并不新鲜。第一个结构化投资工具是 Alpha Firarce Corporation（简称 Alpha），它在 1989 年成为首个获得标准普尔评级的公司。紧接着，Beta Finance Corporation（简称 Beta）在 1998 年获得了标准普尔评级。Alpha 和 Beta 都是由花旗银行赞助的，花旗银行随后创建了第三个投资工具——Centauri Corporation。之后资本市场意识到了它们在做什么，并且在 20 世纪 90 年代开始效仿它们，创建了一系列结构化投资工具，其中很多都是由花旗银行的员工创建的。花旗银行对于这些早期结构化投资工具的使用，是建立一个它们可以控制的投资工具，但要远离监管和金融资产负债表。这使得它们能够对高评级证券实施买入并持有的投资策略。而考虑到资本金要求，这些证券永远不可能出现在银行的资产负债表上。主要投资集中在高评级证券（AA 级、AAA 级）上，所以信贷损失几乎不会成为问题，尽管它们早期对评级机构的安排是需要将投资组合在市场中进行标记，并且清算低于商定水平的投资组合（通常是 A 级）。在结构化投资工具产品中需要管理的主要风险是资产负债表中的负债，这些结构化投资工具几乎完全通过债务资本来运作，因此必须密切注意对其负债的管理。关于结构化投资工具的典型结构，可以通过如图 25.14 所示的结构化投资工具资产负债表进行了解。

这种典型的结构化投资工具发行长期债券和短期债券，并且使用收益购买资产。这些资产的票面利率将高于结构化投资工具为其发行的负债（包括次级资本票据）所支付的利率，而这种价差是结构化投资工具盈利的主要来源。当然，几乎为 0 的资本要求让这种投资方式变成了一种高回报行为。25 年前，花旗银行完成了一项金融工程上的壮举，它创造了一个收益水平可控的投资工具，可以购买花旗银行（或其他银行）发行的贷款和其他证券，并且在资产负债表外为其提供融资，同时几乎或根本不产生资本上的后果，还可以实现该工具的 AAA 级评级。最重要的是，这种投资工具的规模是可控的。这些由花旗银行发行的投资工具在 20 世纪 90 年代快速成长。花旗银行将“触手”伸向了所有的原生金融工具。大量金融工具由花旗银行开发并推行。其中，花旗银行提供了大部分资产，甚至部分负债。花旗银行的客户主要是代理银行和高净值投资者，他们购买了这些次级资本票据。花旗银行的预备额度起到了提供商业票据的作用。早期的结构化投资工具一直保持低调运营的作风，这并不令人惊奇。花旗银行已经偷偷准备好了一副“捕鼠夹”，其不希望同行业竞争者从中分一杯羹。

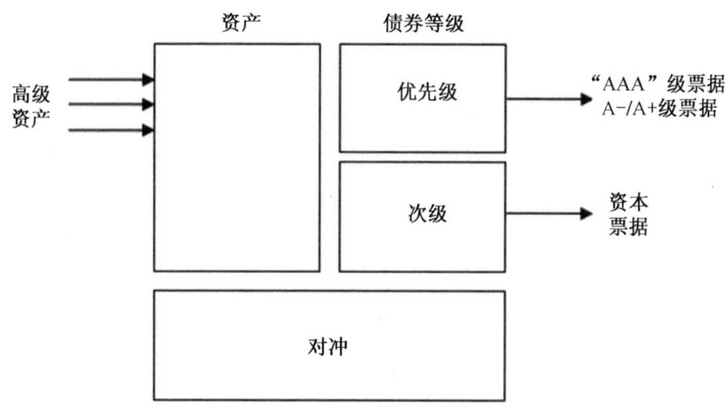

图 25.14　结构化投资工具资产负债表

来源：标准普尔（2007）。

最终，那些同行业竞争者们还是意识到了其中隐藏的机会和利润。因此，大量结构化投资工具和连带的资产在市场中爆炸性增长。2007 年 7 月，穆迪（2007b）报告称，共有 28 个结构化投资工具携带近 370 亿美元的资产在市场中发行，其中 10 个是在过去的 18 个月内发行的。多年来，结构化投资工具的投资策略变得越来越复杂。尤其是在负债方面，它们基本上都是在依靠短期融资的同时，对长期资产保持敞口。对冲是它们策略的重要组成部分，在很大程度上决定了它们的盈利能力。然而，在大多数情况下，资产质量策略仍会保持不变。结构化投资工具不承担太多的信贷风险。结构化投资工具市场的增长也吸引了监管机构、评级机构和独立会计师事务所的更多关注。因此，尽管大多数结构化投资工具仍由主要金融机构发行和管理，但这些机构对这些结构化投资工具的控制已经受到了极大的限制。多数发起人还限制了投入在这些工具上的资金和其他活动，他们担心这些工具可能会因为监管或财务会计而被合并，这将需要大量资本，并且会破坏他们的盈利能力。花旗银行仍然主导这项业务，管理着 8 个结构化投资工具（Fleckenstein，2007）。

结构化投资工具对利差非常敏感，因此它们以担保债务凭证和抵押贷款支持证券为主要投资对象也就不足为奇了。任何体量大、流动性强且具有微小利差的投资品都像是为它们的交易策略量身定做的。如图 25.15 所示为结构化投资工具和简化型结构化投资工具（SIV-lites）的组成成分（简化型结构化投资工具是结构化投资工具的衍生产品，它的资产组合更加有限）。

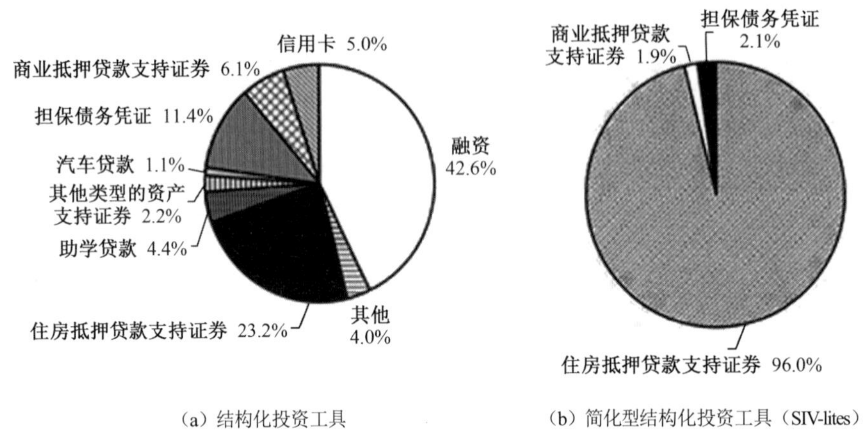

图 25.15　结构化投资工具和简化型结构化投资工具（SIV-lites）的组成成分

来源：穆迪（2007b）。

结构化投资工具通常只投资信用质量最高的资产，严格遵循多样化准则和强制性限制，其目标是将投资组合中的信用风险降至最低。此外，早期的结构化投资工具曾因为经验不足而被迫清算了很大一部分投资组合，所以近年来，结构化投资工具将债务结构划分为次级债务和优先级债务，有时还会携带夹层头寸，用以分配所有潜在的信贷风险（将风险从高到低排序），这么做是为了防止结构化投资工具在遭遇市场风险时陷入不得不进行清算的窘境。尽管结构化投资工具市场看上去非常同质化，但实际上不同投资工具的资金风险、信用评级降级风险和被清算风险是截然不同的。虽然它们的投资策略较为相近，但是它们的债务结构和对冲策略并不相同。因此，我们很难统一总结这些结构化投资工具在 2007 年美国金融危机后的前景。然而，毫无疑问，它们正在经受考验。

如果短期融资市场不能尽快改善，那么结构化投资工具在未来仍然会面临较大压力。伦敦对冲基金 Cheyne Capital 旗下的一个结构化投资工具 Cheyne Finance 在寻求重组解决方案期间被迫缩减业务，另外 2 家评级机构分别被德国 IKB 银行旗下的 Rhinebridge 和纽约对冲基金 TPG-Axon Capital Management 旗下的 Axon Financial Funding 下调了评级，它们不会是最后一个受害者。正如结构化投资工具在 2007 年夏天所经历的那样，在充满压力的环境中，由于最终资产的售价低于购买价，结构化投资工具会在出售资产的过程中遭受极大的损失。尽管基金经理们会极力追求以接近购买时的价格出售资产，但是在一个信用利差已经大幅膨胀的市场上，大多数资产都会出现亏损。根据惠誉（2007）的报告，从 2007 年 8 月 1 日开始，在之后的 90 天内，由惠誉评级的结构化投资工具以平均 98.4 美分的价格售出的资产总额为 42 亿美元，而同一投资组合的最终价格为 99.4 美分。这相当于每项资产销售损失约 1.3%，而有些损失高达 13.7%。这些损失被冲销到结构化投资工具资本结构中最低层次的票据上，并且将侵蚀其负债结构，因为它们必须通过出售更多的资产来偿还到期债务。危机持续时间越长，结构化投资工具遭受的损失就越大。预测 2007 年 9 月的损失规模是一项不可能的任务。但是，我们可以预见，结构化投资工具的规模在未来的几个月内将会大幅缩水。商业票据和结构化投资工具的次级票据与优先级票据的投资者将会面临一个他们从未预料到、也不会喜欢的结果。可以预期的是，这些投资工具的热度将会大幅下降。若这一切都会发生，则结构化投资工具市场将会变得不那么重要。

25.5.3 资产抵押商业票据

发行商业票据是花旗银行在金融工程上的另一创举。在 20 世纪 80 年代早期，花旗银行的资产支持贷款部门建立了用于购买和为应收款项交易提供资金的首条渠道。这种证券的构想与结构化投资工具非常相似，即创造一种可以为花旗银行的客户进行融资的工具，不必使用银行的资产负债表。它正好出现在银行由于先前的国际借贷扩张而面临较大资产负债表压力的时期，所以它不涉及新增资产的贷款活动（即使是低风险资产），这一点非常可取。对银行来说，贸易应收账款一直是低信用风险的活动，因为它们周转频繁，持续经营的企业总是先向供应商付款。这种金融资产非常适合在资本市场进行融资，只要有专门的准备金来支付贴息、回报和有限的坏账，而且资金可以灵活地考虑融资金额的季节性波动。商业票据曾主要用于为大公司的主要业务筹措资金，因此它是第一批资产抵押的首选。

资产抵押商业票据（ABCP）作为一种为贸易应收账款融资的早期渠道，其数量和重要性都在不断增加。关于美国发行在外的资产抵押商业票据的增长趋势，如图 25.16 所示。

资产抵押商业票据早在 20 世纪 80 年代就出现了，如今发行的资产抵押商业票据与它们的前辈已大相径庭。资产抵押商业票据市场已经全面升级，各种不同的结构和投资目的不断被引入。与此同时，大量的金融机构，包括大多数银行、保险公司、对冲基金已发行了超过 200 只资产抵押商业票据。目前，银行是最大的发行商，总计发行了市场上近2/3的已评级票据（Moody's Investors Service，2007c）。

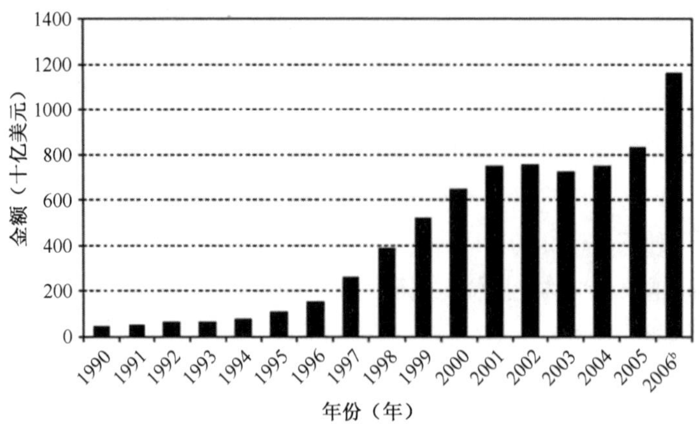

图25.16 美国发行在外的资产抵押商业票据的增长趋势

注：根据美联储的报告，资产抵押商业票据的统计口径包括加强型资产抵押商业票据。

来源：标准普尔（2006）。

如今，资产抵押商业票据产品已包含众多投资工具。贸易应收款仍是一个非常重要的部分，然而，大多数资产抵押商业票据之间存在较大的差异。根据穆迪（2007c）近期的一份报告，截至2007年6月30日，在113只由美国银行发行的资产抵押商业票据中，总计未付款项达到了令人震惊的552亿美元。其中，有62只是多卖方项目，涉及461亿美元的未付款项；有22只是证券套利项目，包含67亿美元的未付款项；以及有10只是合成项目，涉及32亿美元的未付款项[1]。穆迪（2007c）在报告中指出，它们所评价的多卖方项目的投资组合非常多样化。

我们有62个项目，分别投资10种不同的资产类型。按未偿付金额计算，最大的资产类别是信用卡（15%）、贸易应收款（13%）、商业贷款（11%）、汽车贷款（10%）和证券（9%）。抵押贷款也占总抵押贷款的9%，主要以仓储的方式为新发放的抵押贷款提供短期资金。高评级担保债务凭证约占总资产的3%。需要注意的是，美国的多卖方产品通常具有8%～10%的信用增强计划，这几乎可以涵盖这些资产类别中的任何一种。

[1] 穆迪（2007）对这种模式的定义如下。

- 多重卖方。通常是指针对资产抵押商业票据计划构建的多元化应收定期和贸易应收账款组合。资产的卖方通常是银行的客户。
- 信用套利。这是一种银行以较低的监管资本成本，为资产负债表外的高评级证券投资组合提供资金的方式。
- 混合型。该项目既可以为长期应收账款和贸易应收账款提供资金，如多重卖方；又可以为购买的、有评级的证券提供资金，如套利工具。

资产抵押商业票据大幅增长的一个主要因素是，银行保荐人愿意为该资产抵押商业票据工具未清偿的全部商业票据（CP）提供充足的流动资金支持，这意味着如果商业票据市场在一场系统性危机或针对特定公司的危机中蒸发，资产抵押商业票据可能会使用银行贷款取代未偿付的商业票据。对于商业票据投资者来说，这就像是得到了银行的担保，他们的信用评估会变得相对容易。随着时间的推移，在银行监管机构和主要会计师事务所的推动下，银行逐渐摆脱了这种境地。因此当现有条件得到满足后，银行一般可以避免出现特定的信贷问题——通常由同一家银行的信贷增强政策覆盖，有时也由另一家银行或信贷增强机构覆盖。2003 年，美国市场及随后的欧洲市场首次面临重大挑战，金融会计准则委员会（FASB）采用了会计准则，这使得美国银行很难将其资产抵押商业票据置于资产负债表外。欧洲和加拿大也采用了类似的标准，2001—2004 年信用衍生产品公司的未偿付金额几乎没有增长，这将在第 26 章进行讨论。然而，融资优势及一些巧妙的投资重组已经帮助市场恢复了活力，并且可能在未来继续助力市场高速增长。《巴塞尔协议 II》降低了对银行资产负债表表外风险敞口的监管资本，这成为银行继续开发新渠道并扩大现有渠道的强大动力。

在资产抵押商业票据中，大部分资产属于短期资产和高质量资产。到目前为止，没有任何一只资产抵押商业票据在 2007 年的金融危机中出现资产问题。一些资产抵押商业票据项目在现阶段流动性紧缩的情况下无法承兑它们的商业票据，但是它们的流动性产品正常运行，并且银行贷款代替了商业票据的作用。资产抵押商业票据并不是这些投资机构在市场中的唯一特点，因此它们可以在出售这些资产时没有顾虑。就目前的情况来看，资产抵押商业票据市场能够顺利度过市场风险的寒冬，并且大概率能够第一个从危机中复苏。

25.5.4 信用衍生产品公司

对冲基金、结构化投资工具和资产抵押商业票据极大地扩张了市场容量，但信贷市场仍需要那些了解信贷风险、准备承担风险并持有至到期的资深投资者。在结构化投资工具和资产抵押商业票据产品不存在的信用衍生产品市场中，情况尤其如此。随着信用衍生产品市场发展成熟，有许多参与者愿意承担这些风险，并且希望以更加合理的价格进行交易。投资银行、对冲基金和许多投资者都愿意通过购买现金等价物，或者以某种形式的风险池为个人企业信贷提供保护，但很少有银行是出于长期持有风险的目的这样做。在许多情况下，它们会同时做空其他资产，以此对冲头寸风险。这种做法通常是安全的，并且是可行的，但这种投资交易是有成本的，因此市场非常希望看到接受合成投资战略的投资者和交易对手的发展，他们的天然定位是买入并持有衍生产品形式的信贷风险。

正如我们在其他章节中提到的，在如今的信贷市场中，如果某个细分市场存在发展空间，那么过不了多久，一些有野心的公司就会开发出一种投资工具来填补这一业务空缺。过去几年，信贷市场的最大创举是信用衍生产品公司（CDPC）的发展，它们旨在解决信用衍生产品市场中长期投资者的需求痛点。而且，它们往往是由一批主要交易商发起，其中一些已经是公共主体。我们预计在未来几年，这类投资工具将会持续发展为具有一定规模的大型投资组合。在 2007 年的前几个月，评级机构称市场中已经存在 18 个这样的投资工具。大多数这样的行为似乎反映了结构化投资工具在当前的低贴息情况下面临的资金压力。随着进一步进入衍生产品市场，风险承担者们会避免出现这种自筹资金的情况。通过进入衍生产品市场，风险承担者可以避免为他们的投资组合融资。根据评级机构对此类投资的分析，杠杆也可以应用于资本结构，使这些投资产品成为承担信用风险的一种非常有效的方式。不幸的是，对于许多计划中的投资产品来说，投资者参与结构化信用工具在 2007 年年中变得非常困难。另外，那些在美国金融危机前就进入资本市场的公司发现，信贷市场的利差突然变得相当有吸引力。

Clayton 在 2007 年 7 月回顾并总结了信用衍生产品公司和其基本原理，如表 25.1 所示。如图 25.17 所示为一个典型的信用衍生产品结构。

表 25.1　有关信用衍生产品公司的回顾和基本原理

回顾	
买入并持有策略	信用衍生产品公司的主要目的是提供管理风险的方法
信用衍生产品公司拥有 AAA 级的交易对手评级	交易对手评级为买方提供了管理未支付的信用违约互换合同欠款风险的解决方法
评级方法信用衍生产品公司	信用衍生产品公司的资本模型是用于确定资本充足性要求的专有模型
信用衍生产品公司交易的增长	截至 2007 年 1 月，在与信用衍生产品公司相关的 24 笔交易中，有 3/4 发生在美国，其余发生在欧洲
基本原理	
● 基本前提是套利信用违约互换价差和历史违约所隐含的价差	
● 尽管信用衍生产品公司通常具有长期信用风险，但信用衍生产品公司经理也可以购买保护（短期信用风险）	
● 信用衍生产品公司可以出售信贷市场中各细分市场的保护，但仅限于其操作准则中指定的保护	
● 出售保护的信用风险包括公司债券、主权和市政债券、资产支持证券，以及担保债务凭证部分和指数	

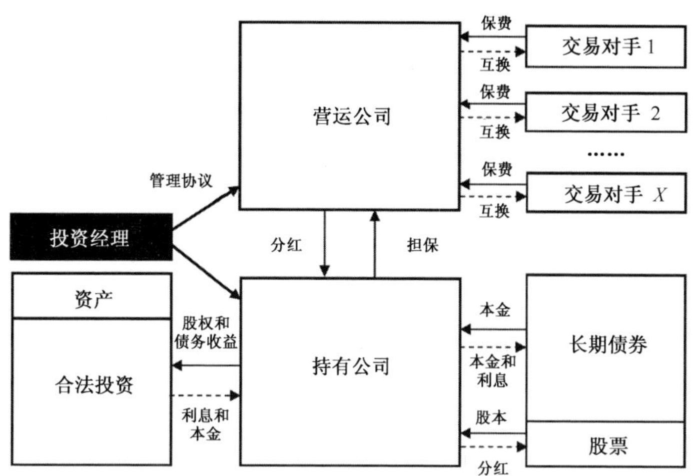

图 25.17　典型的信用衍生产品公司结构

来源：Calyon。

2007 年 9 月，有 7 家信用衍生产品公司获得了不止一家评级机构的 AAA 级评级，如表 25.2 所示。它们通常分为 2 类。Primus Financial Products 是第一家信用衍生产品公司，于 2003 年成立，它专门选择单一公司进行投资，并且承担其信用风险，因此它的平均交易量局限在 2000 万美元左右。Athilon Capital Corporation 是历史上第二家信用衍生产品公司，它的经营策略是对投资组合进行投资，并且承担其组合后的信用风险。剩下 5 家信用衍生产品公司在 2006 年和 2007 年成立，它们致力于模仿 Athilon Capital Corporation 的投资策略。但是我们预计，随着时间的推移，这些投资策略之间的区别将会越来越小。迄今为止，信用衍生产品公司在信用衍生品市场上还只是一个相对较小的参与者，但现有信用衍生产品公司投资组合的大幅增长，以及信用衍生产品公司数量的最终增长，会使这些参与者的数量在未来几年内显著增加。

表 25.2　2007 年 9 月接受评级机构评级的信用衍生产品公司 [a]

名称	总部地址	成立时间	发行人
Athilon Capital Corporation	纽约市，纽约州	2004 年	Lightyear Capital LLC、Caisse de dépôt et placement du Québec 和 GM Asset Management
Channel Capital Advisors	都柏林，爱尔兰	2007 年	Calyon、KBC Bank 和 Baden-Warttemberg
Cournot Financial Products	—	2007 年	Morgan Stanley
Koch Financial Products	斯科茨代尔，亚利桑那州	2007 年	Koch Financial Group
Invicta Credit	纽约市，纽约州	2007 年	Massachusetts Mutual Life Insurance Company 和 Babson Capital Management LLC

续表

名称	总部地址	成立时间	发行人
Newlands Financial	都柏林，爱尔兰	2006 年	Deutsche Bank 和 Axa Investment Managers
Primus Financial Products	纽约市，纽约州	2004 年	Primus Guaranty

[a]截至 2007 年 9 月。

来源：穆迪（2007）、标准普尔（2006）和惠誉（2007）。

25.5.5 2007 年的真正挑战

我们在前面讨论过，这些新市场、新玩家都是信用评级机构催生的产物。评级机构无论是在设计、发行，还是在交易的环节，都在信用市场中扮演着至关重要的角色。引人注目的是，评级机构在控制市场时采用的是消极策略。总有人能在评级机构对某个特定领域提高注意之前，就创造出新的投资产品。当评级机构对这种新兴的结构足够熟悉后，也总会有人大量模仿这种设计思路并再次做出创新。

这一重复过程是资本市场大量创新的催化剂，会使这个市场以指数级的速度扩张。评级机构提供了一种标准和规范，允许新市场、新参与者和新游戏方式在其中生存，并且让它们在金融市场中留下自己的辉煌历史。然而，在 2007 年年底，信用危机动摇了人们对信用评级的信心，许多新兴市场目前正处于加速下滑的状态。没有人能够确定市场在何时或通过何种方式可以恢复稳定。然而，非常重要的一点是，信用市场及其参与者们创造并运行着非常重要的金融服务，这意味着信用危机的发生是必然的。信用市场需要投资者和投资工具，能够作为其核心业务策略的重要组成部分购买和持有信用风险。那些能够从这次信用危机风暴中幸存的投资产品都是最突出的。当然，多年的发展历史也证明了信用市场只会短期衰退，而不会永久处于低谷。

原书参考文献

Bahar, Reza. 1998. Structured Investment Vehicles. New York: Standard & Poor’s.

Bahar, Reza. 2003. Structured Investment Vehicle Criteria: New Developments. Standard & Poor’s Credit Ratings – Credit Ratings Criteria, 4 September.

Bahar, Reza. 2006a. As Structured Investment Vehicles Become More Popular Risk Models

Become More Sophisticated. Standard & Poor's Credit Research, 11 October.

Bahar, Reza. 2006b. Innovative Structures Are Moving ABPC Beyond the Basics. Standard & Poor's Ratings Direct, 16 October.

Fitch Ratings. 2007. Rating Performance of Structured Investment Vehicles (SIVs) in Times of Diminishing Liquidity for Assets and Liabilities. Derivative Fitch, 20 September.

Fleckenstein, B. 2007. Leveraged Black Boxes lists: Beta Finance, Centauri, Dorada, Five Finance, Sedna Finance, Vetra Finance and Zela Finance. In SIV: Structured Investment Vehicles.

Greenwich Associates. 2006.

Kambhu, J, T. Schuermann, and K. J. Stiroh. 2007. Hedge Funds, Financial Intermediation, and Systemic Risk. Federal Reserve Bank of New York, Economic Policy Review, Staff Report No. 291, July.

Moody's Investors Service. 2002. An Introduction to Structured Investment Vehicles. Moody's Special Report, 25 January.

Moody's Investors Service. 2003. Structured Investment Vehicles – Recent Developments. Moody's Special Report, 21 January.

Moody's Investors Service. 2007a. 2006 U.S. CDO Review & Outlook 2007: Growth, Redefined. Moody's Structured Finance Special Report, 6 February.

Moody's Investors Service. 2007b. SIVs: An Oasis of Calm in the Sub-prime Maelstrom: International Structured Finance. Moody's Special Report, 20 July.

Moody's Investors Service. 2007c. Update on Bank-Sponsored ABCP Programs: A Review of Credit and Liquidity Issues. Moody's Special Report, 12 September.

Sender H., and A. Raghavan. 2006. Private Money: the New Financial Order. Wall Street Journal, 27 July 27, A1.

原书拓展阅读

Anderson, R. 2004. How to Make a Virtue Out of Non-Performing Loans. Financial Times, 1 November.

Economist. 2003. Bad Loans in Japan: Bust and Boom. 23 October.

Economist. 2005. German Bad Loans: Augean Stables. 28 July.

Economist. 2005. Hedge Funds: The New Money Men. 17 February.

Economist. 2006. American Investment Banks: Streets Ahead of the Rest. 19 December.

Economist. 2006. Buttonwood: Spread Too Thinly. 29 December.

Economist. 2006. Corporate Debt: Barbarians at the Gates of Europe. 16 February.

Economist. 2007. Investing in Distress: the Vultures Take Wing. 27 March.

Hughes, C. 2007. Bankers Warn on Distressed Debt. Financial Times, 1 February.

Hughes, C. 2007. Lombard: Distressed Hedge Funds. Financial Times, 11 April.

Ohashi, K. and M. Singh. 2004. Japan's Distressed-Debt Market. IMF Working Paper 04/86, May.

Parhar, H. 2007. A review of the CDPC Market. Calyon Credit Research, 2 May.

Ratner, J. 2003. The Distressed Side of Loans. Financial Times, 1 August.

Scholtes, S. 2007. Distressed Investing Takes a Creative Turn. Financial Times, 24 May.

Standard & Poor's. 2006. Distressed Debt Monitor. Standard & Poor's Global Fixed Income Research, December.

第 26 章　市场混乱，均值回归

生活总是让我们遍体鳞伤，但最后我们会发现那些受伤的地方一定会变成我们最强壮的地方，而那些没有伤害我们的东西却会在不经意间置我们于死地。它会打破我们的镇定自若，击溃我们的良好品德，甚至扼杀我们的最后一点勇气。如果你发现以上这些磨难你都没有经受过，那么请不要掉以轻心，因为生活正在以另一种“水滴石穿”的方式消磨你。

——Ernest Hemingway，*A Farewell to Arms*

管理信用风险曾被视为一门艺术。随着时间的推移和经验的增长，银行家们掌握了借贷的艺术，从而获得了更大的权力和地位。对于一位管理贷款的专家来说，无论采用什么分析工具，他最终都会在某个特定的时间对某个特定的借款人做出特定的决定。银行会为自己培养出的专业贷款管理团队感到自豪。但在定价方面面临的竞争压力使银行难以跟上传统信用分析的高成本投入。许多银行发现，与信用分析成本和资本成本相比，企业贷款是无利可图的。实际上，如摩根大通和美国信孚银行（Bankers Trust）等只提供企业贷款的银行机构，如今已不复存在。它们没有失败，但它们也没有成功。随着高收益市场的发展，信用风险从银行向资本市场的转移加快，目前几乎所有的银行资产都在进行证券化。银行的结论是，“如果你不能打败它们，那就加入它们。”这些趋势对信用风险的分析方式造成了巨大的影响。

近年来，用于管理信用风险的分析技术的数量呈指数级增长。信息技术使任何拥有计算机的人都能随时获得信息并进行分析，此外，我们看到大量新的全球投资者愿意将风险资本投入信用市场，管理信用风险似乎已成为一门科学。虽然信用风险管理确实更加严谨和系统，但 2007 年的市场事件表明，信用风险管理还远不是一门严格意义上的科学学科。信用风险管理介于艺术和科学之间，即处于我们通常称为工程的领域。金融工程师们随时准备“点石成金”，他们的方法是将资产（有时是信用质量不高的资产）转换为与客户偏好相符的资产。AAA 级的浮动利率部分流向了货币市场基金和收益率较高的夹层部分，或者股票被采用了 alpha-seeking 策略的对冲基金收购。如果衡量标准仅是创造和使用这类投资工具的能力，那么这种对信用投资组合的分割是极其成功的。然而，如果我们更深入地观察，就可以发现在大型市场危机发生之后，为复杂的资产支持交易进行建模的难度现在已变得更高。资产价值的崩溃迫使大量资产减值，许多首席执行官被迫离职，一些基金和多数结构化投资工具被迫清算。评级机构和证券行业的销售团队在恢复人们对证券化市场的信心方面，面临着艰巨的任务。

如今的市场参与者与前一代参与者截然不同，任何一个目睹过金融交易过程或见过对冲基金经理的人都知道，这些投资机构里充满了天资聪颖、受过良好教育的年轻人，他们掌握着前辈们无法想象的技术和投资工具，拥有可供使用的大量资源。他们就像驾驶着一辆超级跑车——一辆马力比前辈们以前开过的任何汽车都要大的法拉利，他们拥有大量关于前方道路状况的信息，可以实时读取汽车的性能和不断变化的环境。尽管这些技术的进步令人惊叹，但你可能不会因此认为如今的投资会变得更加安全。与此同时，新的信用市场技术促成了资本市场的空前增长。现在的市场比以往任何时候都更大、更深、更广。另外，有了这么多技术水平高超但经验不足的新兴人才，市场是否变得更加动荡不安了呢？又有谁预测到了 2007 年夏天的市场风暴呢？

当然，这里并不是说完全没有人预见风险的到来。Herb Greenberg（2007）在《华尔街日报》上写道：

现在我们应该清楚地意识到，早在美国次贷危机发生之前，市场中就出现了很多预测性信号，这些带有警告性的信号非常明显，但是它们没有得到足够的重视。

以 NovaStar Financial 的保险业务为例，该公司曾是位于行业前列的独立次级抵押贷款机构之一，在全盛时期，它的股票以超过 10%的股息率上涨，而在这一阶段，保险业务是 NovaStar Financial 的核心业务之一。它在市场中的影响力大到我每次对它的业务给出警告性评级时，总有投资者来告诉我，这家公司永远不会亏损，因为它的贷款都得到了强有力的担保……

而事实证明，早在 2003 年，保险公司 PMI 就开始拒绝支付 NovaStar Financial 的违约贷款的索赔。回想起来，这是三件与保险相关的事件中的第一件，而这本应成为抵押贷款行业开始失控的信号……

然而，PMI 没有让事情就此结束。法庭记录显示，在否认这些指控时，它援引了贷款发放文件中的重大错误和遗漏，甚至指责 NovaStar Financial“手上血迹斑斑”。此外，PMI 还表示，它一直认为，次级抵押贷款发放机构“将根据借款人贷款申请中声明的收入口径，给予借款人获得对应收入水平的收入贷款资格。”

PMI 的数据显示，事实并非如此。如法庭文件中所记载的，NovaStar Financial 的总裁 Lance Anderson 在证词中说，NovaStar Financial 没有使用申请表上的收入来满足借款人的条件。相反，根据证词，Anderson 表示，如果收入“看起来合理，那么我们不会核实它，也不会在我们的承保决策中使用它。”

这只是故事的一小部分。在美国次贷危机过去之前，肯定还有许多类似的例子。

许多市场观察者，包括本书作者之一的 Altman 博士在一段时间以来也一直预测信贷市场将出现调整。但看着过去 4 年间市场在亏损和息差缩水等方面的表现出来改善，这些质疑者们不禁开始怀疑，信用市场看起来经历了严重的经济衰退。但是，这一衰退是否引发了信贷市场历史的均值回归，并最终将息差推向了一个更合理的水平呢？他们无法解释为何在高收益市场的新股发行质量相对较差的情况下，损失率却如此之低（过去 3 年，超过 42%的新股被评为 B-级或更低的评级）。然而，息差还在继续下降，甚至与一个合理的信用资产所要求的收益率水平相差甚远。

息差在 2007 年 6 月 5 日下降到了历史新低的 268 个基点。在接下来的 2 个月中，市场有所回暖，息差再次上升到 450 个基点。市场似乎恢复了“理智”，但是息差仍低于 480 个基点的历史平均水平。

尽管对于长期处于不良境地的市场预言者来说情况已有所好转，但多数人承认，在全球多数地区的经济表现得如此强劲之际，他们未曾料到市场会出现如此大的衰退。直至今日，在高收益市场中也没有出现与高息差水平相匹配的信用损失风险。在抵押贷款方面，在贷款过程中信用质量存在的缺陷与整体的失败息息相关。出人意料的错误已经“污染”了经营的市场。

美国次级抵押贷款市场现在已经崩溃，并且揭示出信用市场就如同“皇帝的新衣”这一现状。更加严重的是，美国的抵押贷款市场过热，但是信贷状况不佳，已经对全球产生了巨大影响，远远超出了实际市场的相对规模。美国总体抵押贷款市场规模庞大，迄今为止整体表现良好。次级抵押贷款最多只占整个市场的 20%。即使在次级抵押贷款领域，也有 80%～85%的抵押贷款的表现符合预期。没有人能够预料到在信贷市场中这个相对较小的部分会引发如此剧烈的市场动荡。实际上，一些投资者和市场观察人士确实认为市场已经跨过“雷池”了，尤其是在美国次级贷款等领域，但对这些信贷的普遍乐观情绪阻止了相关投资者从这些资产中获得额外的风险溢价。如果你是一个对市场热潮持怀疑态度的人，那么你能做的唯一正确的选择就是及时撤出市场。但是在 2007 年夏天，在美国次贷危机爆发以前，这些质疑的声音对市场上的信用资产投资影响甚微。正如我们在前面所指出的，信贷市场在过去 10 年里取得了巨大增长，而且由于多元化投资策略的实现和投资组合理论的应用，不同市场之间现在变得更具相关性。次级抵押贷款作为一种多元化投资策略，尤其受到那些关注企业贷款和欧洲重点贷款的投资工具的青睐。如图 26.1 所示为芝加哥交易所（CBOE）的波动率指数，其体现了投资者近年来采取的实际行动。

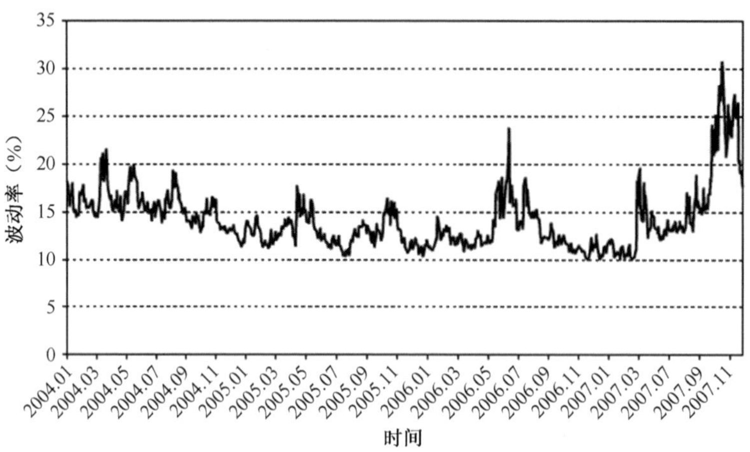

图 26.1 芝加哥交易所（CBOE）的波动率指数

来源：芝加哥交易所（2007 年）。

图 26.1 展示了具体的情况。当次级抵押贷款即将进入对冲基金行业并将大量出现在担保贷款凭证和担保债务凭证中时，许多投资者开始由从未接触过次级贷款市场向积极了解这一投资类别转变，这导致一些人迅速做出决定，即暂停购买任何可能存在次级抵押贷款风险敞口的投资产品。这意味着大多数结构性投资、证券化市场的发展迅速放缓，而后在 2007 年夏天前逐渐陷入停滞。对于那些依赖证券化融资的公司来说，这种情况非常糟糕。如果投资者没有越来越多地表现出对基础资产质量的担忧，那么到了 2007 年秋天，市场情况会进一步恶化。这种信心的缺乏导致了市场的进一步衰退。如果评级机构在评级活动中能够间接承认它们对信用结构的评级不那么准确，这就变成了一场重大危机。从 2007 年 7 月开始，三大评级机构开始发行报告，它们指出一些担保贷款凭证和担保债务凭证可能会比预期遭受更高的损失。投资产品个别部分的评级将不得不下调，包括一些曾被评为 AAA 级的投资对象，也有可能遭受损失。正是在这个阶段，恐慌情绪冲击了结构性信用衍生产品市场，其造成的损失远远超过了参考证券的实际损失。与此同时，一些经济学家开始预测，这可能会导致美国及世界许多其他地区的经济衰退。新闻界正在进行实地考察，并且对此事进行报道，毫不意外，信贷市场和大多数参与者已经不再自大。市场利差已脱离下行趋势线，美国和欧洲的结构化金融市场已陷入停滞，没有人确切知道这些市场何时会重新开放。与此同时，人们对评级机构、结构化工具和多数资产抵押贷款机构的信心持续丧失，甚至已降至不合理的低位，市场甚至影响了“无辜的旁观者”，如高级抵押贷款机构，以及以优质抵押贷款为标的的证券的投资者，它们还

受到流动性压力的影响。这简直就像关联犯罪一样，如果你的资产负债表上有任何形式的住房抵押贷款风险敞口，你就会受到怀疑。

这导致了一场国际流动性危机。英国政府不得不出手援助其第五大抵押贷款发行商 Northern Rock PLC，原因在于，当媒体报道将公众的注意力吸引到该银行未能为其高评级抵押贷款投资组合提供资金之后，该银行出现了储户挤兑的现象。高盛在 2007 年 8 月宣布将增持旗下一只投资基金的股票头寸，由于对美国次级抵押贷款进行了投资，德国政府策划了对德国产业投资银行的救助活动。我们在第 25 章中讨论过的大量结构化投资工具的商业票据发行都失败了，许多工具现在正试图清算它们的投资组合。美国优先利率拍卖市场已经出现过几次信用衍生产品公司标售失败的情况。放眼望去，到处都是推迟或取消交易的报道，金融公司的首席财务官们忧心忡忡。很容易预料的是，对于金融活动如何进行筹资，市场将会产生翻天覆地的变化。有人认为，或许我们将会看到银行主导地位的回归，同时结构化金融市场出现萎缩？这种情况不太可能发生。美国国际集团（AIG）的首席风险官 Bob Lewis 在接受采访时表示："我们不可能回到旧模式中，银行已经进行了重组，因此它们的商业模式就是创造资产，然后将其分配给资本市场，这是不可能改变的，它们绝不可能再次成为金融市场的主要融资者。"

在原书第 1 版（《演进着的信用风险管理：金融领域面临的巨大挑战》）中，我们认为市场存在的许多问题都与旧模式有关，因此回到银行是主要融资者的时代似乎是不可能的。银行的结构不适合长期提供融资，多年的整合已使一度占据主导地位的全球金融业失去了资本支持。监管机构制订了监管资本要求，使银行的买入并持有策略留在了过去。商业银行无疑将成为组成短期解决方案的一部分，从而为市场提供一定的稳定性，并且帮助投资者恢复信心，但它们不是稳定金融市场的长期解决方案的组成部分。

尽管人们很容易将 2007 年的市场动荡归咎于金融工程的不足，但有以下 2 点值得注意。

第一，根据风险偏好和风险承受能力，从基础抵押贷款中创建和销售不同等级的证券，为投资者提供风险的有效分配。不幸的是，所谓的"复杂"投资者并不复杂，他们简单地认为评级机构所认定的账面价值就是投资资产的真实价值，没有再对有限的证明材料、收入和信用凭证进行质疑和研究。许多机构投资者之所以相信这些评级，是因为他们根本不明白自己所投资的 CDO-Squared 等结构化产品的复杂性。有人可能会问，为什么这些投资者会接受有关房价和次级抵押贷款投资组合表现的不断改善的统计数据？正如 David Tuckett 在英国《金融时报》上所指出的那样："事后评估总是更加容易的。专业投资者通常都会深思熟虑。因此，真正需要研究和分析的是这些仔细思考的投资者，通常是分析他们是如何有规律地做出判断的。”[1]

第二，次级抵押贷款市场使住房融资变得更加容易，从而提供宝贵的公共福利功能。拥有住房是美国人的梦想，这也会降低城市的衰败程度和犯罪率，因为居民是其所在社区的利益相关者。此外，大多数新贷款仍被履行。对于这些购房人群来说，次级抵押贷款市场的增长可能比政府资助更加有效。

因此，政策制定者和市场参与者要做的并不是将信贷市场全盘抛弃。正如 Robert Lewis 所述：“我们需要重新调整信贷规模，使所承担的风险在评级中得到正确反映。”投资者需要对他们所投资的产品做更多的功课，并且将评级机构作为一个信息分析的来源，而不是进行投资决策的决定性因素。

26.1 流动性风险是下一个挑战

当市场动荡尘埃落定之时，那些想要探究信贷市场究竟出了什么问题的人将会清楚，问题的根源并不是来自次级抵押贷款市场，而是相互关联的市场参与者对于流动性和价值假设出现了误差。

流动性是指企业或个人拥有足够的现金资源来履行其财务义务的能力。流动性危机是指企业和消费者的现金供应不足，借贷利率普遍较高的情况。对于个体企业来说，当企业无法按时支付贷款，或者缺乏足够的现金来扩大库存和生产，或者违反了协议的某些条款，因而允许某些财务比率超过限制标准时，就会发生流动性危机。财务经理的职责是确保这种情况永远不会发生，但这种情况仍然会经常出现，而且在现在看来，流动性危机就像飓风一样，正在以更大的强度和更高的频率不断发生。流动性对于金融中介来说是满足自身债权人和投资者赎回需求的能力。

流动性风险并不是新鲜事物，它对任何商业企业和个人来说都存在。金融市场主要通过银行来管理这种风险。银行业的核心职能是帮助客户管理流动性，并将流动性过剩的存款贷给短期内需要额外现金的其他客户。银行家通常非常擅长发挥这种功能。银行非常关注自己的流动性情况，在满足客户的流动性需求方面没有遇到太多的问题。当银行自身的流动性出现问题时，市场很容易出现恶性挤兑的现象。美联储的成立就是为了解决早期的流动性危机，它们随时准备向任何需要紧急融资的银行放贷，并且通过在公开市场操作中购买美国国债为金融体系注入流动性。英

[1] 关于信贷泡沫成因的讨论，请参阅《金融时报》在 2007 年 9 月 20 日刊登的《情感在投资中的作用》（*Emotion's Role in Investment*），这是一篇对爱丁堡大学 Richard Taffer 教授和伦敦大学学院客座教授 Darid Tuckeff 的采访。

国中央银行、欧洲中央银行、日本中央银行和其他经济体的中央银行具有同样的职责并使用同样的方法，即中央银行可以通过其持有的金融资产向其他商业银行发放贷款的抵押品。但是有些时候，就像在英国北岩银行（Northern Rock Bank）的情况一样，仅由中央银行来调控流动性风险远远不够，储户们可能会被他们不完全理解的负面信息煽动，继而在银行排队领取存款。银行挤兑行为只能通过政府行为来解决。存款保险旨在安抚储户，但是政府不得不在必要时进行干预，以此恢复人们对银行体系的信心，这正是20世纪90年代美国储贷危机期间，以及近期英国北岩银行发生的情况。

总体来说，中央银行的调控功能近年来发挥了较好的效果。英国北岩银行的事件是个例外，银行挤兑大多是历史事件。但我们仍然听到有人开玩笑说，流动性危机是一种新的、与之前不同的风险，并不总是与银行业有关，原因是金融市场发生了一些新的变化。在中央银行成立的时候，大多数金融资产（80%或以上）都在银行里。在过去的 20 年中，从美国开始，最近又从欧洲开始，我们目睹了银行业的去中介化，商业银行在最大经济体的金融资产中的占比相对较低。这里值得注意的是，当美联储决定主动援助长期资本管理公司时，不是因为它是长期资本管理公司的监管机构，而是美联储担心这些长期资本管理公司倒闭带来的负面影响。在此期间，美联储还向金融体系注入了流动性，这是公开可查的记录。正如我们在本书前面的内容中指出的，对冲基金、养老基金、共同基金、保险公司和个人目前在银行体系之外持有大部分资产，银行的去中介化意味着中央银行对危机中出现的流动性问题进一步放松了掌控。这是一个巨大的变化，因为中央银行与借款人不存在直接关系，对他们几乎没有控制权。银行还从一个相对集中的体系（过去的银行数量有限）发展为一个几乎没有限制的金融体系，这些参与者在金融危机中可能需要大量流动性来保持经营。虽然长期资本管理公司引起的流动性风险隐患大到足以引起中央银行的注意，但在大多数情况下，中央银行的管理者只能鼓励和支持那些直接向金融市场提供所需流动性的银行。

在 2008 年 1 月前，我们处于一场前所未有的流动性危机之中。大多数投资者都拥有大量现金，却不愿将其投入资本市场。这是一场对非银金融机构造成重创的危机。在过去的 10 年中，我们看到了大量新市场参与者涌现出来，他们贷款、购买和持有证券，并且大量投资信用衍生产品。他们代表了资本市场的很大一部分投资者，同时资本市场也会向他们的投资组合提供大量资金。当这些投资者进行交易、融资或出售资产时，流动性风险就会出现，但市场上没有人愿意与他们进行交易。对于许多新的市场参与者来说，这是一种他们需要为之准备的意外情况。投资机构是否能够在流动性风险中生存下来，取决于是否有市场为它们提供资金融通，或者能否在必要时对资产进行清算。

在危机中，流动性风险会迅速成为重要的威胁因素。如果一家机构（或结构化金融工具）的信用评级下降、现金突然大量流出，或者发生了其他导致交易对手拒绝与该机构进行交易或向该机构放贷的事件，该机构（或结构化金融工具）可能会丧失流动性。如果这些问题只是暂时的，那么大多数公司都拥有备用的资金和方案来处理这些问题；但如果这些问题是长期存在的，或者这些问题的根源是系统性的，那么它们所依赖的市场将会面临流动性的缺失，而很少有银行能够在这种情况下生存下来。对于美国的次级抵押贷款人来说，这样的情况已经发生了。在几个月的时间内，我们看到了整个行业的崩溃。这些投资机构经历了相当于银行恶性挤兑的灾难。不幸的是，这些机构不是银行，没有第三方（中央银行）的资金支持，它们只能面临破产。

流动性风险往往会加剧其他风险。如果一家交易机构持有非流动性资产的头寸，它在短时间内平仓的能力有限，那么这将加剧其市场风险。如果该组织试图通过清算非流动性资产来履行对其他交易对手的义务，并且没有能力及时从其他来源筹集现金，那么它就会违约。它们的交易对手现在面临流动性问题，可能需要它们筹集现金，以此抵消来自第一个交易对手的预期付款损失。如果第二个交易对手失败，那么它也会违约。在这里，流动性风险就像是信用风险的“复利”。

毫无疑问，过去几年宽松的货币市场加剧了流动性风险。当一家公司拥有许多资金来源时，它很容易被认为总是可以获得融资。短期融资通常比长期融资更便宜，也更容易获得。当市场体量较大时，很难想象它们将如何收场。随着投资工具越来越复杂，很多人认为市场需要为大多数投资产品估算一个出清价格。保守是需要付出相应代价的。对于投资者来说，能够使用免费且可自主决定的信用额度听上去非常诱人，相比之下没有人喜欢固定额度和固定期限的贷款，或是在不需要时还手持大量现金。随着市场的增长和投资者数量的增加，面对发生概率较低、严重程度较高的风险，人们变得不再保守，这并不奇怪。

与此同时，许多看似是管理信用风险的好方法，实际上可能反而增加了流动性风险，例如：

- 严格的贷款契约为贷款人提供了管控的条件，但对借款人来说可能是致命的。
- 对交易限额的担保要求是，若不能及时公布抵押品，则降低交易限额。如果市场特别不稳定，那么可能需要大量的现金资源来满足抵押要求。
- 信用衍生产品市场要求抵押品或由受保护的卖方付款，这些要求可能是突然的和实质性的。
- 按市值计价的贷款组合可能会触发贷款文件或其他可能需要使用现金来弥

补的合同义务。

- 贷款期限短于资产的使用期限，这种做法可能对贷款人有利，但也会使债务人容易受到再融资风险的影响。
- 对于依赖于或有负债的人来说，对诸如抵押和期权一类的或有资产进行抵押是一种好习惯，但在目前的市场条件下可能会对那些有义务付款的人的现金资源造成压力。

这些实践操作都是有意义的。如果流动性风险不成问题，那么信用风险往往会通过运用流动性来降低。然而，就像我们这个复杂世界中的许多事情一样，现在需要管理的是意想不到的风险。除了信用风险、市场风险和其他风险，流动性风险也需要多加管理。

在一个复杂、相互联系的资本市场中，管理信用风险并非易事。由于流动性风险具有引发其他风险的倾向，因此我们很难或根本不可能将其独立出来。几乎在所有情况下，都不存在全面的流动性风险指标。对于市场上的大多数投资者来说，他们需要密切注意所在市场的流动性要求，以及他们使用的投资工具。同时他们要更加密切地注意流动性的主要和次要来源，以及现金储备使用的可能性、触发使用条件的危机和严重程度。情景分析很可能会成为投资者们使用的一个重要工具，他们可以检查业务模型中的所有可能性，然后评估每个情景下的日常现金需求。那些不懂得如何管理和限制流动性风险的人，注定会承受管理不当所带来的损失。

正如我们在本章中所提到的，商业银行的建立是为了应对流动性风险。它们的主要业务是接受存款，但赎回时机不确定，这要求它们专注于这种风险。此外，要发展独立的中央银行作为商业银行的最后贷款人，几乎每个国家的发展都证明了这一过程的重要性。银行业对此非常清楚，并且制订和实施了风险管理策略，以此防止银行发生挤兑。此外，各国银行必须遵守《巴塞尔协议Ⅰ》和《巴塞尔协议Ⅱ》中规定的资本充足率标准，以此达到为本国银行体系建立安全保障的目的。其他投资者的情况则完全不同，对于对冲基金或其他投资者而言，没有监管机构要求它们必须保持一定的流动性或资本保证金。

近年来，出现了一个巨大的错误，即人们想当然地认为以前在全球银行业所做的许多工作，即便没有充分理解资本市场中流动性风险的特点和根源，也可以完全将其转移到资本市场。可以肯定的是，市场在这个方面做出了一些努力。准备金、抵押要求、盯市政策等都是为了降低风险而实施的。然而，这些策略本身也存在流动性风险。在过去的几年中，我们为充分理解资本市场流动性问题所做的努力还不够，但在未来，资本市场还具有广阔的发展空间，我们对流动性风险的研究也将会进一步加深。

26.2 信用文化的重要性

当前的市场危机给所有投资者带来一个警示。事实与他们所相信的相反，他们在面对风险来临时无法做出所有的正确选择。金融从业者现在还必须在影响其业务的其他风险之外增加模型风险，如利率风险、信贷风险、市场风险、操作风险和流动性风险。模型风险来自许多方面，一是模型可能没有正确地检测到所有相关的风险因素，例如，次级抵押贷款模型未能预测到违约概率的增加，因为房价升值风险不是这些模型使用的因素；二是所有参与者都使用相同的模型得出相同的结论（正确或错误），市场出现了盲目聚集的交易行为；三是模型有时无法预测行为的变化。

在21世纪初，次级抵押贷款市场的低损失历史导致模型的假设发生了变化，推动了更激进的投资组合出现，为新一批贷款人带来了良好的资金融通。更有效的假设需要一些时间才能形成。如今历史的损失假设不再有效，这需要一些时间来发展，因为在经验模型中，这一假设只有在当前的投资组合以非预期的方式运行时才会改变。当然，这不光是抵押贷款市场的问题，那些次级贷款，连同它们错误的损失假设，成为担保贷款凭证和担保债券凭证的重要组成部分，这2种担保债务凭证也产生了同样的问题，即它们的模型生成预期结果的时间更长了。正如我们在本章前面的部分所提到的，由于不可持续的亏损假设和低门槛交易（相当于低级的次级住房抵押贷款），高收益市场目前正在经历一场“雪崩”。

从最高层面上来说，这表明使用量化分析来创造新的投资工具和利用市场低效的策略是有风险的。在使用金融工程的过程中，你可以改变环境，使其与建模更匹配。评级机构和其他机构理解这种风险，它们在新市场的早期发展阶段通常比较保守，但它们似乎也不那么保守，允许市场以与历史规范不同的模式进行持续调整。

在不存在完美模型的情况下，金融服务公司的高级经理必须重新关注传统的风险管理工具：核查、财务和控制，以及背后强大的风险文化。次级抵押贷款市场最近发生的事件给高管们敲响了警钟。新资本市场的参与者们，尤其是在美国次贷危机风暴中生存下来的那些，将对这些方法是否有效产生更深的认识。在原书第1版（《演进着的信用风险管理：金融领域面临的巨大挑战》）中，金融行业的从业者面临的信用文化方面的问题似乎主要是对于市场和风险缺乏控制，以及对交易员和其他风险承担者的不当激励。虽然目前信用市场仍然存在一些问题，但良好的市场操作已经消除了大部分问题。目前的风险因素更为隐蔽，也更难控制。市场更加动荡、复杂，也更难以预测。在这种情况下，公司要清楚地了解它们的风险承受能力有多强，以及它们计划如何管理这些风险。非银金融机构的资本充足率无疑将是一个需要分析和调整的话题。美国国会和欧洲委员会已经呼吁对这方面进行审查，并且建议监管方面给出回应。贷款操作及流程需要重新进行设计。我们正在对新的金融技术进行仔细测试，并发现了存在的差距、需要注意的问题，以及一些解决办法。

但是一切没有回头的机会。银行业没有能力也没有机会成为美国或欧洲的主要资金来源，世界其他大部分地区也是如此。银行业可以发挥重要作用，但现代经济体需要能够理解和为它们所创建的企业进行融资的现代资本市场。正如海明威所指出的，在当前的危机结束时，大多数人可能会从经验中学到知识的人，他们应该更擅长基于他们拥有的经验做得更好。我们有充分的理由对信贷市场未来的复杂性感到乐观。

与此同时，有一件事情没有改变，即建立强大的风险文化的关键在于，首席执行官应该让每位员工都知道自己的风险偏好。业务策略需要与风险承受能力和奖励系统保持一致。管理层需要对实际操作保持清醒，并且参与风险决策。毋庸置疑，精明、消息灵通、经验丰富、资本充足、纪律严明的金融参与者可以在这些市场中获得成功。对于那些没有做到这一点的人来说，成功并不容易。

原书参考文献

BNP Paribas. 2007. Liquidity Crisis: Central Banks Doing More. BNP Paribas Market Economics, 30 November, 5.

BNP Paribas. 2007. Liquidity Crisis Globalisation. BNP Paribas Market Economics, pp 4 -9, 30 November.

Bright, L.S., E.A. Fahey, and D. Barile. 2007. Liquidity Analysis of US Securities Firms. Fitch Ratings Financial Institutions Special Report, August.

Cecchetti, S.G. 2007. Market Liquidity and Short Term Credit: The Financial Crisis of August 2007. Working Paper Brandeis International Business School, 3 September.

Gallagher, S., and A. Markowska. 2007. Shocks and Aftershocks: 2007 Crisis of Confidence and Liquidity. Societe Generalte Economic Research, 26 November.

Greenberg, H. 2007. How NovaStar Held Clues to Mortgage Mess. Wall Street Journal,

November 24.

Hillard, B. 2007. Alternative Economic Scenarios in the Light of the Liquidity Crisis. Societe Generale Economic Research, 31 August.

Lewis, R. 2007. Robert Lewis, AIG, interviewed by authors.

Mehren, A. M. 2007. Mechanics behind the Liquidity Crisis. Danskebank Research, 13 August.

Rappaport, L. 2007. Liquidity Crisis Goes Global. TheStreet.com, 9 August.

Tuckett, D. 2007. Emotion's Role in Investment. Financial Times, September 20.